René Martin

Microsoft Office Visio 2007 – Das Handbuch

René Martin

Microsoft Office Visio 2007 – Das Handbuch

René Martin: Microsoft Office Visio 2007 – Das Handbuch
Microsoft Press Deutschland, Konrad-Zuse-Str. 1, D-85716 Unterschleißheim
Copyright © 2007 by Microsoft Press Deutschland

Das in diesem Buch enthaltene Programmmaterial ist mit keiner Verpflichtung oder Garantie irgendeiner Art verbunden. Autor, Übersetzer und der Verlag übernehmen folglich keine Verantwortung und werden keine daraus folgende oder sonstige Haftung übernehmen, die auf irgendeine Art aus der Benutzung dieses Programmmaterials oder Teilen davon entsteht.

Das Werk einschließlich aller Teile ist urheberrechtlich geschützt. Jede Verwertung außerhalb der engen Grenzen des Urheberrechtsgesetzes ist ohne Zustimmung des Verlags unzulässig und strafbar. Das gilt insbesondere für Vervielfältigungen, Übersetzungen, Mikroverfilmungen und die Einspeicherung und Verarbeitung in elektronischen Systemen.

Die in den Beispielen verwendeten Namen von Firmen, Organisationen, Produkten, Domänen, Personen, Orten, Ereignissen sowie E-Mail-Adressen und Logos sind frei erfunden, soweit nichts anderes angegeben ist. Jede Ähnlichkeit mit tatsächlichen Firmen, Organisationen, Produkten, Domänen, Personen, Orten, Ereignissen, E-Mail-Adressen und Logos ist rein zufällig.

15 14 13 12 11 10 9 8 7 6 5 4 3 2 1
09 08 07

ISBN 978-3-86645-115-6

© Microsoft Press Deutschland
(ein Unternehmensbereich der Microsoft Deutschland GmbH)
Konrad-Zuse-Str. 1, D-85716 Unterschleißheim
Alle Rechte vorbehalten

Fachlektorat: Jochen Ruhland, München (www.tech-text.de)
Korrektorat: Karin Baeyens, Siegen
Layout und Satz: Gerhard Alfes, mediaService, Siegen (www.media-service.tv)
Umschlaggestaltung: Hommer Design GmbH, Haar (www.HommerDesign.com)
Gesamtherstellung: Kösel, Krugzell (www.KoeselBuch.de)

Übersicht

	Vorwort	15
	Was ist neu in Visio 2007?	21
1	Grundlagen von Visio	29
2	Fortgeschrittene Visio-Themen	105
3	Shape-Daten – Informationen an Shapes binden und auslesen	183
4	Visio anpassen	223
5	Die Assistenten	267
6	Die Vorlagen der Kategorie »Allgemein«	295
7	Die Vorlagen der Kategorie »Flussdiagramm«	309
8	Die Vorlagen der Kategorie »Geschäft«	331
9	Die Vorlagen der Kategorie »Terminplan«	365
10	Visio Professionell-Vorlagen: »Konstruktion«	379
11	Die Vorlagen der Kategorie »Netzwerk«	393
12	Die Vorlage »Pläne und Grundrisse«	405
13	Die Vorlagen der Kategorie »Software und Datenbank«	427
A	Tastenkombinationen	461
B	Die Schablonen	471
C	Die CD-ROM zum Buch	507
	Der Autor	523

Inhaltsverzeichnis

Vorwort 15
Warum Microsoft Office Visio 2007? 16
Warum kein anderes Programm? 17
Eine kurze Geschichte von Visio 17
Die beiden Visio-Editionen 18
Über dieses Buch 19
Kontakt zum Autor 20

Was ist neu in Visio 2007? 21
Vorlagen, Schablonen und Shapes 22
    Kategorien der Vorlagen und Schablonen 22
    Neue Vorlagen und Shapes 23
    Pivotdiagramme 23
    Menüs 23
Neue Arbeitstechniken 23
    Erleichtertes Verbinden von Shapes 23
    Design: Farben und Effekte 24
    Vorschau mit dem Menübefehl *Erste Schritte* 25
    Das Dialogfeld *Speichern* 25
Shape-Daten 26
    Verbinden von Diagrammen mit Datenquellen 26
    Erstellen und Anzeigen von Daten in Visio 26
    Verknüpfen von Daten mit einzelnen Shapes in vorhandenen Diagrammen 26
Format und Design 26
Unterstützung für Sybase und INFORMIX 27
Beispieldiagramme in Visio Professional 2007 27

1 Grundlagen von Visio 29
Starten von Visio 30
    Der Visio-Startbildschirm 31
    Bildschirmaufbau 33
    Die Standardelemente 33
Die erste Zeichnung 35
    Rechteck/Quadrat, Ellipse/Kreis und Linie 35
    Speichern und Öffnen, Schließen und Beenden 38
Die Online-Hilfe 39
Die Schablonen (Shapes) 42
Die (Master-)Shapes 45
    Shapes erzeugen 47
    Shapes markieren 48

Inhaltsverzeichnis

Shapes löschen	51
Rückgängig	51
Shapes verändern: Position	51
Shapes verändern: Größe	55
Shapes verändern: Aussehen	56
Duplizieren und Kopieren	56
Die verschiedenen (Greif-)Punkte	60
Ansichten	67
Die Lage der Shapes	69
Lineale	73
Führungslinien und Führungspunkte	74
Das Gitter	76
Drehen und Spiegeln	79
Shapes gruppieren	81
Text	85
Shapes formatieren	93
Verbindungslinien	97
Verbinder erzeugen	98
Statische und dynamische Verbindungen	99
Kreuzende Linien	100
Neue Verbindungspunkte setzen, vorhandene verschieben und löschen	102
Linien mit mehr als zwei Enden	103
Beschriftungen auf Verbindungslinien	103
Zusammenfassung	104

2 Fortgeschrittene Visio-Themen 105

Übertragen von Formaten	106
Formatvorlagen	107
Designs	111
Designfarben	111
Designeffekte	113
Layer	113
Funktionen der Layer: Layereigenschaften	116
Auswahl aller Shapes auf einem Layer	118
Erzeugen großer Dokumente	119
Anlegen von mehreren Seiten	120
Visio als Präsentationsprogramm	122
Vordergrund und Hintergrund	123
Kopf- und Fußzeilen	128
Doppelklickverhalten von Shapes	129
Arbeiten mit Hyperlinks	131
Drucken und Seitenansicht	133
Einfügen von Feldern	136
Kommentare und Shape-QuickInfo	139
Symbole und Symbolleisten	142

Austausch mit anderen (Office-) Programmen 144
    Kopieren und Einfügen 144
    Verknüpfen 146
    Einbetten 147
    Exportieren und Importieren 148
    CAD-Zeichnung 150
    Export als HTML-Datei 158
    Export ins PDF-Format 161
    Anmerkungen zu PDF 162
Die Hilfsprogramme 163
    Der Formeleditor 164
    Diagramme 166
    Bilder und Grafiken 173
    Die Rechtschreibhilfe und AutoKorrektur 177
    Die Suchen-Funktion 180
Zusammenfassung 182

3 Shape-Daten – Informationen an Shapes binden und auslesen 183

Shapes mit vorhandenen Daten 184
Neue Shape-Daten erzeugen 186
Daten als Beschriftungstext des Shapes 194
Daten neben den Shapes anzeigen lassen 196
    Text 197
    Datenleiste 199
    Symbolsatz 199
    Farbe nach Wert 200
    Weitere Optionen 201
Daten einsammeln und wegschreiben (Berichte) 202
    Daten speichern in einem Visio-Shape 206
    Daten in externer Datei speichern 207
Externe Daten mit Shapes verknüpfen 209
    Alles auswählen 212
    Mit ausgewählten Shapes verknüpfen 212
    Verknüpfung aufheben 213
    Verknüpfte Shapes 213
    Automatisch verknüpfen 213
    Daten aktualisieren 214
    Aktualisierung konfigurieren 214
    Spalteneinstellungen 215
    Der Menübefehl *Anordnen nach* 216
    Datenquelle 216
Pivotdiagramme 216
    Gestaltung eines Diagramms 219
    Die Optionen des Diagramms 221
Zusammenfassung 222

4 Visio anpassen ... 223
Eigene Füllmuster und Linienmuster erstellen ... 224
Eigene Shapes erstellen ... 228
    Die Standardelemente ... 228
    1D- und 2D-Shapes ... 230
    Offene und geschlossene Shapes ... 231
    Gruppieren ... 231
    Vorgänge ... 233
    Verbindungspunkte einfügen ... 235
    Shape-Daten eintragen ... 236
    Layer ... 237
    Shape-Verhalten ... 237
    Mehrere Texte durch Gruppieren zu einem Shape zusammenfassen ... 239
    Schutz vor Veränderungen ... 240
    Copyright eintragen ... 241
Eigene Schablonen erstellen ... 243
    Die Schablone speichern ... 246
    Eigene Schablonen weitergeben ... 246
    Eigene Schablonen modifizieren ... 247
Eigene Vorlagen erstellen ... 248
    Einstellungen der Vorlagen ... 248
    Eigene Vorlagen weitergeben ... 253
    Speichern, Schließen und Öffnen ... 254
    Dateitypen ... 254
    Dateieigenschaften ... 256
    Ein Beispiel ... 258
Zusammenfassung ... 264

5 Die Assistenten ... 267
Shapes nummerieren ... 268
Shapes verschieben ... 270
Shapes anordnen ... 271
Shape-Fläche und -Umfang berechnen ... 272
CAD-Zeichnungen konvertieren ... 273
Optimieren des Shape-Layouts ... 274
Datenbank-Assistent ... 276
    Der Assistent *Mit Datenbank verknüpfen* ... 276
    Der Datenbankexport-Assistent ... 281
    Der Datenbankaktualisierungs-Assistent ... 285
    Der Datenbank-Assistent ... 287
    Datenbankmodell auffrischen ... 292
    Datenbankeinstellungen ... 293
    Weitere Assistenten ... 293
Zusammenfassung ... 294

6 Die Vorlagen der Kategorie »Allgemein« ... 295
Die Vorlage *Standarddiagramm* ... 296
    Erstellen eines Diagramms ... 297
    Verwenden der Rahmen und Titel ... 298
    Hintergründe ... 299
Die Vorlage *Blockdiagramm* ... 300
    Erstellen eines Diagramms mit Blöcken ... 301
    Erstellen eines Diagramms mit 3D-Blöcken ... 302
Die Vorlage *Blockdiagramm mit Perspektive* ... 304
    Erstellen eines Diagramms mit perspektivischen Blöcken ... 305
    Mehr als ein Zeichenblatt, mehr als ein Fluchtpunkt ... 306
Zusammenfassung ... 307

7 Die Vorlagen der Kategorie »Flussdiagramm« ... 309
Die Vorlage *Standardflussdiagramm* ... 310
    Erstellen eines Diagramms ... 311
    Besonderheiten einzelner Shapes ... 314
    Die Schablone *Hintergründe* ... 315
Weitere Flussdiagramm-Varianten der Kategorie *Flussdiagramm* ... 316
    Die Vorlage *Arbeitsflussdiagramm* ... 316
    Die Vorlage *Datenflussdiagramm* ... 317
    Die Vorlage *IDEF0 Diagrammvorlage* ... 317
    Die Vorlage *SDL-Diagramm* ... 318
    Die Vorlage *Funktionsübergreifendes Flussdiagramm* ... 319
Weitere Ablaufdiagramme der Kategorie *Geschäft* ... 325
    Die Vorlage *Auditdiagramm* ... 325
    Die Vorlage *EPC-Diagramm* ... 326
    Die Vorlage *Fehlerstrukturanalyse-Diagramm* ... 327
    Die Vorlage *TQM-Diagramm* ... 328
    Die Vorlage *ITIL-Diagramm* ... 328
    Die Vorlage *Wertstromzuordnung* ... 328
Zusammenfassung ... 329

8 Die Vorlagen der Kategorie »Geschäft« ... 331
Die Vorlage *Organigramm* ... 332
    Gestaltung des Organigramms ... 338
    Weitergabe der Organigramm-Daten ... 339
    Der Organigramm-Assistent ... 340
Die Vorlage *Brainstormingdiagramm* ... 345
    Gestalten des Brainstormingdiagramms ... 348
    Daten exportieren ... 350
    Das Übersichtsfenster ... 351
    Weitere Shapes ... 352
Die Vorlage *Diagramme* ... 352
    Balkendiagramm1 ... 353
    Säulendiagramm2 ... 354

Inhaltsverzeichnis

3D-Balken	354
3D-Achse	355
3D-Balken, Text vert. und 3D-Balken, Text hor.	356
Kreisdiagramm	356
Segment und besonderes Segment	356
Unterteilter Balken 1 und 2	356
Liniendiagramm	356
Vorgehen beim Verwenden der Diagramm-Shapes	357
Vorgehen beim Verwenden einer Tabelle oder eines Gitters	358
Die Vorlage *Ursache/Wirkung-Diagramm*	359
Die Vorlage *Marketingdiagramme*	360
Shapes der Schablone *Marketingdiagramme*	360
Shapes der Schablone *Marketing-Shapes*	361
Weitere Vorlagen in der Kategorie *Geschäft*	363
Zusammenfassung	363

9 Die Vorlagen der Kategorie »Terminplan« … 365

Die Vorlage *Kalender*	366
Die Vorlage *Zeitplan*	368
Die Vorlage *Gantt-Diagramm*	371
Die Vorlage *PERT-Diagramm*	377
Zusammenfassung	377

10 Visio Professionell-Vorlagen: »Konstruktion« … 379

Die Vorlage *Elektrotechnik allgemein*	380
Die Vorlagen *Industrielle Steuerungssysteme*, *Systeme*, *Schaltkreise und Logik* und *Systeme*	384
Die Vorlage *Pneumatik/Hydraulik*	384
Die Vorlage *Gas-, Wasser-, Sanitärdiagramm*	386
Beschriftung der Shapes	388
Daten	389
Die beiden Explorer: Komponenten-Explorer und Anschluss-Explorer	390
Die Vorlage *Teile- und Zusammenbauzeichnung*	391
Zusammenfassung	392

11 Die Vorlagen der Kategorie »Netzwerk« … 393

Die Vorlage *Standardnetzwerk-Diagramm*	394
Die Vorlage *Detailliertes Netzwerkdiagramm*	396
Die Vorlage *Active Directory*	397
Die Vorlage *LDAP-Verzeichnis*	398
Die Vorlage *Gestelldiagramm*	398
Ein Beispiel	402
Zusammenfassung	404

12 Die Vorlage »Pläne und Grundrisse« 405

Die Vorlage *Büroplan* 406
    Schaffen Sie Voraussetzungen 406
    Richten Sie das Zeichenblatt ein 406
    Erstellen Sie eine Skizze des Raums 406
    Den Raum exakt zeichnen 408
    Weitere Wände 410
    Türen und Fenster 410
    Das Mobiliar 412
    Drucken 414
    Sämtliche Shapes modifizieren 414
    Die Daten 415
Die Vorlage *Grundriss* 416
Die Vorlagen *Hauseinrichtungsplan*, *Deckenspiegelplan* und *HKL-Plan* 417
Die Vorlage *HKL-Steuerung – Logisches Diagramm* 418
Die Vorlage *Plan für Elektrik und Telekommunikation* 418
Die Vorlage *Sanitär- und Rohrleitungsplan* 418
Die Vorlage *Sicherheits- und Zutrittsplan* 419
Die Vorlage *Werksplanung* 420
Die Vorlage *Wegbeschreibung* und *Wegbeschreibung 3D* 420
Die Vorlage *Grundstückplan* 424
Zusammenfassung 425

13 Die Vorlagen der Kategorie »Software und Datenbank« 427

Die Vorlage *Datenbankmodelldiagramm* 428
    Erstellen einer Zeichnung 429
    Reverse Engineering 435
Die Vorlagen *Konzeptionelle Website* und *Websiteübersicht* 438
    Planung des Aufbaus der Website 438
    Erstellen einer Websiteübersicht 440
    Die Darstellung der Website bearbeiten / Weitere Einstellungen 442
Windows XP-Benutzeroberfläche 447
Die Vorlage *UML-Modelldiagramm* 449
    Darstellung eines Use Case Diagramms 450
    Darstellung eines statischen UML-Diagramms 451
    Weitere UML-Diagramme 452
    Reverse Engineering 456
Weitere Diagrammvorlagen für Softwaredesign 458
Zusammenfassung 459

A Tastenkombinationen ... 461
Liste der Tastenkombinationen ... 462

B Die Schablonen ... 471
Allgemein ... 472
Flussdiagramm ... 473
Geschäft/Brainstorming ... 475
Geschäft/Diagramme ... 475
Geschäft/Geschäftsprozess ... 476
Geschäft/Organigramm ... 478
Geschäft/Pivotdiagramm ... 479
Konstruktion/Elektrotechnik ... 479
Konstruktion/Maschinenbau ... 482
Konstruktion/Verfahrenstechnik ... 484
Netzwerk/Netzwerk ... 486
Netzwerk/Webdiagramm ... 488
Pläne und Grundrisse/Bauplan ... 489
Pläne und Grundrisse/Karte ... 496
Software und Datenbank/Datenbank ... 497
Software und Datenbank/Software ... 498
Software und Datenbank/Webdiagramm ... 501
Terminplan ... 501
Visio-Extras ... 502

C Die CD-ROM zum Buch ... 507
Liste der Beispieldateien auf der CD-ROM ... 508

Stichwortverzeichnis ... 513

Der Autor ... 523

Vorwort

In diesem Kapitel:

Warum Microsoft Office Visio 2007?	16
Warum kein anderes Programm?	17
Eine kurze Geschichte von Visio	17
Die beiden Visio-Editionen	18
Über dieses Buch	19
Kontakt zum Autor	20

Warum Microsoft Office Visio 2007?

Vor vielen Jahren habe ich Visio das erste Mal gesehen. In der Version 3.0. Damals habe ich wenig Unterschiede zu anderen Grafik- oder Präsentationsprogrammen feststellen können. Aber je länger ich Visio unterrichte und je länger ich mich damit beschäftigt habe, desto begeisterter bin ich. Die Anwendungsmöglichkeiten sind schier unbegrenzt.

Es gibt zwei Gründe, warum ich dieses Programm so sehr liebe. Zum einen ist es einfach zu bedienen. Schon früh – lange bevor es von Microsoft gekauft wurde – wurde seine Benutzeroberfläche der von anderen Microsoft-Produkten der Office-Palette angepasst. So findet sich jemand, der schon mit den anderen Bestandteilen von Microsoft Office 2007 (Word, Excel oder PowerPoint) gearbeitet hat, leicht hinein und kann schnell Geschäftsdiagramme erstellen.

Stellen Sie sich einen gezeichneten Raumplan vor. Stellen Sie sich vor, Sie müssten alle Linien einzeln per Hand ziehen. Die Arbeit wäre immens groß. Oder stellen Sie sich einen LAN-Schrank vor. Um alle Patch-Stecker, alle Module, Bretter und sonstigen Elemente per Hand zu zeichnen, würde man Tage benötigen. Visio bietet für solche Probleme eine Reihe vorgefertigter Lösungen, deren Elemente lediglich auf die Seite gezogen und dort richtig verbunden werden. Schon ist das physikalische oder das logische Objekt fertig.

Der andere Vorteil liegt in der Tiefe. Vielleicht etwas versteckt und für den Benutzer nicht sofort sichtbar, liegen eine Reihe an Funktionen verborgen. Nicht nur, dass sich jeder Anwender eigene Shapes (Zeichenobjekte) erstellen und abspeichern kann, jeder kann diese Shapes mit einer »Logik« versehen. Was heißt das? Stellen Sie sich ein Quadrat vor. Zieht der Benutzer an einer der vier Seiten, dann wird das Quadrat zu einem Rechteck verzerrt. Nicht so bei Visio. Mit zwei Klicks können Sie die Eigenschaften des Quadrats so verändern, dass es immer ein Quadrat bleibt. Oder dass seine Größe gar nicht mehr verändert werden kann. Oder seine Lage. Das ist eine der offensichtlichen Stärken. Viel wichtiger dagegen ist jedoch, dass mit Symbolen auf einer Zeichnung bestimmte Informationen abgespeichert werden können. Stellen Sie sich als Zeichnung den Grundriss eines Bürogebäudes vor. In ihm sind nicht nur die elektrischen Installationen verzeichnet, sondern auch das Mobiliar und die dort aufgestellten Computer. An jedes dieser Objekte auf dem Zeichenblatt werden Informationen gebunden, wie beispielsweise Preis, Artikelnummer, Bezeichnung, Benutzer und so weiter. Nun kann mit einem Mausklick eine Inventarliste erstellt werden, in der nicht nur die Informationen angezeigt werden, sondern auch die Summe der Anschaffungskosten berechnet wird. Diese Liste kann ebenso direkt in Excel erstellt werden, sodass die Daten sofort weitergegeben werden können. Noch ein Beispiel: Stellen Sie sich eine Datenbank vor, in der die Mitarbeiter einer großen Firma aufgelistet sind. Per Knopfdruck soll in Visio ein Organisationsdiagramm erstellt werden, in dem jeder Mitarbeiter ein eigenes Kästchen besitzt, Hierarchien durch Linien gekennzeichnet werden und für jede Abteilung ein eigenes Zeichenblatt angelegt wird. Zwar stellt Visio für solche Standardaufgaben Assistenten zur Verfügung; wollen Sie jedoch eigene Funktionen hinterlegen, so können Sie Lösungen für solche Aufgaben selbst programmieren. Nicht nur, dass Sie »intelligente« Shapes erstellen und abspeichern können, Sie haben die Möglichkeit Informationen einer Zeichnung in Tabellen oder Datenbanken zu speichern. Oder Sie können umgekehrt Visio von außen steuern, indem Sie gespeicherte Informationen nach Visio übertragen, wo daraus ein Diagramm erzeugt wird. Dies sind die Themen des vorliegenden Buchs.

Warum kein anderes Programm?

Um es ganz deutlich zu sagen: Visio ist kein Zeichenprogramm, Visio ist kein Grafikprogramm und Visio ist kein Präsentationsprogramm! Vergleicht man Visio mit anderen Softwareprodukten, dann wird man schnell enttäuscht sein. Visio will dagegen etwas anderes: Es geht um das schnelle Erzeugen eines Geschäftsdiagramms mittels vorgegebener Symbole. Diese werden auf das Zeichenblatt gezogen, dort angeordnet, formatiert, beschriftet und möglicherweise mit Linien verbunden.

Visio ist übrigens auch kein CAD-Programm. Viele technische Zeichner, die seit Jahren mit einem CAD-Programm arbeiten, vermissen einige Funktionen in Visio. Zwar besitzt Visio einige Funktionen, die sicherlich aus dem CAD-Bereich übernommen sind. Dennoch: Betrachten Sie den Preis! Visio kostet etwa nur 10% von dem Preis eines CAD-Programms. Und: Visio kann angepasst werden.

Eine kurze Geschichte von Visio

Axon Corp., wie Visio Corp. zuerst genannt wurde, wurde 1990 von zwei Mitbegründern der Firma Aldus Corp. ins Leben gerufen. Aldus ist vor allem durch seinen PageMaker bekannt geworden; später fusionierte die Firma mit Adobe. Als Visio 1.0 1992 vorgestellt wurde, gewann es schnell wegen der einfachen Bedienbarkeit an Beliebtheit, die Firma benannte sich kurz vorher in ShapeWare Corp. um.

1993 stellte ShapeWare optionale Schablonen mit Shapes zur Verfügung, die »Visio Shapes« genannt wurden. Im August 1995 wurde mit Visio 4.0 eines der ersten Programme für das neue Windows 95 vorgestellt.

Nach den Versionen 1.0, 2.0, 3.0 und 4.0 begann Visio verschiedene Module zu entwickeln. Visio Technical wurde als CAD-begleitende Software 1994 am Markt angeboten – damals noch als Visio 4.1. 1995 wurde ShapeWare Corp. in Visio Corp. umbenannt und ging unter diesem Namen an die Börse. Als die Schablonen 1996 in »Visio Solutions Library« umbenannt wurden, wurden sogar Add-Ons zur Verfügung gestellt.

Visio Professional wurde 1996 entwickelt – damals als Version 4.5. 1998 folgte IntelliCAD, ein zu AutoCAD kompatibles CAD-Programm, das allerdings andere Supports benötigte als Visio und deshalb bald wieder aus dem Paket genommen wurde.

1999 wurde Visio von der Firma Microsoft Corp. gekauft. Damals gab es Visio als Version 2000 (eigentlich: Visio 6.0) mit den vier Paketen: Visio Standard, Professional, Technical und Enterprise. Visio, SmartShapes und Visio Solutions Library sind Warenzeichen oder eingetragene Warenzeichen der Visio Corp. in den USA und/oder anderen Ländern. Während Microsoft an dieser Version noch wenig änderte, so zeigten sich die Gestaltungselemente von Microsoft deutlich in der aktuellen Version 2002 oder Visio 10.0.

Weitere Informationen finden Sie auf der Microsoft-Website unter: *http://www.microsoft.com/germany/produkte/*. Dort wählen Sie den Link *Office* und anschließend in der Liste *Office Visio Professional 2007* oder *Office Visio Standard 2007* aus.

Die beiden Visio-Editionen

Visio lag in der Version 5.0 und 2000 in drei verschiedenen Editionen vor: Standard, Technical und Professional. Im Jahr 2002 wurde es auf zwei Pakete minimiert: Standard und Professional. Ebenso ist heute Visio in den beiden Paketen Standard und Professional erhältlich. Das Programm ist in beiden Versionen das gleiche – die Unterschiede liegen in den Shapes, Schablonen, Vorlagen und Assistenten. Der gesamte Umfang von Visio Standard findet sich ebenso in Visio Professional. Die folgende Tabelle listet die Unterschiede auf und versucht zu verdeutlichen, für welchen Benutzer welches Paket geeignet ist:

Standard	Professional
Benutzer	**Benutzer**
Mitarbeiter von Firmen:	Datenbank- und Netzwerk-Administration
Leitung	Datenbank-Programmierer
Finanzen	Netzwerk-Spezialisten
Planung, Projektmanagement	Software-Programmierer
Controlling	Elektrotechniker, Ingenieure
Verkauf und Marketing	Architekten, Innenarchitekten
	Maschinenbauer (Hydraulik, Pneumatik)
	Verfahrenstechniker
Zweck	**Zweck**
Geschäftsdiagramme erstellen	Informationssysteme und -prozesse darstellen
	Zweidimensionale technische Zeichnungen erstellen
Daten	**Daten**
Verwenden der Shape-Daten	Verwenden der Shape-Daten
Erstellen neuer Felder für Shape-Daten	Erstellen neuer Felder für Shape-Daten
	Integrieren von Daten aus Excel, Access oder dem Microsoft SQL-Server mit einem Diagramm
	Pivotdiagramme
Vorlagen	**Vorlagen**
Allgemein	Allgemein
Flussdiagramm	Flussdiagramm
Geschäft	Geschäft
Netzwerk	Netzwerk – jedoch mehr Vorlagen als in Visio Standard
Pläne und Grundrisse	Pläne und Grundrisse – jedoch mehr Vorlagen als in Visio Standard
Terminplan	Terminplan
	Konstruktion
	Software und Datenbank

Über dieses Buch

Die folgenden Schwerpunkte bilden die zentralen Themen des vorliegenden Buchs.

Kapitel 1 beschreibt die Grundlagen von Visio. Sollten Sie mit diesem Produkt noch nicht gearbeitet haben, sollten Sie dieses Kapitel gründlich lesen. Darin werden die wichtigsten Techniken in Visio erläutert, die Sie benötigen, um schnell und effektiv Zeichnungen erstellen zu können. Sollten Sie bereits mit Microsoft Visio Erfahrungen gesammelt haben, empfiehlt es sich dennoch, einen Blick auf dieses Kapitel zu werfen. Sicherlich ist die eine oder andere Information neu für Sie.

In Kapitel 2 werden Dinge beschrieben, die Sie in Visio nicht zu Beginn wissen müssen. Wenn Sie jedoch intensiver mit diesem Programm arbeiten, sollten Sie dieses Kapitel gründlich lesen, da dort sehr viele Details und Techniken von Visio beschrieben werden, die Sie sicherlich im Laufe Ihrer Arbeit benötigen werden.

In Visio können Sie Informationen – so genannte Shape-Daten – an Shapes binden. Da in Visio 2007 die Möglichkeiten der Shape-Daten gegenüber der Vorgänger-Version erweitert wurden, und weil Daten ein zentrales Thema in Visio darstellt, wurde diesem Thema ein ganzes Kapitel gewidmet. In Kapitel 3 werden sämtliche Möglichkeiten beschrieben, wie Sie mit vorhandenen Shape-Daten arbeiten, wie Sie an Shapes neue Datenfelder binden, wie Sie die Daten auslesen und nach Excel exportieren und wie Sie in Visio ein Pivotdiagramm erstellen.

Visio ist ein »offenes«, das heißt: erweiterbares Programm. Obwohl es einige Tausend Shapes zur Verfügung stellt, kann es durchaus vorkommen, dass Sie für Ihre Zwecke eigene Shapes benötigen. Wie Sie diese erstellen können, in eigenen Schablonen abspeichern, eigene Vorlagen erstellen und diese in Ihrer Abteilung oder Firma verteilen können, wird im Kapitel 4 beschrieben.

Kapitel 5 widmet sich den Assistenten. Einige von ihnen können die Arbeit beschleunigen (beispielsweise Shapes duplizieren oder verschieben), andere führen einen Export in eine Datenbank oder einen Import aus einer Datenbank durch.

Kapitel 6 bis 9 beschreiben die Vorlagen von Microsoft Office Visio Standard 2007. Da die beiden wichtigsten Vorlagen sicherlich das *Standardflussdiagramm* und das *Organigramm* sind, wurde ihnen am meisten Platz eingeräumt.

Kapitel 10 bis 13 erläutern die verschiedenen Vorlagen, mit denen Sie arbeiten können, wenn Sie Microsoft Office Visio Professional 2007 erworben haben.

Im Anhang A wurden sämtliche Tastenkombinationen aufgelistet, die Visio zur Verfügung stellt. Wenn Sie gerne mit dem Produkt arbeiten, dann empfiehlt es sich, einige der Tastenkombinationen auswendig zu lernen, da es Ihre Arbeit beschleunigt.

Häufig werde ich gefragt, ob es denn keine Übersicht über sämtliche Schablonen gibt. Gerade wenn Sie ein bestimmtes Shape suchen, jedoch nicht genau den Namen wissen, entpuppt sich die Suche als mühevoll. Deshalb wurden sämtliche Schablonen mit sämtlichen Shapes von Visio Standard und Professional aufgelistet.

Am Ende des Buches werden sämtliche Dateien aufgelistet, von denen Sie im Buch Abbildungen sehen. Sie können dort die Einstellungen testen, selbst die Assistenten anwenden oder die Beispiele als Vorlagen für eigene Zeichnungen verwenden. Keine der Dateien verlangt einen Speicherpfad; jede der Dateien kann direkt von der CD gestartet werden.

Kontakt zum Autor

Da ich Visio seit einigen Jahren unterrichte und auch Lösungen in Visio erstelle, bin ich sehr an Anregungen, Kritik und Meinungen interessiert. Wenn Sie Kontakt zu mir aufnehmen möchten oder mehr Informationen über mich haben möchten, dann finden Sie mich unter

http://www.compurem.de

Nun bleibt mir nur noch, Ihnen viel Spaß beim Lesen des Buchs zu wünschen.

René Martin im Juni 2007

Was ist neu in Visio 2007?

In diesem Kapitel:

Vorlagen, Schablonen und Shapes	22
Neue Arbeitstechniken	23
Shape-Daten	26
Format und Design	26
Unterstützung für Sybase und INFORMIX	27
Beispieldiagramme in Visio Professional 2007	27

Was ist neu in Visio 2007?

Dieses Kapitel soll Ihnen einen kurzen Überblick über Änderungen zu vorigen Versionen und die neuen Möglichkeiten in Visio verschaffen. Nicht nur, dass es für viele Anwender eigentlich im Verborgenen bleibende neue Dateiformate gibt, nein, auch die Shape-Daten wurden überarbeitet.

Vorlagen, Schablonen und Shapes

Was hat sich im Bereich von Vorlagen, Schablonen und Shapes alles getan?

Kategorien der Vorlagen und Schablonen

Die Liste der Vorlagenkategorien wurde überarbeitet. Es ist jetzt leichter, genau die richtige Vorlage zu finden, da die Vorlagenkategorien wie Geschäft, Flussdiagramm, Netzwerk, Terminplan und so weiter vereinfacht wurden. Ebenso wurden die Schablonen weiter gruppiert. So befinden sich beispielsweise im Menübefehl *Datei/Shapes/Geschäft* die Menüelemente *Brainstorming*, *Diagramme*, *Geschäftsprozess*, *Organigramm* und *Pivotdiagramm*.

Abbildg. 1   Die Kategorien wurden weiter aufgeteilt und erleichtern ein schnelles Auffinden der gewünschten Schablone

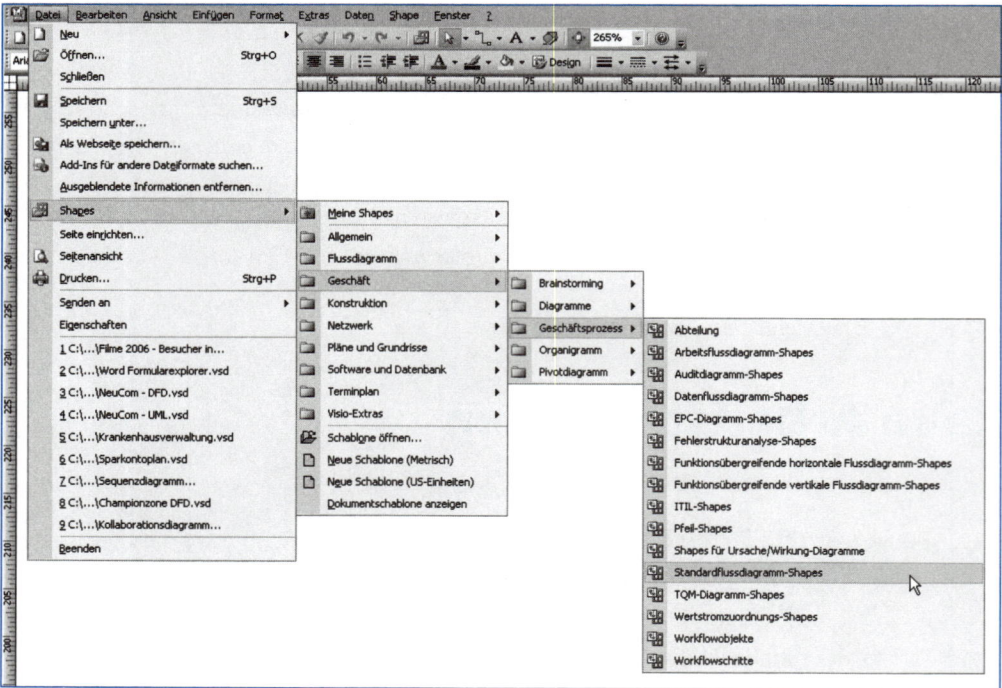

Neue Vorlagen und Shapes

Selbstverständlich wurden auch die Vorlagen und Shapes überarbeitet. Sie finden neue Vorlagen beispielsweise für Pivotdiagramme, Wertstromzuordnungen und ITIL (Information Technology Infrastructure Library). Für diese Vorlagen ist Office Visio Professional 2007 erforderlich. Mit den neuen Arbeitsfluss-Shapes in der neuen Vorlage Arbeitsflussdiagramm können Sie den Arbeitsfluss dynamischer darstellen. Die Arbeitsfluss-Shapes weisen ein neues isometrisches 3D-Format auf.

Pivotdiagramme

In Office Visio 2007 Professional ist ein neuer Diagrammtyp enthalten: das Pivotdiagramm. In Pivotdiagrammen werden Daten als eine Shape-Sammlung angezeigt, die als baumähnliche Struktur angeordnet ist und mit der Sie Daten in einem visuellen, leicht verständlichen Format analysieren und zusammenfassen können. Mithilfe von Pivotdiagrammen können Sie Ihre Geschäftsdaten visuell darstellen und analysieren, Detailinformationen anzeigen und mehrere Ansichten erstellen. Sie können sogar ein Pivotdiagramm in ein beliebiges anderes Visio-Diagramm einfügen, um eine vollständige Ansicht der Daten zu erhalten.

Menüs

Mehrere Menüs wurden in Visio 2007 geändert:

- Der Menübefehl *Ansicht* wurde aus dem Shape-Kontextmenü entfernt.
- Der Menübefehl *Shape* wurde aus dem Seiten-Kontextmenü entfernt.
- Der Menübefehl *Objektdaten* im Menü *Format* ist ausgeblendet. Sie können ihn jedoch einschalten, wenn Sie den Entwicklermodus aktivieren.
- Der Menübefehl *Benutzerdefinierte Eigenschaftensätze* ist im Menü *Extras* nicht mehr vorhanden.
- Das Menü *Daten* ist hinzugekommen.

Neue Arbeitstechniken

Folgende neue Arbeitstechniken sind in Visio 2007 möglich.

Erleichtertes Verbinden von Shapes

Wenn Sie den Mauszeiger über ein Shape auf dem Zeichenblatt halten, werden auf jeder Seite des Shapes blaue Pfeile angezeigt. Wenn Sie ein anderes Shape auf einen der blauen Verbindungspfeile ziehen, werden die beiden Shapes von Visio automatisch verbunden.

Design: Farben und Effekte

Das Farbschema aus Visio 2003 wurde durch das neue Feature *Design* ersetzt. Es setzt sich aus zwei Teilen zusammen: den Designfarben und den Designeffekten. Sie können zwischen beiden im Aufgabenbereich hin- und herwechseln. Beide Designs stellen Schemas zur Verfügung, die auf ein Zeichenblatt oder eine gesamte Zeichnung angewendet werden können. Sie finden dieses neue Feature im Menü *Format*.

Abbildg. 2   Der Aufgabenbereich mit den Design-Farben

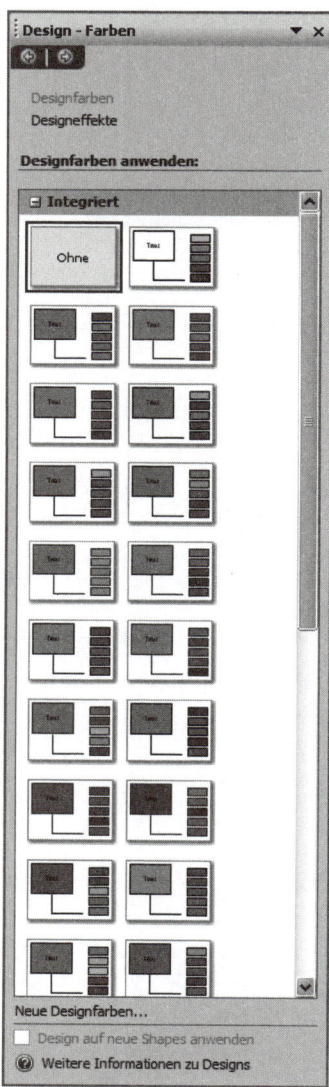

Vorschau mit dem Menübefehl *Erste Schritte*

Wenn Sie eine Vorschau der Diagrammtypen in einer Katalogeinstellung anzeigen möchten, klicken Sie im Menü *Neu* auf den Menübefehl *Erste Schritte*.

Abbildg. 3   Vorschau auf verschiedene Diagrammtypen

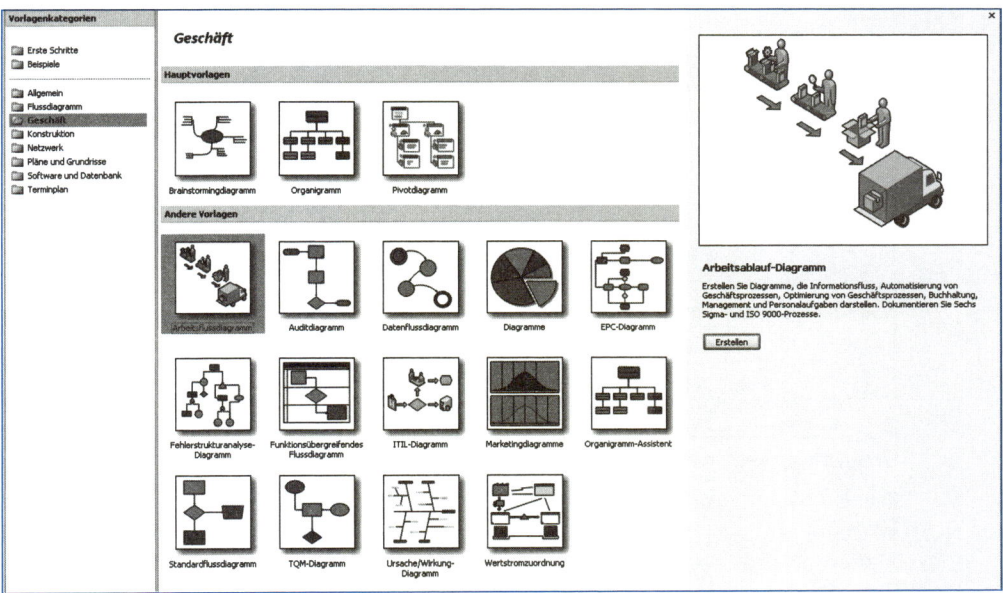

Mithilfe großer Miniaturansichten und Beschreibungen aller Vorlagen können Sie schnell die Vorlagen identifizieren, die für Ihre Diagramme am besten geeignet sind. Die am meisten verwendeten Visio-Vorlagen in den einzelnen Kategorien werden jetzt oben in jeder Kategorieansicht angezeigt, damit Sie sie schnell finden können.

Zu Visio gehört jetzt eine neue Verknüpfung zum Öffnen der zuletzt von Ihnen verwendeten Vorlagen, sodass Sie sie schneller öffnen können.

Das Dialogfeld *Speichern*

In Visio 2003 befand sich im Dialogfeld *Speichern unter* die Option *Arbeitsbereich speichern*. Diese wurde in das Dialogfeld *Eigenschaften* des Menüs *Datei* verschoben. Durch diese Änderung wird das Arbeiten im Vergleich zu anderen 2007 Office System-Programmen weiter vereinheitlicht.

Shape-Daten

Welche Erweiterungen und Verbesserungen gibt es im Bereich von Shape-Daten?

Verbinden von Diagrammen mit Datenquellen

Integrieren Sie Daten in Ihre Diagramme, indem Sie mit dem neuen Assistenten für die Datenauswahl eine Verbindung mit Microsoft Office Excel, Microsoft Office Access, Microsoft SQL Server und anderen häufig verwendeten externen Datenquellen herstellen. Sie können benutzerdefinierte Datenbereiche auswählen, die Daten filtern, die Sie importieren möchten, und sogar Diagramme mit mehr als einer Datenquelle verknüpfen.

Erstellen und Anzeigen von Daten in Visio

Nachdem Sie die Daten mit dem Diagramm verbunden haben, können Sie die Daten mithilfe des Fensters *Externe Daten* anzeigen. Klicken Sie im Aufgabenbereich *Datengrafiken* einfach auf das Format, mit dem die Daten in der gewünschten Weise im Diagramm dargestellt werden. Sie können Statusanzeigen für variable Daten, Pfeile für zunehmende und abnehmende Daten und Sterne für bewertete Daten verwenden. Sie müssen selbst keine Formatierungen vornehmen, die Formatierung wird von Visio angewendet.

Wählen Sie im Fenster Shapes ein Shape aus, und ziehen Sie dann eine Datenzeile aus dem neuen Fenster *Externe Daten* auf das Zeichenblatt. Visio fügt gleichzeitig dem Zeichenblatt das Shape hinzu und ordnet dem Shape die Daten zu.

Verknüpfen von Daten mit einzelnen Shapes in vorhandenen Diagrammen

Ziehen Sie eine Datenzeilen aus dem neuen Fenster *Externe Daten* auf ein Shape im Diagramm, um die Daten manuell mit dem Shape zu verknüpfen. Nachdem Sie Daten mit einem Shape verknüpft haben, werden die Daten im Fenster *Shape-Daten* angezeigt.

Format und Design

Das Feature *Organigrammdesigns* wurde durch das neue Feature *Designs* ersetzt. Das neue Feature *Designs* bietet viel mehr Funktionalität.

Die Menübefehle *Formatvorlage* und *Formatvorlagen definieren* sind standardmäßig ausgeblendet. Wenn Sie damit arbeiten möchten, müssen Sie das Kontrollkästchen *Im Entwicklermodus ausführen* aktivieren. Sie finden diese Option im Menübefehl *Extras/Optionen* in der Registerkarte *Weitere Optionen*.

Unterstützung für Sybase und INFORMIX

Die Möglichkeit zum Reverse Engineering von Sybase- und INFORMIX-Datenbanken wurde aus der Datenbankmodellierungslösung in Office Visio Professional 2007 entfernt. Durch diese Änderung kann Visio die weithin verbreiteten Datenbankverwaltungssysteme (DBMS) unterstützen.

Sie können weiterhin die generischen ODBC- und die generischen OLEDB-Treiber für das Reverse Engineering Ihrer Datenbank verwenden. Die generischen Treiber sollten in den meisten Fällen und für den größten Teil des Datenbankschemas funktionieren. Es können jedoch Schemadetails vorhanden sein, die für Sybase- oder INFORMIX-Datenbanken spezifisch sind und mit den generischen Treibern nicht zur Verfügung stehen.

Die NDS-Vorlage (Novell Directory Services, Novell-Verzeichnisdienst) und die zugehörigen Schablonen wurden entfernt.

Beispieldiagramme in Visio Professional 2007

Sie können sich jetzt neue Beispieldiagramme und -datenquellen ansehen, um Ideen zur Erstellung eigener datengesteuerter Diagramme zu sammeln. Sie finden diese direkt über den Menübefehl *?/Beispieldiagramme*.

Kapitel 1

Grundlagen von Visio

In diesem Kapitel:

Starten von Visio	30
Die erste Zeichnung	35
Die Online-Hilfe	39
Die Schablonen (Shapes)	42
Die (Master-)Shapes	45
Verbindungslinien	97
Zusammenfassung	104

Kapitel 1 Grundlagen von Visio

In diesem Kapitel werden die Grundlagen von Visio 2007 erläutert. Es wird die Oberfläche von Visio beschrieben, es wird erklärt, wie Sie Schablonen öffnen können, Shapes auf das Zeichenblatt ziehen, dort anordnen und ausrichten. Danach wird erläutert, wie Shapes beschriftet, formatiert und mit Verbindungslinien miteinander verbunden werden.

Starten von Visio

Wenn Sie Visio starten, öffnet sich der Bildschirm *Erste Schritte mit Microsoft Office Visio*. Dort werden Sie gefragt, mit welcher Vorlage Sie arbeiten möchten oder ob Sie eine vorhandene Datei öffnen möchten. Anders als in Word, Excel oder PowerPoint erhalten Sie nach dem Start des Programms kein leeres Dokument, in dem sofort losgearbeitet werden kann. Das hat einen guten Grund: Visio ist vorlagenbasiert. Sie sollten immer mit einer Dokumentvorlage und niemals mit einem leeren Zeichenblatt arbeiten. Der Grund wird im Laufe des Buches mehrfach erläutert.

Diese Vorlagen werden in der linken Leiste zu Kategorien gruppiert. Die Startseite, über die Sie die Vorlage auswählen können, sieht wie in Abbildung 1.1 aus:

Abbildg. 1.1 Der Visio-Startbildschirm

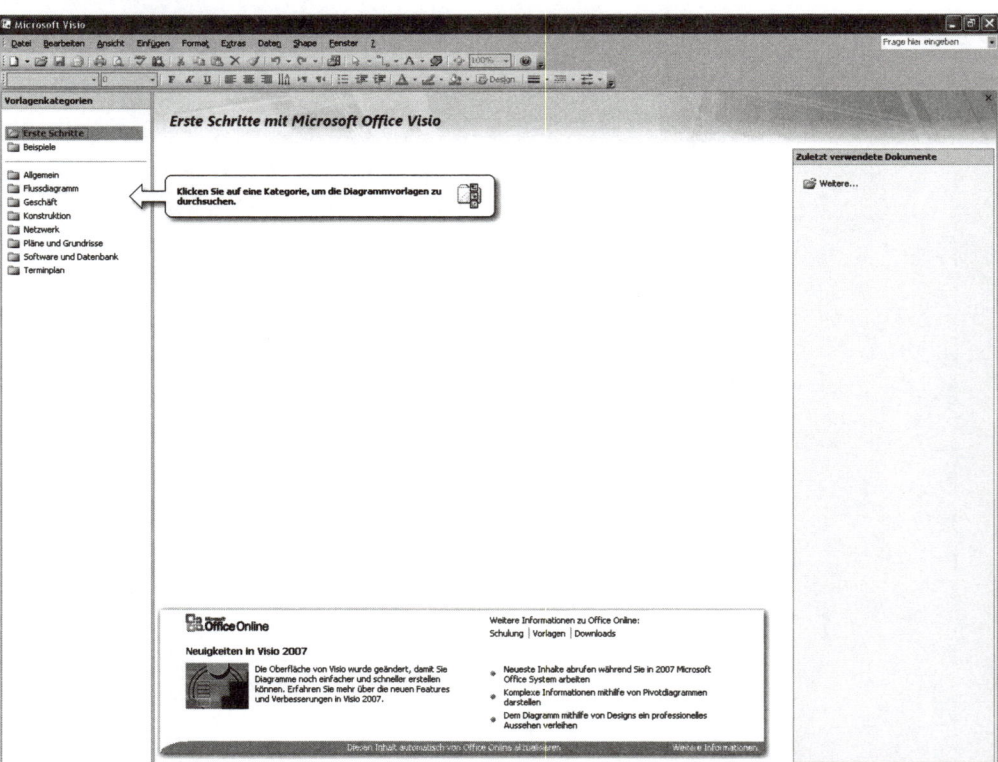

30

Der Visio-Startbildschirm

Falls Sie die Startseite zu Beginn nicht angezeigt haben wollen, können Sie sie über den Menübefehl *Extras/Optionen* in der Registerkarte *Ansicht* über das Kontrollkästchen *Bildschirm 'Erste Schritte'* ausschalten. Umgekehrt können Sie den Startbildschirm über den Menübefehl *Datei/Neu/Erste Schritte* jederzeit aktivieren.

> **HINWEIS** Die Einträge des Dialogfelds an der linken Seite unterscheiden sich zwischen Visio Standard und Visio Professional – Visio Professional besitzt mehr Vorlagen als Visio Standard.

Am linken Rand werden die verschiedenen Kategorien dargestellt. Wird eine der Kategorien ausgewählt, erscheinen die zugehörigen Vorlagen. Wenn Sie auf eine der Vorlagen klicken, erhalten Sie am rechten Rand nicht nur ein schematisches Vorschaubild, sondern auch einen kurzen Beschreibungskommentar über die Funktion der Vorlage. Ein Doppelklick auf die Vorlage oder ein Klick auf die Schaltfläche *Erstellen* führt zu der entsprechenden Vorlage (siehe Abbildung 1.2).

Abbildg. 1.2 Zu jeder Vorlage gibt es ein Vorschaubild und einen kurzen Kommentar

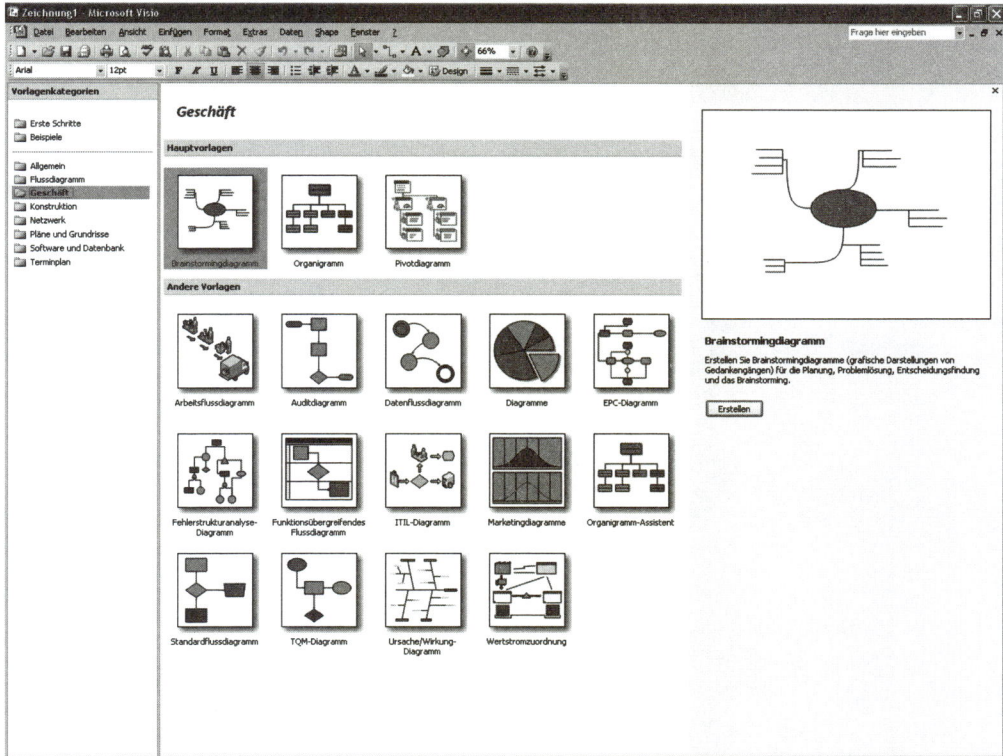

Umgekehrt fällt auf, dass eine Vorlage *Leeres Zeichenblatt*, *Leere Vorlage* oder Ähnliches in der Liste fehlt. Um diese zu erhalten, klicken Sie in der Symbolleiste auf das Symbol *Neu*. Ob Sie dabei zuvor das Dialogfeld abbrechen, ist unerheblich.

Abbildg. 1.3 Eine leere Datei wird erzeugt

Ein neues Zeichenblatt erhalten Sie in Visio auch über den Menübefehl *Datei/Neu/Neue Zeichnung* oder über die Tastenkombination [Strg]+[N].

Es steckt Methode dahinter, dass Visio nicht mit einem leeren Zeichenblatt beginnt. Normalerweise setzt die Standard-Arbeitstechnik das Arbeiten mit Vorlagen voraus. Die Gründe werden im Laufe der nächsten Kapitel erläutert. Da an dieser Stelle Visio in seiner Grundstruktur erläutert werden soll, beginnen wir mit einem leeren Zeichenblatt (siehe Abbildung 1.3).

HINWEIS Wenn Sie bereits mit Visio arbeiten und eine Vorlage geöffnet haben, dann wird der Menübefehl *Datei/Neu/Neue Zeichnung* oder die Tastenkombination [Strg]+[N] eine leere Datei öffnen, die auf der gleichen Vorlage basiert wie diejenige, in der Sie gerade arbeiten. Wenn Sie jedoch ein ganz leeres Zeichenblatt öffnen möchten, das auf keiner Vorlage basiert, müssen Sie sämtliche geöffneten Dateien schließen.

Abbildg. 1.4 Die Standardansicht von Visio

Bildschirmaufbau

Die einzelnen Elemente des Programms sind bekannt: Unter der Titelleiste liegt die Menüleiste; darunter befinden sich zwei Symbolleisten. Am linken und oberen Rand des Fensters sitzen die Lineale, am rechten und unteren Rand die Bildlaufleiste. Neben der unteren Bildlaufleiste befindet sich am linken Fensterrand eine Registerkarte, die die aktuelle Seite angibt (»Zeichenblatt-1«). Darunter die Statusleiste. Besteht die Zeichnung aus mehreren Zeichenblättern, werden diese als Registerkarten angezeigt. Dies ist sicherlich von Excel bekannt. Sollte eine der beiden Symbolleisten fehlen, kann sie über den Menübefehl *Ansicht/Symbolleisten* hergeholt werden. Nach dem Start von Visio sind die beiden Symbolleisten *Standard* und *Format* sichtbar. Wenn Sie weitere Symbolleisten benötigen, können Sie diese aus der Liste (Menübefehl *Ansicht/Symbolleisten*) auswählen oder Sie finden sie im Kontextmenü der Symbolleiste (klicken Sie dazu mit der rechten Maustaste auf die Menüleiste oder eine Symbolleiste).

Ebenso können Sie die Statusleiste und die Lineale ein- und ausschalten. Sie finden diese Option ebenfalls im Menü *Ansicht*. Die Menüleiste kann nicht verborgen werden. Sie kann wohl aber verschoben werden. Mit der Maus kann das linke, geriffelte Ende der Menüleiste angefasst werden. Damit können Sie die Menüleiste an eine andere Stelle platzieren.

Die Standardelemente

Einige Besonderheiten hat Visio aufzuweisen: Hinter einigen der Symbole befindet sich ein Dreieck, das darauf verweist, dass ein Dropdown-Menü geöffnet werden kann (Abbildung 1.5). Anfänger haben häufig Schwierigkeiten, wenn sie auf ein anderes Symbol umschalten, das ursprüngliche wiederzufinden.

Abbildg. 1.5   Hinter einigen Symbolen verbergen sich weitere Symbole

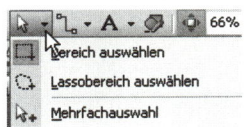

> **TIPP**   Merken Sie sich die Varianten, die sich hinter den drei Dropdown-Menüs *Zeiger-Tool*, *Automatischer Verbinder* und *Text-Tool* befinden.

Eine weitere Besonderheit finden Sie in den meisten der Dialogfelder. Dort existieren nicht nur die beiden Befehlsschaltflächen *OK* und *Abbrechen*, sondern auch *Übernehmen*. Wenn Sie Einstellungen in einem Dialogfeld vornehmen, können Sie mit der Schaltfläche *Übernehmen* eine Vorschau auf das markierte Shape aktivieren. Visio lässt das Dialogfeld offen, sodass Sie ihre Einstellungen korrigieren, verfeinern oder bestätigen (Schaltfläche *OK*) können. Mit der Schaltfläche *Abbrechen* werden alle Änderungen, die nicht bereits mit *Übernehmen* angewendet wurden, verworfen.

Abbildg. 1.6   Vor dem Bestätigen können Sie Ihre Einstellungen übernehmen und sehen das Ergebnis auf dem Zeichenblatt

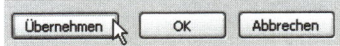

| Kapitel 1 | Grundlagen von Visio |

Und schließlich stellt Visio einige Fenster zur Verfügung. Sie finden sämtliche Fenster im Menü *Ansicht*. Alle Fenster können mit der Pinnadel *AutoAusblenden* festgestellt werden. Wenn Sie jedoch den Platz benötigen, können Sie die Funktion AutoAusblenden aktivieren und so dafür sorgen, dass nicht verwendete Fenster automatisch zusammenklappen, wenn sie nicht benötigt werden. Werden sie benötigt, dann genügt es, mit dem Mauszeiger über den Fensterbalken zu fahren (siehe Abbildung 1.7).

Abbildg. 1.7   Die Fenster können geöffnet oder geschlossen werden

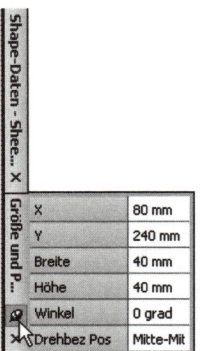

Die Bildlaufleiste (Abbildung 1.8) ermöglicht Ihnen, die Zeichnung vertikal und horizontal zu bewegen, um den benötigten Ausschnitt einer Zeichnung zu sehen und zu bearbeiten. Besteht eine Zeichnung aus zahlreichen Zeichenblättern, die durch die horizontale Bildlaufleiste teilweise verdeckt werden, können Sie zusätzliche, möglicherweise alle Blattregister ins Blickfeld rücken, wenn Sie die Größe der horizontalen Bildlaufleiste verändern.

Abbildg. 1.8   Die Bildlaufleiste

Der Antwort-Assistent – rechts in der Menüleiste – versucht, auf die von Ihnen eingegebene Frage eine passende Antwort zu finden. Mit den Symbolen in der rechten oberen Ecke des Bildschirms können Sie das Fenster auf verschiedene Weise und in individueller Größe darstellen. Die Symbole der unteren Reihe der Fenstersymbole beziehen sich hierbei auf die in Visio geöffnete Zeichnung, das obere Symbol auf das Programmfenster selber.

Tabelle 1.1   Die Fenstersymbole

Symbol	Bedeutung
—	Fenster auf Symbolgröße in der Taskleiste minimieren
⧉	Fenster in frei definierbarer Größe darstellen
×	Fenster schließen
◻	Fenster maximieren, Vollbildschirmmodus

Die Zeile unterhalb der Titelleiste ist die Menüleiste. Sie enthält in gruppierter Form die Pulldown-Menüs, die zum Teil noch weitere Unterebenen besitzen (Abbildung 1.9).

Abbildg. 1.9   Die Menüs können verschachtelt sein, wie beispielsweise der Menübefehl *Extras/Add-Ons*

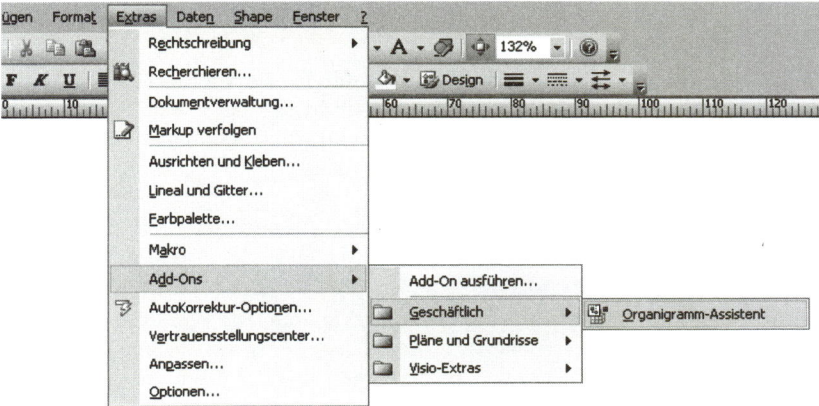

PROFITIPP

Sehr viele Anwender deaktivieren die personalisierten Menüs, das heißt die Option, die ihnen nur einen Teil der Menüeinträge anzeigt. Sie lassen sich immer sämtliche Menübefehle anzeigen, indem Sie sich nach Aufruf über den Menübefehl *Ansicht/Symbolleisten/Anpassen* in der Registerkarte *Optionen* das Kontrollkästchen *Menüs immer vollständig anzeigen* aktivieren.

Die erste Zeichnung

Um einfache geometrische Objekte zu erzeugen, brauchen Sie keine vorgefertigten Shapes. Dazu genügt es, über die Symbolleiste *Zeichnung* die entsprechenden Werkzeuge zu aktivieren.

Rechteck/Quadrat, Ellipse/Kreis und Linie

In der Standardsymbolleiste finden Sie ein Symbol *Zeichentools*.

1. Wenn Sie darauf klicken, öffnet sich eine weitere Symbolleiste (Abbildung 1.10). Mit ihrer Hilfe kann ein Rechteck, eine Ellipse oder eine Linie erzeugt werden.

Abbildg. 1.10   Mit dem Symbol *Zeichentools* wird die Symbolleiste *Zeichnung* geöffnet

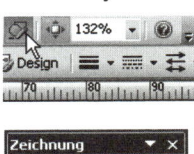

2. Um ein solches grafisches Objekt zu zeichnen, wählen Sie das Symbol aus.

3. Danach lassen Sie den Mauszeiger los und ziehen mit gedrückter linker Maustaste ein Rechteck auf dem Zeichenblatt auf.
4. Wird ein weiteres Rechteck oder eine weitere Ellipse benötigt, kann das nächste Objekt durch Ziehen erzeugt werden. Das Symbol bleibt aktiv. Wird beim Aufziehen die ⇧-Taste gedrückt, erzeugt Visio Quadrate und Kreise. Dies geschieht auch, wenn Sie die Maus fast im 45° Winkel ziehen, es wird dann zusätzlich zur Zeichenvorschau eine schräge Linie dargestellt.

Möchten Sie dagegen das Objekt verschieben, vergrößern oder verkleinern, sollten Sie den Standardzeiger (Zeiger-Tool; weißer Pfeil) verwenden. Befindet sich der Mauszeiger über einem Objekt, zeigt er unter dem Pfeil einen Vierfachpfeil an. Mit seiner Hilfe kann ein Objekt auf dem Zeichenblatt verschoben werden.

TIPP Das Werkzeug *Zeigertool* kann mit der Tastenkombination Strg+1 aktiviert werden.

Analog zu Rechteck und Ellipse können Sie Linien generieren. Die Symbole links neben der Ellipse stellen gerade Linien, Bögen (Viertelellipsen) und Freihandlinien zur Verfügung. Wird bei der einfachen Linie ⇧ gedrückt, wird sie nur waagrecht, senkrecht oder im Winkel von 45 Grad gezeichnet, wie in der Zeichnung in Abbildung 1.11.

Abbildg. 1.11 Eine Zeichnung aus Rechteck, Linie und Ellipse

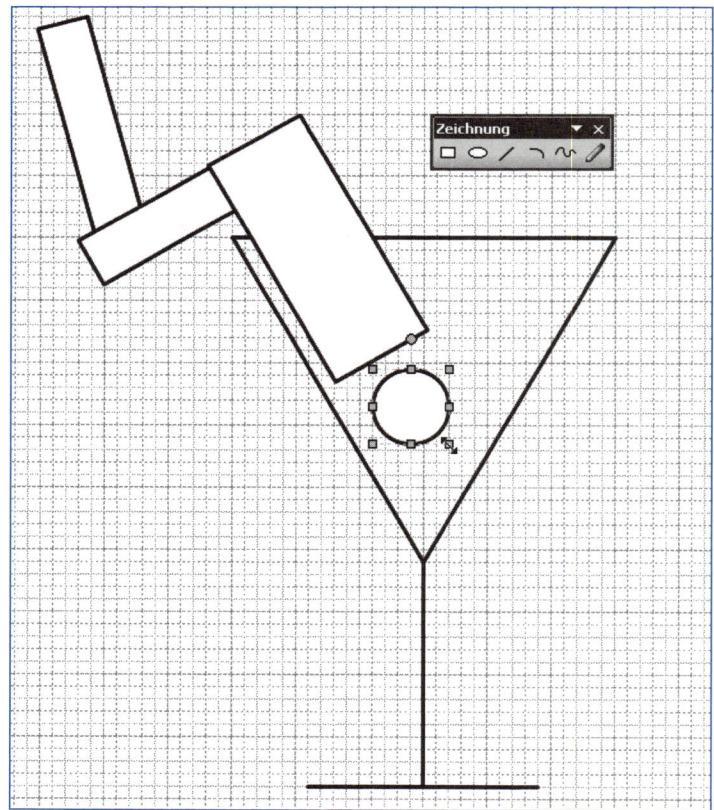

Sicherlich ist Ihnen aufgefallen, dass beim Aufziehen von Objekten eine diagonale Hilfslinie angezeigt wird (Abbildung 1.12). Sie dient zum komfortablen Erstellen von Quadraten und Kreisen.

Abbildg. 1.12   Beim Aufziehen von Objekten werden Hilfslinien angezeigt

Dieselbe Hilfe steht Ihnen bei der geraden Linie zur Verfügung. Sie können ohne weitere Hilfslinie waagrechte, senkrechte oder diagonale Linien im Winkel von 45 Grad zeichnen.

Mit dem *Bogen*-Werkzeug zeichnen Sie Viertelellipsen, das Freihandwerkzeug folgt dem Lauf der Maus, während das *Stift*-Werkzeug Streckenzüge (und Bogenzüge) erzeugt, wie in der Zeichnung in Abbildung 1.13 ersichtlich.

Abbildg. 1.13   Mit Linien, Bogen, Freihand-Zeichnen und Bleistift können geschwungene Kurven gezeichnet werden

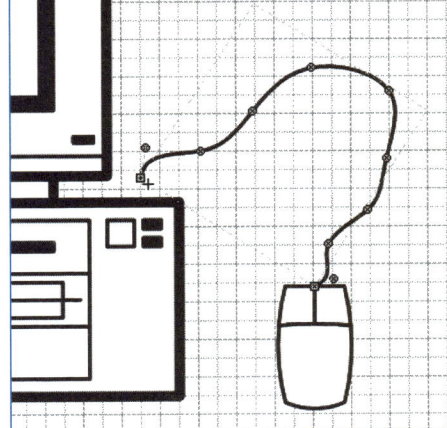

Doch anders als Corel Draw, Freehand oder Illustrator ist Visio kein Zeichenprogramm. Visio will etwas anderes: Stellen Sie sich vor, Sie zeichnen einen LAN-Schrank und müssen jedes Relais neu zeichnen. Zwar könnten Sie es kopieren, aber wenn Sie am Ende feststellen, dass eine Spezifikation nicht korrekt ist, dann müssten Sie von vorne beginnen. Oder zumindest jedes der Elemente anfassen und neu zeichnen. Das will Visio nicht. Visio stellt eine umfangreiche Bibliothek mit Symbolen zur Verfügung. Diese Symbole werden Shapes genannt, sie werden in Schablonen gespeichert.

Speichern und Öffnen, Schließen und Beenden

Jeder der bereits mit einem (Microsoft-)Softwareprodukt gearbeitet hat, dem ist klar, dass eine Datei, an der er arbeitet, regelmäßig gespeichert werden sollte. Gegenüber den anderen Anwendungsprogrammen gibt es keine Unterschiede im Dialogfeld *Speichern unter*. Sie wählen das Laufwerk, das Verzeichnis, den Dateinamen, unter dem die Visio-Zeichnung gespeichert werden soll. Im Laufe des weiteren Arbeitens sollten Sie regelmäßig speichern.

Ist im Menübefehl *Extras/Optionen* in der Registerkarte *Speichern/Öffnen* die Option *Beim ersten Speichern nach Dokumenteigenschaften fragen* aktiviert, werden Sie nach den Eigenschaften gefragt. Dort können Sie auch festlegen, dass mit der Zeichnung ein Vorschaubild gespeichert werden soll. Es wird im Windows-Explorer und beim Öffnen angezeigt.

> **HINWEIS** In Visio existiert – anders als in Word oder Excel – keine Möglichkeit, das Öffnen einer Datei nur denjenigen Benutzern zu gestatten, die das Kennwort kennen. Möchten Sie einen solchen Schutz einschalten, dann müssen Sie mit einem Zip-Programm ein Kennwort vergeben. Beispielsweise können Sie bei der Verwendung mit dem Programm WinZip beim Zippen ein Kennwort auf die komprimierte Datei legen.

Wenn Sie die Datei schreibgeschützt speichern, existiert keine Möglichkeit mehr, die Datei (fälschlicherweise) zu überschreiben. Sie können jedoch die Schutzoption im Windows-Explorer über das Kontextmenü *Eigenschaften* der Datei wieder aufheben. Existiert bereits eine Visio-Datei mit demselben Namen wie dem, unter dem Sie diese Datei speichern möchten, dann werden Sie darauf aufmerksam gemacht. Wenn Sie die Eigenschaften der Datei im Eigenschaftsdialogfeld modifizieren möchten, öffnen Sie diese über den Menübefehl *Datei/Eigenschaften*.

> **HINWEIS** Die anderen Optionen – speichern als Vorlage, Schablone oder XML-Datei, Als Website speichern oder Als PDF oder XPS veröffentlichen – werden ausführlich in Kapitel 2 beschrieben.

Beim Öffnen existiert – analog zu den anderen Anwendungsprogrammen – die Möglichkeit, das Vorschaufenster, die Detailliste, die mit der Datei gespeicherten Eigenschaften oder verschiedene Arten von Symbolen anzeigen zu lassen.

PROFITIPP
> Im Menü *Datei* finden Sie die zuletzt verwendeten Dateien. Setzen Sie die Anzahl von vier auf neun hoch: im Menü *Extras/Optionen* in der Registerkarte *Allgemein*.

Auch zum Drucken sind vorab keine besonderen Bemerkungen nötig: Im Drucken-Dialogfeld (*Datei/Drucken* oder `Strg`+`P`) wird der Drucker ausgewählt, bestimmt, ob die gesamte Datei, das aktuelle Zeichenblatt, bestimmte Zeichenblätter, die markierten Shapes oder die Bildschirmauswahl gedruckt wird. Weiterhin steht Ihnen die Möglichkeit zur Verfügung, die Datei mehrmals zu drucken.

Die Online-Hilfe

Geschlossen wird die Datei mit der Tastenkombination `Strg`+`F4` oder mit dem Menübefehl *Datei/Schließen*. Analog steht Ihnen – wie in jedem Windows-Programm – die rechte Schließen-Schaltfläche oder das linke Systemmenüfeld in der Titelleiste zur Verfügung.

Mit dem Menübefehl *Datei/Beenden* (oder `Alt`+`F4`) wird das Programm Visio beendet.

Die Online-Hilfe

Fast alle Visio-Dialogfelder verfügen in der linken unteren Ecke über eine Schaltfläche, die mit einem Fragezeichen versehen ist. Über sie wird die Hilfe aufgerufen (siehe Abbildung 1.14). Darin finden sich sämtliche Kategorien des Dialogfeldes, zu denen es eine Erklärung gibt. Beim ersten Öffnen der Hilfe sind die einzelnen Kategorien geschlossen – sie können mit einem Klick jedoch geöffnet werden. Wenn Sie den gesamten Inhalt anzeigen möchten, können Sie über den oberen Link *Alle anzeigen* sämtliche Kategorien öffnen. Selbstverständlich können Sie die Hilfeseite auch ausdrucken (über das Symbol oder `Strg`+`P`).

Abbildg. 1.14 Was bitte sind Kapitälchen?

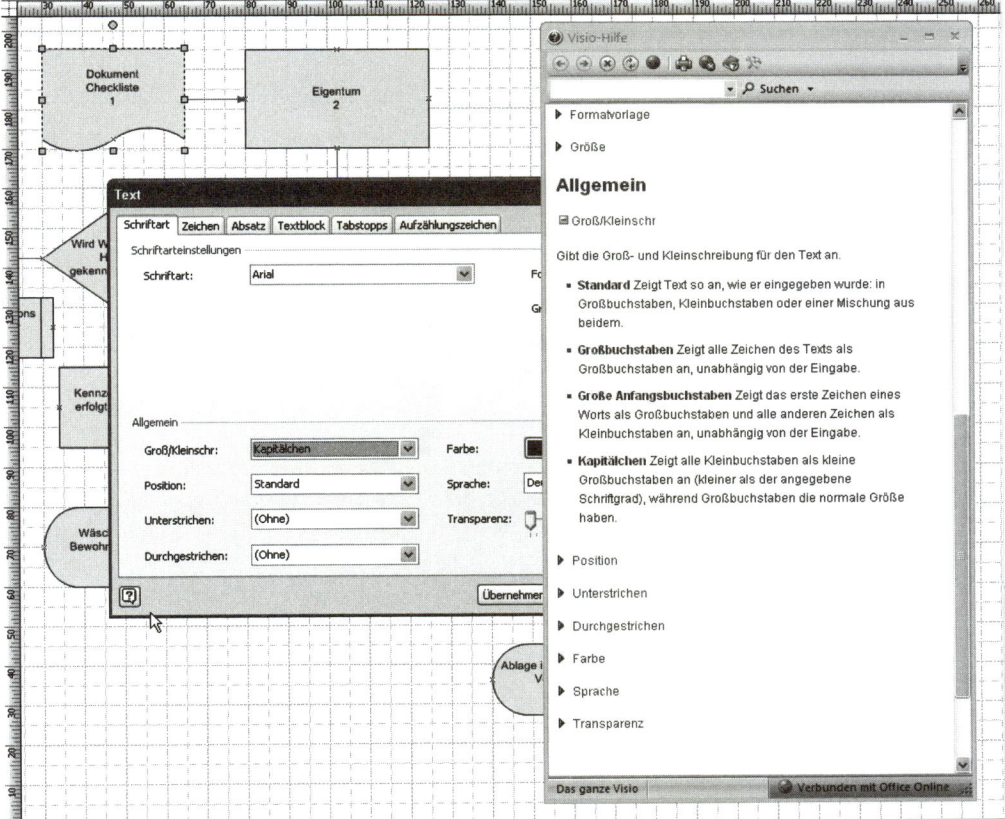

Kapitel 1 Grundlagen von Visio

Sie gelangen in die allgemeine Hilfe über die Funktionstaste `F1` oder das Menü *?/Microsoft Office Visio-Hilfe*. Sie sollten jedoch eine Verbindung zum Internet aktiviert haben. Dort können Sie über die entsprechenden Kategorien zu den gewünschten Themen navigieren. Am oberen Rand finden Sie Symbole (Abbildung 1.15), mit deren Hilfe Sie eine Seite zurück oder nach vorne navigieren können – diese Technik ist sicherlich vom Browser bekannt.

Da die Seite aus dem Internet geladen wird, kann das Laden unterbrochen werden, beziehungsweise die Seite kann erneut geladen werden.

Abbildg. 1.15 Die Symbole der Hilfeseite

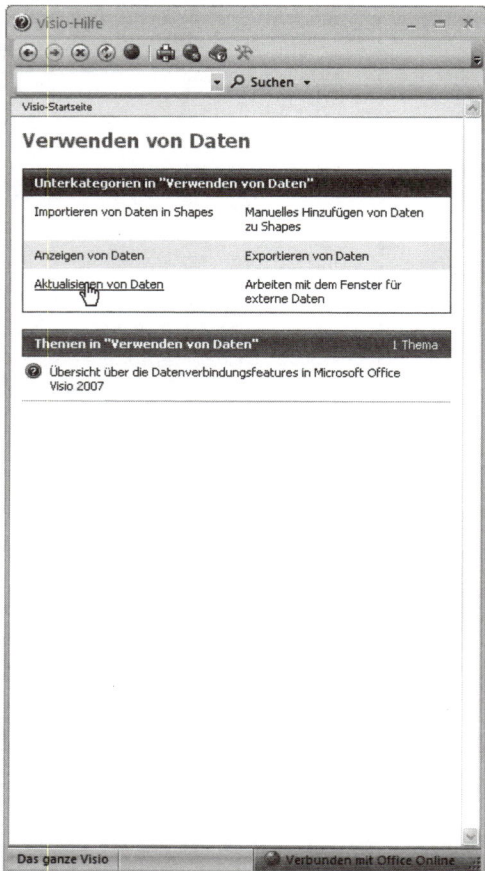

Abbildg. 1.16 Die hierarchisch aufgebaute Hilfe ermöglicht ein schnelles Finden der einzelnen Themen

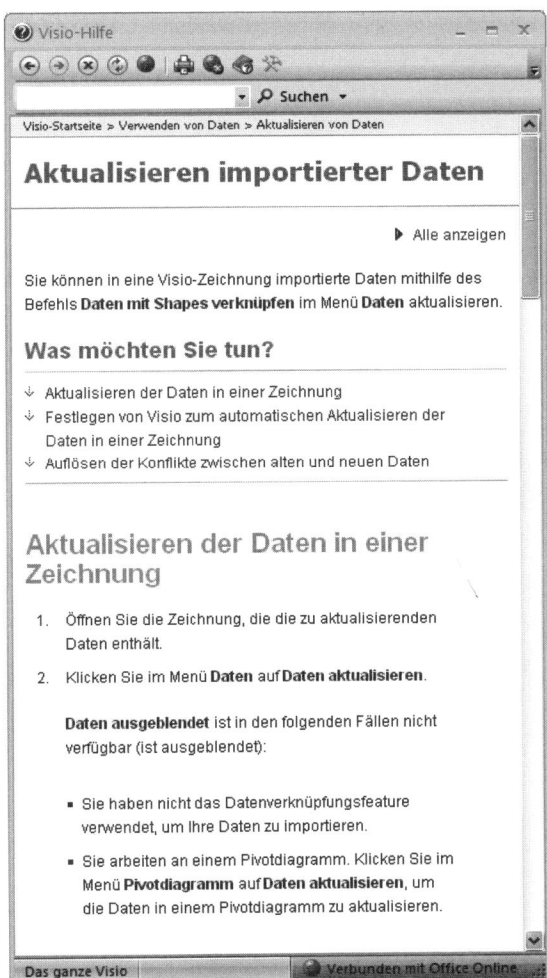

Im oberen Bereich kann ein Suchbegriff eingegeben werden. Hinter der Schaltfläche *Suchen* verbergen sich verschiedene Varianten, wo gesucht werden kann, sowohl im Internet als auch in lokalen Hilfedateien auf dem Computer: »Das ganze Visio«, »Visio-Hilfe«, »Visio-Vorlagen« und »Visio-Schulung«. Die Suche speichert die letzten Suchbegriffe, sodass die Liste, die sich hinter dem Eingabefeld verbirgt, aufgeklappt werden kann. Angezeigt werden die Begriffe, nach denen zuletzt gesucht wurde.

Die Schablonen (Shapes)

Möchten Sie eine Schablone öffnen, geht dies folgendermaßen:

1. Klicken Sie auf den Menübefehl *Datei/Shapes* oder auf das Symbol *Shapes* in der Standard-Symbolleiste.
2. Die Schablonen sind – analog zu den Vorlagen – in Kategorien unterteilt. Sie wählen die richtige Kategorie und dort die korrekte Schablone.
3. Klicken Sie mit der Maus auf den grauen Balken, um in eine andere, bereits geöffnete Schablone zu wechseln. Die nicht benötigten Schablonen sind am oberen oder am unteren Rand als dünner Balken sichtbar, wie in Abbildung 1.17 deutlich wird.

Abbildg. 1.17 Mehrere Schablonen wurden mit dem Menübefehl *Datei/Shapes* geöffnet

Die Lage kann mit einem Klick mit der rechten Maustaste auf die Titelleiste oder auf das grüne Systemmenüfeld festgelegt werden: Im Kontextmenü befindet sich der Menübefehl *Verankerung lösen*. Damit kann die Schablone frei auf dem Zeichenblatt bewegt werden. Sie können die Schablone mit der Maus auch einfach in der Titelleiste anfassen und frei auf das Zeichenblatt ziehen, wie Abbildung 1.18 zeigt. Am linken, rechten, oberen und unteren Fensterrand rasten sie ein, auf der Mitte der Seite sind sie frei schwebend. Dort können sie in Größe und Lage frei verändert werden.

Die Schablonen (Shapes)

Abbildg. 1.18   Verschiedene Positionen von Schablonen

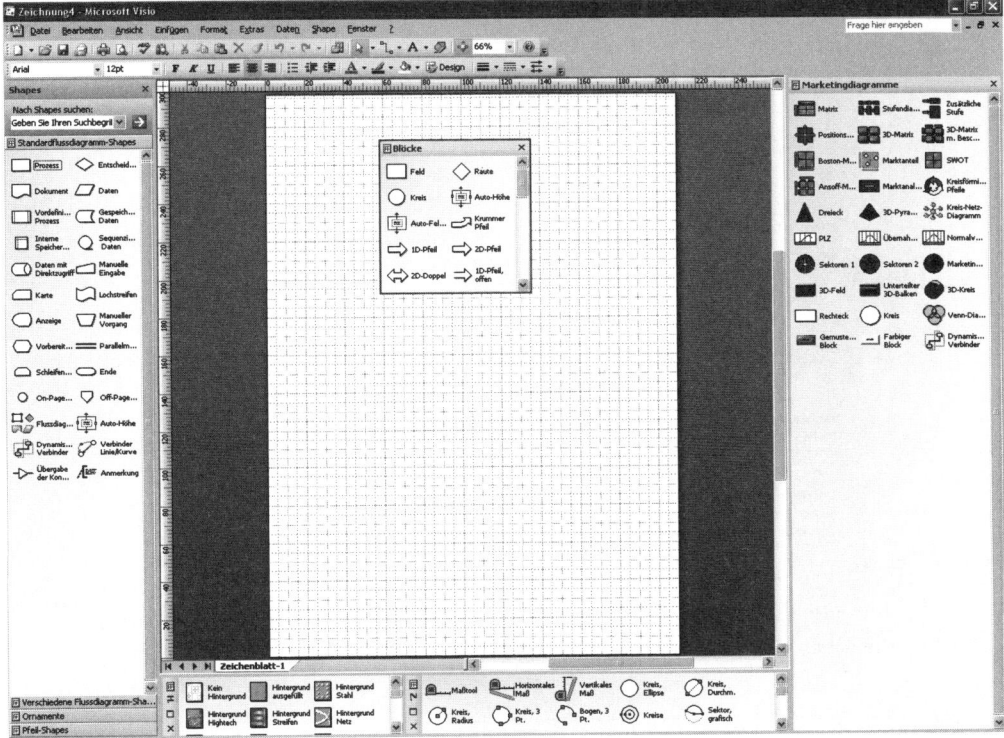

Befindet sich eine Schablone auf dem Zeichenblatt, kann sie mit der Maus verkleinert und vergrößert werden.

Abbildg. 1.19   Eine Schablone kann vergrößert und verkleinert werden

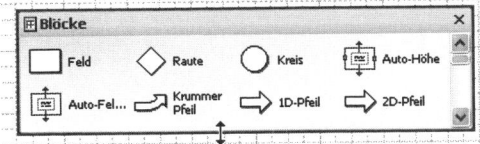

Über das Kontextmenü des Systemmenüfeldes und das Schließen-Symbol können Schablonen geschlossen werden. Ebenfalls ist es möglich, nur die Symbole oder nur die Beschriftung – statt der Symbole – anzuzeigen. Dazu müssen Sie mit der Maus auf das kleine, grüne Symbol in der linken, oberen Ecke klicken. Dort stehen Ihnen die Optionen *Symbole und Namen*, *Namen unter Symbolen*, *Nur Symbole*, *Nur Namen* und *Symbole und Details* zur Verfügung (Abbildung 1.20). Es ist nicht möglich, für jede Schablone eine andere Ansicht zu definieren – die Ansichten werden für alle geöffneten Schablonen verwendet.

Kapitel 1   Grundlagen von Visio

> **HINWEIS**   Wenn Sie keine Schablone mehr sehen, haben Sie fälschlicherweise die Schablonen über den Menübefehl *Ansicht/Shapes-Fenster* ausgeschaltet. Über dieses Menü können Sie die Schablonen wieder anzeigen lassen.

Abbildg. 1.20   Die verschiedenen Ansichten der Schablonen

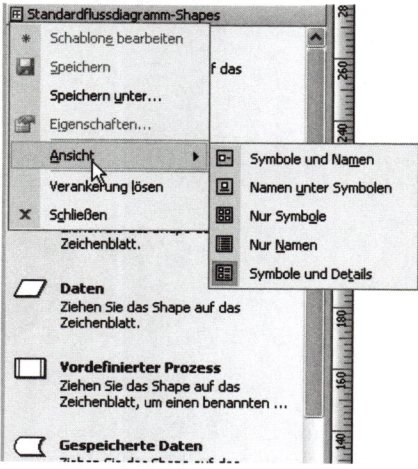

Tabelle 1.2   Die Schablonen

Funktion	Menü	Symbol
Schablone öffnen	*Datei/Schablonen*	
Leere Schablone öffnen	*Datei/Schablonen/Neue Schablone*	
Symbole und Namen		
Nur Symbole		
Nur Namen		
Symbole und Details		
Schablonen ein- und ausblenden	*Ansicht/Shapes-Fenster*	

Die (Master-)Shapes

In den Schablonen befinden sich die Shapes, oder genauer: die Master-Shapes. Sie erhalten weitere Informationen über die Shapes, wenn Sie den Mauszeiger über ein Master-Shape bewegen. Dann zeigt das QuickInfo einige Bemerkungen zum Shape an, wie Sie in Abbildung 1.21 erkennen können.

Abbildg. 1.21   Die QuickInfo liefert Informationen über das Shape

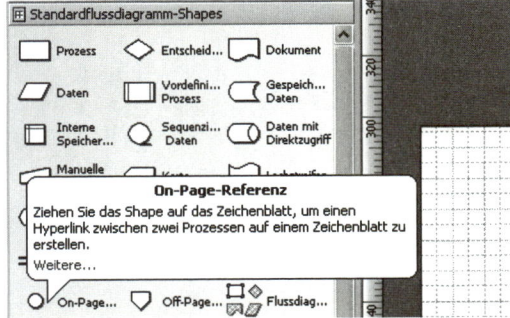

Visio Professional stellt mehr als 150 Schablonen und damit mehrere tausend Shapes zur Verfügung. Was ist allerdings zu tun, wenn ein Shape oder eine Schablone nicht gefunden wird? In welcher Schablone befindet es sich dann? Visio stellt für diesen Zweck ein Programm zur Verfügung: den Shape-Explorer. Gehen Sie wie folgt vor:

1. Über den Schablonen befindet sich eine Zeile. Tragen Sie dort das Stichwort ein, nach dem Sie suchen.
2. Bei der ersten Suche werden Sie gefragt, ob Sie einen Index generieren möchten. Wenn Sie noch nicht viel Erfahrung mit Visio haben und nicht wissen, in welcher Schablone sich welche Shapes befinden, sollten Sie diese Frage bejahen. Dann werden die Suchergebnisse schneller angezeigt, weil nun nur noch der Index durchsucht werden muss und nicht mehr jede einzelne Schablone beziehungsweise jedes einzelne Shape.
3. Die Suche liefert das Ergebnis in einem neuen Fenster.

Abbildg. 1.22   Der Shape-Explorer hilft bei der Suche nach speziellen Shapes

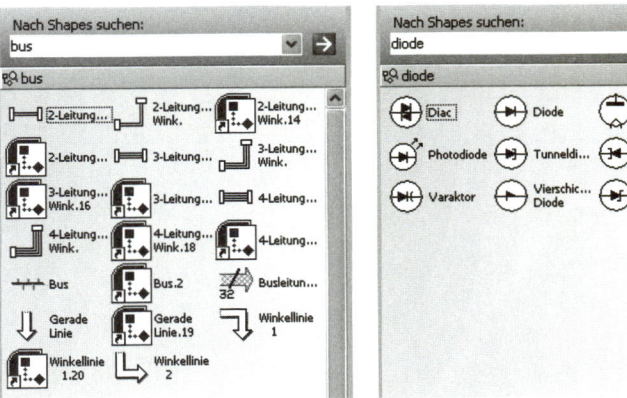

Dieser Such-Explorer kann für technische Elemente wichtig sein, da in einigen Schablonen sehr viele dieser Elemente abgelegt sind. Suchen Sie ein bestimmtes technisches Detail, dessen Begriff bekannt ist, so ist die Suche meist erfolgreich. Dem Shape-Explorer liegt eine Datenbank zugrunde. Sie enthält die Liste aller Shapes. Wenn neue Shapes erstellt und abgespeichert werden, wird diese Datenbank nicht automatisch aktualisiert.

Bei sehr allgemeinen Suchbegriffen werden möglicherweise zu viele Shapes gefunden. Sie können die Suche beschränken, indem in den *Optionen* auf der ersten Registerkarte *Allgemein* eingestellt wird, welche Objekte gesucht werden. Sie gelangen über das Kontextmenü des grünen Pfeils dorthin oder über den Menübefehl *Extras/Optionen*.

Dort können Sie einstellen, ob zwei Suchbegriffe mit *und* oder *oder* verknüpft werden, wie die Ergebnisse sortiert sind, ob das Ergebnis in einem neuen Fenster ausgegeben wird beziehungsweise ob eine Warnmeldung bei mehr als 100 Ergebnissen angezeigt werden soll (siehe Abbildung 1.23).

In dieser Registerkarte könnten Sie sogar das Suchfenster schließen (*Bereich 'Shape suchen' anzeigen*), falls Sie mehr Platz für Ihre Schablonen benötigen. Wurden Shapes gefunden, können Sie diese auf die Zeichnung ziehen und damit arbeiten.

Abbildg. 1.23 Die Suche kann verfeinert werden

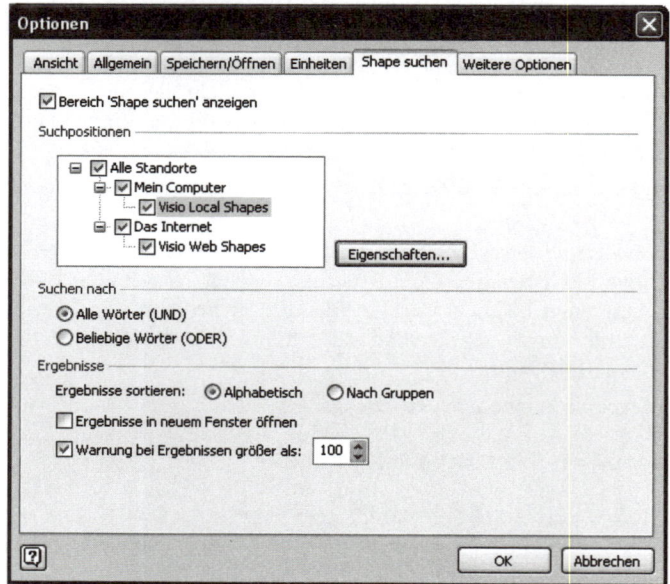

Shapes erzeugen

Um ein Shape auf dem Zeichenblatt zu erhalten, wird es mit Drag & Drop aus der Schablone auf das Blatt gezogen.

Während Rechtecke und Ellipse aus der Symbolleiste angeklickt werden und danach auf dem Zeichenblatt ein Rechteck erzeugt wird, werden die Master-Shapes aus der Schablone direkt herausgezogen. Dies hängt unter anderem mit der Größe zusammen. Die Größe der Shapes ist in den Master-Shapes festgelegt und wird als Standard für neue Elemente verwendet.

PROFITIPP
> Eine weitere Möglichkeit, ein Shape zu erzeugen, besteht darin, den Shape-Stempel zu aktivieren. Er muss über den Menübefehl *Ansicht/Symbolleisten/Anpassen* aus der Kategorie *Zeichentools* in eine Symbolleiste gezogen werden. Ist er aktiviert, können Sie das in der Schablone aktivierte Shape auf das Zeichenblatt »stempeln«. Dabei wird jeweils das Shape, das in der Schablone markiert ist, auf dem Blatt erzeugt, wie beispielsweise die Geldsäcke in Abbildung 1.24.

Abbildg. 1.24 Mit dem Stempel können schnell mehrere gleiche Shapes auf einem Zeichenblatt erzeugt werden

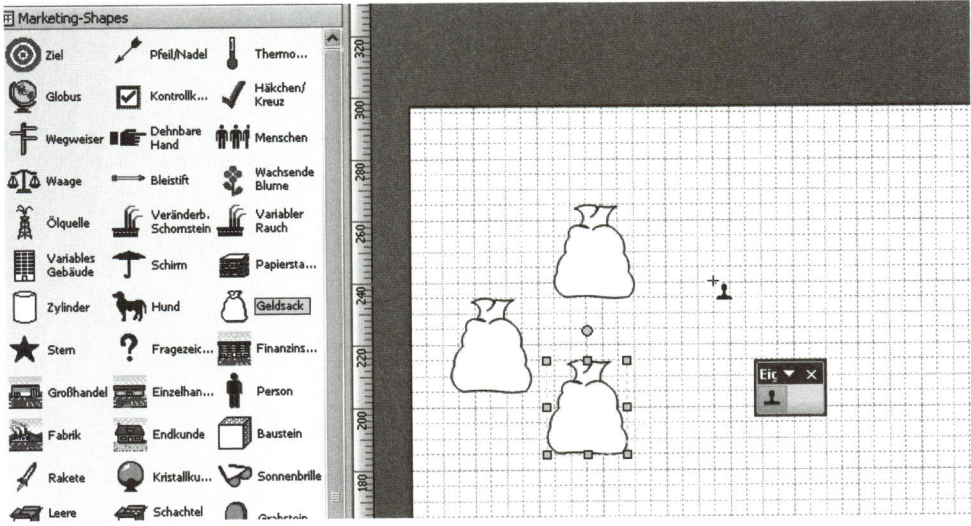

Sie könnten sogar mit gedrückter ⇧-Taste mehrere Shapes in einer Schablone markieren und dann gleichzeitig herausziehen. Jedoch scheint diese Methode umständlich, da sich die neuen Shapes auf dem Zeichenblatt überlagern und nicht an der richtigen Position sitzen.

HINWEIS Wenn Sie ein neues Shape erzeugen möchten, das mit einem alten verbunden ist, könnten Sie es auch in der Schablone auswählen. Klicken Sie anschließend auf den blauen Pfeil des Shape auf dem Zeichenblatt. Welches Shape aus der Schablone erzeugt wird, wird über ein QuickInfo angezeigt. Mehr zu dieser Technik finden Sie im Abschnitt Verbindungslinien.

Shapes markieren

Zum Markieren von Shapes gehen Sie wie folgt vor:

1. Markieren Sie ein Shape mit einem einfachen Mausklick. Achten Sie darauf, dass das Zeigertool (der Standardzeiger) aktiviert ist.
2. Sie lösen die Markierung auf, indem Sie auf das Zeichenblatt klicken oder die Taste `Esc` drücken.
3. Markieren Sie mehrere Shapes, indem Sie entweder mit gedrückter linker Maustaste ein Rechteck um die zu markierenden Shapes ziehen oder einzelne Shapes mit gedrückter `⇧`-Taste (oder `Strg`-Taste) auswählen.
4. Fügen Sie zu einer Mehrfachauswahl weitere Shapes hinzu, indem Sie die `⇧`-Taste (oder die `Strg`-Taste) gedrückt halten und das oder die neuen Shapes nacheinander anklicken.
5. Sie müssen nicht ein Rechteck um Shapes ziehen, die Sie markieren möchten. Wählen Sie aus der Symbolleiste hinter dem *Zeigertool* das Symbol *Lassobereich auswählen*. Anschließend können Sie eine beliebige Freihandform um die Shapes ziehen.

Wenn Sie häufig neue Shapes zu einer vorhandenen Gruppe hinzumarkieren möchten, können Sie hinter dem *Freihand*-Werkzeug das Symbol *Mehrfachauswahl* aktivieren. Dann wird jedes neue angeklickte Shape zu den anderen Shapes dazumarkiert. Ein Klick auf ein bereits markiertes Shape entlässt dieses wieder aus dem Verbund.

> **TIPP** Sie können nicht nur zu einer Gruppe an markierten Shapes ein weiteres hinzumarkieren – Sie können ebenso eines wieder ausschließen: Drücken Sie hierzu die `⇧`-Taste und klicken Sie auf das Shape, das nicht markiert sein soll.

Abbildg. 1.25 Ein Shape ist markiert

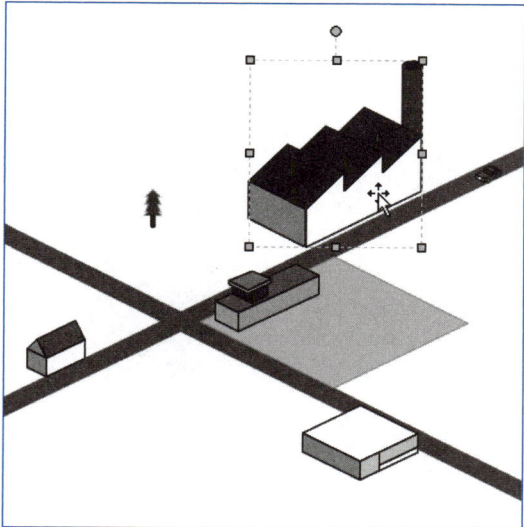

Da Führungslinien unendlich lang sind, können sie nicht durch Umfahren mit dem Mauszeiger markiert werden, sondern nur durch Anklicken. Jedoch werden sie bei der Option *Bearbeiten/Alles markieren* mit markiert.

Die (Master-)Shapes

PROFITIPP — Im Menübefehl *Extras/Optionen* in der Registerkarte *Allgemein* wird festgelegt, ob das aufgezogene Rechteck um alle zu markierenden Shapes gezogen werden muss oder ob es genügt, wenn die zu markierenden Shapes sich teilweise innerhalb des Rahmens befinden. Diese Einstellung ist hilfreich, wenn Sie die Methode des Aufziehens eines Rechtecks um die Shapes benützen, um diese zu markieren.

Befindet sich ein Shape direkt hinter einem anderen, wird mit dem ersten Klick das vordere Shape markiert. Mit einem zweiten Klick (kein Doppelklick) ist nun das dahinter liegende Shape ausgewählt.

Abbildg. 1.26   Mehrere Shapes sind markiert

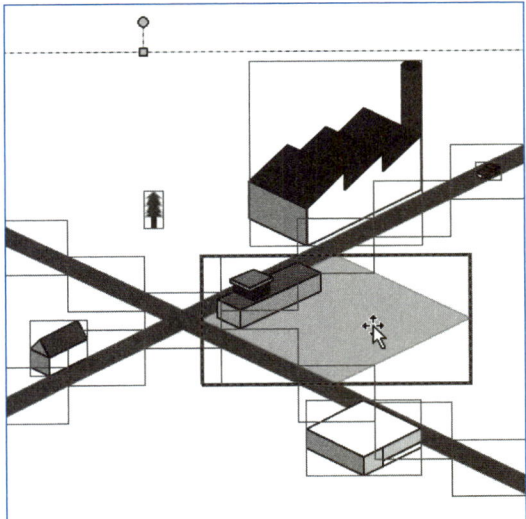

Wollen Sie alle Shapes eines Zeichenblatts markieren, können Sie dies über den Menübefehl *Bearbeiten/Alles auswählen* (oder mit der Tastenkombination [Strg]+[A]) tun. Bestimmte Shapes können über den Menübefehl *Bearbeiten/Auswahl nach Typ* ausgewählt werden (siehe Abbildung 1.27). Dort stehen Ihnen Auswahlmöglichkeiten zur Verfügung, mit denen nur Shapes, Gruppen, Linien, OLE-Verknüpfungen, Bitmaps oder Bilder ausgewählt werden können. Selbstverständlich sind auch mehrere Kombinationen möglich, beispielsweise alle Shapes und Gruppen (da möglicherweise einige Shapes gruppiert sind).

HINWEIS — Beachten Sie, dass, wenn Sie nur eine Kategorie auswählen möchten, Sie nicht alle Kontrollkästchen bis auf diese eine Option ausschalten müssen, sondern dass Sie mit *Ohne* sämtliche Optionen deaktivieren können. Anschließend können Sie ein Kontrollkästchen auswählen. Umgekehrt können sämtliche Kontrollkästchen eingeschaltet werden (*Alle*).

Auch wenn Führungslinien (und auch Bitmaps) intern Shapes sind, so werden sie nicht unter *Shapes* subsumiert. Verbindungslinien sind dagegen sehr wohl *Shapes*.

Das Dialogfeld *Auswahl nach Typ* erweitert nicht eine bestehende Markierungsgruppe, sondern hebt sämtliche Markierungen auf und markiert neu.

Oder Sie können Shapes auswählen, die sich auf einem bestimmten Layer befinden. Master-Shapes in einer Schablone liegen häufig auf Layern, sodass leicht »gleichartige« Shapes markiert werden können. Die Liste der vorhandenen Layer wird im Dialogfeld angezeigt.

Abbildg. 1.27   Die Subway-Linien liegen jeweils auf einem Layer und können so leicht markiert werden

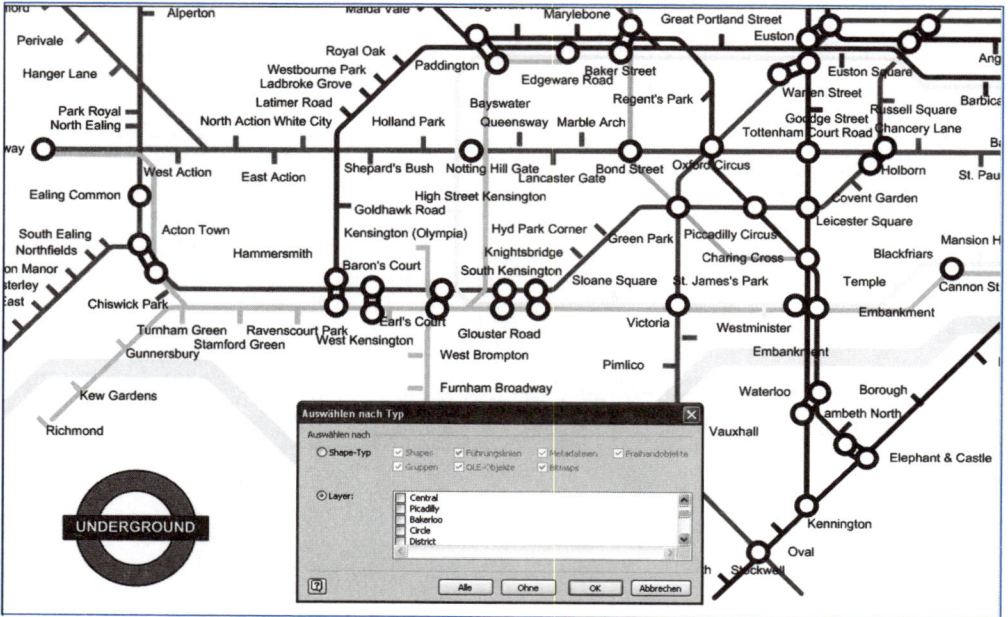

Wird mehr als ein Shape markiert, werden nicht mehr die Größenänderungs-Kontrollpunkte (Anfasser) angezeigt, sondern jedes Shape wird durch eine magentafarbene Umrandung gekennzeichnet. Leider wird an keiner Stelle in Visio angezeigt, welches Shape oder wie viele Shapes markiert sind.

TIPP   Übrigens können Sie mit der ⇥-Taste die Markierung von einem Shape auf ein anderes setzen. Wird nacheinander ⇥ gedrückt, so erscheint eine dünne gestrichelte Linie um ein Shape. Mit der ↵-Taste kann dieses Shape markiert werden.

Beachten Sie, dass man Shapes so sperren kann, dass sie nicht markiert werden können. Über den Menübefehl *Format/Schutz* wird die Option *gegen Auswahl* aktiviert; anschließend wird über das Zeichnungsexplorerfenster (Menü *Ansicht*) im Kontextmenü *Dokument schützen/Shapes* aktiviert.

Es existiert eine Alternative zum Sperren über Schutz. Sämtliche Shapes, die sich auf einem Layer befinden, können über den Menübefehl *Ansicht/Layereigenschaften* gesperrt werden. Danach ist es nicht mehr möglich, sie zu markieren.

ACHTUNG   Das Größen- und Positionsfenster zeigt nicht die Gesamtgröße des Rahmens um sämtliche markierte Shapes an, sondern nur die Höhe und Breite des zuerst markierten Shapes. Dies ist daran erkennbar, dass es dicker markiert ist.

Shapes löschen

Ein oder mehrere Shapes auf einer Seite können mit der Taste `Entf` oder mit dem Menübefehl *Bearbeiten/Löschen* gelöscht werden. Das Löschen kann über den Menübefehl *Format/Schutz* verhindert werden. Dies kann beispielsweise sinnvoll sein, wenn Sie nicht möchten, dass ein Benutzer fälschlicherweise das Firmenlogo auf dem Zeichenblatt löscht. Ist über *Ansicht/Layereigenschaften* eine Sperre gesetzt, kann der Anwender ebenfalls nicht die Shapes löschen, die auf einem bestimmten Layer liegen.

Rückgängig

Selbstverständlich steht Ihnen für die meisten Aktionen ein Rückgängig-Befehl zur Verfügung. Damit können bis zu 99 Schritte rückgängig gemacht werden. Die Anzahl der Rückgängigmöglichkeiten wird im Menübefehl *Extras/Optionen* auf der Registerkarte *Allgemein* eingestellt. Die Standardeinstellung beträgt 20 Schritte. Ein Erhöhen dieser Zahl bewirkt natürlich, dass mehr Arbeitsspeicher benötigt wird.

ACHTUNG Beachten Sie, dass nach dem Speichern des Dokumentes ein Rückgängigmachen nicht mehr möglich ist!

Shapes verändern: Position

In Visio existieren zwei unterschiedliche Arten von Shapes:
1. eindimensionale (Linien)
2. zweidimensionale (Rechtecke).

Ob es sich bei einem Objekt um ein ein- oder zweidimensionales Objekt handelt, kann über den Menübefehl *Format/Verhalten* herausgefunden werden.

HINWEIS Beachten Sie, dass diese Eigenschaft nichts mit dem Aussehen des Shapes zu tun hat – es beschreibt lediglich ein Grundverhalten in Visio.

Sehr schnell erkennen Sie, ob ein Shape eindimensional oder zweidimensional ist. Wenn Sie ein zweidimensionales Shape (ein »Rechteck«) markieren, dann sind um das markierte Shape acht Markierungspunkte oder Anfasser sichtbar: Vier Eckanfasser und vier seitliche Anfasser. Sie lösen die Markierung auf, indem Sie auf das Zeichenblatt klicken oder die Taste `Esc` drücken. Ein eindimensionales Shape ist jedoch durch seinen grünen oder roten Anfangs- und Endpunkt bestimmt.

Ein markiertes Shape kann in seiner Lage verändert werden, indem es mit gedrückter linker Maustaste auf dem Zeichenblatt verschoben wird. Vielleicht wundern Sie sich, dass das Shape sich in bestimmten Schritten bewegt. Dies hängt mit dem voreingestellten Gitter (Raster) zusammen. Normalerweise ist im Menübefehl *Extras/Lineal und Gitter* ein feiner Gitterabstand eingestellt. Dies bewirkt, dass ein Shape nicht frei verschoben werden kann, sondern nur innerhalb des vorgegebenen Gitters. Wollen Sie diese Option eingeschaltet lassen, möchten Sie allerdings, dass das Shape in noch feineren Schritten bewegt werden kann, dann müssen Sie den Zoomfaktor vergrößern. Die drei Optionen *fein*, *Standard* und *grob* sind im Verhältnis zum momentan aktiven Zoomfaktor zu sehen. Wollen Sie das Gitter deaktivieren, dann können Sie dies über *Extras/Einrasten und Kleben* erreichen.

> **TIPP** Um ein Shape nur waagrecht oder nur senkrecht zu verschieben, können Sie beim Verschieben die ⇧-Taste drücken. Dann ist keine diagonale Bewegung auf dem Zeichenblatt mehr möglich.

Sie können ein Shape auch mit der rechten Maustaste verschieben.

Wenn Sie über den Menübefehl *Extras/Ausrichten und Kleben* die Option *dynamisches Gitter* aktivieren, wird eine temporäre Hilfslinie angezeigt, wenn ein Shape in Bezug zu einem anderen verschoben wird. Es erleichtert das schnelle und exakte Ausrichten.

> **TIPP** Mit Drag & Drop kann ein Shape nicht nur auf der Seite verschoben werden. Auch das Zeichenblattübergreifende Verschieben funktioniert, indem Sie das Shape auf die Registerkarte ziehen, einen Moment warten, bis auf das neue Blatt umgeschaltet wird und anschließend das Shape auf dem zweiten Blatt fallen lassen. Auch ein dateiübergreifendes Verschieben ist möglich, wenn Sie zuvor beide Dateien nebeneinander anordnen (Menü *Fenster*) und anschließend mit der Maustaste von einer Zeichnung in eine andere ziehen.

Zum Verschieben können Sie ebenso die vier Pfeiltasten (←, →, ↑ und ↓) verwenden.

Die Lage des Shapes kann ebenso im Größen- und Positionsfenster verändert werden (Menü *Ansicht*). Dort wird nicht nur die aktuelle Position angezeigt, sondern kann ebenso eingegeben werden (Abbildung 1.28).

1. Um ein Shape exakt zu platzieren, können Sie auch den Assistenten *Extras/Add-Ons/Visio-Extras/Shapes verschieben* verwenden (Abbildung 1.29).
2. Markieren Sie das zu verschiebende Shape.
3. Im Dialogfeld können die relativen Koordinaten des Shapes eingegeben werden. Das heißt, wenn das Shape um 2 cm nach rechts verschoben werden soll, dann wird bei *Horizontal* der Wert 0, bei *Vertikal* »2 cm« eingegeben.
4. Die Schaltfläche *Übernehmen* bedeutet, dass das Dialogfeld offen bleibt, *Ok* bewirkt ein Verschieben, wobei das Dialogfeld geschlossen wird.
5. Das Kontrollkästchen *Duplizieren* bewirkt, dass die gewünschte Verschiebung bei einer Kopie des ursprünglichen Shapes vorgenommen wird, sodass nachher zwei Shapes auf der Zeichenfläche vorhanden sind.

Abbildg. 1.28 Die Lage eines Shapes kann mit der Maus oder über das Größen- und Positionsfenster numerisch verändert werden

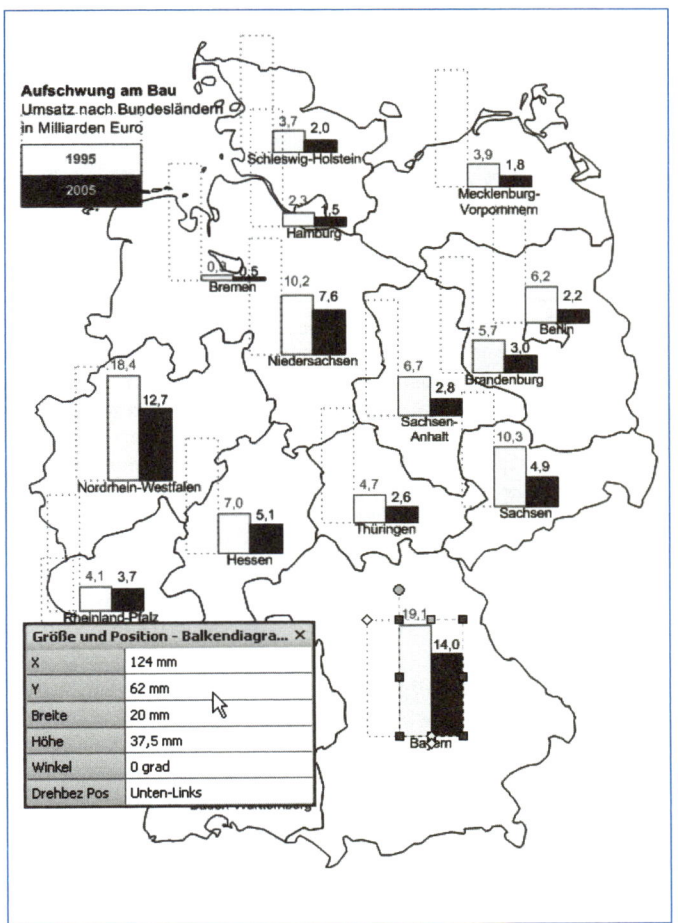

Abbildg. 1.29 Das Add-On *Shapes verschieben*

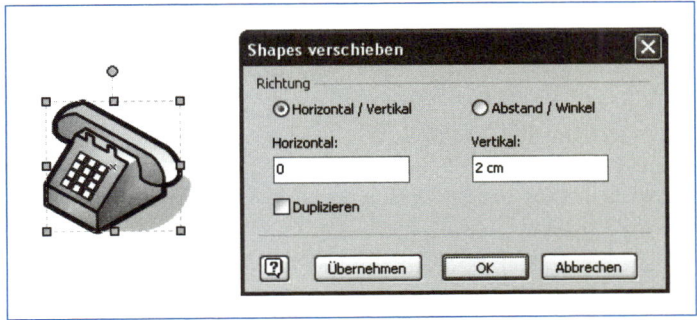

Kapitel 1 Grundlagen von Visio

Beim Verschieben eines Shapes werden in den beiden Linealen jeweils drei Markierungsstriche angezeigt – sie geben die Position der beiden Ränder und des Mittelpunkts an, wie Sie in Abbildung 1.30 sehen.

Abbildg. 1.30   Das Fenster *Größe und Position* gibt die Lage eines Shapes an. Ebenso hilft das Lineal bei der exakten Positionierung.

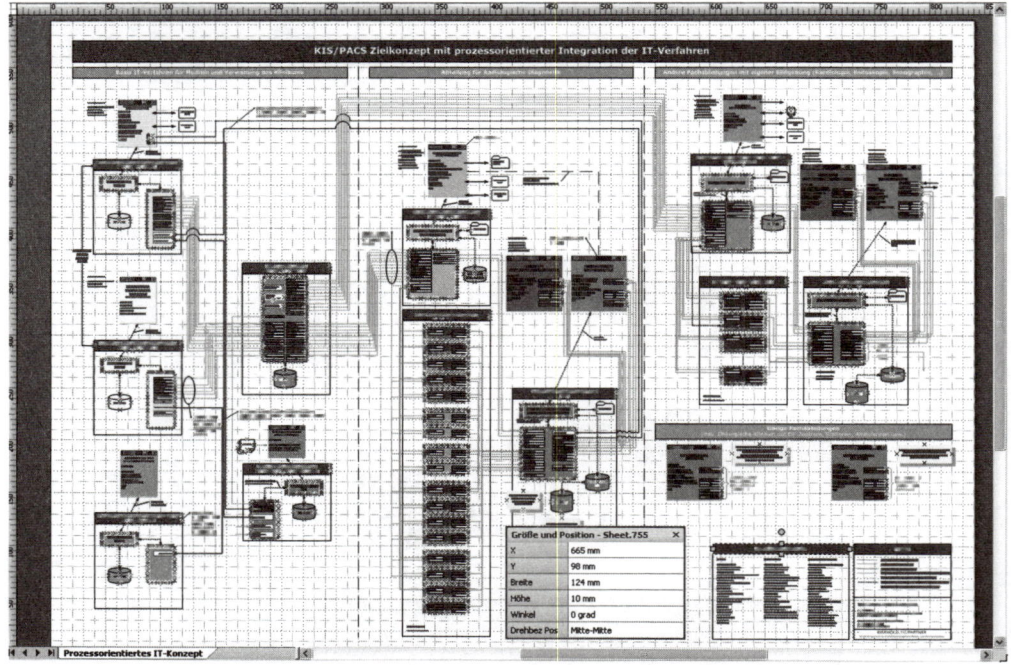

> **HINWEIS**   Beachten Sie, dass der Bezugspunkt der meisten Shapes der Mittelpunkt ist. Er wird im Fenster *Größe und Position* als *Drehbez Pos* bezeichnet. Die absolute Position dieses Punktes berechnet sich von der linken unteren Ecke des Zeichenblattes aus. Die Koordinaten sind folglich nach rechts (x) und nach oben (y) positiv.

Es ist wichtig zu wissen, dass das Verschieben unterbunden oder eingeschränkt sein kann, wenn auf einem Shape ein Schutzmechanismus liegt. Dieser kann über den Menübefehl *Format/Schutz* über das Kontrollkästchen *x-Position* und/oder *y-Position* eingeschaltet werden. Bei eindimensionalen Shapes kann zusätzlich die Position des Anfangspunktes und Endpunktes gesperrt werden.

Die Größe wird verändert, indem Sie mit der Maus an einem der acht Anfasser ziehen – die vier an der Seite verändern dabei das Shape lediglich in horizontaler oder in vertikaler Richtung, nicht in beide zugleich. Wurde dem Benutzer die Option des Markierens weggenommen (über Schutz oder Layer), kann er es selbstredend auch nicht verschieben.

Shapes verändern: Größe

Ein zweidimensionales Shape wird mit der Maus vergrößert oder verkleinert, indem der Mauszeiger an einem der seitlichen oder Eckanfassern zieht, wie Sie bei den Lkws in Abbildung 1.31 erkennen können. Beim Ziehen an den Größenänderungs-Kontrollpunkten der Ecken (Eckanfassern) bleiben die Proportionen des Shapes erhalten. Die Größe kann – ebenso wie die Position – über das Größen- und Positionsfenster numerisch verändert werden.

Beachten Sie, dass das Verzerren in die Breite und oder Höhe durch *Format/Schutz* deaktiviert werden kann. Liegt ein solcher Schutz auf einem Shape, ist es sofort an den grauen Größenänderungs-Kontrollpunkten erkennbar.

Abbildg. 1.31   Gequetschte und gestauchte Lkws

Nicht erkennbar ist ein Sperren der Seitenverhältnisse. Sehr viele Shapes besitzen eine solche Grundeinstellung, die verhindern soll, dass der Benutzer fälschlicherweise an einem der vier seitlichen Anfassern das Shape in die Breite oder Höhe zieht und somit verzerrt. Als Beispiele seien das »Quadrat« aus der Schablone *Standardformen* genannt sowie sämtliche Geräte aus *Netzwerk- und Peripheriegeräte*.

Beachten Sie, dass mehrere markierte Shapes alle vergrößert oder verkleinert werden, wenn Sie an einem der Eckanfasser ziehen. Sollte ein Schutzmechanismus bei einem oder mehreren dieser Shapes eingeschaltet sein, dann kommt er auch hier zum Tragen.

Unter einigen Vorlagen liegen Mechanismen, die ein freies Verschieben und Vergrößern verhindern. Beispielsweise ist es nicht möglich, die »Autohöhe« der Standardflussdiagramm-Shapes zu erhöhen.

ACHTUNG Das Größen- und Positionsfenster zeigt nicht die Gesamtgröße des Rahmens um sämtliche markierte Shapes an, sondern nur die Höhe und Breite des zuerst markierten Shapes. Dies ist daran erkennbar, dass es dicker markiert ist.

Shapes verändern: Aussehen

Viele der Shapes können schnell in ihrem Aussehen modifiziert werden, wenn Sie mit der rechten Maustaste auf sie klicken und nachsehen, ob sie im Kontextmenü weitere Einstellungen haben. Beispielsweise verfügt das Shape »Flussdiagrammelement« in der Schablone *Standardflussdiagramm-Shapes* über vier verschiedene Konfigurationen (Abbildung 1.32). Oder in der Schablone *Schalter und Relais* existieren verschiedene Manifestationen der Schalter. Das Gleiche gilt auch für Schrauben, Möbelstücke oder Marketing-Shapes aus der gleichnamigen Schablone aus der Kategorie *Geschäft/Diagramme*.

Dabei existieren zwei verschiedene Arten von Vorgaben: Entweder finden Sie die verschiedenen Einstellungen direkt im Kontextmenü oder Sie gelangen zu einer Liste über die Shape-Daten (Menü *Daten*). Dies wird in Kapitel 3 ausführlich besprochen.

Abbildg. 1.32 Verschiedene Präfigurationen eines Shapes

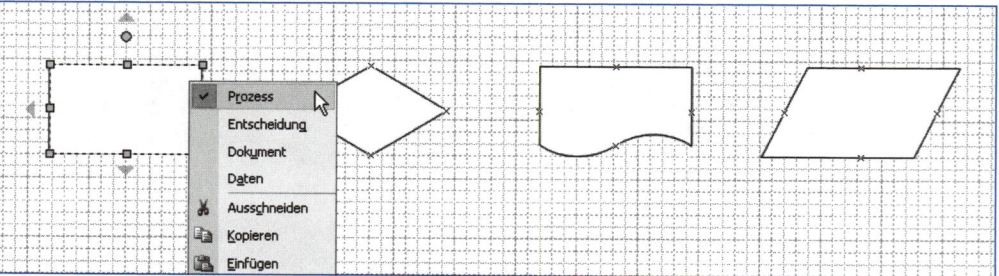

Duplizieren und Kopieren

Das Arbeiten mit dem Zwischenspeicher ist hinlänglich bekannt:
1. Die Markierung wird kopiert (per Symbol, rechter Maustaste, Tastenkombination [Strg]+[C] oder mit dem Menübefehl *Bearbeiten/Kopieren*).
1. Wenn die Auswahl nicht auf ein anderes Zeichenblatt, in eine andere Visio-Datei oder in eine andere Programmdatei kopiert werden soll, muss nichts markiert werden.
1. Visio legt den Inhalt des Zwischenspeichers auf die Zeichenblattmitte ab, wenn Sie ihn einfügen (per Symbol, rechter Maustaste, Tastenkombination [Strg]+[V] oder Menübefehl *Bearbeiten/Einfügen*).

Die (Master-)Shapes

Analog zum Kopieren funktioniert das Ausschneiden: Hierfür stehen Ihnen die vier Möglichkeiten Symbol, rechte Maustaste, Tastenkombination [Strg]+[X] oder der Menübefehl *Bearbeiten/Ausschneiden* zur Verfügung.

> **TIPP** Wenn Sie sämtliche Shapes auf ein anderes Blatt kopieren möchten, müssen Sie nicht alle Shapes markieren und kopieren. Im Kontextmenü des Blattes findet sich die Option *Zeichnung kopieren*. Damit kann bequem ein Kopiervorgang gestartet werden.

Jedoch ist es nicht möglich – anders als Zellen in Excel oder Text in Word – festzulegen, wohin das neue Shape eingefügt werden soll. Es gibt auch – anders als in einigen Grafikprogrammen – keine Einstellung »versetze die eingefügten Shapes um 3 mm nach rechts und 3 mm nach unten«. Jedoch steht Ihnen zur Erledigung für diese Aufgabe der Assistent in *Extras/Add-Ons/Visio-Extras/Shapes verschieben* zur Verfügung (siehe Abschnitt Shapes verändern: Position).

Ein markiertes oder mehrere markierte Shapes können dupliziert werden.

1. Markieren Sie ein oder mehrere Shapes.
1. Klicken Sie auf den Menübefehl *Bearbeiten/Duplizieren* oder verwenden Sie die Tastenkombination [Strg]+[D].

Beachten Sie, dass es auch beim Duplizieren – analog zum Kopieren und Einfügen – nicht möglich ist, festzulegen, wohin das neue Shape eingefügt werden soll. Auch hier gibt es keine Grundeinstellung, wohin das duplizierte Shape im Verhältnis zum Original-Shape versetzt wird.

Abbildg. 1.33 Häufig werden viele gleichartige Shapes benötigt

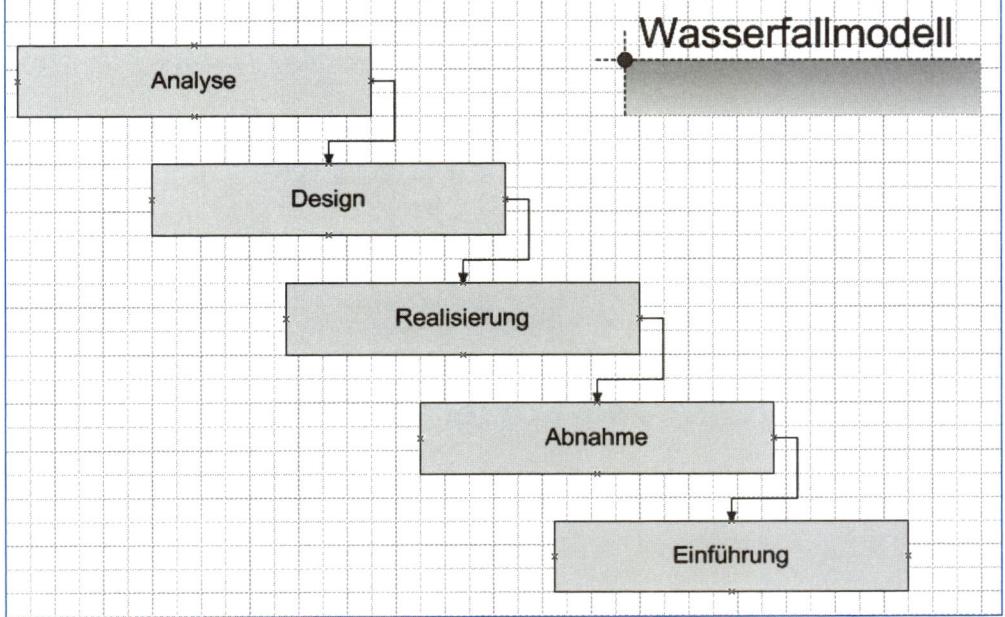

Kapitel 1 Grundlagen von Visio

Der Vorteil des Duplizierens gegenüber dem Kopieren und Einfügen ist nicht nur, dass Sie eine Aktion weniger benötigen. Beim Duplizieren wird der Zwischenspeicher nicht überschrieben. Nach dem Duplizieren kann jederzeit der Inhalt des Zwischenspeichers per *Einfügen* wieder hergeholt werden.

Anders als in Word oder Excel steht Ihnen im Aufgabenbereich keine Zwischenablage zur Verfügung, mit der ältere Inhalte des Zwischenspeichers hergeholt werden können. Der Visio-Zwischenspeicher lässt folglich nur Platz für ein Shape oder eine Shape-Gruppe.

Abbildg. 1.34   Die Wiederholfunktion beschleunigt das Duplizieren

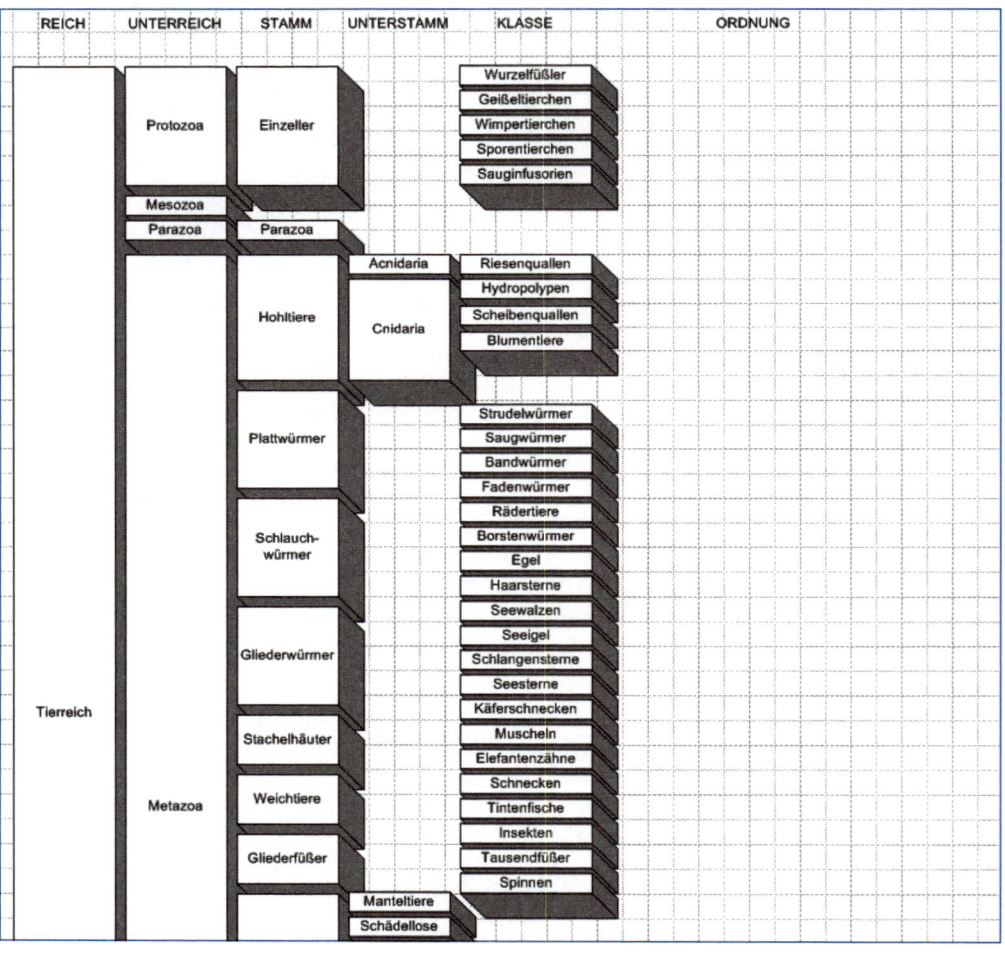

Die (Master-)Shapes

PROFITIPP

> In Visio steht Ihnen ein einfacher Assistent zur Verfügung, mit dem Sie aus einem Shape mehrere Shapes in einem Schritt erzeugen können. Sie finden ihn im Menübefehl *Extras/Add-Ons/Visio-Extras/Shapes anordnen*. Dort kann eingetragen werden, wie viele neue Shapes vertikal und horizontal erzeugt werden sollen, wobei der Abstand wahlweise vom Mittelpunkt oder vom Shape-Rand gemessen werden kann.
>
> Wird ein Shape mit der Maus auf dem Zeichenblatt verschoben, kann es mit gedrückter `Strg`-Taste dupliziert werden. Diese Aktion kann mit der Wiederholen-Funktion (`F4`) erneut ausgeführt werden, sodass die Abstände der einzelnen Shapes zueinander gleich groß sind. Wenn Sie dabei die `⇧`-Taste drücken, wird das Ausgangs-Shape horizontal oder vertikal dupliziert.
>
> Zwar kann der Assistent *Extras/Makros/Visio-Extras/Shapes verschieben* ein Shape an eine neue Position duplizieren – aber auch hier lediglich nur ein Mal. Sie müssten den Assistenten mehrmals bemühen, das heißt: das neue Shape markieren und erneut *Anwenden* aktivieren. Oder beim Ursprungs-Shape die Position des neuen, zu duplizierenden Shapes erneut berechnen.

Eine Technik des Klonens, wie sie in verschiedenen Grafikprogrammen existiert, ist Visio fremd. Sie können also nicht aus einem Shape einen Klon erstellen, sodass eine Veränderung des Ursprungs-Shapes eine Änderung der Klone nach sich zieht.

TIPP Mit Drag & Drop kann ein Shape nicht nur auf der Seite (oder neben das Zeichenblatt) verschoben werden – mit gedrückter `Strg`-Taste kann es auch auf eine andere Stelle kopiert werden. Das Zeichenblattübergreifende Verschieben funktioniert über den Zwischenspeicher, aber auch per Drag & Drop, wenn dabei die `Strg`-Taste gedrückt wird. Sie können ein Shape markieren und mit der Maus auf die Registerkarte eines anderen Zeichenblattes ziehen. Nach einer kurzen Verzögerung schaltet Visio auf das neue Blatt um – nun kann es dort korrekt platziert werden. Auch ein dateiübergreifendes Kopieren ist möglich, wenn Sie zuvor beide Dateien nebeneinander anordnen (Menü *Fenster*) und anschließend mit der Maustaste und gedrückter `Strg`-Taste von einer Zeichnung in eine andere ziehen.

Eine weitere Möglichkeit, viele, gleichartige Shapes zu erzeugen, besteht darin, den Shape-Stempel zu aktivieren. Er muss über *Ansicht/Symbolleisten/Anpassen* aus der Kategorie *Zeichentools* in eine Symbolleiste gezogen werden. Ist er aktiviert, können Sie das in der Schablone aktivierte Shape auf das Zeichenblatt »stempeln«. Dabei wird jeweils das Shape, das in der Schablone markiert ist, auf dem Blatt erzeugt.

Wenn Sie ein neues Shape erzeugen möchten, das mit einem alten verbunden ist, dann könnten Sie es auch in der Schablone auswählen und auf dem Shape des Zeichenblatts auf den blauen Pfeil klicken. Welches Shape aus der Schablone erzeugt wird, wird über eine QuickInfo angezeigt. Mehr zu dieser Technik finden Sie im Abschnitt »Verbindungslinien«.

Tabelle 1.3 Die wichtigsten Shape-Operationen

Funktion	Menübefehl	Tastenkombination	Symbol
Shape von der Schablone auf das Zeichenblatt ziehen		nur mit der Maus mit Drag & Drop	
Stempel			🔨

Kapitel 1 Grundlagen von Visio

Tabelle 1.3 **Die wichtigsten Shape-Operationen** *(Fortsetzung)*

Funktion	Menübefehl	Tastenkombination	Symbol
Neues Shape, das mit dem alten verbunden ist		nur per Mausklick auf das Dreieck	
Duplizieren	*Bearbeiten/Duplizieren*	`Strg`+`D` oder: mit gedrückter `Strg`-Taste verschieben	
Kopieren	*Bearbeiten/Kopieren*	`Strg`+`C`	
Ausschneiden	*Bearbeiten/Ausschneiden*	`Strg`+`X` oder `⇧`+`Entf`	
Einfügen	*Bearbeiten/Einfügen*	`Strg`+`V` oder `⇧`+`Einfg`	
Ein Shape markieren		nur per Mausklick oder: `⇥` und `↵`	
Mehrere Shapes markieren		`⇧`+Mausklick oder: Shapes mit der Maus umfahren	
Alle Shapes markieren	*Bearbeiten/Alles auswählen*	`Strg`+`A`	
Bestimmte Shapes markieren	*Bearbeiten/Auswahl nach Typ*		
Löschen	*Bearbeiten/Löschen*	`Entf`	
Rückgängig	*Bearbeiten/Rückgängig*	`Strg`+`Z` oder `Alt`+`Rück`	
Wiederherstellen	*Bearbeiten/Wiederherstellen*	`Strg`+`Y`	
Wiederholen	*Bearbeiten/Wiederholen*	`F4`	
Vergrößern/Verkleinern	*Ansicht/Grössen- und Positionsfenster*	mit der Maus an den Markierungspunkten ziehen	

Die verschiedenen (Greif-)Punkte

Anfänger haben in Visio häufig Schwierigkeiten, auf einen Blick zu erkennen, dass unterschiedliche Punkte an den Rändern der Shapes positioniert sind. Deshalb finden Sie hier eine Aufstellung sämtlicher Punkte mit ihren Namen und Funktionen.

Anfasser, Auswahlpunkte, Markierungspunkte

Über die Größenänderungs-Kontrollpunkte (oder Anfasser, Markierungspunkte, Auswahlpunkte) wurde schon gesprochen. Sie kennzeichnen die Markierung eines Shapes. Um weitere Shapes per Mausklick zu markieren, sollte in der Symbolleiste das *Zeiger*-Werkzeug aktiviert sein, dann können mit gedrückter ⇧ -Taste mehrere Shapes zur Auswahl »addiert« werden.

- Rote Größenänderungs-Kontrollpunkte weisen darauf hin, dass das zweidimensionale Shape an einer Führungslinie klebt.
- Graue Größenänderungs-Kontrollpunkte bedeuten, dass das Shape nicht in der Breite oder der Höhe verändert werden kann.
- Werden mehrere Shapes markiert, dann werden magentafarbene Linien um die Shapes angezeigt.
- Sind keine Größenänderungs-Kontrollpunkte zu sehen, kann das Shape auch nicht markiert werden. Dieser Schutzmechanismus kann über *Format/Schutz* oder über die Layereigenschaften eingeschaltet werden.

Anfangs- und Endpunkte

Bislang wurden fast nur zweidimensionale Shapes oder »Rechtecke« betrachtet. In den meisten Schablonen stehen auch eindimensionale Shapes oder »Linien« zur Verfügung. Sie können auch einen solchen Verbinder aus der Symbolleiste herausziehen. Diese Shapes sind an ihren Anfangs- und Endpunkten erkennbar. Der Anfangspunkt stellt ein Kästchen mit einem »x« dar, der Endpunkt ein »+«, wie Sie in Abbildung 1.35 sehen können.

Abbildg. 1.35 Ein ein- und ein zweidimensionales Shape

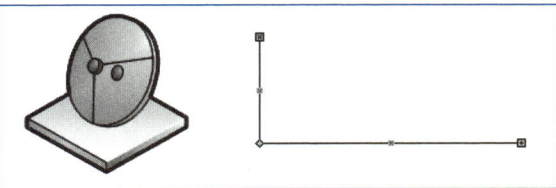

HINWEIS Die Größenänderungs-Kontrollpunkte können für ein einzelnes Shape über den Menübefehl *Format/Verhalten* ausgeblendet werden.

Die Begriffe »eindimensional« und »zweidimensional« beziehen sich dabei nicht auf die räumliche Ausdehnung, sondern auf ihre Selbstdefinition und auf ihr Verhalten: Eindimensionale Shapes haben immer Anfangs- und Endpunkt, sind also gerichtet, zweidimensionale Shapes sind immer durch ein umschriebenes Rechteck definiert. In der Regel werden »eindimensionale Shapes« an »zweidimensionale Shapes« geklebt, wie beispielsweise in Abbildung 1.36. Dies muss allerdings so nicht sein – Sie können auch Verbinder an Verbinder kleben (beispielsweise bei Verzweigungen oder Weichen) und Rechtecke an Rechtecke. Die »zweidimensionalen Shapes« besitzen Verbindungspunkte: kleine, blaue Kreuze. Anfangs- und Endpunkte können nun an diese Verbindungspunkte geklebt werden. Wenn sie kleben, ändert der Endpunkt seine Farbe von einem grünen Eck in ein rotes. Ein Ziehen am Verbinder bewirkt, dass er wieder von seiner Klebestelle gelöst wird, ein Ziehen am Rechteck dagegen lässt den Verbinder mitwandern.

Abbildg. 1.36   Jeweils zwei »Rechtecke« sind mit einem Verbinder verbunden

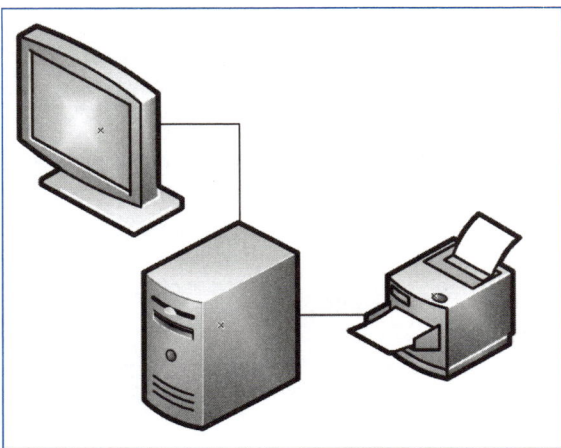

Der Drehpunkt

Mithilfe des Drehpunktes, der sich meistens oberhalb des Shapes befindet, kann ein Shape gedreht werden. Wenn das Shape markiert ist, ist sein runder Drehgreifpunkt erkennbar. An ihm wird das Shape um seinen Mittelpunkt gedreht (Abbildung 1.37). Die Lage des Punktes, um den sich das Shape dreht, kann verändert werden. Ziehen Sie ihn mit gedrückter Maus an eine andere Stelle. Er kann sich sogar außerhalb des Shapes befinden.

Beim Drehen gilt Ähnliches wie beim Verschieben. Das zugrunde liegende Raster bewirkt ein schrittweises Drehen. Sollen die Abstände der Schritte verkleinert werden, muss der Zoomfaktor vergrößert werden.

Im Größen- und Positionsfenster kann der Winkel, um den das Shape gedreht werden soll, eingegeben werden. Beachten Sie, dass Visio nach dem Drehen die neue Position nicht als 0 Grad anzeigt, sondern immer noch im Verhältnis zum Ursprungs-Shape. Wird also beispielsweise um 45 Grad gedreht, bleibt dieser Wert im Größen- und Positions-Fenster stehen.

Abbildg. 1.37   Das Shape wird gedreht

Auch der Drehpunkt kann grau sein. Wie beim Vergrößern bedeutet auch dies, dass ein Schutz gegen Drehen aktiviert wurde (Menü *Format*).

Sind die *Größenänderungs-Kontrollpunkte* eines einzelnen Shapes über den Menübefehl *Format/Verhalten* ausgeblendet, erscheint auch nicht der Drehpunkt.

Knoten (Scheitelpunkte) und Exzentrizitäts-Griffe

Sollen Shapes verändert, das heißt deformiert, werden, kann das *Bleistift*-Werkzeug aktiviert werden. Nun werden an den Enden der Linien weitere Punkte sichtbar: die Kontrollpunkte. Wird an ihnen gezogen, so wird die Lage der Eckpunkte geändert und damit das Shape in seiner Form verändert (Abbildung 1.38). Mit Aktivieren des *Bleistift*-Werkzeugs werden auch die Exzentrizitäts-Griffe und Scheitelpunkte sichtbar. Sie sind kleine Kreise mitten auf der Linie. Wird an ihnen gezogen, so werden aus den geraden Linien Kurven.

Abbildg. 1.38   Das Shape wird über seine Kontrollpunkte und seine Exzentrizitäts-Griffe deformiert

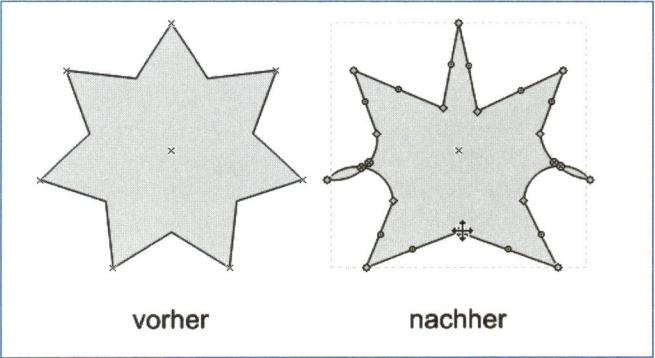

Mit gedrückter `Strg`-Taste können Sie einem Shape neue Knoten oder Exzentrizitäts-Griffe hinzufügen.

HINWEIS   Auch hier weisen graue Knoten, beziehungsweise Exzentrizitäts-Griffe auf einen Schutzmechanismus hin. Allerdings können diese nicht über *Format/Schutz* ein- beziehungsweise ausgeschaltet werden.

Kontrollpunkte (Steuerpunkte, Kontrollgriffe)

Einige Shapes verfügen über Kontrollpunkte. Dies sind gelbe Rauten. Setzen Sie den Mauszeiger darauf, erscheint in einer QuickInfo ein Kommentar zur Funktion dieser Kontrollpunkte. Sie können dabei sehr unterschiedliche Aufgaben haben.

Wird beispielsweise ein »Flexibler Pfeil« aus der Schablone *Standardformen* auf das Zeichenblatt gezogen, so sind nun drei (oder vier) Kontrollpunkte sichtbar. Mit ihnen kann die Form des Pfeils verändert werden, ohne dass das *Bleistift*-Werkzeug aktiviert werden muss. Außerdem bleiben die Pfeile symmetrisch (Abbildung 1.39).

Abbildg. 1.39 Die »flexiblen Pfeile« und Kontrollpunkte

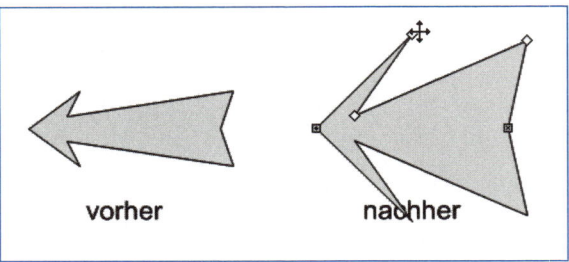

Bei anderen Shapes reagieren andere Elemente auf das Ziehen des Kontrollpunktes. Holen Sie aus der Schablone *Exchange-Objekte* das Shape »Exchange-Organisation« oder »Nachrichtenformate« heraus und ziehen Sie dort am Kontrollpunkt, dann ändert sich die Lage des Texts.

Abbildg. 1.40 »Nachrichtenformate« und seine Kontrollpunkte

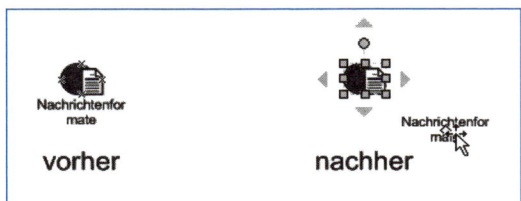

Sie finden in der Schablone *Netzwerk und Peripheriegeräte* ein Shape für ein »Ringnetzwerk« oder »Ethernet«. Ziehen Sie dort am Kontrollpunkt. Nachdem Sie den Kontrollpunkt aus dem Shape herausgezogen haben, erzeugen Sie eine neue Verbindungslinie. Diese kann beispielsweise an einen Computer geklebt werden (Abbildung 1.41).

Abbildg. 1.41 »Token-Ring« und Kontrollpunkte

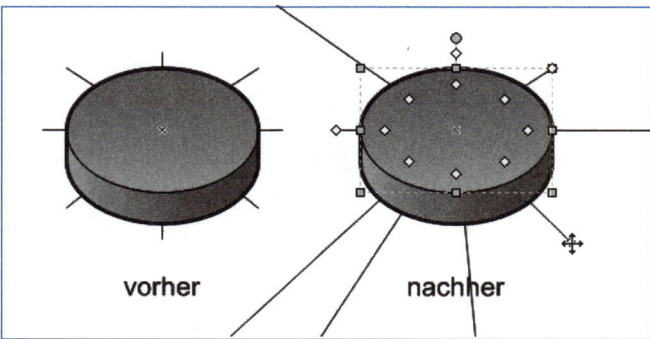

Wieder andere Shapes können per Kontrollpunkt gedreht werden. Beispielsweise eine Reihe von Möbeln, die Sie in der Schablone *Büromöbel* finden (siehe Abbildung 1.42):

Abbildg. 1.42 Mit Kontrollpunkten kann ein Shape auch gedreht werden

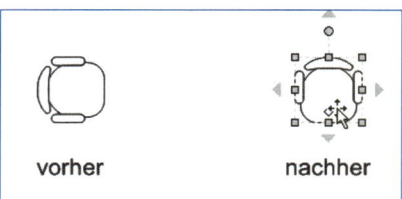

In dieser Schablone befinden sich andere Büromöbel, deren Form (Armlehne, Rückenlehne, Schublade etc.) mithilfe der Kontrollpunkte geändert werden können (Abbildung 1.43).

Abbildg. 1.43 Mit Kontrollpunkten kann ein Shape geändert werden

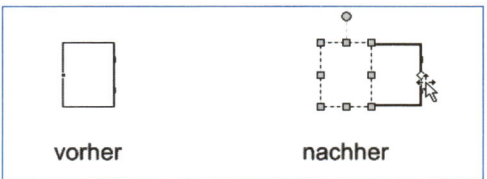

HINWEIS Die Kontrollpunkte können für ein einzelnes Shape über den Menübefehl *Format/Verhalten* ausgeblendet werden.

Die blauen Pfeile

Wenn Sie ein neues Shape erzeugen möchten, das mit einem alten verbunden ist, könnten Sie es auch in der Schablone auswählen und auf dem Shape des Zeichenblatts auf den blauen Pfeil klicken (Abbildung 1.44). Welches Shape aus der Schablone erzeugt wird, wird über eine QuickInfo angezeigt. Entweder handelt es sich dabei um das nächstliegende auf dem Zeichenblatt oder – falls in Pfeilrichtung kein Shape auf dem Zeichenblatt liegt – um das in der Schablone markierte Shape.

Abbildg. 1.44 Mithilfe der Ausrichtungsfelder können Shapes schnell verbunden werden

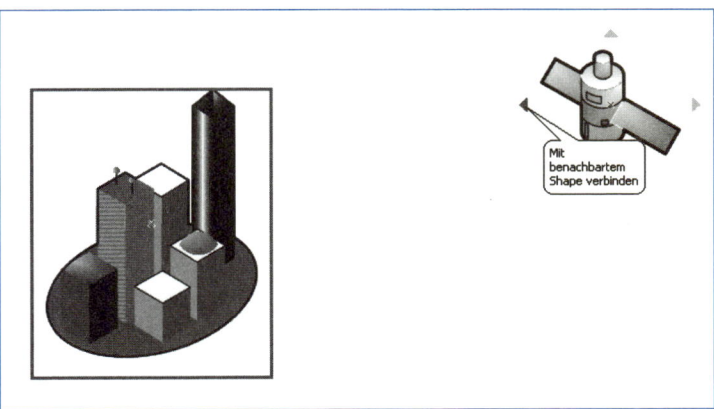

Sie können diese blauen Pfeile über *Extras/Optionen/Allgemein* über *automatisches Verbinden aktivieren* oder über das entsprechende Symbol aus der Symbolleiste *Standard* ausschalten.

Sie können die Pfeile auch nur für ein einzelnes Shape deaktivieren. Dazu verwenden Sie den Menübefehl *Format/Verhalten/Ausrichtungsfeld* anzeigen.

Verbindungspunkte

Viele Shapes – wenn auch nicht alle – haben an den vier Seiten und in der Mitte kleine, blaue Kreuze. Dies sind Verbindungspunkte, an welche Verbindungslinien geklebt werden können (siehe Abbildung 1.45). Manche Shapes haben keine Verbindungspunkte, andere vier seitliche und einen in der Mitte, wieder andere vier in den Ecke oder insgesamt neun Verbindungspunkte, und so weiter.

HINWEIS Beachten Sie, dass die Verbindungspunkte über *Ansicht/Verbindungspunkte* ausgeblendet werden können.

Abbildg. 1.45   Die Verbindungspunkte

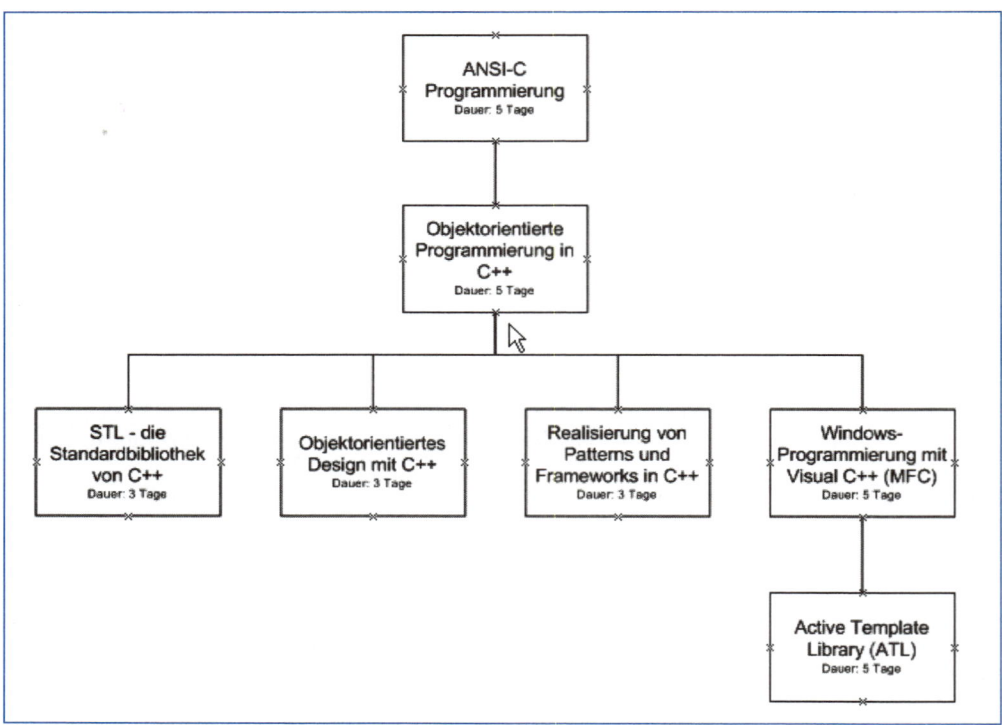

Für den seltenen Fall, bei dem Sie zwei Rechtecke aneinander kleben möchten, können Sie einem Verbindungspunkt die Option zuweisen, dass er nach »innen und außen« geht. Damit ist gemeint, dass er auch an andere zweidimensionale Shapes mit Verbindungspunkten andocken kann. Um diese Option zu erhalten, muss das Shape markiert sein, das *Verbindungspunkt*-Werkzeug aktiv sein

Die (Master-)Shapes

und der Verbindungspunkt markiert sein. Dann finden Sie diese (zugegeben seltene) Einstellung im Kontextmenü.

Tabelle 1.4 Die verschiedenen Greifpunkte der Shapes

Punktbezeichnung	Bedeutung	Aussehen	Symbol (Menü), das sie sichtbar macht
Größenänderungs-Kontrollpunkt (Anfasser, Markierungspunkt, Auswahlpunkt)	vergrößert oder verkleinert das zweidimensionale Shape		*Format/Verhalten*
Anfangs-, Endpunkt	vergrößert oder verkleinert das eindimensionale Shape		*Format/Verhalten*
Drehgreifpunkt	dreht das Shape		*Format/Verhalten*
Kontrollpunkte	verschiedene Funktionen		*Format/Verhalten*
Kontrollgriffe	verzerrt eine Linie des Shapes oder ändert die Krümmung eines Bogens		
grauer Markierungspunkt	bestimmte Funktionen sind deaktiviert		*Format/Schutz*
Verbindungspunkte	dient zum Kleben von Verbinderlinien		*Ansicht/Verbindungspunkte*
Dreiecke zum Verbinden			*Extras/Optionen*

Ansichten

Sie können die Ansicht Ihrer Zeichnung vergrößern. Dazu steht Ihnen in der Standardsymbolleiste das Zoom-Symbol zur Verfügung. Über den Menübefehl *Ansicht/Zoom* finden Sie eine Reihe von vorgegebenen Zoom-Optionen. Vor allem die Option *ganzes Zeichenblatt* ist sehr hilfreich. Manchmal ist der Zoomfaktor zu groß, sodass der Anwender den Überblick verliert. Oder der Anwender »befindet« sich außerhalb des Zeichenblatts – weiß aber nicht genau wo. Mit dieser Option kann sofort auf die ganze Seite zurückgesprungen werden, sodass die Arbeit weiter gehen kann.

| Kapitel 1 | **Grundlagen von Visio** |

PROFITIPP

> Eine geniale Erfindung von Visio ist die Tastenkombination ⇧+Strg. Wird sie gedrückt, verwandelt sich der Mauszeiger in ein Lupensymbol. Ein Klick auf die linke Maustaste vergrößert den Zoomfaktor um einen Schritt, ein Klick auf die rechte Maustaste verkleinert ihn um eine Stufe. Wird mit gedrückter Tastenkombination ⇧+Strg mit der linken Maustaste ein Rechteck aufgezogen, dann wird dieser Ausschnitt vergrößert. Wird mit der rechten Maustaste gezogen, wird die Zeichnung verschoben, ohne dabei die Zoomgröße zu verändern.

Über die Seite können Sie sich mit der Taste Bild↑ und Bild↓ bewegen. Sie ersetzen die Bildlaufleisten am rechten und unteren Ende des Bildschirms.

Übrigens könnten Sie auf der Registerkarte *Allgemein* im Menü *Extras/Optionen* die Funktion *Auswahl beim Zoom zentrieren* aktivieren. Dies funktioniert jedoch nur über die Zoom-Einstellungen der Symbolleiste oder des Menüs, nicht jedoch bei der Tastenkombination ⇧+Strg.

Tabelle 1.5 Die verschiedenen Aktionen zum Verschieben und Zoomen

Veränderung	Menübefehl	Symbol	Tastenkomination / Mausaktion
Zoom	Ansicht/Zoom	🔍 🔍	⇧+Strg
Bildschirm verschieben			⇧+Strg+rechte Maustaste
ganzes Zeichenblatt	Ansicht/Zoom/Ganzes Zeichenblatt		Strg+W
100%	Ansicht/Zoom/100%	📄	⇧+Strg+I

Wird in einer großen Zeichnung über den Menübefehl *Ansicht/Verschiebe- und Zoom-Fenster* (Abbildung 1.46) das entsprechende Fenster geöffnet, steht dem Benutzer eine kleine Übersichtsdarstellung der Zeichnung zur Verfügung. Über sie haben Sie eine gute Orientierung. Mehr noch: Wird das rote Kästchen verschoben, so verschiebt sich auch der »große« Bildschirmausschnitt. Mit dem roten Kästchen kann auch der Zoomfaktor bestimmt werden – Sie müssen lediglich an einem der vier Ränder oder einer der vier Ecken ziehen. Am rechten Rand des *Verschiebe- und Zoom-Fensters* befinden sich zwei Symbole, um den Zoomfaktor zu vergrößern und verkleinern. Dazwischen liegt ein Schieberegler. Mit seiner Hilfe kann der Zoom schnell verändert werden.

Die (Master-)Shapes

Abbildg. 1.46 Das Fenster *Verschieben und Zoom*

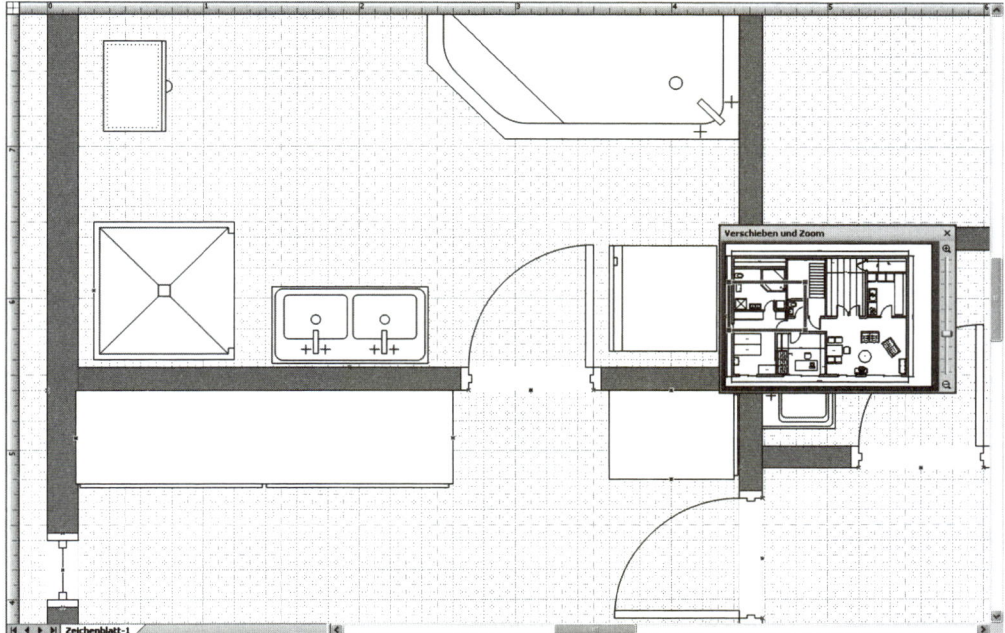

Die Lage der Shapes

Auf folgende Arten können Sie die Position der Shapes verändern.

Ein Shape verschieben

Ein markiertes Shape kann in seiner Lage verändert werden, indem es mit gedrückter linker Maustaste auf dem Zeichenblatt verschoben wird. Mit Drag & Drop kann ein Shape nicht nur auf der Seite verschoben werden – mit gedrückter `Strg`-Taste kann es auch an eine andere Stelle kopiert werden. Sie können das Shape auch mit einer der vier Pfeiltasten verschieben.

> **TIPP** Wenn Sie beim Ziehen der Shapes die `⇧`-Taste gedrückt halten, lassen sich die Shapes nur horizontal oder nur vertikal verschieben.

Komplexe Shapes werden beim Verschieben nicht sofort angezeigt. Wenn Sie dagegen einen Moment warten, baut sich der Bildschirm neu auf und das Shape, das gerade verschoben wird, wird korrekt angezeigt.

Die exakte Lage eines Shapes steht in der Statusleiste.

1. Sie kann numerisch verändert werden, indem über den Menübefehl *Ansicht/Größen- und Positionsfenster* ein weiteres Fenster geöffnet wird, in dem die aktuellen Zahlen der Größe (*Breite* und *Höhe*), der Lage (X- und Y-Koordinaten) und des Scheitelpunkts stehen.
2. Dort können Werte eingegeben werden und so die Lage eines oder mehrerer Shapes verändert werden (siehe Abbildung 1.47).

3. Der Scheitelpunkt befindet sich in der Regel in der Mitte eines Shapes. Soll seine Lage verändert werden (beispielsweise um die Shapeposition exakt definieren zu können), kann in dem Größen- und Positionsfenster die Lage (*Drehbez Pos*) von Mitte – Mitte beispielsweise auf den linken Rand oder an den unteren linken Eckpunkt verändert werden. Nun sind die X- und Y-Werte (0/0) leichter zu verstehen.

Abbildg. 1.47 Die Position eines Shapes kann über das Größen-und-Positions-Fenster exakt festgelegt werden

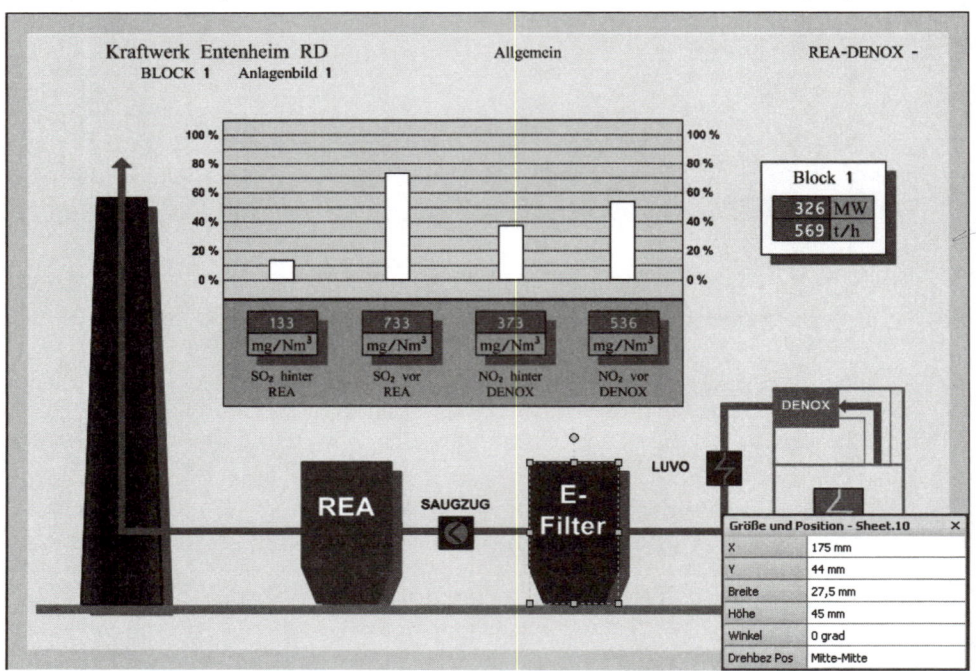

Wurde nun ein Shape auf eine bestimmte Position mit dem Größen- und Positionsfenster verschoben, kann diese Aktion wiederholt werden. So wie der letzte Schritt rückgängig gemacht werden kann, kann der letzte Schritt mit F4 oder *Bearbeiten/Wiederholen* wiederholt werden. Dies gilt auch für ein Duplizieren mit gedrückter Strg -Taste. Angenommen, Sie haben ein Shape markiert und drücken beim Verschieben Strg . Das neue Shape ist nun markiert und wird mit F4 um den gleichen Abstand dupliziert. Ein erneutes Drücken von F4 , F4 und so weiter bewirkt ein erneutes Verschieben.

Mehrere Shapes zueinander ausrichten

Sollen nun mehrere Shapes zueinander ausgerichtet werden, so steht Ihnen der Menübefehl *Shape/Shapes ausrichten* zur Verfügung.

- Mehrere Shapes werden markiert, wobei das zuerst markierte Shape durch einen dicken magentafarbenen Rahmen gekennzeichnet wird. Dieses Shape ist das zentrale Objekt, an dem sich die anderen ausrichten werden.

- Wird nun eine der Ausrichten-Optionen eingeschaltet – möglich ist eine horizontale und/oder vertikale Ausrichtung – werden die anderen Shapes in Richtung des dick markierten Shapes verschoben.

> **TIPP** Markieren Sie zum Ausrichten zuerst das Shape, das als Bezug fungiert. Es behält seine Position. Anschließend markieren Sie mit gedrückter ⇧-Taste die übrigen Shapes. Sollen sehr viele Shapes markiert werden, können Sie um diese zusätzlich einen Rahmen ziehen.

Abbildg. 1.48   Mehrere Shapes werden ausgerichtet

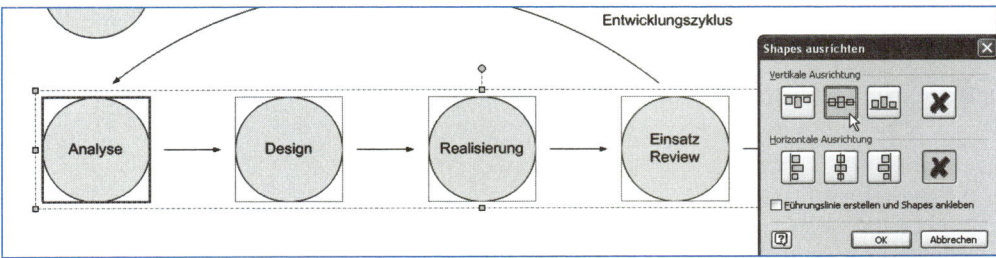

Mehrere markierte Shapes können auch ausgerichtet werden, indem das Symbol *Ausrichten* aus der Symbolleiste *Aktion* verwendet wird. Damit kann allerdings nur vertikal oder horizontal ausgerichtet werden – ein Ausrichten in beiden Richtungen ist nur durch zweifaches Betätigen des Symbols möglich.

Auch wenn es keinen Sinn macht: Sie können lediglich ein Shape markieren und (mit sich selbst) ausrichten. Diese Funktion ist deshalb sinnvoll, weil ein Shape ausgerichtet werden kann und an einer der vier Kanten beziehungsweise durch die Mitte eine Führungslinie erzeugt werden.

> **ACHTUNG** Eine merkwürdige Anomalie weist Visio in folgendem Punkt auf: Wenn Sie im Menübefehl *Extras/Optionen* auf der Registerkarte *Allgemein* die Einstellung *Shapes auswählen, die sich teilweise im Auswahlbereich befinden* aktiviert haben und nun ein Shape oder mehrere Shapes mit einer (waagrechten) Führungslinie markiert haben, dann ist es nicht möglich, die Shapes horizontal ausrichten. Werden die Shapes jedoch mit gedrückter ⇧-Taste einzeln markiert, können die Shapes horizontal ausgerichtet werden.

Natürlich könnten Sie mithilfe des *Größen-und-Positions-Fensters* Shapes numerisch ausrichten. Geben Sie dort bei der x- oder y-Position eine Zahl ein – dann werden sämtliche Shapes auf diese Position gesetzt.

Mehrere Shapes verteilen

Sollen dagegen die Abstände zwischen mehreren Shapes gleichmäßig groß sein, steht Ihnen der Menübefehl *Shape/Shapes verteilen* oder das Symbol aus der Aktion-Symbolleiste zur Verfügung.

1. Markieren Sie die zu verteilenden Shapes – die Reihenfolge spielt dabei keine Rolle.
2. Aktivieren Sie über den Menübefehl *Shape/Shapes verteilen* das Dialogfeld.
3. Wählen Sie die richtige Variante: horizontal oder vertikal.

Kapitel 1   Grundlagen von Visio

> **HINWEIS**   Beim horizontalen Verteilen bleibt das linke Shape am linken, das rechte Shape am rechten Rand und alle übrigen Shapes werden dazwischen verteilt. Das heißt, dass mindestens drei Shapes markiert sein müssen, sonst arbeitet die Verteilen-Funktion nicht.

Beachten Sie, dass durch das Verteilen Shapes von den Führungslinien getrennt werden können – das Kleben an der Führungslinie wird dadurch aufgehoben.

Um exakte Abstände zwischen den Shapes zu erzeugen, können Sie auch den Shapes anordnen-Assistenten aus dem Menübefehl *Extras/Add-Ins/Visio-Extras* verwenden.

> **HINWEIS**   Beachten Sie, dass diese Option bei eindimensionalen Shapes nicht korrekt arbeitet.

Abbildg. 1.49   Mit der Verteilen-Funktion können mehrere Shapes gleichmäßig verteilt werden

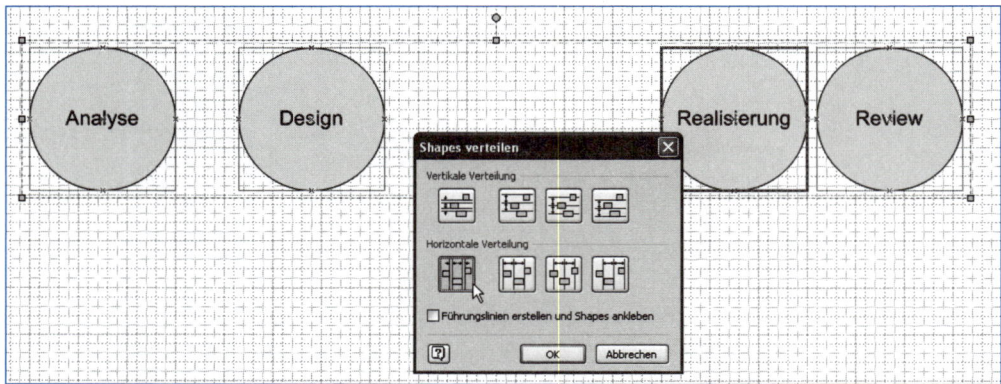

Tabelle 1.6   Die Ausrichten- und Verteilen-Funktion

Funktion	Menübefehl	Tastenkombination	Symbol
Ausrichten	*Shape/Shapes ausrichten*	F8	
Verteilen	*Shape/Shapes verteilen*		

Die Reihenfolge der Shapes

Für das tägliche Arbeiten mit Shapes ist der Aspekt der Reihenfolge der Shapes sicherlich von geringerer Bedeutung. Allerdings kann er wichtig werden, wenn neue Shapes aus bestehenden Einzelzeilen zusammengesetzt werden.

Wie alle Grafikprogramme erstellt Visio nicht sichtbare Ebenen, wenn neue Shapes auf einem Blatt gezeichnet werden. Jedes Shape wird auf eine höher liegende Ebene gelegt. Diese Eigenschaft wirkt sich dann aus, wenn zwei Shapes übereinander gelegt werden. Dann wird das zuletzt erzeugte Shape über alle anderen Shapes gelegt. Soll es nun nicht an oberster Stelle, sondern darunter liegen, wird der Menübefehl *Shape/Reihenfolge/Eine Ebene nach hinten* oder *Shape/Reihenfolge/Eine Ebene nach vorne* verwendet (Abbildung 1.50). Bei mehreren Shapes kann das vorderste Shape in der Reihen-

Die (Master-)Shapes

folge ganz nach hinten oder auch zwischen zwei vorhandene Shapes geschoben werden. Ganz nach hinten entspricht dem Menübefehl *Shape/Reihenfolge/In den Hintergrund* oder dem Kontextmenü. Dort befindet sich allerdings nicht der Befehl eine Ebene nach hinten. Oder Sie aktivieren die Symbolleiste *Aktion*. Dort finden Sie zwei Symbole für *Shape/In den Hintergrund* und *Shape/In den Vordergrund*. Diese vier Aktionen finden sich auch im Kontextmenü des Shapes. Werden mehrere Shapes markiert, so gilt diese Reihenfolgenaktion für alle markierten Shapes.

> **HINWEIS** Beachten Sie, dass Shapes nicht hinter andere Shapes gelegt werden können, die sich auf dem Hintergrund befinden. Das Hintergrund-Zeichenblatt liegt immer hinter sämtlichen Shapes.

Da Führungslinien auch Shapes sind, ist es folglich möglich, Shapes hinter (oder vor) eine Führungslinie zu legen.

Abbildg. 1.50 Die grauen Shapes liegen zuerst vor, anschließend hinter dem großen Objekt

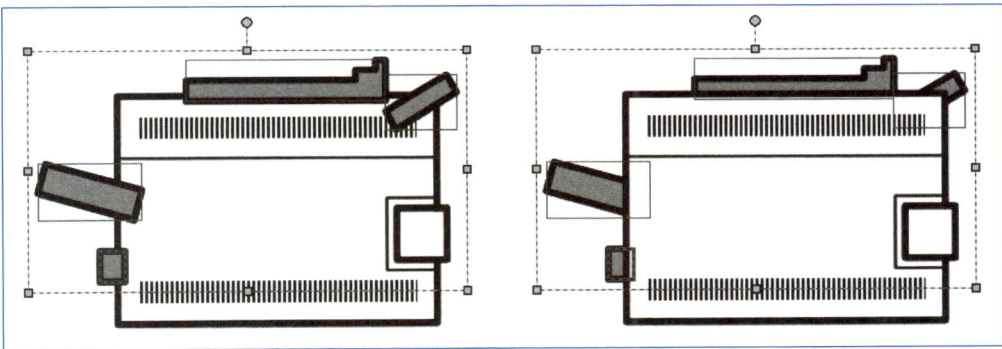

Tabelle 1.7 Die vier Reihenfolgenpositionen

Funktion	Menübefehl	Tastenkombination	Symbol
Eine Ebene vor	Shape/Reihenfolge/Eine Ebene nach vorne		
In den Vordergrund	Shape/Reihenfolge/In den Vordergrund	⇧ + Strg + F	
Eine Ebene dahinter	Shape/Reihenfolge/Eine Ebene nach hinten		
In den Hintergrund	Shape/Reihenfolge/In den Hintergrund	⇧ + Strg + B	

Lineale

Sind im Menübefehl *Ansicht/Lineale* die Lineale aktiviert, und ist im Menübefehl *Extras/Ausrichten und Kleben* auf der Registerkarte *Allgemein* das Kontrollkästchen *Einrasten an: Linealeinteilung* eingeschaltet, rasten Shapes, wenn sie über das Zeichenblatt gezogen werden, in den Teilstrichen ein. Dies hilft bei der exakten Positionierung.

Die Einteilung der Striche innerhalb des Lineals kann im Menübefehl *Extras/Lineal und Gitter* festgelegt werden. Dabei stehen Ihnen die drei Optionen *Fein*, *Standard* oder *Grob* sowohl Horizontal als auch Vertikal zur Verfügung. Diese Abstände verändern sich, wenn der Zoomfaktor vergrößert oder verkleinert wird. Eine feste Linealeinteilung, die sich durch das Ein- und Auszoomen verändert, existiert in Visio nicht. Die Option *Einrasten* kann über den Menübefehl *Extras/Ausrichten und Kleben* deaktiviert werden. Sowohl generell oder auch nur für Lineale.

Der Nullpunkt der beiden Lineale fällt mit dem linken, unteren Eck des Zeichenblatts zusammen. Sollte er geändert werden (beispielsweise nach links oben), kann mit gedrückter Strg-Taste der Kreuzungspunkt zwischen den beiden Linealen verschoben werden. An dieser Stelle befindet sich nun der neue Ursprung.

TIPP Mit einem Doppelklick auf das Lineal wird der Ursprung wieder zurück in die linke, untere Ecke zurückgesetzt.

Führungslinien und Führungspunkte

Eine weitere Möglichkeit, um Shapes schnell an einen exakten Ort zu befördern, stellen Führungslinien (Hilfslinien) und Führungspunkte dar. Führungslinien werden mit gedrückter Maustaste aus dem vertikalen oder horizontalen Lineal herausgezogen, Führungspunkte direkt aus der Ecke zwischen beiden Linealen. Markierte Führungslinien sind grün, nicht markierte blau. Bei einer großen Zoomeinstellung kann die Führungslinienposition exakt anhand des Lineals bestimmt werden.

TIPP Im Größen- und Positionsfenster kann die exakte Lage numerisch eingegeben werden. Das Fenster wird über den Menübefehl *Ansicht* aktiviert. Beachten Sie, dass horizontale Führungslinien nur einen y-Wert besitzen, vertikale nur einen x-Wert, auch wenn beide Zahlen angezeigt werden.

Im *Größen- und Positionsfenster* können Führungslinien gedreht werden. Dazu muss lediglich der Winkel eingegeben werden. »Per Hand« können Sie die Führungslinie nicht drehen. Wurden über *Ansicht/Führungslinien* die Führungslinien unsichtbar gemacht, können sie nicht verwendet werden. Ebenso können keine neuen Führungslinien auf das Blatt gezogen werden.

Führungslinien werden wie Shapes behandelt (sie sind intern sogar Shapes). Das heißt, sie können nicht nur markiert und verschoben werden, sondern sie können auch kopiert oder dupliziert werden. Mit gedrückter Strg-Taste oder mit dem Befehl *Duplizieren* (Menü *Bearbeiten*) werden sie dupliziert. Ebenso steht Ihnen die Verteilen-Funktion für mehrere markierte Führungslinien zur Verfügung.

Auch wenn dies fast klar ist: Zwar werden Führungslinien wie Shapes behandelt, aber sie werden nicht ausgedruckt, wie Sie in der Seitenansicht (Menübefehl *Datei*) leicht sehen können. Sie finden diese Option im Menübefehl *Format/Verhalten*. Sie lautet *Nicht druckbares Shape*.

Abbildg. 1.51 Das Größen-und Positions-Fenster mit den Lineal-Informationen

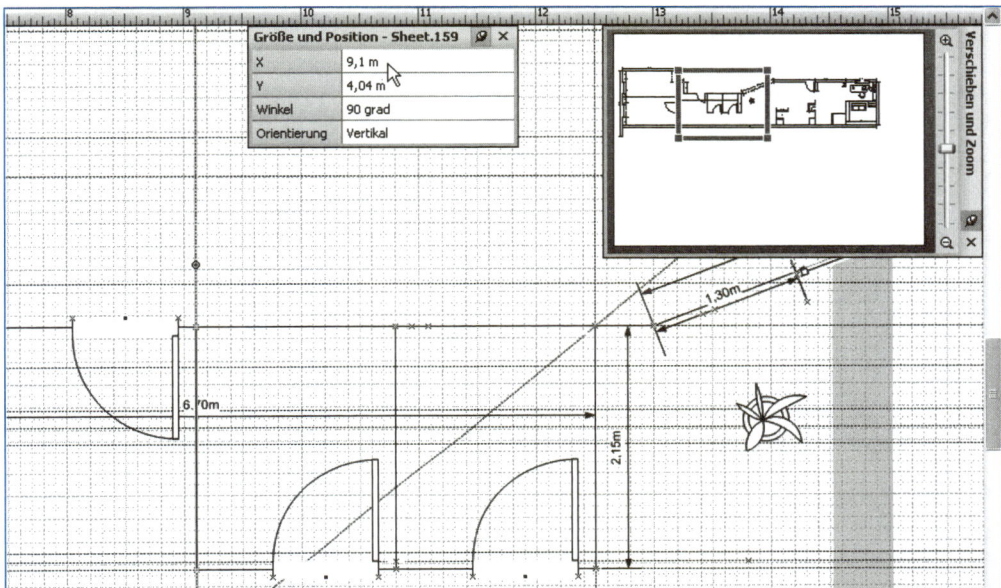

> **ACHTUNG** Eine Führungslinie wird gelöscht, indem sie markiert wird und mit der Taste `Entf` entfernt wird. Es ist nicht möglich, eine Führungslinie aus dem Zeichenblatt herauszuziehen, um sie so zu löschen.

Jedes zweidimensionale Shape ist in ein Rechteck einbeschrieben. Dieses kann nun an eine der vier Ränder an eine horizontale oder vertikale Führungslinie geklebt werden. Sobald das Shape beim Verschieben in die Nähe einer Führungslinie kommt, wird der seitliche Anfasser rot – das Shape wird »magnetisch« angezogen. Die magnetische Eigenschaft kann in *Extras/Ausrichten und Kleben* im Blatt *Allgemein* im Rahmen *Ankleben an* deaktiviert werden. Das erkennbare Kleben könnte in der gleichen Registerkarte im Rahmen *Einrasten an* ausgeschaltet werden. Wird nun die Führungslinie verschoben, ändert sich die Lage des Shapes.

Die Stärke der magnetischen Anziehungskraft wird in der zweiten Registerkarte *Weitere Optionen* eingestellt.

Führungslinien können nur per Mausklick markiert werden – nicht, indem Sie ein Rechteck um sie herum ziehen, da ihre Ausdehnung unendlich lang ist. Jedoch werden sie bei der Option *Bearbeiten/Alles markieren* mit markiert.

> **TIPP** Wenn Sie schnell sämtliche Führungslinien markieren möchten, können Sie es über den Menübefehl *Bearbeiten/Auswahl nach Typ* erreichen.

Wenn Sie häufig Führungslinien verwenden, können Sie beim Ausrichten von mehreren Shapes angeben, dass die Shapes nicht nur zueinander ausgerichtet, sondern zugleich an eine Führungslinie geklebt werden (Menübefehl *Shape/Shapes ausrichten*).

Abbildg. 1.52 Führungslinien sind Positionierungshilfen

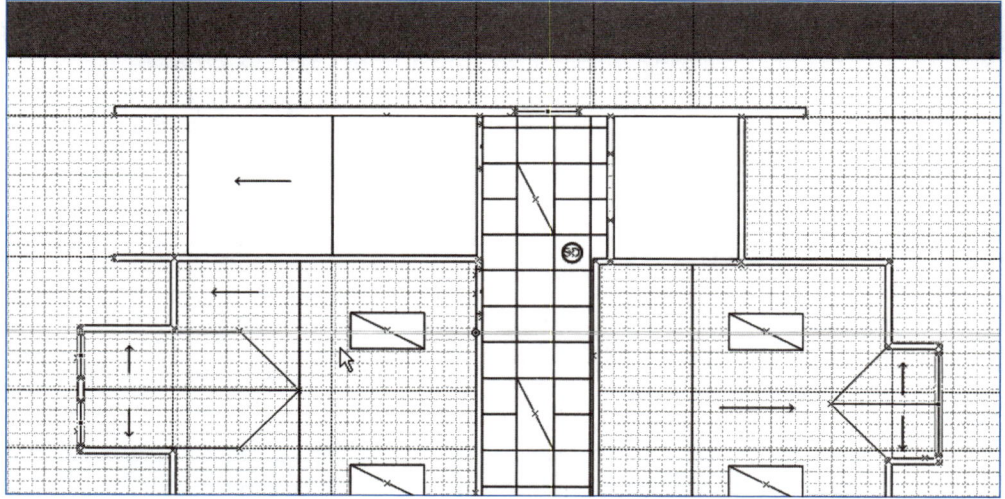

Es ist trivial, dennoch soll es explizit erwähnt werden: Wird das Gitter ausgeblendet (Menübefehl *Ansicht*), steht die Einrasten-Funktion des Gitters nicht mehr zur Verfügung. Ebenso kleben die Shapes nicht mehr an Führungslinien, wenn diese unsichtbar sind (im gleichen Menübefehl *Ansicht*).

Wenn Sie häufig das Gitter, die Lineale und Führungslinien ein- und ausblenden, können Sie sich die Symbolleiste *Ansicht* anzeigen lassen. Wenn Sie häufig die Ausrichten- und Kleben-Funktion aktivieren und deaktivieren, steht Ihnen eine weitere Symbolleiste zur Verfügung: die Symbolleiste *Ausrichten und Kleben*.

Da Führungslinien an Seiten gebunden sind, erscheinen sie nicht auf der nächsten Seite. Sollen sie dagegen auf allen Seiten einer Datei sichtbar sein, müssen sie auf das Hintergrundblatt gelegt werden. Erstaunlicherweise rasten Shapes auch an Führungslinien ein, die auf einem Hintergrundblatt liegen, obgleich sie nicht daran festkleben. Umgekehrt bedeutet dies: Wird auf einem leeren Zeichenblatt eine oder mehrere Führungslinien angeordnet, kann diese Datei als Vorlage für neue Zeichnungen abgespeichert werden. Wie dies funktioniert, wird im nächsten Kapitel erklärt.

Das Gitter

Das ruckartige Bewegen beim Ziehen von Shapes rührt daher, dass im Menübefehl *Extras/Ausrichten und Kleben* in der Registerkarte *Allgemein* die Option *Einrasten an Gitter* aktiviert ist. Das bedeutet, dass nur in diesem vorgegebenen Raster ein Shape bewegt werden kann. Die Entfernungen des Rasters und die Einstellungen des Lineals werden im Menübefehl *Extras/Lineal und Gitter* bestimmt.

Die drei Einstellungen *Fein*, *Standard* und *Grob* beim Gitter legen fest, dass sich der Abstand der Gitterlinien mit vergrößertem oder verkleinertem Zoom ändert. *Fest* dagegen bedeutet, dass der Gitterabstand starr bleibt – unabhängig vom gewählten Zoomfaktor.

> **TIPP** Das Dialogfeld zum Einrasten und Kleben kann mit der Tastenkombination `Alt` + `F9` geöffnet werden.

Die (Master-)Shapes

Abbildg. 1.53 Die Unterteilung des Lineals und des Gitters können verändert werden

Tabelle 1.8 Vier wichtige Hilfen zum exakten Positionieren

Funktion	Tastenkombination	Menübefehl	Symbol
Einrasten	⇧ + F9	Extras/Ausrichten und Kleben	
Kleben	F9	Extras/Ausrichten und Kleben	
Lineal		Ansicht/Lineale	
Gitter		Ansicht/Gitter	

Wird im Menübefehl *Extras/Ausrichten und Kleben* die Option *Dynamisches Gitter* aktiviert, erscheinen Positionierungshilfslinien im Verhältnis zu vorhandenen Shapes, insbesondere bei Linien, Bogen, Freihand-Zeichnen-Objekten, Bleistift, Ellipse, Rechteck und Verbindungspunkten. So können schnell beim Erzeugen von neuen Shapes diese an schon existierenden ausgerichtet werden. Weitere Informationen finden Sie in der zweiten Registerkarte *Weitere Optionen*.

Abbildg. 1.54 Die Registerkarte *Weitere Optionen* im Dialogfeld *Ausrichten und Kleben*

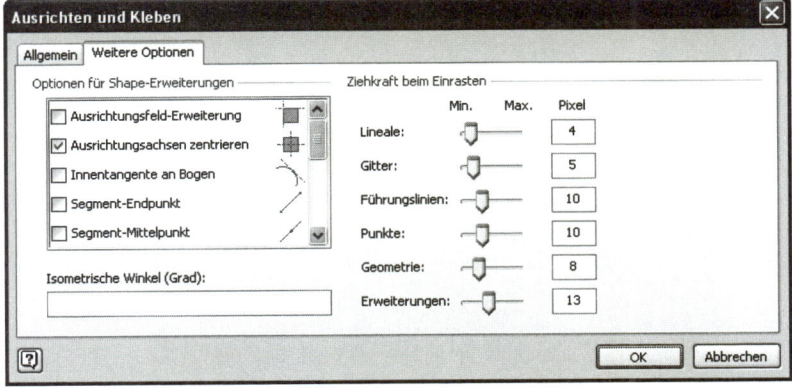

Tabelle 1.9   Die Optionen im Dialogfeld Ausrichten und Kleben

Optionen	Bedeutung
Ausrichtungsfeld-Erweiterung	Zeigt eine Linie an, die entlang des Ausrichtungsfeldes eines Shapes verläuft
Ausrichtungsachsen zentrieren	Zeigt eine Linie an, die entlang der Mitte des Ausrichtungsfeldes eines Shapes verläuft
Innentangente an Bogen	Wenn Sie den Cursor über einem Bogensegment halten, wird eine Linie angezeigt, die die Tangente der Krümmung am Mittelpunkt des Bogensegments darstellt
Segment-Endpunkt	Wenn Sie den Cursor über einem Linien- oder Bogensegment halten, wird der Endpunkt hervorgehoben. Ein Liniensegment kann Linien-Shapes sowie Linien enthalten, aus denen die Seiten eines Polygons zusammengesetzt sind.
Lineare Erweiterung	Wenn Sie den Cursor über einem Liniensegment halten, wird eine Linie für das Liniensegment angezeigt, das ab dem nächstgelegenen Endpunkt weitergeführt wird. Ein Liniensegment kann Linien-Shapes sowie Linien enthalten, aus denen die Seiten eines Polygons zusammengesetzt sind.
Gekrümmte Erweiterung	Wenn Sie den Cursor über einem Bogensegment halten, wird eine Linie angezeigt, die das Aussehen des Bogens als Ellipse illustriert. Bei Freihand-Shapes wird die Krümmung am nächstgelegenen Endpunkt erweitert.
Senkrechte an Endpunkt	Wenn Sie den Cursor über einem Linien- oder Bogensegment halten, wird eine senkrechte Linie am Endpunkt des nächstgelegenen Liniensegments angezeigt. Ein Liniensegment kann Linien-Shapes sowie Linien enthalten, aus denen die Seiten eines Polygons zusammengesetzt sind.
Senkrechte an Mittelpunkt	Wenn Sie den Cursor über einem Linien- oder Bogensegment halten, wird eine senkrechte Linie am Mittelpunkt des Liniensegments oder Bogens angezeigt. Ein Liniensegment kann Linien-Shapes sowie Linien enthalten, aus denen die Seiten eines Polygons zusammengesetzt sind.
Horiz. Linie an Endpunkt	Wenn Sie den Cursor über einem Linien- oder Bogensegment halten, wird eine horizontale Linie am Endpunkt angezeigt. Da die Linie horizontal zum Bildschirm und nicht zum Zeichenblatt verläuft, wird sie von einer Rotation des Zeichenblattes nicht beeinflusst. Ein Liniensegment kann Linien-Shapes sowie Linien enthalten, aus denen die Seiten eines Polygons zusammengesetzt sind.
Vert. Linie an Endpunkt	Wenn Sie den Cursor über einem Linien- oder Bogensegment halten, wird eine vertikale Linie am Endpunkt angezeigt. Da die Linie vertikal zum Bildschirm und nicht zum Zeichenblatt verläuft, wird sie von einer Rotation des Zeichenblattes nicht beeinflusst. Ein Liniensegment kann Linien-Shapes sowie Linien enthalten, aus denen die Seiten eines Polygons zusammengesetzt sind.
Mittelpunkt der Ellipse	Wenn Sie den Cursor über einer Ellipse halten, wird der Mittelpunkt der Ellipse hervorgehoben
Isometrische Achsen	Wenn Sie den Cursor über einem Scheitelpunkt halten, werden Linien durch die Winkel angezeigt, die im Feld Isometrische Winkel (Grad) angegeben wurden. Sie können bis zu zehn Winkel (in Grad), getrennt durch Kommas, eingeben. Diese Option ist vor allem bei der Erstellung von isometrischen Zeichnungen nützlich.

Tabelle 1.9 Die Optionen im Dialogfeld Ausrichten und Kleben *(Fortsetzung)*

Optionen	Bedeutung
Isometrische Winkel (Grad)	Falls unter Optionen für Shape-Erweiterungen der Eintrag Isometrische Achsen aktiviert ist und Sie den Cursor über dem Eckpunkt eines Rechteckes bzw. dem Endpunkt eines Linien- oder Bogensegments halten, werden Linien durch die angegebenen Winkel angezeigt, z. B. 30 Grad, 60 Grad oder 90 Grad. Sie können bis zu zehn Winkel (in Grad), getrennt durch Kommas, eingeben. Diese Option ist vor allem bei der Erstellung von isometrischen Zeichnungen nützlich. Ein Liniensegment kann Linien-Shapes sowie Linien enthalten, aus denen die Seiten eines Polygons zusammengesetzt sind.
Ziehkraft beim Einrasten	Gibt den Abstand in Pixeln an, ab dem Gitter, Führungslinien, Lineale oder Punkte (Verbindungspunkte, Scheitelpunkte, Kontrollpunkte) Shapes anziehen, wenn Einrasten aktiv ist.

Abbildg. 1.55 Hilfreiche Optionen beim Erzeugen von neuen Shapes. Hier: *Ausrichtungsfeld-Erweiterung* und *Ausrichtungsachsen zentrieren*

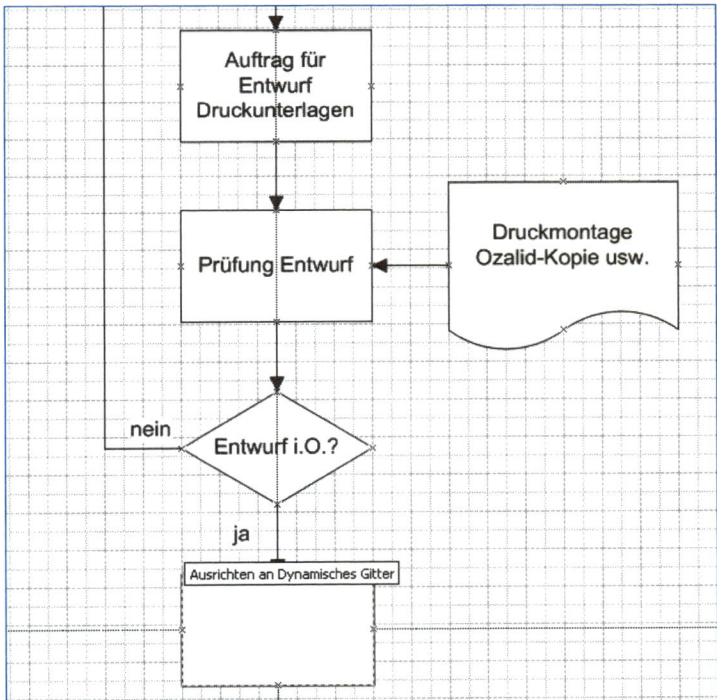

Drehen und Spiegeln

Im Abschnitt »Der Drehpunkt« wurde das manuelle Drehen eines Shapes mit dem Drehpunkt beschrieben. Ein Shape wird immer um den Drehpunkt gedreht. Sie finden seine Position im Größen- und Positionsfenster unter *Drehbez Pos*. Normalerweise sitzt er in der Mitte-Mitte, das heißt in der horizontalen und vertikalen Mitte des Shapes.

Nach Markieren des Shapes kann der Drehpunkt mit der Maus in seiner Position verändert werden.

Wenn Sie ihn in die Nähe der vier Eckpunkte ziehen, hilft Ihnen eine QuickInfo bei der exakten Positionierung. Wird das Shape anschließend gedreht, wird es um diese neue Position gedreht. Im Fenster *Größe und Position* (im Menü *Ansicht*) kann der Winkel numerisch eingegeben werden. Dort kann ebenso die Position des Drehpunktes festgelegt werden (Abbildung 1.56).

Abbildg. 1.56   Der Winkel kann numerisch festgelegt werden

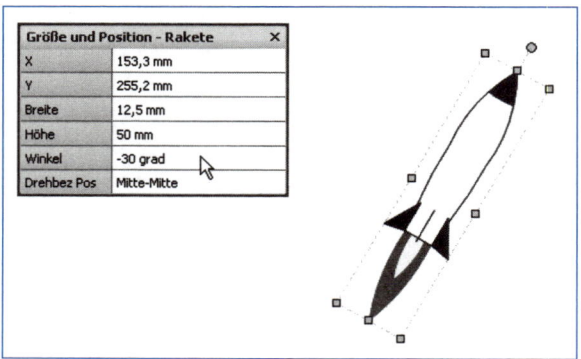

Soll ein Shape um 90 Grad gedreht werden, finden sich im Menübefehl *Shape/Drehen oder kippen* oder in der Symbolleiste *Aktion* zwei Symbole, die das Shape um 90 Grad nach rechts oder nach links drehen. Shapes können an einer vertikalen oder horizontalen Achse durch den Drehpunkt gespiegelt werden – jedoch sehen Sie nur bei nicht-symmetrischen Shapes das Ergebnis. Hierfür stehen die beiden Symbole *Horizontal kippen* und *Vertikal kippen* zur Verfügung. Wird der Drehpunkt vor dem Kippen außerhalb des Shapes gezogen, so ist er noch immer Bezugspunkt für die Kipp-Aktion – nur wird jetzt das Shape sehr weit von seinem ursprünglichen Ort entfernt.

HINWEIS   Beachten Sie, dass für sämtliche Dreh- und Kippaktionen der Drehpunkt der ausschlaggebende Richtwert darstellt: an ihm werden Shapes gedreht und gespiegelt.

Beim Drehen gilt Ähnliches wie beim Verschieben. Das zugrunde liegende Raster bewirkt ein schrittweises Drehen. Sollen die Abstände der Schritte verkleinert werden, muss der Zoomfaktor vergrößert werden.

Tabelle 1.10   Die vier Möglichkeiten, Shapes zu spiegeln und zu kippen

Funktion	Menübefehl	Tastenkombination	Symbol
Horizontal kippen	Shape/Drehen oder kippen/Horizontal kippen	Strg + H	
Vertikal kippen	Shape/Drehen oder kippen/Vertikal kippen	Strg + J	
Nach rechts drehen	Shape/Drehen oder kippen/Nach rechts drehen	Strg + R	
Nach links drehen	Shape/Drehen oder Kippen/Nach links drehen	Strg + L	

Shapes gruppieren

Eine Besonderheit gegenüber anderen Grafik- oder Präsentationsprogrammen stellt bei Visio das Gruppieren dar. Zwei oder mehrere Shapes können zu einer Gruppe zusammengefasst werden.

1. Markieren Sie zwei oder mehrere Shapes, um sie zu gruppieren.
2. Gruppieren Sie die Shapes, indem Sie den Menübefehl *Shape/Gruppierung/Gruppieren*, die Tastenkombination [Strg]+[G] oder [⇧]+[Strg]+[G] oder das Kontextmenü verwenden (Abbildung 1.57).
3. Sie sehen nun nicht mehr die einzelnen Shapes mit magentafarbenen Linien angezeigt, sondern die Gruppe als ein Shape mit Größenänderungs-Kontrollpunkten.

Ein gruppiertes Shape hat gegenüber einzelnen markierten (aber nicht gruppierten) Shapes den Vorteil, dass es wie ein Objekt behandelt wird. Stimmt beispielsweise die Lage zweier Shapes auf dem Zeichenblatt und soll ein drittes Shape in der Mitte von beiden liegen, so dürfen nicht alle Shapes zentriert werden, da sie sonst übereinander liegen. Besser wäre es, die beiden »fixen« Shapes zu gruppieren und dann das dritte Shape zu dieser Gruppe zu zentrieren.

Gruppen haben nicht nur diesen temporären Sinn, nach oben beschriebener Aktion kann die Gruppe wieder aufgelöst werden. Eine weitere Funktion der Gruppierung besteht darin, ein neu erstelltes Shape zusammenzuhalten. Stellen Sie sich ein Shape vor, das aus mehreren Teilen besteht. Würde der Benutzer fälschlicherweise an einem Teil ziehen, würde er dieses Teil aus dem Ganzen des Objekts herauslösen. Um dies zu verhindern, kann eine Gruppe erstellt werden.

Wird die Gruppe erneut markiert, erscheinen die Markierungspunkte um alle Elemente dieser Gruppe. Visio erstellt nun ein neues Shape. Wurden drei Shapes auf einem Zeichenblatt zu einer Gruppe zusammengefasst, so befinden sich nun vier Shapes auf dem Blatt.

Abbildg. 1.57   Mehrere Shapes werden zu einer Gruppe zusammengefasst

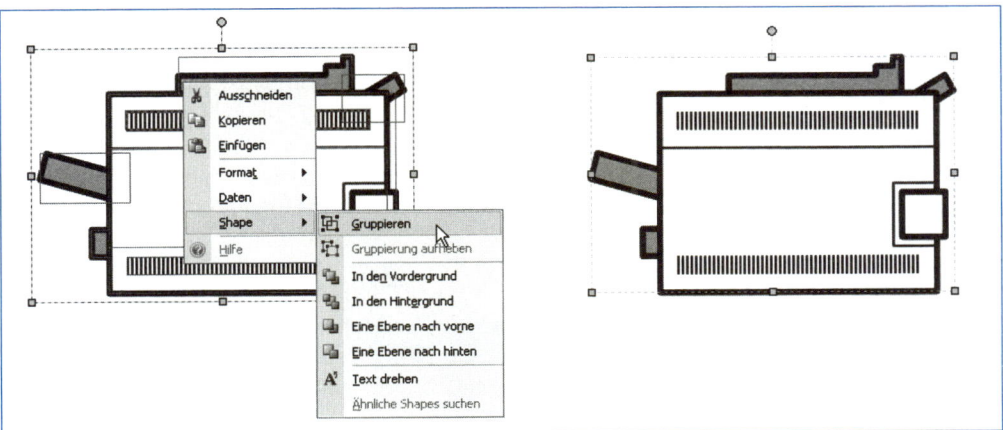

Werden zwei Linien oder eine Linie und ein Rechteck miteinander gruppiert, ist das Ergebnis immer ein Rechteck, wie Sie leicht im Menübefehl *Format/Verhalten* nachsehen können.

Soll nun ein Element der Gruppe bearbeitet werden, beispielsweise formatiert, verschoben, verändert oder gelöscht, genügt ein zweiter Klick auf dieses Gruppenmitglied, um ein Element der Gruppe zu markieren und nun zu verändern – so, als wäre es kein Teil der Gruppe (Abbildung 1.58).

Abbildg. 1.58   Ein Mitglied der Gruppe wurde markiert

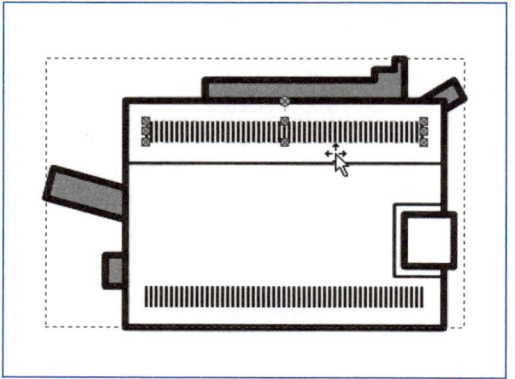

Dieses Markieren eines Elements innerhalb einer Gruppe ist eine Visio-spezifische Technik. Die klassische Variante einiger Grafikprogramme sieht vor, die Gruppe aufzuheben (über den Menübefehl *Shape/Gruppieren/Gruppierung aufheben*, ⇧+Strg+U oder das Kontextmenü). Nun könnte ein Teil der Gruppe verändert und danach die Gruppe wieder zusammengefasst werden.

HINWEIS   Sämtliche Shapes in Visio-Schablonen sind, wenn sie mehrere Formate beinhalten, als flache Gruppe zusammengefasst. Das bedeutet, dass sie jederzeit in Gruppenelemente zerlegt werden können. Sie erhalten die Warnung, dass das Aufheben der Gruppierung die Verknüpfung zwischen dem Master-Shape und dem Objekt trennt.

Sie können auch ein einzelnes Shape zu einer Gruppe (*Shape/Gruppierung*) konvertieren. Welchen Sinn hat dies? So können nun neue Shapes zu dieser Gruppe hinzugefügt werden (*Shape/Gruppierung/zur Gruppe hinzufügen*).

TIPP   Der Klick auf ein Mitglieds-Shape der Gruppe markiert dieses Element. Dass dies möglich ist, verdanken wir einer Einstellung im Menübefehl *Format/Verhalten* in der Registerkarte *Verhalten*. Dort wird im Punkt *Auswahl* festgelegt, ob der erste Klick auf die Gruppe die Gruppe markiert und der zweite Klick ein einzelnes Element oder umgekehrt. Oder ob eine Gruppe nur als Gruppe markierbar ist. Wird diese Option eingestellt, so stellt sich die Frage, wie man in die Gruppe gelangt, um Veränderungen an einem der Gruppenmitglieder vornehmen zu können.

Im zweiten Blatt *Doppelklicken* des Verhalten-Dialogfelds kann eingestellt werden, dass ein Doppelklick auf die Gruppe den Gruppeneditor öffnet. In den früheren Visio-Versionen war dies die einzige Möglichkeit, Mitglieds-Shapes von Gruppen bearbeiten zu können, ohne die Gruppe zu zerlegen (Abbildung 1.60).

Abbildg. 1.59 Das Verhalten-Dialogfeld

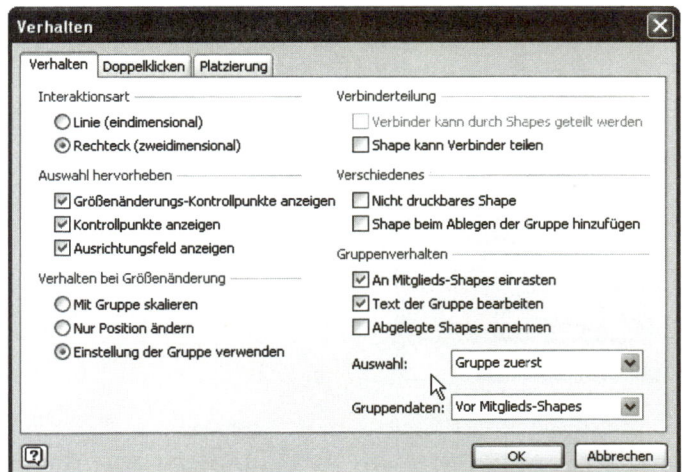

Abbildg. 1.60 Wird im zweiten Blatt *Doppelklicken* festgelegt, dass die Gruppe in einem neuen Fenster geöffnet wird, kann die Gruppe im Gruppeneditor bearbeitet werden

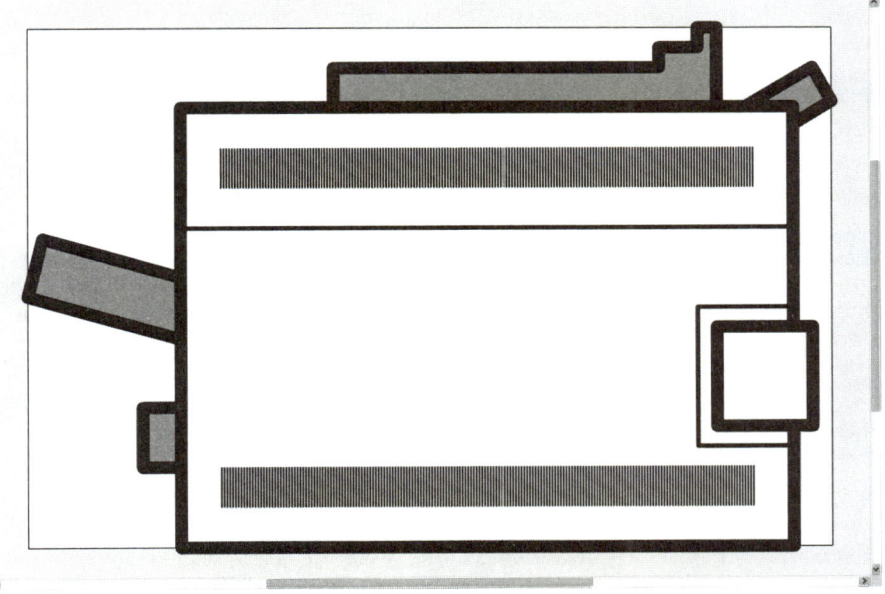

Um ein Element aus einer vorhandenen Gruppe herauszuholen, kann dieses markiert werden und über den Menübefehl *Shape/Gruppieren/Aus der Gruppe entfernen* extrahiert werden.

> **TIPP** In den Gruppeneditor gelangen Sie auch über den Menübefehl *Bearbeiten/Gruppe öffnen*.

Soll ein weiteres Element zur Gruppe hinzugefügt werden, darf keine neue Gruppe erstellt werden, sondern es müssen dieses Element und die Gruppe markiert werden und über den Menübefehl *Shape/Gruppierung/Zur Gruppe hinzufügen* addiert werden (Abbildung 1.61). Würden Sie eine neue Gruppe erstellen, also zwei Gruppen ineinander schachteln, hätten Sie zum einen ein weiteres Objekt (was bei einer großen Anzahl von Objekten den Speicher unnötig belastet). Ärgerlicher dagegen ist, dass es nun sehr mühsam ist, an ein Shape in der inneren Gruppe zu gelangen: Sie müssten mehrmals auf die Gruppe klicken, bis Sie zu dem inneren Element gelangten.

Abbildg. 1.61 Neue Elemente können problemlos zu einer Gruppe hinzugefügt werden

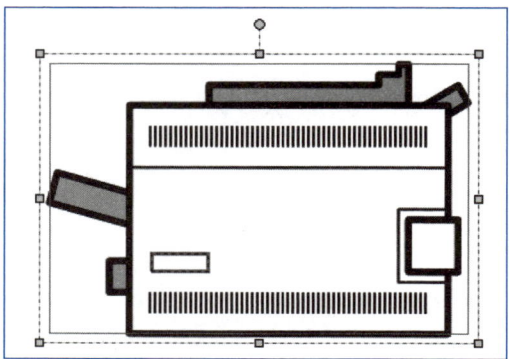

Es existiert noch folgende Möglichkeit, Shapes zu einer Gruppe hinzuzufügen.

1. Wählen Sie über den Menübefehl *Format/Verhalten*, Registerkarte *Verhalten* die Option aus *Abgelegte Shapes annehmen*.
2. Aktivieren Sie für ein anderes Shape im gleichen Menübefehl *Format/Verhalten* (oder im Kontextmenü), dass das *Shape beim Ablegen der Gruppe hinzugefügt wird*. Nur so erreichen Sie, dass andere Shapes zu Mitgliedern der Gruppe werden.

Diese Option könnte interessant sein, wenn Sie regelmäßig Gruppen-Shapes erstellen, die aus mehreren Einzel-Shapes bestehen, aber variieren können. So kann nach dem Baukastenprinzip zu einer Gruppe ein neues Shape hinzugefügt werden.

ACHTUNG Gruppen sollen flach und nicht verschachtelt bleiben: Vermeiden Sie Gruppen in Gruppen! Denn nur so stellen Sie sicher, dass Sie im Nachhinein Teile der Gruppe problemlos verändern können, ohne das ganze Objekt neu erstellen zu müssen.

Gruppen haben eine weitere Bedeutung. Wird ein Objekt aus einem anderen Programm in Visio eingefügt, so ist der Ursprung noch bekannt – mit einem Klick mit der rechten Maustaste auf das Objekt wird das Ursprungsprogramm geöffnet. Wenn Sie für ein solches Objekt *In Gruppe umwandeln* wählen, wird die ursprüngliche Verbindung gelöst.

Tabelle 1.11   Die Gruppenoptionen

Funktion	Menübefehl	Tastenkombination	Symbol
Gruppieren	Shape/Gruppieren/Gruppieren	`Strg` + `G` oder `⇧` + `Strg` + `G`	
Gruppierung aufheben	Shape/Gruppieren/Gruppierung aufheben	`⇧` + `Strg` + `U`	
Shape zu einer Gruppe hinzufügen	Shape/Gruppieren/zur Gruppe hinzufügen		
Shape aus einer Gruppe herauslösen	Shape/Gruppieren/aus Gruppe entfernen		
Eine Metafile-Datei in eine Gruppe konvertieren	Shape/Gruppieren/in Gruppe umwandeln		

Übrigens: Wenn Sie sich nicht sicher sind, ob ein Objekt eine Gruppe ist oder nicht, so kann dies über den Menübefehl *Format/Verhalten* eingesehen werden. Ist der rechte Teil »Gruppenverhalten« inaktiv, handelt es sich nicht um eine Gruppe.

TIPP   Um schnell sämtliche gruppierten Objekte eines Zeichenblattes zu markieren, steht Ihnen das Menü *Bearbeiten/Auswahl nach Typ* zur Verfügung. Dort kann gewählt werden, dass nur Gruppen markiert werden. Darüber könnten Sie auch schnell herausfinden, bei welchen Shapes es sich um Gruppen handelt und bei welchen nicht.

Die Option *An Mitgliedsshapes einrasten* im Menübefehl *Format/Verhalten* bedeutet, dass die Kindelemente der Gruppe ihr Verhalten nicht verlieren. Neue Shapes rasten nicht nur an der Gruppe, sondern auch an den Elementen der Gruppe ein.

Und schließlich gibt es noch eine weitere, wichtige Funktion, die eine Gruppe rechtfertigt: In einem Shape kann sich nur ein Text befinden. Sollen allerdings mehrere Texte in einem Shape stehen, die unabhängig voneinander bearbeitet werden, müssen diese einzelnen Shapes gruppiert werden. Dies wird in einem Beispiel in Kapitel 4 beschrieben.

Text

Die meisten Shapes lassen Texteingabe zu. Das Shape wird markiert, der Text wird getippt und erscheint bei den meisten Shapes in der Mitte. Wenn Sie mit einer Zoomgröße arbeiten, die Ihnen die gesamte Zeichenblattseite anzeigt, vergrößert Visio bei der Texteingabe das Textfeld, sodass der Text immer lesbar bleibt, wie in Abbildung 1.62 sichtbar.

HINWEIS   Es genügt, ein Shape zu markieren und dann den Text einzugeben. Bereits beim Tippen des ersten Buchstabens wechselt Visio in den Editiermodus.

Die Texteingabe kann mit der Taste `Esc` beendet werden (Achtung: nicht mit `↵`!) oder einfach, indem Sie mit der Maus an eine andere Stelle außerhalb des Shapes klicken. Soll der Text erneut bearbeitet werden, so gelangen Sie entweder mit einem Doppelklick in den Text des Shapes, mit dem Symbol *Text-Tool*-Werkzeug oder mit der Funktionstaste `F2`.

Abbildg. 1.62   Die Texteingabe

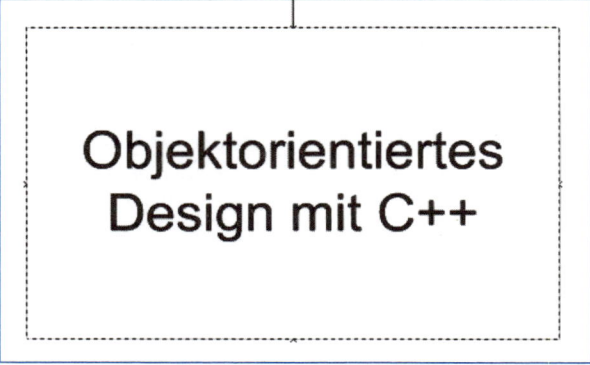

> **ACHTUNG**   Da der Doppelklick umdefiniert werden kann, sollte die Funktionstaste `F2` oder das Symbol bevorzugt werden.

Vielleicht erstaunt es Sie, dass Visio bei der Texteingabe den Zoomfaktor vergrößert. Diese Grundeinstellung hilft Ihnen, den Text gut lesen zu können, wenn Sie einen kleinen Zoom eingeschaltet haben. Beenden Sie die Texteingabe, dann wird wieder zurück auf den vorhergehenden Zoomfaktor umgeschaltet. Sie könnten diese Option unter *Extras/Optionen* in der Registerkarte *Allgemein* ausschalten. Jedoch stellt sich die Frage, warum man diese praktische Funktion deaktivieren sollte.

Zum Texterstellen, Korrigieren und Bewegen innerhalb des Textes gibt es nichts Besonderes zu erwähnen: Es gelten die Regeln, die aus jeder Textverarbeitung bekannt sind:

Das Markieren funktioniert mit der Maus oder mit gedrückter `⇧`-Taste, Sie können sich mit den vier Tasten `←`, `→`, `↑` und `↓` über die Zeichen und Zeilen bewegen. Die Tastenkombinationen `Strg`+`←` und `Strg`+`→` bewirken einen Sprung über Wörter, `Strg`+`↑` und `Strg`+`↓` einen Sprung über Absätze. Mit `Strg`+`Pos1` und `Strg`+`Ende` setzen Sie den Cursor an den Textanfang oder an das Textende.

Wollen Sie einen Text auf einer Seite erzeugen, der nicht an ein Shape gebunden ist (beispielsweise für Überschriften), kann in der Symbolleiste das Text-Tool aktiviert und auf die Seite geklickt werden. Visio erzeugt ein Rechteck in einer vorgegebenen Größe, in das hinein der Text geschrieben werden kann (Abbildung 1.63). Besser ist es, auf dem Zeichenblatt mit der Maus ein Rechteck aufzuziehen, da so die Größe vorgegeben wird und nur bedingt verändert werden muss.

Dieses Rechteck besitzt keine Linienfarbe und keine Füllfarbe. Alternativ zu einem selbsterzeugten Textblock können Sie aus einer Reihe von Schablonen Anmerkungen-Shapes herausholen, die für diesen Zweck bereitgestellt wurden.

Abbildg. 1.63 Durch Aktivieren des Text-Symbols und Aufziehen eines Rechtecks wird ein Textfeld geschaffen

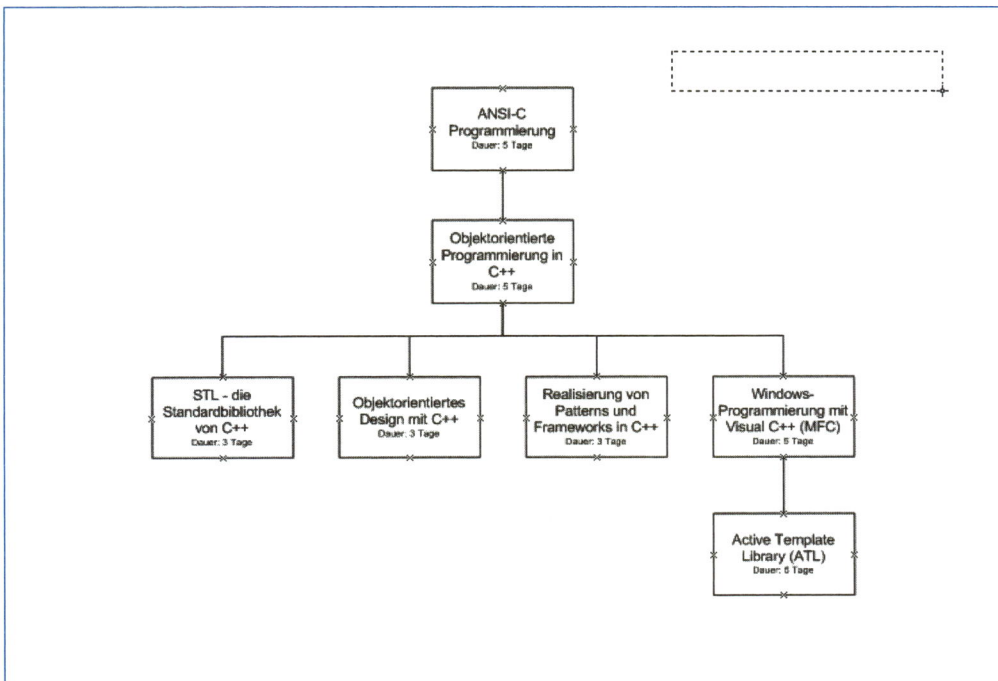

Als Alternative steht Ihnen der Menübefehl *Einfügen/Textfeld* zur Verfügung.

Textformatierung

Textgestaltungen kennen Sie von Ihrem Textverarbeitungsprogramm. Ähnliches gilt auch in Visio für die Shapes. Visio unterscheidet allerdings beim Formatieren des Textes, ob das Shape markiert ist (dann wird der gesamte Textblock formatiert) oder ob Textteile im Editiermodus markiert sind (dann werden naturgemäß nur diese formatiert). Es stehen Ihnen alle wichtigen Formatierungsmöglichkeiten zur Verfügung, wie sie auch jedes Textverarbeitungsprogramm (beispielsweise Word) bietet.

In der Symbolleiste *Format* finden sich die Listenfelder für *Schriftart* und *Größe*, drei Symbole für *Fett*, *Kursiv* und *Unterstrichen* und drei weitere für *linksbündig*, *zentriert* und *rechtsbündig*. Daneben liegen die Symbole für Aufzählungszeichen, Einzüge und Textfarbe (Abbildung 1.64).

Abbildg. 1.64 Die Symbolleisten *Format* und *Text formatieren*«

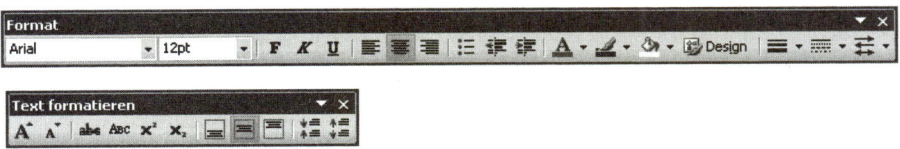

Im Menübefehl *Format/Text* tauchen sie wieder auf, zusammen mit einer Reihe von weiteren Attributen. In der ersten Registerkarte *Schriftart* (Abbildung 1.65) wiederholen sich die Optionen

- Schriftart (der Schriftname)
- Formatvorlage (der Schnitt: *Normal*, *Fett*, *Kursiv* und *Fett Kursiv*)
- Größe (die Schriftgröße)
- Farbe (die Schriftfarbe)

Weiterhin finden sich:

- Groß-/Kleinschreibung (*Standard*, *Großbuchstaben*, *Große Anfangsbuchstaben*, *Kapitälchen*)
- Position (*Standard*, *Hochgestellt*, *Tiefgestellt*)
- unterstrichen (*(ohne)*, *Einfach*, *Doppelt*)
- Sprache (für die Rechtschreibhilfe)
- und Transparenz (der Schriftfarbe gegenüber dem Hintergrund)

Abbildg. 1.65   Die Registerkarte *Schriftart* im Dialogfeld *Format/Text*

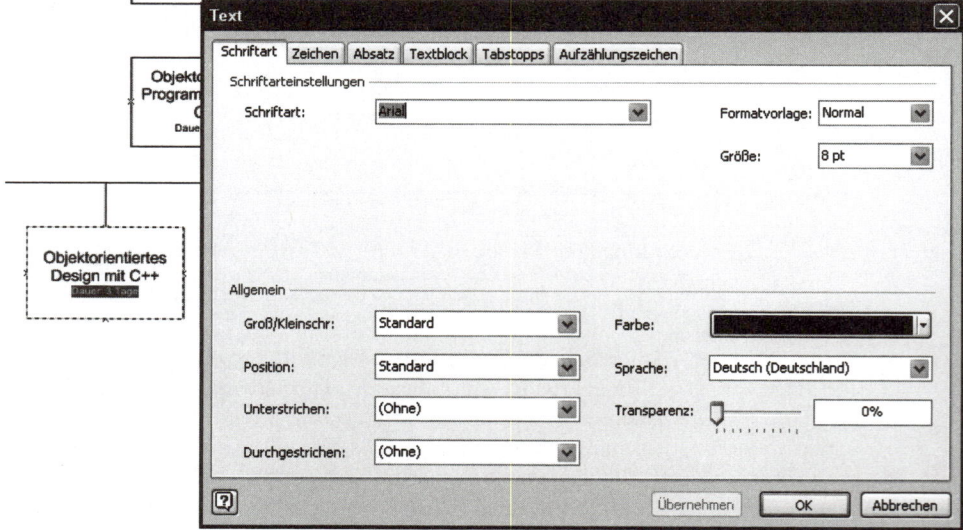

In der zweiten Registerkarte *Zeichen* (Abbildung 1.66) kann geändert werden:
- die Skala (die horizontale Skalierung)
- Abstand (der erweiterte oder komprimierte Buchstabenabstand)

Abbildg. 1.66 Die Registerkarte *Zeichen* im Dialogfeld *Format/Text*

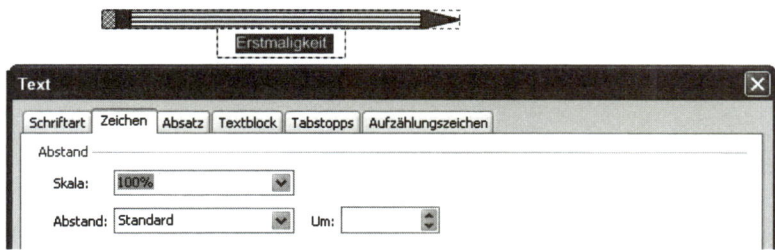

In der Registerkarte *Absatz* (Abbildung 1.67) werden die Absatzoptionen wie
- Ausrichtung (*Links, Zentriert, Rechts, Blocksatz*)
- Einzüge (*Vor dem Text, Nach dem Text, Erste Zeile*)
- Abstand (*Vor* dem Absatz, *Nach* dem Absatz. Der Wert *Zeile* gibt an, wie weit einzelne Zeilen vertikal voneinander entfernt dargestellt werden, er wird in Prozent der Schriftgröße angegeben)

eingestellt. Die wichtigsten dieser Einstellungen, ebenso wie die wichtigsten Optionen aus dem Blatt *Schriftart* finden sich auch in der Symbolleiste *Format/Text*.

Abbildg. 1.67 Die Registerkarte *Absatz* im Dialogfeld *Format/Text*

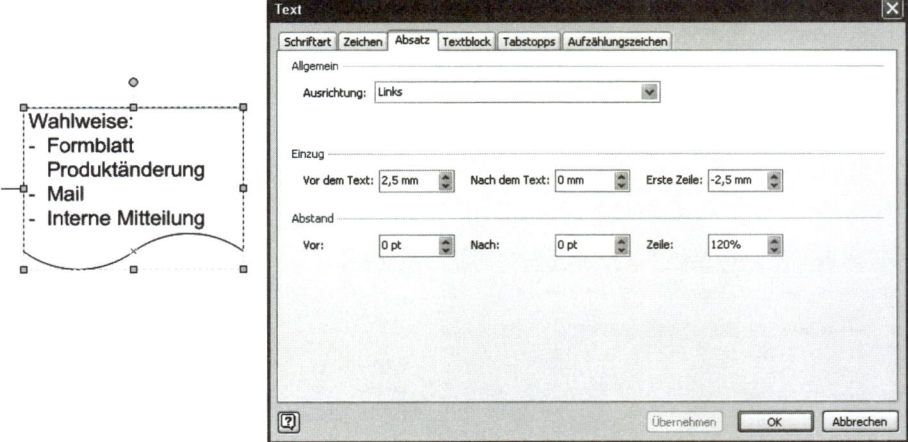

Die vierte Registerkarte *Textblock* (Abbildung 1.68) regelt die Ausrichtung des Texts innerhalb des Shapes. Dort können *Ausrichtung* (*Oben, Mitte, Unten*), die vier Ränder und der *Texthintergrund* mit ihrer *Farbe* und *Transparenz* eingestellt werden.

Abbildg. 1.68 Die Registerkarte *Textblock* im Dialogfeld *Format/Text*

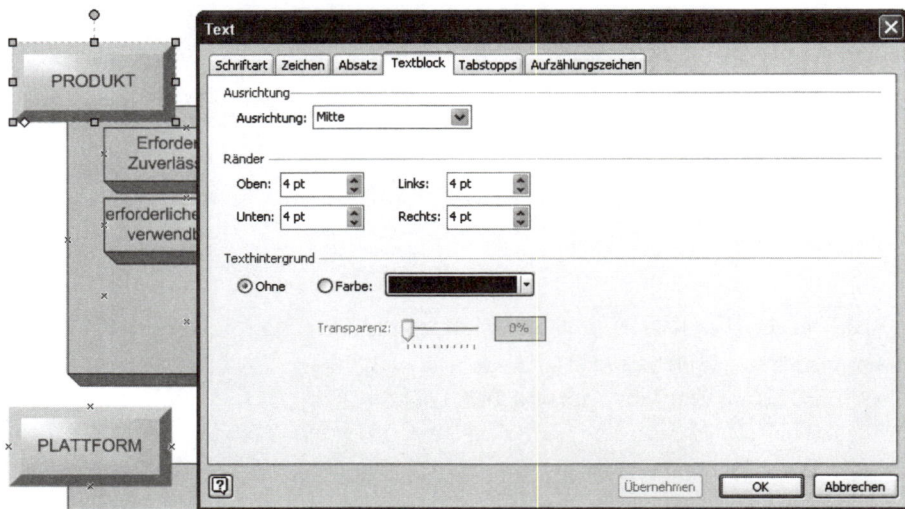

Sollten Sie kleine Tabellen in einem Shape erzeugen wollen, können Sie Tabulatoren innerhalb des Textes setzen und über die Registerkarte *Tabstopps* formatieren (Abbildung 1.69). Dabei stößt der Anwender allerdings an die Grenzen von Visio – Visio ist sicherlich kein Satz- oder Textverarbeitungsprogramm, mit dem ausgefeilte und ordentlich gestaltete Tabellen erzeugt werden können.

> **TIPP** Übrigens kann über das Kontextmenü ein Textlineal für den Text aktiviert werden. Dies kann nur aktiviert und verwendet werden, wenn Sie sich im Textmodus befinden. Damit ist eine leichtere Orientierung bei den Tabulatoren möglich.

Abbildg. 1.69 Auch kleine Tabellen können in einem Shape erzeugt werden

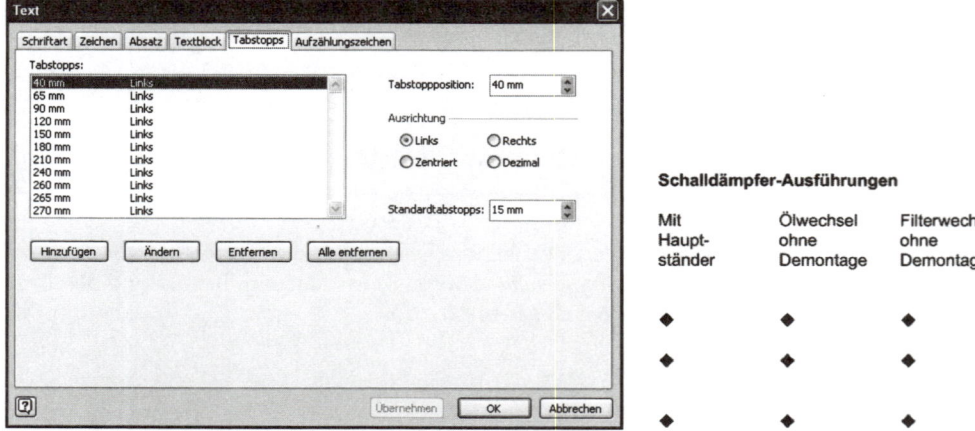

Die (Master-)Shapes

Abbildg. 1.70   Sicherlich ist Visio kein Programm zum Erstellen von Tabellen – aber es funktioniert...

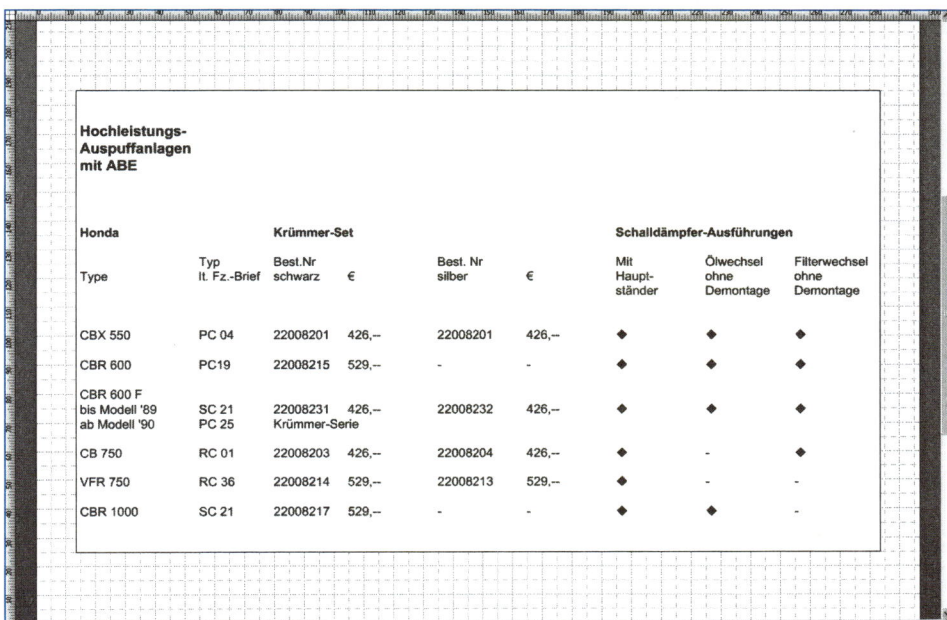

Und schließlich stehen Ihnen in der Registerkarte *Aufzählungszeichen* einige Aufzählungszeichen zur Verfügung, mit denen Sie kleine Listen erzeugen können (siehe Abbildung 1.71 und Abbildung 1.72). Dort können Sie auch Symbole verwenden, indem Sie das entsprechende Aufzählungszeichen eingeben und in der Schriftart formatieren. Wenn Sie nicht wissen, welches Zeichen sich hinter welchem Buchstaben verbirgt, sollten Sie das Programm *Zeichentabelle* verwenden, das Sie über *Start/Alle Programme/Zubehör/Systemprogramme* öffnen können.

Abbildg. 1.71   Die Registerkarte *Aufzählungszeichen* im Dialogfeld *Format/Text*

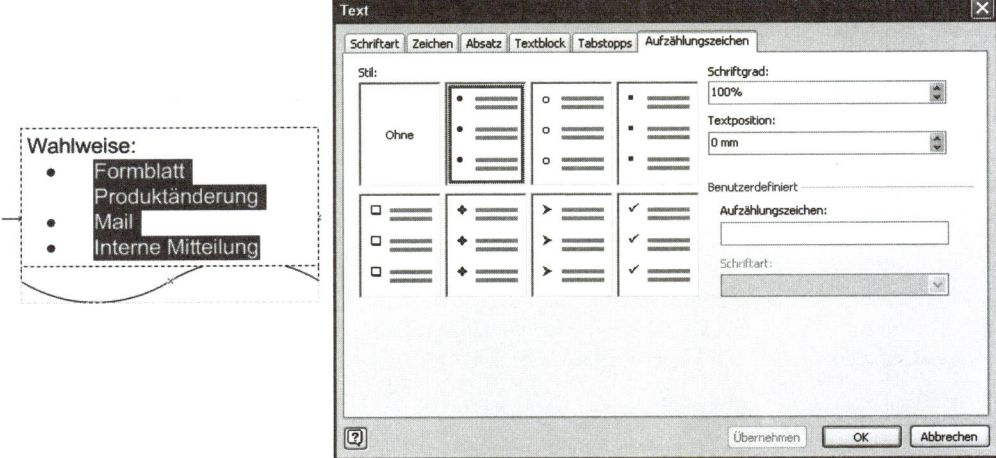

Abbildg. 1.72 Listen werden mit Aufzählungszeichen erzeugt

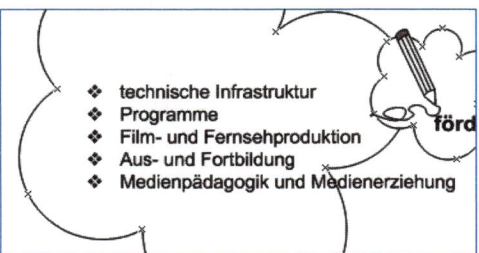

Wenn Sie seltener verwendete Textformatierungen häufig benötigen, öffnen Sie die Symbolleiste *Text formatieren*. Sie finden diese im Menübefehl *Ansicht/Symbolleisten*.

Wenn Sie noch weitere Optionen benötigen, holen Sie diese aus *Ansicht/Symbolleisten/Anpassen/ Befehle* aus der Kategorie *Text formatieren*. Einige der häufig verwendeten Textformatierungen finden Sie auch im Kontextmenü, wenn Sie in einem Shape den erstellten Text editiert und nicht markiert haben: Im Kontextmenü befindet sich neben dem *Textlineal* das Dialogfeld zum *Text formatieren*, *Felder einfügen* und *Aufzählungszeichen*.

Text rotieren und verschieben

Text in einem Shape kann beliebig verschoben werden. Sie müssen die Ränder nicht numerisch über *Format/Text/Textblock* eingeben. Leichter kann Text verschoben werden, indem Sie aus dem Listenfeld des *Text-Tool* das *Textblock drehen*-Werkzeug aktivieren. Nun erscheinen, ähnlich wie beim Drehwerkzeug um das Shape, an den vier Ecken vier runde Anfasser. Mit ihnen kann der Text gedreht werden, ohne dass die Lage oder der Drehwinkel des Shapes verändert wird (siehe Abbildung 1.73).

Abbildg. 1.73 Text kann unabhängig vom Shape gedreht werden

Wenn Sie den Text um 90 Grad oder 180 Grad drehen möchten, dann können Sie dies schnell und exakt mithilfe des Menübefehls *Shape/Drehen oder Kippen/Text drehen* erledigen. Der Text wird um 90 Grad gegen den Uhrzeigersinn gedreht.

Die (Master-)Shapes

PROFITIPP Soll der Text unabhängig vom Shape verschoben werden, wird bei aktiviertem *Textblock drehen*-Werkzeug der Cursor in den Text gesetzt. Nun nimmt der Mauszeiger die Gestalt von zwei übereinander liegenden Rechtecken an. Mit gedrückter Maustaste kann der Text aus dem Shape herausgezogen werden. Dies ist bei Beschriftungen von Linien wichtig: Dort soll der Text häufig an einer anderen Stelle sitzen als an der von Visio vorgeschlagenen, wie in Abbildung 1.74.

Abbildg. 1.74 Der Text kann unabhängig vom Shape verschoben werden. Dies ist bei Linienbeschriftungen wichtig

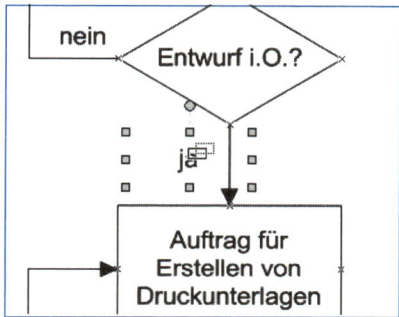

HINWEIS Einige Shapes besitzen Kontrollpunkte, mit denen Sie den Text verschieben können. Das gelbe QuickInfo des Kontrollkästchen gibt Ihnen Auskunft darüber.

Wenn Sie vorhandenen Text nicht ändern können, kann dies mehrere Ursachen haben:

- Das Shape liegt auf einem Layer, der geschützt ist. Dies kann über *Ansicht/Layereigenschaften* kontrolliert und ausgeschaltet werden.
- Das Shape wurde über *Format/Schutz* mit einem Schutzmechanismus versehen. Dort kann auch der Text geschützt werden.
- Das Shape liegt auf einem Hintergrundblatt. Dies ist daran erkennbar, dass es nicht markiert werden kann.
- Das Shape besteht aus mehreren Kindelementen, die zu einer Gruppe zusammengefasst wurden.
- Der Text wurde als Bild oder Vektorgrafik eingefügt. Über den Menübefehl *Format/Bild* kann dies überprüft werden.

Shapes formatieren

Neben der Textformatierung stellt Visio – wie jedes Grafikprogramm – Formate für die grafischen Objekte zur Verfügung. Visio unterteilt Formatierungen in drei verschiedene Klassen: *Text*, *Füllbereich* und *Linie*. Jedes Shape kann diese drei Elemente besitzen, muss sie allerdings nicht haben. Das Element *Text* wurde im vorherigen Kapitel besprochen.

Im Kontextmenü *Format* sind die ersten drei Eigenschaften der Shapes zu finden; viele der Funktionen finden sich in einer der drei Symbolleisten *Format*, *Text formatieren* und *Shape formatieren* (Abbildung 1.75).

Kapitel 1 Grundlagen von Visio

Abbildg. 1.75   Drei Symbolleisten, mit denen formatiert werden kann

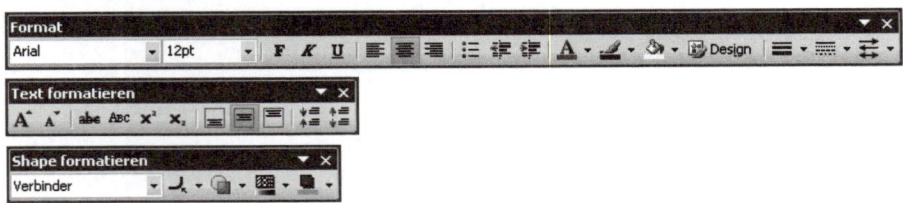

HINWEIS   Übrigens können diese drei Formatierungskategorien mit dem *Format übertragen*-Werkzeug von einem Shape auf ein anderes kopiert werden.

1. Dazu wird erst das formatierte Shape ausgewählt.
2. Anschließend wird das *Format übertragen*-Werkzeug eingeschaltet.
3. Und dann wird das Format auf das neue Shape übertragen.
4. Soll die Formatierung auf mehrere Shapes übertragen werden, kann das Werkzeug mit einem Doppelklick aktiviert werden, ein einfacher Klick schaltet die Funktion wieder ab.

Füllbereich

In der *Format*-Symbolleiste findet sich ein Symbol, mit dem die Füllfarbe verändert werden kann. Weitere Optionen finden Sie im Menübefehl *Format/Füllbereich* oder im Kontextmenü des Shapes. Dort können neben der Farbe auch das Muster und eine Schattenfarbe eingestellt werden (Abbildung 1.76).

Abbildg. 1.76   Das Dialogfeld *Füllbereich*

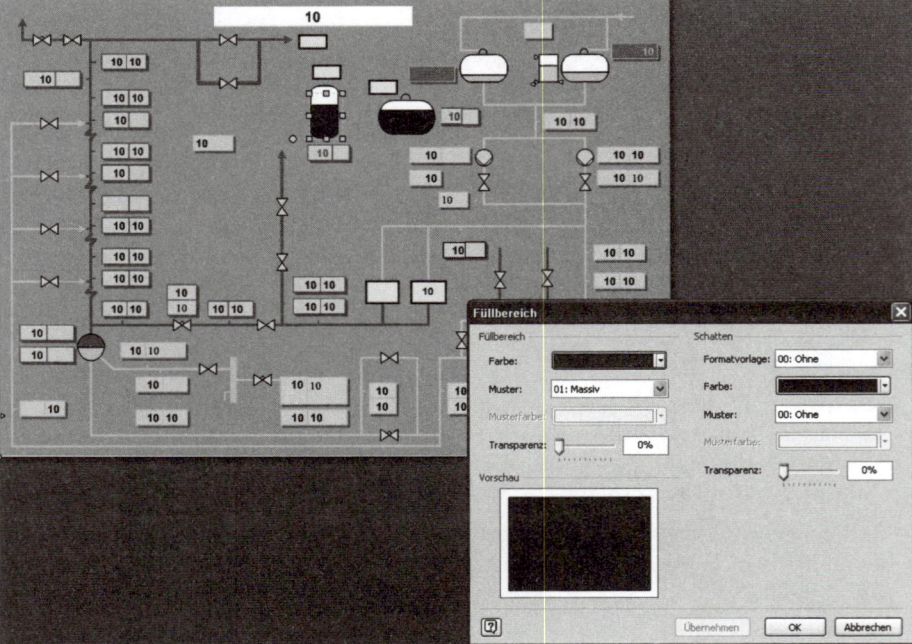

Die (Master-)Shapes

Wenn Sie einem Shape einen Schatten zuweisen, stehen Ihnen eine Reihe von Schattenpositionen zur Verfügung. Jede dieser Positionen kann in x- und y-Richtung verschoben werden. Nicht genug: Dem Schatten kann eine Halbtransparenz der Farbe, ein Muster und eine zweite Musterfarbe zugewiesen werden. Ob dies sinnvoll ist, sei dem geneigten Anwender überlassen.

Dem Schatten kann sogar eine Schräge zugewiesen werden, um so einen realistischen Fotoeffekt zu simulieren (siehe Abbildung 1.77).

Abbildg. 1.77   Objekt mit Schatten – ein wenig »geschummelt« ...

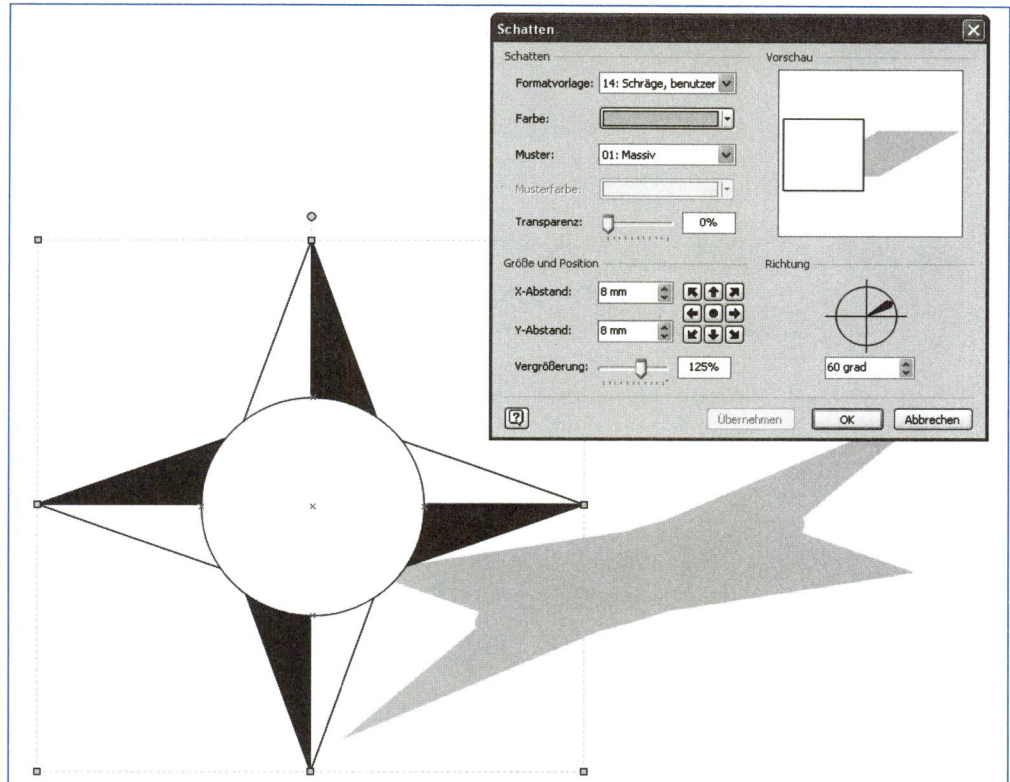

Beachten Sie, dass eine Shape-Füllfarbe *transparent* eine Transparenz des Schattens bewirkt.

HINWEIS   Wenn Sie von einer Gruppe einen Schatten erzeugen, wird von jedem seiner Mitglieds-Elemente der Schatten konstruiert. Somit eignen sich die meisten Schrägenoptionen der Schatten nicht für einen Schatten. Jedoch können Sie »schummeln«, indem Sie das Objekt duplizieren, kombinieren, mit einem Schatten versehen und in den Hintergrund stellen.

Shapes können über *Format/Schutz* gegen das Formatieren geschützt werden. Wenn Sie sehr viel mit Füllmustern und Schatten zu tun haben, können Sie sich die Symbolleiste *Shapes formatieren* anzeigen lassen.

Abbildg. 1.78 Ein linearer Verlauf

Wenn Sie sehr viele Shapes auf die gleiche Art und Weise mit einem Schatten versehen möchten, schalten Sie diese Option unter *Datei/Seite einrichten/Schatten* ein. Wird nun für ein Shape die Schatteneinstellung *Seitenvorgabe* gewählt, greift das Shape auf diese Voreinstellung zurück.

Linien

In der standardmäßig aktivierten Symbolleiste *Format* finden Sie vier Symbole für *Linienfarbe*, *Linienbreite*, *Linienmuster* und *Linienenden*. Alle diese Optionen sind auch im Menübefehl *Format/Linie* enthalten. Darüber hinaus finden sich dort Optionen, mit denen Sie die Eckenrundung einstellen können (siehe Abbildung 1.79).

Abbildg. 1.79 Die einzelnen Shapes wurden mit verschiedenen Linienstärken formatiert

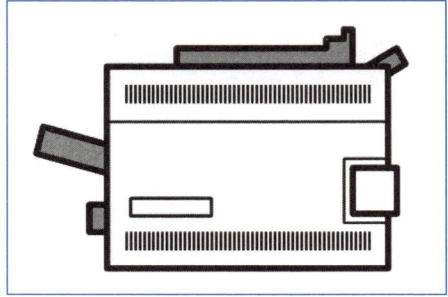

Offene Objekte können Pfeilspitzen besitzen, wie in Abbildung 1.80. Diese werden im selbigen Menü *Format* eingestellt. Bei einer selbst erzeugten Linie sitzt der Beginn immer auf dem grünen Kästchen mit dem »x«, das Ende immer auf dem »+«. Wenn Sie es nicht mehr wissen, so beträgt die Chance, das richtige Ende oder den korrekten Anfang zu finden, 50%. Dafür gibt es eben die Rückgängig-Taste.

Oder Sie drehen ein Linien-Shape um, indem Sie die Option *Shape/Vorgang/Enden umkehren* verwenden.

Abbildg. 1.80   Die verschiedenen Linienenden im Dialogfeld *Linie*

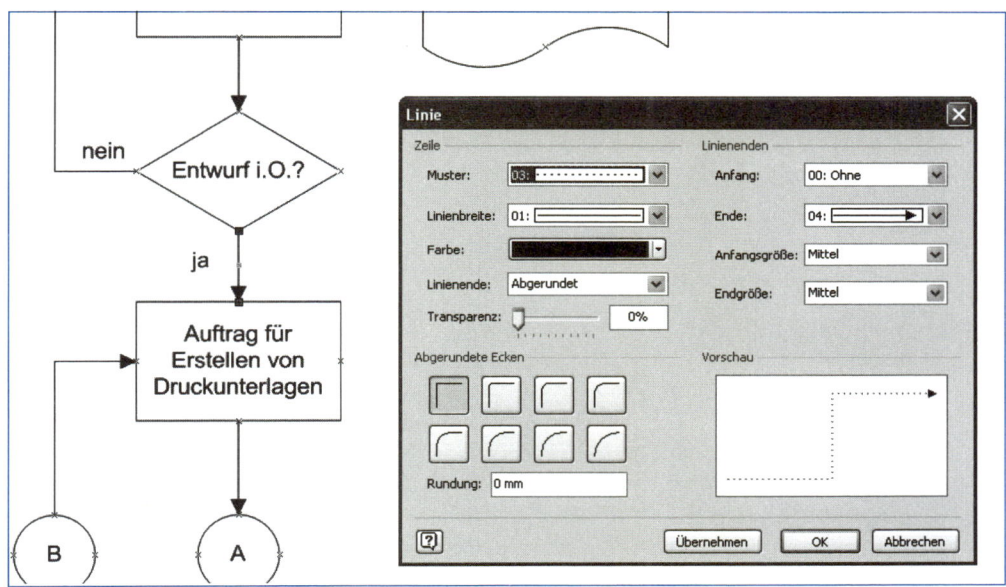

HINWEIS   Wenn Sie ein komplexes Shape mit verschiedenen Formaten versehen möchten, dürfen Sie die einzelnen Elemente nicht über *Shape/Vorgang/Kombinieren, Gesamtmenge, Schnittmengen*, und so weiter zusammenfassen. Sie müssen die einzelnen Elemente als Gruppe zusammenhalten. Wenn Sie mit einem Klick die Gruppe markiert haben, führt ein weiterer Klick zu einem Mitglied der Gruppe, das unabhängig von der Gruppe formatiert werden kann. Außer Sie haben diese Möglichkeit über *Format/Verhalten* deaktiviert.

Verbindungslinien

Visio unterscheidet, wie schon beschrieben, zwischen ein- und zweidimensionalen Objekten. Sie finden diese Eigenschaften im Menübefehl *Format/Verhalten*. Dabei ist nicht an eine flächige Ausdehnung gedacht, sondern an ganz spezifische Eigenschaften von Objekten. Eindimensionale Objekte sind durch einen Beginn (»x«) und ein Ende (»+«) gekennzeichnet, zweidimensionale Objekte durch ein sie umschriebenes Rechteck. Wenn Sie Objekte miteinander verbinden, geschieht dies, indem in der Regel ein eindimensionales Objekt mit einem zweidimensionalen oder einem eindimensionalen Objekt verbunden wird. Zweidimensionale Objekte werden normalerweise nicht an zweidimensionale Objekte geklebt.

Verbinder erzeugen

Verbindungslinien finden Sie an zwei Stellen: Sie können über das Symbol *Verbinder* der Symbolleiste erzeugt werden oder aus einer Schablone herausgezogen werden. Die meisten (zweidimensionalen) Shapes, die Sie aufs Zeichenblatt ziehen, haben vorgegebene (blaue) Verbindungspunkte.

Wird nun das Werkzeug *Verbinder* aktiviert, kann an einen der Verbindungspunkte eine Verbindungslinie »geklebt« werden, wie in Abbildung 1.81 erkennbar. Dazu wird das Ende der Verbindungslinie auf den Verbindungspunkt verschoben. Er klebt dort fest. Wird das zweidimensionale Shape verschoben, so wandert die Linie mit. Wird die Linie verschoben, so löst sich die Verbindung.

Verbindungslinien haben normalerweise Kontrollgriffe. Mit ihnen kann die Position der waagrechten und der senkrechten Linie bestimmt werden.

Abbildg. 1.81   Mit dem Verbinder-Werkzeug wird eine Verbindungslinie gezogen

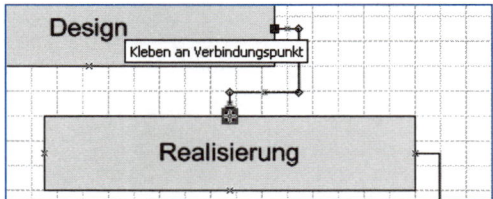

Neben dem Verbindersymbol finden Sie auf vielen der Schablonen Verbinder-Shapes. Visio stellt eine eigene Schablone unter *Datei/Shapes/Visio-Extras/Verbinder* zur Verfügung (Abbildung 1.82). Diese eindimensionalen Verbinder werden wie alle anderen Shapes auf das Zeichenblatt gezogen und können an ein zweidimensionales Shapes geklebt werden.

Abbildg. 1.82   Mit den Verbinder-Shapes steht eine Vielzahl an Verbindungslinien zur Verfügung

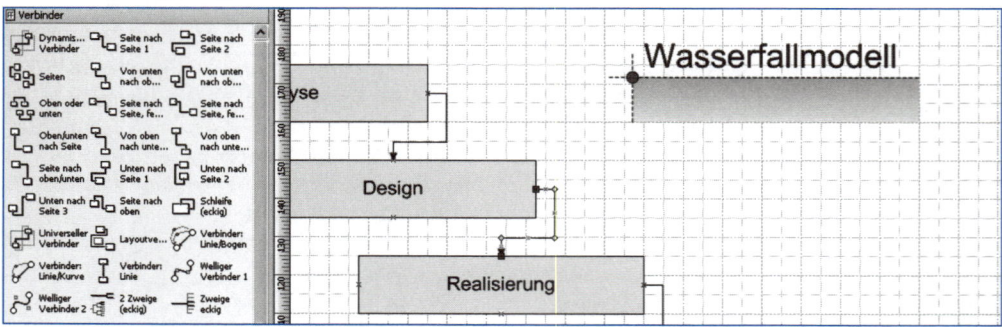

HINWEIS   Beachten Sie, dass die meisten der Verbinder der Verbinder-Schablone noch eine Reihe weiterer Varianten haben. Sie finden die anderen Optionen im Kontextmenü.

TIPP Wenn Sie zwischen Shape A und B eine Verbindungslinie gezogen haben, so ist diese markiert. Möchten Sie nun zwischen Shape A und C eine zweite Linie ziehen, dann geht Visio davon aus, dass Sie die erste markierte Linie verschieben möchten. Deshalb sollten Sie nach Erzeugen der Linie die Markierung auflösen. Danach kann problemlos die zweite Verbindungslinie gezogen werden.

An einigen Shapes existieren Kontrollkästchen, wie beispielsweise das Shape *Ethernet* aus *Shapes/Netzwerk/Netzwerk/Netzwerk und Peripherigeräte* in Abbildung 1.83. Die QuickInfo gibt Ihnen Aufschluss darüber, ob das Shape an ein anderes geklebt werden kann. Wird dieses herausgezogen, wird eine neue Verbindungslinie erzeugt, die dann an ein anderes Shape gehängt werden kann.

Abbildg. 1.83 Einige der Shapes, beispielsweise in der Schablone *Legenden-Shapes* oder *Netzwerk und Peripheriegeräte*, haben Kontrollelemente, um Verbindungen herzustellen

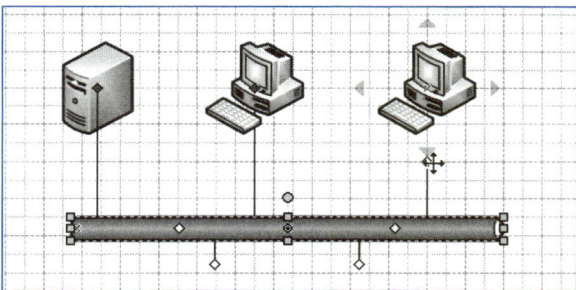

Statische und dynamische Verbindungen

Wenn die Linie am Objekt klebt, erscheint das Ende rot, wenn nicht, so ist es grün.

Visio stellt zwei Arten von Verbindungen zur Verfügung: statische und dynamische Verbindungen. Statische Verbindungen sind dadurch gekennzeichnet, dass sie immer an der gleichen Stelle kleben, dynamische suchen sich nach einem Algorithmus die kürzeste Verbindungsstrecke zwischen zwei Shapes. Dynamische Verbinder erkennen Sie an dem dicken roten Quadrat, statische am kleinen Quadrat. Sie erzeugen einen dynamischen Verbinder an einem Shape, indem Sie die Verbindungslinie nicht an einen Verbindungspunkt hängen, sondern aus dem Shape herausziehen. Wenn ein Shape keinen Verbindungspunkt besitzt (beispielsweise Ellipse oder Rechteck, die Sie aus der Symbolleiste ziehen können), wird immer ein dynamischer Verbinder erzeugt. Den Unterschied zeigt Abbildung 1.84.

Abbildg. 1.84 Der Verbinder ist im rechten Teil dynamisch, im linken statisch

Verbindungen zwischen Shapes und Linien können dynamisch oder statisch sein.

- Um nun einen statischen Verbinder in einen dynamischen umzuwandeln (oder umgekehrt), wird die Linie von ihrem Bezugs-Shape herausgezogen.
- Die Verbindungslinie wird zurückgeführt und wieder an das Shape angeklebt.
- Wird sie an einen Verbindungspunkt gehängt, wird sie statisch.
- Wird sie im Shape fallen gelassen, so entsteht ein dynamischer Verbinder.

TIPP Sollen sehr viele Shapes sehr schnell miteinander verbunden werden, kann ein vorhandenes Shape auf der Seite markiert und das Verbinderwerkzeug aktiviert sein. Wird nun ein weiteres Shape auf die Seite gezogen, wird es automatisch mit einem dynamischen Verbinder an das bereits markierte Shape gehängt.

Wenn Sie auf das blaue Dreieck klicken, mit dem Shapes automatisch verbunden werden können, erzeugt Visio zwischen dem aktuell markierten und dem nächstliegenden Shape einen dynamischen Verbinder. Dieser kann über das entsprechende Symbol oder über *Extras/Optionen* in der Registerkarte *Allgemein* über das Kontrollkästchen *Automatisches Verbinden aktivieren* ein- und ausgeschaltet werden.

Kreuzende Linien

Wenn sich zwei Linien kreuzen, »springt« die waagrechte Linie über die senkrechte, wie in Abbildung 1.85. Dieses Verhalten kann im Menübefehl *Datei/Seite einrichten* im Blatt *Layout und Routing* eingestellt werden. Dort wird festgelegt, ob nur die waagrechten, nur die senkrechten, die zuletzt gezeichneten, zuletzt oder zuerst verbundenen Linien oder gar keine Linien einen Sprung erhalten. Diese Einstellung gilt für das gesamte Zeichenblatt (nicht für die gesamte Datei!). Außerdem kann festgelegt werden, wie dieser »Sprung« gestaltet werden soll: als Bogen, Lücke oder Vieleck. Und schließlich können noch die Proportionen festgelegt werden.

Abbildg. 1.85 Liniensprünge bei sich überkreuzenden Linien

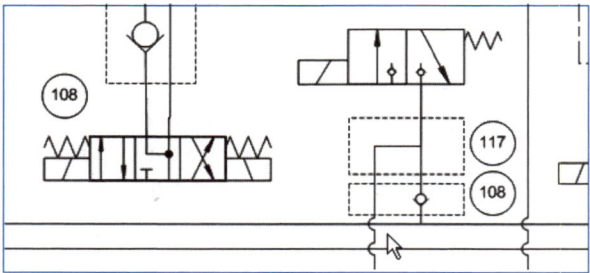

Überlappung gibt an, ob getrennte Verbindungslinien überlappt werden sollen, *Verwandte Linien* gibt an, dass sich aktuell nicht überlappende Verbindungslinien, die mit demselben Shape verbunden sind, sich überlappen sollen, *alle Linien* legt fest, dass sich nebeneinander liegende Linien überlappen sollen, *keine Linien* gibt an, dass sich keine Verbinderlinien überlappen sollen und *basierend auf Umleitungsformat* bestimmt, wie getrennte Linien überlappt werden.

Abbildg. 1.86 Im Menübefehl *Datei/Seite einrichten* im *Blatt Layout und Anordnung* werden die Liniensprünge eingestellt

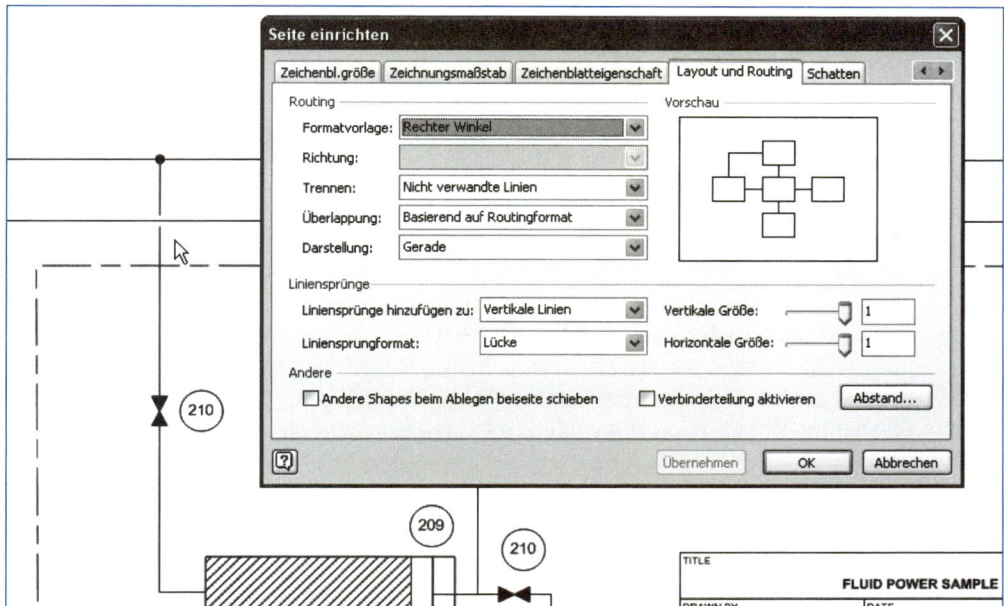

Im Menübefehl *Format/Verhalten* können diese Liniensprünge individuell für jede Linie eingestellt werden (Abbildung 1.87). Wird dort keine Einstellung getroffen, wird die Voreinstellung der Seite verwendet.

Abbildg. 1.87 Liniensprünge können auch nur für eine Linie eingestellt werden

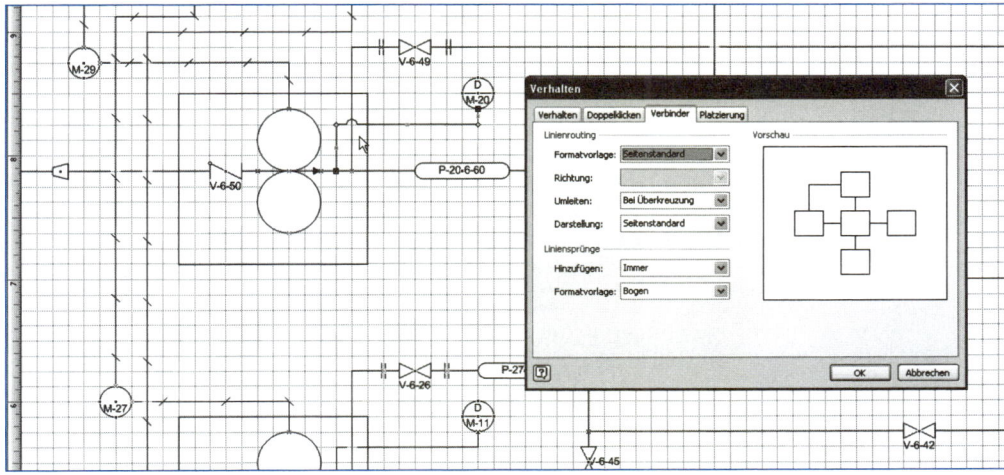

Die Option *Umleiten* erscheint interessant. Wird sie auf *Nie* gesetzt, durchschneidet der Verbinder andere Shapes. Lautet die Umleitung dagegen *Frei*, so versucht Visio stets die Linie um Shapes herumzuführen.

In *Datei/Seite einrichten* im Blatt *Layout und Routing* oder über *Shape/Layout konfigurieren* wird auch festgelegt, um welches Standardumleitungsformat für Verbinder für das Zeichenblatt es sich handelt. Mithilfe der Vorschau können Sie das gewünschte Format finden.

- Bei den *Formatvorlagen Radial*, *Flussdiagramm*, *Kreisförmig*, *Kompakte Struktur* oder *Hierarchie* können Sie für das Diagramm eine Richtung oder einen Fluss wählen. Überprüfen Sie anhand der Vorschau die gewünschte Richtung.
- Die Einstellung *Richtung* gibt an, in welcher Richtung das Diagramm gezeichnet werden soll.
- *Ausrichtung* legt fest, ob die Shapes, die auf der gleichen Ebene liegen *Oben*, *Mitte* oder *Unten* ausgerichtet werden sollen.
- Mit *Abstand* wird der Abstand zwischen den einzelnen Shapes festgelegt.
- In der Gruppe *Verbinder* wird über *Formatvorlage* festgelegt, wie die Verbindungslinien liegen sollen. Dabei stehen Ihnen neun Varianten zur Verfügung.
- Wählen Sie als Darstellung statt *Gerade* den Wert *Gekrümmt*, werden die Linien in Kurven dargestellt. Für Mindmapping-Diagramme ist dies sicherlich eine gute Darstellungsmöglichkeit.

Das Layout ist sicherlich eine gute Grundeinstellung, um Shapes und Verbinder schnell an ihre funktionelle Position zu setzen. Damit können kleinere Zeichnungen sehr schnell erzeugt werden. Bei größeren Zeichnungen kommen Sie jedoch an die Grenzen – dort ist immer »Nacharbeit« gefordert.

Für die Verbinder steht Ihnen die Symbolleiste *Layout & Routing* zur Verfügung.

Neue Verbindungspunkte setzen, vorhandene verschieben und löschen

Um einen neuen Verbindungspunkt zu erzeugen, markieren Sie zuerst das Shape, das mit einem neuen Verbindungspunkt versehen werden soll. Schalten Sie anschließend vom Werkzeug *Automatischer Verbinder* auf *Verbindungspunkt verschieben* um. Das Shape ist markiert; als Kennzeichen ist eine grüne, gestrichelte Linie sichtbar. Nun kann mit gedrückter `Strg`-Taste ein neuer Verbindungspunkt an eine beliebige Stelle gesetzt werden (Abbildung 1.88).

TIPP Verbindungspunkte müssen nicht nur auf dem Rand sitzen, sondern können sich auch innerhalb oder außerhalb des Shapes befinden. Jedes Shape kann beliebig viele Verbindungspunkte besitzen. Und natürlich können diese verschoben und gelöscht werden. Dazu wird ein Verbindungspunkt ohne gedrückte `Strg`-Taste markiert (er erscheint nun in der Farbe Magenta) und kann mit gedrückter Maustaste verschoben oder gelöscht (`Entf`) werden.

Wenn Sie neue Verbindungspunkte zu einem Shape hinzufügen, sollten sie genau in der Mitte des Shapes sitzen. Dies erreichen Sie leicht über Führungslinien: Ziehen Sie das Shape auf die Hilfslinie, dann rastet es in der Mitte ein. Und nun hilft Ihnen die Führungslinie beim exakten Positionieren des Verbindungspunkts. Am besten schalten Sie einen großen Zoomfaktor ein – das erleichtert auch die Positionierung des Verbindungspunkts.

Abbildg. 1.88 Mit gedrückter ⌈Strg⌉-Taste können neue Verbindungspunkte hinzugefügt werden

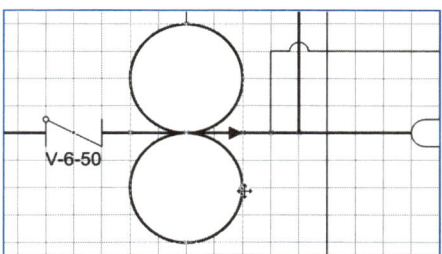

Linien mit mehr als zwei Enden

Problematisch wird es mit Verbindern, wenn mehr als zwei eindimensionale Shapes miteinander verbunden werden, beispielsweise bei Weichen oder Verzweigungen. In so einem Fall können Sie entweder an die Stelle der Verzweigung ein zweidimensionales Shape legen, mit dem mehrere Linien verbunden sind (quasi als Lötstelle). Oder Sie benutzen einen der Multiconnectoren. Bei ihnen kann aus einem Kontrollkästchen eine weitere Linie erzeugt werden.

Abbildg. 1.89 Mit Punkten als Leitungsverknüpfungen können Linien zusammengelötet werden

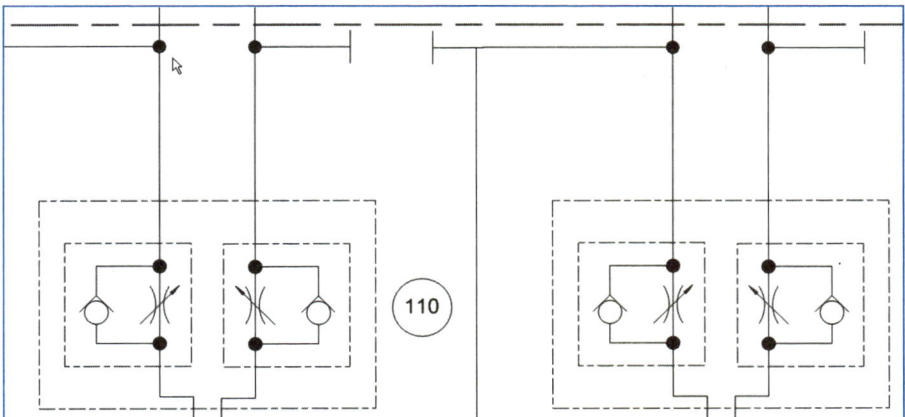

Eine dritte Möglichkeit besteht darin, an eine vorhandene Linie einen Verbindungspunkt zu befestigen, von der aus die weitere Linie verzweigt.

Beschriftungen auf Verbindungslinien

Für Beschriftungen gilt alles, was bereits beschrieben wurde. Ist ein Verbinder markiert, kann »auf« ihm Text eingegeben und später korrigiert werden. Soll der Text im Verhältnis zur Linie verschoben werden, muss das Textrotationswerkzeug aktiviert werden. Wird der Cursor über den Text gezogen, erscheinen zwei übereinander liegende Kästchen als Zeichen, dass der Text aus dem Verbinder-Shape gezogen werden kann.

Kapitel 1 Grundlagen von Visio

Tabelle 1.12 Verbinder und Verbindungspunkte

Funktion	Menübefehl / Tastenkombination	Symbol
Verbindungswerkzeug	`Strg` + `3`	
Verbindungspunkt verschieben		
Verbindungspunkte anzeigen	Ansicht/Verbindungspunkte	
Gerade Linien	Format/Verhalten/Verbinder	
Gekrümmte Linien	Format/Verhalten/Verbinder	
Verbinder zurücksetzen	Format/Verhalten/Verbinder	
Frei umleiten	Format/Verhalten/Verbinder	
Bei Überkreuzung umleiten	Format/Verhalten/Verbinder	
Nie umleiten	Format/Verhalten/Verbinder	
Seitenstandard	Format/Verhalten/Verbinder	
Keine Linien	Format/Verhalten/Verbinder	
andere Shapes beim Ablegen beiseite schieben	Format/Verhalten/Verbinder	

Zusammenfassung

In diesem Kapitel wurden die wichtigsten Techniken von Visio 2007 gezeigt. Es wurde beschrieben, wie Sie Schablonen öffnen, aus Schablonen Master-Shapes auf das Zeichenblatt ziehen, Shapes markieren, duplizieren, verschieben und in ihrer Größe verändern. Zum ordentlichen und exakten Arbeiten wurden die Techniken der Führungslinien, das Gitter des Zeichenblattes, die beiden Menübefehle *Shape/Shape ausrichten* und *Shape/Shape verteilen* und das Größen- und Positionsfenster vorgestellt.

Eine Besonderheit von Visio ist die klare Aufteilung der Formate in die drei Kategorien: Linie, Füllbereich und Text. Die einzelnen Formatierungsmöglichkeiten wurden ausführlich beschrieben.

Eine wichtiges Shape in Visio sind Verbinder. Verbinder spiegeln physische Leitungen oder logische Beziehungen zwischen Geräten, Objekten, Menschen, Ereignissen, Prozessen, usw. wider. Sie sollten sich genau mit den Möglichkeiten und Einstellungen der Verbindungslinien auseinandersetzen, damit Sie schnell und effektiv eine Zeichnung erstellen können, bei der weitere Shapes eingefügt, Verbindungslinien geändert werden oder Shapes neue Verbindungspunkte erhalten können.

Kapitel 2

Fortgeschrittene Visio-Themen

In diesem Kapitel:

Übertragen von Formaten	106
Formatvorlagen	107
Designs	111
Layer	113
Erzeugen großer Dokumente	119
Anlegen von mehreren Seiten	120
Drucken und Seitenansicht	133
Einfügen von Feldern	136
Kommentare und Shape-QuickInfo	139
Symbole und Symbolleisten	142
Austausch mit anderen (Office-) Programmen	144
Die Hilfsprogramme	163
Zusammenfassung	182

Im vorherigen Kapitel wurden die Grundlagen von Visio beschrieben. Es wurde gezeigt, wie Sie Schablonen öffnen, Shapes auf das Zeichenblatt ziehen, anordnen und verteilen. Es wurde beschrieben, wie den Shapes Text zugewiesen werden kann, wie der Text und die Shapes selbst formatiert werden können. Die Verbindungslinien wurden beschrieben.

Dieses Kapitel beschäftigt sich mit weiteren Funktionen, die Visio für bestimmte Shapes oder Vorlagen zur Verfügung stellt. Dabei steht im Zentrum der Betrachtung ein effizientes und schnelles Erstellen von Zeichnungen, wozu Visio eine Reihe von Hilfsmitteln zur Verfügung stellt: Formatvorlagen und Layer. Es werden zwei Varianten beschrieben, wie Sie große Zeichnungen anlegen können: Zeichnungen, die ein großes Zeichenblatt besitzen oder Zeichnungen, die aus mehreren Zeichenblättern bestehen.

Einige der Ausführungen erklären Visio-Einstellungen und machen damit das Programm transparenter. Im zweiten Teil des Kapitels werden Hilfen und Werkzeuge vorgestellt, die dem Benutzer seine Arbeit erleichtern.

Übertragen von Formaten

Visio unterscheidet konsequent drei Formatierungsbereiche: Linien, Füllungen und Textformate. Wenn nun immer wieder die gleichen Formate auftauchen, können diese mit dem Format-übertragen-Pinsel von einem Shape auf das nächste übertragen werden.

1. Markieren Sie ein formatiertes Shape.
2. Aktivieren Sie das Symbol *Format übertragen*.
3. Klicken Sie auf das zu formatierende Shape. Nun wird die Formatierung auf das andere Shape übertragen. Eine Anwendung sehen Sie in Abbildung 2.1.

Ein Doppelklick auf diesen Pinsel hält ihn fest, das heißt: gibt die Möglichkeit frei, Formate von einem Shape nacheinander auf mehrere, voneinander unabhängige Shapes zu übertragen. Das Festhalten des Pinsels funktioniert leider nicht blattübergreifend und schon gar nicht dateiübergreifend.

Abbildg. 2.1   Mit dem Format-übertragen-Pinsel können Formatierungen kopiert werden

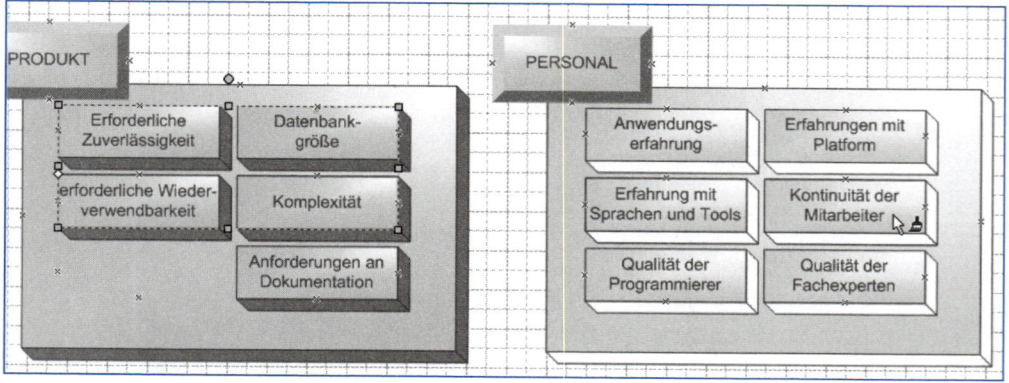

Die Taste `Esc` oder ein erneuter Klick auf das Symbol schalten die *Format-übertragen*-Funktion wieder aus. Die Nachteile liegen auf der Hand: Der Pinsel überträgt alle drei Format-Kategorien (Text, Linie und Füllbereich), bei Änderungen von Formaten eines Shapes müssen die übrigen

Shapes erneut formatiert werden und bei mehreren Seiten müssen auf allen Seiten die Formate erneut eingestellt werden. Die Lösung dieser Probleme heißt:

Formatvorlagen

Formatvorlagen sind Kategorien, die über ihren Namen aufgerufen werden, hinter denen sich Formate befinden. Bis zur Version 2000 hießen sie in Visio *Stile*. Angenommen, Sie möchten eine bestimmte Pfeilspitze, eine Linienart, eine Füllfarbe oder eine Schriftart mehrere Male verwenden. Dann können Sie ein Shape, also eine Linie oder ein Objekt, mit dieser Eigenschaft formatieren.

ACHTUNG Sie können nur mit Formatvorlagen arbeiten, wenn Sie den Entwicklermodus aktiviert haben. Schalten Sie ihn über den Menübefehl *Extras/Optionen* in der Registerkarte *Weitere Optionen* ein.

Ist das Objekt markiert, kann mit dem Menübefehl *Format/Formatvorlagen definieren* ein neuer Name für eine Formatvorlage festgelegt werden. Diese kann auf *Normal*, auf *Keine Format* oder auf einer anderen Formatvorlage basieren. Die Vorlage kann auf einer anderen Vorlage basieren. Dieses kaskadierende Modell hat den Vorteil, dass Änderungen in der Basisvorlage sich auswirken auf alle Formatvorlagen, die auf ihr basieren.

Der Vorlagenname kann alle drei Kategorien beinhalten oder lediglich eine oder zwei, wie Sie in Abbildung 2.2 sehen können. Ein Klick auf die Schaltfläche *Hinzufügen* fügt der Datei diese Formatvorlage hinzu.

Abbildg. 2.2 Das Formatvorlage-definieren-Dialogfeld

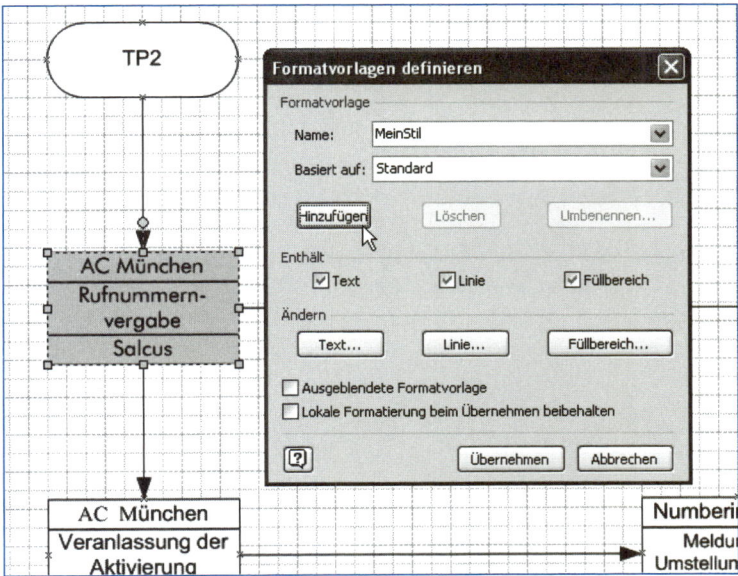

Kapitel 2 Fortgeschrittene Visio-Themen

ACHTUNG Leider stellt keine der Visio-Symbolleisten ein Dropdown-Menü für die Formatvorlagen zur Verfügung. Wenn Sie regelmäßig damit arbeiten, sollten Sie sich eine eigene Symbolleiste erstellen und aus der Kategorie *Shape formatieren* die vier Dropdown-Menüs *Formatvorlage*, *Textformat*, *Linienart* und *Füllformat* einfügen. Eine Alternative zur Symbolleiste stellt das Kontextmenü zur Verfügung. Dort finden Sie den Menübefehl *Format/Formatvorlage*. Beachten Sie, dass Sie diesen Eintrag nur dann sehen, wenn der Entwicklermodus eingeschaltet ist.

Soll nun ein anderes Shape mit dieser Vorlage formatiert werden, genügt ein Wechsel im Dropdown-Menü auf den richtigen Vorlagennamen. Dies sehen Sie in Abbildung 2.3.

Abbildg. 2.3 Die Vorlagennamen befinden sich im Dropdown-Menü in der selbst erzeugten Symbolleiste

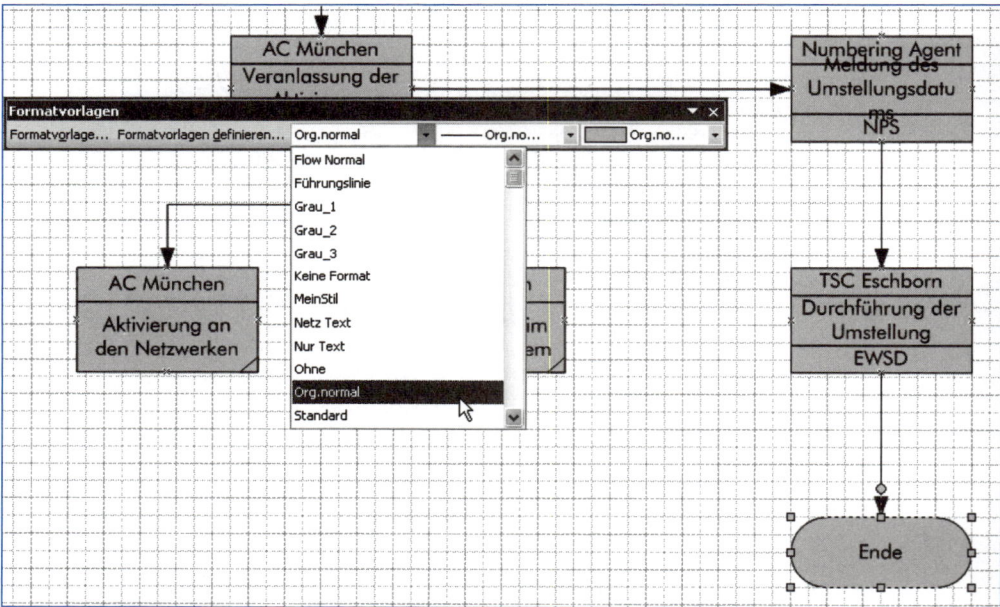

Wird nur eine der Formatierungskategorien, beispielsweise nur Textattribute, unter einem Vorlagennamen gespeichert, dann finden sich diese Vorlagennamen nur im entsprechenden Dropdown-Menü, wie in Abbildung 2.4.

Abbildg. 2.4 Die Vorlage *Text rechts* ist nur eine Text-Formatvorlage und hat keine Auswirkungen auf Linie und Füllung

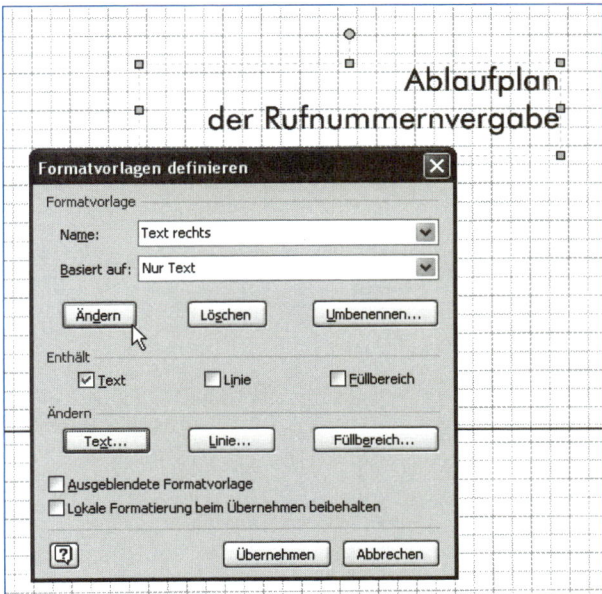

Wird über den Menübefehl *Format/Formatvorlagen definieren* eine Eigenschaft einer Vorlage geändert, ändern sich alle Formatierungen aller Shapes, die auf dieser Vorlage basieren. Dies gilt für die gesamte Datei. Möchte der Benutzer nun einen mit einer Vorlage formatierten Shape nach eigenem Gusto formatieren, ohne dabei die Formatvorlage auszuschalten (das heißt auf *Ohne Formatvorlage* umzuschalten), kann er hart formatieren, das heißt so formatieren, als hätte das Shape keine Formatvorlage. Lokale Formatierungen haben gegenüber globalen Formatierungen und Formatvorlagen Vorrang.

Die Liste aller Formatvorlagen befindet sich im Menübefehl *Format/Formatvorlage*. Sie können über den Menübefehl *Format/Formatvorlagen definieren* ausgeblendet werden. Dann sieht der Benutzer in seinem Vorlagen-Dropdown-Menü nicht mehr den Formatvorlagennamen. Formatvorlagen können im Dialogfeld des gleichen Menübefehls problemlos gelöscht und umbenannt werden. Beim Löschen verschwinden die Formatierungen, die sich hinter der Vorlage verbargen – das Shape steht nun so da, wie es zuletzt auf dem Zeichenball »lokal« formatiert wurde.

HINWEIS Formatvorlagen können an Dokumentvorlagen gebunden werden. Somit hat der Benutzer beim Öffnen der Vorlage die Auswahlpalette der Formatvorlage zur Verfügung und braucht sich keine Gedanken über die Formatierung seiner Shapes zu machen. Dies kann für eine Firma mit mehreren Mitarbeitern interessant werden. Werden in einer Dokumentvorlage mehrere Formatvorlagen angelegt, so kann sichergestellt werden, dass alle Mitarbeiter mit den gleichen Formaten arbeiten.

Dies wurde von Visio in mehreren Dokumentvorlagen realisiert. Wenn Sie die Vorlage *Standardflussdiagramm* öffnen und dort zwei Shapes mit einem Verbinder verbinden, hat die Linie immer eine Pfeilspitze am Ende (siehe Abbildung 2.5). Erstellen Sie die gleichen Shapes in der Vorlage

Kapitel 2 Fortgeschrittene Visio-Themen

Organigramm, dann haben die Linien keine Pfeilspitzen. Der Grund liegt in den Formatvorlagen. Linien verwenden immer den Stil *Verbinder*. Dieser ist nun in der Vorlage *Grundlegende Flussdiagramme* mit Pfeilspitze formatiert, in der Vorlage *Organigramm* ohne Pfeilspitze.

Abbildg. 2.5   In der Dokumentvorlage *Flussdiagramm* haben die Verbindungslinien den Stil *Verbinder*, der mit einer Pfeilspitze formatiert ist

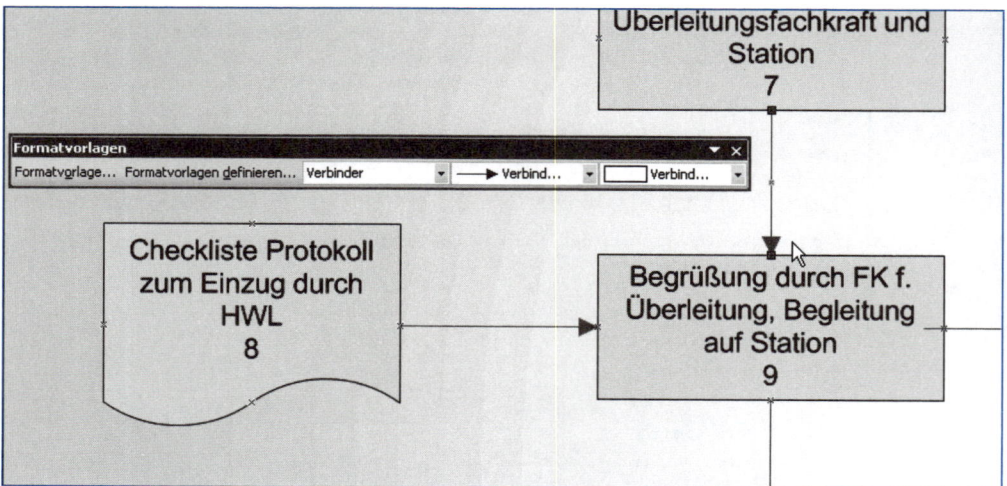

PROFITIPP   Mit diesem Wissen können Sie nun Grundeinstellungen von Visio ändern: Ein selbst erzeugtes Shape verwendet immer die Formatvorlage *Normal*. Wird in einer Dokumentvorlage ein Attribut dieses Stils geändert und die Vorlage gespeichert, dann wird das neue Attribut in allen neuen Dateien verwendet, die auf dieser Formatvorlage basieren.

Wollen Sie beispielsweise die Standardschrift ändern, dann holen Sie sich die Vorlage, in der Sie die neue Schriftart oder -größe benötigen. Über den Menübefehl *Format/Formatvorlagen definieren* wird dem Stil *Normal* eine neue Schriftart oder -größe zugewiesen. Nun kann die Vorlage unter ihrem alten Namen gespeichert werden. Schon wird in allen Dateien, die auf dieser Vorlage basieren, automatisch die neue Schrift verwendet.

Auf diese Weise können auch Formatierungseigenschaften über Formatvorlagen an Shapes gebunden werden, die als Master-Shapes in Schablonen gespeichert sind. Zieht der Benutzer ein solches Shape aus der Schablone, dann verwendet er auch automatisch den damit verbundenen Formatvorlagennamen. Die damit verknüpften Eigenschaften können nun zentral geändert werden.

Wird die Formatierung einer Vorlage geändert, wirkt sich dies auf alle Shapes der aktuellen Datei aus, die diese Vorlage verwenden. Wird eine Formatvorlage an eine Visio-Vorlage gebunden und mit ihr abgespeichert, dann wirken sich diese Änderungen auf alle neuen Dokumente aus, die auf dieser Vorlage basieren. In Visio ist allerdings keine Option vorgesehen, mit der rückwirkend mittels Vorlagen Formatierungen geändert werden können. Dies ist Aufgabe der Programmierung.

> **HINWEIS** Es gibt einige Firmen, die ihren Mitarbeitern verbieten, hart zu formatieren. Kein Mitarbeiter darf über *Format/Füllbereich* oder die Symbolleiste Formatierungen vornehmen. Ihnen wurden eine ganze Reihe von Formatvorlagen eingerichtet, deren Bedeutung ihnen natürlich erläutert wurde. Wenn nun ein Mitarbeiter eine Formatierung ändert, dann wählt er die entsprechende Formatvorlage aus. Nur so können Firmenstandards realisiert werden; nur so sehen Visio-Zeichnungen firmenweit einheitlich aus; nur so können Änderungen in Formaten in einer Zeichnung schnell durchgeführt werden.

Designs

Designvorlagen sind Kategorien, die über einen Namen verfügen. Sie haben Ähnlichkeiten mit Formatvorlagen, obgleich sie nicht so komplex zu handhaben sind. Angenommen, Sie möchten eine bestimmte Pfeilspitze, eine Linienart, eine Füllfarbe oder eine Schriftart auf sämtliche Shapes des Zeichenblattes anwenden.

Wählen Sie den Menübefehl *Format/Design*, dann öffnet sich der Arbeitsbereich mit den entsprechenden Optionen. Im Arbeitsbereich finden Sie die beiden Varianten *Designfarben* und *Designeffekte*.

Designfarben

Wählen Sie Designfarben. Dort stellt Visio 35 verschiedene Designs zur Verfügung. Ein Klick auf eines der Muster formatiert sämtliche Shapes mit einem neuen Aussehen.

Sollte Ihnen keines der Designs zusagen oder wollen Sie bestimmte Dinge modifizieren, können Sie ein vorhandenes Design duplizieren. Es befindet sich anschließend am oberen Rand (benutzerdefiniert) des Aufgabenbereichs. Im rechten, grauen Balken befindet sich die Möglichkeit, das Design zu bearbeiten. Ihnen stehen dort die Farben für

- Text
- Linie
- Verbinder
- Füllbereich
- Füllmuster
- Schatten
- Akzent 1
- Akzent 2
- Akzent 3
- Akzent 4
- Akzent 5
- Hintergrund

zur Verfügung. Auch wenn der Begriff auf anderes schließen lässt, bedeutet *Füllmuster* nicht das Muster, wie Sie es in *Format/Füllbereich* finden, sondern die Musterfarbe, das heißt die zweite Farbe, die zum Tragen kommt, wenn ein Füllmuster eingeschaltet wird. Ein Beispiel zeigt Abbildung 2.6.

Abbildg. 2.6 Mithilfe der Designs können Zeichnungen schnell formatiert werden

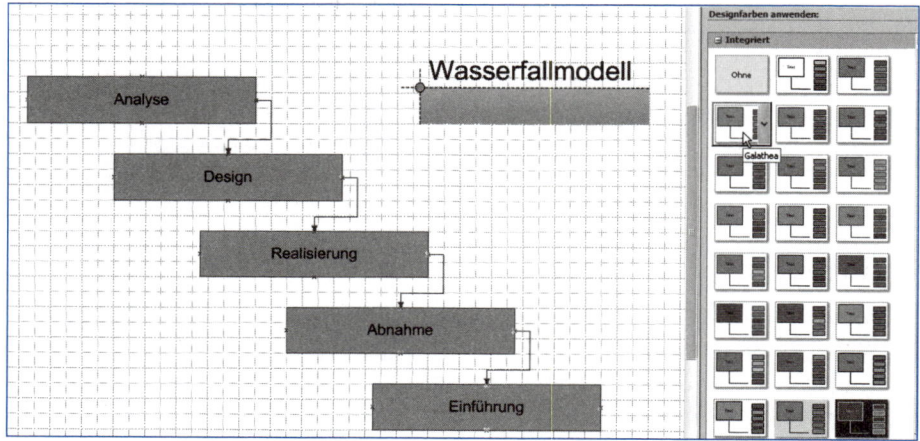

> **HINWEIS** Sicherlich gibt es Zeichnungen, die konsequent in einem Farbschema formatiert sind. Jedoch sind die meisten Zeichnungen mit verschiedenen Farben gestaltet. Sie sollten also das Farbdesign als Grundlage verwenden. Sie können jederzeit davon abweichen, indem ein mit dem Design weich formatiertes Shape anschließend hart formatiert wird. Die Formate, die Sie über das Menü *Format* oder eine der Symbolleisten aktivieren können, haben Priorität gegenüber den Designs. Ebenso können Sie über das Kontextmenü das *Design entfernen*, wenn Sie nicht möchten, dass ein Design auf ein bestimmtes Shape angewendet wird.

Designs können an Dokumentvorlagen gebunden werden. Dann hat der Benutzer beim Öffnen der Vorlage die Auswahlpalette der Designs zur Verfügung und braucht sich keine Gedanken über die Formatierung seiner Shapes zu machen. Dies kann für eine Firma mit mehreren Mitarbeitern interessant werden. So kann sichergestellt werden, dass sämtliche Zeichnungen das gleiche Aussehen haben (siehe Abbildung 2.7).

Abbildg. 2.7 Aus den bestehenden Designs entstehen schnell neue Designs

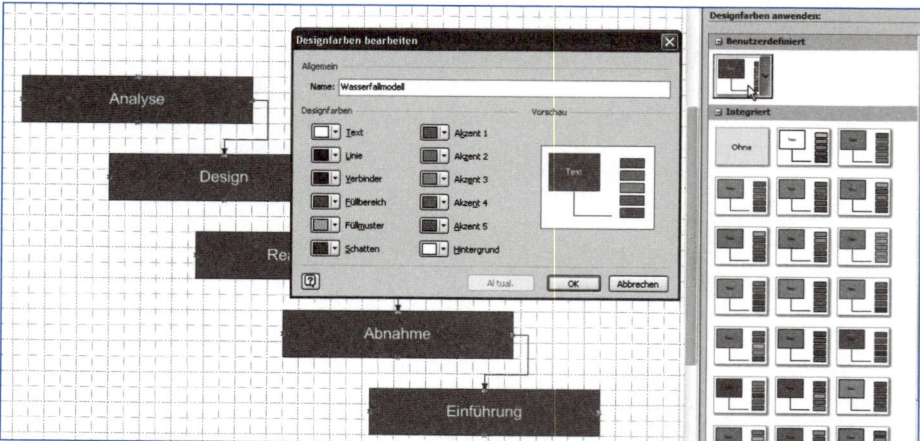

Designeffekte

Sehr viel komplexer als die Designfarben sind die Designeffekte. Dort können komplexe Formatierungen hinterlegt werden. Dazu zählen:

- Schriftart
- Linienformate
- Füllbereichsmuster
- Schatten
- Verbinderformate

Das Vorgehen ist das Gleiche wie bei den Designfarben: Ein vorgegebenes Design kann kopiert werden und in der benutzerdefinierten Kategorie bearbeitet werden. Dort kann dem Design ein sprechender Name zugewiesen werden. Es kann für die aktuelle Seite oder für die gesamte Datei verwendet werden (siehe Abbildung 2.8).

Abbildg. 2.8   Mithilfe der Designeffekte werden schnell Füllmuster, Linienformate und Verbinder gestaltet

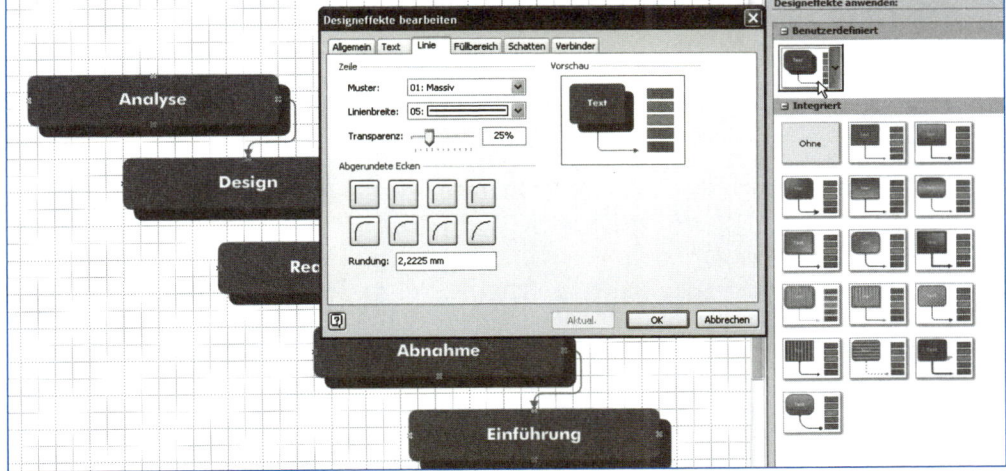

> **HINWEIS**   Auch die Designeffekte können über das Kontextmenü des Shapes ausgeschaltet werden. Damit können Sie eines der Shapes aus der Liste derer entfernen, auf die der Designeffekt angewendet wird.

Layer

Viele Assistenten, Hilfsmittel und Werkzeuge in Visio arbeiten mit Layern (damit sind Ebenen im Sinne von Kategorien oder Klassen gemeint, zu denen bestimmte Shapes gehören). Ziehen Sie aus einer Schablone einige Shapes auf das Zeichenblatt, kann es sein, dass diese Shapes auf Layern liegen. Dies kann im Menübefehl *Ansicht/Layereigenschaften* sichtbar gemacht werden. Die Liste, die nun angezeigt wird, gibt einen Überblick, welche Layer erzeugt wurden, auf denen Shapes lagen oder liegen, die sich auf dem Zeichenblatt befinden.

Wenn Sie wissen möchten, auf welchem Layer ein bestimmtes Shape liegt, müssen Sie das Shape markieren und im Menübefehl *Format/Layer* nachsehen (siehe Abbildung 2.9). Sie finden diesen Befehl auch im Kontextmenü *Format/Layer*.

> **HINWEIS** Ein Shape kann auf keinem Layer liegen, auf einem Layer oder auf mehreren Layern.

Abbildg. 2.9   Einige Shapes liegen auf mehreren Layern

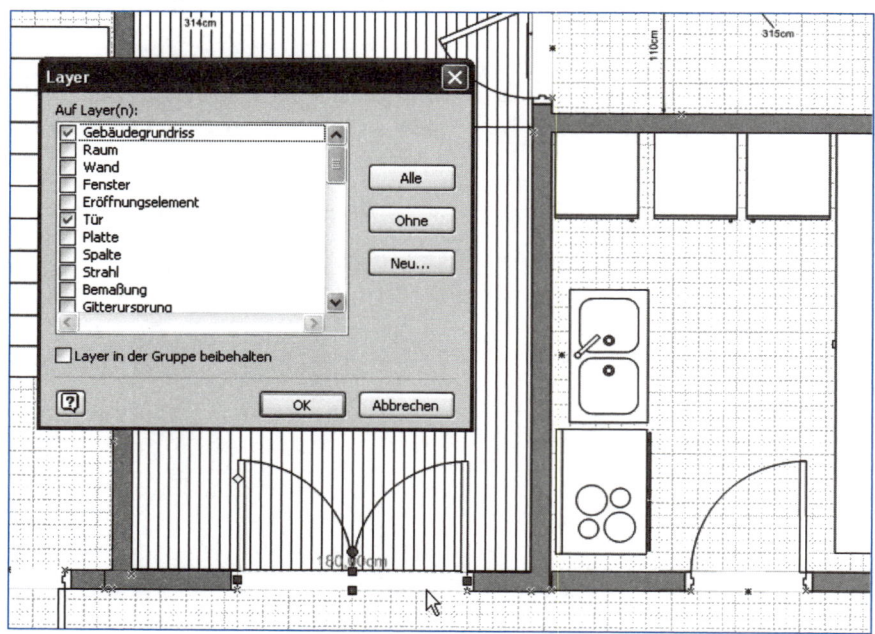

Möchten Sie einen neuen Layer (für die Zeichnung) einrichten, können Sie im Menübefehl *Ansicht/Layereigenschaften* über die Schaltfläche *Neu* einen neuen Layer zu der Liste der bereits vorhandenen hinzufügen. Selbstredend muss der Name eindeutig sein – es darf kein Layer vorhanden sein, der heißt, wie der Layer, der neu erzeugt wird.

Jeder Layer – sowohl die durch Visio erzeugten, als auch selbst generierte, können im Nachhinein umbenannt werden.

Möchten Sie einem Shape einen Layer zuweisen, markieren Sie das Shape und wählen im Menübefehl *Format/Layer* einen bereits vorhandenen aus. Befindet sich noch kein Layer auf dem Zeichenblatt, dann werden Sie beim Öffnen des Dialogfeldes gefragt, wie der neue Layer heißen soll. Existieren bereits einige Layer, dann kann einer von ihnen ausgewählt werden. Sie können jedoch auch einen neuen Layer über die Schaltfläche *Neu* definieren, wie Abbildung 2.10 zeigt.

> **HINWEIS** Wenn Sie über den Menübefehl *Ansicht/Layereigenschaften* einen neuen Layer definieren, dann befindet sich (noch) kein Shape auf diesem Layer – er ist folglich leer. Wird über *Format/Layer* ein neuer Layer generiert, dann liegt dieses Shape darauf.

Abbildg. 2.10 Neue Layer werden erstellt und an die Shapes gebunden

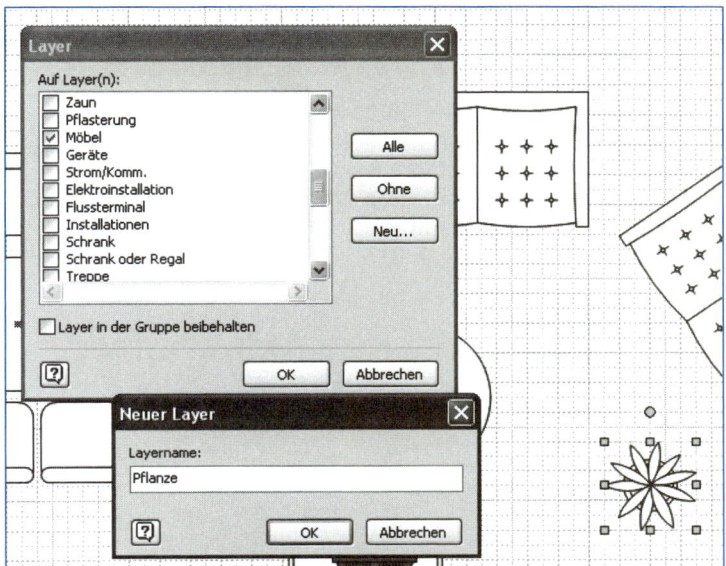

Abbildg. 2.11 An viele Shapes sind Layer gebunden

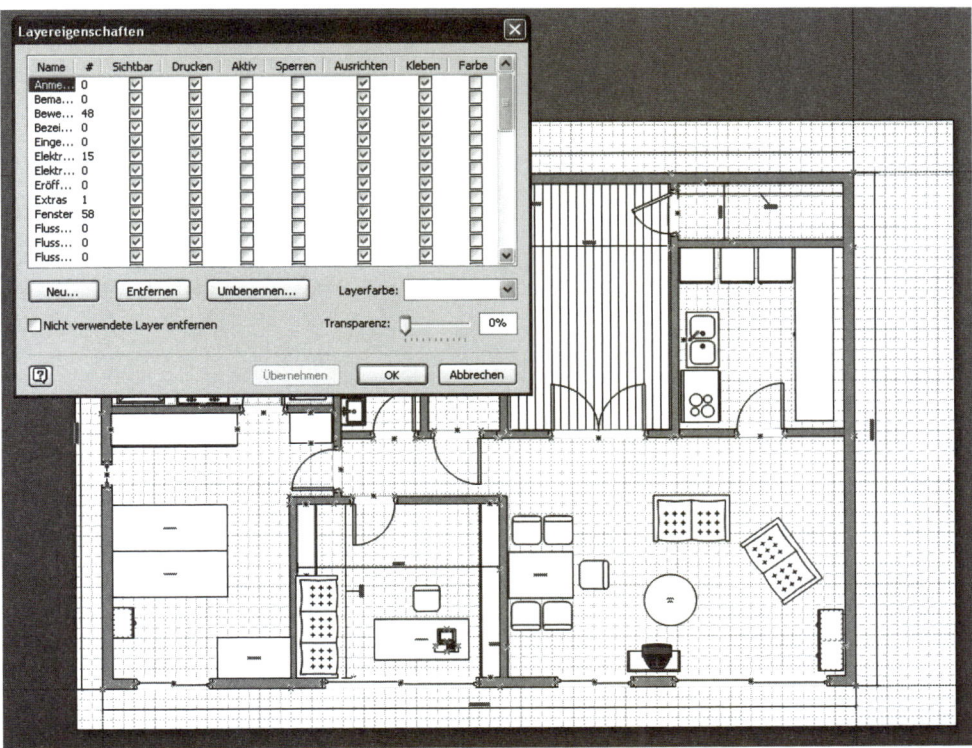

Sie können ein Shape auch auf mehrere Layer legen. Wählen Sie einfach aus der Liste der Layer die entsprechenden aus, auf denen das Shape liegen soll. Theoretisch könnte man ein neues Shape mit der Schaltfläche *Alle* auf alle vorhandenen Layer legen – in der Praxis ist dies kein übliches Vorgehen, da differenziert werden sollte, welches Shape auf welchem Layer oder welchen Layern liegt.

Während jeweils zwei Shapes voreinander oder hintereinander liegen können (die Reihenfolge kann über den Menübefehl *Shape* geändert werden), liegen Shapes auf Hintergrundseiten immer hinter Shapes auf Vordergrundseiten, spielt die Zuordnung zu verschiedenen Layern keine Rolle für die Reihenfolge auf der Zeichnung. Layer haben keinen Einfluss darauf, ob Shapes voreinander oder hintereinander liegen. Vielfach werden Layer mit »transparenten Ebenen« beschrieben – besser wäre jedoch ein Vergleich: »Zugehörigkeit zu bestimmten Gruppen«.

Funktionen der Layer: Layereigenschaften

Welche Funktion haben nun Layer? Eine Antwort auf diese Frage findet sich erneut im Menübefehl *Ansicht/Layereigenschaften*. Dort können mit der Einstellung *Sichtbar* die Shapes unsichtbar gemacht werden, die auf dem Layer liegen, wie Sie in Abbildung 2.12 sehen. In der Seitenansicht erscheinen dagegen alle Shapes, das heißt: gedruckt werden alle Shapes.

Abbildg. 2.12 Mithilfe der Layer können schnell Teile der Zeichnung ausgeblendet werden

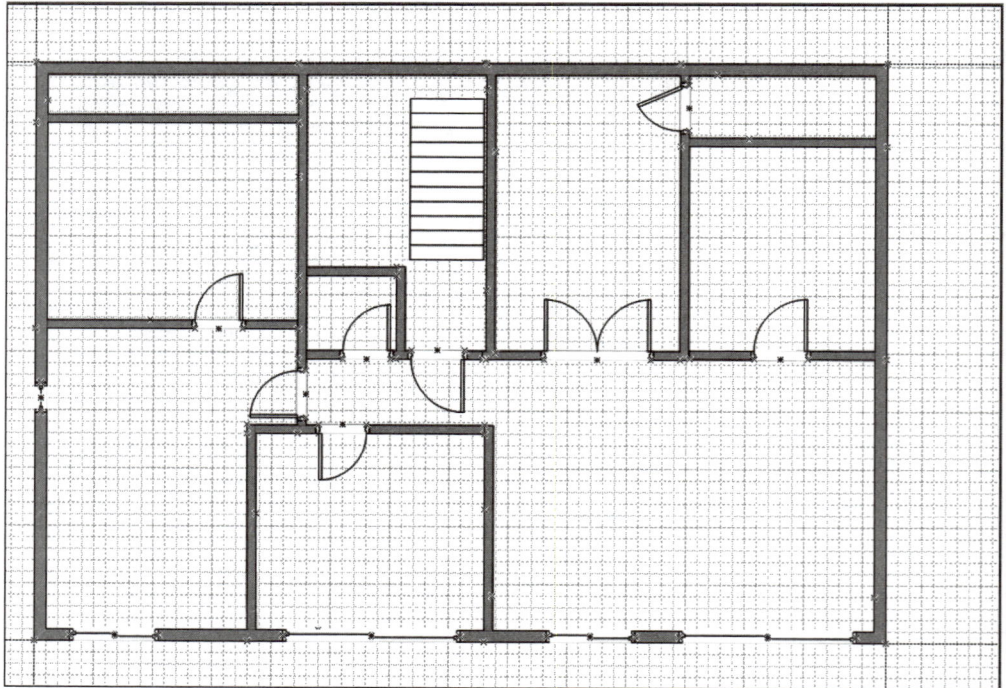

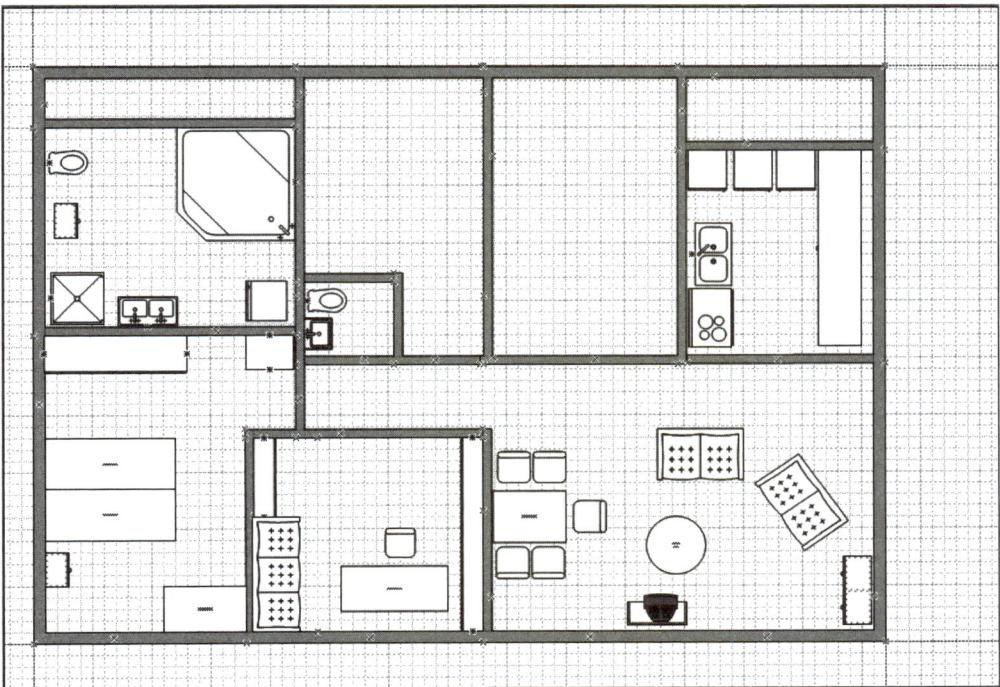

Sollen umgekehrt einige Shapes nicht gedruckt, aber angezeigt werden, kann die Eigenschaft *Drucken* im Dialogfeld *Layereigenschaften* ausgeschaltet werden. Dann erscheinen die Shapes, die sichtbar, aber nicht druckbar sind, zwar auf dem Computerbildschirm, allerdings nicht auf dem Papier.

Wird *Sperren* eingeschaltet, sind sie nicht mehr zu markieren. Diese Option ist dann sinnvoll, wenn sichergestellt wird, dass der Benutzer nicht aus Versehen die Lage oder die Gestalt eines Shapes verändert.

Wird die Option *Aktiv* bei einem Layer eingestellt, bedeutet dies, dass alle Shapes, die nun aus einer Schablone auf das Zeichenblatt gezogen werden, diesem Layer zugewiesen werden. *Aktiv* kann nicht eingestellt werden, wenn die Option *Sperren* des Layers aktiviert ist.

HINWEIS Liegen die Master-Shapes einer Schablone bereits auf einem Layer, wird die Einstellung *Aktiv* übergangen. Priorität haben in diesem Falle die »nativen« Layer.

Um Layer schneller zu erkennen, können ihnen verschiedene Farben zugewiesen werden. Damit wird allerdings die Möglichkeit einer benutzerdefinierten Formatierung durch Farben verhindert.

HINWEIS Liegt ein Shape auf mehreren Layern, greift zwar die Einstellung *Sperren*, jedoch nicht die *Farbe*. Sie müsste für alle Layer aktiviert werden. Jetzt erst wird sie angezeigt. Auch unterschiedliche Farben von verschiedenen Layern werden ignoriert.

Mithilfe der Layereigenschaften kann das Ausrichten und Kleben eines Shapes beziehungsweise aller Shapes, die auf diesem Layer liegen, verhindert werden. Auch hier gilt: diese Option wird dann deaktiviert, wenn sie für mindestens einen der Layer, auf denen das Shape liegt, ausgeschaltet wird.

ACHTUNG Ein Klick auf das Zahlenzeichen (»#«) zeigt die aktuelle Zahl der Shapes, die sich auf diesem Layer befinden. Diese Zahl liefert jedoch nur bedingt Informationen (siehe Abbildung 2.13): Da es Shapes geben kann, die sich auf keinem Layer befinden, umgekehrt sich Shapes auf mehreren Layern befinden können, gibt die Summe keinen Aufschluss über die Gesamtzahl der Shapes. Andererseits gibt es Shapes, wie beispielsweise die Shapes in der Schablone *Bad- und Küchenplan*, die als Gruppe aus mehreren Shapes bestehen. Somit wird die Zählung unbrauchbar, weil meistens falsch.

Abbildg. 2.13 Ein Shape, zwei Layer, # = 3

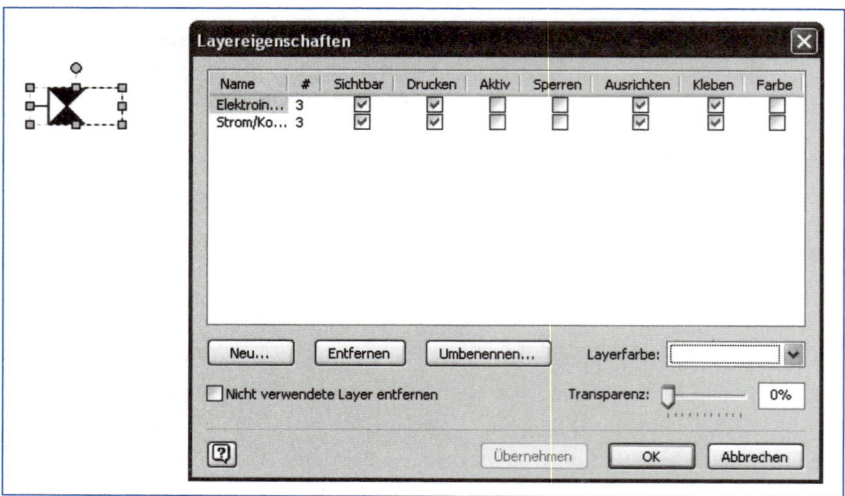

Auswahl aller Shapes auf einem Layer

Sollen alle Shapes markiert werden, die auf einem Layer liegen, kann der Menübefehl *Bearbeiten/Auswahl nach Typ* verwendet werden. Dort findet sich eine Sektion *Layer*. Darüber können mehrere Layer gleichzeitig ausgewählt werden. Wenn Sie sehr viele Layer bis auf einen oder zwei auswählen möchten, können Sie mit der Schaltfläche *Alle* alle Layer auswählen und anschließend einen oder mehrere deselektieren.

HINWEIS Übrigens können auch Bilder, Führungslinien und Führungspunkte auf Layer gelegt werden.

ACHTUNG Das Löschen des Shapes bewirkt nicht das Löschen des Layers.

Jedes Shape hat drei Layer-Varianten: Ein Shape kann auf keinem Layer liegen, zu einem Layer oder zu mehreren Layern gehören. Soll die Zugehörigkeit eines Shapes zu einem Layer explizit ausgeschaltet werden, kann in der Symbolleiste *Shape formatieren* oder über den Menübefehl *Format/*

Layer die Schaltfläche *Ohne* eingeschaltet werden. Wird ein Shape auf mehrere Layer gelegt, erscheint in der Symbolleiste die Anzeige *Mehrere Layer*.

HINWEIS Visio selbst verwendet eine Reihe von Layern in verschiedenen Schablonen bei den entsprechenden Shapes. Wenn Sie beispielsweise die Schablone *Standardflussdiagramm-Shapes* verwenden, steht Ihnen der Layer *Flussdiagramm* zur Verfügung, in der Vorlage *Wegbeschreibung* der Layer *Freizeitanlagen, markantes Gebäude, Schiene, Straße* und *Verkehr*. Erstaunlicherweise sind nicht nur Schulen, Fabriken und Krankenhäuser »markante Gebäude«, sondern auch Bäume, Flüsse und Seen. In der Schablone *Büroausstattung* liegen die Layer *Elektrogerät*, *Strom/Komm.*, *Drucker*, *Geräte* und noch viele weitere. Dynamische Verbinder liegen immer auf dem Layer *Verbinder*.

Leider werden benutzerdefinierte Layer nur für eine Seite erzeugt. Es ist in Visio nicht möglich, zeichenblattübergreifende Layer zu erzeugen. Die einzige Möglichkeit, schnell Layer zu vervielfältigen, besteht darin, ein Shape, das einen bestimmten Layer verwendet, von einem Zeichenblatt zum nächsten zu kopieren.

Erzeugen großer Dokumente

Mit gedrückter `Strg`-Taste kann das Zeichenblatt an einem der vier Ränder angefasst werden und in der Länge oder Breite vergrößert werden. Ebenso kann mit gedrückter `Strg`-Taste das Blatt mit der Maus an einer der vier Ecken gepackt und gedreht werden.

Im Abschnitt »Anlegen von mehreren Seiten« wird beschrieben, wie Sie eine Datei gestalten können, die nicht nur aus einem Zeichenblatt besteht. Dies kann allerdings in Visio zu einigen Problemen führen. Wenn Sie die Zeichnung in ein anderes Programm kopieren möchten, werden Hintergründe nicht mitkopiert, weil es nicht möglich ist, Vorder- und Hintergrund gleichzeitig zu kopieren. Beim Exportieren in andere Formate (z.B. HTML, GIF, JPG) spielt der Umstand keine Rolle – außer, dass jede Seite einzeln exportiert wird.

Wie eine Seite später auf dem Papier erscheint, kann mit dem Befehl *Seitenansicht* (Menü *Datei*) eingesehen werden. Sie können sich die Seitenränder auch über *Ansicht/Seitenumbruch* sichtbar machen.

Nun wird deutlich, dass nicht unbedingt auf ein DIN-A4 Blatt gezeichnet werden muss. Im Menübefehl *Datei/Seite Einrichten/Zeichenblattgröße* stehen Ihnen Papiergrößen bis A0 zur Verfügung. Wenn Sie während des Zeichnens merken, dass eine Papierseite nicht genügt, können Sie mit gedrückter `Strg`-Taste das Papier vergrößern, wie in Abbildung 2.14 ersichtlich. Sie könnten zum Schluss über *Datei/Seite Einrichten/Zeichenblattgröße* das Papier an die Zeichnungsgröße anpassen.

Abbildg. 2.14 Mit gedrückter `Strg`-Taste kann das Zeichenblatt vergrößert werden

Kapitel 2 Fortgeschrittene Visio-Themen

Anlegen von mehreren Seiten

Bislang war zwar von mehreren Zeichnungen, Schablonen und Shapes die Rede, allerdings immer nur von einem Zeichenblatt. In Visio ist es möglich, mehrere Zeichenblätter anzulegen. Dabei hängen die Seiten nicht miteinander zusammen, sondern liegen getrennt nebeneinander – vergleichbar mit dem Präsentationsprogramm PowerPoint oder der Tabellenkalkulation Excel.

Ein neues Blatt wird mit dem Menübefehl *Einfügen/Neues Zeichenblatt* oder mit der rechten Maustaste auf die Registerkarte eines beliebigen Zeichenblattes erzeugt (Abbildung 2.15).

Abbildg. 2.15   Ein neues Zeichenblatt wird über das Kontextmenü erzeugt

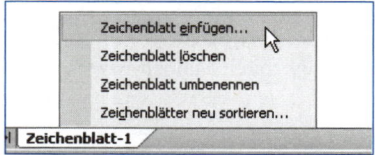

Dabei werden Eigenschaften abgefragt, die im Menübefehl *Datei/Seite einrichten* eingestellt und nachträglich verändert werden können. Auf diese Eigenschaften wird im Folgenden eingegangen.

Abbildg. 2.16   Für neue Seiten werden Einstellungen abgefragt

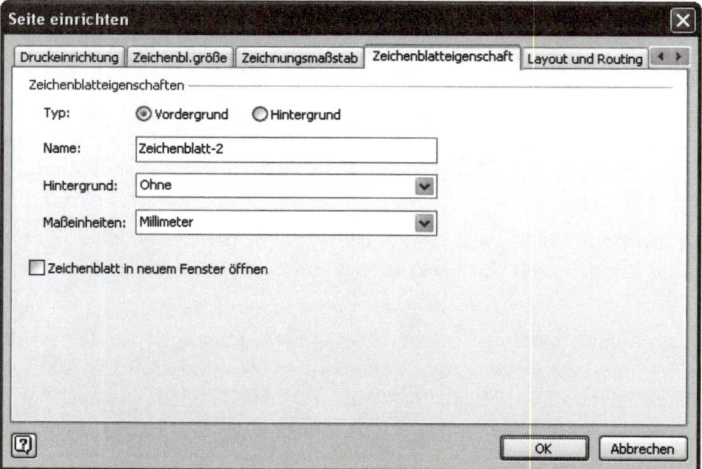

Einen sehr umständlichen Weg gibt es über den Menübefehl *Bearbeiten/Gehe zu/Zeichenblatt/Neu*.

Sollen Blätter in ihrer Reihenfolge vertauscht werden, können sie mit gedrückter Maustaste am Registerhenkel markiert und hin- und hergezogen werden. Soll der Name geändert werden, genügt ein Klick mit der rechten Maustaste oder ein Doppelklick auf den Registerhenkel. Blätter können einfach über das gleiche Kontextmenü gelöscht werden. Dort kann ebenso die Reihenfolge der Blätter eingestellt werden.

> **ACHTUNG** Zwei Blätter dürfen innerhalb einer Zeichnungs-Datei nicht den gleichen Namen tragen.

Ein Blatt kann über den Menübefehl *Bearbeiten/Gehe zu* angesprungen werden. Über den Menübefehl *Bearbeiten/Zeichenblätter löschen* kann es auch entfernt werden. Leichter ist es jedoch sicherlich, diese Aktionen über das Kontextmenü auszuführen.

> **PROFITIPP** Wenn Sie eine neue Seite einfügen, wird sie nicht nur hinter die aktuelle Seite eingefügt, sondern übernimmt als Standardvorgabe auch die Einstellungen dieser Seite. Da zum Teil eine ganze Reihe von Eigenschaften von Seiten festgelegt werden, umgekehrt die Reihenfolge von Seiten allerdings schnell geändert werden kann, empfiehlt es sich, immer auf der Seite zu sitzen, deren Eigenschaften für ein neues Zeichenblatt verwendet werden.

Besteht ein Dokument aus mehreren Seiten, kann in der Seitenansicht zwischen den einzelnen Seiten hin- und hergeblättert werden. Hier stehen die Icons *Erste Druckseite* und *Letzte Druckseite* beziehungsweise *Vorige Druckseite* und *Nächste Druckseite* zur Verfügung.

Tabelle 2.1 Die Zeichenblatt-Aktionen

Funktion	Menübefehl	Kontextmenü
Neues Zeichenblatt einfügen	*Einfügen/Neue Seite*	Zeichenblatt einfügen
Zeichenblatt löschen	*Bearbeiten/Zeichenblätter löschen*	Zeichenblatt löschen
Zeichenblatt verschieben		mit der Maus ziehen
Zeichenblatt umbenennen	*Datei/Seite einrichten/Zeichenblatteigenschaften*	Zeichenblatt umbenennen
Zeichenblätter neu sortieren	*(mit der Maus ziehen)*	Zeichenblätter neu sortieren
Wechseln zu einem anderen Zeichenblatt oder [Strg]+[Bild↓] und [Strg]+[Bild↑]	*Bearbeiten/Gehe Zu/Zeichenblatt* Mausklick auf das gewünschte Zeichenblatt	
Weitere Zeichenblatteigenschaften	*Datei/Seite einrichten/Zeichenblatt*	

> **ACHTUNG** Anders als in Word oder PowerPoint können in Visio leider nicht sämtliche Seiten einer Datei nebeneinander angezeigt werden. Sie müssen jede Seite einzeln anschauen.

Jedes der Zeichenblätter ist unabhängig vom vorgehenden und nachfolgenden Blatt. Zwar können Sie die Shapes, die darauf liegen, verknüpfen, zwar werden Grundeinstellungen übernommen, aber Seitenausrichtungen, Seitengröße, Maßstab und so weiter können Sie auf jedem Blatt anders einstellen – anders als in PowerPoint, wo innerhalb einer Präsentation nicht zwischen Hoch- und Querformat gewechselt werden kann.

Kapitel 2 Fortgeschrittene Visio-Themen

HINWEIS   Übrigens: Anders als in Excel ist es in Visio leider nicht möglich mehrere Zeichenblätter zu markieren und danach gleichzeitig zu bearbeiten. Wenn Sie auf mehreren Zeichenblättern gleiche Elemente haben möchten, sollten Sie überlegen, ob Sie nicht mit einem Hintergrund arbeiten. Oder Sie kopieren das Shape auf jedes Zeichenblatt, wo Sie allerdings die Position wieder einstellen müssen. Auch eine Option *Einfügen/Mehrere Zeichenblätter* fehlt in Visio.

Visio als Präsentationsprogramm

Visio ist sicherlich nicht primär als Präsentationsprogramm konzipiert. Werden Zeichnungen nach PowerPoint kopiert (oder verknüpft), lassen sich bessere Überblendeffekte und Animationen der einzelnen Seiten erreichen. Dennoch: Wechseln Sie in einer mehrseitigen Visio-Zeichnung zum Menübefehl *Ansicht/Vollbild*, kann mit einem einfachen Mausklick oder mit der Taste ↓ beziehungsweise Bild↓ übergangslos zur nächsten Seite gewechselt werden. Hinter der rechten Maustaste liegen weitere Optionen: Dort kann zurückgesprungen oder zu einer beliebigen Seite gewechselt werden (»Gehe zu«). Abbildung 2.17 zeigt Ihnen eine solche Vollbilddarstellung.

Abbildg. 2.17   Auch in Visio sind begrenzte Bildschirmanimationen möglich

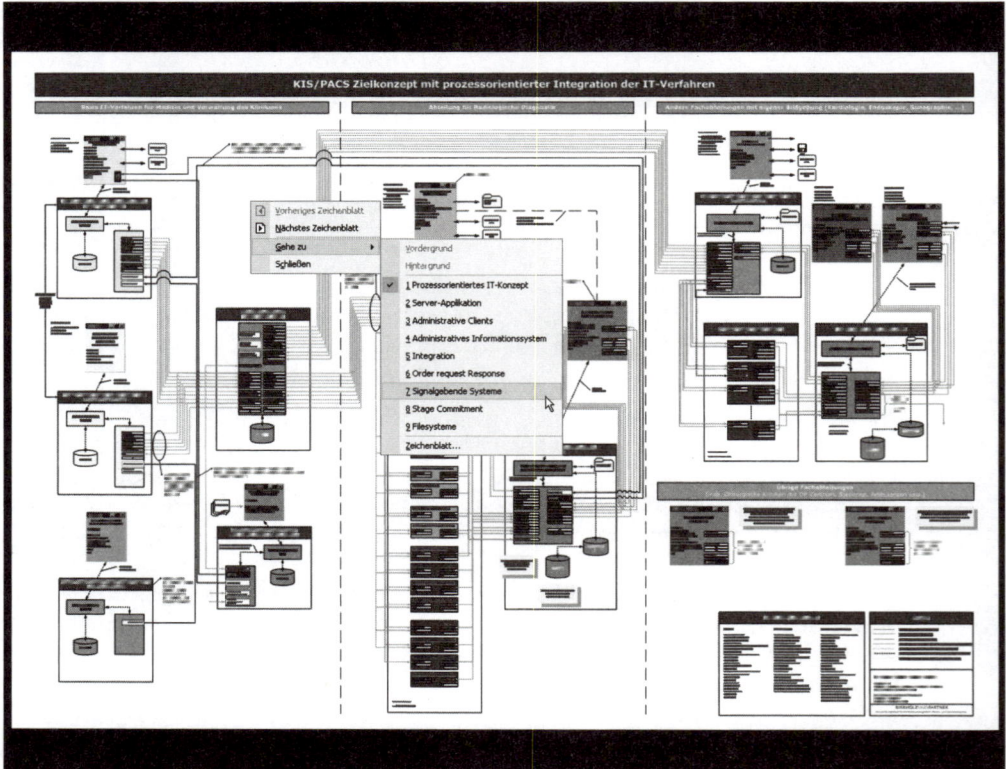

HINWEIS Die Navigation per Doppelklick-Verhalten auf ein Shape ist in der Vollbildansicht leider nicht möglich.

Vordergrund und Hintergrund

Beim Erzeugen eines neuen Zeichenblatts werden Sie gefragt, ob das neue Blatt ein Hintergrund- oder ein Vordergrundblatt ist (Abbildung 2.18).

Abbildg. 2.18   Ein neues (Hintergrund-) Zeichenblatt wird eingefügt

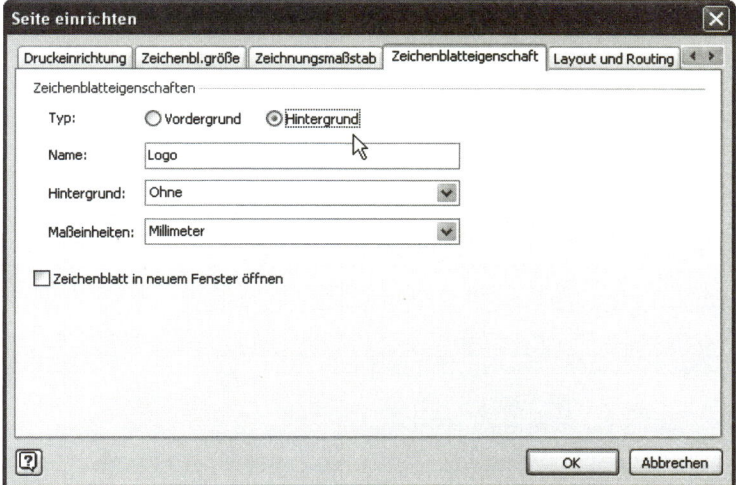

Die Unterscheidung zwischen Vordergrund und Hintergrund ist wichtig. Gedruckt werden lediglich Vordergrundblätter. Hintergrundblätter dagegen dienen – wie der Name sagt – als Hintergrund: normalerweise für Vordergrundblätter. Alle Objekte, die auf einem Hintergrund platziert werden, können hinter den Zeichnungsobjekten eines Vordergrundblattes zu sehen sein (siehe Abbildung 2.19). Beispiel: In einer Zeichnung wird ein neues Blatt als Hintergrundblatt angelegt. Auf dieses werden verschiedene grafische Objekte oder Texte gelegt.

Dem Vordergrundblatt wird nun das andere Zeichenblatt über den Menübefehl *Datei/Seite einrichten* in der Registerkarte *Zeichenblatteigenschaft* als Hintergrund zugewiesen. Und schon erscheinen die Objekte hinter dem Zeichenblatt. Die Verbindung kann im Menübefehl *Datei/Seite einrichten* jederzeit wieder getrennt werden. Alle Änderungen auf dem Hintergrundblatt wirken sich selbstverständlich auf das Vordergrundblatt aus, wie Sie in Abbildung 2.20 sehen können.

Abbildg. 2.19 Das neue Blatt wird als Hintergrund angelegt und mit Shapes versehen

Abbildg. 2.20 Einer Vordergrundseite wird der Hintergrund zugewiesen

Das hört sich alles viel komplizierter an als es in Wirklichkeit ist. Wird eine Zeichnung mit einem Vordergrund- und einem Hintergrundblatt erstellt, kann das Hintergrundblatt dem Vordergrundblatt zugewiesen werden. Wird nun ein neues Blatt eingefügt, so erhält der Benutzer die Grundeinstellung, dass das neue Blatt auf dasselbe Hintergrundblatt zurückgreift.

Jedoch kann die Sache noch komplexer gestaltet werden. Ein Hintergrundblatt kann wiederum auf ein Hintergrundblatt zugreifen. Das Vordergrundblatt besitzt also einen Hintergrund, welcher wiederum einen Hintergrund hat und so weiter. Aber es kann durchaus sinnvoll sein, komplexe Formatierungen auf mehrere Hintergrundblätter zu verteilen, die hintereinander gestapelt liegen.

> **HINWEIS** Umgekehrt kann eine Visio-Zeichnung mehrere gleichberechtigte Hintergründe besitzen. Die erste Seite verwendet keinen Hintergrund, die nächsten fünf Seiten Hintergrund Nummer 1 und die weiteren vierzehn Seiten Hintergrund Nummer 2. So oder so ähnlich lassen sich Beispiele in der Praxis aufbereiten. Dies wird in Abbildung 2.21 dargestellt.

Abbildg. 2.21 Die schematische Darstellung einer Zeichnungsdatei – zehn Vordergrundseiten und zwei Hintergründe

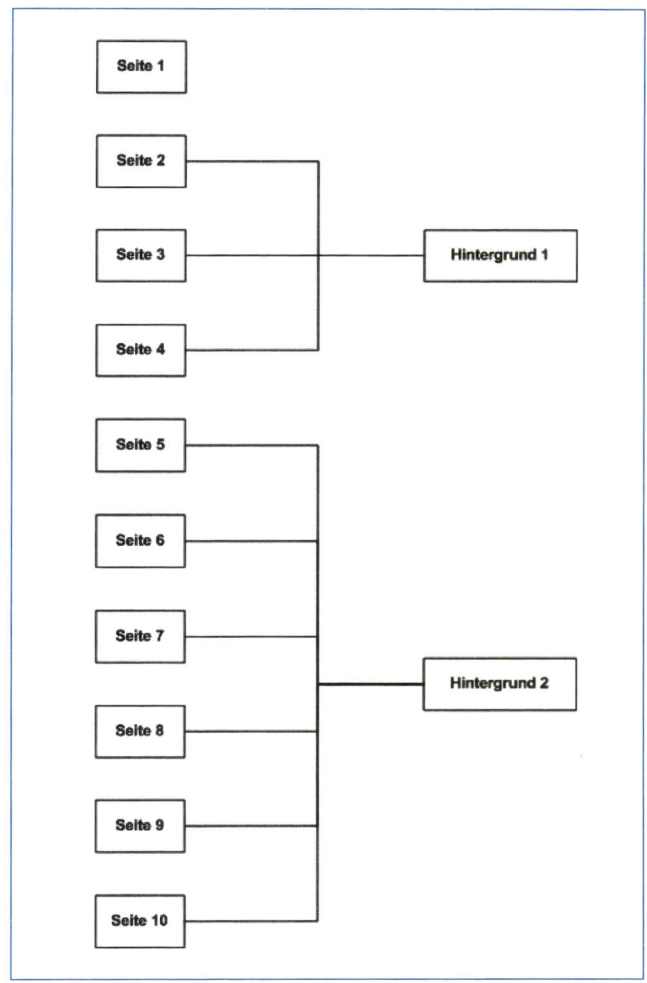

Wenn Sie aus der Schablone *Hintergründe*, die in den meisten Vorlagen vorhanden ist (sie liegt auch in der Kategorie *Visio-Extras*), einen Hintergrund auf ein Zeichenblatt ziehen, erzeugt Visio ein weiteres Hintergrund-Zeichenblatt. Visio passt dabei Hoch- und Querformat des Bildes an.

Sie können feststellen, dass das Hintergrund-Shape wirklich auf ein (neu erzeugtes) Hintergrundblatt gelegt wird, indem Sie sich über den Menübefehl *Ansicht/Zeichnungsexplorerfenster* die Liste der Hintergründe ansehen. Sie werden Visio-1, Visio-2 etc. benannt.

Wenn Sie das Hintergrundbild löschen möchten, müssen Sie das Shape *Kein Hintergrund* auf den Vordergrund ziehen. Wenn Sie ein anderes Hintergrund-Shape auf das Vordergrundblatt ziehen, wird das ursprüngliche Shape gelöscht, wie Sie leicht im Zeichnungsexplorer erkennen können. Hintergründe werden also nicht gestapelt.

Vordergrund und Hintergrund sind voneinander getrennt; sie haben keinerlei Verbindung zueinander. Vom Vordergrund aus können keine Shapes des Hintergrunds markiert (oder gar formatiert) werden. Auch können keine Shapes, die auf dem Vordergrund und auf dem Hintergrund liegen, miteinander verbunden werden. Alle Objekte eines Hintergrunds liegen immer hinter den Objekten eines Vordergrunds und sind grundsätzlich (auf dem Vordergrund) geschützt.

ACHTUNG Wenn Sie ein Hintergrundblatt löschen, muss sichergestellt sein, dass kein Vordergrundblatt dieses Hintergrundblatt verwendet. Sonst erhalten Sie eine Fehlermeldung. Deaktivieren Sie also das Hintergrundblatt – erst dann kann es gelöscht werden.

Da Formatvorlagen stets für die gesamte Datei gelten, sind sie blattübergreifend. Damit stellt sich die Frage nach Vorder- und Hintergrund nicht – Formatvorlagen gelten auf allen Seiten.

Layer sind dagegen nur auf einer Seite definiert. Sollen sie auf mehreren Seiten vorhanden sein, müssen sie entweder auf jeder Seite neu erstellt werden oder Sie müssen das Shape, das den entsprechenden Layer verwendet, auf die entsprechenden Seiten kopieren.

HINWEIS Sollen Hintergrundblätter geschützt werden, kann das im *Zeichnungsexplorerfenster* (Menü *Ansicht*) erledigt werden. Dort wird mit der rechten Maustaste auf den Namen der Datei geklickt. Im Kontextmenü *Dokument schützen* kann das Dokument geschützt werden. In diesem Dialogfeld werden Hintergründe (und Shapes, Master-Shapes, Formatvorlagen und Vorschauen) deaktiviert. Damit der Schutz in Kraft tritt, muss die Datei gespeichert und geschlossen werden. Erst nach dem nächsten Öffnen ist der Hintergrund verborgen, kann nicht mehr hergeholt und damit auch nicht mehr modifiziert werden (siehe Abbildung 2.22).

Abbildg. 2.22 Hintergründe können geschützt werden

Abbildg. 2.23 Nach dem Schützen kann der Benutzer keine neuen Hintergründe erstellen und keine vorhandenen bearbeiten

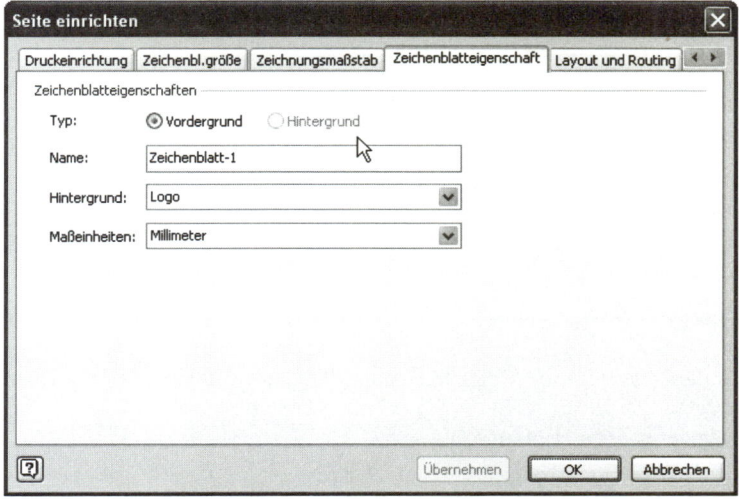

Kapitel 2 **Fortgeschrittene Visio-Themen**

ACHTUNG Beachten Sie jedoch, dass ein geschützter Hintergrund über den Menübefehl *Datei/Seite einrichten* vom Benutzer entfernt werden kann. Ebenso gelangt er über den Zeichnungsexplorer mit einem Doppelklick auf die Shapes des geschützten Hintergrundblattes.

Kopf- und Fußzeilen

Soll in einem mehrseitigen Dokument auf jeder Seite Text in einer Kopf- und/oder Fußzeile stehen, hilft der Menübefehl *Ansicht/Kopf- und Fußzeile* weiter. Dort kann der Text eingetragen werden, der in einem Dokument auf jeder Seite erscheinen soll.

ACHTUNG Dieser Text ist nicht auf dem Zeichenblatt zu sehen. Er erscheint erst, wenn Sie in die Seitenansicht wechseln.

Soll zu einem wiederholenden Text eine Seitenummerierung hinzugefügt werden, können Sie auf den Pfeil hinter einer der sechs Eingabezeilen klicken (Abbildung 2.24).

Abbildg. 2.24   In die Kopf- und Fußzeile können Texte und Seitennummern eingetragen werden

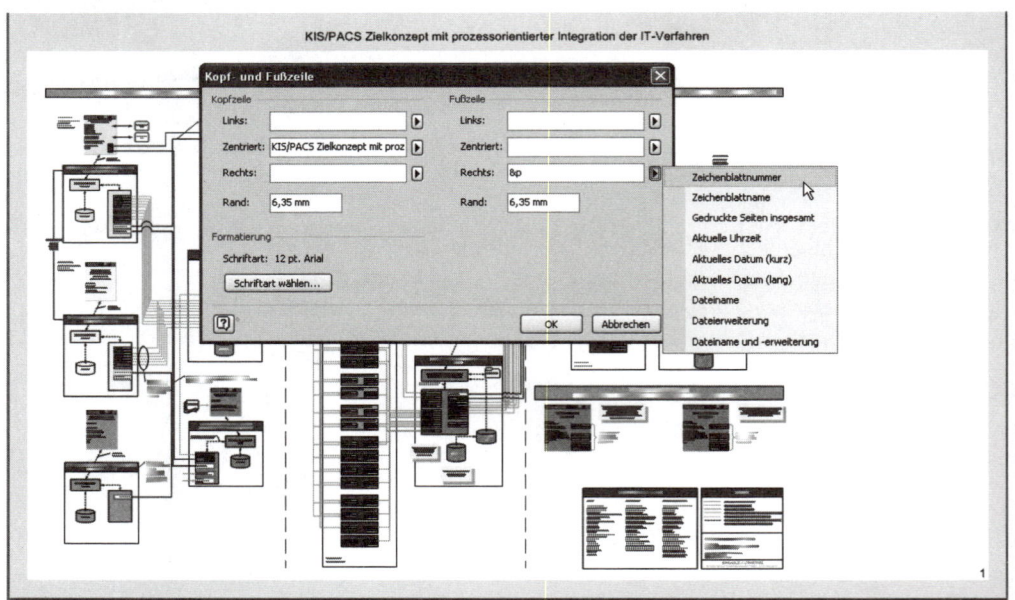

Dabei stehen dem Benutzer folgende Möglichkeiten mit folgenden Abkürzungen zur Verfügung:

Tabelle 2.2   Die möglichen Einstellungen der Kopf- und Fußzeile

Bedeutung	Zeichen
Zeichenblattnummer	&p
Zeichenblattname	&n

Tabelle 2.2   Die möglichen Einstellungen der Kopf- und Fußzeile *(Fortsetzung)*

Bedeutung	Zeichen
Gedruckte Seiten insgesamt	&P
Aktuelle Uhrzeit	&t
Aktuelles Datum (Kurzform, zum Beispiel: 01.04.2007)	&d
Aktuelles Datum (Langform, zum Beispiel: Sonntag, 01. April 2007)	&D
Dateiname	&f
Dateierweiterung	&e
Dateiname und -erweiterung	&f&e

Wie in der Seitenansicht erkennbar, werden Kopf- und Fußzeile auf allen Seiten gedruckt – ein individuelles Ein- und Ausschalten ist nicht möglich. Dies kann umgangen werden, indem statt des einfachen Wegs über die Kopf- und Fußzeile mit Feldern und Hintergrundseiten gearbeitet wird.

TIPP   Zwar können über den Menübefehl *Ansicht/Kopf- und Fußzeile* die Positionen der sechs Texte und die Schriftart und -größe definiert werden, jedoch ist es nicht möglich, Grafiken (Logos) einzufügen oder Texte individuell zu verschieben und zu formatieren. Das Arbeiten mit Hintergründen in Visio erweist sich als mächtigeres Tool als Kopf- und Fußzeile. Es ist vergleichbar mit den Mastern aus PowerPoint.

Doppelklickverhalten von Shapes

Wird ein einfaches Shape erstellt, kann ihm ein Verhalten zum *Doppelklicken* zugewiesen werden. Im Menübefehl *Format/Verhalten* in der Registerkarte *Doppelklicken* lautet die Standardeinstellung bei Shapes *Standardaktion durchführen*. Das bedeutet: Sie wechseln in den Textmodus. Bei Gruppen dagegen passiert nichts. Für eine Gruppe könnte der Doppelklick geändert werden, dass der Text editiert wird, das Gruppenfenster geöffnet wird oder das ShapeSheet geöffnet und angezeigt wird. Ebenso können Makros an den Doppelklick gebunden werden.

Interessanter ist die Option, mit der beim Doppelklick auf ein Shape eine andere Seite geöffnet wird. So können Shapes zu Hyperlinks werden, mit deren Hilfe sich der Benutzer von Seite zu Seite bewegen kann. Zugleich können weitere Informationen auf verschiedenen Seiten verteilt werden. Auf Seite 1 kann sich das Grobraster einer Zeichnung, eines Verlaufsplans oder eines Apparats befinden. Auf weiteren Seiten verteilen sich die unterschiedlichen Informationen. Wird nun gewünscht, dass diese Informationen sichtbar werden, kann der Doppelklick für jedes der Shapes eingestellt werden, dass durch diese Aktion eine andere Seite angesprungen wird (siehe Abbildung 2.25).

ACHTUNG   Wird der Name des Zeichenblatts geändert, ändert sich nicht automatisch der Verweis auf dieses Blatt. Im Menübefehl *Format/Verhalten* muss der Verweis auf die richtige Seite neu eingestellt werden. Bei umfangreichen Dokumenten sollte der Verweis in beide Richtungen funktionieren.

Abbildg. 2.25 Das Dialogfeld, mit dem das Doppelklick-Verhalten eingestellt wird

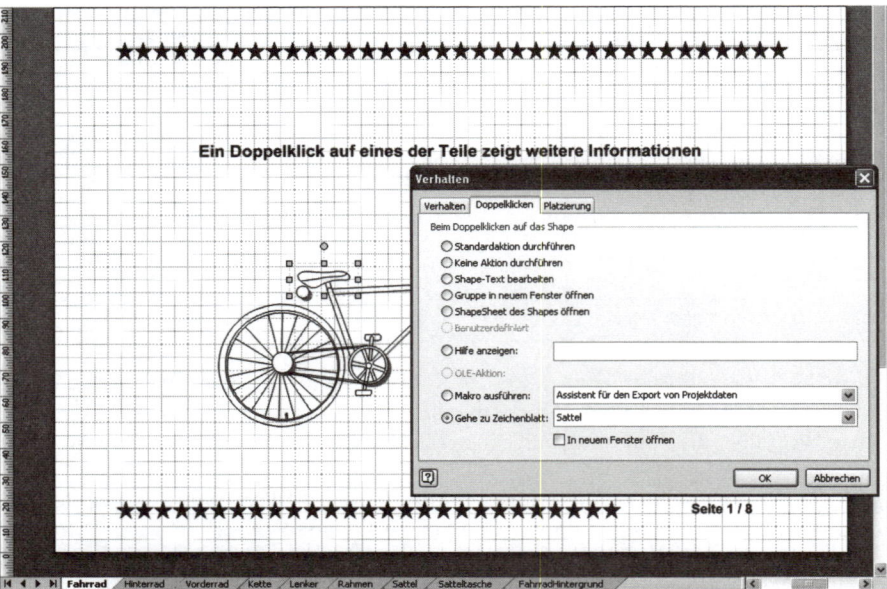

Abbildg. 2.26 Doppelklick auf bestimmte Shapes führt zu einem anderen Zeichenblatt

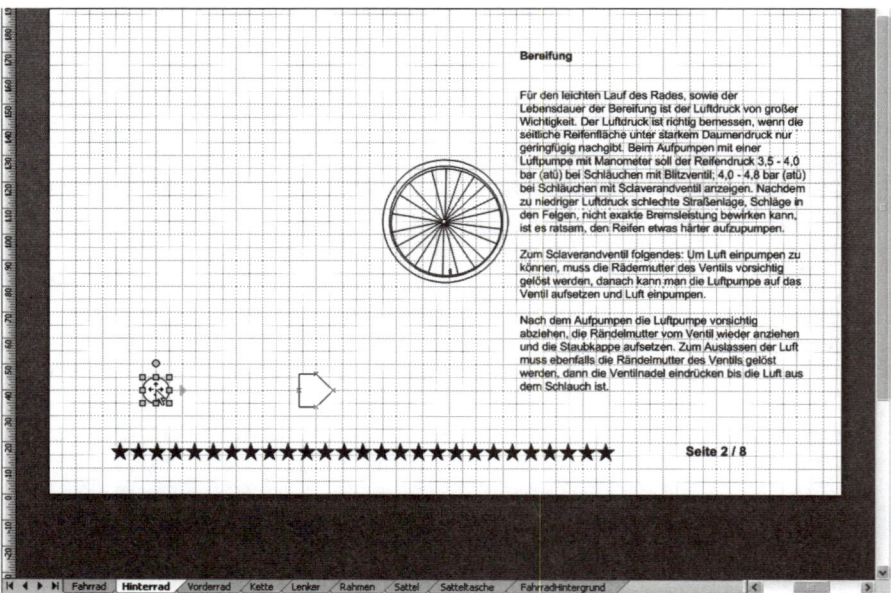

Im Folgenden besteht eine Zeichnung eines Fahrrads aus mehreren Shapes. Ein Doppelklick auf eines der Elemente führt zu einer neuen Seite, auf der weitere Informationen zu finden sind. Um das Zurückkehren zu erleichtern, wurden auf jeder Seite drei weitere Shapes installiert: Mit einem geht

es zur Startseite zurück, mit einem zur vorhergehenden und mit einem zur nächsten Seite. Alle Shapes arbeiten mit dem Doppelklickverhalten, das im Menübefehl *Format/Verhalten* aktiviert wurde. Die Shapes, hinter denen diese Links liegen, wurden aus der Schablone *Standardflussdiagramm-Shapes* herausgeholt und etwas modifiziert (Abbildung 2.26).

HINWEIS Ohne Programmierung ist es nicht möglich mit einem Doppelklick auf eine andere (Visio-) Datei zu verzweigen.

Arbeiten mit Hyperlinks

Ganz ähnlich wie das Doppelklick-Verhalten sind die Hyperlinks. Sie werden über den Menübefehl *Einfügen/Hyperlinks* festgelegt. Dort kann als Adresse der URL oder eine bestimmte Datei angegeben werden. Die Adresse kann weggelassen werden, wenn der Hyperlink innerhalb der Datei funktionieren soll.

Folgende Varianten sind dabei denkbar:

- Sprung auf eine Internetadresse (URL)
- Sprung auf eine andere Visio-Datei
- Sprung auf eine andere Nicht Visio-Datei
- Sprung auf ein anderes Zeichenblatt innerhalb der Datei
- Sprung auf ein anderes Shape

Wurde eine andere Visio-Datei als Adresse festgelegt, kann nun ein Zeichenblatt als Unteradresse verwendet wird. Soll der Sprung innerhalb der gleichen Datei auf ein anderes Zeichenblatt erfolgen, kann dieses ebenfalls über die Unteradresse ausgewählt werden. Dies sehen Sie in Abbildung 2.27. Es lässt sich sogar ein Shape festlegen, welches angesprungen wird.

Abbildg. 2.27   Der Hyperlink wird festgelegt

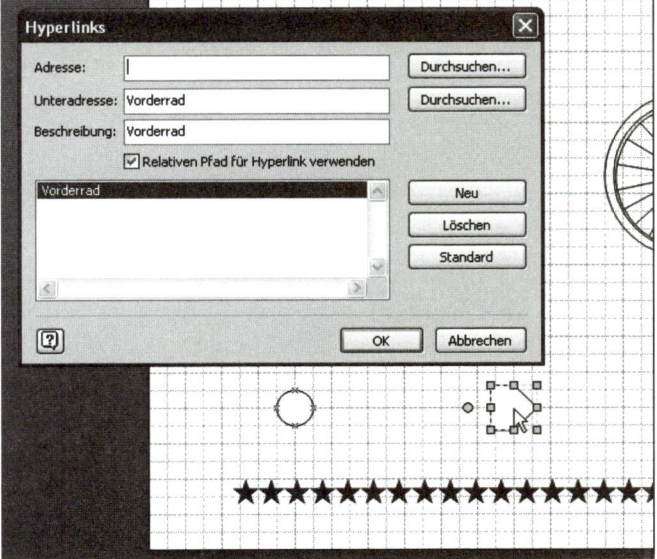

Ist der Hyperlink nun eingestellt, erkennen Sie ihn durch das Hyperlink-Symbol, wenn der Mauszeiger darüber fährt.

ACHTUNG Anders als beim Browser wird der Hyperlink nicht dadurch aktiviert, indem auf das Shape geklickt wird. Der Hyperlink wird über das Kontextmenü ausgelöst.

Das Hyperlinksymbol wird nur dann neben dem Mauszeiger angezeigt, wenn der Standard-Mauszeiger aktiviert ist (siehe Abbildung 2.28).

Abbildg. 2.28 Der Hyperlink wird über das Kontextmenü aktiviert

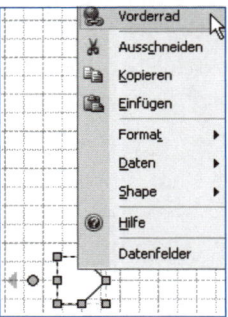

HINWEIS Das Dialogfeld *Off-Page-Referenz* (Abbildung 2.29) öffnet sich automatisch, wenn Sie aus der Schablone *Standardflussdiagramm-Shapes* das Shape *Off-Page-Referenz* auf ein Zeichenblatt ziehen. Dieses Shape können Sie mit einem neuen Zeichenblatt oder mit einem existierenden verlinken. Auf dem zweiten Zeichenblatt erstellt – falls diese Option aktiviert ist – Visio eine Referenz zurück zum ursprünglichen Zeichenblatt. Und schließlich kann der Assistent den Text synchronisieren lassen, das heißt: er wird auf beiden Shapes gleichzeitig angezeigt.

Abbildg. 2.29 Das Shape *Off-Page-Referenz* ermöglicht ein schnelles Verlinken zweier Seiten

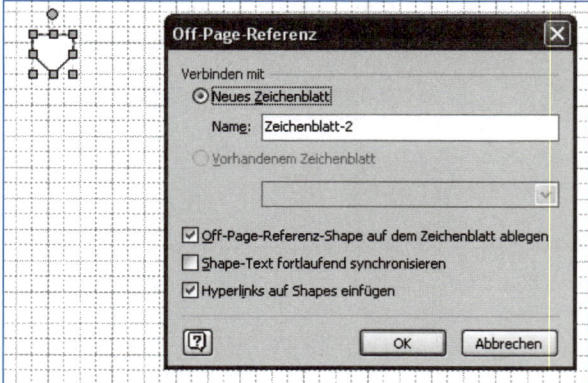

Interessant ist Folgendes: Wird diese Zeichnung als HTML-Datei gespeichert, so werden die Hyperlinks in echte Links (Hotspots) umgewandelt (siehe Abbildung 2.30). Damit kann nicht nur ein Verweis auf eine andere Stelle im Dokument erzeugt werden, sondern auch auf einen anderen URL.

Abbildg. 2.30   Der Hyperlink im Browser

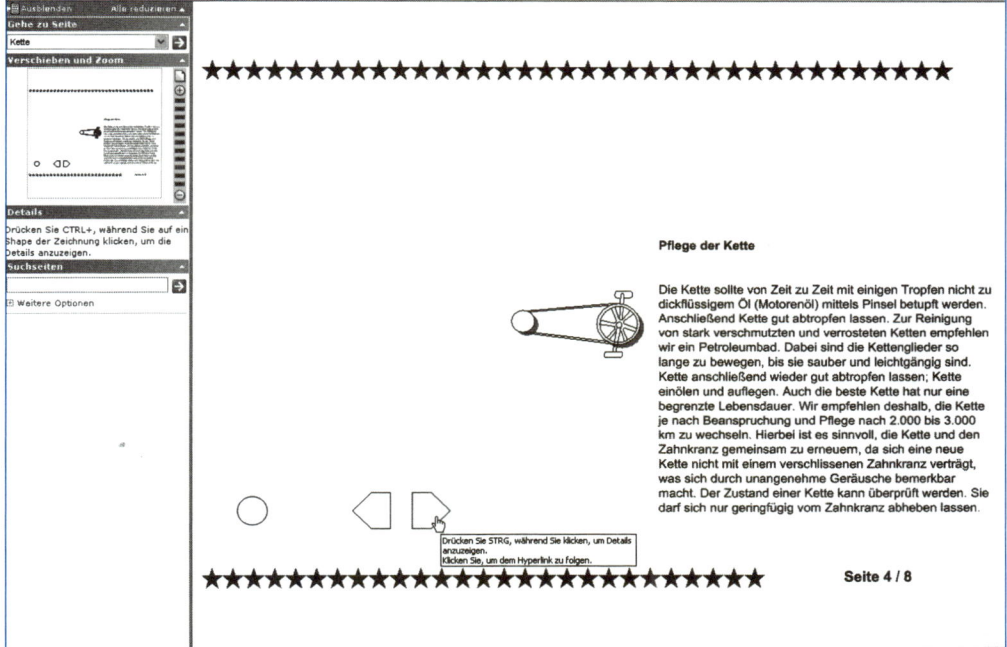

Drucken und Seitenansicht

Zu diesem Thema gibt es eigentlich nicht viel zu erzählen – wie Sie einen Ausdruck starten, ist Ihnen sicherlich von anderen Programmen bekannt. Dennoch hat Visio einige Besonderheiten, die nun im Einzelnen erläutert werden. Ihnen steht die Tastenkombination Strg+P oder der Menübefehl *Datei/Drucken* zum Ausdruck zur Verfügung (siehe Abbildung 2.31).

Im oberen Teil des Dialogfeldes kann der Drucker eingestellt werden, Hintergründe könnten beim Ausdruck unterbunden werden, Farben können als Schwarz-Weiß-Töne gedruckt werden und der Druck kann in eine Datei umgeleitet werden. Letzteres ist für Belichtungen wichtig. Wenn Sie Ihre Datei an ein Belichtungsstudio geben möchten, wo es belichtet wird, dieses Studio allerdings kein Visio hat, dann müssen Sie selbst »drucken«. Sie installieren den richtigen Belichter als neuen Drucker (in der Regel einen Linotronic-Postscriptdrucker) und können nun so tun, als stünde dieses Gerät neben Ihrem Schreibtisch. Sie drucken in eine Datei, wobei der Dateiname angegeben wird. Dieses fertig »gedruckte« Dokument wird im Studio nur noch auf den Belichter kopiert.

Im linken unteren Teil des Drucken-Dialogfelds wird der auszudruckende Bereich ausgewählt. *Alles* druckt alle Seiten, *aktuelle Seite* eben nur die aktuelle, am Bildschirm sichtbare Seite. Unter *Seiten* kann eine Auswahl der zu druckenden Seiten angegeben werden. Und *Markierung* druckt die markierten Shapes. Da nur auf einer Seite markiert werden kann, wird folglich nur das aktuelle Zeichen-

Kapitel 2 Fortgeschrittene Visio-Themen

blatt markiert. Ist nichts markiert, ist diese Option nicht aktivierbar, besteht die Zeichnung nur aus einem Zeichenblatt, ist die Option *Zeichenblätter von bis* nicht aktivierbar.

Im rechten Fenster kann eingeschaltet werden, ob die Datei einmal oder mehrmals gedruckt werden soll. Besteht das Dokument aus mehreren Seiten, ist die Option *Sortieren* aktiv. Sie macht nur dann Sinn, wenn mehrere Seiten mehrmals ausgedruckt werden. Somit kann entschieden werden, ob Seite 1 – 2 – 3 – ... 1 – 2 – 3 – ... gedruckt werden soll oder 1 – 1 – 2 – 2 – 3 – 3 – ...

Abbildg. 2.31 Das Drucken-Dialogfeld

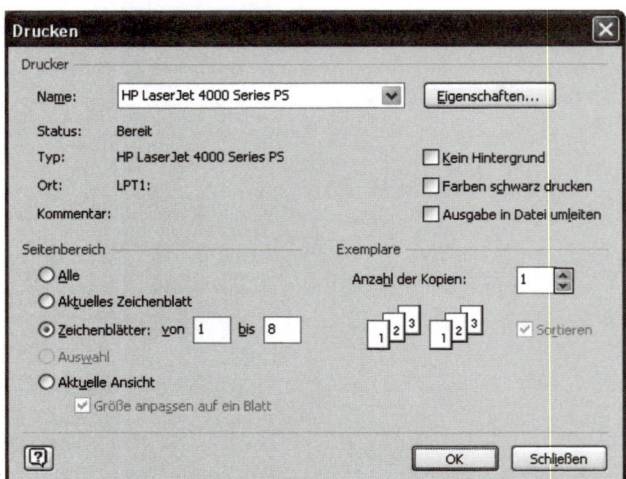

HINWEIS Shapes, die nicht ausgedruckt werden, also beispielsweise Führungslinien, können auch nicht über dieses Dialogfeld ausdruckbar gemacht werden.

Sie können für jedes beliebige Shape den Ausdruck verhindern, indem Sie über *Format/Verhalten* die Option *Nicht druckbares Shape* einschalten. Oder Sie schalten für eine größere Anzahl von Shapes, die alle auf demselben Layer liegen, die Option *Drucken* über den Menübefehl *Ansicht/Layereigenschaften* aus.

Vor dem Ausdruck empfiehlt es sich, das Aussehen der Seite über die Seitenansicht zu kontrollieren (siehe Abbildung 2.32). Diese erreichen Sie über den Menübefehl *Datei/Seitenansicht* oder das entsprechende Symbol. Ein Mausklick verkleinert oder vergrößert die Ansicht. Sind mehrere Seiten aktiv, kann zwischen ihnen mit den Symbolen mit den Pfeilen gewechselt werden. Sie gelangen von diesem Fenster in das Drucken-Dialogfeld und in das Dialogfeld *Datei/Seite einrichten*.

Die Schaltfläche *Schließen* oder die Taste Esc führen zum Ende der Seitenansicht.

Abbildg. 2.32 Die Seitenansicht

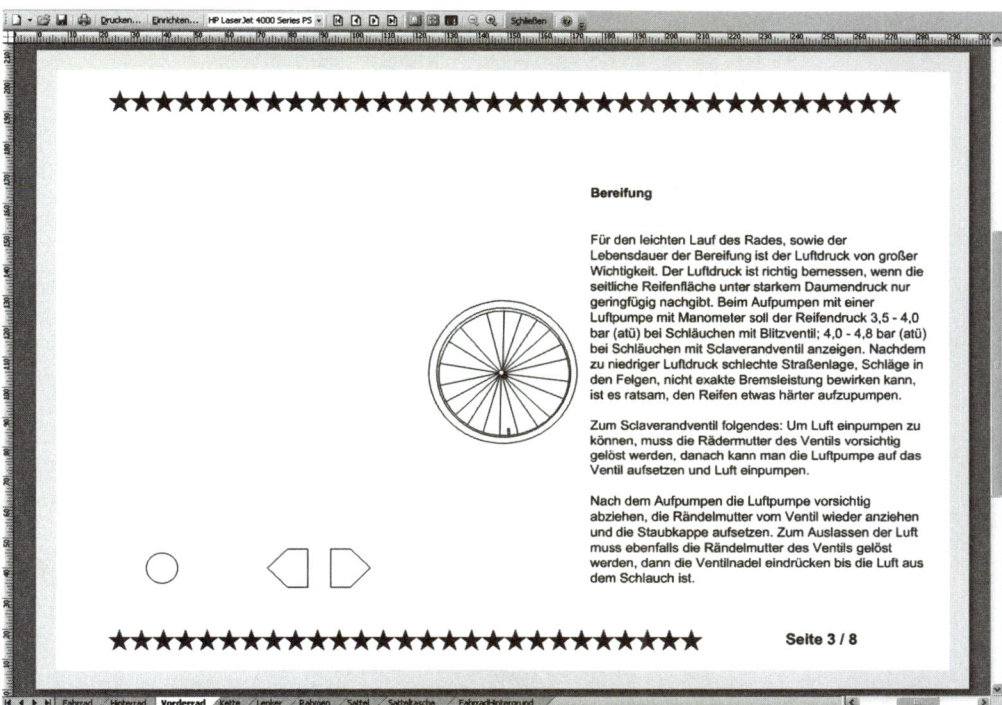

Tabelle 2.3 Drucken und Seitenansicht

Funktion	Tastenkombination	Menübefehl	Symbol
Drucken	Strg + P	*Datei/Drucken*	
Seitenansicht		*Datei/Seitenansicht*	

Im Dialogfeld des Menübefehls *Datei/Seite einrichten* finden sich wichtige Informationen über das Layout der Seite. Dort wird geklärt, ob der Drucker DIN-A4 oder DIN-A3 (falls er es kann) ausdrucken soll. Ebenso wird die Druckereinstellung *Hochformat* und *Querformat* festgelegt. In diesem Dialogfeld haben Sie die Möglichkeit, die Zeichnung zu skalieren – auf eine bestimmte Prozentzahl oder auf eine bestimmte Anzahl an Seiten. Ebenso könnten Sie die Gitterlinien (das Raster) ausdrucken lassen.

Unabhängig von der Druckereinstellung ist die Zeichenblattgröße. Sie kann an die Druckerpapiergröße angepasst sein, kann jedoch auch ein anderes Format besitzen. Angenommen, sie möchten einen Raum auf einem DIN-A2-Blatt zeichnen. Ihr Drucker kann jedoch nur DIN-A4 ausdrucken. Also wird die Seite, auf der gezeichnet wird, in einzelne Teile zerlegt und ausgedruckt. Dies kann über den Menübefehl *Ansicht /Seitenumbruch* sichtbar gemacht werden.

Kapitel 2   Fortgeschrittene Visio-Themen

Der Zeichnungsmaßstab ist interessant für exakte Bemaßungen am Lineal, über das Größen- und Positionsfenster, bei der Flächenberechnung oder bei Linien zur Bemaßung (Schablone *Visio-Extras/Bemaßung Technik*). Der Maßstab wird ausführlich im Kapitel über Raumpläne erläutert.

Die Zeichenblatteigenschaften betreffen Vorder- und Hintergrund und werden dort beschrieben.

Layout und Routing betrifft die Verbinder auf dem Zeichenblatt. Die Einstellungen werden in dem entsprechenden Kapitel beschrieben.

Einfügen von Feldern

Soll eine Seitennummerierung nicht auf jeder Seite stehen oder soll sie an einer bestimmten Stelle auf dem Zeichenblatt zu finden sein, muss ein Hintergrund für die Blätter aktiviert werden, dem eine solche benutzerdefinierte Formel zugewiesen wird. Dort wird mit dem Textsymbol ein Rechteck aufgezogen, in das ein Feld eingefügt wird. Felder sind im Menübefehl *Einfügen/Feld* zu finden. Dort kann über die Kategorie *Zeichenblattinfo* ausgewählt werden, ob die Zeichenblattnummer oder die Gesamtseitenanzahl (Anzahl der Zeichenblätter) benötigt wird (Abbildung 2.33). Soll beides auf dem Hintergrund-Zeichenblatt zu finden sein, muss das Dialogfeld zweimal aktiviert werden.

Abbildg. 2.33   Ein Feld wird eingefügt

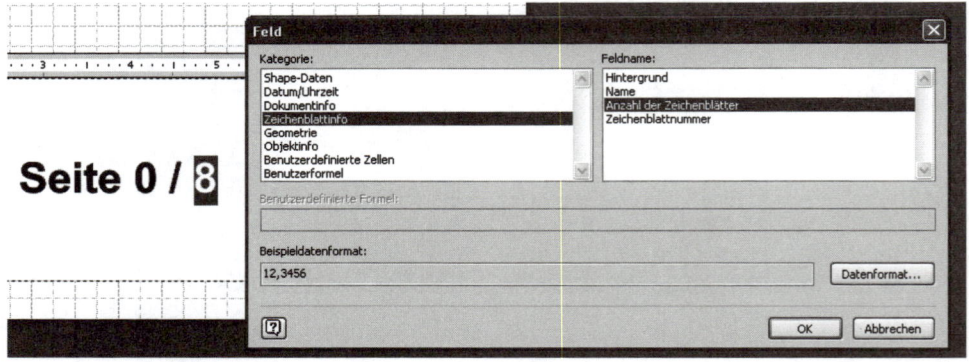

Auf einem Hintergrund wird die Seitennummer mit »0« gekennzeichnet, um deutlich zu machen, dass sich auf diesem Blatt etwas befindet, dass dies allerdings nicht die aktuelle Seitennummer ist. Erst auf der ersten Vordergrundseite beginnt die Zählung mit 1. Die Anzahl der Zeichenblätter, genauer: die Anzahl der Vordergrundseiten, wird schon auf der Hintergrundseite korrekt angezeigt (Abbildung 2.34).

Abbildg. 2.34   Auf einer Vordergrundseite stehen korrekt Seitenzahl und Gesamtseitenzahl

Wird ein neues Blatt eingefügt, ein vorhandenes gelöscht oder ein Blatt verschoben, aktualisiert sich automatisch die Feldfunktion und zeigt die korrekte Blattnummer und die richtige Gesamtseitennummer an.

In der gleichen Kategorie findet sich auch der Name des aktuellen Zeichenblatts und der Name des verwendeten Hintergrunds, falls dieser angezeigt werden sollen. Auf dem Hintergrundblatt lautet der Blattname selbstverständlich so, wie das Hintergrundblatt heißt, der Hintergrundblattname ist leer, wenn das Hintergrundblatt kein weiteres Hintergrundblatt hat. Auch hier werden die Informationen auf den Vordergrundblättern richtig angezeigt: Blattname und Hintergrundblattname. Ein Ändern des Blattnamens und ein Zuweisen eines anderen Hintergrunds bewirkt eine sofortige Änderung der Felder.

In der Kategorie *Datum/Uhrzeit* finden sich verschiedene Datumsvorschläge, die über ein Feld an einen Hintergrund gebunden werden können: das Erstelldatum das aktuelle Datum, das Druckdatum und das Datum der letzten Änderung. Das Gleiche findet sich auch für die Uhrzeit. Für beide steht eine Reihe von Formatierungsmöglichkeiten zur Verfügung.

In Tabelle 2.4 werden alle Feldfunktionen aufgelistet:

Tabelle 2.4 Die Liste der Feldfunktionen und ihre Formatierungen

Kategorie	Feld	Formatierungsmöglichkeit
Benutzerdefinierte Formel		
Datum/Uhrzeit	Erstelldatum/-zeit	
	Aktuelle(s) Datum/Uhrzeit	14.01.2007
	Datum/Uhrzeit der letzten Bearbeitung	2007-01-14
	Datum/Uhrzeit des Ausdrucks	07-01-14
		14/01/07
		14. Jan. 2007
		14/01/07
		Januar 07
		Jan-07
		14.01.2007 19:44:28
		7:44
		7:44:28
		19:44
		19:44:28
		Sonntag, 14. Januar 2007
		14. Januar 2007-01-14 14.01.07
Dokumenteninfo	Erstellt von	Standard
	Beschreibung	Großbuchstaben
	Verzeichnis	Kleinbuchstaben

Tabelle 2.4 Die Liste der Feldfunktionen und ihre Formatierungen *(Fortsetzung)*

Kategorie	Feld	Formatierungsmöglichkeit
	Dateiname	
	Schlüsselwörter	
	Thema	
	Titel	
	Manager	
	Firma	
	Kategorie	
	Hyperlinkbasis	
Zeichenblattinfo	Hintergrund	Standard
	Name	Großbuchstaben
	Anzahl der Zeichenblätter	Kleinbuchstaben
	Zeichenblattnummer	
Geometrie	Breite	Allgemein
	Höhe	Nummer:
	Winkel	- Dezimalstellen
		- 1000er-Trennzeichen
		- Einheiten (Allgemein, Grad, Bodenmaß, Fuß und Zoll)
Objektinfo	Daten 1	Standard
	Daten 2	Großbuchstaben
	Daten 3	Kleinbuchstaben
	ID	
	Master-Shape	
	Name	
	Standard	
	Typ	
	Benutzerdefinierte Zellen	
	Benutzerformel	

So können beispielsweise Rechtecke ihren Flächeninhalt als Text anzeigen, wie Abbildung 2.35 zeigt. Dazu wird in der Benutzerformel

=Height*Width

eingefügt. Sie berechnet stets die korrekte Fläche eines Rechtecks.

Abbildg. 2.35 Mit benutzerdefinierten Formeln können rechteckige Flächen berechnet werden

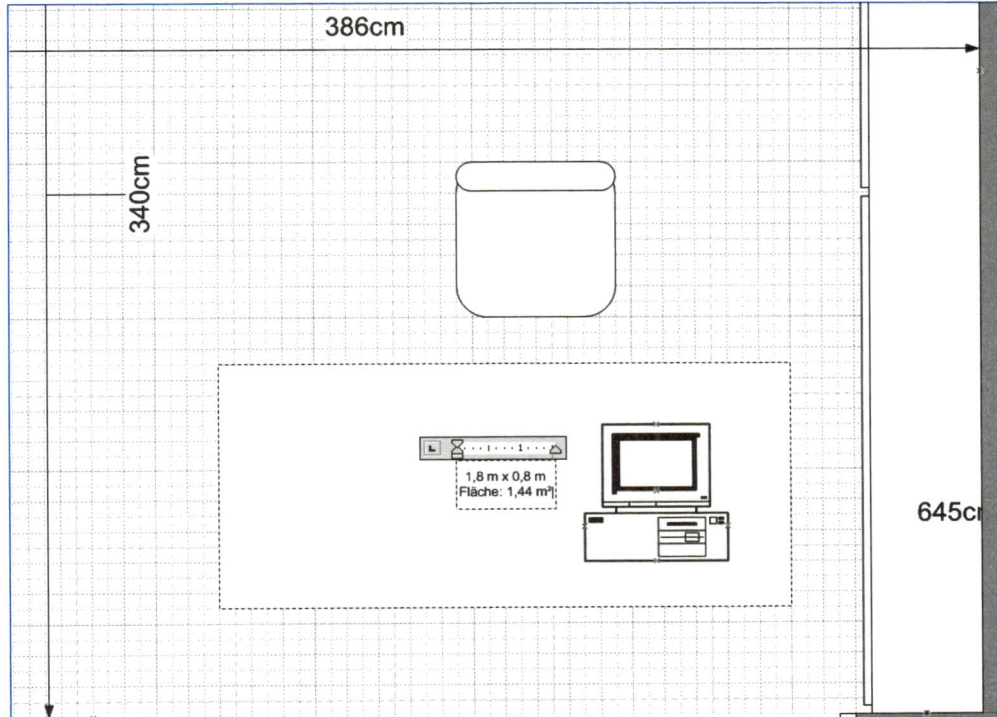

> **HINWEIS** Wenn Sie die Feldfunktion ändern möchten, müssen Sie den Text editieren und das Feld markieren. Danach zeigt der Menübefehl *Einfügen/Feld* die eingegebene Feldfunktion an. Mit dieser Technik können Sie Feldfunktionen einsehen, die bereits in bestimmten Shapes vorhanden sind.

Kommentare und Shape-QuickInfo

Wenn Sie einem Shape eine Information hinzufügen möchten, die der Benutzer sieht, wenn er mit der Maus darüber fährt, fügen Sie über den Menübefehl *Einfügen/Shape-QuickInfo bearbeiten* einen Hilfetext in das geöffnete Fenster. Es erscheint, wenn der Mauszeiger sich über das Shape bewegt, ohne dass das Shape markiert sein muss (siehe Abbildung 2.36).

Kapitel 2 Fortgeschrittene Visio-Themen

Abbildg. 2.36   Der QuickInfo-Text wird angezeigt, wenn der Mauszeiger über das Shape fährt

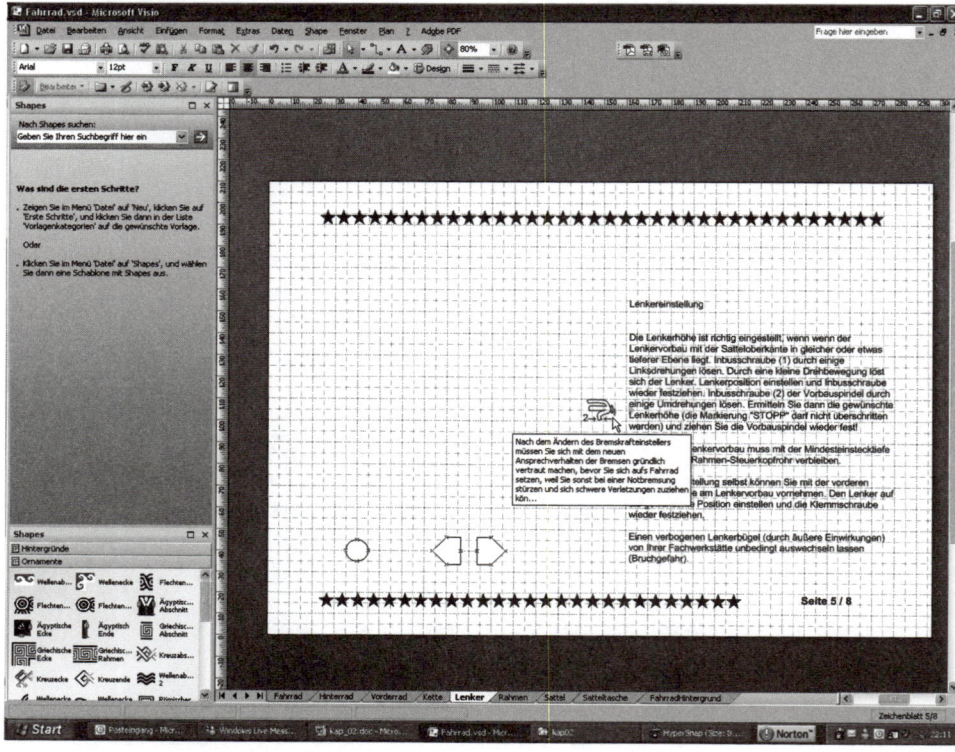

Im gleichen Menübefehl *Einfügen/Shape-QuickInfo bearbeiten* kann der Text geändert oder gelöscht werden.

HINWEIS   Vor allem bei Funktionen wie Schutzmechanismen oder Doppelklickverhalten leistet das QuickInfo gute Dienste. Aber auch bei Erläuterungen zu technischen Spezifikationen kann es eingesetzt werden.

Abbildg. 2.37   Nachdem ein Kommentar erzeugt wurde, wird er angezeigt, sobald auf das gelbe Symbol geklickt wird

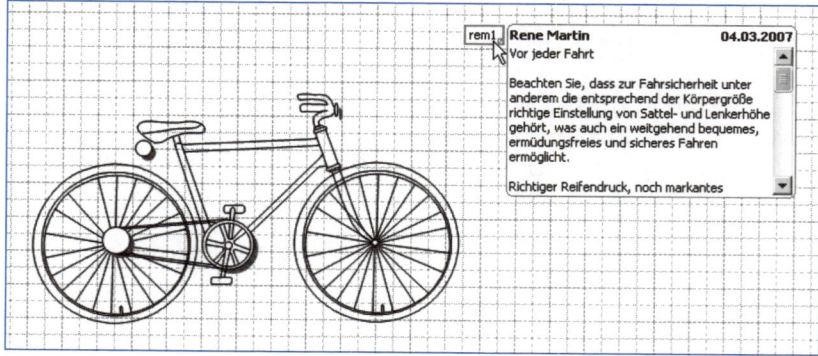

140

Kommentare und Shape-QuickInfo

An einer beliebigen Stelle auf dem Zeichenblatt kann ein Kommentar über den Menübefehl *Einfügen/Kommentar* eingefügt werden. Dieser erscheint, wenn Sie auf das gelbe Symbol klicken. Wird der Mauszeiger lediglich über das gelbe Kommentarsymbol gezogen, erscheint nur die Information über den Verfasser und das Erstelldatum. Bei geschlossenem Feld werden die Initialen angezeigt. Diese Informationen werden über *Extras/Optionen* Registerkarte *Allgemein* geändert und eingestellt.

Kommentare können mit der Maus an jede beliebige Stelle auf dem Zeichenblatt – auch außerhalb des Zeichenblattes – gezogen werden.

Soll der Kommentar nicht verändert, sondern bearbeitet werden, wird er über den gleichen Menübefehl *Einfügen/Kommentar* erneut aufgerufen. Über den Menübefehl wird ein weiterer Kommentar eingefügt, der unabhängig vom ersten ist. Sie ändern den Kommentar, indem Sie ihn öffnen oder über das Kontextmenü »bearbeiten«. Über das Kontextmenü wird er gelöscht. Als Alternative steht für das markierte Kommentarsymbol der Menübefehl *Bearbeiten/Löschen*.

HINWEIS Kommentare werden nicht an Shapes gebunden, sondern liegen auf dem Zeichenblatt. Deshalb bewirkt das Löschen des Shapes nicht das Löschen des Kommentars.

Die Texte in den Kommentaren können nicht formatiert werden. Selbstverständlich werden Kommentare nicht ausgedruckt, wie Sie leicht über die Seitenansicht feststellen können. Wenn Sie viel mit Kommentaren arbeiten, dann bietet es sich an, die Symbolleiste *Überarbeiten* (Menü *Ansicht/Symbolleiste*) zu öffnen. Dort finden Sie neben dem rechteckigen Kommentartool auch ein Freihandtool, mit dem bestimmte Teile der Zeichnung gekennzeichnet werden können. Zusätzlich bietet sich eine Symbolleiste *Freihand* an, in der sich eine Reihe von »Kugelschreibern«, »Filzstiften« und »Textmarkern« befinden, mit denen in unterschiedlichen Farben Teile gekennzeichnet werden können.

Abbildg. 2.38 Mehrere Autoren haben Kommentare eingegeben – sie sind gut erkennbar und können bequem angesprungen werden

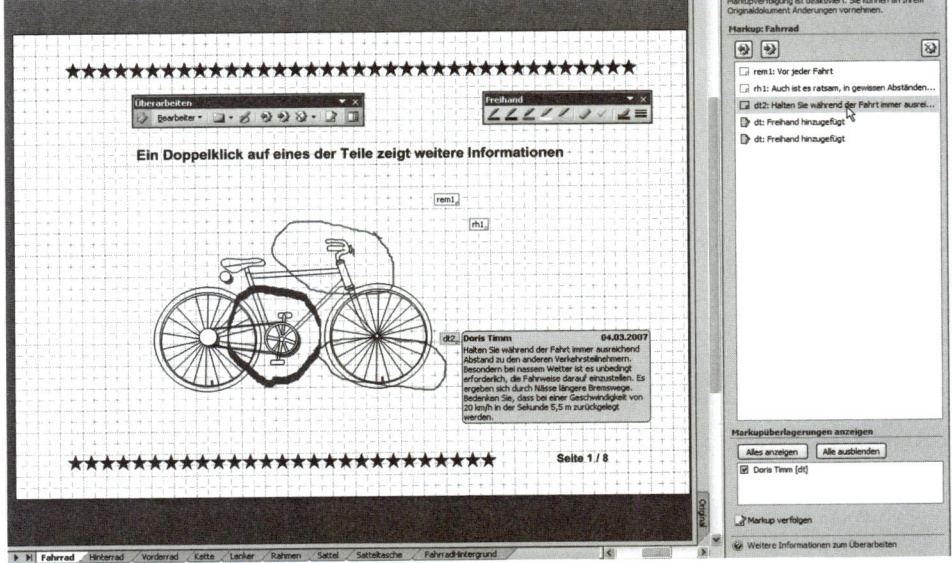

Die beiden Symbole *Nächstes Markup* und *Vorheriges Markup* springen dabei jeweils von einem Kommentarfeld zum nächsten. Dies funktioniert auch zeichenblattübergreifend. So können schnell sämtliche Kommentare abgearbeitet werden. Mithilfe der Symbolleiste kann der Überarbeitungsbereich geöffnet werden, in dem sämtliche Markups aufgelistet werden. Dies sehen Sie in Abbildung 2.38.

In der Symbolleiste *Überarbeiten* finden Sie ein weiteres Symbol: *Markup löschen*. Damit können bequem sämtliche Markups eines Autors, sämtliche Markups eines Zeichenblattes oder einer Datei gelöscht werden. Dies ist in vielen Firmen wichtig, wenn Informationen über Sachbearbeiter nicht nach außen dringen dürfen.

Tabelle 2.5 Die Bearbeitungmöglichkeiten der Kommentare/Markups

Funktion	Menübefehl	Symbol
Kommentar einfügen	Einfügen / Kommentar	
Kommentar bearbeiten		
Kommentar löschen		
Alle Kommentare löschen	Datei/Ausgeblendete Informationen entfernen	
Alle Markups anzeigen / ausblenden	Ansicht / Markup	Bearbeiter ▾ / Alles anzeigen / Alle ausblenden
Freihandtool		
Gehe zum nächsten Markup		
Gehe zum vorherigen Markup		
Markups löschen		
Markups verfolgen	Extras / Markup verfolgen	
Bearbeitungsbereich anzeigen		

Symbole und Symbolleisten

Über den Menübefehl *Ansicht/Symbolleisten*, über *Extras/Anpassen* oder über das Kontextmenü der Symbolleisten können die übrigen installierten Symbolleisten angezeigt werden. Insgesamt verfügt Visio über 17 Symbolleisten: *Standard, Format, Aktion, Ansicht, Aufgabenbereich, Ausrichten und Kleben, Bild, Daten, Entwickler, Freihand, Layout & Routing, Schablone, Shape formatieren, Text formatieren, Überarbeiten, Web* und *Zeichnung*. Davon sind allerdings der *Aufgabenbereich* und die

Menüleiste keine echten Symbolleisten. Die *Menüleiste* wird dabei ähnlich wie eine Symbolleiste behandelt. Sie kann jedoch nicht ausgeblendet und auch nicht gelöscht werden.

Abbildg. 2.39   Sämtliche Symbolleisten

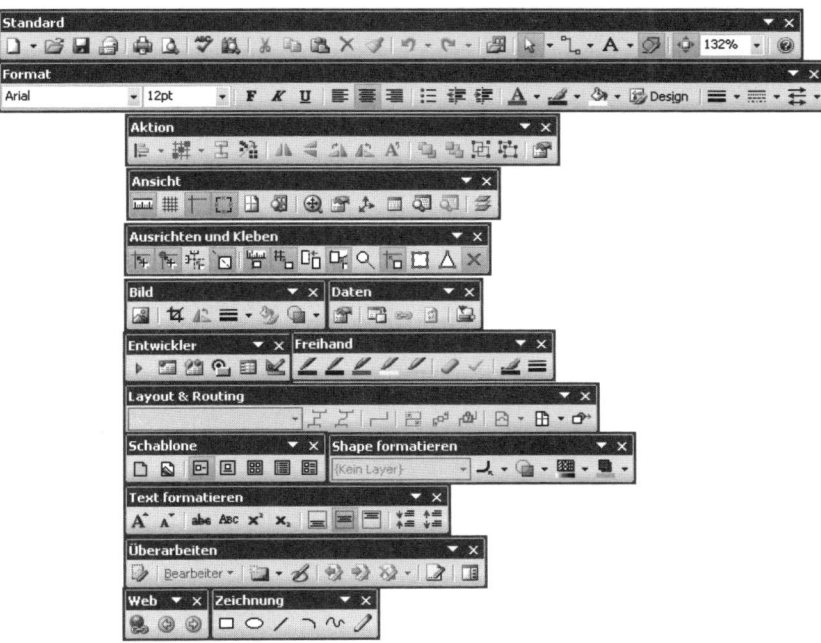

Im zugehörigen *Anpassen*-Dialogfeld können neue Symbolleisten erstellt werden. Diese stehen nun in jedem neuen Visio-Dokument zur Verfügung Über die *Anfügen*-Schaltfläche können Symbolleisten von einer Datei in eine andere kopiert werden.

Abbildg. 2.40   Eine neue Symbolleiste wird erstellt

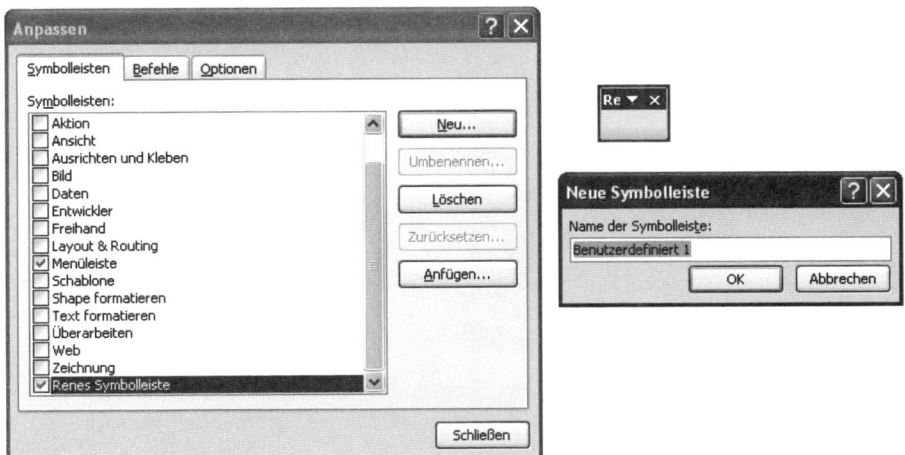

Kapitel 2 Fortgeschrittene Visio-Themen

Die neu erstellten Symbolleisten (und nur diese – nicht die schon vorhandenen) können über das Dialogfeld *Anpassen* umbenannt und gelöscht werden. Soll nun die neu erstellte Symbolleiste, oder eine von Visio zur Verfügung gestellte Symbolleite, mit Icons gefüllt werden, können Sie diese aus der zweiten Registerkarte *Befehle* in eine neue oder in eine schon vorhandene Symbolleiste ziehen (siehe Abbildung 2.41).

Abbildg. 2.41   Ein neues Symbol wird eingefügt. Es kann geändert werden.

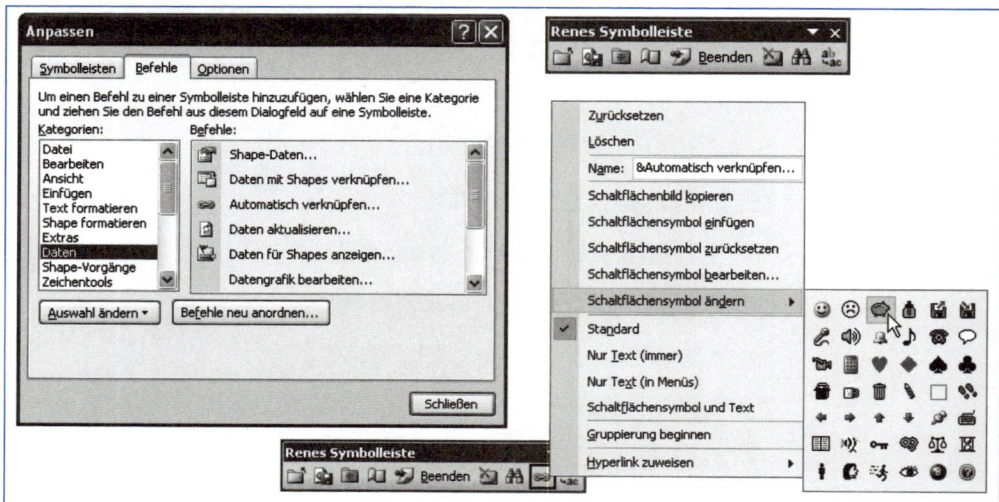

TIPP   Ist das *Anpassen*-Dialogfeld offen, kann mit einem Klick auf die rechte Maustaste (oder auf die Schaltfläche *Auswahl ändern*) die Gestalt des neuen Icons verändert werden. Dabei stehen Symbol, Text oder beides zur Auswahl. Ebenso kann auch das Bild geändert werden – Visio bietet dafür 42 neue Symbole an. Die Icons können ebenso von einer Symbolleiste von einem Symbol auf ein anderes kopiert werden. Selbstverständlich können alle hinzugefügten Icons wieder gelöscht werden oder einfacher: die benutzerdefinierten Einstellungen können wieder zurückgesetzt werden.

Austausch mit anderen (Office-) Programmen

Um Visio-Dateien in andere (Office-) Programme zu exportieren oder andere Elemente nach Visio zu importieren, stehen Ihnen vier Möglichkeiten zur Verfügung.

Kopieren und Einfügen

Die allseits bekannte Kopieren- und Einfügen-Funktion braucht wohl nicht erläutert zu werden. Die Zeichnung wird in Visio erstellt, alle Shapes werden markiert (*Bearbeiten/Alles Auswählen* oder

Strg + A), in die Zwischenablage kopiert und in einer anderen Datei eingefügt. Zum Beispiel in einer Word-Datei in einer Tabelle, wie Sie in Abbildung 2.42 erkennen können.

Abbildg. 2.42 Kopieren und Einfügen

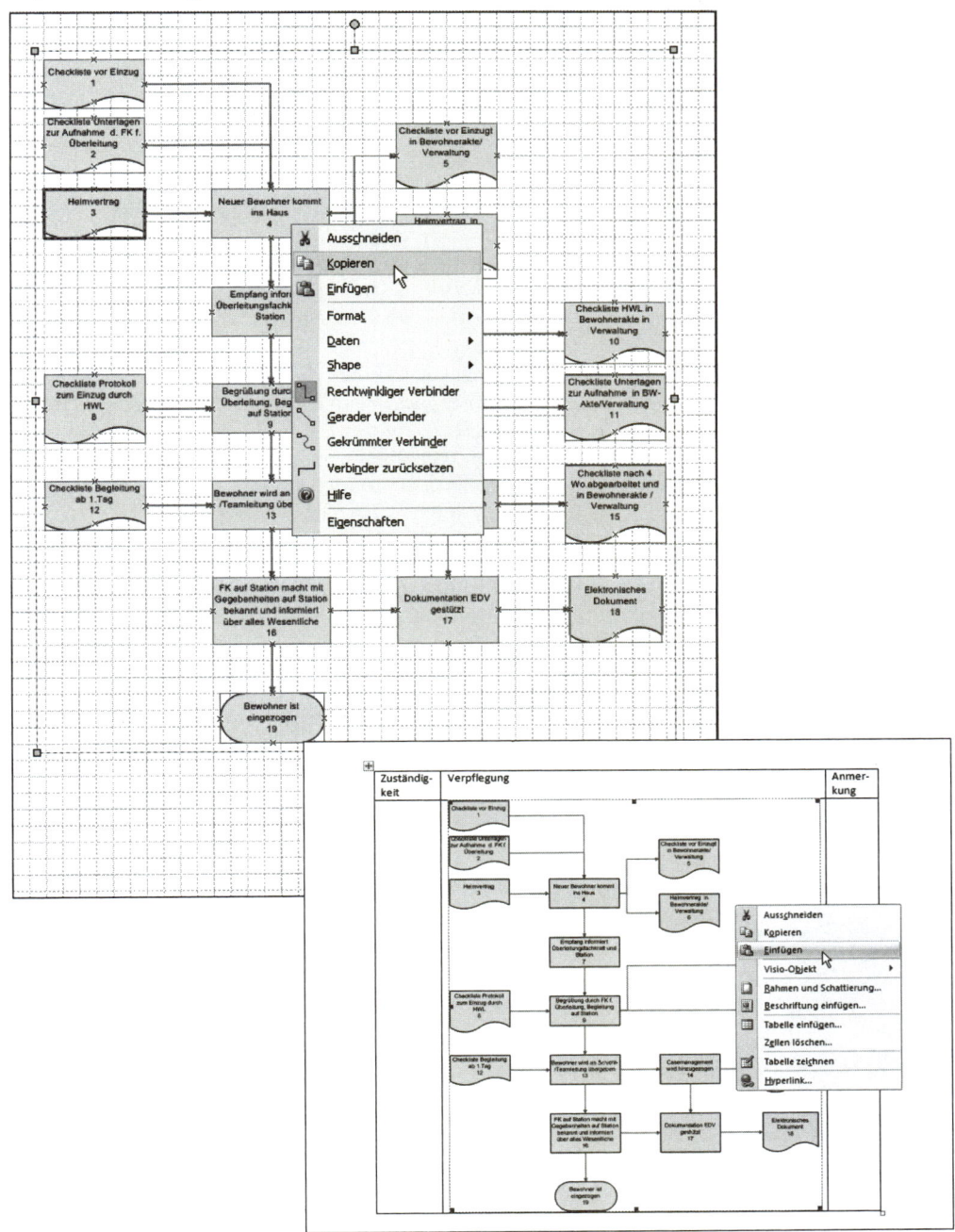

Kapitel 2 Fortgeschrittene Visio-Themen

Von Word aus kann die Datei über das Kontextmenü oder über einen Doppelklick bearbeitet werden. Dadurch wird eine OLE-Verbindung von Word nach Visio aufgebaut.

TIPP Die besten Ergebnisse erzielen Sie, wenn Sie in Visio die einzelnen Shapes zuerst gruppieren. Beachten Sie, dass Sie beim Markieren nicht die Hilfslinien markieren. Denn sie sollen nicht im anderen Programm erscheinen.

Umgekehrt funktioniert es ebenso: Fremde Dateielemente, z.B. Tabellen und Diagramme aus Excel oder Texte aus Word können nach Visio eingefügt werden.

Verknüpfen

Wird die Zeichnung in Visio gruppiert (dies ist unbedingt notwendig) und kopiert, kann sie in einem anderen Programm, beispielsweise Word, über das Kontextmenü oder über den Menübefehl *Start/Einfügen/Inhalte einfügen* verknüpft werden (Abbildung 2.43). Bis Office 2003 verwenden Sie den Menübefehl *Bearbeiten/Inhalte einfügen*. Dort wird die Option *Verknüpfen* ausgewählt. Dann stellt Word eine direkte OLE-Verbindung zu Visio her, die automatisch aktualisiert wird. Die Einstellungen hierzu finden Sie in Word im Kontextmenü des Objekts, in Word und PowerPoint über *Datei/Fertig stellen/Verknüpfungen mit Dateien bearbeiten*, in Excel im Menübefehl *Daten/Verknüpfungen bearbeiten*. Bis zur Version Office 2003 waren diese Einstellungen im Menübefehl *Bearbeiten/Verknüpfungen* zu finden.

Abbildg. 2.43 Visio-Zeichnungen können nach Word verknüpft werden

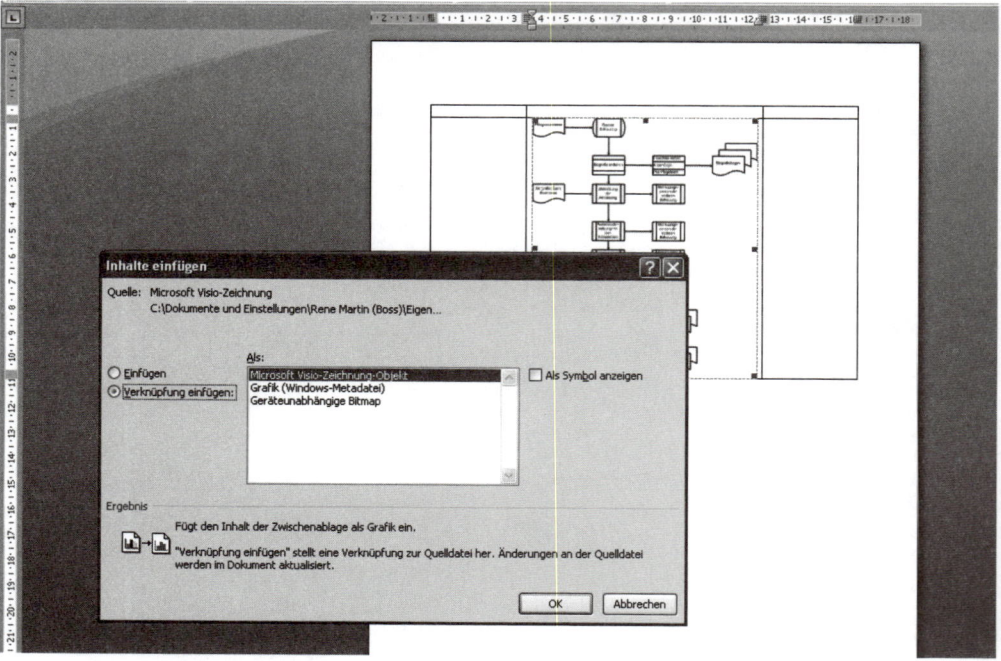

Austausch mit anderen (Office-) Programmen

Word speichert nun nicht mehr die Zeichnung ab, sondern lediglich die Information, wo sich die Zeichnung befindet (siehe Abbildung 2.44). Änderungen in Visio werden automatisch in Word übernommen. Mit der Tastenkombination [Alt]+[F9] kann der Code der Feldfunktion eingesehen werden. Mit der gleichen Tastenkombination kann diese Ansicht wieder ausgeschaltet werden.

HINWEIS Weitere Informationen über Ihre Verknüpfungen finden Sie in Word über *Office/ Vorbereiten/Verknüpfungen mit Dateien bearbeiten*.

Abbildg. 2.44 Die Zeichnung ist lediglich in das Word-Dokument hineinverknüpft – die Verknüpfungen können eingesehen werden

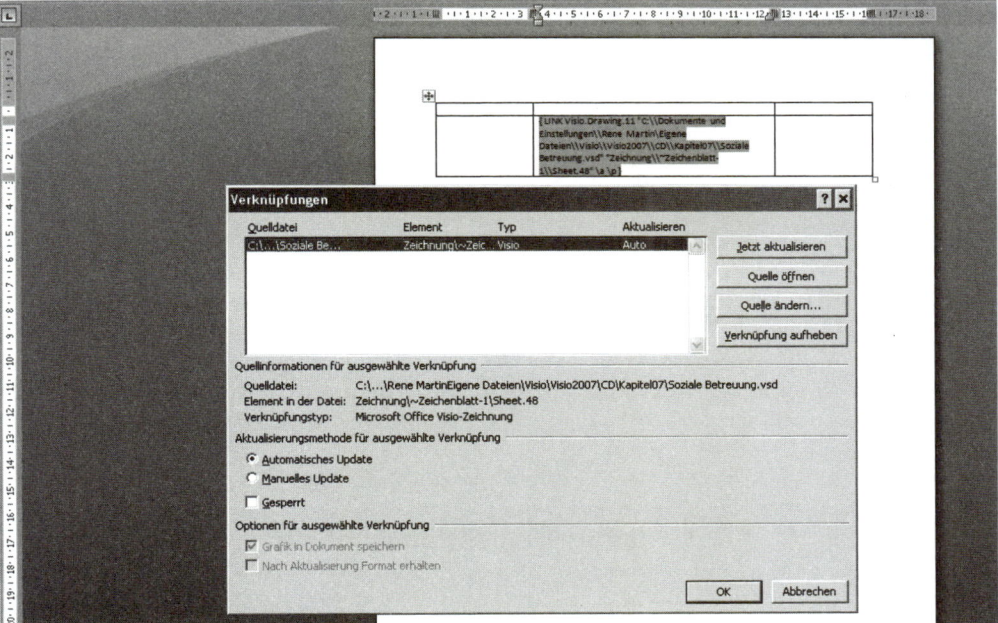

Einbetten

Was ist aber zu tun, wenn Sie beispielsweise in Word eine Visio-Zeichnung erstellen möchten, die Sie nicht als getrennte Dateien halten möchten, sondern lediglich in Word eingebettet lassen wollen? Dafür ist der Menübefehl *Einfügen/Objekt Einfügen/Objekt* (bis Office 2003: *Einfügen/Objekt /Aus Datei erstellen*) *Microsoft Office Visio-Zeichnung* zuständig. Nun wird auf das installierte Visio zugegriffen; es wird eine OLE-Verbindung hergestellt und Sie können von Word aus die Visio-Funktionalitäten benutzen.

In der zweiten Registerkarte *Aus Datei erstellen* ist es möglich, auf eine gespeicherte Datei zuzugreifen, und ihren gesamten (!) Inhalt einzubetten oder in das Client-Programm hineinzuverknüpfen. Würde die Originaldatei geändert werden, fänden sich diese Änderungen in der »Master«-Datei (siehe Abbildung 2.45).

Kapitel 2 Fortgeschrittene Visio-Themen

Abbildg. 2.45 Von Word wird auf Visio zugegriffen

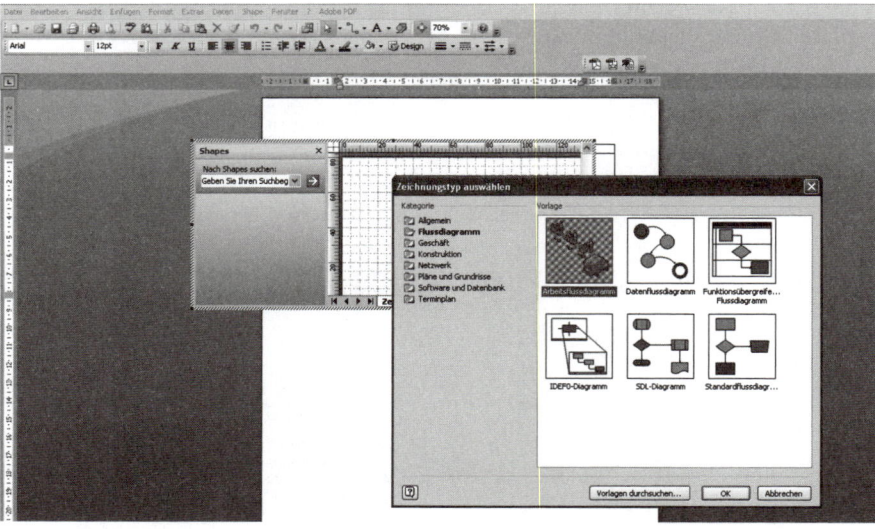

Exportieren und Importieren

Visio stellt beim Speichern neben den Schablonen, Zeichnungen und Vorlagen noch eine Reihe weiterer Exportmöglichkeiten zur Verfügung (Abbildung 2.46). Dateien können nicht nur in der vorletzten Visio-Version (2002), sondern in ein anderes Format exportiert werden.

Abbildg. 2.46 Visio stellt eine große Anzahl Exportoptionen zur Verfügung

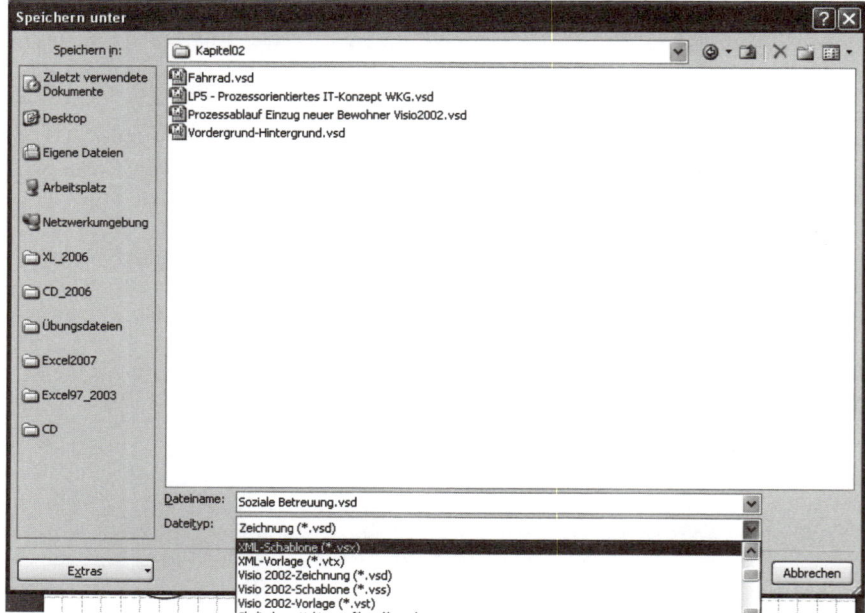

Austausch mit anderen (Office-) Programmen

Dabei stehen die in Tabelle 2.6 gezeigten zur Verfügung:

Tabelle 2.6 Die Exportformate, die Visio zur Verfügung stellt

Internet Format	Endung
Hypertext Markup Language	*.htm und *.html
Skalierbare Vektorgrafiken	*.svg und *.svgz
XML	*.vdx, *.vsx und *.vtx
PDF	*.pdf
Vektorgrafik Formate	**Endung**
AutoCAD	*.dwg und *.dxf
MicroStation	*.dgn
Postscript	*.xps
Erweiterte Metadatei (Enhanced Metafile)	*.emf
Windows Metafile	*.wmf
Pixel Formate	**Endung**
Compressed Enhanced Metafile	*.emz
Graphics Interchange Format	*.gif
JPEG Format	*.jpg
Portable Network Graphics	*.png
Tagged Image File Format	*.tif
Windows Bitmap	*.bmp und *.dib

Bei einigen der Exportformate sind weitere Einstellungen vorzunehmen, beispielsweise beim Exportieren ins *.jpg (Abbildung 2.47), *.png oder *.tif-Format:

Abbildg. 2.47 Export ins *.jpg-Format

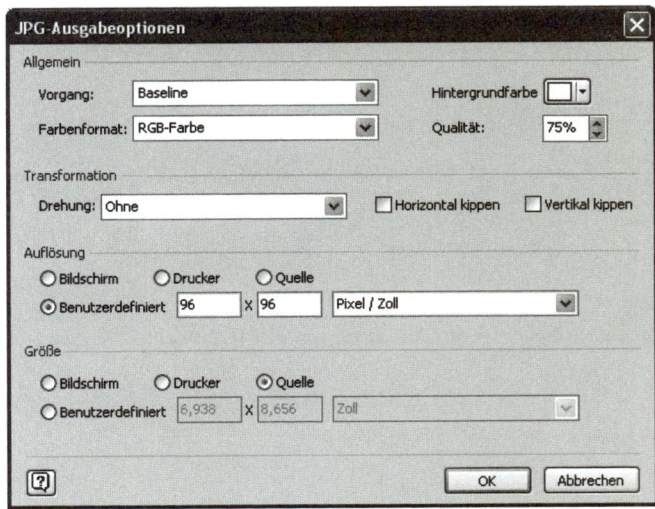

In diesen Formaten können Visio-Dateien in andere Programme eingelesen werden. Was tun Sie, wenn Sie eine Visio-Zeichnung verschicken möchten, der Empfänger allerdings kein Visio hat und dennoch die Datei sehen (und drucken) möchte. Dann könnten Sie die Zeichnung exportieren (*.gif oder *.jpg kann wohl auf jedem Rechner geöffnet werden). Sollten Sie das Programm Acrobat besitzen, können Sie die Visio-Zeichnung als *.pdf-Datei speichern. Denn auch der Acrobat Reader ist auf nahezu jedem Rechner vorhanden. Oder Sie kopieren die Visio-Zeichnung in eine Word-Datei und verschicken diese. Vorausgesetzt, dass auf dem anderen Rechner Word installiert ist. Ebenso können problemlos Auto-CAD-Zeichnungen in den Formaten *.dwg und *.dxf eingefügt werden.

CAD-Zeichnung

Wenn Sie mit einem CAD-Programm arbeiten, in dem Sie *.dwg oder *.dxf-Dateien erstellt haben, dann müssen Sie vor dem Import nach Visio einige Dinge beachten, damit die Zeichnung problemlos nach Visio übernommen und dort weiter verarbeitet werden kann.

Abbildg. 2.48   Die Räume müssen als Raumpolygone vorliegen

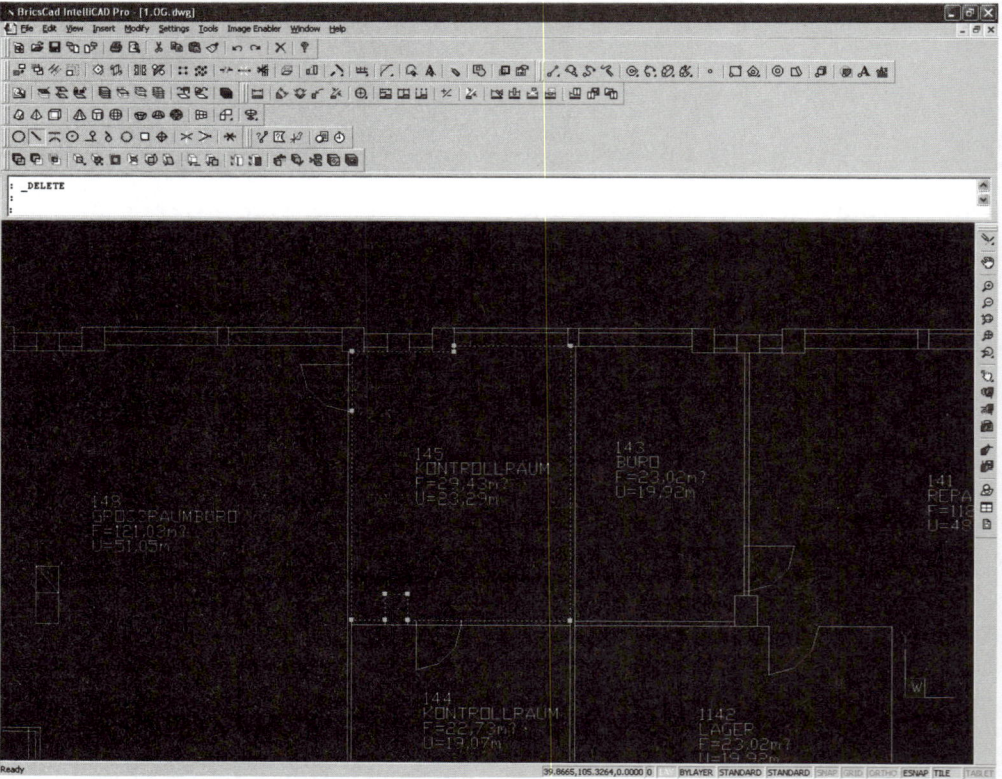

Austausch mit anderen (Office-) Programmen

Voraussetzungen vor dem Konvertieren im CAD-Programm

Einige Voraussetzungen müssen in Ihrem CAD-Programm sichergestellt werden, damit die Konvertierung nach Visio funktioniert und das Weiterverarbeiten der Daten keine Probleme bereitet. In Ihrem CAD-Programm müssen die Räume als Flächenpolygone vorliegen (siehe Abbildung 2.48). Falls Sie die Objekte beschriftet haben, muss sich der Text in der Mitte der Fläche befinden (Fehler! Ungültiger Eigenverweis auf Textmarke.) und darf lediglich aus einem Textblock bestehen (Abbildung 2.50).

Abbildg. 2.49 Beschriftungen müssen in der Mitte des Raumes und als ein Textblock vorliegen (anders als in dieser Zeichnung)

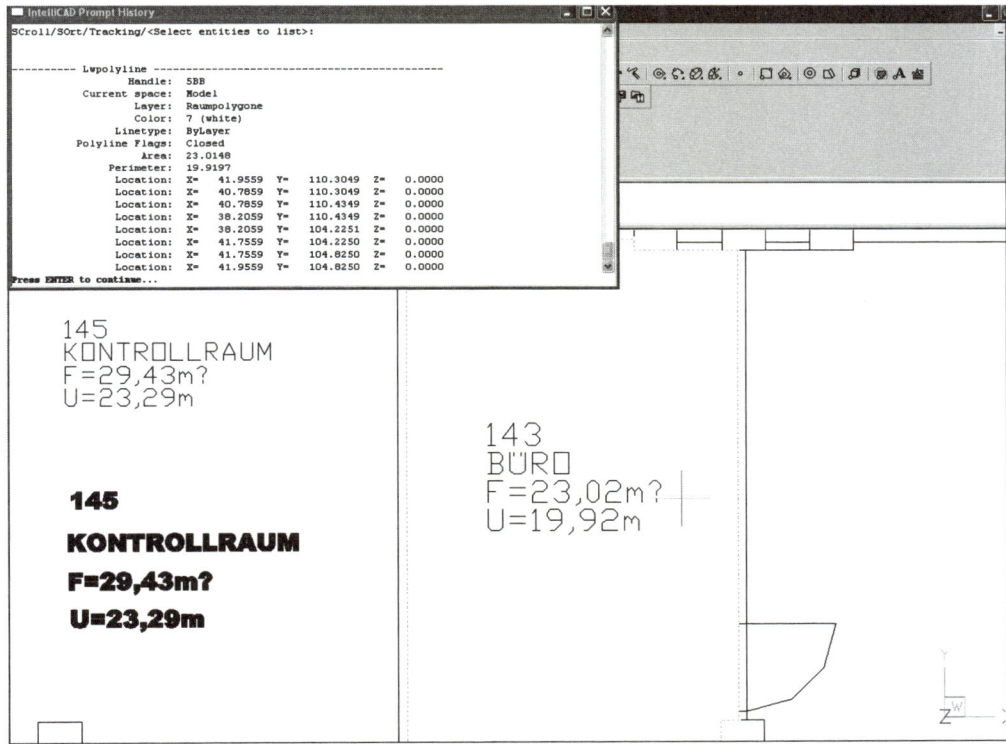

Abbildg. 2.50 Das Raumpolygon muss als geschlossene Polylinie vorliegen

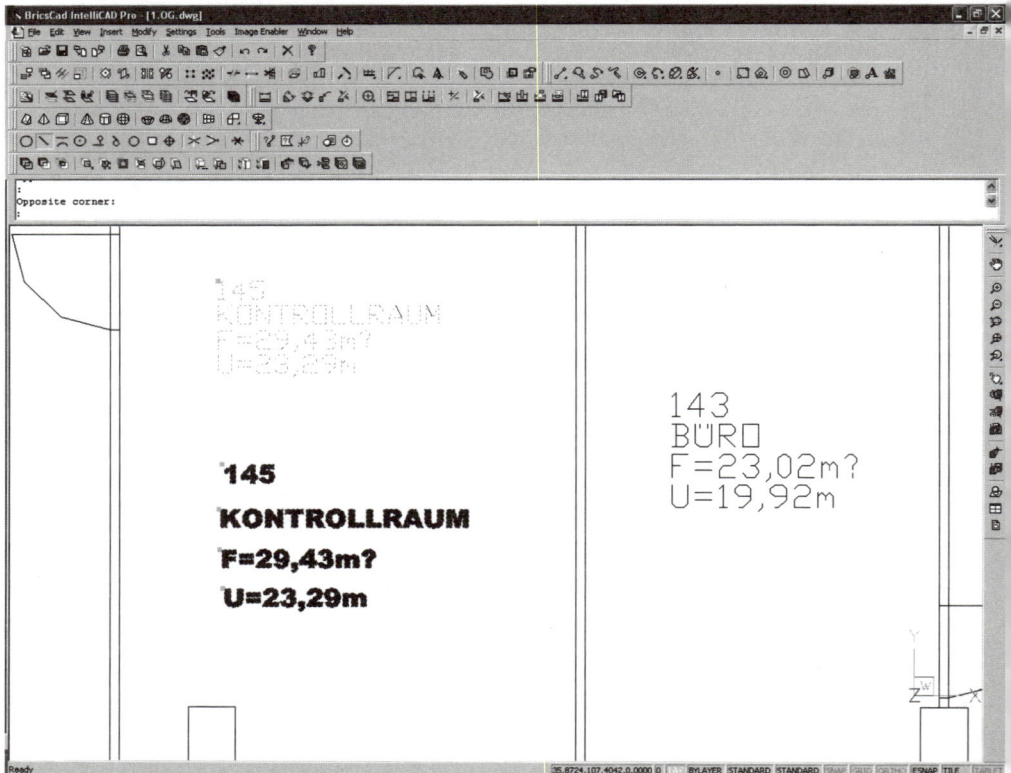

Vor dem Konvertieren

Bevor Sie die Zeichnung konvertieren, sollten Sie in Visio einige der Seiteneinstellungen vornehmen. Stellen Sie hierfür in *Datei/Seite einrichten* in der Registerkarte *Druckeinrichtung* Hoch- oder Querformat ein. In der Registerkarte *Zeichnungsmaßstab* wird der gewünschte Maßstab festgelegt (siehe Abbildung 2.51). Ein geeigneter Maßstab ist Metrisch/1:200. Selbstverständlich können Sie auch einen anderen Maßstab verwenden. Wenn Sie den Maßstab kennen, können Sie ihn naturgemäß in diesem Dialogfeld einstellen. In der zweiten Registerkarte *Zeichenblattgröße* wählen Sie die Größe des Blatts aus, auf dem sich anschließend die Zeichnung befinden wird. Visio geht bei der vordefinierten Größe beim Standard von US-amerikanischen Formaten aus – Sie sollten die vordefinierte Größe auf *Metrisch* umstellen und anschließend die Papiergröße auswählen.

Abbildg. 2.51 Der Zeichnungsmaßstab

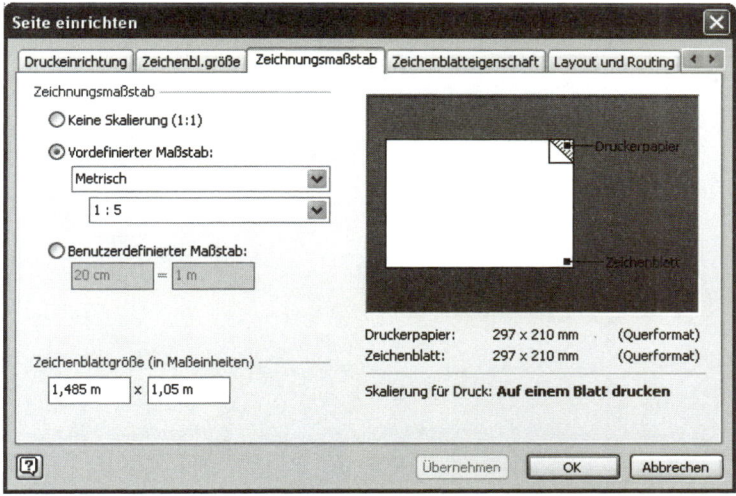

> **HINWEIS**   Beachten Sie, dass die Seitenorientierung mit der Papierorientierung (Registerkarte *Druckeinrichtung*) übereinstimmen sollte. Also: Wenn bei Druckereinrichtung Querformat gewählt wird, sollte auch bei der Zeichenblattgröße die Ausrichtung quer eingeschaltet werden.

Die übrigen beiden Registerkarten mit ihren Einstellungen spielen für die Konvertierung keine Rolle.

Das Importieren

Mit dem Menübefehl *Einfügen/CAD-Zeichnung* kann eine vorhandene, gespeicherte Datei eingefügt werden.

> **HINWEIS**   Sollte dieser Menübefehl kein Dialogfeld zeigen, ist möglicherweise der CAD-Filter nicht oder nicht korrekt installiert. Installieren Sie hierzu Visio neu.

Wenn Sie keine *.dwg-Datei besitzen, das Konvertieren aber dennoch nachvollziehen möchten, können Sie die Beispieldatei aus dem Ordner *Samples/1031* verwenden. Er befindet sich in dem Ordner, in den Sie Visio installiert haben. Dort liegen die beiden Dateien *BLDGPLAN.dwg* und *BLOCKS.dwg*. Sie (oder jede andere Zeichnung) kann geöffnet werden. Anschließend startet der Konvertierungsassistent, in dessen Dialogfeld einige Einstellungen vorgenommen werden können (siehe Abbildung 2.52).

Abbildg. 2.52 Die Eigenschaften der CAD-Zeichnung

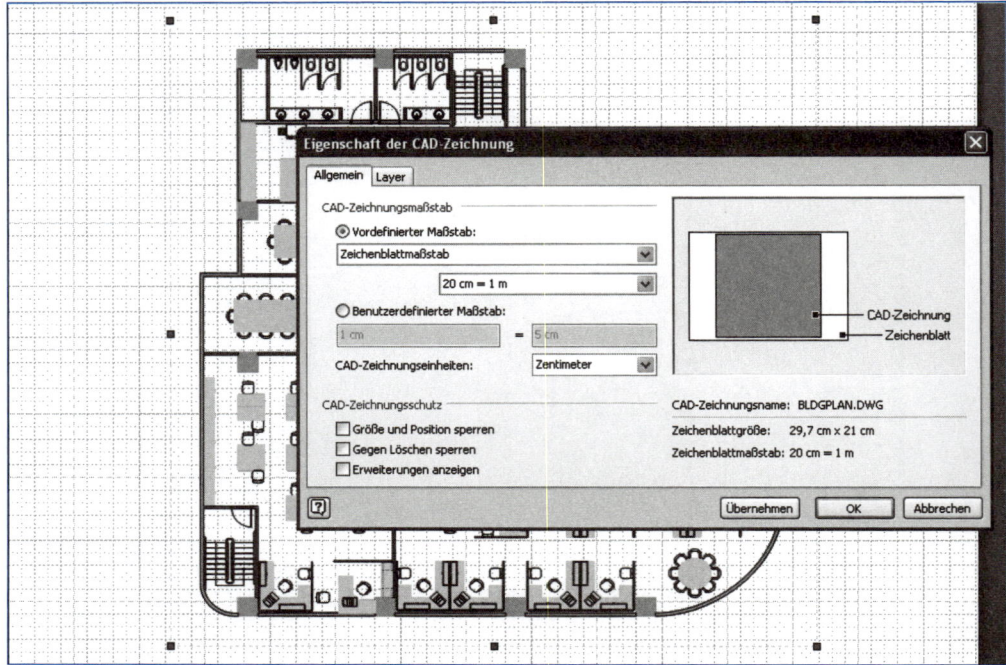

Visio schlägt als Standard immer einen vordefinierten Maßstab vor.

HINWEIS Dieser vordefinierte Maßstab sollte normalerweise nicht geändert werden. Dabei empfiehlt es sich, den Maßstab auf das gleiche Verhältnis zu setzen, wie der Maßstab der CAD-Zeichnung. Sollten Sie nicht die Information besitzen, in welchem Maßstab die Originalzeichnung erstellt wurde und auch keine Möglichkeit mehr haben, an die Originaldaten und -informationen heranzukommen, dann sehen Sie im Vorschaufenster das Verhältnis von CAD-Zeichnung zu Zeichenblatt. In der Regel beträgt der Maßstab 1:200.

Ferner kann es erforderlich sein, die Maßeinheiten zu definieren. Da in der CAD-Umgebung in der Regel ohne Einheiten gearbeitet wird, kann es sein, dass die *CAD-Zeichnungseinheiten* angepasst werden müssen. Wenn Sie ein Verhältnis auswählen, bei dem die Zeichnung nur einen geringen Teil des Blattes einnimmt oder umgekehrt weit über das Zeichenblatt hinausragt, werden Sie erneut gefragt, ob Sie das wirklich möchten. In diesem Dialogfeld haben Sie die Möglichkeit, den CAD-Maßstab an das Zeichenblatt oder umgekehrt anzupassen.

HINWEIS Sie sollten die beiden Optionen *Größe und Position sperren* und *Gegen Löschen sperren* deaktivieren. Die Option *Erweiterungen anzeigen* ist dagegen sinnvoll.

Die beiden Optionen *Größe und Position sperren* und *Gegen Löschen sperren* können auch nachträglich in der Visio-Zeichnung deaktiviert werden. Sie verhindern – wie der Name sagt – ein Verschieben, beziehungsweise ein Verändern der Zeichnung. Sollten Sie eine oder beide Optionen im Nachhinein deaktivieren wollen, dann geschieht es über den Menübefehl *Format/Schutz*. Erkennbar sind die aktivierten Schutzmechanismen an den grauen Markierungspunkten des Visio-Shapes.

Abbildg. 2.53 Die Layer der Originalzeichnung

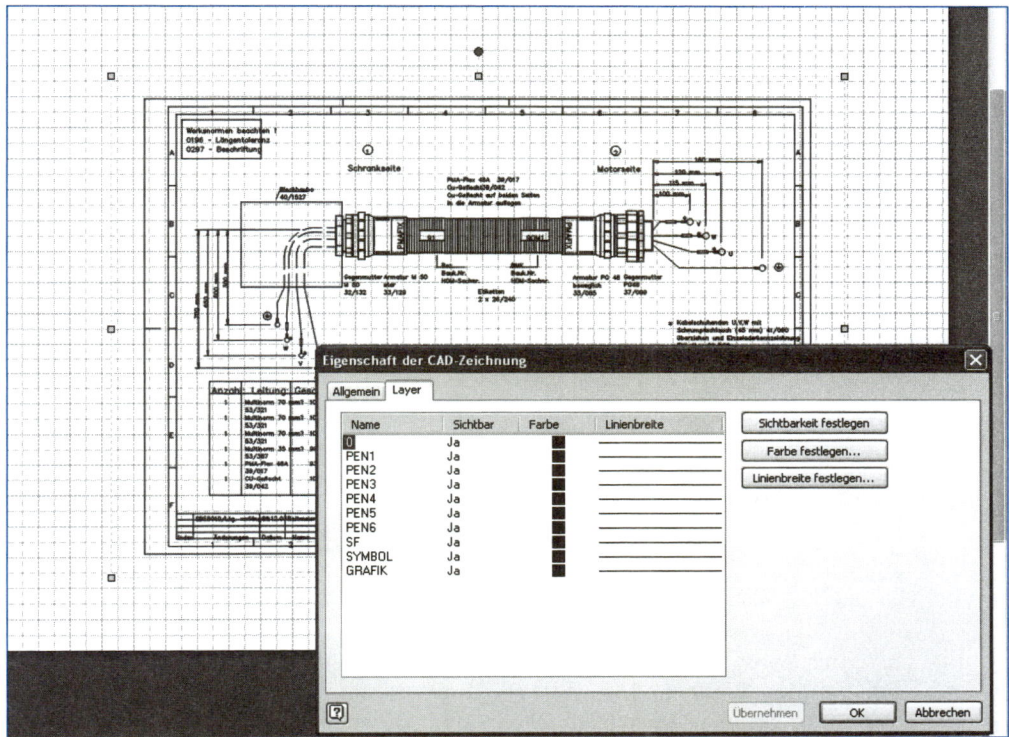

In der Registerkarte *Layer* werden alle Layer der Originalzeichnung aufgelistet. Dort könnten Sie entscheiden, ob die Objekte auf einem Layer mit einer anderen Farbe, mit einer anderen Linienstärke oder schlicht nicht dargestellt werden.

Das Konvertieren

Nachdem das Objekt auf das Zeichenblatt eingefügt wurde, muss noch ein weiterer Schritt vorgenommen werden, damit es in Visio weiter verarbeitet werden kann: Es muss konvertiert werden.

ACHTUNG Das Konvertieren der CAD-Zeichnung ist nur in Visio-Professional möglich

Im Kontextmenü des importierten Objekts findet sich der Eintrag *CAD-Zeichnung-Objekt/Konvertieren*. Der nun folgende Assistent (Abbildung 2.54) besteht aus mehreren Teilen:

Abbildg. 2.54 Der Konvertierungsassistent

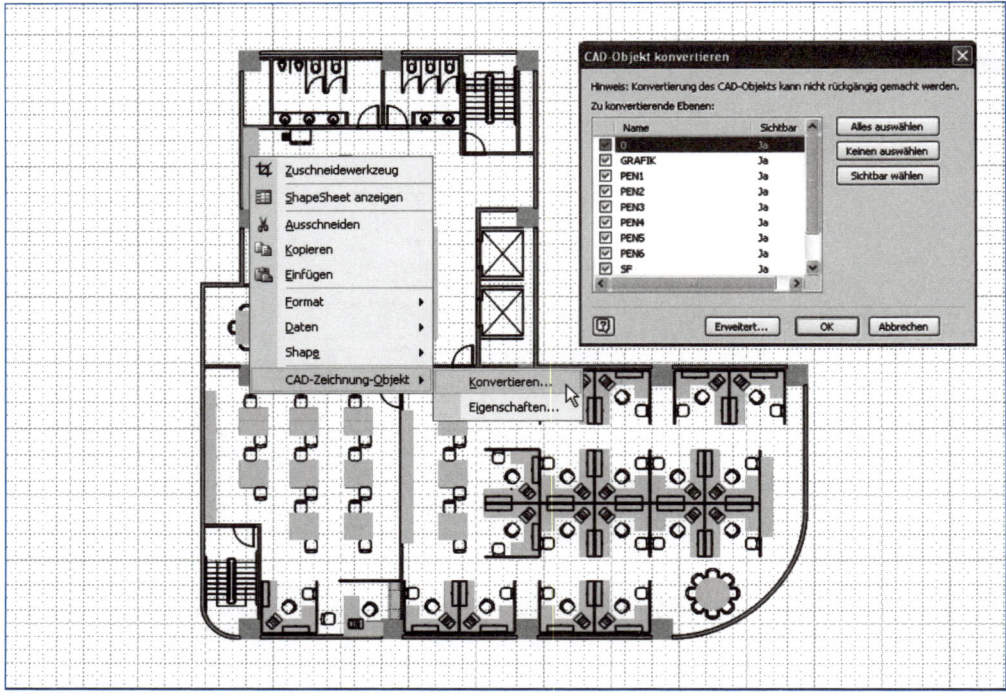

Im ersten Schritt wird nach dem Layer gefragt, dessen Objekte konvertiert werden sollen. Sie können einen Layer, mehrere Layer oder alle Layer auswählen. Mithilfe der Schaltfläche *Erweitert* legen Sie fest, ob Sie die ausgewählten DWG-Layer löschen, ausblenden oder alle DWG-Layer löschen möchten. DWG-Bemaßungen können in Visio-Bemaßungen oder in Linien und Text konvertiert werden. Und schließlich können Schraffierungsmuster in Visio-Schraffuren konvertiert werden oder auch nicht.

TIPP Um in Visio vernünftig weiterarbeiten zu können, ist es angebracht, Bemaßungen in Linien und Text zu konvertieren beziehungsweise Schraffierungsmuster nicht in Visio-Shapes zu konvertieren.

Nach der Konvertierung bilden die Räume oder die anderen importierten CAD-Zeichnungen nun geschlossene Shapes, was sich leicht anhand einer Füllfarbe nachweisen lässt. Das Ergebnis sehen Sie in Abbildung 2.56.

ACHTUNG Manchmal passiert es, dass nach dem Konvertieren die Schrift sehr klein oder auch sehr groß wird. Dann müssen in einem weiteren Schritt alle Visio-Shapes markiert werden, auf denen sich Text befindet. Dies geschieht über den Menübefehl *Bearbeiten/Auswahl nach Typ*, indem der entsprechende Layer markiert wird. Von allen Objekten kann nun die Schriftgröße (beispielsweise über die Symbolleiste) angepasst werden.

Austausch mit anderen (Office-) Programmen

Abbildg. 2.55   Konvertierungsassistent – empfohlene Einstellungen

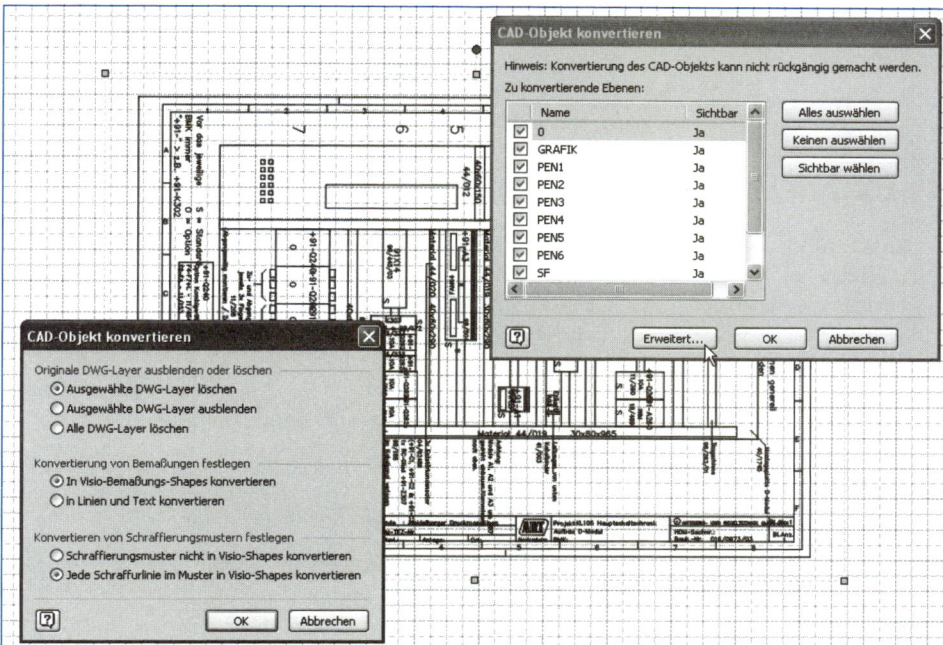

Abbildg. 2.56   Der Raum besteht nun aus Visio-Shapes

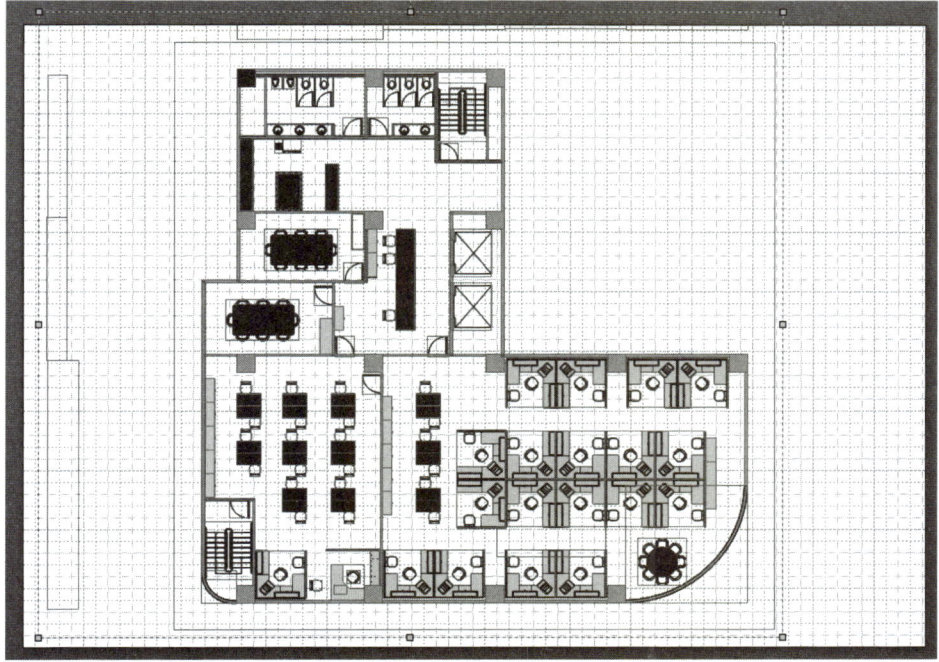

Kapitel 2   Fortgeschrittene Visio-Themen

In Visio können *.dwg und *.dxf-Dateien in Visio über den Menübefehl *Datei/Öffnen* auch direkt geöffnet werden. Dann besitzt die Zeichnung Schutzmechanismen, die sich über den Menübefehl *Format/Schutz* aufheben lassen. Die Zeichnungen können beschnitten werden. Leider können diese Zeichnungen sonst nicht weiter bearbeitet werden. Auch Layer werden auf diese Weise nicht übernommen.

Export als HTML-Datei

Auch für HTML besitzt Visio einen Filter. Ist eine ein- oder mehrseitige Visio-Zeichnung fertig gestellt, sollte sie (vor dem Export ins HTML-Format) als Visio-Zeichnung gespeichert werden. Danach kann sie (über den Menübefehl *Datei/Speichern Unter* oder *Datei/Als Webseite speichern*) als HTML gespeichert werden. Jede Seite wird einzeln in eine Pixelgrafik (oder in das Microsoft-eigene Format *.vml*) transformiert.

Abbildg. 2.57   Eine Visio-Zeichnung kann schnell in eine HTML-Datei verwandelt werden

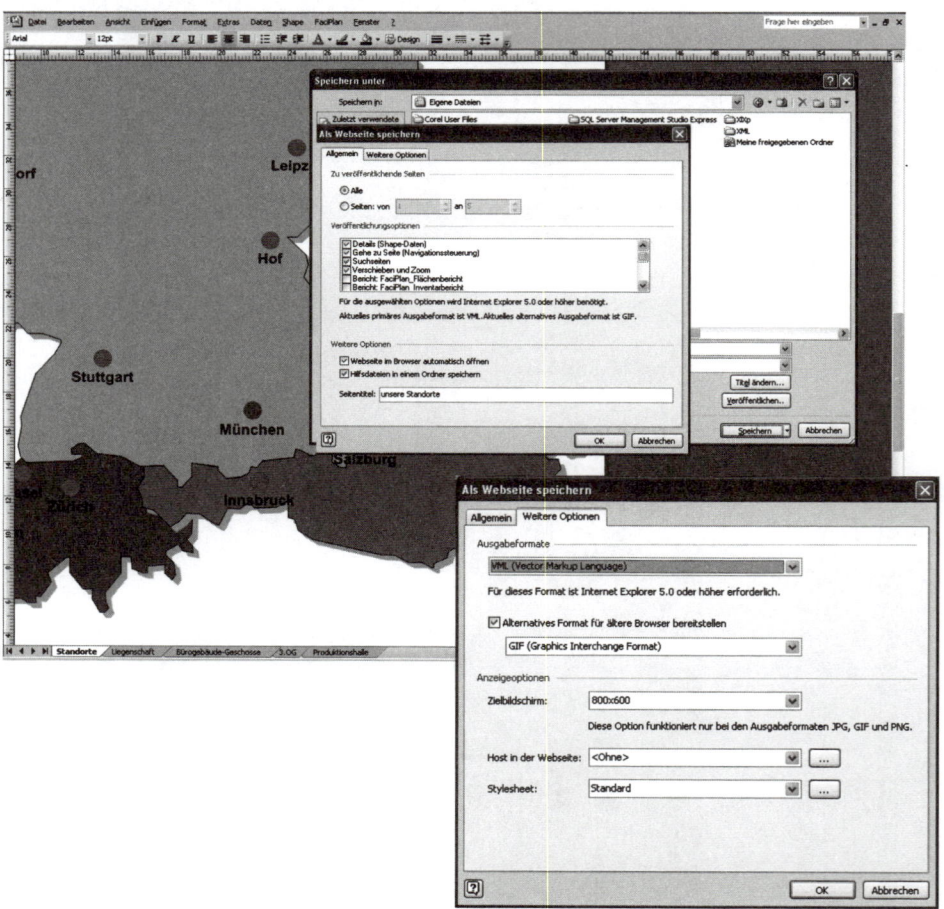

ACHTUNG Die Einstellungen, die Sie vornehmen können, finden sich hinter der Schaltfläche *Veröffentlichen*.

Dort findet sich in der Registerkarte *Allgemein* die Option, mit der festgelegt wird, welche Seite oder Seiten exportiert werden. Optional können exportiert werden:

- Details (Shape-Daten)
- Gehe zu Seite (Navigationssteuerung)
- Suchseiten
- Verschieben und Zoom
- Bericht: Inventar

HINWEIS

Die Ansicht im Internet Explorer

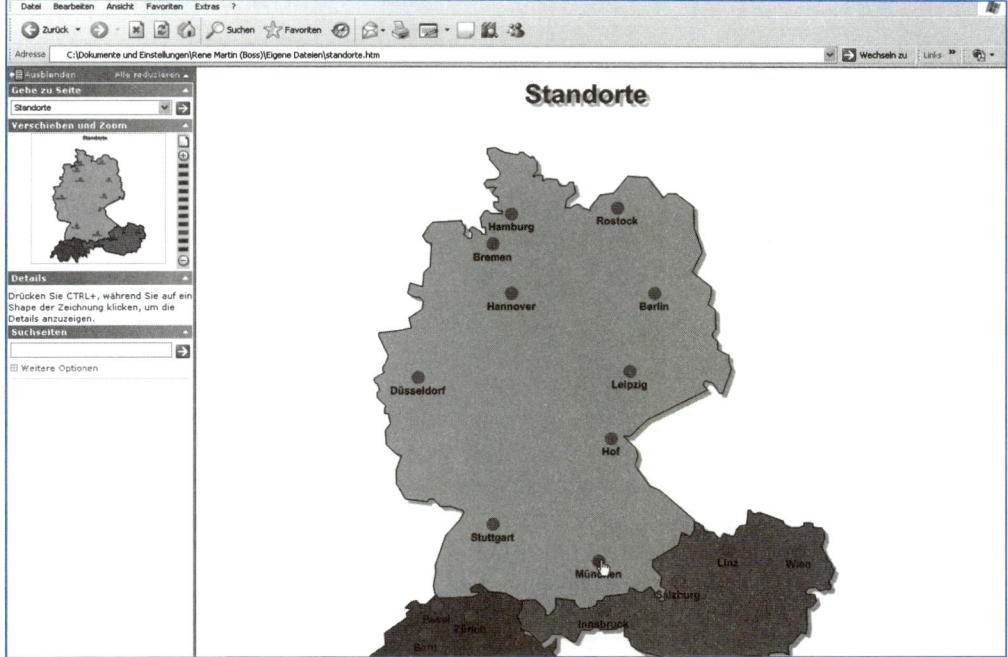

Zwar wird die Navigation auch im Mozilla Firefox angezeigt (Abbildung 2.59), jedoch erhalten Sie die beste Darstellung mit dem kompletten Funktionsumfang im Internet Explorer.

Abbildg. 2.59 Die Ansicht im Firefox zeigt leider nicht alle Elemente an

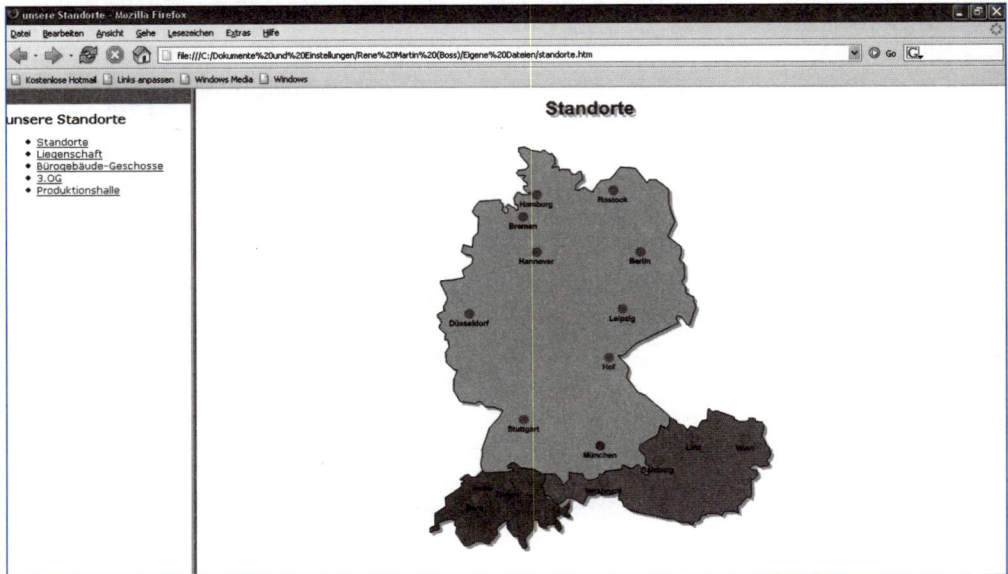

Wie leicht im HTML-Code nachvollzogen werden kann, wird jede Seite einzeln konvertiert, ein (kleiner) Kopf hinzugefügt und am linken Framerand eine Bildlaufleiste eingefügt, mit der vor- und zurückgeblättert werden kann. Im Mozilla Firefox erscheint sie als Auflistung von Hyperlinks im Framerahmen. Dieser Code kann selbstredend nachbearbeitet werden. Naturgemäß wurde der HTML-Export in Visio 2007 für den Microsoft Internet Explorer entwickelt. Der HTML-Inhalt ist spezifisch für diesen Browser ausgerichtet.

Sehr angenehm ist, dass Hyperlinks als solche übernommen werden. Sie können auf ein anderes Zeichenblatt verweisen oder auf eine externe URL.

Die Option *Webseite im Browser automatisch öffnen* erklärt sich von selbst. Visio öffnet, falls diese Einstellung aktiviert ist, den Standardbrowser.

Beim Exportieren können Sie die Hilfedateien in einem getrennten Ordner speichern lassen. Dies sind im Wesentlichen die Zeichnung selbst als Grafik, die Pfeile und Kästchen für die Zoom-Fenster, ein paar JavaScript-Funktionen, die in *.js-Dateien gekapselt sind und einige xml- und css-Dateien.

ACHTUNG Beachten Sie, dass der Ordnername, der erzeugt wird, den Dateinamen mit dem Zusatz »Dateien« enthält. Leider verwendet er dabei die Großschreibung und wird im HTML-Code an mehreren Stellen benutzt. Wenn Sie diese HTML-Datei mit dem Ordner auf einem Unix-Server veröffentlichen, dürfen Sie nicht die Groß-/Kleinschreibung ändern.

In der zweiten Registerkarte *Weitere Optionen* kann das Ausgabeformat der Webseite ausgewählt werden. Es stehen Ihnen folgende Formate zur Verfügung:

- SVG
- JPG

- PNG
- GIF
- VML

Da die beiden (skalierbaren) Vektorgrafikformate SVG und VML nicht von jedem Browser unterstützt werden, stellt Visio ein alternative Formate (JPG, PNG und GIF) für die übrigen Browser zur Verfügung.

Export ins PDF-Format

Es wurde bereits einmal angesprochen. Einige Anwender vergessen es immer wieder: Wenn Sie über das Programm Acrobat aus dem Hause Adobe verfügen, können Sie die Visio-Zeichnung, wie jede andere Datei, die zur Ausgabe bestimmt ist, ins PDF-Format konvertieren. Sie drucken die Datei, indem Sie über *Datei/Drucken* den Acrobat PDF-Drucker auswählen.

ACHTUNG Verwechseln Sie nicht den Acrobat Reader, der kostenlos im Internet heruntergeladen werden kann und nur zum Betrachten der Dateien dient, mit dem mächtigen Programmpaket Acrobat, mit welchem PDF-Dateien erstellt werden können.

Abbildg. 2.60 Wenn Sie den Adobe Acrobat besitzen, können Sie PDF-Dateien aus Visio-Zeichnungen erstellen

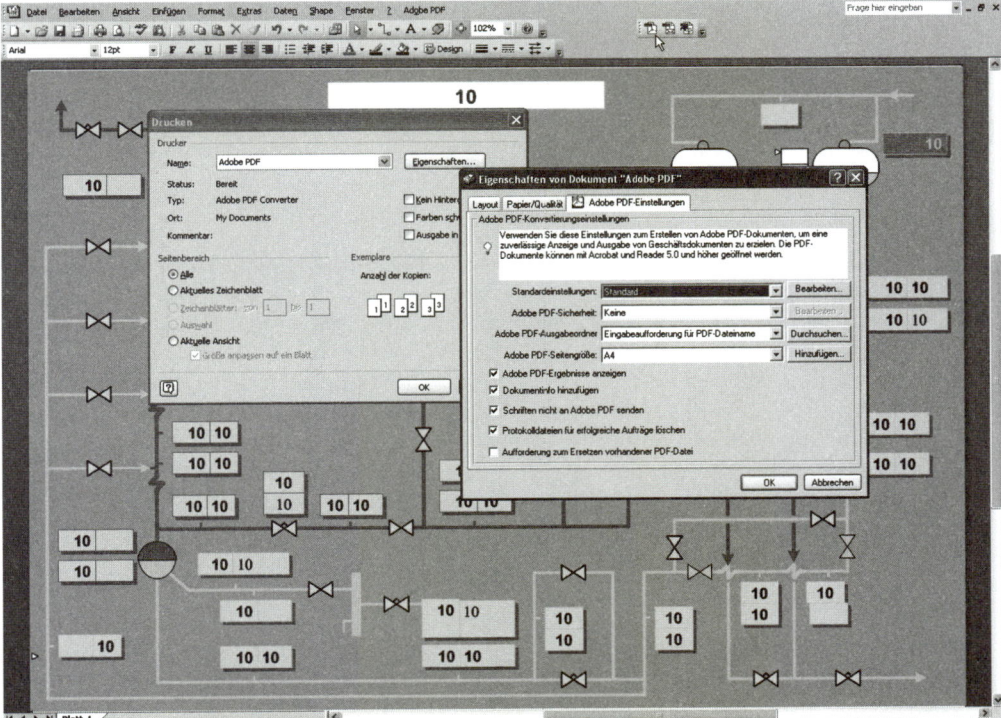

Kapitel 2 Fortgeschrittene Visio-Themen

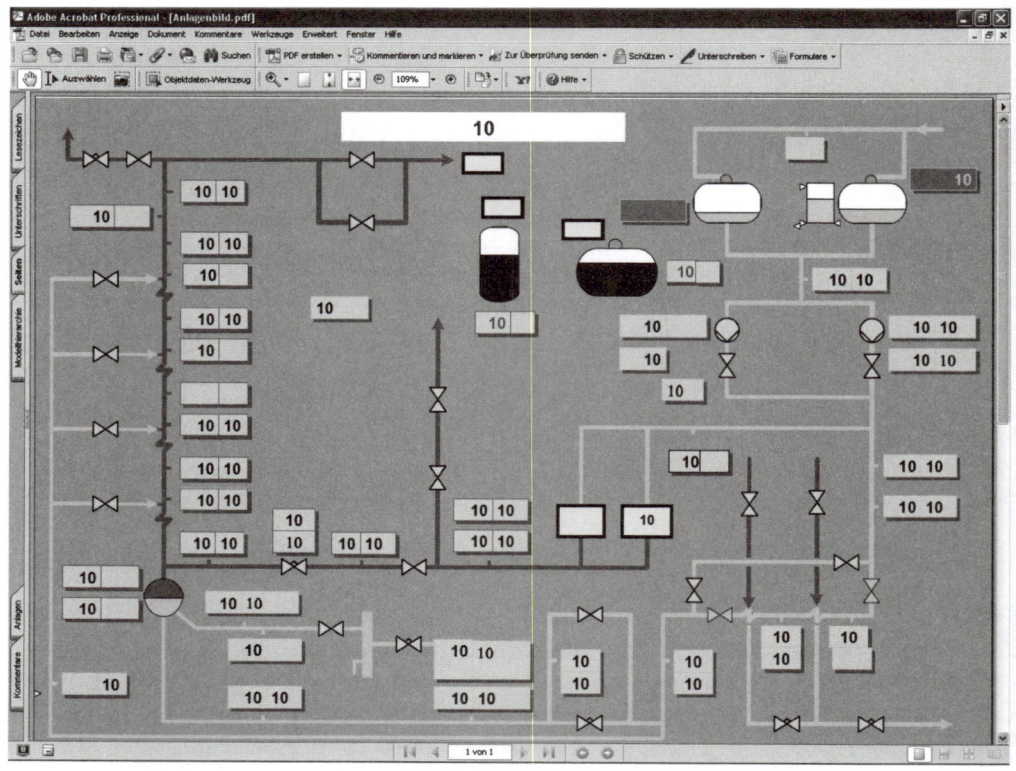

Anmerkungen zu PDF

XML ist eine der faszinierenden Sprachen und Metasprachen der letzten Jahre. Es geht dabei um ein allgemeines Austauschformat, welches jedes Datenbanksystem lesen und exportieren kann. Ebenso sollte jedes Ausgabegerät XML-fähig sein. Ausgehend von einigen Schwächen in HTML – das Vermengen von Daten und Formatierungsanweisungen – wurde diese neue Sprache entwickelt. Zwar wurde mit den Cascading Style Sheets (CSS) in HTML die Möglichkeit geschaffen, Formatierungsanweisungen an einer Stelle zentral abzulegen, wie es in Satz- und Textverarbeitungsprogrammen schon lange Usus ist. Darüber hinaus wurden mit den beiden Tags <DIV> und <SPAN> zwei »freie« Tags geschaffen, an die Formatierungen gebunden werden können. Dennoch: ganz befriedigend sind beide Lösungsansätze nicht. Diese Lücke will XML schließen.

Microsoft hat sich früh für XML interessiert und diese Technologie in seine Produkte integriert. Schon Visio 2002 verfügte über einen XML-Export. Der Internet Explorer unterstützt seit mehreren Versionen XML.

Sie können jede Zeichnung in das allgemeine *.vdx- (oder *.vsx- oder *.vtx-) Format abspeichern. Aufgrund des Namens des Wurzelelements »visioDocument« beziehungsweise dem Namespace wird es als Visio-Dokument erkannt. Ein Doppelklick auf den Dateinamen im Explorer öffnet es in Visio. Umgekehrt können Sie die Informationen in jedem beliebigen Editor ansehen und bearbeiten. Sicherlich ist ein XML-Editor, wie beispielsweise der integrierte XML-Editor aus Visual Studio besser geeignet, das XML-Dokument zu bearbeiten. Mit den meisten höheren Programmiersprachen (z.B. VB.NET, C#, C++, VB, VBA, Java, JavaScript, PHP) können Sie auf das Dokument zugreifen, die Informationen auslesen beziehungsweise es manipulieren.

PROFITIPP Damit die Datei nicht in Visio geöffnet wird, können Sie die Endung in *.xml umbenennen. Dann lässt sie sich leichter in einem Editor bearbeiten oder in einem Browser ansehen.

Abbildg. 2.61 Ein Rechteck als XML-Datei im Internet-Explorer angezeigt

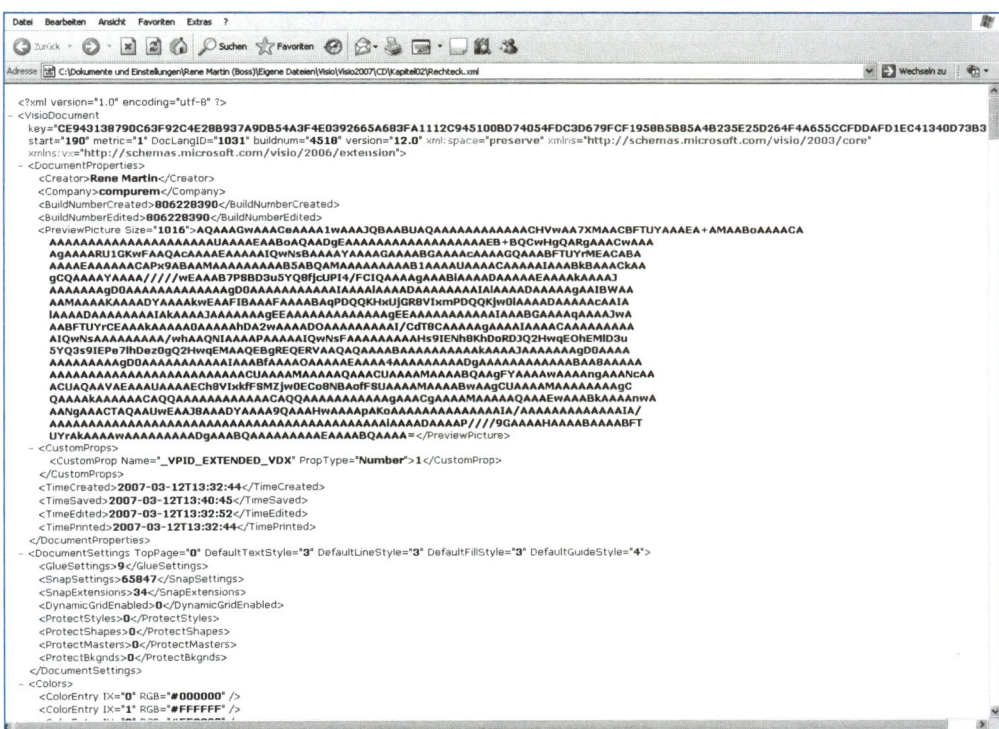

Die Hilfsprogramme

Visio stellt eine ganze Reihe Hilfsprogramme zur Verfügung. Nun ist Schluss mit dem Suchen im Menübefehl *Einfügen/Objekt* nach dem richtigen Programm. Einige der Programme werden von anderen Office-Produkten (beispielsweise Word) verwendet und stehen hier leihweise zur Verfügung. Andere Programme sind Visio-Add-Ins, die permanent oder je nach geladener Vorlage benutzt werden können. Die Office-Programme Formeleditor, Microsoft Graph und ClipArt sollen deshalb nur kurz gestreift werden.

Der Formeleditor

Im Menübefehl *Einfügen/Bild/Gleichung* befindet sich ein Hilfsprogramm, mit dem leicht mathematische Formeln erzeugt werden können. Sie sehen es in Abbildung 2.62. Wird dieses Programm geöffnet, wird eine OLE-Verbindung zu diesem Programm aufgebaut – alle Visio-Funktionen sind ausgeschaltet. Deshalb empfiehlt es sich, vorher den Zoom zu vergrößern und dann erst den Formeleditor zu öffnen.

Abbildg. 2.62   Der Formeleditor

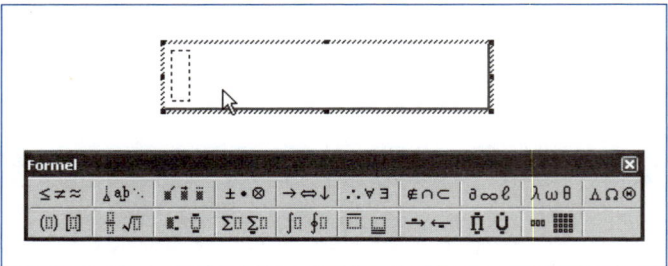

Verteilt auf 19 Schaltflächen finden sich eine große Anzahl mathematischer Symbole. Die Bilder auf den Symbolen geben dabei jeweils an, um welche Kategorie es sich handelt. Mit einem Klick können einzelne Symbole eingefügt werden. Eine Reihe von Zeichen besitzen mehrere Stellen, an denen Texte oder Zahlen stehen können. Ein Klick mit der Maus führt dorthin. Ebenso können Sie sich mit den Pfeiltasten über eine schon vorhandene Formel bewegen. Achten Sie dabei auf den Unterstrich – er gibt Aufschluss über die aktuelle Cursorposition.

Abbildg. 2.63   Eine Gleichung wird erstellt

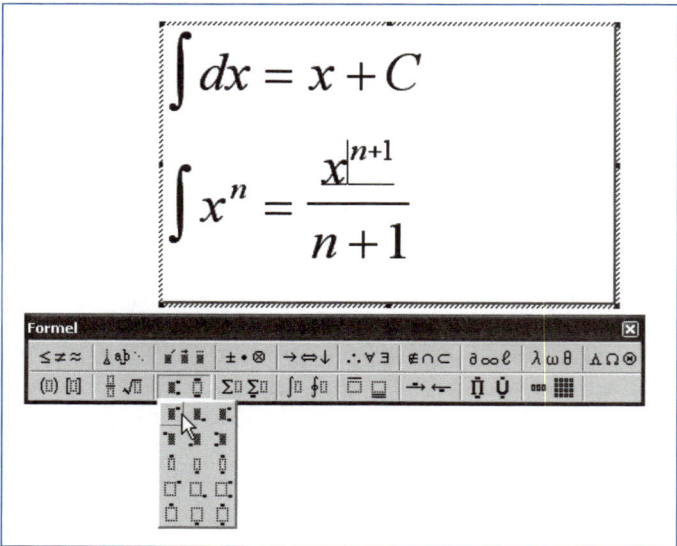

> **HINWEIS** Sobald Sie losgetippt haben, fällt auf, dass die kursive Schrift eingeschaltet ist. In der verwendeten Formatvorlage *Mathematik* ist dies standardmäßig eingestellt. Die Einstellungen finden Sie im Menübefehl *Formatvorlage/Definieren*. Dagegen werden die bekanntesten Funktionen (sin, cos, arcsin, arccos, sinh, cosh, ln, log) erkannt und als Funktionen dargestellt (siehe *Formatvorlage/Definieren*)

Weitere Einstellungen finden sich im Menübefehl *Format/Abstand*. Dort lassen sich Größe, Position, Linienstärke und Abstände einer ganzen Reihe von Elementen einer Formel verändern. Wenn Sie dagegen nur einen Abstand verändern möchten, können Sie den Cursor an die Stelle setzen, zwischen denen eine Lücke geschaffen werden soll. Hinter der zweiten Schaltfläche verbergen sich verschiedene Abstände. Was sie bedeuten, zeigt Tabelle 2.7.

Tabelle 2.7 Zeichen werden eingefügt und verbreitern die Zeichenabstände

Symbol	Bedeutung	Tastenkombination
ab	Kein Zwischenraum	⇧ + Leertaste
ab	1-Punkt-Leerzeichen	Strg + Alt + Leertaste
ab	Schmales Leerzeichen (1/6 Em)	Strg + Leertaste
a b	Breites Leerzeichen (1/3 Em)	Strg + ⇧ + Leertaste
a b	Em-Zeichen	

Ist ein Zeichen markiert, kann mit gedrückter Strg-Taste und einer Pfeiltaste dieses Zeichen nach links, rechts, oben oder unten versetzt werden.

Sollen mehrere Formeln untereinander gesetzt werden, kann das Ausrichtzeichen (ein Dreieck mit Spitze nach oben) aktiviert werden. Alle Formeln, die dieses Zeichen beinhalten, richten sich nun daran aus. Übrigens können Formeln auch über den Menübefehl *Format Bei = Ausrichten* ausgerichtet werden. So kann eine ordentliche Formelschreibweise erfolgen (siehe Abbildung 2.64).

Mit einem Klick auf das Zeichenblatt gelangen Sie zurück zu Visio, wo das Formel-Objekt problemlos verschoben, kopiert oder gelöscht werden kann. Soll es verändert werden, genügt ein Doppelklick auf die Formel; nun befindet sich der Cursor wieder darin und die Formel kann weiter bearbeitet werden.

Kapitel 2 Fortgeschrittene Visio-Themen

Abbildg. 2.64 Mehrere Formeln werden linksbündig oder am Gleichheitszeichen ausgerichtet

Tabelle von unbestimmten Integralen:

$$\int dx = x + C$$
$$\int x^n = \frac{x^{n+1}}{n+1} + C$$
$$\int \frac{dx}{x} = \ln|x| + C$$
$$\int e^x dx = e^x + C$$
$$\int a^x dx = \frac{a^x}{\ln a} + C$$
$$\int \sin x\, dx = -\cos x + C$$
$$\int \cos x\, dx = \sin x + C$$
$$\int \tan x\, dx = -\ln|\cos x| + C$$
$$\int \frac{dx}{\cos^2 x} = \tan x + C$$
$$\int \frac{dx}{\sin^2 x} = -\cot x + C$$
$$\int \frac{dx}{\sqrt{1-x^2}} = \arcsin x + C$$

$$\int \sinh x\, dx = \cosh x + C$$
$$\int \cosh x\, dx = \sinh x + C$$
$$\int \frac{dx}{\cosh^2 x} = \tanh x + C$$
$$\int \frac{dx}{\sinh^2 x} = -\coth x + C$$
$$\int \frac{dx}{1-x^2} = \operatorname{artanh} x + C$$
$$\int \frac{dx}{\sqrt{1+x^2}} = \operatorname{arsinh} x + C = \ln(x + \sqrt{1+x^2}) + C$$
$$\int \frac{dx}{\sqrt{x^2-1}} = \operatorname{arcosh}|x| \cdot \operatorname{sgn} x + C = \ln|x + \sqrt{x^2-1}| + C$$

Diagramme

Statt langer, ausführlicher und vollständiger Erläuterungen des Diagramm-Assistenten stelle ich Ihnen drei Diagramm-Beispiele vor.

Nachdem Sie das Programm über den Menübefehl *Einfügen/Bild/Diagramm* gestartet haben, öffnet sich der Diagramm-Assistent von Excel. Am unteren Rand sehen Sie zwei Registerkarten: *Diagramm1* und »Tabelle1« (Abbildung 2.65).

In »Tabelle1« befinden sich die Beispieldaten, die als Diagramm angezeigt werden. Wechseln Sie dorthin, markieren Sie die Tabelle über das Kästchen zwischen dem Spaltenkopf A und Zeilenkopf 1 und löschen Sie die Daten.

Nun werden die Daten eingetragen. Die erste Zeile (über der Zeile 1) und die erste Spalte (vor der Spalte A) sollten Sie für Beschriftungen verwenden, beides ist allerdings nicht notwendig. Ob die Daten untereinander oder nebeneinander eingegeben werden, spielt keine Rolle (Abbildung 2.66).

Abbildg. 2.65 Der Diagramm-Assistent

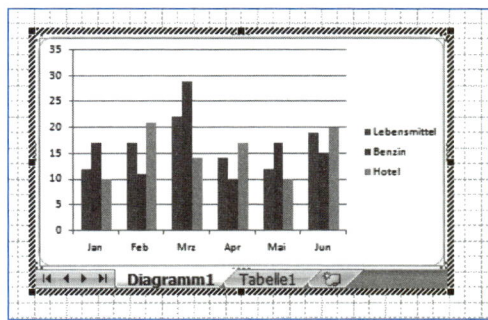

Abbildg. 2.66 Die Daten werden eingegeben

Danach wechseln Sie in das erste Blatt *Diagramm1*, wo das Diagramm modifiziert und formatiert wird. Nachträgliche Änderungen der Zahlen können jederzeit auf dem Tabellenblatt vorgenommen werden.

Im nächsten Schritt wird über den Menübefehl *Entwurf/Diagrammtyp ändern* der entsprechende Typ ausgewählt. Die häufigsten Typen sind Säule, Linie, Torte und Balken. In unserem Beispiel in Abbildung 2.67 wird der Balkentyp gewählt. Dabei kann zwischen verschiedenen Säulentypen unterschieden werden: zwei- und dreidimensionale, die entweder nebeneinander, übereinander, hintereinander oder auf 100% gestapelt werden. Da in unserem Beispiel nur eine Datenreihe vorliegt, wird der erste Typ gewählt.

Kapitel 2 Fortgeschrittene Visio-Themen

Abbildg. 2.67   Ein Balkendiagramm

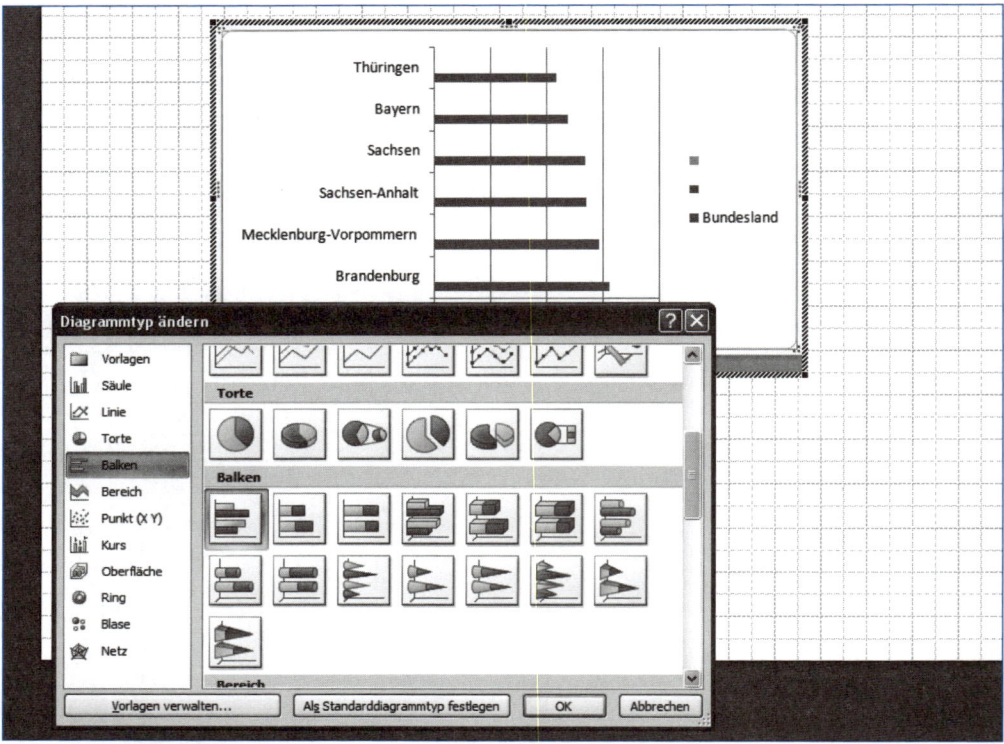

Im nächsten Schritt wird entschieden, ob die Daten von oben nach unten oder von links nach rechts gelesen werden. In unserem Fall in Abbildung 2.68 ist die Richtung über den Menübefehl *Entwurf / Zeile/Spalte wechseln* zu ändern.

Abbildg. 2.68   Die Daten werden von links nach rechts oder von oben nach unten gelesen

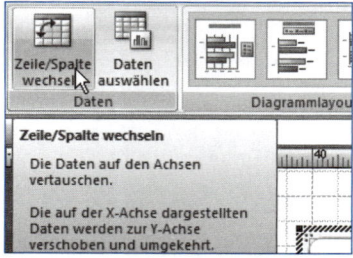

Das Diagramm besteht aus einer Reihe von Elementen. Diese können einzeln angeklickt werden. Mit der Pfeiltaste (← , → , ↑ oder ↓) durchläuft die Markierung alle Elemente und zeigt die Namen links in der Eingabezeile an, wenn das Menü *Layout* ausgewählt wurde. Jedes dieser Elemente kann formatiert werden. In den Menüs *Entwurf*, *Layout* und *Format* finden Sie die entsprechenden Einstellungen.

Die Hilfsprogramme

HINWEIS Beachten Sie, dass Excel von der vorgegebenen Größe des Datenbereichs ausgeht. Dies muss über den Menübefehl *Entwurf/Daten auswählen* geändert werden.

Abbildg. 2.69 In den einzelnen Dialogfeldern sind sehr viele Einstellungen verborgen

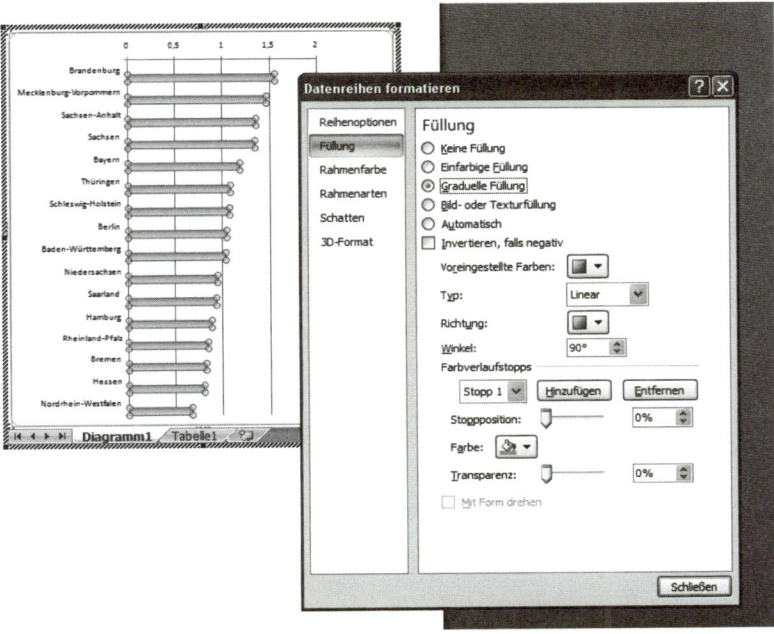

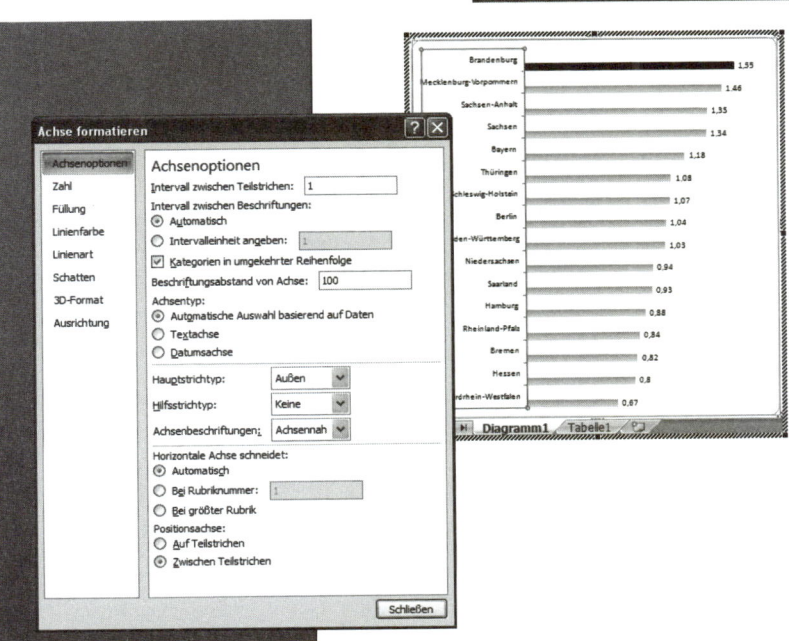

169

Soll jedoch nur eine der Säulen formatiert werden, werden mit einem Klick erst alle Säulen markiert, danach mit einem zweiten Klick eine der Säulen ausgewählt. Im Menübefehl *Layout/Auswahl formatieren* finden Sie nun die entsprechenden Einstellungen für Füllung, Rahmenfarbe, Rahmenart, Schatten und 3D-Format.

Eine Reihe von Elementen kann mit der Taste `Entf` gelöscht werden: Legende, Achsen, Gitternetzlinien und Text. Sollen sie wieder hergeholt werden, finden Sie sie im Menübefehl *Layout*. Dort können Titel, Legende, Datenbeschriftungen, Datentabelle, Achsen, Gitternetzlinien wieder angezeigt, modifiziert und formatiert werden. Das fertige Diagramm sehen Sie in Abbildung 2.70.

Abbildg. 2.70   Das fertige Diagramm

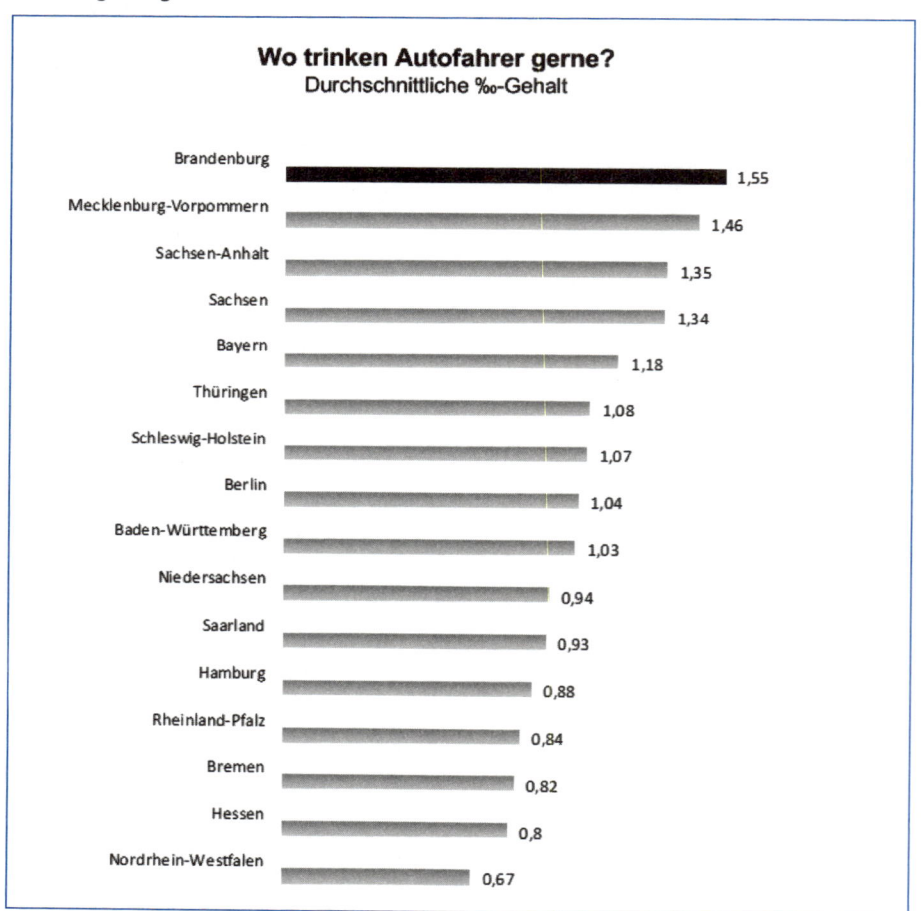

Ein weiteres Beispiel: Es soll ein Kreisdiagramm erzeugt werden, das die aktuelle Sitzverteilung eines Parlaments wiedergibt. Die Daten werden eingetragen (Abbildung 2.71) und ein Kreisdiagramm ausgewählt. Graph kann nicht bei einem Kreis- oder Ringdiagramm aus mehreren Datenreihen mehrere Kreisdiagramme erzeugen. Man müsste mehrere Diagramme schaffen und diese nebeneinander legen.

Die Hilfsprogramme

Abbildg. 2.71   Die Daten werden eingegeben

	A	B	C	D
1	Sozialdemokr	51		
2	Konservative	46		
3	Linkspartei	20		
4	Grüne	11		
5	Schwedische	11		
6	Christlicher V	10		
7	Reformgrupp	1		
8	Wahre Finner	1		
9	Mandat Aala	1		
10	Zentrum	48		
11				

Hier ist es unbedingt wichtig, dass die Datenreihen in der richtigen Richtung laufen, das heißt beispielsweise von oben nach unten gelesen werden, sonst erhalten Sie überhaupt keine Kreissegmente. Die Einstellung finden Sie in *Entwurf/Zeile/Spalte wechseln*. Der Kreis ist in einem Quadrat, die Zeichnungsfläche, einbeschrieben – wird diese vergrößert, dann vergrößert sich der Kreis. Soll eines der Segmente eingefärbt werden, ist mit einem Klick der gesamte Kreis zu markieren, mit einem zweiten Klick das entsprechende Segment. Über den Menübefehl *Format/Fülleffekt* gelangen Sie in die Formatierungsdialogfelder des Datenpunkts.

Abbildg. 2.72   Das formatierte Ringdiagramm

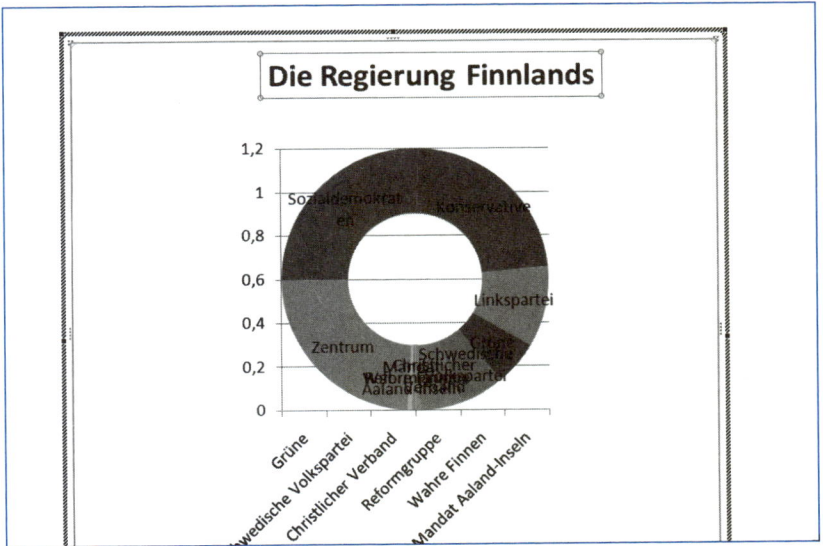

TIPP   Da der Plenarsaal als Kreis (oder Ring) dargestellt werden soll, muss er auf die Hälfte verkleinert werden. Dazu wird in der Datentabelle (Blatt »Tabelle1«) die Summe der vorhandenen Werte hinzugefügt. Über den Menübefehl *Layout/Auswahl formatieren* gelangen Sie in die *Reihenoptionen*, wo Datenpunkte formatiert werden können. Dort kann der Kreis (um 270°) gedreht werden. Nun kann die untere Hälfte mit *Format/Fülleffekt/Keine Füllung* »formatiert« werden (siehe Abbildung 2.73).

Abbildg. 2.73   Die untere Hälfte des Diagramms wurde »wegformatiert«

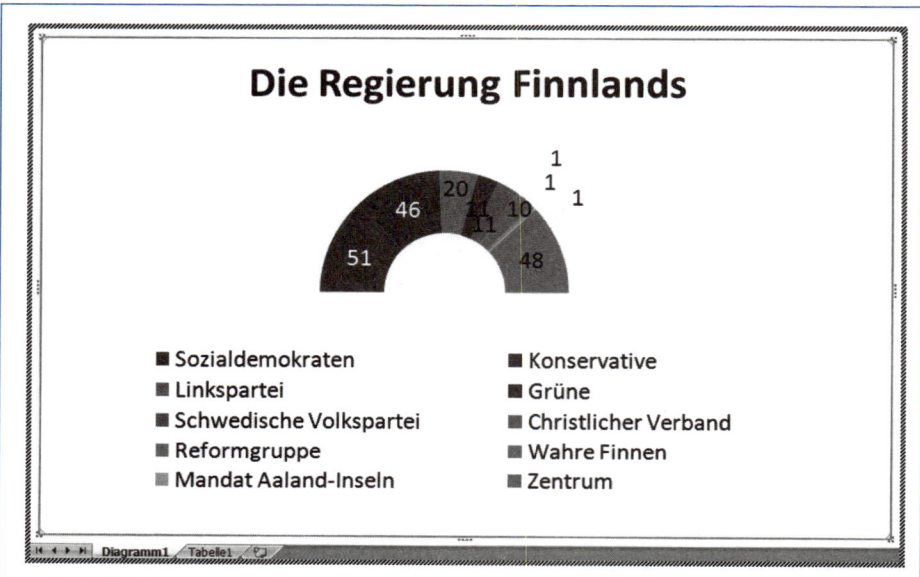

Der Vollständigkeit halber noch ein weiteres Diagramm – in Abbildung 2.74 sehen Sie ein Liniendiagramm.

Abbildg. 2.74   Ein Liniendiagramm

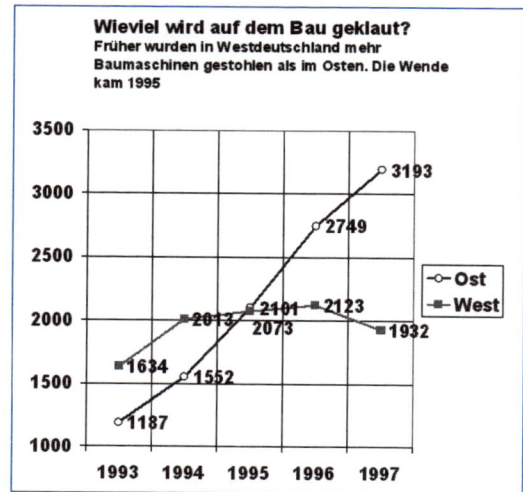

Bilder und Grafiken

Sollte ein Bild, eine Vektor- oder Pixelgrafik, auf der Festplatte gespeichert vorliegen, kann es problemlos über den Menübefehl *Einfügen/Bild/Aus Datei* eingefügt werden. In Abbildung 2.75 sehen Sie eine Beispielzeichnung.

Visio besitzt Filter für die wichtigsten Grafikformate (**.emz*, **.emf*, **.gif*, **.jpg*, **.png*, **.svg*, **.svgz*, **.tif*, **.bmp*, **.dib*, **.wmf*). Bedauerlicherweise werden Corel Draw-Bilder (**.cdr*) und Adobe Illustrator-Grafiken (**.ai*) nicht importiert. Sie müssen in den entsprechenden Grafikprogrammen in ein importierbares Format konvertiert werden.

Das eingefügte Bild wird wie ein Shape behandelt (ist intern ein Shape): es kann verschoben, vergrößert und verkleinert und gelöscht werden. Ebenso können Sie ihm eine Umrandungslinie hinzufügen, das Bild drehen oder kippen, ausrichten und verteilen, mit anderen Shapes gruppieren,...

HINWEIS Die Operationen aus dem Menübefehl *Shape/Vorgang* können nicht auf das Bild angewandt werden. Es kann nicht beschnitten oder zugeschnitten werden, man kann auch kein Loch hineinstanzen (Kombinieren). Damit wird das Bild aus dem Rahmen gelöscht.

Wenn das Bild markiert ist, kann über den Menübefehl *Format/Bild* die Helligkeit, der Kontrast und der Gammawert des Bildes herauf- oder heruntergesetzt werden. Ebenso bei den Effekten. Mit ihrer Hilfe kann die Transparenz, die Unschärfe, das Scharfzeichnen und Entrauschen aktiviert werden. In der Vorschau sehen Sie das Ergebnis zur Kontrolle.

- Helligkeit
- Kontrast
- Gamma-Wert
- Transparenz
- Unschärfe
- Scharfzeichnen
- Entrauschen

In der Registerkarte *Komprimierung* kann die Dateigröße des Bildes komprimiert werden, was jedoch zu Qualitätsverlusten führen kann. Wurde das Bild beschnitten, können die beschnittenen Teile, die nur ausgeblendet sind, ganz entfernt werden, was eine Verringerung der Bildgröße zur Folge hat. Ebenso kann die Druckauflösung des Bildes geändert werden, wenn klar ist, dass das Bild für die Darstellung in einer HTML-Seite auf dem Bildschirm oder für den Druck optimiert werden soll.

HINWEIS Zu diesen Einstellungen gelangen Sie ebenso über die Symbolleiste *Bild*. Darin befindet sich nicht nur ein Symbol zum Formatieren, sondern auch für die Transparenz, um das Bild zu beschneiden und ein neues Bild einzufügen.

Wenn Sie das Beschneidenwerkzeug ausgewählt haben, können Sie das Bild am Rand an einem der vier seitlichen Anfasser ziehen. Es wird nun nicht skaliert, sondern – wie der Name sagt – beschnitten.

Kapitel 2   Fortgeschrittene Visio-Themen

> **TIPP**   Wenn Sie das Beschneidenwerkzeug aktiviert haben, können Sie mit der Maus das Bild innerhalb des Rahmens verschieben. Das kann sinnvoll sein, wenn der Rahmen eine Farbe besitzt.

Abbildg. 2.75   Ein Bild wurde eingefügt

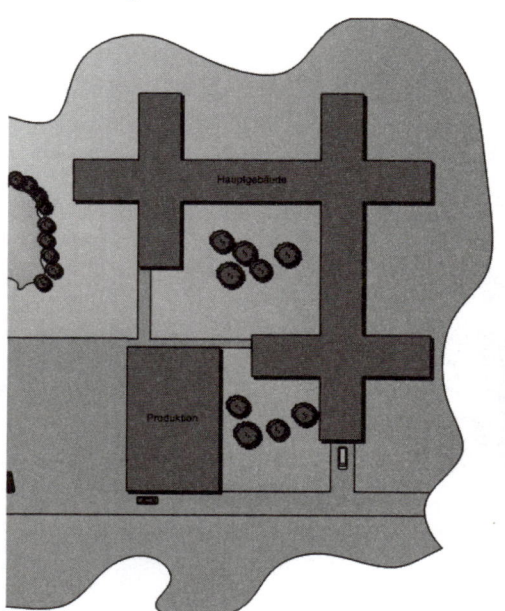

Tabelle 2.8   Die wichtigsten Befehle zur Bildgestaltung

Bildmanipulation	Menübefehl	Tastenkombination	Symbol
Bild einfügen	*Einfügen/Bild/Aus Datei*		
Bild beschneiden		⇧ + Strg + 2	
Bild nach links drehen	*Shape/drehen* oder *kippen/nach links drehen*	Strg + L	
Bild nach rechts drehen	*Shape/drehen* oder *kippen/nach rechts drehen*	Strg + R	
Bild horizontal kippen	*Shape/drehen* oder *kippen/Horizontal kippen*	Strg + H	
Bild vertikal kippen	*Shape/drehen* oder *kippen/Vertikal kippen*	Strg + J	

Tabelle 2.8 Die wichtigsten Befehle zur Bildgestaltung *(Fortsetzung)*

Bildmanipulation	Menübefehl	Tastenkombination	Symbol
Bild in den Vordergrund	*Shape/Reihenfolge/In den Vordergrund*	⇧ + Strg + F	
Bild in den Hintergrund	*Shape/Reihenfolge/In den Hintergrund*	⇧ + Strg + B	
Linienbreite	*Format/Linie*		
Bild formatieren	*Format/Bild*		
Transparenz	*Format/Bild*		

Abbildg. 2.76 Verschiede Einstellungsmöglichkeiten eines Bildes

Bilder können auch über die Microsoft Clip Gallery eingefügt werden. Dort kann über einen Suchbegriff ein bestimmtes Bild gefunden werden. Sie müssen jedoch nicht sämtliche Kategorien durchsuchen lassen, sondern können sich auf einzelne Kategorien beschränken.

Sollte die Suche nicht erfolgreich sein, kann mithilfe des Clip Organizer ein gespeichertes Bild ausgewählt werden (siehe Abbildung 2.77). Werden bestimmte Bilder häufig verwendet, können bestimmte Kategorien für sie angelegt werden und die Bilder dort eingetragen werden.

Abbildg. 2.77   Aus der Clip Gallery wird die Kategorie gewählt und anschließend das Bild

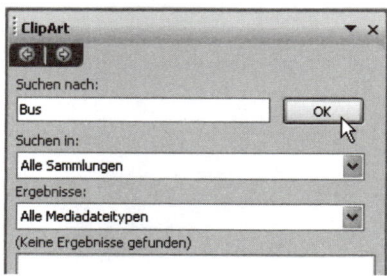
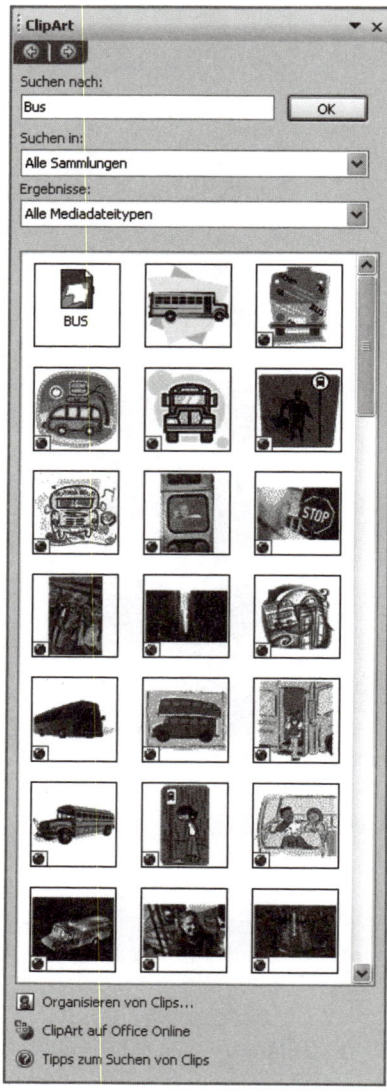

Mit der Schaltfläche *Organisieren von Clip* können die Kategorien der »Office-Sammlungen« angezeigt werden. Das gefundene Bild kann mit Drag & Drop aus dem Clip-Organizer herausgezogen werden. Sie könnten es mithilfe der Schaltfläche auch kopieren und auf dem Zeichnungsblatt einfügen.

Eingefügte Grafiken können nun wie Shapes behandelt werden: Sie können sie löschen, verschieben, duplizieren und verzerren. Selbstverständlich kann die Reihenfolge geändert werden – in Abbildung 2.78 wurde das Bild hinter die anderen Shapes gelegt. Ebenso sind einige (wenige) Formatierungsmöglichkeiten vorhanden.

Abbildg. 2.78   Ein hinter die Shapes eingefügtes Bild

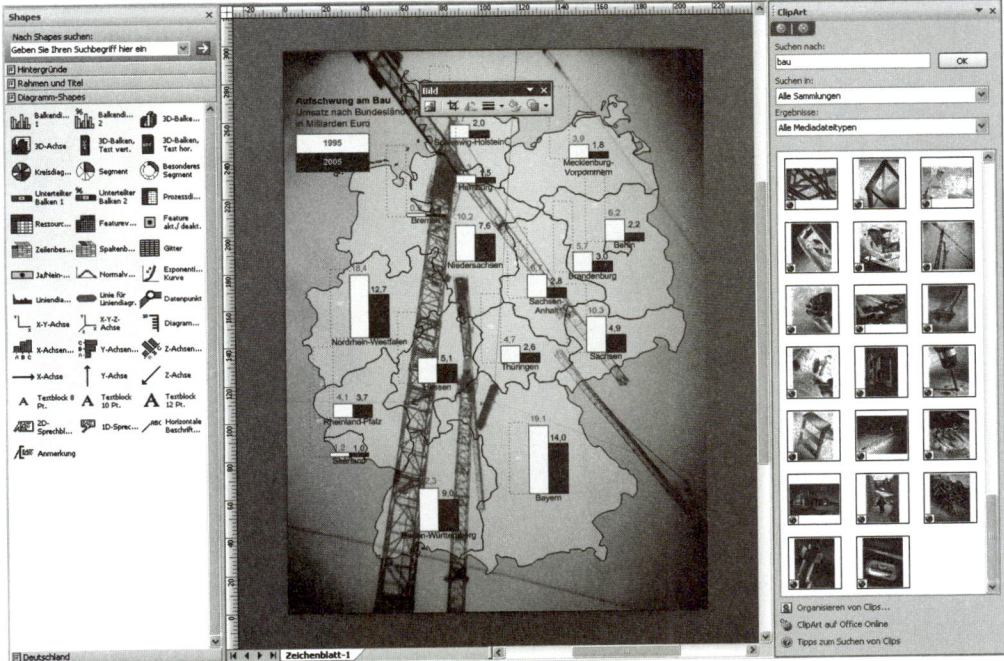

Da Bilder wie Shapes behandelt werden, können sie auch als Master-Shapes in einer Schablone gespeichert werden. Wie dies funktioniert, wird im übernächsten Kapitel erklärt.

Der Menübefehl *Einfügen/CAD-Zeichnung* erlaubt den Import von AutoCAD-Zeichnungen (*.dwg, *.dxf und *.dgn). Im Ordner *Visio\1031\Beispiele\Visio Extras* wird eine AutoCAD-Zeichnung mitgeliefert, die Sie importieren können. Dies wird im Kapitel CAD-Zeichnung erläutert.

Alle anderen, auf Ihrem Rechner installierten Programme können über den Menübefehl *Einfügen/ Objekt* eingebettet werden. Visio erstellt dazu automatisch eine OLE-Verknüpfung.

Die Rechtschreibhilfe und AutoKorrektur

Über den Menübefehl *Extras/Rechtschreibung/Rechtschreibung* oder über die Funktionstaste F7 kann die Rechtschreibhilfe aufgerufen werden. Eine Markierung, ein Zeichenblatt oder das gesamte Dokument werden auf Tippfehler oder Rechtschreibfehler überprüft – je nachdem, was in *Extras/ Rechtschreibung/Rechtschreiboptionen* eingestellt wurde. Visio vergleicht dabei Wort für Wort des geschriebenen Texts mit einem vorhandenen Wörterbuch. Wird ein Wort nicht gefunden, dann gibt es zwei Möglichkeiten. Entweder das Wort ist richtig und nur nicht vom Lexikon erkannt, wie in

Abbildung 2.79. Dann kann mit *Ignorieren* über den vermeintlichen Fehler hinweggegangen werden. Oder, wenn das Wort mehrmals auf dem Zeichenblatt auftaucht, über alle vermeintlichen Fehler. Oder es kann zu einem Benutzerwörterbuch hinzugefügt werden.

Abbildg. 2.79   Dies ist kein Fehler – er kann ignoriert werden, immer (»alle«) ignoriert werden oder hinzugefügt werden

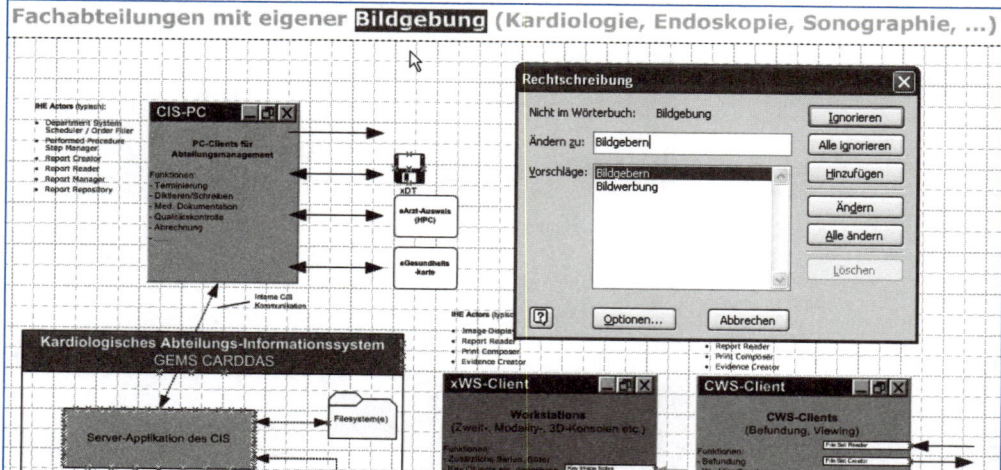

Handelt es sich allerdings wirklich um einen Fehler (wie in Abbildung 2.80), kann ein richtiger Vorschlag aus der Vorschlagsliste durch das falsch geschriebene Wort ersetzt werden. Sollte kein Vorschlag oder kein geeigneter Vorschlag in der Liste vorhanden sein, dann muss der Fehler manuell korrigiert werden. Anschließend müssen Sie ihn *ändern*. Oder im gesamten Dokument ersetzen (*Alle ändern*). Das Benutzerwörterbuch wird über die Schaltfläche *Optionen* installiert. In dieser Registerkarte finden sich weitere Einstellungen:

- Wörter in Großbuchstaben ignorieren
- Wörter mit Zahlen ignorieren
- Internet- und Dateiadressen ignorieren
- Wiederholte Wörter kennzeichnen
- Deutsch: Neue Rechtschreibung verwenden
- Großbuchstaben behalten den Akzent
- Vorschläge nur aus dem Hauptwörterbuch
- Rechtschreibung während der Eingabe überprüfen
- Rechtschreibfehler ausblenden

Abbildg. 2.80 Dies ist ein Fehler – er kann geändert werden

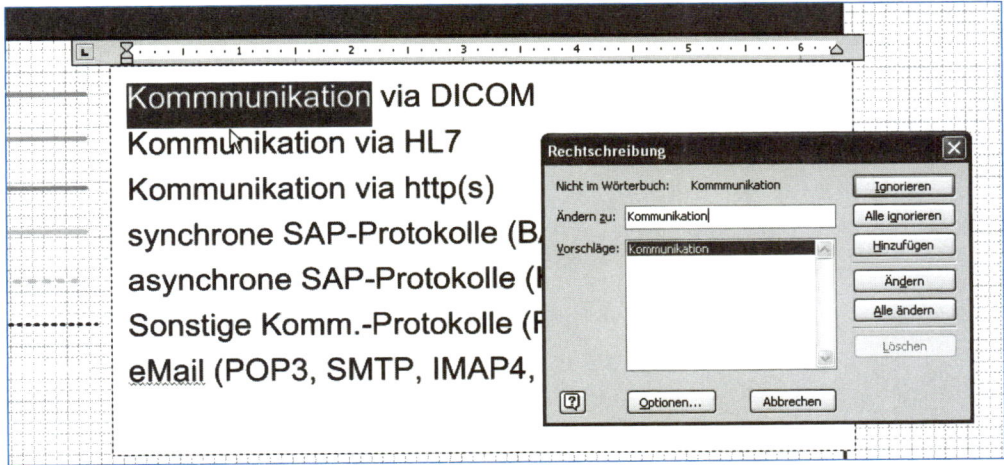

ACHTUNG Visio ist kein Textverarbeitungs- oder Satzprogramm. Deshalb stellt die Visio-Rechtschreibung nur eine begrenzte Hilfe zur Verfügung. Visio besitzt keine Grammatikprüfung. Ebenso existiert in Visio kein Synonymlexikon (Thesaurus) und auch keine Trennhilfe. Dies erscheint bei den doch recht kurzen Texten auch gar nicht nötig.

Wenn Sie sicher im Schreiben sind, können Sie die automatische Rechtschreibprüfung aktivieren (siehe Abbildung 2.81). Sie finden dieses Hilfsmittel in *Extras/Rechtschreibung/Rechtschreiboptionen*. Die Tippfehler oder die nicht erkannten Begriffe werden beim Schreiben, also im Textmodus, rot unterstrichen dargestellt.

Abbildg. 2.81 Visio zeigt bereits beim Schreiben die unbekannten Wörter an

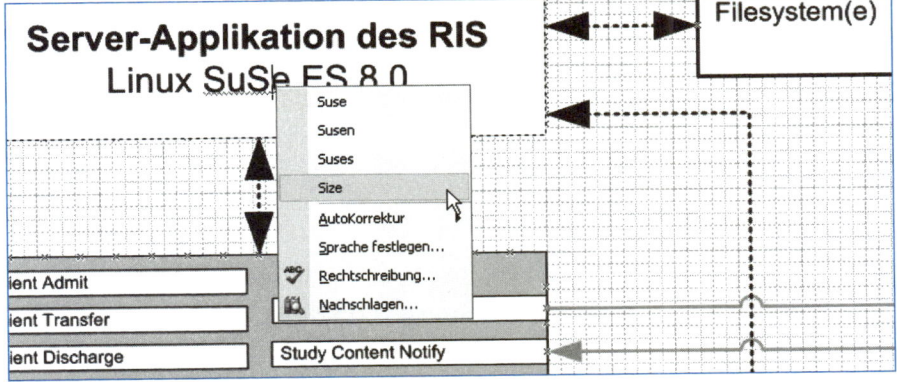

Während die Rechtschreibhilfe manuell gestartet werden muss, arbeitet die *AutoKorrektur* – wie der Name bereits sagt – automatisch. Die Einstellungen können über den Menübefehl *Extras/Autokorrektur-Optionen* eingesehen und geändert werden (Abbildung 2.82).

Abbildg. 2.82 Das Autokorrektur-Dialogfeld

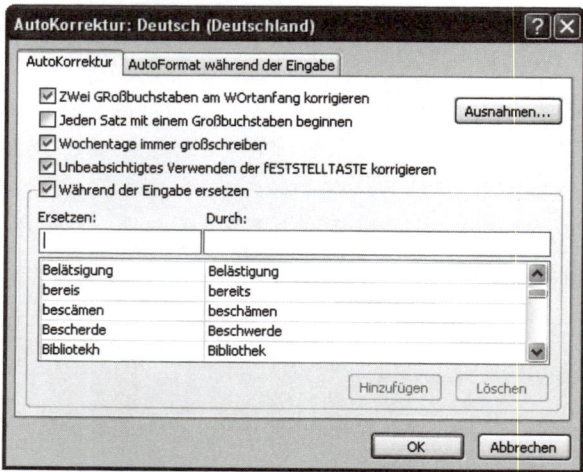

Im unteren Teil des Dialogfelds befindet sich eine große Liste von Kürzeln oder Fehlern, die automatisch in einen anderen Begriff geändert werden. Geben Sie in Visio beispielsweise »aler« ein, wird es in »aller« korrigiert. Diese Liste kann verlängert werden – sie können dort eigene Tippfehler oder auch lange Fachbegriffe eingeben, die Sie häufig verwenden. Beispielsweise: Ersetze »DZ« durch »DOHZ-Zylinderkopfdichtung«. Achten Sie darauf, dass das Kürzel kein Wort ist, welches in der deutschen Sprache oder in Ihren Texten vorkommt, da es sonst automatisch ersetzt wird. Und beachten Sie, dass einige bereits eingegebene Begriffe durchaus in Texten vorkommen könnten: »Wei« ist ein chinesischer Männername, »Fra« ein Ordenstitel und »its« kommt im Englischen vor. Sicherlich drei seltene Beispiele, aber keine absurden.

Sehr angenehm ist die Option *Unbeabsichtigtes Verwenden der Feststelltaste korrigieren*. Sollten Sie beim Tippen aus Versehen die Feststelltaste-Taste drücken, wird das falsch geschriebene Ergebnis automatisch korrigiert und diese Option wieder zurückgesetzt.

Über den Nutzen *Wochentage immer groß schreiben*, kann man sicherlich geteilter Meinung sein – die beiden anderen Einstellungen *Jeden Satz mit einem Großbuchstaben beginnen* und *Zwei Großbuchstaben am Wortanfang korrigieren* sollten Sie ausschalten. Auch wenn für beide Optionen Ausnahmen vorgesehen sind, die erweiterbar sind – technische und kaufmännische Spezifikationen sollten nicht automatisch korrigiert werden. Sonst wird aus der Abkürzung für Rechtsanwältin »RAin« der Text »Rain«. Die Liste der Beispiele lässt sich beliebig fortsetzen.

Die Suchen-Funktion

Bei größeren Zeichnungen kann es schon leicht vorkommen, dass man den Überblick verliert. Abhilfe schafft die Suchen-Funktion, die Sie im Menübefehl *Bearbeiten/Suchen* finden (Abbildung 2.83). Dort geben Sie ein Stichwort ein, nach dem gesucht werden soll.

Abbildg. 2.83 Das Suchen-Dialogfeld

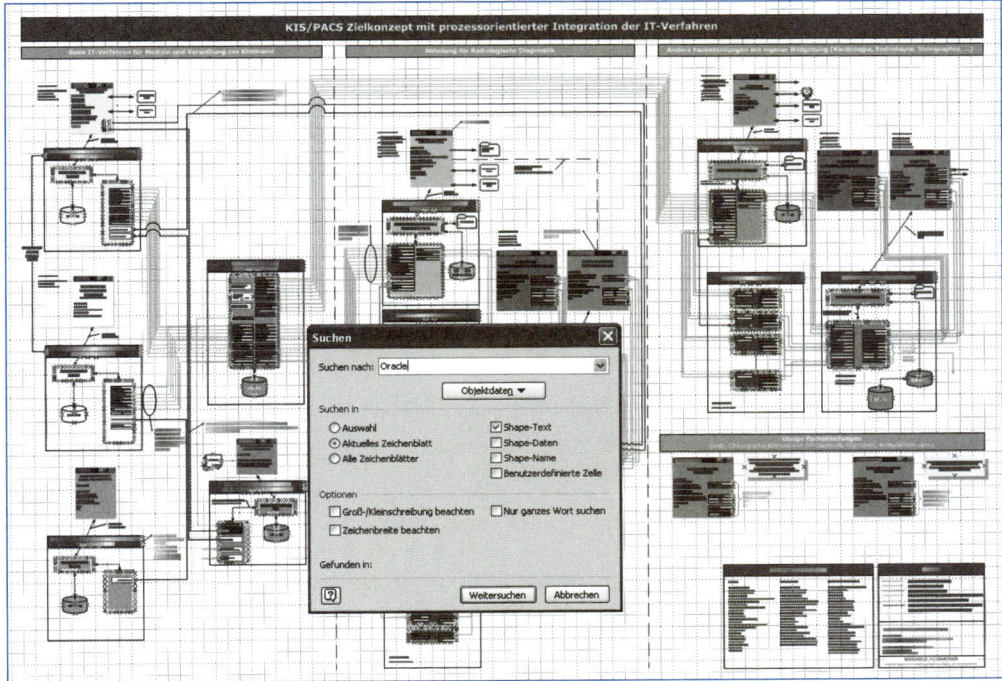

Mit der Schaltfläche *Weitersuchen* wird das erste Shape gefunden, das dieses Wort enthält. Wird es gefunden, wird der Zoomfaktor vergrößert, die Ansicht wird so eingerichtet, dass das Wort auf der Seite sichtbar ist. Visio schaltet in den Texteingabemodus um.

Abbildg. 2.84 ... gefunden

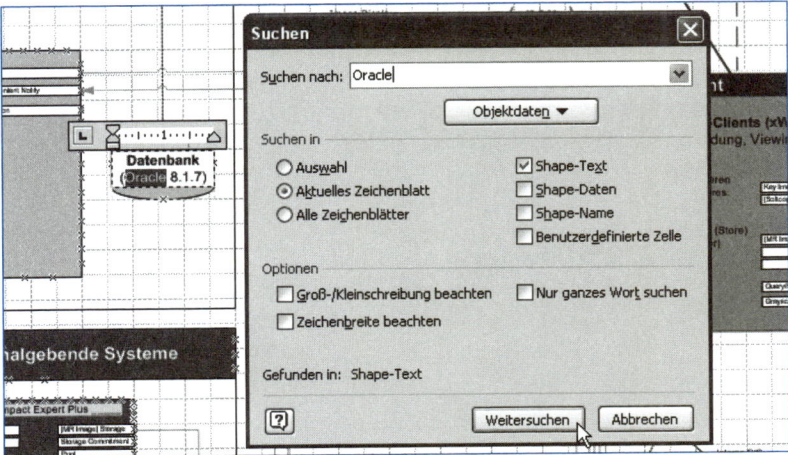

Wird der Suchbegriff nicht gefunden, dann erhalten Sie die Meldung »Durchsuchen des Zeichenblatts beendet«. Als Suchoptionen stehen Ihnen zur Verfügung:

- Sie können nur die markierten Shapes durchsuchen
- Sie können nur das aktuelle Zeichenblatt durchsuchen
- Sie können sämtliche Blätter der Zeichnung durchsuchen
- Sie können nach dem (sichtbaren) Text auf den Shapes suchen
- Sie können in den Shape-Daten suchen
- Sie können nach Shape-Namen suchen
- Sie können in »benutzerdefinierten Zellen« suchen (im Shapesheet)
- Optional können Sie nach Groß-und Kleinschreibung unterscheiden lassen
- Sie können nur ganze Wörter suchen lassen (»Visio« wird somit nicht in »Vision« gefunden)
- Die Zeichenbreite ist für nicht-lateinische Alphabete interessant (beispielsweise für Katakana).

Wenn Ihre Shape-Texte Sonderzeichen beinhalten, können Sie auch nach ihnen suchen lassen. Hinter der Schaltfläche *Objektdaten* finden sich Zeichen für die Suche nach:

- Tabulatorzeichen (→)
- Manueller Umbruch (¶)
- Optionaler Trennstrich
- Caretzeichen (Accent Circumflex; ^)
- Beliebiges Zeichen

Zusammenfassung

In diesem Kapitel wurden die wichtigsten Techniken beschrieben, die Sie für größere Dokumente benötigen. Sie sollten konsequent mit Formatvorlagen arbeiten, Zeichnungen auf mehrere Zeichenblätter auslagern und sich wiederholende Informationen auf einem Hintergrundblatt platzieren.

Arbeiten Sie konsequent mit Layern – Sie erleichtern die Mehrfachselektion, das teilweise Ausdrucken von Zeichnungen und werden darüber hinaus in vielen Assistenten verwendet.

Ebenso wurden einige wichtige Hilfsmittel von Visio beschrieben. Dazu zählen Felder, Kommentare (Markups) und einige der Hilfsprogramme, die die tägliche Arbeit erleichtern.

Kapitel 3

Shape-Daten – Informationen an Shapes binden und auslesen

In diesem Kapitel:

Shapes mit vorhandenen Daten	184
Neue Shape-Daten erzeugen	186
Daten als Beschriftungstext des Shapes	194
Daten neben den Shapes anzeigen lassen	196
Daten einsammeln und wegschreiben (Berichte)	202
Externe Daten mit Shapes verknüpfen	209
Pivotdiagramme	216
Zusammenfassung	222

Kapitel 3 Shape-Daten – Informationen an Shapes binden und auslesen

In den vorangegangenen Kapiteln wurde bereits erwähnt, dass Shapes nicht nur geometrische Objekte sind, sondern über unterschiedliche Funktionen verfügen – eine sogenannte »Intelligenz« besitzen. Eine der Funktionen sind die Shape-Daten. Und diese sind sicherlich auch eine der Stärken von Visio gegenüber vielen Grafikprogrammen. Schon in den allerersten Visio-Versionen war es möglich, Informationen an Shapes zu binden und diese auszulesen und in eine Datenbank zu schreiben. Mit jeder Version wurde diese Technologie erweitert und verbessert – so auch mit der Version 2007. Da das Thema Daten eine zentrale Rolle in Visio spielt, soll ihm ein eigenes Kapitel gewidmet werden.

Ein Relikt aus den ersten Visio-Versionen finden Sie in *Format/Objektdaten*. Dort wurden die drei Felder »Daten 1«, »Daten 2« und »Daten 3« für die Shape-Daten reserviert. Diese Informationen spielen in den neueren Versionen keine Rolle mehr.

Shapes mit vorhandenen Daten

Viele der vorhandenen Shapes besitzen bereits Felder für Shape-Daten. Sie können sofort verwendet werden. Einige Shapes, wie beispielsweise das Monats- oder Wochen-Shape aus der Vorlage *Terminplan/Kalender* (beziehungsweise aus der Schablone *Kalender-Shapes*) zeigen ihre Shapes-Daten beim Herausziehen aus der Schablone (siehe Abbildung 3.1).

Abbildg. 3.1   Die Informationen werden beim Herausziehen angefragt

Shapes mit vorhandenen Daten

> **HINWEIS**   In Visio 2002 und 2003 hießen sie *benutzerdefinierte Eigenschaften*« (Custom Properties), bis Visio 2000 *Datenfelder* (User-defined Cells).

Andere Shapes zeigen ihre Shape-Daten nicht sofort. Um zu erkennen, ob es möglich ist, Informationen an das Shape zu binden, öffnen Sie über den Menübefehl *Ansicht/Fenster 'Shape-Daten'*. Dort werden die – zumeist leeren – Datenfelder angezeigt.

> **HINWEIS**   Einige wenige Shapes haben bereits vorbelegte Informationen in den Shape-Daten, wie beispielsweise die Schrauben aus der gleichnamigen Schablone, die Wände, Türen (siehe Abbildung 3.2) und Fenster aus den Schablonen *Pläne und Grundrisse/Bauplan*, die perspektivischen Blöcke aus der gleichnamigen Schablone oder die Elemente der Schablone Websiteübersicht-Shapes, deren Daten mit »Unbekannt« vorbelegt sind.

Abbildg. 3.2   Viele Shapes sind mit Daten vorbelegt

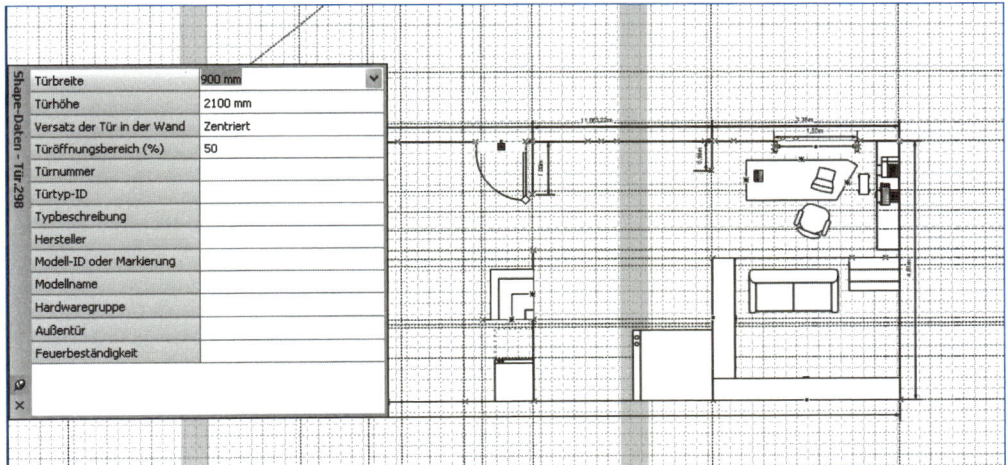

> **ACHTUNG**   Beachten Sie, dass einige der Shape-Daten dynamischen Charakter annehmen können. Wenn Sie beispielsweise eine Vierkantschraube aus der Schablone auf das Zeichenblatt ziehen und anschließend im Kontextmenü die Maße einstellen, wird zusätzlich zum Gewindedurchmesser auch noch die Schaftlänge und die Gewindelänge angezeigt.

Sie finden die Shape-Daten nicht nur in dem entsprechenden Fenster, sondern vielfach auch über bestimmte Einstellungen im Kontextmenü, wie Sie in Abbildung 3.3 sehen können. Sollte nichts voreingestellt sein, können Sie es über das Kontextmenü *Daten/Shape-Daten* oder über den Menübefehl *Daten/Shape-Daten* öffnen.

Kapitel 3 Shape-Daten – Informationen an Shapes binden und auslesen

Abbildg. 3.3   Über das Kontextmenü können die Datenfelder angezeigt werden

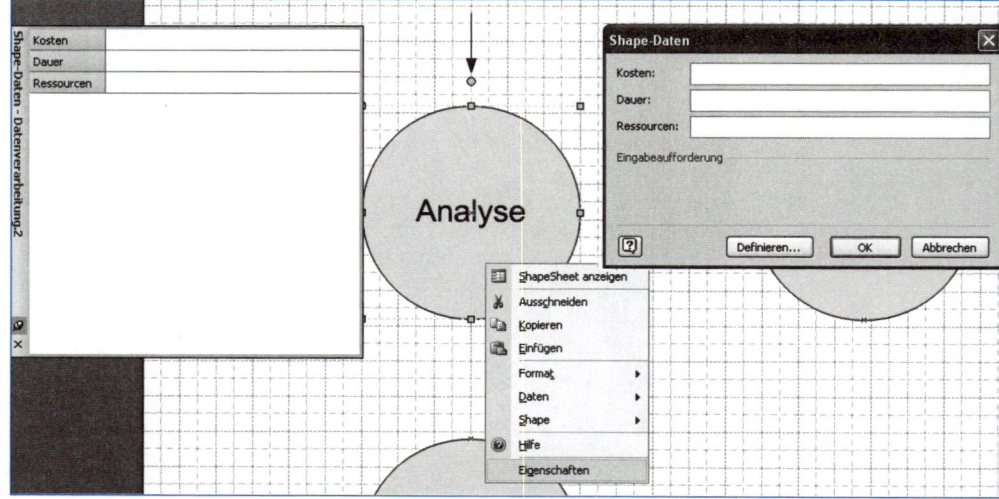

TIPP   Viele Shapes haben auch im Kontextmenü einen Eintrag *Eigenschaften*. Damit gelangen Sie ebenso zu den Shape-Daten.

Neue Shape-Daten erzeugen

Angenommen, Sie haben ein neues Shape erzeugt. An dieses möchten Sie nun weitere – nicht sichtbare, aber dennoch abrufbare – Informationen binden. Dies erledigt der Assistent der Shape-Daten für Sie. Sie finden ihn hinter dem Menübefehl *Daten/Shape-Daten*, im Kontextmenü oder hinter dem Symbol in der Symbolleiste *Aktion* (Abbildung 3.4). Wird er das erste Mal aufgerufen, dann teilt er Ihnen mit, dass noch keine Shape-Daten existieren, und fragt Sie, ob Sie welche definieren möchten. Wird die Frage bejaht, öffnet sich ein Assistent, mit dessen Hilfe die einzelnen Datenfelder erstellt werden können.

Neue Shape-Daten erzeugen

Abbildg. 3.4   Das Dialogfeld, mit dem Sie neue Datenfelder definieren können

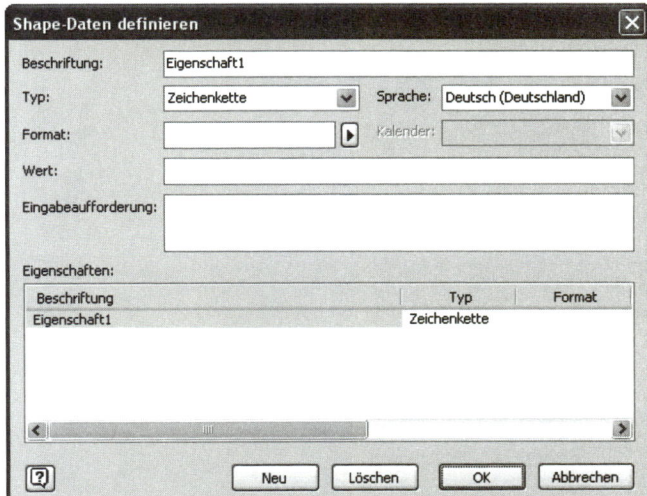

In der Beschriftungszeile wird der Name eingetragen, den der Benutzer zu sehen bekommt. Die Daten selbst werden in einem spezifischen Format gespeichert (Abbildung 3.5). Dafür steht zur Verfügung:

Tabelle 3.1   Die Liste der Datenfeld-Eigenschaften

Typ	Beschreibung
Zeichenkette	Reiner Text: alle Zeichen, auch Ziffern und Satzzeichen sind erlaubt
Nummer	Nur Zahlen
Feste Liste	Aus einer vorgegebenen Liste kann etwas ausgewählt werden
Variable Liste	Aus einer vorgegebenen Liste kann etwas ausgewählt werden; es können aber auch andere Werte eingegeben werden
Boolesch	Wahrheitswert: Ja oder Nein / Wahr oder Falsch
Währung	Wie Zahl – allerdings auf vier Stellen nach dem Komma gerundet
Datum	Datumsangaben
Dauer	Zeitliche Dauer; sie wird in Sekunden, Minuten, Stunden, Tagen, Wochen, Monaten oder Jahren gemessen

Kapitel 3 Shape-Daten – Informationen an Shapes binden und auslesen

Abbildg. 3.5   Neue Datenfelder werden definiert

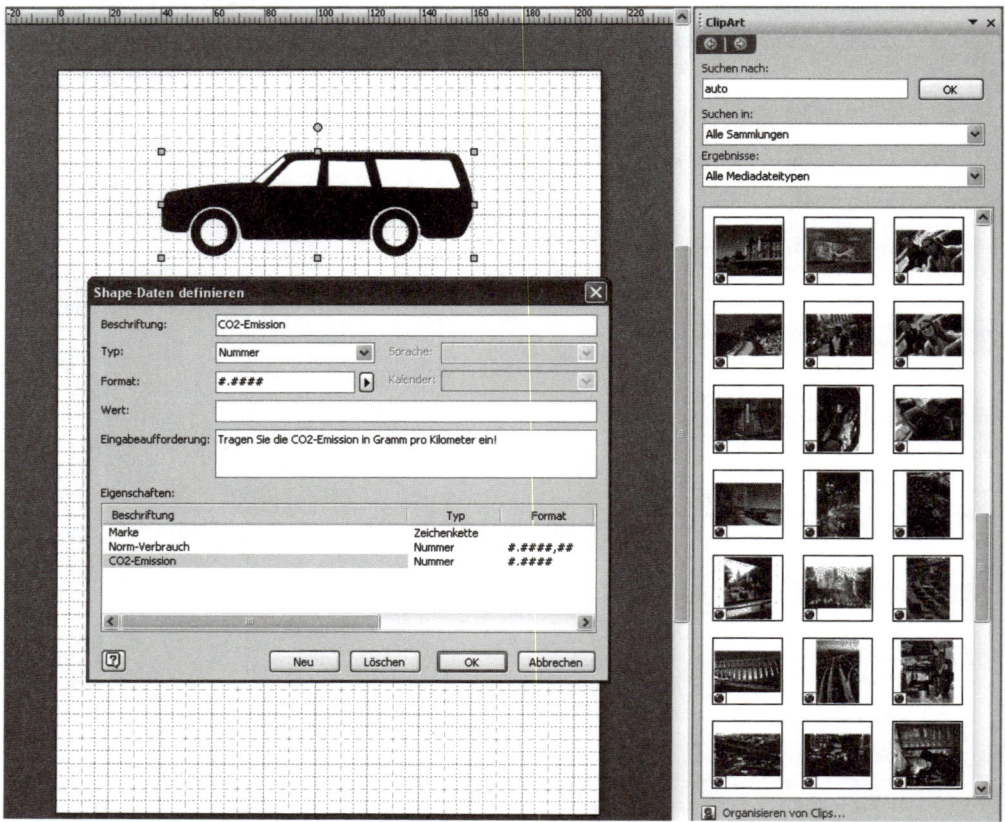

Für einige der Datenformate stehen nun wiederum Formate zur Verfügung:

Tabelle 3.2   Die Liste der vorhandenen Formatierungsmöglichkeiten

Typ	Formate	Beispiel
Zeichenkette	Normal GROSSBUCHSTABEN Kleinbuchstaben	Visio VISIO visio
Nummer	Allgemein Allgemeine Einheiten Ganze Zahl Ganze Zahl mit Einheiten Gleitzahl Gleitkommazahl mit Einheiten Bruch Bruch mit Einheiten	1234,5678 1234,5678 Kisten 1235 1235 Kisten 1234,5678 1234,5678 Kisten 1234/567 1234/567 Kisten

Tabelle 3.2 Die Liste der vorhandenen Formatierungsmöglichkeiten *(Fortsetzung)*

Typ	Formate	Beispiel
Währung	*Systemeinstellung* *€3* (Ganzzahl mit Einheit) *€2,75* (Kommazahl mit Einheit) *2,75 Euro* (Zahl mit Währung) *2,75 EUR* (Zahl mit Währungskürzel)	1.234,57 € (die Einstellung der Systemsteuerung) 1.235 € 1.234,57 € 1.234,57 Euro 1.234,57 EUR
Datum: Teil 1:		
Datum	*03.10.1993* (Kurzes Datum (Systemeinstellung)) *Sonntag, 3. Oktober 1993* (Langes Datum) *3. Oktober 1993* (d. MMMM yyyy) *03.10.93* (dd.MM.yy) *1993-10-03* (yyyy-MM-dd) *93-10-03* (yy-MM-dd) *01/10/1993* (dd/MM/yyyy) *03. Okt. 1993* (dd. MMM. yyyy) *03/10/93* (dd/MM/yy) *Oktober 93* (MMMM yy) *Okt-93* (MMM-yy) *03.10.1993 17:00* (dd.MM.yyyy HH:mm) *03.10.1993 17:00:00* (dd.MM.yyyy HH:mm:ss)	01.04.2007 Sonntag, 1.April 2007 1. April 2007 01.04.07 2007-04-01 07-04-01 01/04/2007 01. Apr. 2007 01/04/07 April 07 Apr-07 01.04.2007 00:00 01.04.2007 00:00:00
Datum Teil 2:		
Uhrzeit	*5:00* (h:mm am/pm) *5:00:00* (hh:mm am/pm) *17:00* (HH:mm) *17:00:00* (HH:mm:ss)	2:45 2:45:00 14:45 14:45:00
Dauer	*Wochen* ([w]'aw.') *Tage* ([d]'vt.') *Stunden* ([h]'vs.') *Minuten* ([m]'vm.') *Sekunden* ([s]'as.') *Stunden und Minuten* ([h]:[mm]) *Minuten und Sekunden* ([m]:[ss])	2 aw. 14 vt. 336 vs. 20160 vm. 1209600 as. 336:00 20160:00

Und wozu das Ganze? Angenommen, es sollen Zahlen hinter den Zeichnungsobjekten hinterlegt werden, können Sie mithilfe der Assistenten oder per Programmierung diese Zahlen einsammeln und die Gesamtsumme berechnen. Beispielsweise für Anschaffungskosten oder für Gesamtkosten des Projekts. Lägen die Daten als reiner Text vor, dann könnten sie nicht summiert oder weiterberechnet werden.

Soll das Datenfeld vorbelegt werden, kann in die Zeile *Wert* der entsprechende Wert hineingeschrieben werden. Wird später dieser Wert geändert, steht in dieser Zeile der aktuelle Wert. Eine andere

Bedeutung hat diese Eingabezeile bei den beiden Listen. Dort werden die einzelnen Einträge hintereinander, durch Semikola getrennt, hineingeschrieben. Beispielsweise so:

1;2;3;4;5;6

oder so:

A;B;C;D;E;F

Der Unterschied zwischen festen und variablen Listen besteht darin, dass aus festen Listen nur eine der Vorgaben ausgewählt werden kann (wie in Abbildung 3.6), bei variablen Listen kann etwas aus der Liste ausgewählt werden oder ein anderer Wert hineingeschrieben werden. Er befindet sich anschließend als weiteres Element in der Liste.

Abbildg. 3.6   Eine benutzerdefinierte Eigenschaft mit fester Liste

Die Eingabeaufforderung ist als Hilfe und Unterstützung für den Benutzer gedacht.

Ist ein Feld für Shape-Daten definiert, kann mit der Schaltfläche *Neu* die nächste Eigenschaft erzeugt werden. Mit der Schaltfläche *Löschen* werden vorhandene Datenfelder gelöscht.

Besitzt ein Shape Shape-Daten, können diese über den Menübefehl *Daten/Shape-Daten*, über das Kontextmenü oder das Symbol aus der Symbolleiste *Aktion* aufgerufen, gefüllt oder verändert werden. Wird erst später festgestellt, dass noch weitere Shape-Daten hinzugefügt werden sollen, genügt

Neue Shape-Daten erzeugen

ein Klick auf die Schaltfläche *Definieren*, um erneut in den Datenfeld-Assistenten zu gelangen. Nun können die vorhandenen benutzerdefinierten Eigenschaften modifiziert oder neue hinzugefügt werden.

Eine weitere schnelle Möglichkeit, Shape-Daten anzuzeigen und zu verändern, besteht im *Fenster für 'Shape-Daten'* im Menü *Ansicht*. Dort werden alle Eigenschaften des markierten Shapes angezeigt (Abbildung 3.7 und Abbildung 3.8).

Abbildg. 3.7 Viele Shapes aus Schablonen besitzen schon benutzerdefinierte Eigenschaften, beispielsweise ein PC aus der Schablone *Büroausstattung*

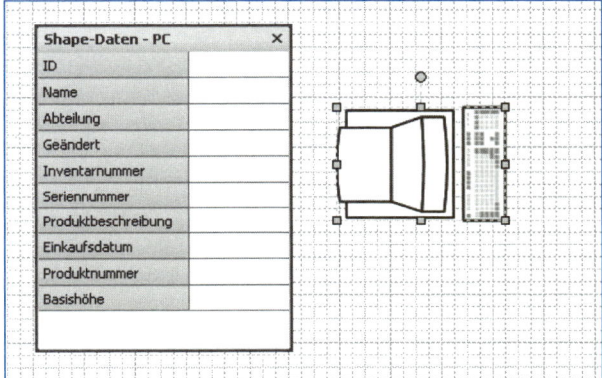

Abbildg. 3.8 Ein Drucker aus der Schablone *Netzwerk und Peripheriegeräte* mit seinen Shape-Daten

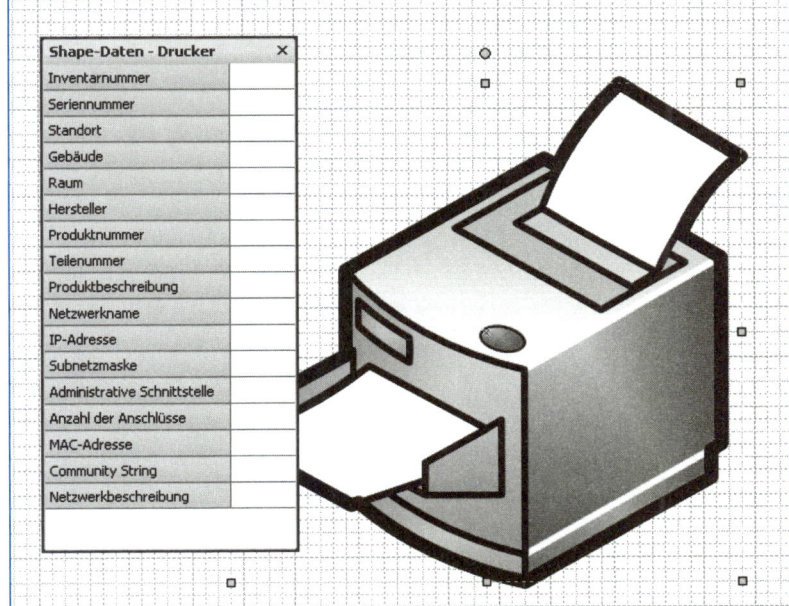

Kapitel 3 Shape-Daten – Informationen an Shapes binden und auslesen

Bislang wurde nur gezeigt, wie Shape-Daten an Shapes auf einem Zeichenblatt erzeugt werden. Wird nun dieses Shape als Master-Shape in eine Schablone gezogen, besitzen alle neuen Shapes, die mithilfe dieses Master-Shapes erstellt werden, die Datenfelder. Am Ende dieses Kapitels wird gezeigt, wie Sie mithilfe des Berichtsassistenten die Informationen einsammeln können. Es wird gezeigt, wie aus diesen Daten eine Inventarliste erzeugt werden kann oder wie mit mehreren Datenfelder-Zahlen gerechnet werden kann, beispielsweise wie die Gesamtsumme berechnet werden kann.

Wurde über den Menübefehl *Extras/Optionen* auf der Registerkarte *Weitere Optionen* die Option *Im Entwicklermodus ausführen* aktiviert, können Sie den Shape-Daten einen Sortierschlüssel hinzufügen (Abbildung 3.9). Dies ist die Reihenfolge, in der der Benutzer sie in der Liste sieht.

Abbildg. 3.9   Sie erhalten weitere Informationen, wenn Sie den *Entwicklermodus* aktivieren

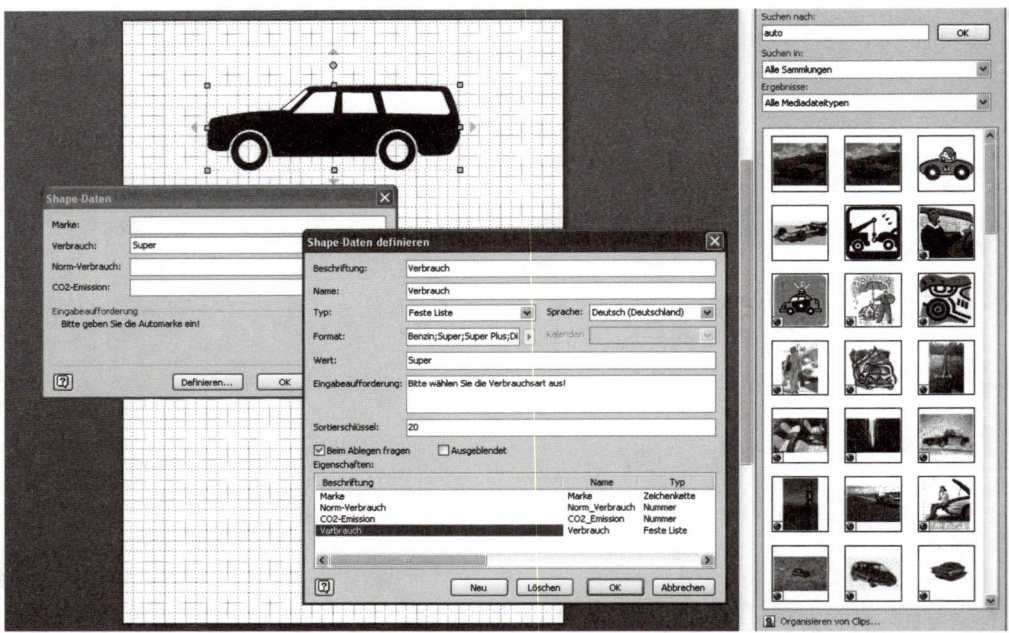

Angenommen, Sie haben bereits mehrere Shape-Daten definiert und stellen nun fest, dass in der Liste ein Feld fehlt, das Sie gerne in der Hierarchie weiter oben stehen haben möchten. Dann können Sie den bereits vorhandenen Feldern Werte zuweisen, beispielsweise 100, 200, 300, 400 und 500. Die beiden neuen Werte erhalten anschließend den Sortierschlüssel 250 und 270, werden folglich zwischen 200 und 300 angezeigt. Kommen nun drei weitere Felder hinzu, dann könnten sie den Sortierschlüssel 250, 260 und 270 erhalten; und anschließend die letzten zwei 265 und 267. In dieser Reihenfolge werden sie anschließend aufgelistet.

Mithilfe dieser Option können auch Eigenschaften ausgeblendet werden, was für die Programmierung wichtig ist.

HINWEIS Wenn Sie den Entwicklermodus eingeschaltet haben, so stellen Sie fest, dass einige der Shapes ausgeblendete Datenfelder besitzen, wie beispielsweise in Abbildung 3.10 sichtbar. In ihnen werden Informationen gespeichert, die intern verwendet werden, die der Benutzer normalerweise nicht zu Gesicht bekommen sollte. Beispielsweise beinhalten die Shapes aus der Schablone *Möbel* eine *Shape-Klasse*, einen *Shape-Typ* und einen *Teil-Shape-Typ*.

Abbildg. 3.10   Normalerweise nicht sichtbare Shape-Daten

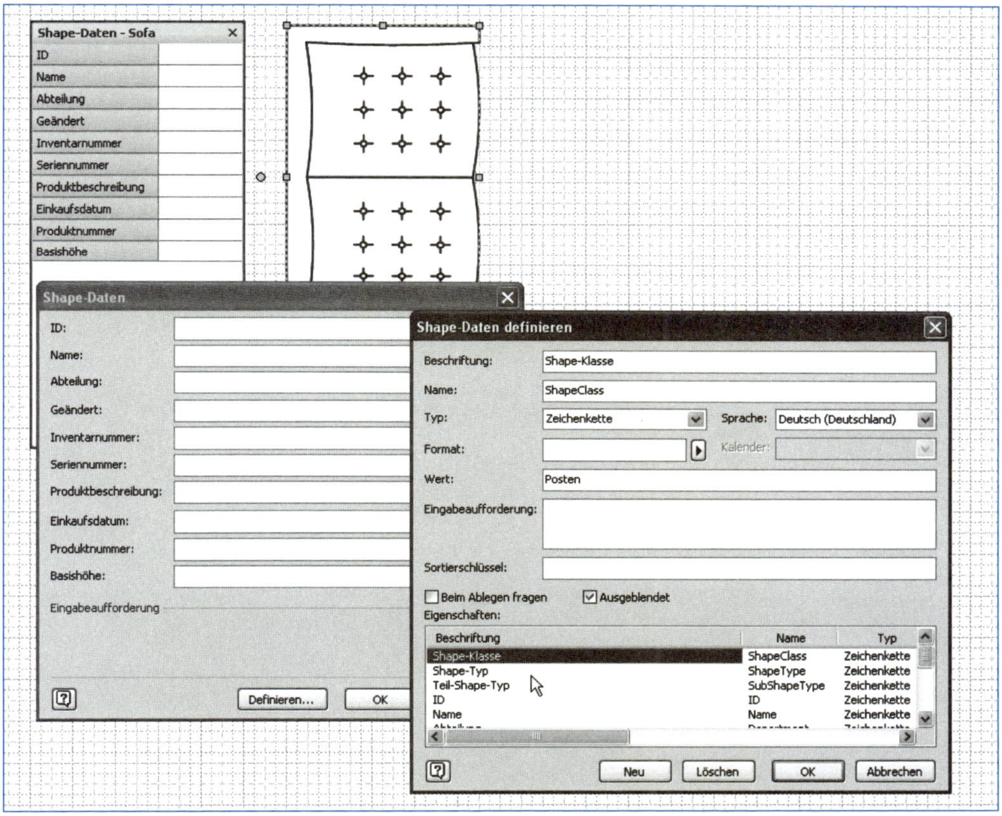

HINWEIS Vielleicht ist Ihnen aufgefallen, dass auch ein *Name* angezeigt wird. Er wird ebenso für interne Zwecke verwendet: Per Programmierung wird auf den Namen, nicht auf die Beschriftung zugegriffen. Der Name ist für den internen Gebrauch reserviert, die Beschriftung für den Anwender.

Und schließlich findet sich die Einstellung *Beim Ablegen fragen*. Wird sie aktiviert, und wird das Shape in eine Schablone gezogen, dann wird beim Herausziehen aus der Schablone auf das Zeichenblatt diese benutzerdefinierte Eigenschaft oder Eigenschaften abgefragt. Bei einigen Shapes hat Visio dies bereits realisiert: Beim Herausziehen werden bestimmte Grundeinstellungen abgefragt, beispielsweise bei einigen Shapes der Schablone *Marketingdiagramme*, *Marketing-Shapes* (Abbildung 3.11).

Kapitel 3 Shape-Daten – Informationen an Shapes binden und auslesen

Abbildg. 3.11 Beim Herausziehen werden bei einigen Shapes Informationen abgefragt – hier: die Anzahl der angezeigten Pfeile

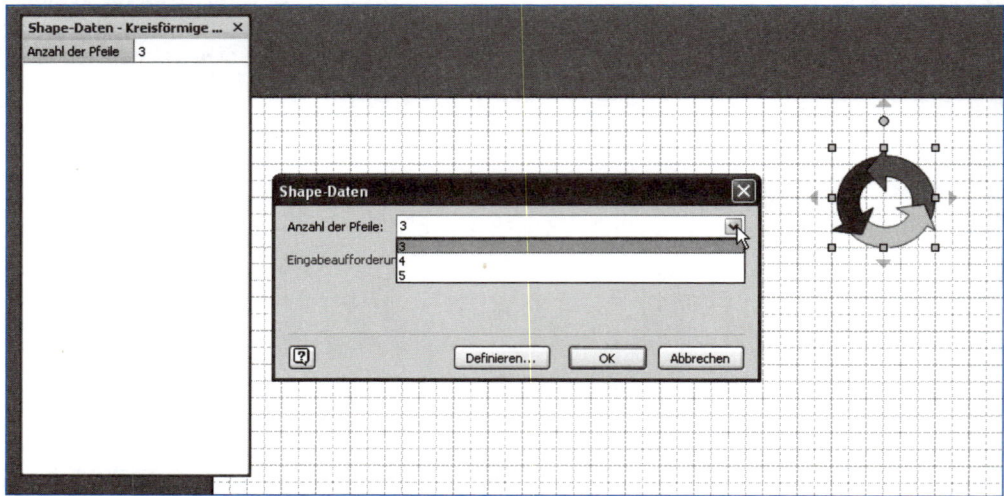

Daten als Beschriftungstext des Shapes

Normalerweise werden die Shape-Daten über den Menübefehl *Daten* oder über das Fenster *Shape-Daten* angezeigt, eingegeben und geändert. Die Anzeige kann jedoch auch erfolgen, wenn Sie im Textmodus über den Menübefehl *Einfügen/Feld* auf eines der Informationen zugreifen. Sie können auf diese Art als reine Information angezeigt werden oder als Teil des Textes.

In einigen Shapes ist dies realisiert worden. Beispielsweise in der Schablone *Express-G* in *Software und Datenbank/Datenbank* die Shapes *Entität*, *Aufzählung*, *Definierter Typ*, *Gewählter Typ* oder *Schema* (Abbildung 3.12).

Abbildg. 3.12 Der Objektname wird als Text im Shape angezeigt

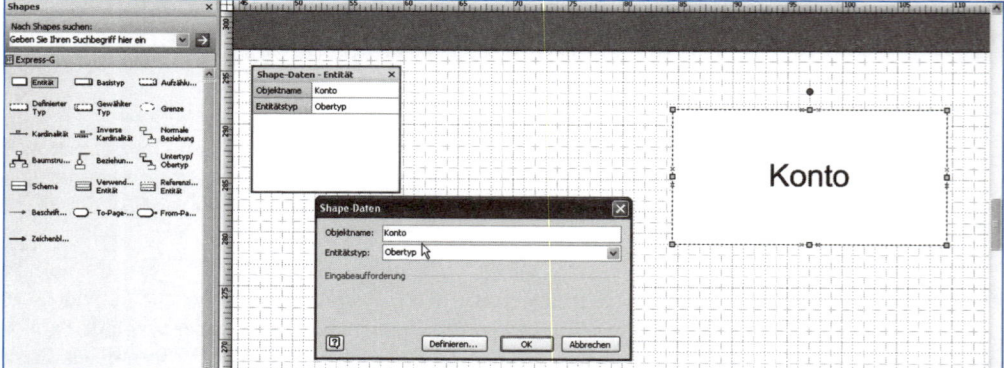

Einige der Shapes verbinden den vom Benutzer eingegebenen Text mit bereits vorhandenem Text. So wird zwischen die beiden Felder Schema und Entität im Shape *Verwendete Entität* ein Punkt gesetzt, wie Sie in Abbildung 3.13 sehen können.

Abbildg. 3.13   Texte können auch aus mehreren Daten zusammengesetzt werden

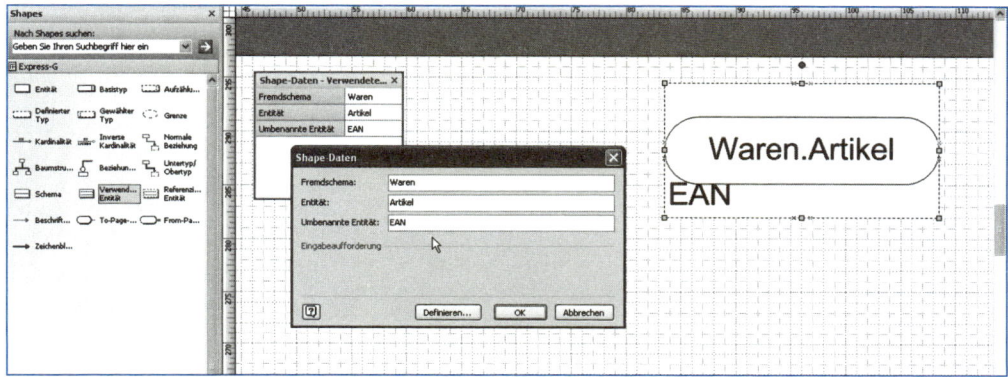

Wieder andere Shapes bieten dem Benutzer eine Auswahlliste an, aus der er sich einen Begriff aussuchen kann, beispielsweise *Basistyp*, der die Datentypen *Binary*, *Boolean*, *Integer*, *Logical*, *Number*, *Real* und *String* aufweist. Selbstverständlich können sämtliche eingegebenen Daten im Fenster *Shape-Daten* geändert oder gelöscht werden.

ACHTUNG   Damit der Benutzer nicht fälschlicherweise den Text im Shape überschreibt, und somit die eingefügte Feldfunktion löscht, das heißt, die Beziehung zwischen den (intern gespeicherten) Daten und dem (angezeigten) Text auseinander bricht, wurde ein Schutz auf die Shapes gelegt (Menübefehl *Format/Schutz*).

Abbildg. 3.14   Die Basistypen sind festgelegt

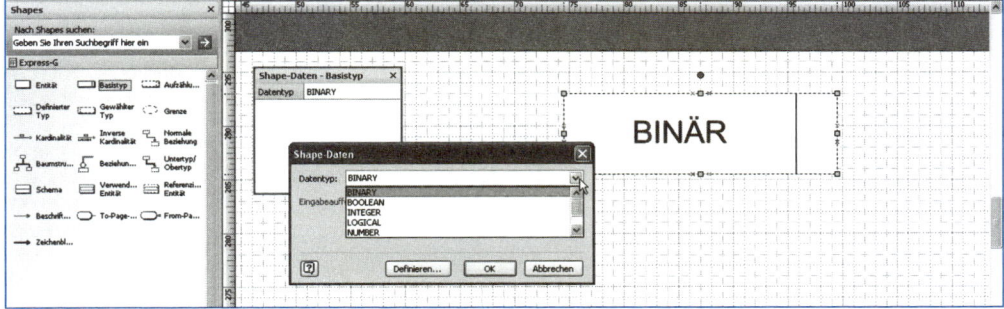

Kapitel 3 Shape-Daten – Informationen an Shapes binden und auslesen

Daten neben den Shapes anzeigen lassen

Es ist nicht nur möglich, die Daten als Text anzeigen zu lassen oder in den Text zu integrieren, sondern seit Visio 2007 ist es möglich, bei einem oder mehreren Shapes die Daten neben dem Shape zur Anzeige zu bringen.

Wenn Sie über den Menübefehl *Daten/Daten für Shapes anzeigen* auswählen, öffnet sich der Arbeitsbereich. Wählen Sie eines oder mehrere Shapes auf Ihrem Zeichenblatt aus. Einige der Zeichnungsvorlagen stellen Vorlagen für Datengrafiken zur Verfügung (beispielsweise Flussdiagramm), andere verfügen über keine Vorgabe. Falls Ihre Vorlage schon welche besitzt, wenden Sie eine der vorgegebenen Datengrafiken aus.

HINWEIS Falls Sie kein Shape ausgewählt haben, erhalten Sie eine Fehlermeldung. Falls das ausgewählte Shape keine Shape-Daten enthält, erhalten Sie einen anderen Hinweis mit der Option, neue Shape-Daten zu generieren. Wenn Sie Shapes mit und ohne Shape-Daten auswählen, so werden nur an den Shapes die Daten angezeigt, die auch darüber verfügen.

Abbildg. 3.15   Eine der vorhandenen Datengrafiken

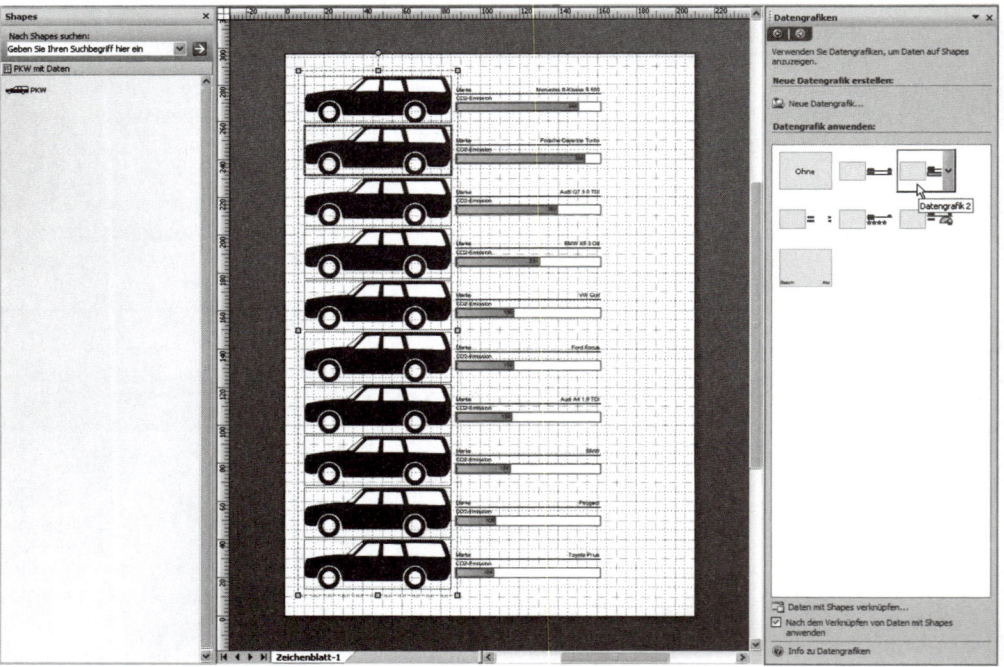

Jede der Datengrafiken verlangt die Bezeichnungen der Shape-Datenfelder, die angezeigt werden sollen. Ganz gleich, ob sie eine Vorlage auswählen oder eine »Neue Datengrafik« erstellen – sie können die Elemente auswählen, die angezeigt werden sollen. Dabei stehen Ihnen vier Optionen zur Verfügung.

Text

Wenn Sie die Option *Text* auswählen, müssen Sie das Datenfeld bestimmen, dessen Inhalt angezeigt werden soll. Die Art der Anzeige regelt die Beschriftung. Wenn Sie den Text nicht – wie vom Standard vorgeschlagen – rechts und in der Mitte haben möchten, deaktivieren Sie die Option *Standardposition verwenden* und wählen die vertikale und/oder horizontale Ausrichtung.

Tabelle 3.3   Die verschiedenen Werteformate

Kategorie	Format
Allgemein	Einheiten anzeigen: - Allgemein - Grad - Bogenmaß - Fuß und Zoll
Nummer	Dezimalstellen 1000er Trenzeichen Einheiten anzeigen: - Allgemein - Grad - Bogenmaß - Fuß und Zoll
Währung	Dezimalstellen Format: - €123 EUR 123 Euro 123 123 € 123 EUR 123 Euro
Datum/Uhrzeit	Sprache Kalender Format: - 17.01.2007 - Mittwoch, 17. Januar 2007-01-17 17.01.07 - 2007-01-17 - 07-01-17 - 17/01/2007 - 17. Jan. 2007 - 17/01/07 - Januar 07 - Jan-07 17.01.2007 23:46 17.01.2007 23:46:09 11:46 11:46:09 23:46 23:46:09

Kapitel 3 Shape-Daten – Informationen an Shapes binden und auslesen

Tabelle 3.3   Die verschiedenen Werteformate *(Fortsetzung)*

Kategorie	Format
Prozentsatz	Dezimalstellen
Bruch	- Bis zu einer Ziffer - Bis zu zwei Ziffern
Text	Großschreibung: - Standard - Großbuchstaben - Kleinbuchstaben
Dauer	Wochen Tage Stunden Minuten Sekunden Stunden und Minuten Minuten und Sekunden

Zahlen können formatiert dargestellt werden. Dabei stehen die bereits beschriebenen Kategorien mit den entsprechenden Formaten zur Verfügung (siehe Tabelle 3.3).

Für den Rahmentyp stehen Ihnen die Umrissoptionen *Ohne*, *Unten* und *Umriss* (also Kasten) zur Verfügung. Der Füllungstyp kann *ohne* oder *Ausgefüllt* sein, der Beschriftungsabstand *Links*, *ohne* oder *Rechts*. Der *horizontale Abstand* (*links*, *ohne* und *rechts*) und der *vertikale Abstand* bestimmen den Versatz. Der Wert kann *angezeigt* oder *nicht angezeigt* werden und mit *Beschriftung* kann zusätzlich eine Beschriftung eingefügt werden. *Wertlänge* gibt die Anzahl der angezeigten Buchstaben an.

Abbildg. 3.16   Die Einstellungen für *Text*

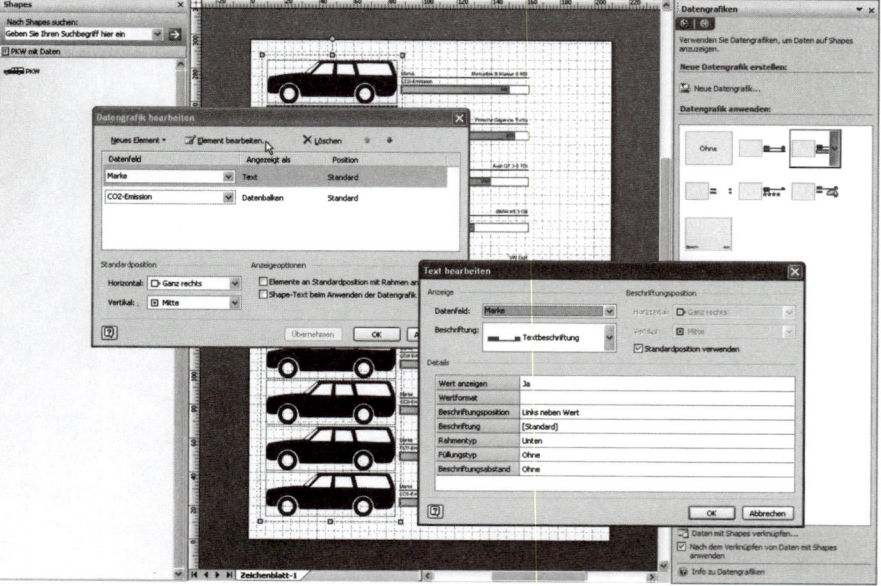

HINWEIS Beachten Sie, dass nicht jede der Beschriftungsoptionen über jedes Detail verfügt.

Datenleiste

Die Datenleiste ist für Zahlen gedacht, die grafisch aufbereitet werden sollen. Ein Balken gibt die Grenzen vor, in denen sich die Werte bewegen: *Mindestwert* und *Höchstwert*. Sofern der Wert des Datenfeldes größer als der Maximalwert wird, gibt es Darstellungsfehler. Im Feld *Wertformat* sind die gleichen Einstellungen wie beim Text zu finden. Zur Zahl und zur grafischen Darstellung gibt es eine Beschriftung. Die Wertposition und die Beschriftungsposition können *nicht angezeigt* werden, *links*, *rechts*, *oben*, *unten* oder *innen* liegen. Für den Beschriftungsabstand stehen die Varianten *links*, *ohne* und *rechts* zur Verfügung.

Bei den Balken können mehrere Felder ausgewählt werden.

Abbildg. 3.17 Datenbalken als *Status anzeigen* und *Bewertungssterne*

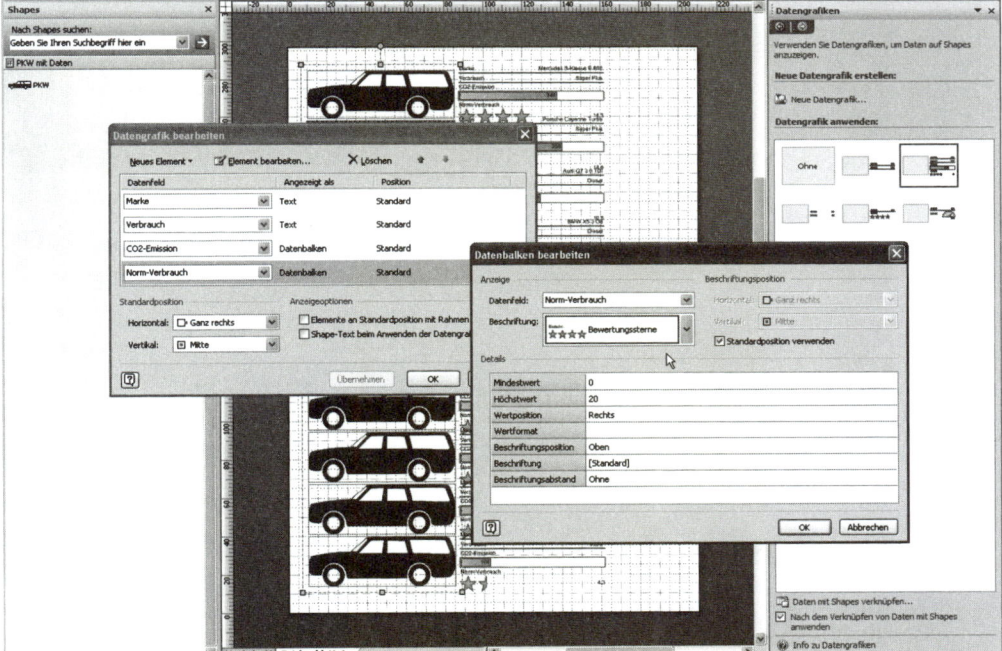

Symbolsatz

Wird die dritte der vier Optionen ausgewählt, hat der Benutzer die Möglichkeit, Texte oder Zahlen bedingt zu formatieren. Das bedeutet: für ein Datenfeld wird eine Beschriftungsreihe ausgewählt. Jedes der vier oder fünf Symbole kann mit den Vergleichsoperatoren

- ist gleich
- ist nicht gleich

Kapitel 3   Shape-Daten – Informationen an Shapes binden und auslesen

- ist größer als
- ist größer als oder gleich
- ist kleiner als
- ist kleiner als oder gleich
- liegt zwischen
- enthält
- enthält nicht

mit einem Wert verglichen werden. Dementsprechend wird das korrespondierende Symbol angezeigt.

Abbildg. 3.18   Die Balken zeigen deutlich die Verteilung

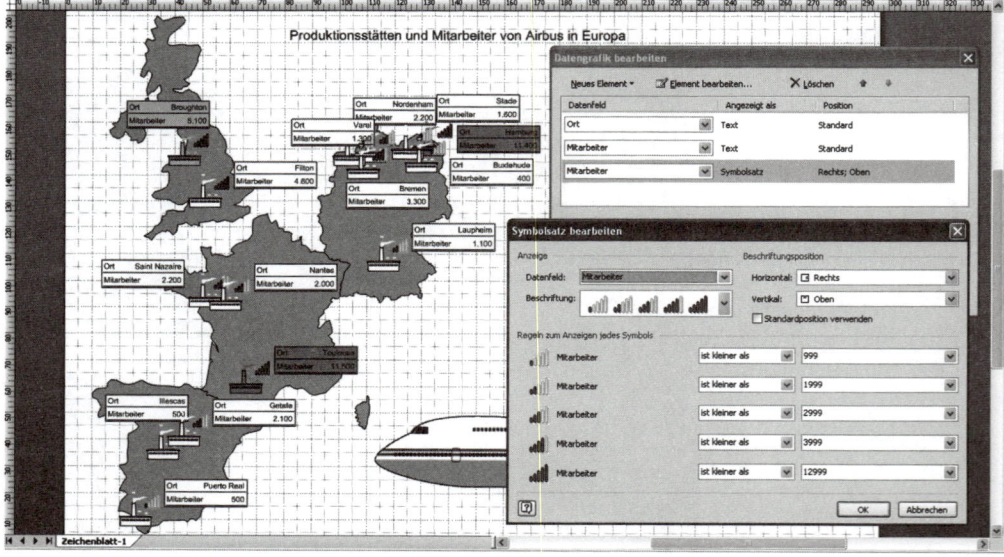

Farbe nach Wert

Ähnlich wie der Symbolsatz funktioniert die Einstellung *Farbe nach Wert* (Abbildung 3.19). Dort kann für eine bestimmte Zahl oder einen Wertebereich (einschließlich .. zwischen …) eine Füllfarbe oder eine Textfarbe definiert werden. Dabei können beliebig viele Farbzuweisungen stattfinden.

Daten neben den Shapes anzeigen lassen

Abbildg. 3.19 Auch durch Farben können die Größen der Daten visualisiert werden

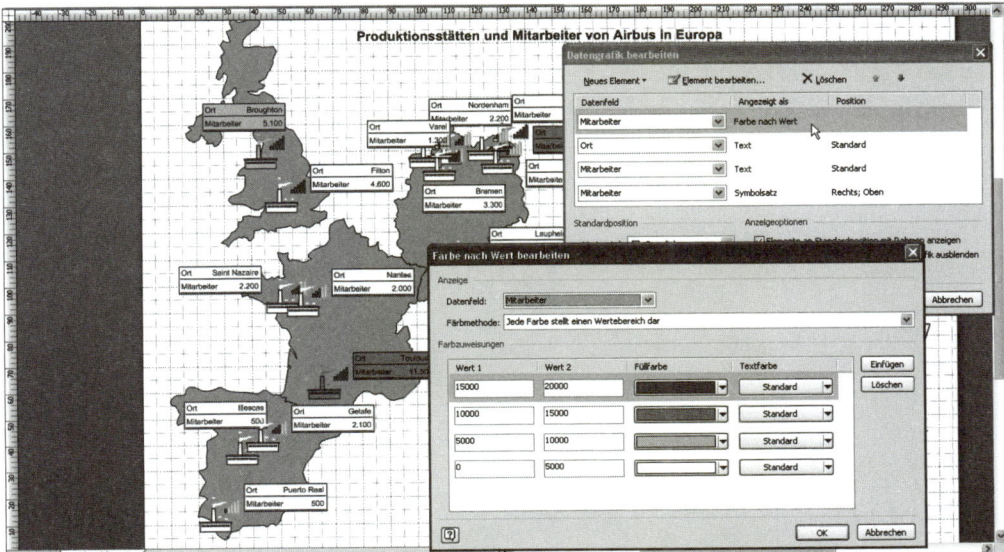

Weitere Optionen

Selbstredend kann jede der Optionen modifiziert werden. Über das Dropdown-Menü kann jedoch nicht nur die Datengrafik bearbeitet werden – Sie können ihr einen sprechenden Namen geben, sie können die Datengrafik duplizieren und löschen.

HINWEIS   Zum schnellen Erkennen, welches Shape bereits eine bestimmte Datengrafik verwendet, können die entsprechenden Formen über das Auswahlmenü selektiert werden.

Optional stehen noch große Vorschauen zur Verfügung.

ACHTUNG   Auch wenn die Optionen der Datenelemente flexibel und vielseitig sind – einige Optionen können leider nicht eingestellt werden:
- die Position der Symbolsätze
- die Anzahl der Symbolsätze (mehr als fünf Symbole sind nicht möglich)
- benutzerdefinierte Symbolsätze
- Schriftgröße und –art bei Texten
- exakte Position der Texte
- vorgegebener Textrahmen
- mehr als vier Farben nach Werten

201

Kapitel 3 Shape-Daten – Informationen an Shapes binden und auslesen

Abbildg. 3.20 Nicht benötigte Datengrafiken werden gelöscht; eine Grafik wird dupliziert und modifiziert

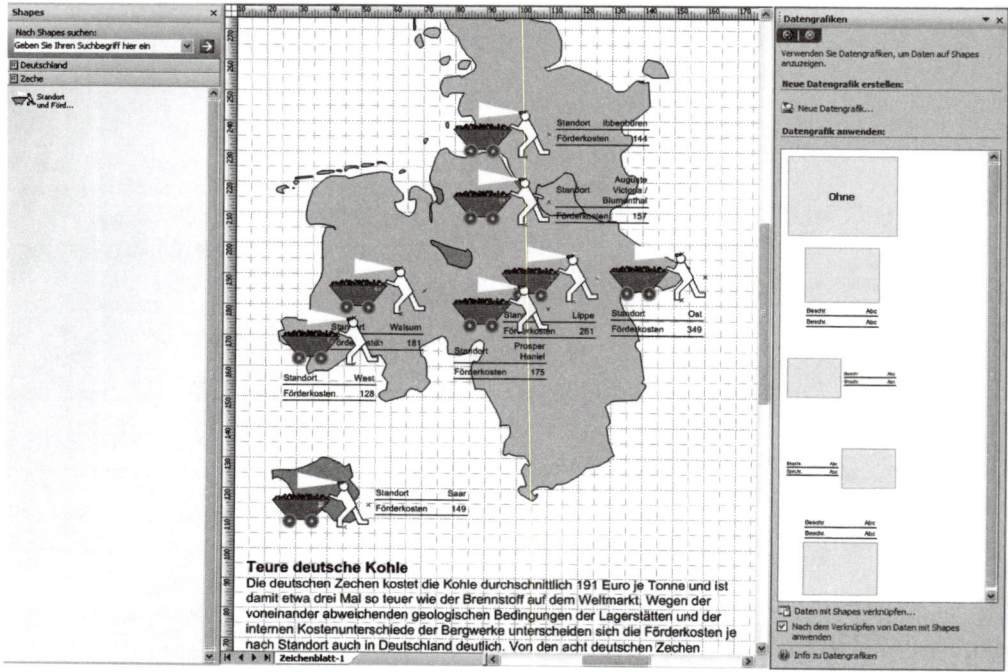

Daten einsammeln und wegschreiben (Berichte)

Eine der Stärken von Visio ist, die Shapes mit Daten zu verknüpfen. Möchten Sie die Daten nicht nur in einem Fenster oder als Beschriftung auf oder neben dem Shape angezeigt bekommen, stellt Visio auch ein leistungsstarkes Tool zur Verfügung: die *Berichte*. Sie gelangen in den Assistenten über den Menübefehl *Daten/Berichte*. Dort werden Ihnen – je nach verwendeter Vorlage – mehrere Berichte angeboten, die Sie verwenden (*ausführen*) oder modifizieren (*ändern*) könnten. Im Folgenden wird der Assistent (*Neu*) beschrieben, mit dessen Hilfe ein neuer Bericht erstellt wird.

Im ersten Schritt werden Sie gefragt, ob Sie die Shapes auf einem – dem aktuellen – Zeichenblatt oder auf allen Zeichenblättern der gesamten Zeichnung einsammeln möchten. Alternativ ist es möglich, bestimmte Shapes zu markieren und aus ihren Informationen einen Bericht zu generieren.

HINWEIS Normalerweise werden Sie nicht sämtliche Shapes »einsammeln«. Visio würde dann z.B. auch Führungslinien, Verbindungslinien, Textfelder, Rahmen- und Titel-Shapes im Bericht aufnehmen.

Üblicherweise wird im ersten Schritt eine Auswahl der Shapes getroffen, an die bestimmte Felder gebunden sind. Dies geschieht über die Schaltfläche *Erweitert*. Dort können Sie die in Tabelle 3.4 gezeigten Optionen auswählen:

Tabelle 3.4 Auswahl der Shapes über bestimmte Optionen

Eigenschaft	Bedingung	Wert
Angezeigter Text	= < > vorhanden	Shapes, die mit einem bestimmten Text beschriftet sind
AutoDiscovery-Shapes	vorhanden	WAHR FALSCH
Breite Höhe	= < > < <= > >=	alle Shapes, deren Breite oder Höhe unter oder über einem bestimmten Wert liegt oder die exakt eine bestimmte Breite oder Höhe haben (interessant für Mobiliar)
Layername	= < >	die Liste der Layer
Master-Shape-Name	= < > vorhanden	die Liste der Master-Shape-Namen (sie wird in *Format/Objektdaten* angezeigt)
Shape-ID	= < > < <= > >=	die Shape-ID (sie wird in *Format/Objektdaten* angezeigt)
Shape-Name	= < >	der Shape-Name (er wird in *Format/Objektdaten* angezeigt)
X-Position Y-Position	= < > < <= > >=	die (numerische) Lage des Shapes (interessant für Raumpläne)
die Liste sämtlicher Datenfelder auf allen Shapes	= < > < <= > >= vorhanden	Shapes, in deren Datenfelder bestimmte Informationen eingetragen wurden

Kapitel 3 Shape-Daten – Informationen an Shapes binden und auslesen

HINWEIS   Sicherlich ist die häufigste Eigenschaft der Layername (Abbildung 3.21), da über ihn auf verschiedene und verschiedenartige Shapes zugegriffen werden kann. Für technische Zeichnungen und Raumpläne sind natürlich auch Master-Shape-Namen denkbar, Shape-Datenfelder, die mit einem bestimmten Wert gefüllt sind (»alle Schrauben, die einen Gewindedurchmesser M5 haben«) oder geometrische Informationen (»alle Tische, die breiter als 60 cm sind«)

Abbildg. 3.21   Die Einstellung *Layername*

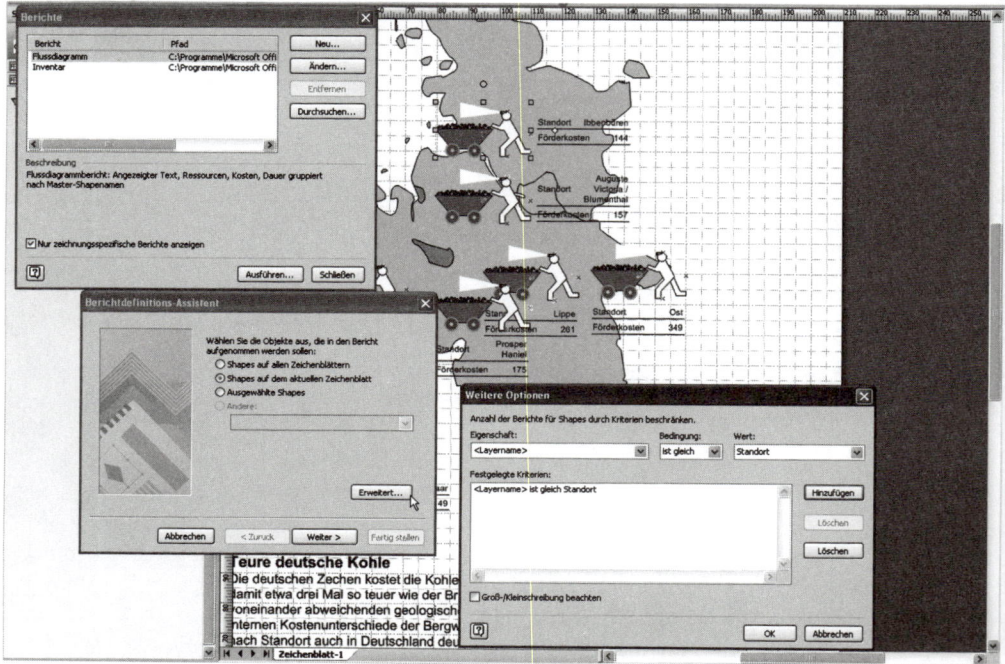

ACHTUNG   Sie können mehrere Kriterien auswählen, die mit einem logischen UND verknüpft werden. Leider ist keine Verknüpfungsauswahl für ein ODER vorgesehen.

Im zweiten Schritt wählt der Benutzer die Eigenschaften aus, die im Bericht angezeigt werden sollen. Dabei stehen unter anderem zur Verfügung:

- der angezeigte Text
- die Breite
- die Höhe
- der Master-Shape-Name
- die Shape-ID
- der Shape-Name
- die x-Position
- die y-Position
- die Datenfelder

Daten einsammeln und wegschreiben (Berichte)

Abbildg. 3.22   Einige der Datenfelder wurden ausgewählt

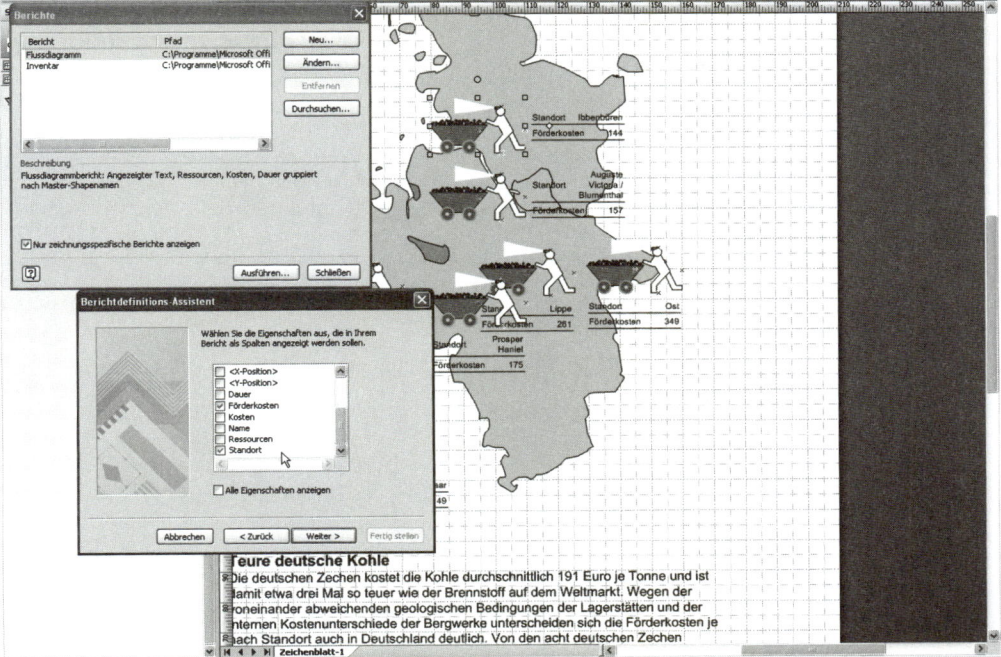

Im vorletzten Schritt wird der Titel eingegeben, der erscheint, wenn der Bericht als Shape auf der Visio-Zeichnung eingefügt wird. Über die Schaltfläche *Teilsummen* können die Informationen gruppiert werden. Hinter der Schaltfläche *Optionen* verbirgt sich ein Dialogfeld, mit dessen Hilfe alle Werte angezeigt werden können, gleiche Werte können zusammengefasst werden oder nur die Teilsummen angezeigt werden können. Zusätzlich zu den Einzelwerten können Sie sich auch die Gesamtsummen anzeigen lassen.

HINWEIS   Mithilfe der Option des Gruppierens könnten Duplikate ausgeschlossen werden.

In der unteren Liste »Teilsummen« werden die Funktionen ausgewählt, die auf die entsprechenden Daten angewandt werden sollen:

- Anzahl (für Texte und Zahlen)
- Gesamt (Summe)
- Mittelwert
- Maximum
- Minimum
- Median

Kapitel 3 Shape-Daten – Informationen an Shapes binden und auslesen

Die nicht zusammengefassten beziehungsweise berechneten Daten, können als Sortierkriterien verwendet werden. Diese finden Sie hinter der zweiten Schaltfläche.

Mit *Format* werden die Einheiten angezeigt und die Anzahl der Nachkommastellen festgelegt.

Sämtliche Einstellungen des Berichtes müssen gespeichert werden. Sie können (lokal) in der aktuellen Zeichnung gespeichert werden oder auch in einer bestimmten Datei.

> **PROFITIPP**
>
> Das Speichern der Berichtdefinition in einer Datei hat die Vorteile, dass die Berichtdefinition weitergegeben werden kann und dass andere Zeichnungen den gleichen Bericht aus ihren Daten generieren können.

Nachdem die Berichtdefinition fertig gestellt wurde, wird der Bericht »ausgeführt«. Dabei stehen zwei Varianten zur Verfügung:

- als Daten, die in einem Visio-Shape auf der Zeichnung angezeigt werden
- als externe Datei, die gespeichert wird.

Daten speichern in einem Visio-Shape

Wenn Sie sich für die Variante entscheiden, die Daten in einem Visio-Shape (wie in Abbildung 3.23) zu speichern, sollten Sie sich überlegen, ob eine Kopie der Berichtdefinition erzeugt wird oder ob Sie eine Verknüpfung mit der Berichtdefinition möchten. Wenn Sie sich für den ersten Fall entscheiden, wird eine lokale Kopie der Berichtdefinition im Shape erzeugt. Das bedeutet: Wählen Sie über das Kontextmenü *Bericht aktualisieren*, so gelangen Sie in das Berichts-Dialogfeld. Dort finden Sie nun eine Kopie Ihres Berichtes. Sie können nun sowohl diese Kopie modifizieren als auch den ursprünglichen Bericht ändern – beide sind unabhängig voneinander. Bei *Verknüpfung mit Berichtdefinition* steht Ihnen diese Option nicht zur Verfügung.

Ganz gleich für welche Variante Sie sich entscheiden – über das Kontextmenü *Bericht erstellen* werden Änderungen der Shapes im Bericht angezeigt.

Bericht aktualisieren öffnet erneut das Berichts-Dialogfeld, sodass die Definition modifiziert werden könnte.

Der Bericht wird als eingebettete Excel-Tabelle gespeichert. Dies können Sie leicht herausfinden, indem Sie mit einem Doppelklick (oder über das Kontextmenü *Worksheet-Objekt/Bearbeiten*) das Shape öffnen. Das bedeutet, dass in Excel die Formatierungen angepasst werden können. Ein Klick auf das Zeichenblatt führt zurück zu Visio.

Im Kontextmenü finden Sie auch noch die Option *Worksheet-Objekt/Öffnen*, mit der die Tabelle in einem neuen (Excel-) Fenster geöffnet wird. Über *Worksheet-Objekt/Konvertieren* kann es in eine ältere Excelversion herunter konvertiert werden.

Abbildg. 3.23 Die Daten werden als Visio-Shape in der Zeichnung angezeigt.

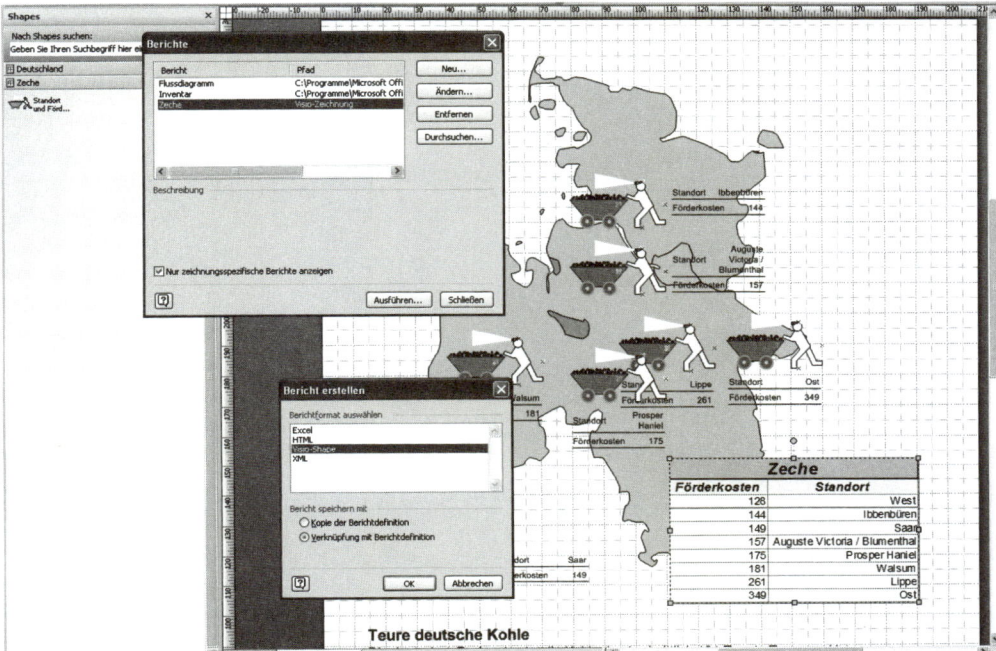

Daten in externer Datei speichern

Drei Formate stehen Ihnen für den Datenexport zur Verfügung:

- Excel
- HTML
- XML

Während beim Auswählen von *Excel* die Applikation Excel geöffnet wird und die Daten (ohne sie zu speichern) dort angezeigt werden (wie Sie in Abbildung 3.24 sehen können), muss beim HTML- und XML-Export ein Speicherort und ein Dateiname angegeben werden.

Die HTML-Datei besteht aus einer Tabelle mit den Daten, die mit einem *.css*-Stylesheet verknüpft ist. Selbstverständlich kann diese (Text-) Datei bearbeitet werden.

In der XML-Datei finden sich nicht nur die Daten als Werte in den entsprechenden Tags, sondern auch die formatierten Werte als Attribute in den Tags, die Formatierungsinformationen als Attribute in den entsprechenden Tags. Und am Anfang wird eine *.xsd*-Schema-Datei eingebettet, die die Daten der Liste validiert.

Kapitel 3 Shape-Daten – Informationen an Shapes binden und auslesen

Abbildg. 3.24 Die drei Exportoptionen – als Excel-Mappe, als HTML- oder XML-Datei

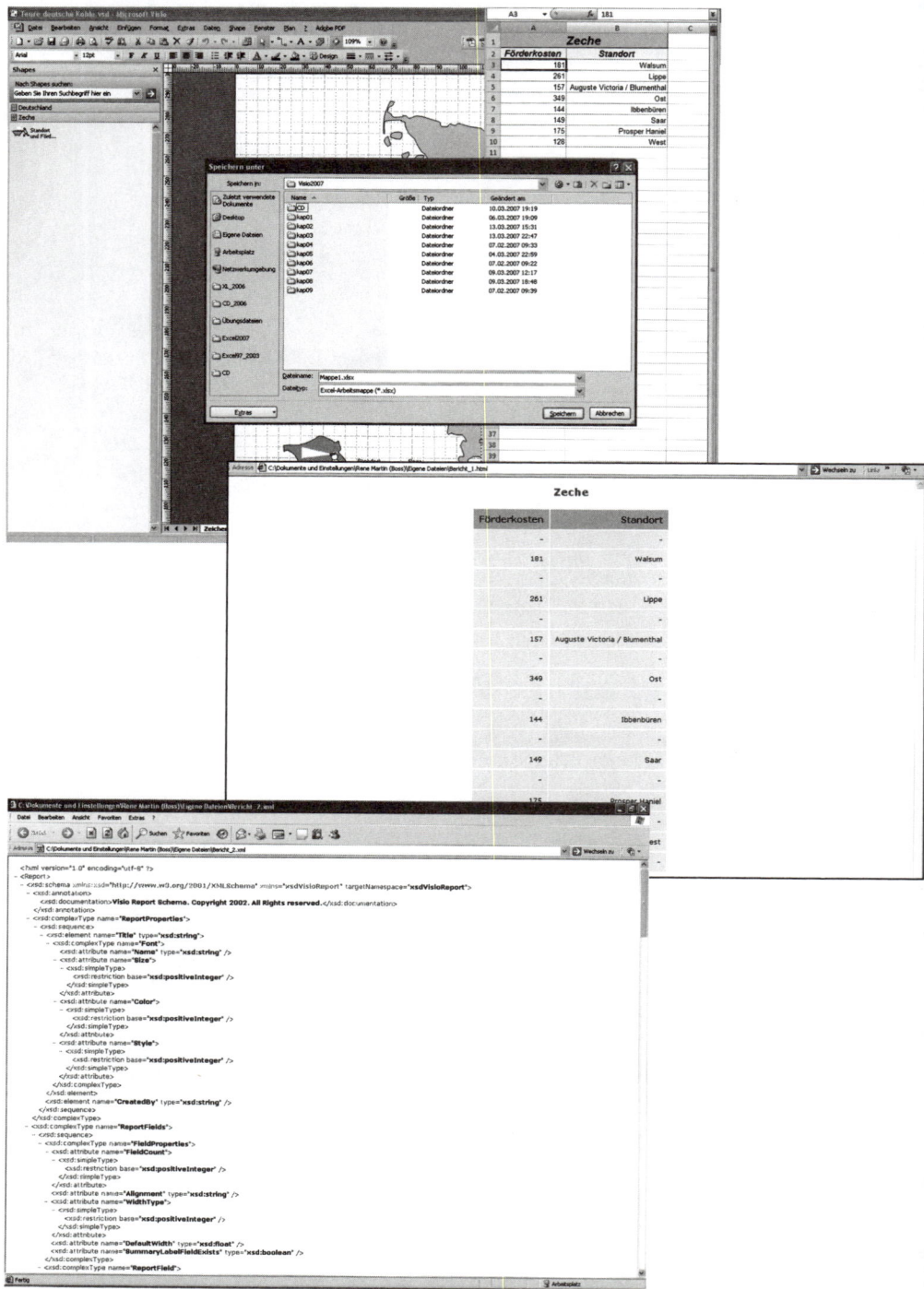

Externe Daten mit Shapes verknüpfen

Es gibt auch den umgekehrten Weg: Angenommen, Sie haben Daten in einer Excel-Tabelle oder in einer Datenbank gespeichert. Dann können Sie die Liste mit einer bestehenden Zeichnung verknüpfen, sodass die (externen) Daten als Datenfelder zu den Shapes hinzugefügt werden.

HINWEIS Damit das Verknüpfen funktioniert, muss die Liste einen Schlüsselwert besitzen. Legen Sie in den Datenbanken (z.B. in Access oder SQL Server) einen Primärschlüssel auf das eindeutige Feld oder generieren Sie in Excel eine Zählerspalte, die als Schlüsselspalte fungiert.

Wählen Sie hierzu den Menübefehl *Daten/Daten mit Shapes verknüpfen*. Der Assistent fragt Sie nach der Datenquelle – je nach Programm beziehungsweise Server wird ein anderer Filter verwendet.

Wenn Sie sich für Excel entscheiden, wählen Sie im zweiten Schritt den Namen der gespeicherten Datei und im dritten Schritt den Namen des Tabellenblattes. Im nächsten Schritt werden Sie gefragt, ob Sie sämtliche Informationen aus der Excel-Liste benötigen oder lediglich einige der Spalten, die einzeln auswählbar sind.

ACHTUNG Bei einer Excel-Tabelle mit mehreren Tausend Datensätzen erhalten Sie eine Warnmeldung, dass es möglicherweise zu Schwierigkeiten kommt (siehe Abbildung 3.25). Bei mir gab es bei meinen Tests jedoch keine Komplikationen.

Abbildg. 3.25 Der Warnhinweis kann (mit *Nein*) übergangen werden – die Daten werden problemlos importiert

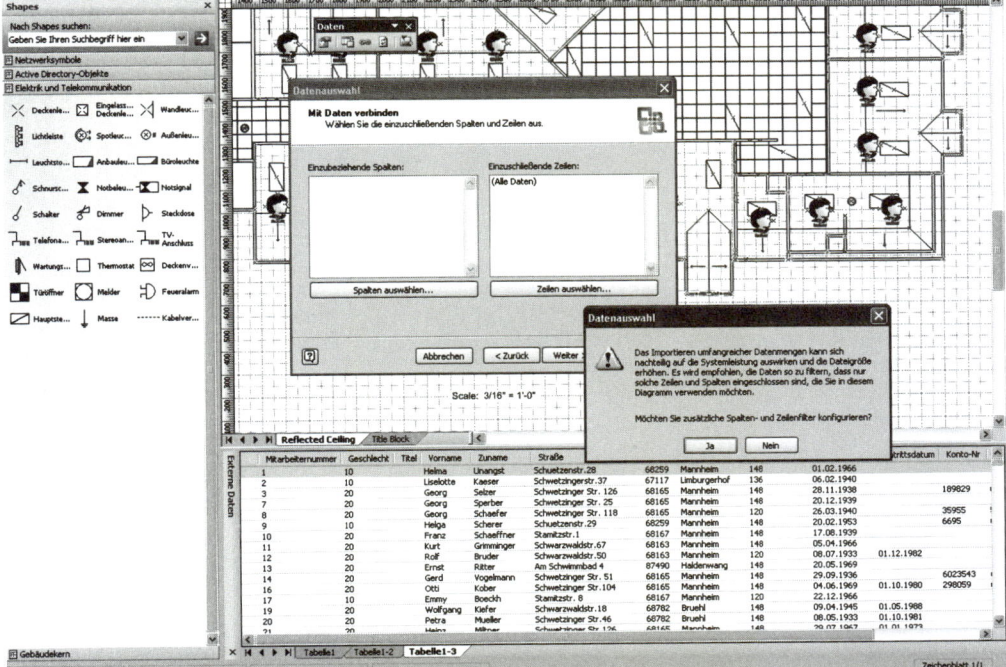

Kapitel 3 Shape-Daten – Informationen an Shapes binden und auslesen

Im unteren Teil des Visio-Bildschirms werden nun die importierten Daten angezeigt. Per Drag & Drop kann ein Datensatz auf das Zeichenblatt gezogen werden und dort auf einem Shape fallen gelassen werden. Sofort öffnet sich das Fenster für Datengrafiken, in dem Sie festlegen können, welche der Daten und auf welche Art und Weise sie angezeigt werden. Welcher Datensatz mit einem Shape verknüpft wurde, ist am Verknüpfungssymbol im Fenster *Externe Daten* leicht erkennbar. Sie erkennen es deutlich in Abbildung 3.26.

Abbildg. 3.26 Die Daten werden auf das Shape gezogen und sind nun im Fenster *Shape-Daten* sichtbar

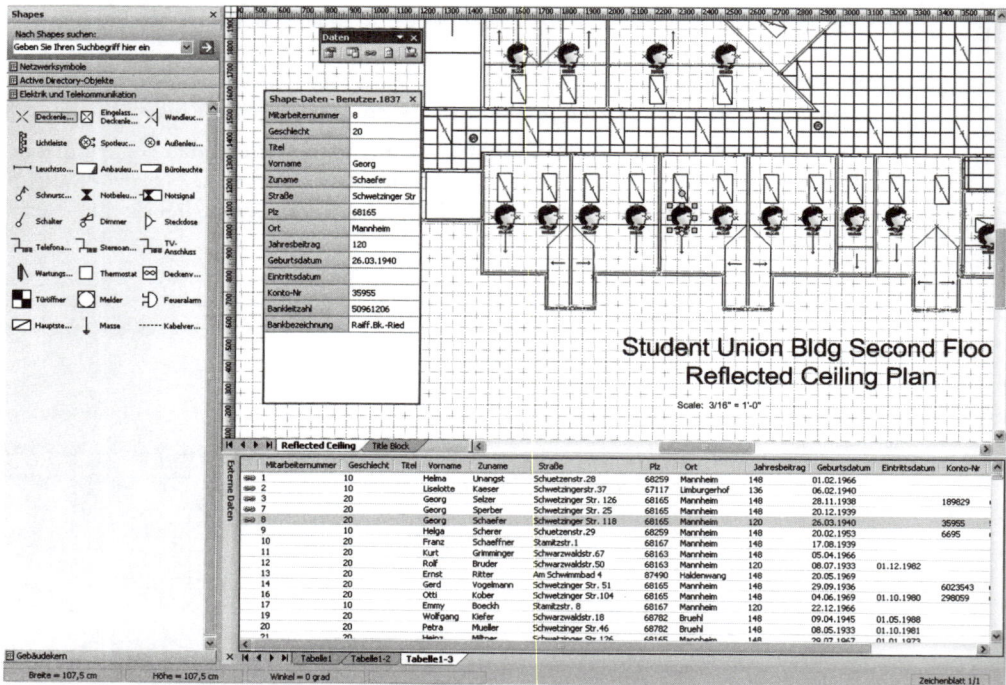

ACHTUNG Beim Ziehen aus dem Fenster für externe Daten darf kein Shape der Zeichnung markiert sein, da die Daten sonst auf beiden Shapes liegen würden.

Externe Daten mit Shapes verknüpfen

Abbildg. 3.27   Die Datengrafiken können die Daten auf den Shapes anzeigen

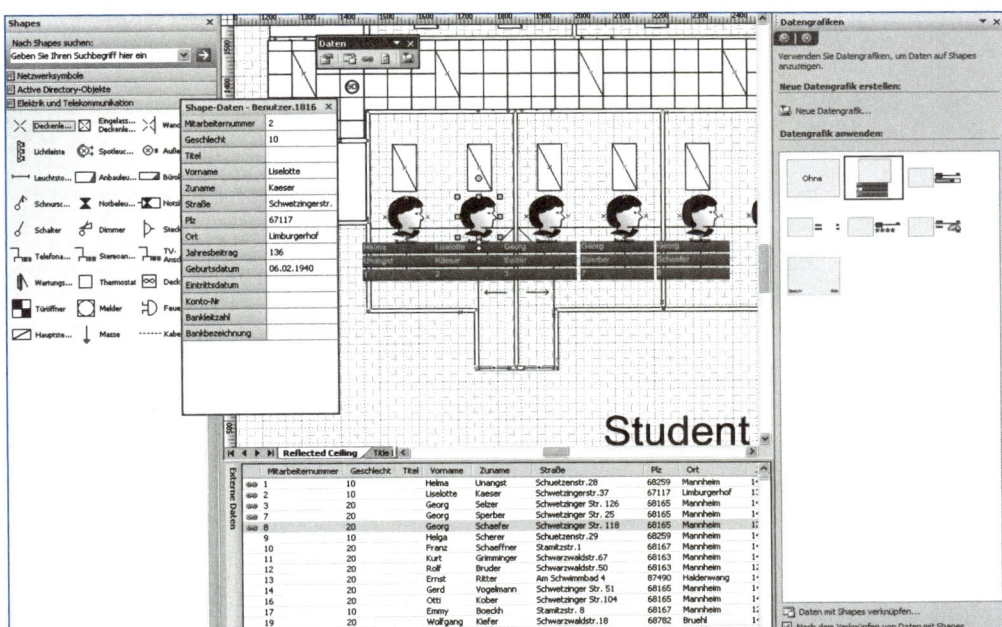

Verfügt ein Shape bereits über eine Verknüpfung, und verknüpfen Sie einen anderen Datensatz mit diesem Shape, erhalten Sie eine Warnmeldung, in der Sie gefragt werden, ob die Verknüpfung zum ersten Datensatz gelöscht werden soll (siehe Abbildung 3.28).

Abbildg. 3.28   Daten können ersetzt werden

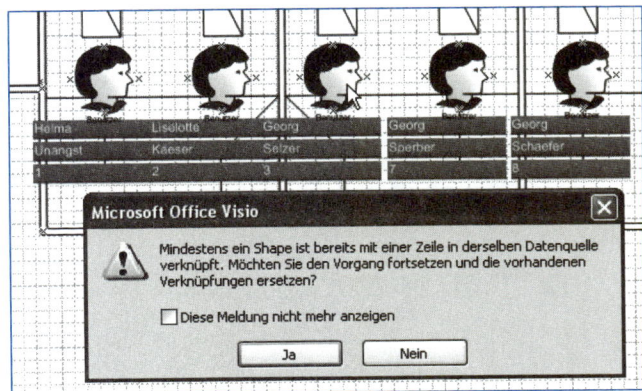

Kapitel 3   Shape-Daten – Informationen an Shapes binden und auslesen

Diese Einstellung kann im Kontextmenü *Datenquelle/Eigenschaften* geändert werden. Ihnen steht ebenso die Möglichkeit zur Verfügung, vorhandene Daten stillschweigend (also ohne Nachfrage an den Benutzer) zu ersetzen oder nicht zu ersetzen.

ACHTUNG Es ist nicht möglich, zwei Datensätze mit einem Shape zu verknüpfen. Dies erscheint auch sinnvoll so.

Der umgekehrte Weg ist jedoch denkbar. Ein Datensatz kann mit mehreren Shapes aus der Zeichnung problemlos verknüpft werden.

Wenn Sie fälschlicherweise das Fenster für externe Daten ausgeblendet haben, können Sie es wieder über den Menübefehl *Ansicht/Fenster für externe Daten* sichtbar machen.

Das Kontextmenü des Fensters für externe Daten (Abbildung 3.29) verfügt über einige interessante Einstellungen, die im Folgenden beschrieben werden:

Abbildg. 3.29   Das Kontextmenü des Fensters für externe Daten bietet eine Reihe von Einstellmöglichkeiten

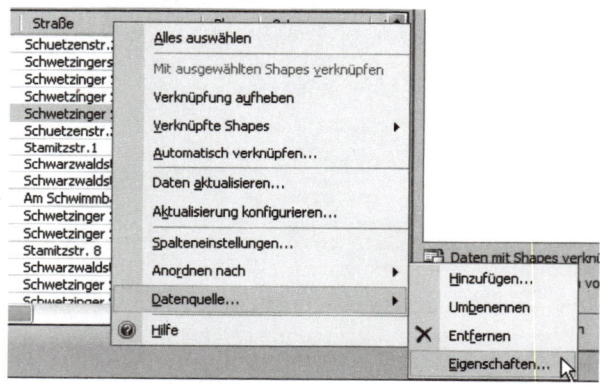

Alles auswählen

Damit haben Sie die Möglichkeit, sämtliche Datensätze aus der Liste auszuwählen. Dies kann sinnvoll sein, wenn Sie sämtliche Verknüpfungen lösen möchten.

TIPP Mit gedrückter [Strg]- oder [⇧]-Taste können mehrere Datensätze in diesem Fenster ebenso selektiert werden.

Mit ausgewählten Shapes verknüpfen

Vielleicht ist die Technik, den Datensatz mit Drag & Drop aus dem Fenster auf das Shape zu ziehen, die schnellste Methode und sehr effizient. Es geht aber auch, indem Sie ein Shape oder mehrere Shapes auf der Zeichnung markieren und einen ausgewählten Datensatz mit dem Befehl *mit ausgewähltem Shape verknüpfen* verknüpfen. Wenn Sie mehrere Datensätze ausgewählt haben, wird nur einer der Datensätze mit dem Shape beziehungsweise mit den Shapes verknüpft. Sie müssen die Verknüpfungen einzeln herstellen.

> **ACHTUNG** Da auch Führungslinien, Verbinder, Bilder, Textfelder, Rahmen und Titel etc. Shapes sind, können Sie auch mit Daten verknüpft werden. Achten Sie darauf, dass diese Objekte nicht selektiert sind.

Verknüpfung aufheben

Mit der Option *Verknüpfung aufheben* aus dem Kontextmenü wird die Beziehung zwischen der Datentabelle und dem Shape gekappt. Beachten Sie, dass damit nicht die Daten des Shapes gelöscht werden; auch nicht die Datenfelder, in welche nichts eingetragen wurde. Und: Da noch die Datengrafik angezeigt wird, sind die »alten« Daten noch immer neben dem Shape sichtbar. Sie müssten ausgeblendet oder explizit gelöscht werden.

Verknüpfte Shapes

Zwar ist am Symbol vor dem Datensatz gut zu erkennen, ob ein Datensatz mit einem oder mehreren Shapes verknüpft wurde, jedoch nicht mit welchem. Hier schafft der Eintrag *Verknüpfte Shapes* Abhilfe. Er zeigt den Namen des verknüpften Shapes, oder – bei mehreren verknüpften Shapes – sämtliche Namen. Wird einer der Namen ausgewählt, wird das Shape nicht nur markiert, sondern die Bildschirmansicht wird so verschoben, dass das verknüpfte Shape in der Mitte des Fensters sichtbar ist.

> **HINWEIS** Zusätzlich zum Namen des Shapes (genauer: zum Namen des Master-Shapes) werden auch noch die Namen der Zeichenblätter angezeigt, auf denen sich das Shape befindet.

Automatisch verknüpfen

Der Assistent *Automatisch verknüpfen* setzt voraus, dass Shapes auf dem Zeichenblatt bereits ein Datenfeld besitzen, das mit einem Feld aus der Liste korrespondiert. Die Namen müssen dabei nicht identisch sein. Und, dass die Datentypen (Text, Zahl oder Datum) des Datenfeldes identisch sind mit den Daten aus der Liste.

> **HINWEIS** Da in Datenbanken ein Primärschlüssel auf mehrere Felder gelegt werden kann, können auch mehrere Felder miteinander verknüpft werden.

Der Assistent fragt ab, ob nur die ausgewählten Shapes oder alle Shapes der aktuellen Zeichenblattseite verknüpft werden sollen. Im zweiten Schritt ist auszuwählen, welche Felder der Daten mit welchen Feldern der Liste korrespondieren. Der dritte Schritt dient lediglich der Kontrolle: Dort werden noch einmal die gewünschten Verknüpfungseinstellungen angezeigt und können nun aktiviert werden.

Kapitel 3 Shape-Daten – Informationen an Shapes binden und auslesen

Abbildg. 3.30 Dieser Datensatz wurde fälschlicherweise mit mehreren Shapes verknüpft

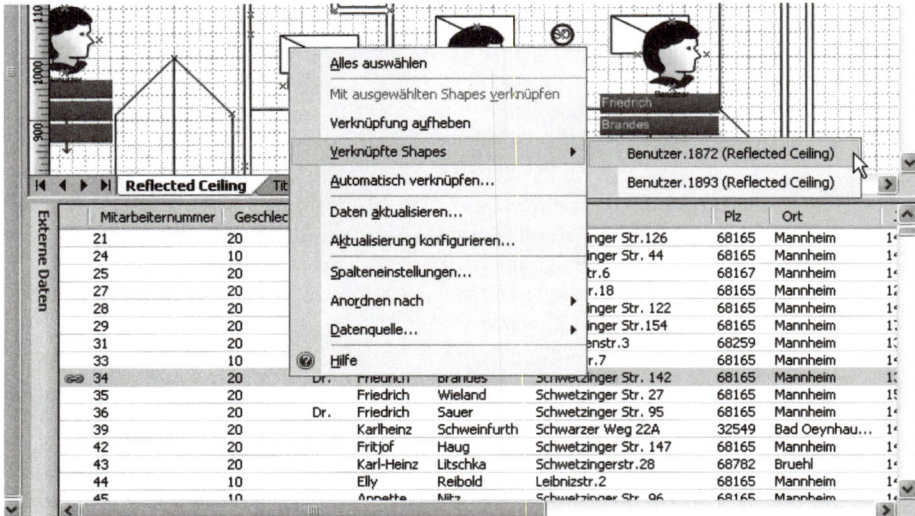

Sie finden diese Einstellung auch im Menübefehl *Daten/Automatisch verknüpfen*.

Daten aktualisieren

Die Liste der Daten, die im unteren Fenster angezeigt wird, enthält keine direkte Verknüpfung zu der ursprünglichen Datenliste. Damit Änderungen in der Excel-Tabelle oder in der Datenbank übernommen werden, muss die Liste aktualisiert werden. Danach stehen die neuen Werte in der Liste und damit selbstverständlich auch in den entsprechenden Shapes.

ACHTUNG Ein Zurückschreiben der Daten ist nicht möglich. Das bedeutet: Werden Daten in den Shapes oder in der angezeigten Liste geändert, kann damit nicht in Excel oder Access weitergearbeitet werden.

Sie finden diese Einstellung auch im Menübefehl *Daten/Daten aktualisieren*.

Aktualisierung konfigurieren

Im Dialogfeld *Aktualisierung konfigurieren* können Sie die Datenquelle ändern. Dies ist sinnvoll, wenn die Excel-Datei einen anderen Namen trägt oder in ein anderes Verzeichnis gespeichert wurde. Oder auch, wenn die Shape-Daten mit einer anderen Datenquelle verknüpft werden sollen, in der sich die aktuellen Werte befinden.

In diesem Dialogfeld kann auch der eindeutige Bezeichner (Primärschlüssel) geändert werden. Alternativ haben Sie die Möglichkeit, die Zeilennummer als Primärschlüssel zu verwenden. Dort können Sie Benutzeränderungen an Shape-Daten überschreiben lassen.

Externe Daten mit Shapes verknüpfen

WICHTIG Diese Einstellung ist sehr wichtig. Angenommen, der Anwender überschreibt Daten in einem Datenfeld, das mit einem Datensatz aus der Liste verknüpft ist. Man könnte meinen, dass das Aktualisieren der Daten bewirkt, dass vom Anwender geänderte Daten zurückgesetzt werden. Weit gefehlt! Es werden nur die Daten überschrieben, die in der Liste nicht mehr mit der Datenquelle korrespondieren. Schalten Sie diese Option ein, damit die Benutzerdaten nach der Aktualisierung zurückgesetzt werden.

Ebenso können Sie eine automatische Aktualisierung anstoßen.

Spalteneinstellungen

Über dieses Fenster kann die Reihenfolge der Spalten geändert werden. Dies kann interessant sein, um die Felder in einer korrekten Reihenfolge (beispielsweise: Vorname – Zuname – Straße – PLZ – Ort) angezeigt zu bekommen (siehe Abbildung 3.31).

Dort können auch die Namen umbenannt werden, damit nicht die möglicherweise kryptischen (Feld-) Namen aus der Datenbank angezeigt werden. Umgekehrt können Sie die Namen auch wieder auf ihren alten Standard zurücksetzen.

Abbildg. 3.31 Die Reihenfolge und die Einheiten der Felder können geändert werden

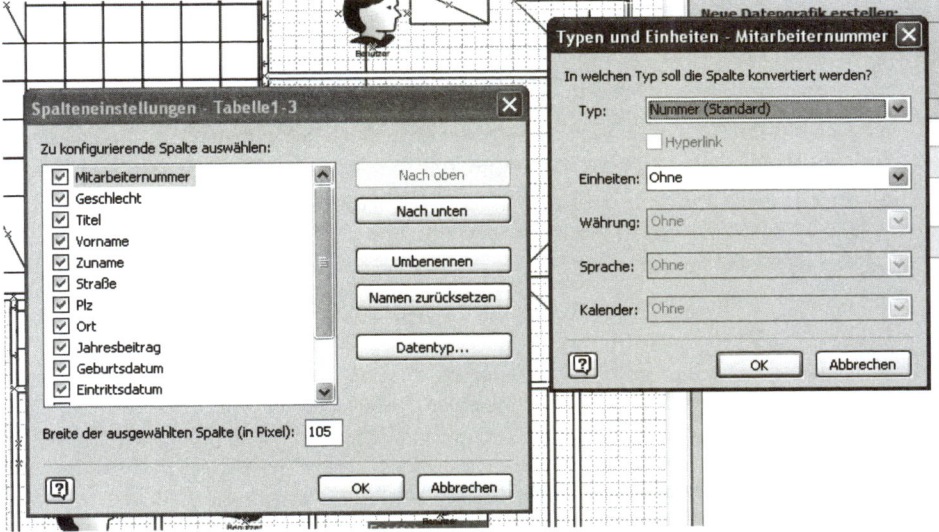

Manchmal passiert es beim Importieren von Fremddaten, dass der Datentyp nicht korrekt erkannt wird. Vor allem, wenn die ersten Felder leer sind, haben viele Assistenten Schwierigkeiten damit, Datum und Zahl korrekt zu identifizieren. Abhilfe schafft hier die Schaltfläche *Datentyp*. Dort kann der korrekte Datentyp eingestellt werden, den Sie für Berechnungen benötigen. Es stehen folgende Typen zur Verfügung:

- Nummer
- Boolesch

- Währung
- Datum
- Dauer
- Zeichenkette

Die Breite der ausgewählten Spalten kann (numerisch) festgelegt werden.

> **HINWEIS** Es ist leichter, die Spaltenbreite mithilfe der Maus in den Spaltenköpfen zu verändern.

Der Menübefehl *Anordnen nach*

Über den Menübefehl *Anordnen nach* wird die Reihenfolge der Einträge festgelegt. Als letzter Eintrag befindet sich in der Liste *ursprüngliche Reihenfolge*, mit der die Liste wieder in die Reihenfolge gebracht werden kann, wie sie zu Beginn war.

> **HINWEIS** Schneller geht die Sortierung mit einem Klick auf den entsprechenden Spaltenkopf. Diese Technik ist aus dem Windows-Explorer und dem Dialogfeld *Öffnen* hinlänglich bekannt.

Datenquelle

Der letzte der Einträge des Kontextmenüs weist vier weitere Unterpunkte auf.

- *Datenquelle/Hinzufügen* fügt eine weitere Liste hinzu. Sie könnten es auch über den Menübefehl *Daten/Daten mit Shapes verknüpfen* erledigen, wenn Sie mehr als eine Liste benötigen.
- *Datenquelle/Umbenennen* erlaubt Ihnen, der Registerkarte einen anderen Namen zu geben. Analog zu den Zeichenblattnamen kann der Blattname auch mit einem Doppelklick auf die Registerkarte umbenannt werden.
- *Datenquelle/Entfernen* trennt die Beziehung zwischen der Originalliste und der in Visio angezeigten Liste.
- *Datenquelle/Eigenschaften* zeigt erneut den Blattnamen mit der Option an, ihn umzubenennen, den Typ der ursprünglichen Datenquelle und ihren Speicherort, die Gesamtzeilenanzahl und die Anzahl der verknüpften Zeilen. Wichtig in diesem Dialogfeld erscheint die Option, was mit Daten passiert, die aus der Liste auf ein Shape gezogen werden, das bereits mit einem Datensatz verknüpft ist. Zur Standardvariante, dass der Benutzer gefragt wird, gibt es noch die beiden anderen Möglichkeiten, die Daten stillschweigend zu überschreiben oder nicht zu ersetzen.

Pivotdiagramme

Wer Pivottabellen aus Excel kennt, findet sich sicherlich schnell in diesem in Visio neu hinzugekommenen Werkzeug zurecht. Der Grundgedanke ist recht simpel: In einer Liste stehen Informationen, die sich wiederholen, beispielsweise Verkäufernamen, die Waren an bestimmte Kunden verkaufen. Dabei machen sie bei jedem Kundenbesuch einen bestimmten Umsatz und verkaufen eine bestimmte Anzahl (Paletten). Folgende Fragestellungen könnten nun in Pivottabellen ausgewertet werden:

- Welcher Verkäufer macht welchen Umsatz?
- Welcher Verkäufer macht bei welchem Kunden welchen Umsatz?
- Welcher Verkäufer verkauft welchen Artikel wie oft?
- Welcher Verkäufer besucht welchen Kunden wie oft?
- Welcher Verkäufer hat Spitzen-Umsatzwerte?
- Welcher Kunde kauft durchschnittlich welchen Artikel?
- Welcher Artikel wird am schlechtesten verkauft?

HINWEIS Das Werkzeug *Pivotdiagramm* steht Ihnen nur in Visio Professional zur Verfügung.

Wenn Sie die Daten in einer Excel-Liste halten, sollten Sie die Datenstruktur einhalten, wie sie aus den Datenbanken bekannt ist und wie sie im Kapitel »Externe Daten mit Shapes verknüpfen« gefordert wurde. Alternativ können die Daten auch in einer Access- oder SQL Server-Datenbank gehalten werden oder einer anderen Datenbank, auf die Sie ODBC-Zugriff haben. Auch Microsoft SharePoint ist als Datenquelle möglich.

HINWEIS Sie dürfen eine beliebige Vorlage verwenden; müssen es aber nicht. Ebenso können Sie Ihre Pivottabelle auf einem leeren Zeichenblatt erstellen.

Der Assistent fragt Sie nach der Datenquelle – je nach Programm beziehungsweise Server wird ein anderer Filter verwendet. Wenn Sie sich für Excel entscheiden, wählen Sie im zweiten Schritt den Namen der gespeicherten Datei und im dritten Schritt den Namen des Tabellenblattes. Im nächsten Schritt werden Sie gefragt, ob Sie sämtliche Informationen aus der Excel-Liste benötigen oder lediglich einige der Spalten, die einzeln auswählbar sind.

ACHTUNG Bei einer Excel-Tabelle mit mehreren Tausend Datensätzen erhalten Sie eine Warnmeldung, dass es möglicherweise zu Schwierigkeiten kommt. Bei mir gab es bei meinen Tests jedoch keine Komplikationen.

Nachdem der Assistent durchlaufen wurde und die Daten eingefügt wurden, wird eine Schablone Pivotdiagramm-Shapes mit dem Shape *Pivotknoten* geöffnet. Außerdem werden die beiden Schablonen Abteilung und Arbeitsflussobjekte geöffnet. Im unteren Teil befindet sich das Fenster für die Informationen, die Sie für die Pivottabelle benötigen.

TIPP Ziehen Sie dieses Fenster aus der linken Leiste heraus und lassen es im unteren Fensterbereich anzeigen. Das ist übersichtlicher, wie Sie in Abbildung 3.32 sehen.

Kapitel 3 Shape-Daten – Informationen an Shapes binden und auslesen

Abbildg. 3.32   Das Gerüst der Pivottabelle

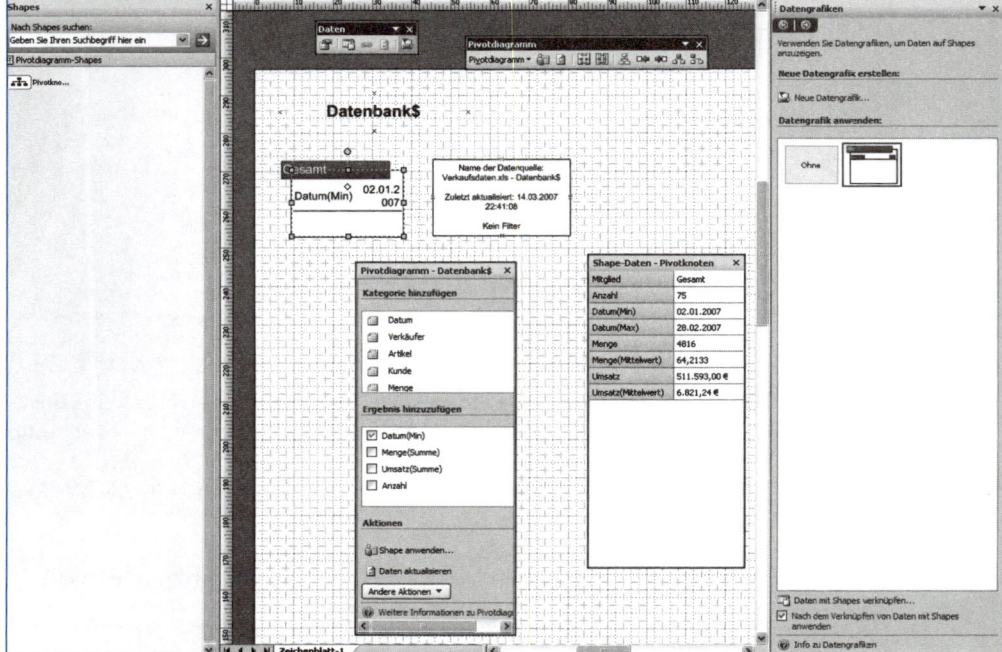

Die Ergebnisse, die Sie anzeigen lassen möchten, wählen Sie aus dem mittleren Fenster *Ergebnis hinzufügen* aus – beispielsweise der Umsatz (Abbildung 3.33). Das Shape wird markiert und eine Kategorie wird über das Dropdown-Menü hinzugefügt.

Abbildg. 3.33   Der Umsatz wird nach Verkäufern aufgeteilt

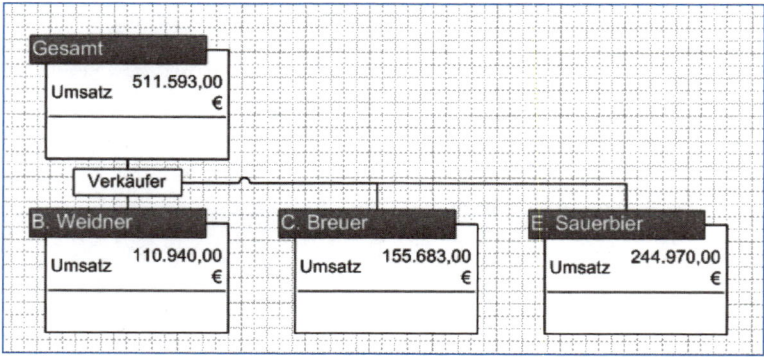

ACHTUNG   Leider erhalten Sie keinen Hinweis, wenn Sie eine Kategorie an sich selbst hinzufügen. Visio macht dies – das Ergebnis ist nichtssagend.

Pivotdiagramme

Sie können auch mehrere Shapes auf dem Zeichenblatt wählen, zu denen Sie die Kategorien hinzufügen möchten. Ebenso finden Sie die Auswahlliste der Kategorien im Kontextmenü der Shapes. Wenn Sie falsche Kategorien hinzugefügt haben oder der Meinung sind, dass die Informationen nicht aussagekräftig sind, können Sie die Shapes löschen.

Es ist sinnvoll, ein Ergebnis (beispielsweise die Summe der Umsätze) anzeigen zu lassen. Sie können jedoch zu einem Ergebnis eine weitere Funktion anzeigen lassen, beispielsweise die Summe, die Spitzenwerte (Maximum) und die Durchschnittswerte der Umsatzzahlen.

Zusätzlich können Sie sich auch eine weitere Spalte anzeigen lassen, beispielsweise die verkauften Mengenzahlen summieren. Sämtliche Informationen werden in den Shapes dargestellt (siehe Abbildung 3.34).

Abbildg. 3.34   Die Summe der Umsatzzahlen und das Maximum

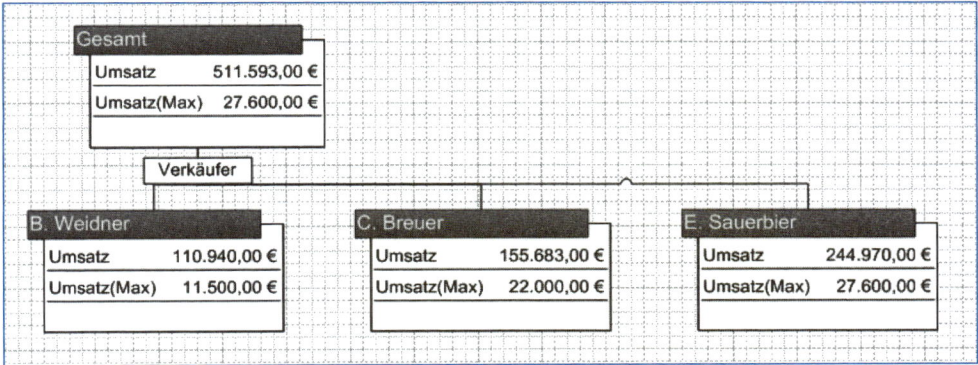

Gestaltung eines Diagramms

Für die Gestaltung stehen Ihnen einige Optionen zur Verfügung. Im Menübefehl *Pivotdiagramm/Shape anwenden* werden die beiden Schablonen *Abteilung* und *Arbeitsflussobjekte* dargestellt. Wenn Sie eine weitere Schablone öffnen, beispielsweise *Computer und Monitore*, wird auch diese aufgelistet. Wird nun aus einer Schablone ein Shape gewählt, so erscheint es als Symbol neben dem Text in der Liste.

HINWEIS   Es ist sinnvoll, mehrere Shapes zu markieren und ihnen mit einem einzigen Klick ein bestimmtes Symbol zuzuweisen.

Die Anordnung der untergeordneten Shapes kann über *Pivotdiagramm/Layoutrichtung* und *Pivotdiagramm/Layoutausrichtung* festgelegt werden (siehe Abbildung 3.35).

Abbildg. 3.35 Zwei Unterebenen werden eingefügt, die untereinander dargestellt werden

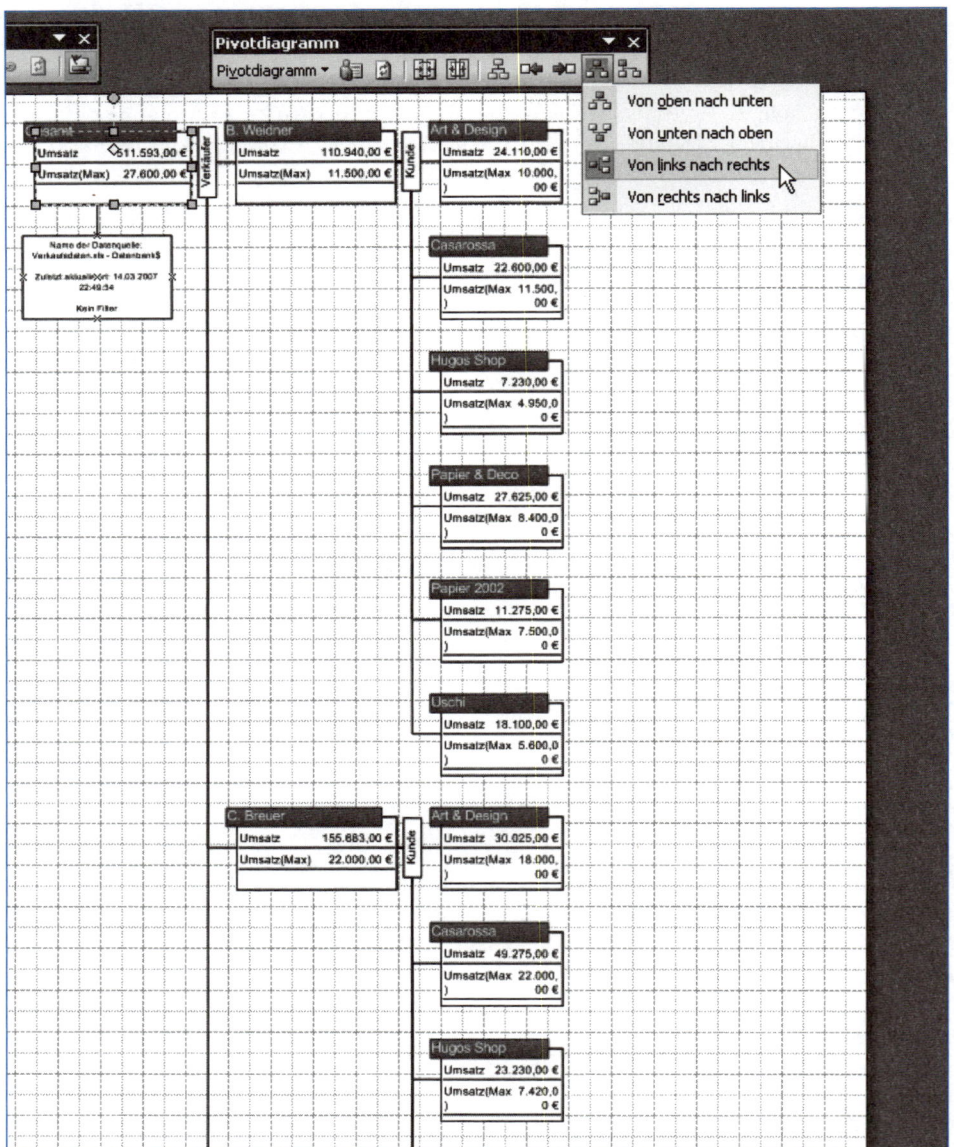

Wenn Sie die Shapes per Hand verschieben oder einzelne Shapes löschen, stimmt die Anordnung nicht mehr. Sie kann über den Menübefehl *Pivotdiagramm/Layout für alle erneuern* wieder hergestellt werden. Wie die Menübefehle deutlich sagen, kann mit *Pivotdiagramm/Höher Stufen* und *Pivotdiagramm/Reduzieren* die vertikale Reihenfolge verändert beziehungsweise ausgeblendet werden.

Auch der Menübefehl *Pivotdiagramm/Zusammenführen* erklärt sich von selbst: Werden mehrere Shapes, die auf der gleichen horizontalen Ebene liegen, zusammengeführt, werden in einem Shape sämtliche Teilinformationen angezeigt.

> **ACHTUNG** Es können nur Shapes der gleichen Ebene, ja sogar nur Shapes, die vom gleichen übergeordneten Shape abgeleitet sind, zusammengeführt werden. Dies ist auch vernünftig.

Das Aufheben der Zusammenführung finden Sie im Menübefehl *Pivotdiagramm/Zusammenführung aufheben*. Diese gestalterischen und funktionalen Einstellungen finden Sie auch in der Symbolleiste.

> **TIPP** Vergessen Sie nicht, dass die Gestaltung der einzelnen Shapes in einer der Vorlagen der Datengrafiken gespeichert ist. Dort kann sie geändert werden: *Daten/Daten für Shapes anzeigen* oder über das Dropdown-Menü *Datengrafik bearbeiten* der Kategorien.

Die Optionen des Diagramms

Über den Menübefehl *Pivotdiagramm/Optionen* gelangen Sie zu den Grundeinstellungen. Die wichtigsten darunter betreffen Anzeigeoptionen:

- Titel
- Datenlegende
- Verbinder
- Strukturplan-Shapes

Daneben kann die Anzahl der Elemente beschränkt werden (die Grundeinstellung beträgt 20) und dafür gesorgt werden, dass Änderungen an den Originaldaten sich innerhalb eines Zeitintervalls aktualisieren.

Interessant erscheint die Schaltfläche *Datenquelle ändern*. Mit ihr wird der Assistent gestartet, der jedoch nun die Möglichkeit zulässt, den Pivotknoten mit einer anderen Datenquelle zu verbinden (Abbildung 3.36).

Kapitel 3 Shape-Daten – Informationen an Shapes binden und auslesen

Abbildg. 3.36   Auch hier stehen wieder viele Gestaltungsmöglichkeiten zur Verfügung

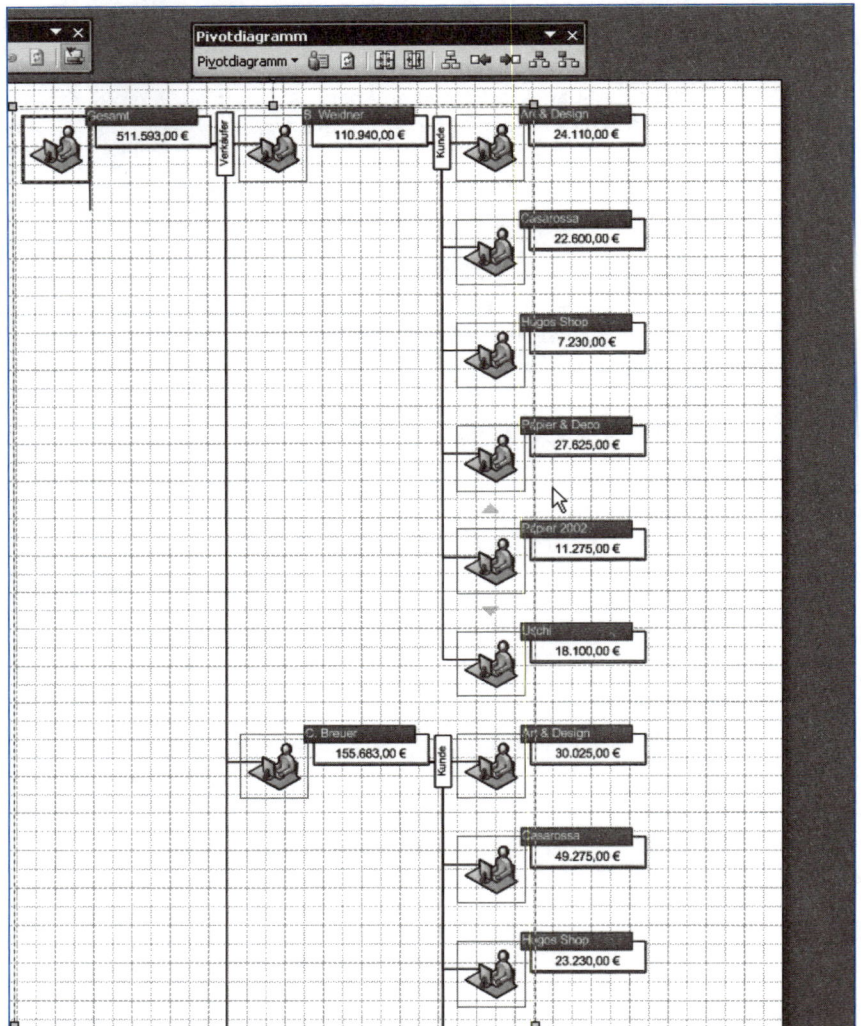

Zusammenfassung

Die Tatsache, dass Visio in seine Shapes Daten speichern lässt, macht es zu einem flexiblen Werkzeug, das weit über die Grenzen der herkömmlichen Grafikwerkzeuge hinausgeht. Nicht nur die Tatsache der Datenspeicherung, sondern auch die Fähigkeit, verschiedene Datentypen zu vergeben rückt Visio ein Stück weiter in Richtung Datenbanken. Dass der Export der Daten auf vielfältige Art möglich sein muss, versteht sich von selbst. Auch die visuelle Darstellung der Pivottabellen beeindruckt und macht Visio zu einem leistungsfähigen Werkzeug zur visuellen Datenauswertung.

Kapitel 4

Visio anpassen

In diesem Kapitel:

Eigene Füllmuster und Linienmuster erstellen	224
Eigene Shapes erstellen	228
Eigene Schablonen erstellen	243
Eigene Vorlagen erstellen	248

Visio liefert mehrere Tausend Shapes für sehr unterschiedliche Bedürfnisse. Dennoch kann es schnell vorkommen, dass unter den vorhandenen Shapes sich nicht das richtige für Ihre Bedürfnisse befindet. Beispielsweise, weil in Ihrer Firma eigene Symbole für bestimmte abstrakte Vorgänge oder für konkrete, technische Elemente festgelegt wurden. Dann müssen Sie neue Shapes anlegen, in Schablonen speichern und möglicherweise Vorlagen dafür definieren. Wie dies funktioniert, wird in diesem Kapitel gezeigt.

Eigene Füllmuster und Linienmuster erstellen

So erstellen Sie ein eigenes Füllmuster:

1. Öffnen Sie den Zeichnungsexplorer über den Menübefehl *Ansicht/Zeichnungsexplorerfenster*.
2. Wählen Sie im Kontextmenü die Option *Neues Muster*, wie in Abbildung 4.1 zu sehen. Damit können neue Füll- und Linienmuster oder neue Linienenden erzeugt werden.

Abbildg. 4.1   Ein neues (Füll-)Muster wird erzeugt

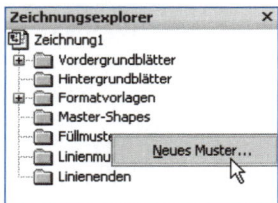

3. Wird ein neues Füllmuster angelegt, so wird der Name des Musters eingegeben und festgelegt, ob das Muster gekachelt, zentriert oder gezoomt wird. Bei den ersten beiden Einstellungen steht darüber hinaus die Option »Skaliert« zur Verfügung. Das Dialogfeld sehen Sie in Abbildung 4.2.

Abbildg. 4.2   Die Eigenschaften des neuen Musters

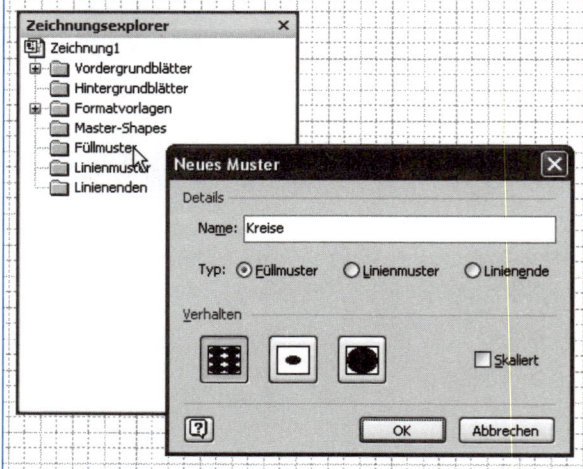

Eigene Füllmuster und Linienmuster erstellen

4. Damit hat ein neues Muster einen neuen Namen. Nun muss es noch über das Kontextmenü *Muster-Shape bearbeiten* erstellt werden. Öffnen Sie mithilfe des Kontextmenüs das Zeichenblatt, auf dem Sie das neue Muster erstellen.

> **HINWEIS** Die einzelnen Elemente müssen dabei als Gruppe vorliegen.

5. Schließen Sie das Musterfenster (Sie sehen eines in Abbildung 4.3) und bestätigen Sie die Frage nach der Aktualisierung mit *Ja*.

Abbildg. 4.3   Das neue Muster wird erstellt

Es existieren drei verschiedene Mustertypen:

- Füllmuster
- Linienmuster
- Linienenden

> **HINWEIS** Beachten Sie, dass Linienmuster und Linienenden immer horizontal zu zeichnen sind.

Nun erscheinen alle selbst erstellten Muster mit dem von Ihnen gewählten Namen in der Liste der Muster im Dialogfeld *Füllbereich* beziehungsweise *Linie* (Menü *Format*). Mit ihnen kann nun gearbeitet werden (Abbildung 4.4).

225

Abbildg. 4.4   Das neue Muster wird verwendet

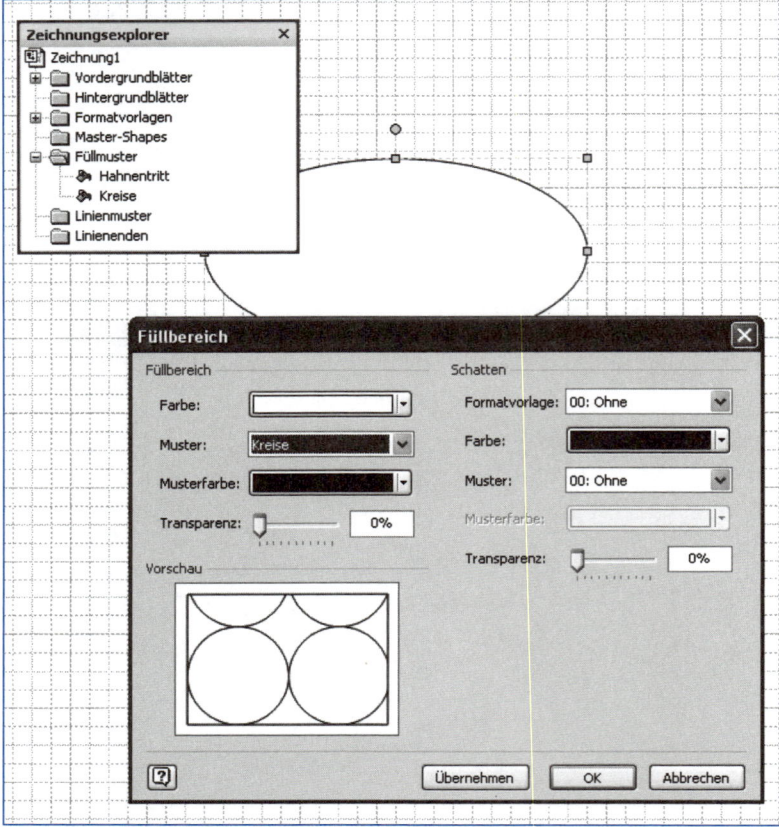

> **HINWEIS**   Die neuen Muster stehen stets am unteren Ende der Liste. Wird ein Muster verwendet, das im Zeichnungsexplorer-Fenster nachträglich geändert wird, so wird das Muster bei den Shapes, die es verwenden, aktualisiert.

Analog gilt dies für das Linienmuster (Abbildung 4.5) und die Linienenden. Textmuster können keine erstellt werden, da über den Menübefehl *Format/Text* keine benutzerdefinierten Schriften aufgerufen werden können.

Abbildg. 4.5 Ein benutzerdefiniertes Linienformat

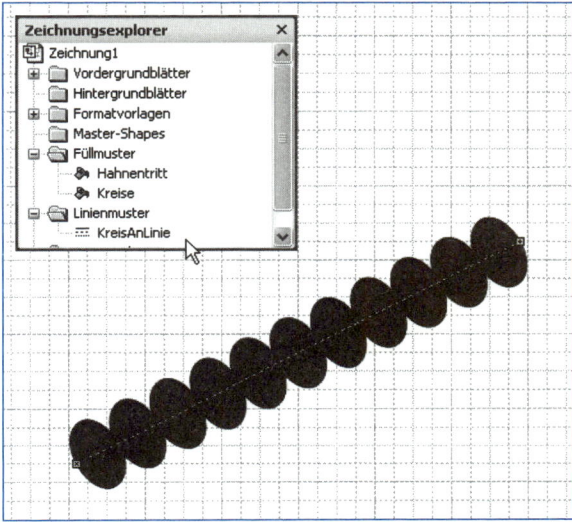

> **HINWEIS** Alle selbst erzeugten Formate, die sich nun im Zeichnungs-Explorer befinden, werden mit der Datei gespeichert. Dann stehen in neuen Zeichnungen im Dialogfeld *Füllbereich* die selbst definierten Füllmuster und im Dialogfeld *Linie* die eigenerzeugten Linienenden und Linienmuster zur Verfügung.

Nun können alle Shapes damit formatiert werden. Selbstverständlich sind selbst definierte Muster nicht in einer Schablone sichtbar. Sie können lediglich sichtbar gemacht werden, wenn der Zeichnungsexplorer geöffnet wird. Auch beim Formatieren können Sie die selbstdefinierten Muster erst dann sehen, wenn Sie am unteren Ende der Liste nachsehen.

Übrigens können benutzerdefinierte Muster auch als Formatvorlagen abgespeichert werden. Umgekehrt können Formatvorlagen aber nur die Gestaltungselemente verwenden, die von Visio oder über andere Muster vorgegeben sind. Das bedeutet, dass *Muster* völlig neue Muster generiert, während *Formatvorlagen* nur auf vorhandene Muster zurückgreift.

Wie dies funktioniert, kann in den drei Schablonen *Benutzerdefinierte Muster – unskaliert*, *Benutzerdefinierte Muster – skaliert* und *Benutzerdefinierte Linienmuster* in der Kategorie *Visio-Extras* eingesehen werden. Wird die Schablone geöffnet, stehen Ihnen auf der Zeichnung weitere Füllmuster oder Linienmuster zur Verfügung, mit denen gearbeitet werden kann. Welches Muster auf der Zeichnung verwendet wurde, lässt sich im Zeichnungsexplorer einsehen, wie Sie in Abbildung 4.6 sehen können.

Abbildg. 4.6 Die Visio-Schablonen mit den Mustern werden verwendet

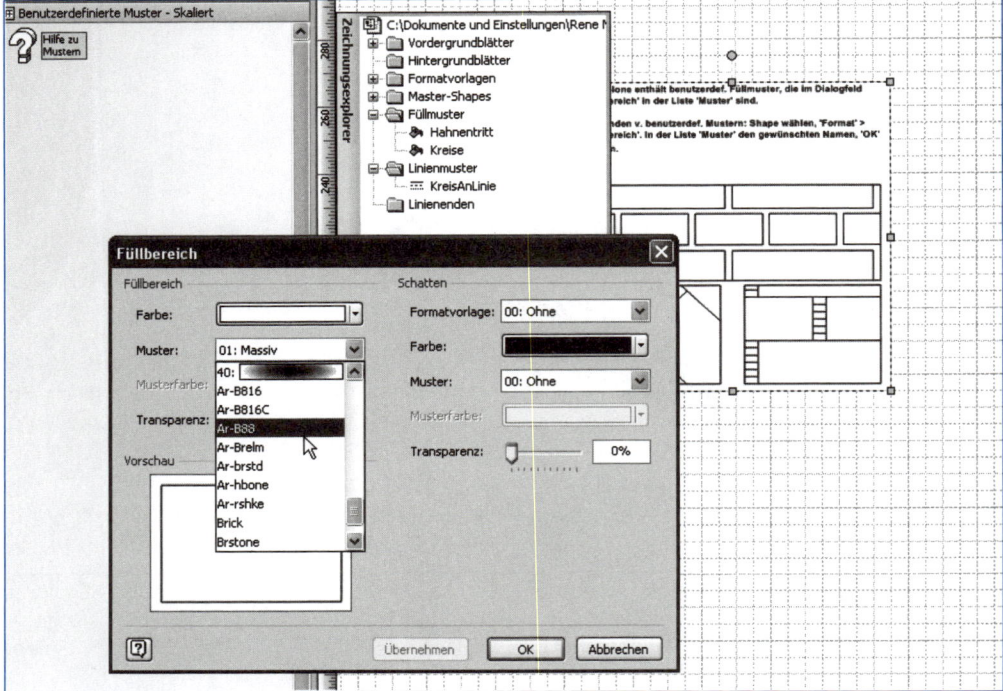

Eigene Shapes erstellen

Es gibt zwei Varianten, neue Shapes zu erstellen: Sie können vorhandene Shapes modifizieren oder ganz neue Shapes anlegen. In diesem Kapitel wird der Fokus auf die zweite Technik gelegt: auf das Generieren von neuen Shapes.

Die Standardelemente

1. Öffnen Sie ein leeres Zeichenblatt.
2. Öffnen Sie die Symbolleiste *Zeichnung*. Dort finden Sie die sechs Werkzeuge *Rechteck/Quadrat*, *Ellipse/Kreis*, *Linien*, *Bogen*, *Freihandzeichnen* und *Bleistift*.
3. Wählen Sie das Symbol aus um eines der Objekte zu erzeugen.
4. Lassen Sie den Mauszeiger los und ziehen Sie danach mit gedrückter linker Maustaste ein Rechteck auf dem Zeichenblatt auf. Wird ein weiteres Objekt benötigt, dann kann das nächste Objekt durch Ziehen erzeugt werden. Sie müssen nicht erneut das Symbol aktivieren – es bleibt aktiv.

> **ACHTUNG** Wenn Sie beispielsweise ein kleines Rechteck auf einem großen zeichnen möchten, kann es passieren, dass Visio davon ausgeht, dass Sie das zuerst gezeichnete Objekt, das noch markiert ist, verschieben möchten. Abhilfe schafft ein Auflösen der Markierung oder ein Zeichnen des zweiten Objekts neben dem ersten und anschließendes Verschieben über das erste.

Wird beim Aufziehen die ⇧-Taste gedrückt, erzeugt Visio Quadrate und Kreise. Wird bei der einfachen Linie ⇧ gedrückt, wird sie nur waagrecht, senkrecht oder im Winkel von 45 Grad gezeichnet.

Möchten Sie dagegen das Objekt verschieben, vergrößern oder verkleinern, sollten Sie den Standardzeiger (weißer Pfeil) verwenden.

Der Umgang mit Bogen und Freihandzeichnen erfordert ein wenig Übung, die Sie sicherlich schnell erhalten, wenn Sie einige Objekte gezeichnet haben. Der Unterschied zwischen *Bogen* und *Freihandzeichnen* besteht darin, dass mit dem Werkzeug *Bogen* nur eine Viertelellipse gezeichnet werden kann. Mit der Freihandlinie können Sie komplexe Figuren erstellen. Jedoch können Sie mehrere Bögen hintereinander anfügen. Zeichnen Sie einfach den zweiten Bogen vom Endpunkt des ersten ausgehend bis zum Ende, lassen die Maus los und zeichnen anschließend den dritten Teilbereich.

Wie werden Shapes erstellt, die aus geraden und gebogenen Linien bestehen? Hierzu könnten Sie mit dem Bleistift-Symbol arbeiten. Ziehen Sie Linie für Linie des neuen Objekts, wobei Sie nach jeder Linie die Maustaste loslassen. Erzeugen Sie zuerst nur gerade Linien. Jede neue Linie wird an den Endpunkt der zuletzt gezeichneten angesetzt. Soll das Objekt geschlossen sein, ziehen Sie die letzte Linie bis zum Beginn der ersten. Das Objekt wird automatisch geschlossen. Zwischen zwei Linienendpunkten befindet sich nun jeweils ein Knoten. Wird er mit dem aktivierten Bleistiftwerkzeug verschoben, so entsteht eine Rundung.

5. Wird ein Shape mehrmals benötigt, kann es kopiert und eingefügt werden. Oder Sie duplizieren es mittels `Strg`+`D` oder *Bearbeiten/Duplizieren*. Oder Sie verschieben es mit gedrückter `Strg`-Taste. Ein Beispiel dafür sehen Sie in Abbildung 4.7.

6. Das Formatieren von Shapes wurde im ersten Kapitel hinlänglich beschrieben. Auf die Linien- und Füllformate soll hier nicht noch einmal eingegangen werden.

7. Wenn Sie die Reihenfolge der Shapes verändern möchten, können Sie ein markiertes Shape an eine andere Position über den Menübefehl *Shape/Reihenfolge/In den Hintergrund* oder *Shape/Reihenfolge/In den Vordergrund* legen.

8. Soll im neuen Shape ein Vorgabetext stehen, kann dieser hineingeschrieben werden. Der Benutzer kann ihn jederzeit problemlos überschreiben.

Abbildg. 4.7 Eine Zeichnung, die aus mehreren Einzelteilen besteht

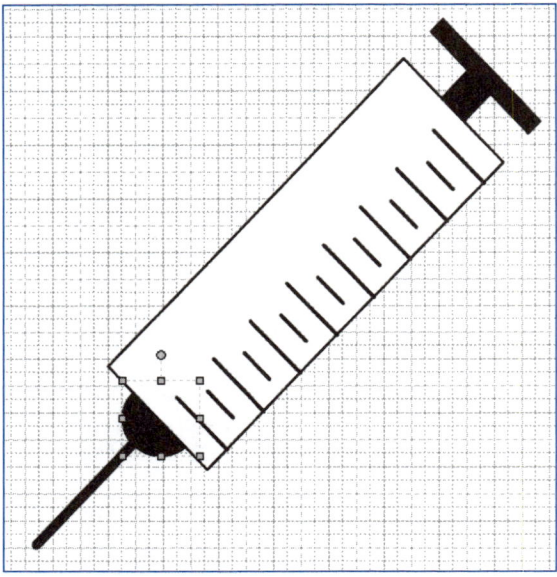

1D- und 2D-Shapes

Wenn Sie mit den Werkzeugen *Linien*, *Bogen*, *Bleistift* oder *Freihandzeichnen* eine einzelne Linie oder Kurve erzeugen, ist sie immer eindimensional. Fügen Sie jedoch im Anschluss eine weitere Linie an, so wird das Objekt, das nun aus zwei Teilstrecken oder Teilkurven besteht zu einem zweidimensionalen Objekt. Erkennbar ist dies an den Markierungspunkten: Eindimensionale Shapes sind ausgerichtet – besitzen also einen Anfangs- und Endpunkt, während zweidimensionale Shapes Markierungspunkte aufweisen. Dies ist deutlich in Abbildung 4.8 zu erkennen. Sie können diese Eigenschaft explizit im Dialogfeld des Menübefehls *Format/Verhalten* einsehen, wo eindimensionale Shapes in Rechtecke und Rechtecke in eindimensionale Shapes konvertieren werden können.

Abbildg. 4.8 Ein Kreis als *Linie* und ein Kreis als *Rechteck*

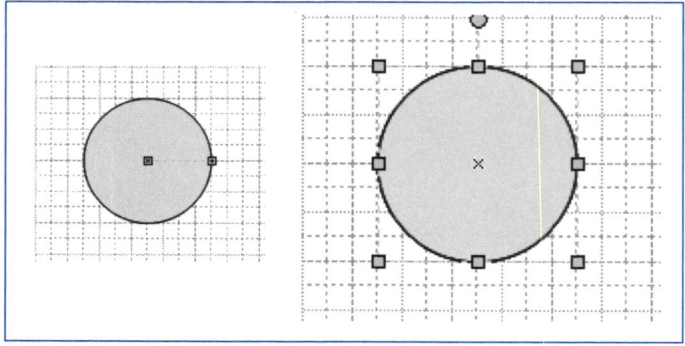

Beachten Sie, dass beim Konvertieren in ein eindimensionales Shape die Anfangs- und Endpunkte immer links und rechts liegen. Das heißt: Sie sollten das zu konvertierende Shape waagrecht konstruieren.

Offene und geschlossene Shapes

Während die Frage nach Ein- und Zweidimensionalität nur eine Frage des Verhaltens beim Verbinden ist, betrifft die Frage nach offenen und geschlossenen Objekten die Formatierung. Nur ein geschlossenes Objekt kann eine Füllfarbe besitzen, nur ein offenes Objekt kann Pfeilspitzen an den Linienenden haben (siehe Abbildung 4.9).

Wenn Sie ein offenes Objekt schließen möchten, markieren Sie es, wählen eines der Linien-Werkzeuge aus und ziehen eine Linie vom Anfangspunkt zum Endpunkt. Das Verwenden der Füllfarbe zeigt Ihnen, dass es nun geschlossen ist.

Abbildg. 4.9   Mehrere offene und geschlossene Shapes

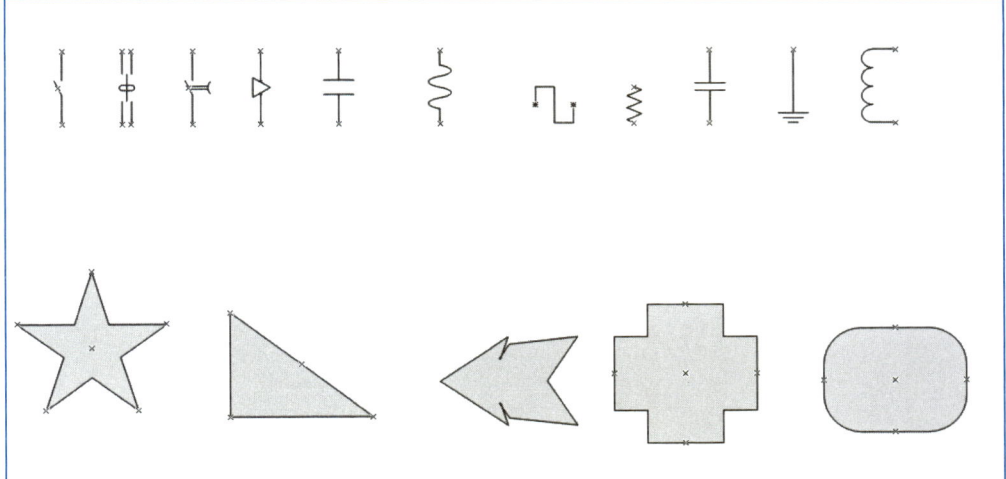

Gruppieren

Zwei oder mehrere Shapes können zu einer Gruppe zusammengefasst werden. Dies hat den Vorteil, dass sie wie ein Objekt behandelt werden. Um zwei oder mehrere Shapes zu gruppieren, werden sie markiert und mit dem Menübefehl *Shape/Gruppierung/Gruppieren*, der Tastenkombination [Strg]+[G] oder [⇧]+[Strg]+[G] oder dem Kontextmenü (*Shape/Gruppieren*) gruppiert (siehe Abbildung 4.10). Wird die Gruppe erneut markiert, erscheinen die Größenänderungs-Kontrollpunkte um alle Elemente dieser Gruppe. Visio erstellt nun ein neues Shape. Wurden drei Shapes auf einem Zeichenblatt zu einer Gruppe zusammengefasst, so befinden sich nun vier Objekte auf dem Blatt.

Abbildg. 4.10   Mehrere Shapes werden zu einer Gruppe zusammengefasst

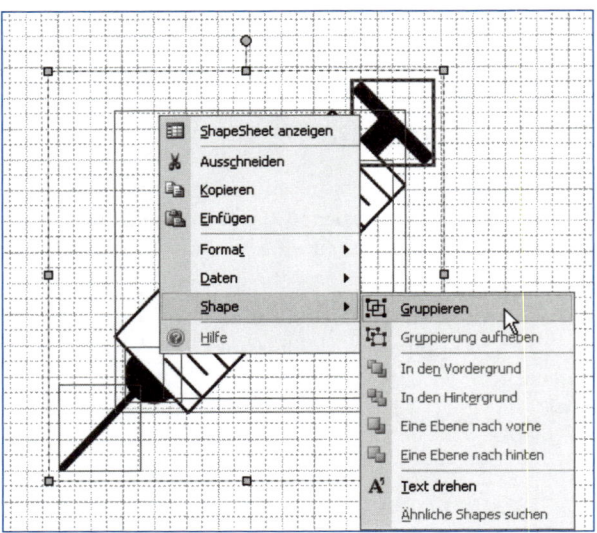

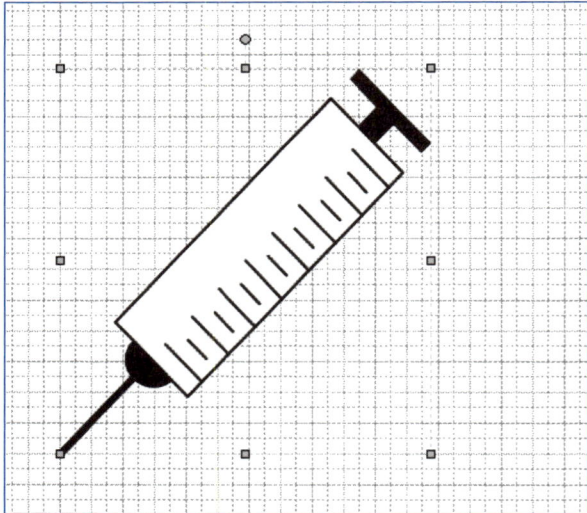

TIPP   Soll nun ein Element der Gruppe bearbeitet werden, beispielsweise formatiert, verschoben, verändert oder gelöscht, genügt ein zweiter Klick auf dieses Gruppenmitglied, um ein Element der Gruppe zu markieren und nun zu verändern – so, als wäre es kein Teil der Gruppe (siehe Abbildung 4.11).

Abbildg. 4.11 Ein Mitglied der Gruppe wurde markiert

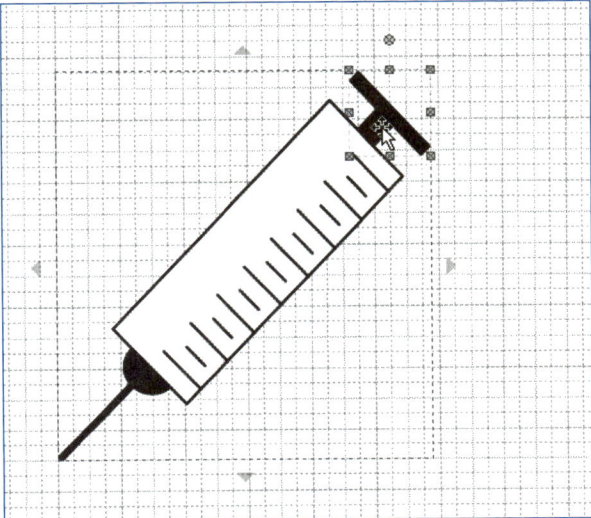

> **TIPP** Dies ist eine Visio-spezifische Technik. Die klassische Variante vieler Grafikprogramme sieht vor, die Gruppe aufzuheben (über den Menübefehl *Shape/Gruppierung/Gruppierung aufheben*, ⇧ + Strg + U oder das Kontextmenü). Nun könnte ein Teil der Gruppe verändert und danach die Gruppe wieder zusammengefasst werden.

Um ein Element aus einer vorhandenen Gruppe herauszuholen, kann dieses markiert werden und über den Menübefehl *Shape/Gruppierung/Aus Gruppe entfernen* extrahiert werden.

Soll ein weiteres Element zur Gruppe hinzugefügt werden, darf keine neue Gruppe erstellt werden, sondern müssen dieses Element und die Gruppe markiert werden und über den Menübefehl *Shape/Gruppierung/Zur Gruppe hinzufügen* addiert werden. Würden Sie eine neue Gruppe erstellen, also zwei Gruppen ineinander schachteln, hätten Sie zum einen ein Objekt mehr, was bei einer großen Anzahl von Objekten den Speicher unnötig belastet. Ärgerlicher dagegen ist, dass es nun sehr mühsam ist, an ein Shape in der inneren Gruppe zu gelangen: Sie müssten mehrmals auf die Gruppe klicken, bis Sie zu dem inneren Element gelangen.

Auf diese Art und Weise ist es möglich, ein Shape zu erstellen, das über verschiedene Textelemente verfügt, die getrennt voneinander bearbeitet werden können.

Vorgänge

Visio stellt eine weitere Möglichkeit zur Verfügung, neue Elemente zu kreieren: die Vorgänge. Während sich Gruppen zu jedem beliebigen Zeitpunkt rückgängig machen lassen und bei Gruppen einzelne Elemente ihre Eigenständigkeit bewahren (beispielsweise Formatierungen), »verschmelzen« zwei oder mehrere Objekte durch die Vorgänge zu einem neuen Objekt, das nur noch über den Menübefehl *Rückgängig* in seine Komponenten zerlegbar ist. Dies allerdings nicht beliebig lange.

Viel schneller und deutlicher werden die Unterschiede der einzelnen Optionen im Menübefehl *Shape/Vorgang*, wenn Sie selbst zwei Objekte übereinander legen und die einzelnen Optionen ausprobieren. Die folgende Abbildung zeigt die verschiedenen Möglichkeiten, wobei bei allen Vorgängen die Reihenfolge der Markierung eine Rolle spielt. Zur besseren Ansicht wurden die Einzelteile des Resultats in Abbildung 4.12 auseinander gezogen.

Abbildg. 4.12 Die Vorgänge (Mengenoperationen)

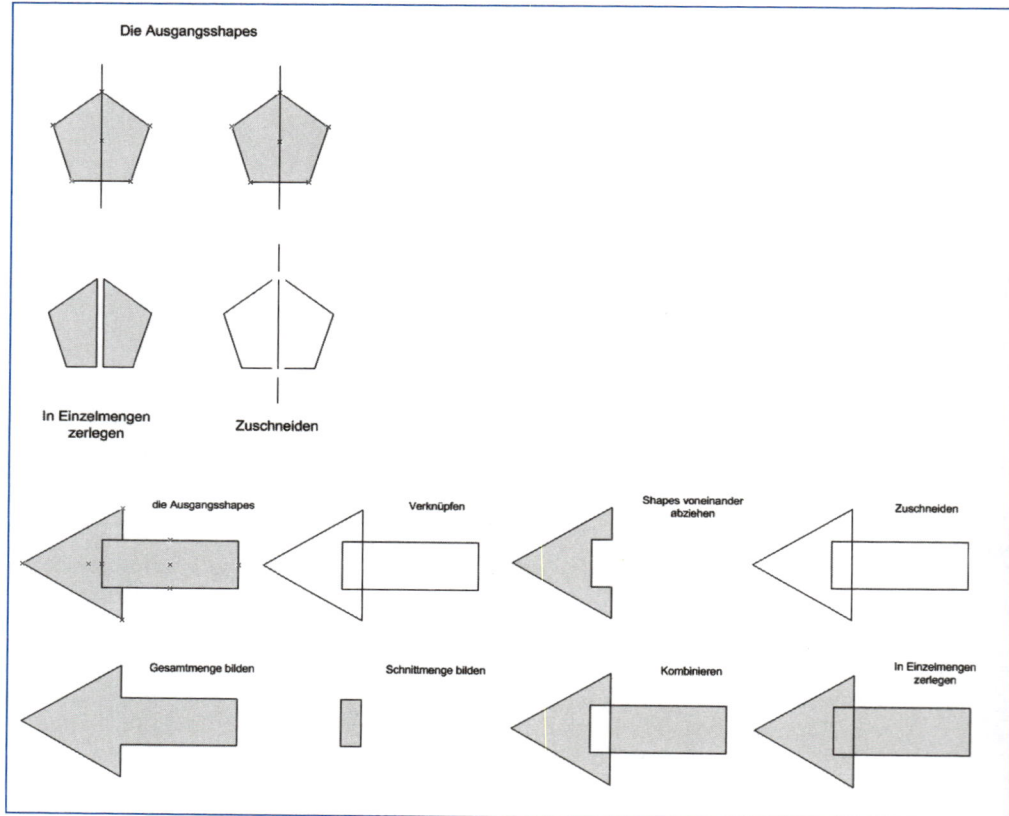

Einige der Optionen sehen auf den ersten Blick sehr ähnlich aus, weisen aber einige kleine Unterschiede auf. Beispielsweise löscht *Verknüpfen* alle vorhandenen Formate, da es das neue Shape in ein Linienobjekt verwandelt, während die Option *Gesamtmenge bilden* die Bezugsformate des gefüllten Shapes (des zuerst markierten Shapes) für das neue Shape übernimmt.

Abbildg. 4.13   Kurve anpassen

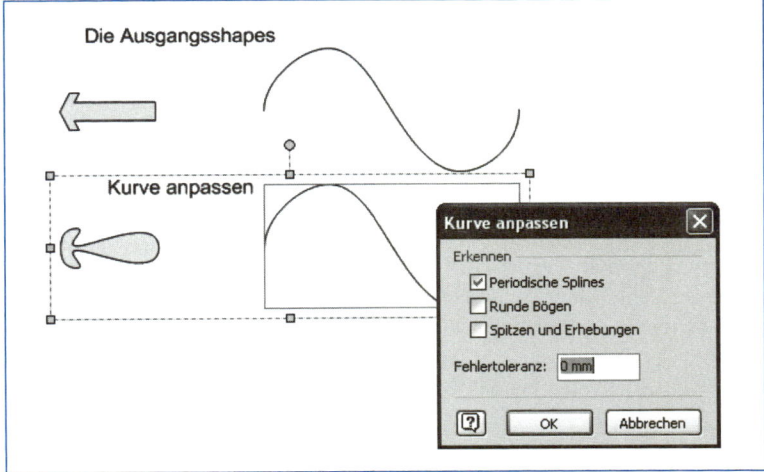

Verbindungspunkte einfügen

Soll das neue Shape Verbindungspunkte erhalten, können Sie aus der Symbolleiste hinter dem Verbinder-Werkzeug das Symbol *Verbindungspunkt verschieben* aktivieren. Mit gedrückter `Strg`-Taste wird auf dem Shape ein neuer Verbindungspunkt eingefügt.

Abbildg. 4.14   Ein neuer Verbindungspunkt wird gesetzt

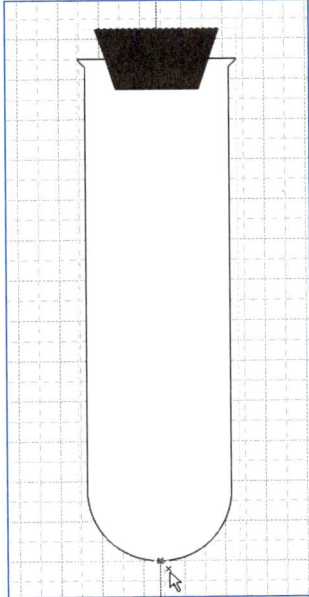

Kapitel 4 Visio anpassen

Etwas problematisch gestaltet sich das exakte Positionieren des Verbindungspunkts in der Mitte des Shapes. Dies können Sie am besten mithilfe von Führungslinien lösen: Ziehen Sie aus dem Lineal eine Hilfslinie heraus und verschieben Sie das Shape auf diese Linie. Wenn es sich genau auf der Mitte befindet, werden die Markierungspunkte rot. Analog könnten Sie an die beiden anderen Mittelpunkte zwei Verbindungspunkte positionieren. Und auf diese Weise können Sie an den vier Eckpunkten des Shapes Verbindungspunkte platzieren.

Shape-Daten eintragen

Soll an das Shape eine oder mehrere benutzerdefinierte Eigenschaften gebunden werden, können Sie dies über den Menübefehl *Daten/Shape-Daten*, das Kontextmenü oder über das Symbol in der Aktion-Symbolleiste erreichen. Da Visio keine Eigenschaften findet, schlägt das Programm vor neue zu definieren (siehe Abbildung 4.15). Wird die Frage bejaht, öffnet sich ein Assistent, mit dessen Hilfe die einzelnen Datenfelder erstellt werden können.

Abbildg. 4.15   Das Dialogfeld, mit dem neue Datenfelder definiert werden können

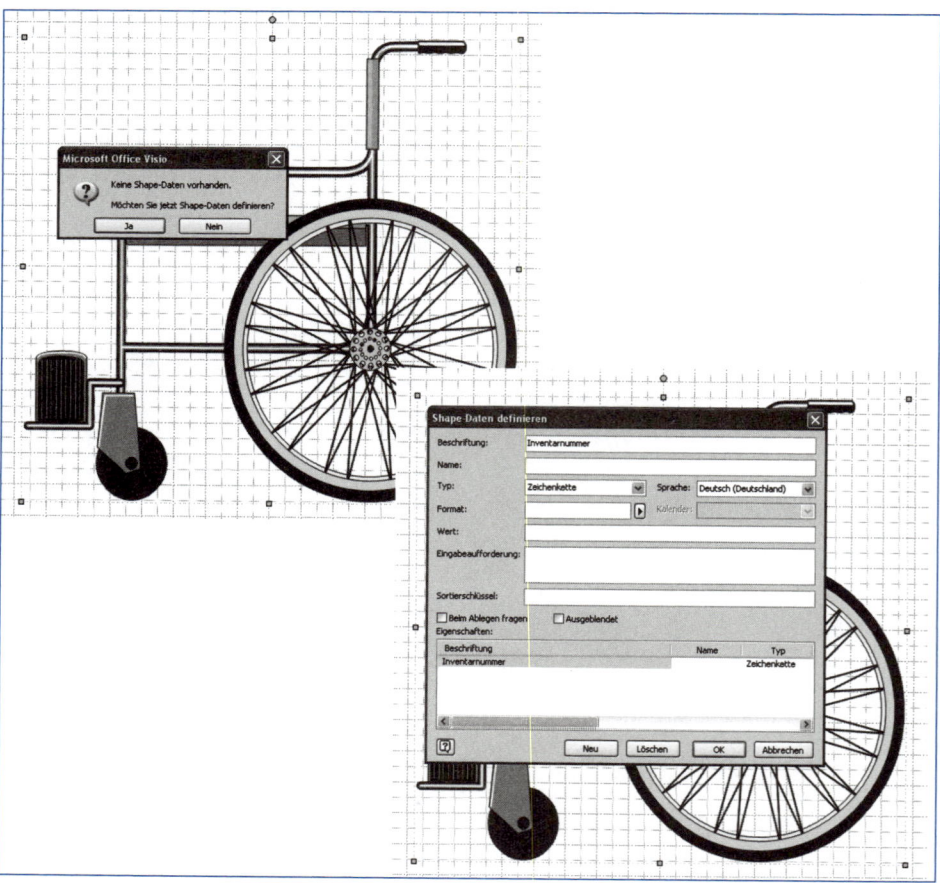

Die Shape-Daten wurden ausführlich in Kapitel 3 beschrieben.

Bislang wurde nur gezeigt, wie Datenfelder an Shapes auf einem Zeichenblatt erzeugt werden. Wird nun dieses Shape als Master-Shape in eine Schablone gezogen, besitzen alle neuen Shapes, die mithilfe dieses Master-Shapes erstellt werden, die Shape-Daten. Im letzten Kapitel wurde das Einsammeln der Informationen mithilfe des Berichtsassistenten gezeigt. Weiterhin wurde beschrieben, wie Sie sich die Daten der Shapes anzeigen lassen können.

Layer

Auch die Layer sind Eigenschaften des Shapes. Liegt ein Shape noch auf keinem Layer, kann ihm über den Menübefehl *Format/Layer* ein neuer Layer zugewiesen werden (siehe Abbildung 4.16). In einer leeren Zeichnung existiert dieser Layer noch nicht. Erst nachdem das erste Shape auf das Zeichenblatt gezogen wird, das sich auf einem neuen Layer befindet, wird der Layer in der Liste *Ansicht/ Layer-Eigenschaften* angezeigt.

Abbildg. 4.16   Ein neuer Layer

Shape-Verhalten

Einige weitere Eigenschaften können im Menübefehl *Format/Verhalten* voreingestellt werden.

- Schon genannt wurde die Option eindimensional und zweidimensional (Linie oder Rechteck).
- Soll das Shape nicht gedruckt, also nur angezeigt werden, kann dies in diesem Dialogfeld eingestellt werden. Hilfslinien werden beispielsweise nicht ausgedruckt.
- Ebenso könnten dem Shape die Größenänderungs-Kontrollpunkte (»Auswahlpunkte«), Kontrollpunkte (»Steuerelemente«) und das Ausrichtungsfeld (die »gestrichelte Linie« um das Shape) verborgen werden.
- Handelt es sich bei dem Shape um eine Gruppe, können einige spezifische Einstellungen vorgenommen werden. Wird das Gruppen-Shape vergrößert, dann wird festgelegt, ob die Mitglieds-

Shapes mit skalieren oder nicht. Außerdem wird voreingestellt, ob die Markierung zuerst das Gruppen-Shape und anschließend die Mitglieds-Shapes oder umgekehrt markiert.

- Wird die Option *Text der Gruppe bearbeiten* deaktiviert, ist es nicht möglich, dem Gruppen-Shape einen Text zuzuweisen. Er wird in eines seiner Kindelemente geschrieben.

- In der Registerkarte *Doppelklicken* wird die Aktion festgelegt, die ausgeführt wird, wenn der Benutzer auf ein Shape doppelklickt. Die Standardaktion ist dabei das Verändern von vorhandenem Text. Man könnte jegliche Aktion unterbinden oder bei Gruppen das Gruppenfenster öffnen, wenn häufig Gruppen bearbeitet werden. Interessant sind die Aktionen *Gehe zu Zeichenblatt*, mit der der Benutzer schnell zu einem anderen Zeichenblatt navigieren kann und *Makro ausführen*, mit der ein Makro aktiviert wird. Dieses muss zuvor programmiert werden, was in diesem Buch nicht beschrieben wird.

Zugleich können weitere Informationen auf verschiedenen Seiten verteilt werden. Auf Seite 1 kann sich das Grobraster einer Zeichnung, eines Verlaufsplans oder eines Apparats befinden. Auf weiteren Seiten verteilen sich die unterschiedlichen Informationen. Wird gewünscht, dass diese Informationen sichtbar werden, kann der Doppelklick für jedes der Shapes so eingestellt werden, dass durch diese Aktion eine andere Seite angesprungen wird (siehe Abbildung 4.17).

ACHTUNG Wird der Name des Zeichenblatts geändert, ändert sich nicht automatisch der Verweis auf dieses Blatt. Im Menübefehl *Format/Verhalten/Doppelklicken* muss der Verweis auf die richtige Seite neu eingestellt werden, da Visio dies nicht aktualisiert. Bei umfangreichen Dokumenten sollte der Verweis in beide Richtungen funktionieren.

Abbildg. 4.17   Das Dialogfeld, mit dem das Doppelklick-Verhalten eingestellt wird

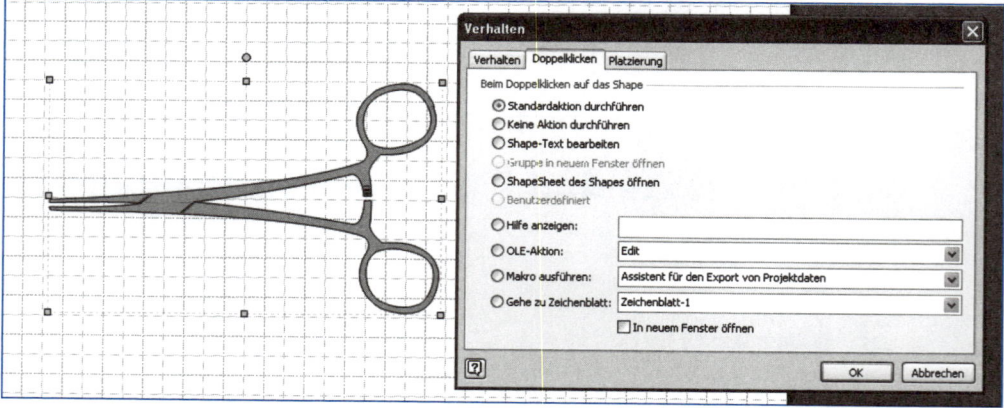

Die Registerkarte *Platzierung* legt fest, wie ein 2D-Shape mit dem dynamischen Verbinder-Shape interagiert, und ob es nach Wahl des Befehls *Shape/Shape-Layout konfigurieren* in eine Anordnung aufgenommen wird. Sie können angeben, dass ein dynamischer Verbinder das 2D-Shape erkennt und dieses umgeht, anstatt es zu durchkreuzen. 2D-Shapes, die von dynamischen Verbindern erkannt werden, tragen auch die Bezeichnung platzierbare Shapes.

- Die Option *Entscheidung durch Visio* überlässt Visio die Entscheidung, wann das Shape platzierbar gemacht wird. Die Grundlage liefert der Typ des Verbinders, den Sie an das Shape kleben. Das Shape wird automatisch platzierbar, wenn Sie einen dynamischen Verbinder daran kleben.

Ausrichten und umleiten macht ein 2D-Shape in jedem Fall platzierbar. Der dynamische Verbinder wird immer umgeleitet, und das Shape wird bei einer automatischen Anordnung immer mitberücksichtigt. *Nicht ausrichten und umleiten* legt fest, dass ein 2D-Shape nie platzierbar ist. Es wird von dynamischen Verbindern nicht erkannt und bleibt bei einer automatischen Anordnung unberücksichtigt.

- Die Option *Während der Platzierung nicht verschieben* legt fest, dass das Shape bei der Wahl des Befehls *Shape/Shape-Layout konfigurieren* nicht verschoben werden soll.
- Die Option *Überlappung anderer Shapes zulassen* gibt an, dass sich andere Shapes bei der Wahl des Befehls *Shape/Shape-Layout konfigurieren* auf dem markierten Shape platzieren lassen.
- Mit der Option *Andere Shapes beim Ablegen beiseite schieben* geben Sie an, dass sich vorhandene Shapes in einer Zeichnung automatisch an ein platzierbares Shape anpassen, das auf dem Zeichenblatt abgelegt, verschoben oder in der Größe geändert wird.
- Die Option *Beiseiteschieben dieses Shapes beim Ablegen anderer Shapes nicht zulassen* gibt an, dass das markierte Shape nicht verschoben wird, wenn andere Shapes auf dem Zeichenblatt abgelegt werden, unabhängig davon, ob die Option »Andere Shapes beim Ablegen beiseite schieben« aktiviert ist.
- Die Optionen *Horizontal umleiten* und *Vertikal umleiten* legen fest, dass der dynamische Verbinder das 2D-Shape horizontal oder vertikal durchlaufen kann (eine Linie durch die Mitte des Shapes zeichnet).

Wenn Sie einen eindimensionalen Verbinder erzeugen möchten, steht Ihnen im Menübefehl *Verhalten* eine vierte Registerkarte zur Verfügung. Darin kann voreingestellt werden, wie die Linie umgeleitet wird und wie die Linie reagiert, wenn sie über eine schon vorhandene gezogen wird. Also, ob sie einen Liniensprung erhält oder nicht.

ACHTUNG Dieses vierte Blatt erhalten Sie nur, wenn Sie einen anderen Verbinder verwenden. Gewöhnliche eindimensionale Linien zeigen diese Registerkarten nicht an.

Mehrere Texte durch Gruppieren zu einem Shape zusammenfassen

Manchmal ist es nötig, in einem Shape mehrere Texte zu platzieren, wie beispielsweise in dem Shape, das Sie in Abbildung 4.18 sehen. Natürlich können diese Informationen durch ein Absatzzeichen voneinander getrennt werden. Soll allerdings der Benutzer voneinander getrennte Informationen eingeben können, die sich nicht beeinflussen, also beispielsweise nicht verschieben, können entweder mehrere Textfelder oder mehrere beschriftete Shapes zu einem Shape gruppiert werden. Am besten ist es, wenn die Texte schon vorbelegt sind – so, wie dies Visio in einigen Shapes vorgemacht hat. Ändert der Benutzer nun die Texte, kann er mit einem Klick das Gruppenshape markieren, mit einem zweiten Klick eines der Kind-Shapes auswählen und dort den Text eingeben. Sie könnten ebenso das Gruppenverhalten im Menübefehl *Format/Verhalten* ändern, sodass der erste Klick bereits eines der Kind-Shapes markiert. Der Nachteil dieser Variante ist, dass der Benutzer beim Verschieben des Shapes leicht nur einen Teil verschieben kann und nicht die ganze Gruppe.

Abbildg. 4.18   Shape-Gruppe mit mehreren unabhängigen Shapes

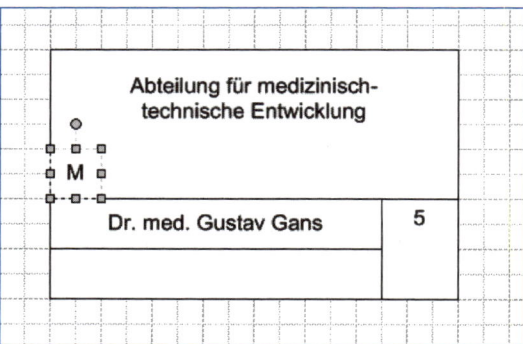

Schutz vor Veränderungen

Wenn Sie schon mit Visio gearbeitet haben, dann ist Ihnen sicherlich schon aufgefallen, dass einige intelligente Shapes bestimmte Schutz-Mechanismen besitzen. Sie finden die Optionen unter *Format/Schutz* (siehe Abbildung 4.19).

Abbildg. 4.19   Die Schutzeinstellungen im Menübefehl *Format/Schutz*

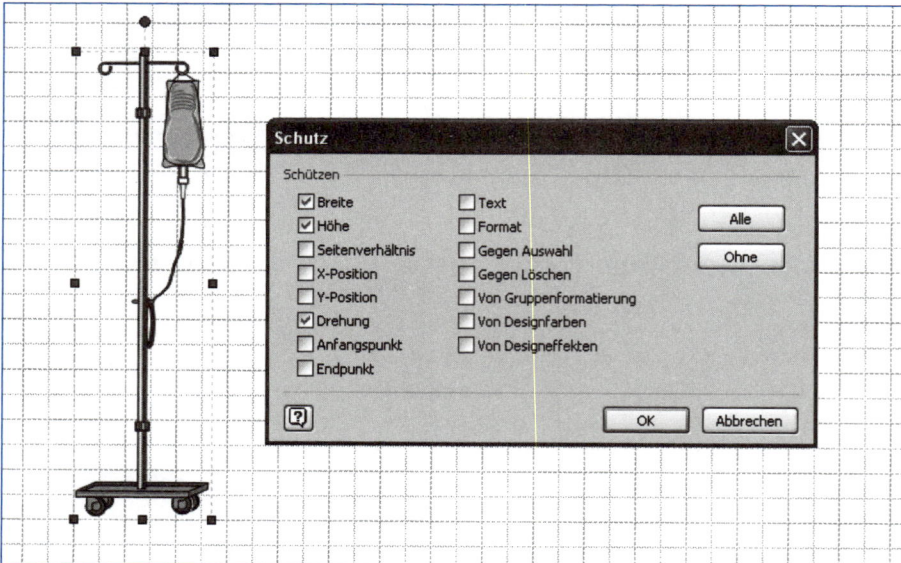

Dort können folgende Eigenschaften des Shapes geschützt werden:

- Es ist interessant, die Höhe und Breite zu schützen, wenn das Shape automatisch wächst, beispielsweise bei der Texteingabe.
- Um sicherzustellen, dass ein Shape quadratisch oder kreisförmig bleibt, kann das Seitenverhältnis geschützt werden. Dann wächst es auch beim seitlichen Ziehen nach oben.

- Wird die X-Position geschützt, kann es nur senkrecht verschoben werden, bei geschützter Y-Position nur waagrecht. Diese Eigenschaft kann interessant sein, wenn das Shape sich beispielsweise nur in der Mitte der Seite befinden darf (als Überschriftentext).

- Für eindimensionale Shapes lautet die analoge Einstellung: Anfangspunkt und / oder Endpunkt schützen. Soll ein Shape eine bestimmte Lage beibehalten, kann es vor einer Drehung des Anwenders bewahrt werden.

- Dem Anwender kann verboten werden, Text einzugeben oder zu ändern. Ebenso kann das Formatieren unterbunden werden. Und: Selbstverständlich kann das Formatieren beim Einstellen von Designfarben beziehungsweise Designeffekten unterdrückt werden.

- Soll das Shape nicht entfernt werden dürfen, können Sie es gegen Löschen schützen. Damit kann es allerdings auch nicht ausgeschnitten werden. Erstaunlicherweise erhält der Benutzer nach dem Versuch des Ausschneidens einen Hinweis – das Shape befindet sich dennoch im Zwischenspeicher und kann nun wieder eingefügt werden.

- Darf der Benutzer das Shape noch nicht einmal markieren, wird diese Option eingeschaltet. Sie wird allerdings erst dann wirksam, wenn im Fenster *Ansicht/Zeichnungsexplorerfenster* im Kontextmenü (*Dokument schützen*) das Kontrollkästchen *Shapes* aktiviert ist. Damit können die geschützten Shapes weder mit der Maus, noch mit Tastenkombinationen oder Menübefehlen (*Bearbeiten/Alles auswählen* oder *Bearbeiten/Auswahl nach Typ*) aktiviert werden. Dies gilt auch für neue Shapes, bei denen diese Option eingeschaltet wird.

ACHTUNG Dem Dokumentenschutz, der sich auf die gekennzeichneten Shapes auswirkt, kann ein Kennwort vergeben werden. Achtung: Es wird kein zweites Mal nach diesem Kennwort gefragt.

Viele der Schutzeinstellungen sind sofort an den grauen Größenänderungs-Kontrollpunkten sichtbar. Viele Shapes sind gegen bestimmte Aktionen (Drehen, Größe verändern usw.) geschützt. Als Benutzer könnten Sie alle Schutzmechanismen aufheben.

Copyright eintragen

Wenn Sie ein Shape erstellt haben, können Sie ihm über den Menübefehl *Format/Objektdaten* im Feld *Copyright* einen Copyright-Eintrag hinzufügen. Wird dieses Dialogfeld geschlossen und später erneut geöffnet, bleibt der Copyright-Vermerk deaktiviert, kann also nicht mehr geändert werden. Dies ist interessant, wenn Sie für mehrere Mitarbeiter Shapes zur Verfügung stellen, die daraus Zeichnungen generieren und möglicherweise weitergeben. Jeder, der Visio besitzt, kann die Zeichnungen öffnen und die Shapes in Schablonen speichern, das heißt kopieren. Um einen Hinweis darauf zu geben, woher die Shapes kommen, können sie mit einem Copyright-Vermerk gekennzeichnet werden, wie in Abbildung 4.20.

Abbildg. 4.20 Shapes können mit einem Copyright-Vermerk versehen werden

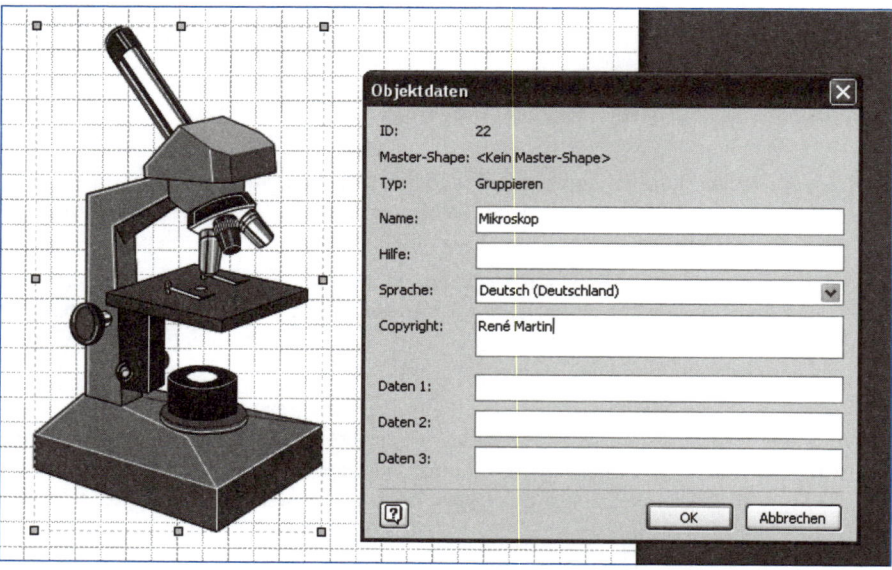

Abbildg. 4.21 Das Copyright kann nicht geändert werden

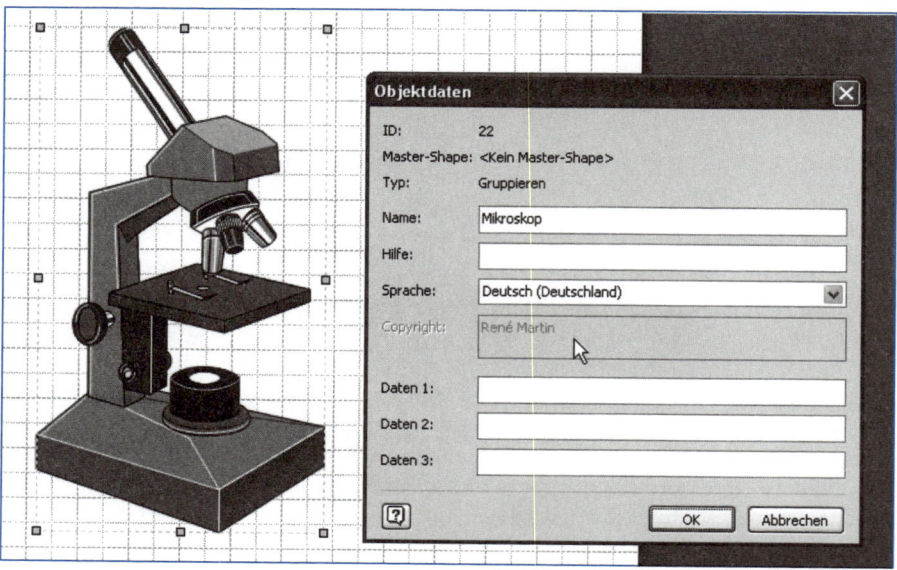

Eigene Schablonen erstellen

Soll nun an eine geöffnete Datei (eine Zeichnung oder eine Vorlage) eine neue Schablone gebunden werden, muss im ersten Schritt eine neue Schablone erzeugt werden. Wählen Sie hierzu aus dem Menübefehl *Datei/Shapes/Neue Schablone*.

> **HINWEIS** Für die meisten Shapes spielt der Maßstab keine Rolle. Wenn Sie maßstabsgetreue Raumpläne erzeugen möchten, sollten Sie in Europa selbstverständlich die metrische Schablone verwenden.

Die neue (leere) Schablone weist im linken oberen Eck ihres Titels ein Zeichnungssymbol mit einem roten Stern auf. Dies weist darauf hin, dass die Schablone zum Editieren geöffnet ist.

Wird auf dem Zeichenblatt ein neues Shape kreiert, kann dieses per Drag & Drop in eine leere Schablone gezogen werden, wie in Abbildung 4.22 zu sehen. Wird beim Ziehen die `Strg`-Taste gedrückt, bleibt das Shape auf dem Zeichenblatt – es wird lediglich eine Kopie in die Schablone gezogen.

Abbildg. 4.22   Eine neue leere Schablone wird an das Dokument gebunden. In sie wird das neue Shape gezogen.

In der Schablone werden vom Shape, das nun zum Master-Shape geworden ist, ein Icon und eine Beschriftung erzeugt. Beide können geändert werden. Ein Klick mit der rechten Maustaste auf das Icon öffnet im Kontextmenü den Menübefehl *Master-Shape bearbeiten/Master-Shape-Eigenschaften*

(siehe Abbildung 4.23). Dort können die Beschriftung, der Text, der in der Statusleiste und in der gelben QuickInfo erscheint (Eingabeaufforderung), die Größe und Ausrichtung des Icons geändert werden. Die Schlüsselwörter sind für die Suche interessant.

Abbildg. 4.23   Die Eigenschaften des Master-Shapes

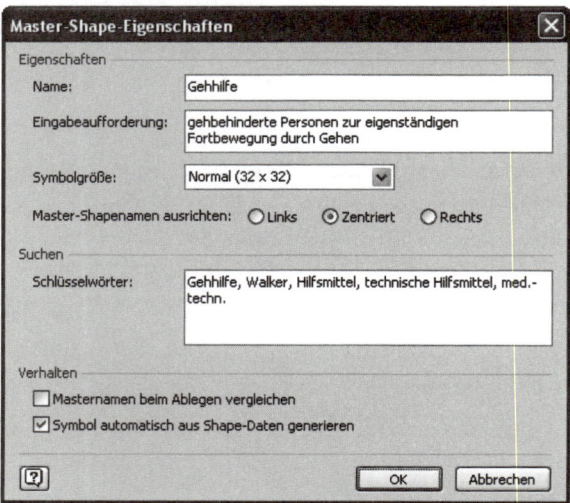

Das Symbolbild kann über den Menübefehl *Master-Shape bearbeiten/Symbolbild bearbeiten* aus dem Kontextmenü geändert werden. Dort kann in einem weiteren Fenster jedes der 32 × 32 Pixel verändert werden. Ebenso stehen Ihnen als Hilfsmittel der Farbeimer, die Lasso- und Rechteckauswahl zur Verfügung, mit der Bereiche kopiert und gelöscht werden können, wie in Abbildung 4.24 ersichtlich.

Abbildg. 4.24   Das Icon kann verändert werden

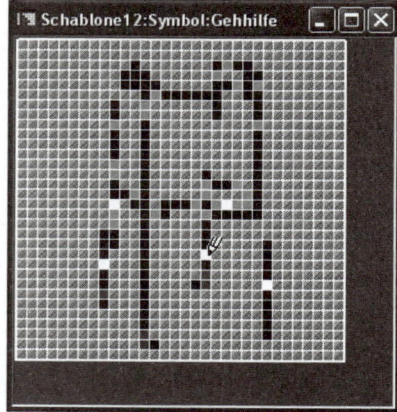

Eigene Schablonen erstellen

ACHTUNG Ein Schließen des Fensters, in dem das Icon bearbeitet wird, führt automatisch und ohne Nachfrage zu einer Änderung des Icons in der Schablone. Um die Änderungen zu verwerfen, müssten Sie die Rückgängig-Funktion aktivieren.

Soll das Master-Shape selbst geändert werden, könnten Sie es auf das Zeichenblatt ziehen, dort bearbeiten und wieder zurück in die Schablone ziehen. Dies würde allerdings zu einem Verlust des Icons und der Eigenschaften führen. Besser ist der Weg, das Master-Shape zu editieren (auch dieser Befehl findet sich im Kontextmenü in *Master-Shape bearbeiten/Master-Shape bearbeiten*) und mit den Änderungen abzuspeichern.

TIPP Um aus einem Master-Shape ein weiteres (ähnliches) zu erzeugen, kann das Master-Shape kopiert und eingefügt werden. Oder Sie verschieben es innerhalb der Schablone mit gedrückter `Strg`-Taste. Ein (markiertes) Master-Shape kann gelöscht werden. Mit gedrückter `⇧`-Taste können wahlweise einzelne Shapes in einer Schablone markiert werden.

Sie können Master-Shapes direkt in einer Schablone erzeugen: Mit dem Befehl *Neues Master-Shape* werden die Eigenschaften festgelegt. Anschließend können Icon und Master-Shape geändert werden.

Abbildg. 4.25   Das Kontextmenü der Symbole

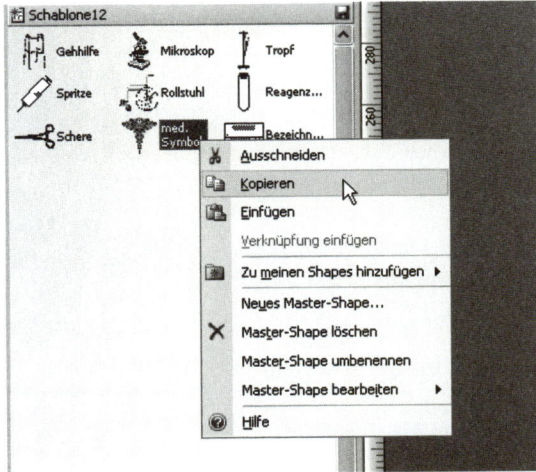

TIPP Wenn Master-Shapes von einer Schablone in eine andere kopiert werden sollen, kann der Weg über das Zeichenblatt gewählt werden: Raus aus der Schablone auf die Zeichnung, raus aus der Zeichnung in die neue Schablone. Aber dieser Weg führt zu Verlusten (beispielsweise des Icons). Auch hier empfiehlt sich das Kopieren und Einfügen eines Master-Shapes über das Kontextmenü, oder gleich das Ziehen eines Master-Shapes von einer Schablone in eine andere.

Die Schablone speichern

Damit die Schablone sich in die Liste der übrigen Schablonen einreiht, gibt es in Visio zwei Möglichkeiten. Wenn Sie nur für sich, das heißt auf Ihrem lokalen Rechner, neue Shapes in neuen Schablonen benötigen, speichern Sie die Schablone im Ordner *Meine Shapes*. Sie stehen sofort im Menübefehl *Datei/Shapes/Meine Shapes* zur Verfügung.

> **HINWEIS** Dieser Pfad kann im Menübefehl *Extras/Optionen* auf der Registerkarte *Weitere Optionen* in der Schaltfläche *Dateipfade* im Textfeld *Meine Shapes* angepasst werden.

So stellt sich die Frage, was zu tun ist, wenn man eine oder mehrere Schablonen für alle Mitarbeiter im Hause verteilen möchte, damit sie alle auf die gleichen Shapes zugreifen können. Ein lokales Verteilen ist umständlich.

Eigene Schablonen weitergeben

Sehr ähnlich, wie bei den Dokumentvorlagen in Word (oder Excel oder PowerPoint), kann im oben erwähntnen Menübefehl im Textfeld *Schablonen* der Pfad eingestellt werden, in den Visio zusätzliche Schablonen »zieht«. Sie können auch mehrere Pfade angeben – sie werden durch ein Semikolon voneinander getrennt.

Das bedeutet folgendes: Visio ermittelt drei Speicherorte der Schablonen:

- Im Ordner, in dem die Datei *Visio.exe* installiert ist, befindet sich ein Unterordner *1031*
- Im Ordner *Eigene Dateien/Meine Shapes* (dieser Ordner kann verschoben werden)
- In den Ordnern, die in *Extras/Optionen* unter *Schablonen* festgelegt werden.

Wenn Sie in der Liste der von Visio vorgegebenen Ordner einen weiteren Ordner einfügen möchten, legen Sie in dem Schablonenordner ein weiteres Verzeichnis an. Es wird dann angezeigt, wenn sich Schablonen, das heißt Dateien mit der Endung *.vss* darin befinden, wie in Abbildung 4.26 ersichtlich. Das Gleiche gilt auch für den Ordner *Meine Shapes*.

> **ACHTUNG** Manchmal passiert es, dass Visio die Liste der Schablonen oder Ordner nicht automatisch aktualisiert. Sie erhalten stets die aktuelle Liste, wenn Sie Visio schließen und neu öffnen.

Prinzipiell können Ihre Schablonen an jedem beliebigen Ort auf der Festplatte oder im Netzwerk liegen, solange sie darauf Leserechte haben. Sie können Sie von jedem Speicherort über *Datei/Shapes/Schablone öffnen* in Ihre Zeichnung einbinden.

Denkbar wären sogar mehr als drei Pfadangaben, aber die meisten Visio-Anwender kommen in der Regel mit zwei Pfaden aus: einem lokalen, wo der Benutzer eigene Änderungen vornehmen kann und einem globalen, der selbstverständlich auf einem schreibgeschützten Laufwerk liegen kann (aber nicht muss). Dieser Pfad muss per Hand an jedem Visio lokal eingegeben oder nach der Installation eingestellt werden. Er befindet sich in der Registrierung in:

HKEY_CURRENT_USER\Software\Microsoft\Office\12.0\Visio\Application

Die Praxis zeigt, dass es vernünftig ist, einige Ordner anzulegen, in denen sich Schablonen für die firmenweite Benutzung befinden.

Eigene Schablonen erstellen

Abbildg. 4.26   Eigene Schablonen können in eigenen Ordnern gespeichert werden (hier: *Medizin I, II* und *III*)

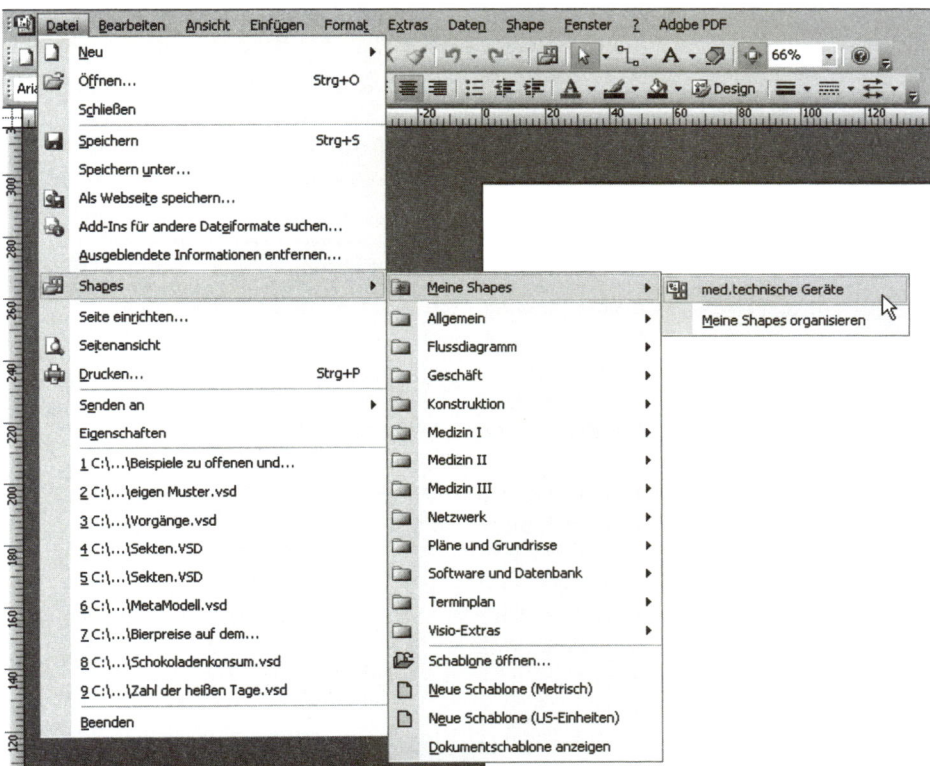

Eigene Schablonen modifizieren

Soll ein weiteres Shape in die neue, benutzerdefinierte Schablone oder in eine vorhandene Schablone aufgenommen werden, kann es einfach hineingezogen werden. Visio bemerkt, dass die Schablone schreibgeschützt ist und fragt, ob der Schutz aufgehoben werden soll, damit sie bearbeitet werden kann. Alternativ kann der Schreibschutz über das Symbol in der linken, oberen Ecke entfernt werden. Die geänderte Schablone muss anschließend wieder gespeichert werden.

Das Öffnen und Modifizieren von Schablonen funktioniert bei selbst erstellten Schablonen – jedoch nicht bei den Schablonen, die Visio zur Verfügung stellt.

PROFITIPP

> Mit einem kleinen Trick können Sie jedoch auch die von Visio zur Verfügung gestellten Schablonen modifizieren: Kopieren Sie aus dem Ordner 1031 die entsprechende Schablone in Ihren eigenen Ordner. Nun ist es sogar möglich, die Standard-Schablonen von Visio zu modifizieren.

Eigene Vorlagen erstellen

Visio stellt eine ganze Reihe an Vorlagen zur Verfügung. Beim Start von Visio werden Sie gefragt, mit welcher Vorlage Sie arbeiten möchten. Ist bereits eine Datei geöffnet, die auf einer bestimmten Vorlage beruht, kann für eine neue Zeichnung eine weitere Vorlage geöffnet werden. Sie gelangen zu ihnen, indem Sie über den Menübefehl *Datei/Neu/Neue Zeichnung aus Vorlage* eine Vorlage auswählen oder indem Sie aus dem Menübefehl *Datei/Neu* aus einem der Ordnersymbole eine Vorlage aus wählen.

HINWEIS Die Vorlagen befinden sich im Unterordner *1031*, in dem Visio installiert ist. Allerdings ist seit der Version 2003 die Ordnerstruktur nicht mehr als Unterordner auf der Festplatte abgebildet.

Natürlich könnte ein solcher Ordner an jeder anderen Stelle der Festplatte oder des Servers liegen – allerdings wird die Vorlage nur mit dem Menübefehl *Datei/Neu/Neue Zeichnung aus Vorlage* gefunden.

ACHTUNG Manchmal passiert es, dass Visio die Liste der Vorlagen oder Ordner nicht automatisch aktualisiert. Sie erhalten stets die aktuelle Liste, wenn Sie Visio schließen und neu öffnen.

Ähnlich wie Schablonen kann auch für Vorlagen eine eigene Ordnerstruktur eingerichtet werden. Sie wählen einen Speicherort über den Menübefehl *Extras/Optionen/Weitere Optionen/Dateipfade* aus und ändern ihn im Eingabefeld »Vorlagen«.

Wird nun eine Datei als Vorlage mit der Endung *.vst* in diesen Ordner gespeichert, erscheint sie in der Liste der Vorlagen über den Ordnern. Wird in diesem festgelegten Ordner ein Unterordner angelegt, wird der neue Ordner in die Liste der bestehenden Ordner eingereiht.

ACHTUNG Damit der neue Ordner in der Liste angezeigt wird, muss sich mindestens eine Datei mit der Endung *.vst* in diesem Ordner befinden.

Beim Öffnen von Visio finden Sie ihre eigenen Vorlagen, die direkt im Vorlagenordner liegen, hinter dem Hyperlink *Andere*. Die Unterordner werden in die Liste der vorhandenen Ordner einsortiert.

Vorlagen haben gegenüber Zeichnungen den Vorteil, dass der Benutzer nach dem Ändern von vorhandenen Elementen gefragt wird, unter welchem Namen er diese Änderungen speichern möchte. Zeichnungen und Vorlagen enthalten nicht nur Shapes auf dem Zeichenblatt, Schablonen mit den Master-Shapes, sondern auch weitere Merkmale wie Layer, Stile und Makros, aber auch Maßstab, Ausrichtung und die übrigen Zeichenblatteigenschaften. Diese werden nun im Einzelnen erläutert.

Einstellungen der Vorlagen

Vorlagen können eine Reihe von Einstellungen beinhalten. Dazu gehören die Folgenden.

Datei/Seite einrichten

Alle Optionen aus den einzelnen Registerkarten des Dialogfeldes *Datei/Seite einrichten* können an Vorlagen gebunden werden. Dazu gehören Papiergröße und -ausrichtung, der Maßstab und die

Einstellungen auf der Registerkarte *Layout und Routing*. Wichtige Überlegungen, die Sie treffen sollten bezüglich der Vorlage, beziehen sich folglich auf:

- Ausrichtung (Hoch- oder Querformat)
- Zeichenblattgröße (DIN-A4, DIN-A3 usw.)
- Zeichnungsmaßstab (keine Skalierung, also 1:1, 1:1000, 1:500, 1:200, 1:100, 1:50, 1:25 usw.)
- Zeichenblatteigenschaften (Name des Zeichenblatts)
- Verfügt die Vorlage über einen Hintergrund oder nicht?
- Layout und Routing (Routing: rechter Winkel, Gerade, Flussdiagramm, Baumförmig usw.)
- Liniensprünge (horizontal, vertikal, ohne)
- Schatten (der x- und y-Abstand)

Mehrere Seiten einrichten

Eine Vorlage kann mehrere Zeichenblätter beinhalten. Dies ist interessant, wenn Sie mit einem Hintergrund arbeiten. An eine Vordergrundseite kann eine Hintergrundseite gebunden sein. Auf ihr befinden sich Kopf- und Fußzeile, Logo, Beschriftung, Seitennummerierung und Ähnliches. Das Vorgehen ist wie gehabt und wurde bereits beschrieben:

1. Erstellen Sie ein neues Zeichenblatt (*Einfügen/Neues Zeichenblatt*) als Hintergrund und legen Sie die Elemente auf das Blatt, die Sie benötigen, z.B.:
   - Rahmen
   - Linien
   - geometrische Objekte
   - Bilder
   - Textfelder als beschriftender Text
   - Textfelder mit Feldfunktionen für Seitennummerierung, Dateiname, aktuelles Datum, …)
   - Shapes aus Schablonen
2. Verknüpfen Sie das Vordergrundblatt über den Menübefehl *Datei/Seite einrichten/Zeichenblatteigenschaft* mit dem Hintergrund.
3. Erstellen Sie, falls nötig, weitere Hintergrundblätter.
4. Blenden Sie, falls gewünscht, die Hintergrundblätter im Zeichnungsexplorer *Ansicht/Zeichnungsexplorerfenster*) im Kontextmenü *Dokument schützen* aus.

Schablonen

Damit beim Öffnen der Vorlage gleich die richtigen Schablonen sichtbar sind, können diese an eine Vorlage gebunden werden. Sie werden hierzu einfach über den Menübefehl *Datei/Shapes* geöffnet.

Abbildg. 4.27   An eine mehrseitige Vorlage können Schablonen gebunden werden

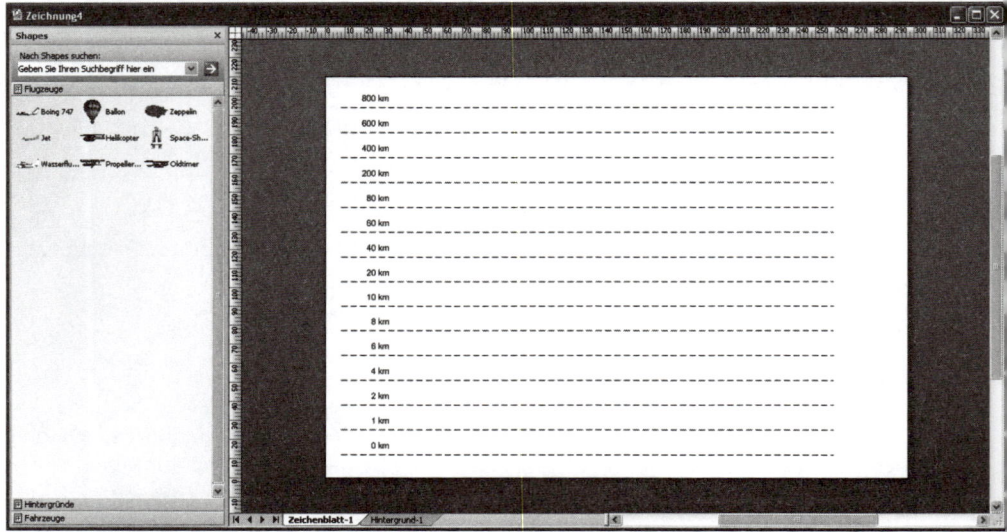

Formatvorlagen

Über den Menübefehl *Format/Formatvorlagen definieren* können für die drei Formatierungskriterien *Text*, *Füllung* und *Linie* Formatvorlagen erstellt werden. Diese werden an die Vorlage gebunden und stehen dann dem Benutzer zur Verfügung.

HINWEIS   Beachten Sie, dass eine Formatvorlage alle drei der Formatierungskriterien beinhalten kann, oder nur zwei oder auch lediglich nur eine. Dies ist wichtig, da nur die Formatvorlagen in den Symbolen aufgelistet werden, die auch Elemente aus dieser Kategorie beinhalten.

Muster

Zu Beginn dieses Kapitels wurde beschrieben, wie Sie eigene Füllmuster, Linienmuster und Linienenden erzeugen. Diese werden entweder an eine Zeichnung gebunden, damit sie in der gesamten Zeichnung zur Verfügung stehen. Oder sie werden in einer Vorlage erzeugt, sodass neue Zeichnungen, die auf dieser Vorlage basieren, diese Muster beinhalten. Mit ihnen kann der Benutzer arbeiten und schnell formatieren. Sie finden die selbsterzeugten Muster im Menübefehl *Format/Linie* und *Format/Füllbereich* am Ende der Liste.

Design

Sie können im Aufgabenbereich zwei verschiedene Arten von Designs erstellen, mit denen schnell die gesamte Zeichnung formatiert wird:

- Designfarben
- Designeffekte

Dabei kann einer der Effekte beziehungsweise die Farbskala für die gesamte Seite oder auch für alle Seiten der Zeichnungsvorlage verwendet werden.

Layer

Auf den ersten Blick scheint es unsinnig zu sein, einer leeren Vorlage Layer zuzuweisen. Dennoch gibt es einen Grund, warum auch eine Vorlage Layer haben kann und nicht nur die Shapes, die anschließend auf das Zeichenblatt gezogen werden: Werden in der Vorlage die Layer eingestellt, können ihnen bereits bestimmte Eigenschaften zugewiesen werden (beispielsweise nicht druckbar oder mit einer bestimmten Farbe vorbelegt). Werden nun Shapes, die ebenfalls auf diesen Layern liegen, auf das Zeichenblatt gezogen, wird ihnen automatisch diese Layereigenschaft zugewiesen. Die wichtigsten Layereigenschaften sind:

- sichtbar
- druckbar
- aktiv (neue Shapes werden automatisch auf diesen Layer gelegt)
- gesperrt (für weitere Bearbeitung)
- ausrichtbar (an anderen Shapes)
- klebbar (an anderen Shapes, Hilfslinien, Kontrollpunkten und Verbindungspunkten)

Farbpalette

Über den Menübefehl *Extras/Farbpalette* können die 23 Grundfarben festgelegt werden, die Visio in dieser Zeichnung verwendet. Da in den Designfarben komplexere Farbzuweisungen getroffen werden können, spielt die Farbpalette keine große Rolle mehr.

Lineale und Gitter

Sämtliche Einstellungen aus *Extras/Lineal und Gitter* und *Extras/Ausrichten und Kleben* werden in der Vorlage gespeichert. So stehen speziellen technischen Zeichnungen spezifische Gitterfangpunkte zur Verfügung. Die wichtigsten Einstellungen im Dialogfeld *Ausrichten und Kleben* sehen Sie in der folgenden Abbildung 4.28:

Abbildg. 4.28   Die Registerkarte *Allgemein* im Dialogfeld *Ausrichten und Kleben*

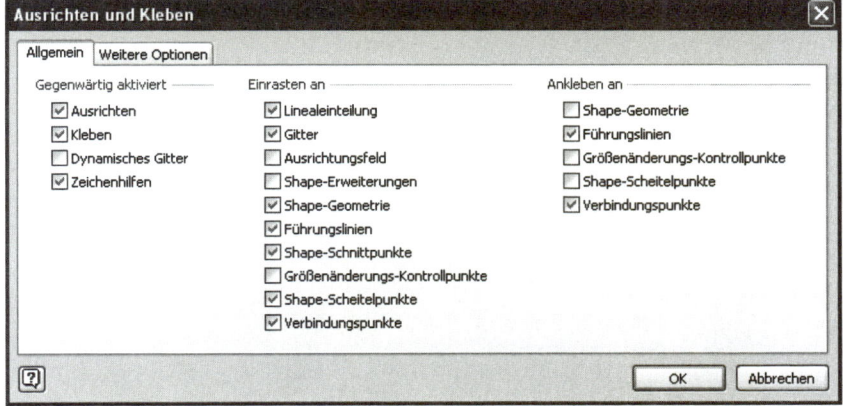

Für das dynamische Gitter stehen folgende Zeichenhilfen auf der zweiten Registerkarte *Weitere Optionen* zur Verfügung. Sie sehen einen Ausschnitt in Abbildung 4.29.

Abbildg. 4.29 Die Registerkarte *Weitere Optionen* des Dialogfeldes *Ausrichten und Kleben*

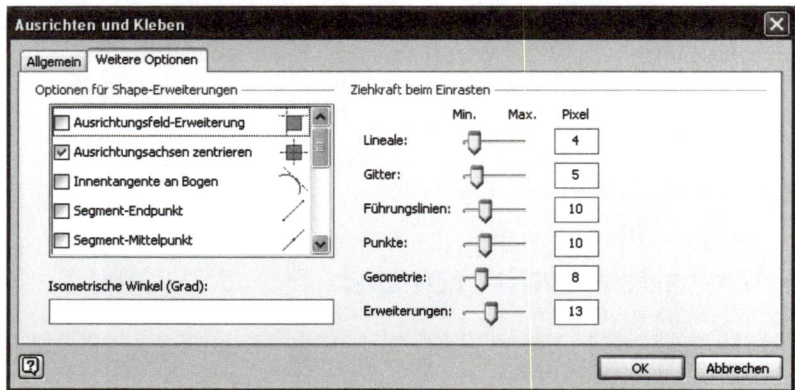

HINWEIS Es kann durchaus üblich sein, in Vorlagen für technische Zeichnungen einen festen Gitterabstand zu bestimmen, dafür jedoch das Ausrichten am Lineal zu deaktivieren. So wird gewährleistet, dass sich die Shapes nur innerhalb eines bestimmten Gitters bewegen.

Shape-Layout

Auch die Einstellung *Shape/Layout konfigurieren* sollte konform sein mit dem Zeichnungstyp, für den die Vorlage gewählt wurde. Dabei stehen als Formatvorlagen zur Verfügung:

- Radial
- Flussdiagramm
- Kreisförmig
- Kompakte Struktur
- Hierarchie

Darüber hinaus kann die Richtung, die Ausrichtung und der Abstand festgelegt werden.

Auch für die Verbinder sollte eine der folgenden Optionen voreingestellt sein:

- rechter Winkel
- Gerade
- in Mitte zentrieren
- Flussdiagramm
- baumförmig
- Organigramm
- einfach
- einfach horizontal/vertikal
- einfach vertikal/horizontal

mit den beiden Optionen Darstellung: gerade oder gekrümmt.

Symbolleisten

Und als letztes sind noch die benutzerdefinierten Symbolleisten zu nennen. Darin können die wichtigsten Symbole zusammengefasst werden, die der Anwender häufig braucht. Oder Sie könnten Makros erstellen und diese an neue Symbole binden, sodass das Makro per Symbol oder Menübefehl gestartet werden kann.

VBA-Code

Es ist nicht Thema dieses Buches, aber dennoch interessant zu wissen: An eine Visio-Vorlage oder eine Visio-Zeichnung kann VBA-Code (Visual Basic for Applications) gebunden werden, mit dem Assistenten oder Funktionen entwickelt wurden, die nur für diese Datei arbeiten.

Eigene Vorlagen weitergeben

Vorlagen werden ähnlich wie Schablonen behandelt – deshalb gilt das oben bereits Beschriebene auch hier: Werden in einer größeren Firma an zentraler Stelle Shapes, Schablonen und Vorlagen erstellt, kann in *Extras/Optionen/Weitere Optionen* ein Netzwerk-Pfad eingestellt werden. Werden mehrere Ordner verwendet, werden diese durch ein Semikolon voneinander getrennt. Beispielsweise so:

1031\Lösungen;U:\FuerAlle\Visio\Schablonen

Abbildg. 4.30 Neue Vorlagen wurden erstellt

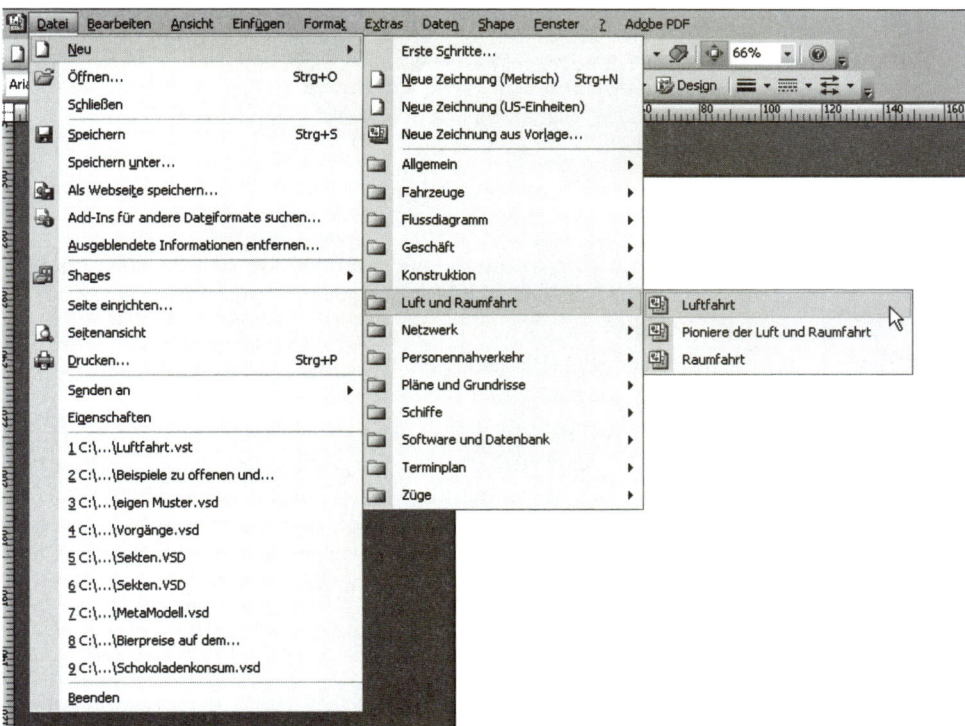

Alternativ dazu können die Vorlagen als Dateien verschickt werden und in einem vorhandenen Ordner oder einem neuen Ordner in *1031* gespeichert werden. Die Praxis zeigt, dass es sinnvoll ist mehrere Ordner anzulegen. Die zweite Variante ist interessant, wenn mehrere Mitarbeiter mit nichtvernetzten Rechnern arbeiten, beispielsweise mit Laptops.

Speichern, Schließen und Öffnen

Auch über die beiden Befehle *Schließen* und *Beenden* muss wohl nichts gesagt werden. Interessanter dagegen ist das Speichern und das Öffnen. Wenn Sie eine Datei mit dem Befehl *Datei/Speichern* (oder *Datei/Speichern unter*) speichern, können Sie diese als Visio-Zeichnung (*Zeichnung: *.vsd*), als Visio-Vorlage (*Vorlage: *.vst*) oder als Visio-Schablone (*Schablone: *.vss*) speichern. Die ersten beiden Optionen: Zeichnung und Vorlage sind sicherlich aus anderen Programmen (beispielsweise Textverarbeitungsprogrammen) bekannt. Wird eine Datei als Zeichnung gespeichert, kann sie als solche wieder geöffnet und weiterbearbeitet werden. Wird dagegen eine Zeichnung als Vorlage gespeichert, kann sie wie eine Zeichnung geöffnet werden. Sie enthält alle Merkmale der Zeichnungsdatei, nur mit dem Unterschied, dass ein Speichern die Frage nach dem Dateinamen, das heißt nach dem Zeichnungsnamen, nach sich zieht.

> **HINWEIS** Auf welchen der Ordner Visio zugreift, wenn der Menübefehl *Datei/Öffnen* gewählt wird, wird über den Menübefehl *Extras/Optionen* auf der Registerkarte *Weitere Optionen* mit der Schaltfläche *Dateipfade* im Textfeld *Zeichnungen* festgelegt. Der dort definierte Ordner wird zuerst aufgerufen, nachdem nach dem Start von Visio das erste Mal eine Datei gespeichert oder geöffnet wird.

Eine Vorlage bedeutet, wie der Name sagt, dass sie als Raster, als Muster, als Grundlage für andere Zeichnungen verwendet wird. Um dem Anwender bestimmte Grundelemente einer neuen Zeichnung zur Verfügung zu stellen, werden diese als Vorlage abgespeichert.

Dateitypen

Was würde passieren, wenn eine Zeichnung oder eine Vorlage als Schablone gespeichert würde? Oder umgekehrt: Wenn eine Schablone als Zeichnung oder Vorlage umbenannt wird?

Antwort: Nichts! Die drei Visio-Dateitypen – Zeichnung, Vorlage und Schablone (**.vsd*, **.vst* und **.vss*) – unterscheiden sich lediglich durch den letzten Buchstaben in der Dateiendung! Und damit in der Art, wie sie geöffnet werden.

Angenommen von einer **.vss*-Datei wird die Dateiendung in **.vsd* oder **.vst* geändert. Da eine Schablone naturgemäß keine Seite beinhaltet, würde sie beim Öffnen als Zeichnung oder Vorlage (*Datei/Neu* oder *Datei/Öffnen*) wie eine Zeichnung oder Vorlage mit einer leeren Seite geöffnet und angezeigt werden. Würde die Endung einer Visio-Zeichnung in die einer Schablone (**.vss*) geändert, könnte sie über *Datei/Schablonen* geöffnet werden. Was wird aber dann angezeigt? Antwort: sämtliche Master-Shapes der Shapes, die auf der Zeichnung verwendet wurden.

> **HINWEIS** Erstellt ein Mitarbeiter einer Firma eine Zeichnung mit verschiedenen Shapes aus verschiedenen Schablonen und speichert er die Zeichnung, kann er sie in eine Schablone umbenennen. Dann kann sein Kollege diese Zeichnung als Schablone in Visio öffnen und hat sämtliche verwendeten Master-Shapes zur Verfügung, mit denen er eine neue Zeichnung erstellen kann.

Dies bedeutet, dass mit einer Visio-Zeichnung immer die benutzten Master-Shapes abgespeichert werden. Sie können sie über den Menübefehl *Datei/Shapes/Dokumentschablone anzeigen* sichtbar machen. Dann öffnet sich eine neue Schablone mit der Titelleiste *Dokumentschablone*. Diese kann wieder abgespeichert werden. Dort werden alle jemals in dieser Zeichnung verwendeten (und natürlich auch die noch benutzten) Shapes aufgelistet. Werden Master-Shapes gelöscht, zu denen kein Smart-Shape mehr auf dem Zeichenblatt vorliegt, dann passiert gar nichts. Werden Master-Shapes gelöscht, zu denen noch Shapes auf einer Seite liegen, werden Sie gefragt, ob diese Shapes von dem Master-Shape getrennt werden sollen. Das Ergebnis kann wiederum in *Format/Objektdaten* des Shapes eingesehen werden: Dort steht nun als Master-Shape-Name: *<Kein Master>*.

Wird ein Master-Shape in der Dokumentschablone geändert, werden alle Instanzen dieses Master-Shapes auf der Zeichnung auch geändert. Da die Dokumentschablone eine lokale Schablone ist, welche an die Datei gebunden ist, wirken sich diese Änderungen nur auf die aktuelle Zeichnung aus.

> **PROFITIPP** Wird dagegen das Master-Shape in der Dokumentschablone bearbeitet (formatiert oder verändert), werden alle Shapes der Zeichnung, denen dieses Master-Shape zugrunde liegt, ebenso formatiert. Dies ist eine schnelle Methode, um in einer Zeichnung ein Shape eines bestimmten Typs im Nachhinein zu ändern, ohne alle Shapes einzeln anfassen zu müssen.

Das Umbenennen der Dateinamen funktioniert auch in umgekehrter Reihenfolge – Sie können nicht nur eine Visio-Zeichnung in eine Schablone umbenennen, sondern auch eine Schablone in eine Zeichnung. Wird eine Schablone gespeichert, ihre Endung in *.vsd* geändert und als Zeichnung geöffnet, befindet sich in der Zeichnung nur ein leeres Zeichenblatt. Um zur Schablone zu gelangen, kann über den Menübefehl *Ansicht/Zeichnungsexplorerfenster* in der Kategorie *Master-Shapes* die zugehörige Schablone angezeigt werden.

Die dokumenteigene Schablone, in der die verwendeten Master-Shapes angezeigt werden, kann allerdings nicht umbenannt werden. Dies ist verständlich, da Visio sonst in einen Konflikt zwischen verwendeten Shapes und Shapes der Schablone käme. Denn jedes neu verwendete Shape wird in dieser Schablone angezeigt.

> **HINWEIS** Natürlich gilt: Wenn ein Shape auf ein Zeichenblatt gezogen wird, verändert sich die Liste der Shapes in der Dokumentschablone. Wird das Shape auf der Zeichnung gelöscht und die zugehörige Schablone geschlossen, liegt das Master-Shape noch immer in der Dokumentschablone. Zwar kann die Aufzählung nicht editiert werden, aber jedes einzelne Master-Shape kann gelöscht werden. Sollte sich allerdings noch ein Shape auf dem Zeichenblatt befinden, das mit dem Master-Shape erstellt wurde, erhält der Benutzer eine Frage, ob die Beziehung zwischen Master-Shape und verwendetem Shape gelöscht werden soll.

Abbildg. 4.31   Die verwendeten Shapes der Zeichnung

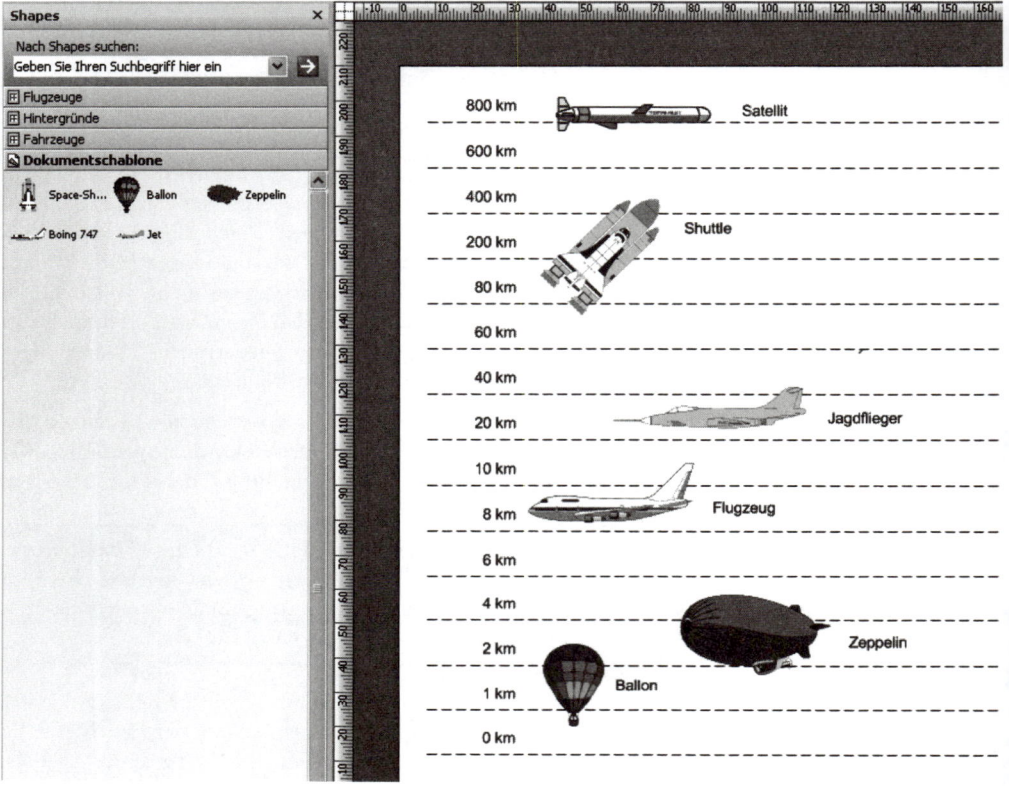

Wenn eine Visio-Zeichnung mit der Endung *.vsd in die Endung *.vss oder *.vst umbenannt wird, erscheint in der Liste der Schablonen oder der Vorlagen (noch) nicht der Name der umbenannten Datei. Der Name taucht nach einem Neustart des Programms auf oder wenn nach dem Ordnernamen im Menübefehl *Extras/Optionen* auf der Registerkarte *Weitere Optionen* bei der Schaltfläche *Dateipfade* ein Semikolon in die entsprechende Einstellung eingefügt wird. Dann werden die Dateinamen (Schablonen oder Vorlagen) neu eingelesen.

Dateieigenschaften

In *Extras/Optionen* kann in der Registerkarte *Speichern/Öffnen* eingetragen werden, ob Visio beim ersten Speichern nach den Dateieigenschaften fragen soll. Diese benutzerdefinierten Eigenschaften, die beim Speichern festgelegt werden können, können im Menübefehl *Datei/Eigenschaften* sofort geändert oder erst später gesetzt werden. Sie sehen es in Abbildung 4.32. In diesem Dialogfeld finden Sie weitere Eigenschaften in anderen Registerkarten, die dort nicht geändert werden können. Im ersten Blatt *Allgemein* befindet sich der Dateiname, der Name der zugehörigen Vorlage, der Speicherort und die Größe. In der Registerkarte *Inhalte* werden alle Seiten und verwendete Master-Shapes aufgelistet.

Eigene Vorlagen erstellen

Abbildg. 4.32 Die vom Benutzer festgelegten Eigenschaften im Menübefehl *Datei/Eigenschaften*

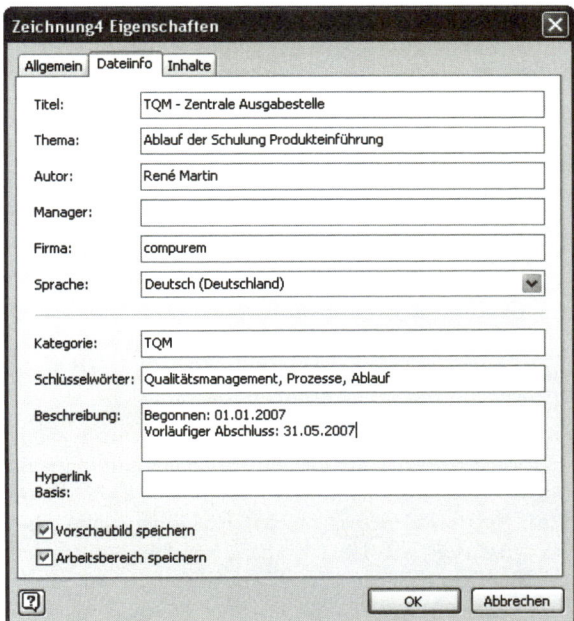

Tabelle 4.1 Die Öffnen-, Speichern- und Schließen-Befehle

Funktion	Tastenkombination	Menübefehl	Symbol
Neue leere Vorlage		*Datei/Neu*	
Neue Vorlage	Strg + N	*Datei/Neu*	
Öffnen	Strg + O Strg + F12 Strg + Alt + F2	*Datei/Öffnen*	
Schablone öffnen		*Datei/Shapes*	
Speichern	Strg + S ⇧ + F12 Alt + ⇧ + F2	*Datei/Speichern*	
Speichern unter	F12 Alt + F2	*Datei/Speichern unter*	
Datei-Eigenschaften		*Datei/Eigenschaften*	
Schließen	Strg + F4	*Datei/Schließen*	
Beenden	Alt + F4	*Datei/Beenden*	

Ein Beispiel

Diese etwas theoretischen Ausführungen sollen an einem konkreten Beispiel erläutert werden. Dabei wird das Zusammenspielen zwischen Shapes, Schablonen und Vorlagen konkret beschrieben.

Die Aufgabe

Gegeben sei eine große Firma, die beschließt, in Visio ihre Ablaufdiagramme zu erstellen. Bislang wurde sie in einem Grafikprogramm erzeugt, was regelmäßig zu verschiedenen Problemen führte. Diese Firma hat firmenweit standardisierte Objekte für verschiedene Teile des Ablaufdiagramms, wie sie in Visio nicht vorhanden sind.

Das Shape

Im ersten Schritt werden die Shapes auf einem leeren Zeichenblatt gezeichnet. Da auf jedem Shape mehrere Texte stehen sollen, werden sie entweder mit Linien oder Rechtecken erzeugt. Besteht das Shape aus mehreren, unabhängigen Rechtecken, könnte jedes von ihnen beschriftet werden. Besteht das Shape allerdings aus Linien, müssen Sie noch Textfelder hinzufügen, damit die einzelnen Texte eingegeben werden können. Damit die Shapes gleich groß werden, kann das Größen- und Positionsfenster geöffnet werden (Menü *Ansicht*). Oder es werden Hilfslinien aufgezogen, zwischen welche die Shapes eingespannt werden. Da es sich um ein Shape handelt, bei dem einzelne Teile unabhängig von den anderen beschriftet werden, muss es am Ende gruppiert werden. Beachten Sie, dass Gruppen in Gruppen in Visio sehr unschöne Lösungen darstellen: Sie sollten die Gruppe immer flach lassen. Wurde ein Shape vergessen, kann es nachträglich zur Gruppe hinzugefügt werden (*Shape/Gruppieren/Zur Gruppe hinzufügen*). Das Ergebnis sehen Sie in Abbildung 4.33.

Abbildg. 4.33 Die Shapes werden erzeugt

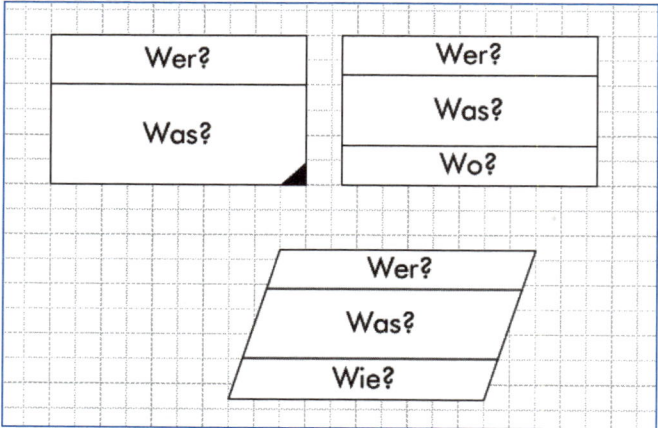

Damit jeder Anwender weiß, womit die Shapes beschriftet werden, schreiben Sie als Vorgabe einen Text in die entsprechenden Felder. Dies könnte ein Beispieltext sein, oder eine Erklärung, wofür diese Textteile verwendet werden.

Doch nicht genug. Die Shapes benötigen noch Verbindungspunkte. Dazu wird jedes Shape auf zwei orthogonale Hilfslinien gesetzt, so, dass die vier Markierungspunkte in der Mitte genau auf den

Hilfslinien sitzen. Dann können mit gedrückter ⌜Strg⌝-Taste mithilfe des Verbinder-Werkzeugs vier neue Verbindungspunkte gesetzt werden. Ein großer Zoomfaktor hilft dabei (siehe Abbildung 4.34).

HINWEIS Versuchen Sie nicht, die Shapes per Augenmaß zu formatieren. Dies kann zu ungenauen Ergebnissen führen. Sitzen die Verbindungspunkte nicht genau in der Mitte des Shapes, werden die Shapes zueinander ausgerichtet und verbunden, dann wären die Linien nicht gerade.

Abbildg. 4.34   Die Verbindungspunkte werden erzeugt

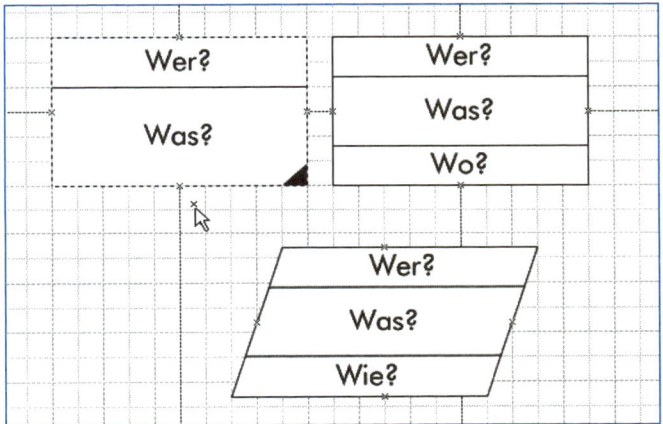

Damit wären die Shapes fertig gestellt. Einige Kleinigkeiten sollten noch bedacht werden. Angenommen die festgelegte Normgröße darf nicht geändert werden. Dann kann dies über den Menübefehl *Format/Schutz* geregelt werden: Dort können die Optionen *Breite* und *Höhe* gesperrt werden. Ebenso könnten die einzelnen Teile der Gruppe gesperrt werden.

Werden die Shapes mit Informationen versehen und diese »eingesammelt«, kann das Shape auf einen Layer gelegt werden: *Format/Layer*. Entweder erzeugen Sie einen neuen Layer oder verwenden den Layer *Flussdiagramm*, da dieser von den Shapes der Visio-Schablone *Standardflussdiagramm* verwendet wird.

Werden Shape-Daten benötigt, können Sie an das Shape gebunden werden: *Daten/Shape-Daten*. Soll der Benutzer diese Eigenschaften bereits eintragen, wenn das Shape aus der Schablone gezogen wird, muss der Entwicklermodus eingeschaltet werden (*Extras/Optionen* auf der Schaltfläche *Weitere Optionen*, die Option *Im Entwicklermodus ausführen*). Nun verfügt das Eigenschaften-Dialogfeld über die Option *Beim Ablegen fragen*. Würde das Shape nur aus einem Element bestehen und wäre es nicht gruppiert, könnten Sie über *Einfügen/Feld/Shape-Daten* die Werte direkt im Shape anzeigen lassen. Da es sich bei diesen Shapes allerdings um Shapes in Shapes handelt, auf die Bezug genommen wird, ist es nicht ganz einfach einzurichten. Die Lösung heißt *ShapeSheet*.

Sollen die Shapes nicht nur firmenweit zur Verfügung stehen beziehungsweise besteht die Gefahr des Stehlens durch Mitarbeiter, kann an die Shapes ein Copyright gebunden werden: *Format/Objektdaten*. Der Benutzer kann diesen Copyright-Eintrag nur löschen, indem er das Shape in seine Bestandteile zerlegt (hier: Indem er die Gruppierung aufhebt – *Shape/Gruppierung/Gruppierung aufheben*). Allerdings führt dies zu einem Verlust aller bereits eingestellten Optionen (Schutz, Verbindungspunkte, Layer, Eigenschaften usw.), was einer Neukonstruktion gleichkommt.

Formatvorlagen werden in diesem Beispiel nicht benötigt. Und Änderungen im Shape-Verhalten (Menü *Format*) werden auch nicht vorgenommen.

HINWEIS   Auch per Programmierung ist mir keine Möglichkeit bekannt, wie Sie den Copyright-Text modifizieren oder löschen könnten.

Die Schablone

Die erstellten Shapes sollen nun in einer Schablone gespeichert werden. Dazu wird eine neue, leere Schablone geöffnet (*Datei/Shapes/Neue Schablone*). In diese werden die Shapes gezogen. Dort kann über das Kontextmenü (*Master-Shape bearbeiten/Master-Shape-Eigenschaften*) der Name geändert werden. Ebenso sollten Sie eine Eingabe-Aufforderung vergeben, die erscheint, wenn der Mauszeiger sich über das Shape bewegt. Und für eine Suche können Schlüsselwörter eingetragen werden. Dies sehen Sie in Abbildung 4.35.

Abbildg. 4.35   Die Master-Shape-Eigenschaften

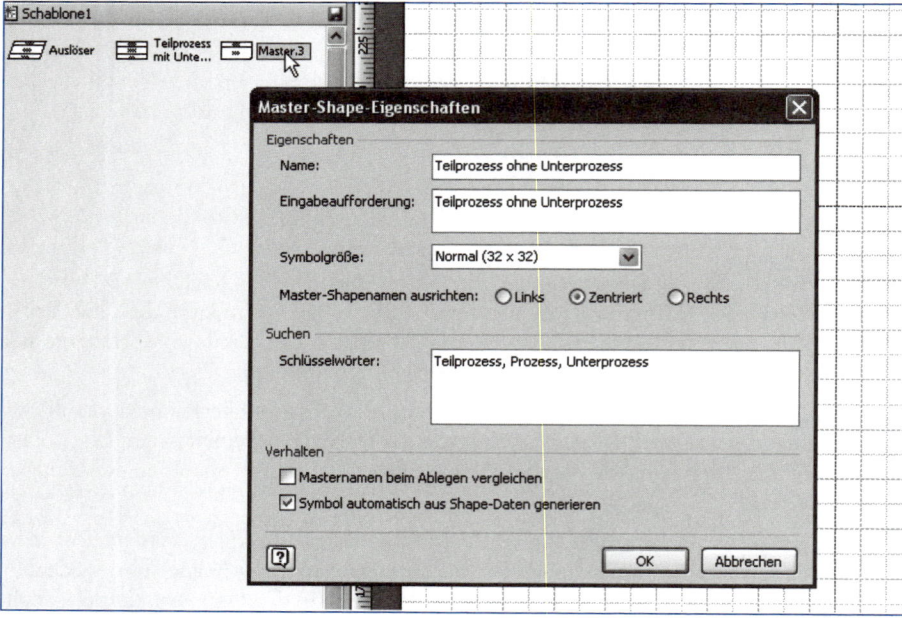

Ebenso können Sie über das Kontextmenü das Symbol ändern. Wichtiger ist wohl das Master-Shape selbst. Es kann nachträglich über die rechte Maustaste in einem eigenen Fenster bearbeitet werden. Werden andere Master-Shapes aus anderen Schablonen benötigt, können diese Schablonen geöffnet werden und die Shapes direkt von einer Schablone in die noch offene Schablone gezogen werden.

Analog können die Shapes aber auch auf das Zeichenblatt gezogen werden, dort bearbeitet und modifiziert werden und anschließend in der neuen Schablone untergebracht werden (siehe Abbildung 4.36).

Abbildg. 4.36   Andere Shapes werden in der Schablone abgelegt

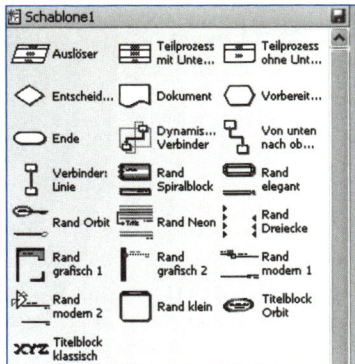

Zum Schluss wird die Schablone gespeichert. In der Registerkarte *Weitere Optionen* (Menü *Extras/Optionen*) unter der Schaltfläche *Dateipfade* steht der Speicherpfad für die Schablonen. Zum Testen sollte die Schablone entweder in einen vorhandenen Unterordner oder in einen neuen Unterordner gespeichert werden. Wird die Schablone geschlossen und zum Arbeiten geöffnet (*Datei/Shapes*), kann sie über das Kontextmenü (*Bearbeiten*) wieder geöffnet und modifiziert werden.

Die Vorlage

Nachdem die Schablone oder die Schablonen mit den Shapes vorbereitet sind, können sie an Vorlagen gebunden werden, mit denen gearbeitet wird. Hier könnten Sie – analog zu den Schablonen – eine vorhandene Vorlage öffnen, ändern und unter einem anderen Namen speichern oder eine ganz neue Vorlage erstellen. Im Folgenden wird wiederholt, wie eine neue Vorlage generiert wird und was dabei zu beachten ist.

Über *Datei/Neu/Neue Zeichnung* wird eine neue leere Zeichnung geöffnet.

ACHTUNG   Wenn Sie bereits in einer Vorlage arbeiten, führt dieser Menübefehl dazu, dass eine zweite Vorlage des gleichen Vorlagentyps geöffnet wird. Um wirklich eine neue, leere Vorlage zu erhalten, sollten Sie sämtliche offenen Dateien schließen. Im Menübefehl *Datei/Eigenschaften* können Sie auf der Registerkarte *Allgemein* kontrollieren, ob die leere Datei auf keiner Vorlage basiert.

Zuerst wird in der Zeichnung Hoch- oder Querformat eingestellt (*Datei/Seite Einrichten*): Für unsere Flussdiagramme genügt Hochformat. Ebenso liegt kein Zeichnungsmaßstab vor. Lediglich in der Registerkarte *Layout und Ausrichtung* sollte die Option *Flussdiagramm* gewählt werden, was sich vorteilhaft auf die Verbinder auswirkt. Dort könnten Sie Liniensprünge ein- und ausschalten (siehe Abbildung 4.37).

Abbildg. 4.37 Die Dialogfelder in *Datei/Seite einrichten*

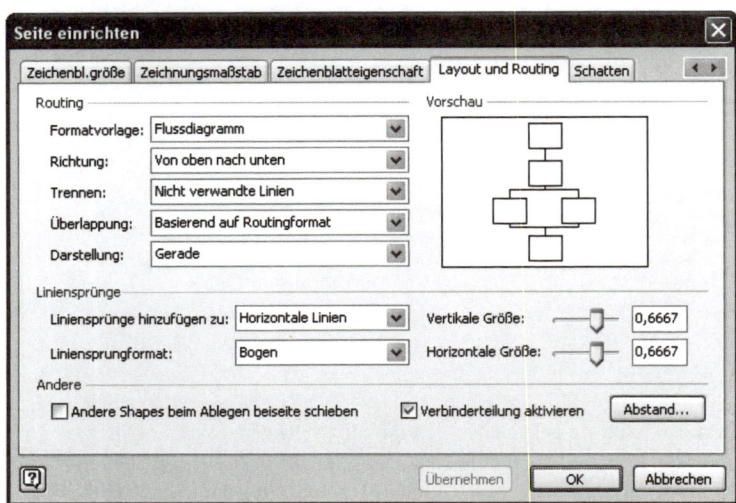

Da die Verbindungslinien bei einem Flussdiagramm Pfeilspitzen haben sollen, wird die Formatvorlage *Verbinder* geändert.

HINWEIS   In einer neuen leeren Datei steht dieser Formatvorlagenname noch nicht in der Liste der vorhandenen Formatvorlagen. Erst nachdem ein dynamischer Verbinder auf das Zeichenblatt gezogen wurde, kann nun über *Format/Formatvorlage definieren* der Stil *Verbinder* so geändert werden, dass sich am Ende Pfeilspitzen befinden. Diese Änderung wird mit der Vorlage gespeichert.

An die Vorlage werden eigene oder bereits vorhandene Schablonen gebunden (*Datei/Schablonen*). Die Reihenfolge der Schablonen ist alphabetisch und kann nicht geändert werden. Lediglich die wichtigste Schablone kann ausgewählt werden – sie erscheint dann beim Öffnen der Vorlage im Vordergrund.

Die Vorlage muss nicht nur aus einem Zeichenblatt bestehen, sondern kann auch bereits mehrere Seiten beinhalten. In unserem Beispiel wird diese Eigenschaft benötigt. Über *Einfügen/Neues Zeichenblatt* wird ein neues Zeichenblatt vom Typ *Hintergrund* erzeugt. Dort wird das Firmenlogo platziert (*Einfügen/Bild/Aus Datei*), dort können weiterer Text oder weitere grafische Elemente stehen. Im unteren Bereich soll sich die Seitennummerierung befinden. Dazu wird ein Textfeld aufgezogen, mit dem Text »Seite« und einem Leerzeichen beschriftet. Der Textmodus muss geöffnet bleiben. Denn dann kann über *Einfügen/Feld* die Feldfunktion *Zeichenblattinfo/Zeichenblattnummer* als aktuelle Seitenzahl angezeigt werden.

HINWEIS   Da Sie sich auf dem Hintergrundblatt befinden wird »Seite 0« angezeigt. Erst wenn das Hintergrundblatt an ein Vordergrundblatt gebunden wird, erhält es die korrekte Seitenzahl. Der Grund für dieses Verhalten ist einfach: Das Hintergrundblatt wird nicht ausgedruckt, sondern stellt lediglich die Hintergrundinformationen für das Vordergrundblatt zur Verfügung.

Gehen Sie auf das Vordergrundblatt und weisen Sie dort im Menübefehl *Datei/Seite einrichten* auf der Registerkarte *Zeichenblatteigenschaften* das Hintergrundblatt zu.

> **HINWEIS** Das Vordergrundblatt ist vom Typ *Vordergrund*, allerdings besitzt es einen Hintergrund. Das Hintergrundblatt ist dagegen vom Typ *Hintergrund* und hat keinen Hintergrund. Wenn Sie hier fehlerhafte Einstellungen vornehmen, druckt Visio entweder gar nichts aus, weil Sie nur Hintergründe haben, oder die falschen Seiten (beispielsweise die Hintergründe getrennt von den Vordergründen).

Soll dem Anwender die Bearbeitung des Hintergrundes verboten werden, kann über den Zeichnungsexplorer (Menü *Ansicht*) ein Schutz eingeschaltet werden. Dort können alle Hintergründe geschützt werden, wenn sie mit einem Kennwort versehen sind. Jedoch Achtung: Dieser Schutz wird erst dann wirksam, wenn Sie die Datei speichern, schließen und erneut öffnen. Über das gleiche Fenster kann der Schutz auch wieder aufgehoben werden.

Um dem Benutzer einige Zeichenhilfen zur Verfügung zu stellen, kann über *Extras/Ausrichten und Kleben* das *Dynamische Gitter* aktiviert werden. Weitere Optionen dazu finden Sie auf der zweiten Registerkarte *Weitere Optionen*. Nachdem nun alle Einstellungen in der Vorlage vorgenommen sind, kann sie gespeichert werden. Beachten Sie, dass Sie explizit den Dateityp *Vorlage (*.vst)* und den Speicherordner angeben müssen. Ebenso wie die Schablonen werden sie in einem Ordner abgelegt, der im Menü *Extras/Optionen* auf der Registerkarte *Weitere Optionen* unter der Schaltfläche *Dateipfade* festgelegt wird. Danach kann die Vorlage getestet werden (über *Datei/Neu* oder über den Aufgabenbereich). Soll die Vorlage geändert werden, wird sie geöffnet, als würden Sie aus der Vorlage eine neue Zeichnung generieren. Nachdem sie modifiziert ist, kann sie erneut als Vorlage unter dem gleichen Namen oder unter einem anderen Namen gespeichert werden. Diese Vorgehensweise unterscheidet Visio von Word.

Mit der Vorlage arbeiten

Wurde die Vorlage, die Schablone und die Shapes gründlich getestet, können sie dem Benutzer zur Verfügung gestellt werden. Entweder werden die Dateien in den richtigen Ordner kopiert oder sie werden auf einem Server bereitgestellt. Wird nun Visio geöffnet, stehen die neuen Vorlagen zum Erstellen von neuen Zeichnungen zur Verfügung.

Der Benutzer sollte die Arbeitstechniken kennen: Das Ziehen der Shapes aus den Schablonen, das Markieren der Elemente der Gruppe, das Ändern des Texts, das Verbinden der Shapes, das ordentliche Ausrichten mit *Shape/Shapes ausrichten* und *Shape/Shapes verteilen*.

Auch das Vergrößern der einseitigen DIN-A4-Seite stellt kein Problem dar. Der Anwender kann eine neue Seite hinzufügen, wobei Visio die Einstellungen der Standardseite als Grundoptionen vorschlägt. Die Seite könnte auch mit gedrückter `Strg`-Taste am Rand vergrößert werden, was sich im Menübefehl *Datei/Seite einrichten* niederschlägt. Dort könnten Sie die Einstellungen auch ändern.

Soll ein Bericht erzeugt werden, der exportiert wird, steht der Assistent *Daten/Berichte* zur Verfügung. Die Datei kann nach Word oder PowerPoint exportiert werden oder als HTML-Seite gespeichert werden. Auch hier muss der Benutzer über die Einstellungsmöglichkeiten informiert sein, die sich hinter der Schaltfläche *Veröffentlichen* verbergen. Am besten über eine Schulung.

Zusammenfassung

Für das Erstellen von neuen Shapes stehen Ihnen folgende Werkzeuge zur Verfügung:

Erstellen und Modifizieren von Shapes

- die Symbolleiste *Zeichnung*
- *Shape/Drehen* oder *Shape/Kippen*
- *Shape/Vorgang/Gesamtmenge bilden*
- *Shape/Vorgang/Kombinieren*
- *Shape/Vorgang/In Einzelmengen zerlegen*
- *Shape/Vorgang/Schnittmenge bilden*
- *Shape/Vorgang/Shapes voneinander abziehen*
- *Shape/Gruppierung/Gruppieren*
- *Shape/Gruppierung/Zur Gruppe hinzufügen*
- *Shape/Reihenfolge*

Lage der Shapes verändern

- *Shape/Shapes ausrichten*
- *Shape/Shapes verteilen*
- *Ansicht/Größen- und Positionsfenster*

Formatierungen der Shapes

- *Format/Text*
- *Format/Linie*
- *Format/Füllbereich*
- *Format/Formatvorlage*
- *Format/Layer*
- *Verbindungspunkt verschieben*

Intelligenz der Shapes

- *Daten/Shape-Daten*
- *Format/Schutz*
- *Format/Verhalten/Verhalten*
- *Format/Verhalten/Doppelklicken*
- *Format/Verhalten/Platzierung*
- *Format/Objektdaten/Copyright*
- *Einfügen/Shape-QuickInfo*

Für das Erstellen von neuen Schablonen stehen Ihnen folgende Werkzeuge zur Verfügung:

- Shapes aus einem Zeichenblatt in eine neue Schablone ziehen
- Master-Shapes aus einer vorhandenen Schablone in eine neue Schablone ziehen
- Master-Shape umbenennen
- Symbolbild bearbeiten
- Master-Shape bearbeiten

Für das Erstellen von neuen Vorlagen stehen Ihnen folgende Werkzeuge zur Verfügung:

Einstellungen der Seite
- *Datei/Seite einrichten/Druckeinrichtung*
- *Datei/Seite einrichten/Zeichenblattgröße*
- *Datei/Seite einrichten/Zeichnungsmaßstab*
- *Datei/Seite einrichten/Zeichenblatteigenschaft*
- *Datei/Seite einrichten/Layout und Routing*
- *Datei/Seite einrichten/Schatten*
- *Einfügen/Neues Zeichenblatt/Vordergrund*
- *Einfügen/Neues Zeichenblatt/Hintergrund*

Formateinstellungen
- *Format/Formatvorlagen definieren*
- *Format/Design*
- *Ansicht/Layereigenschaften*
- *Extras/Farbpalette*

Weitere Einstellungen
- *Datei/Shapes*
- *Einfügen/Kommentar*
- *Extras/Ausrichten und Kleben*
- *Extras/Lineal und Gitter*
- *Extras/Add-Ons*

Abbildg. 4.38 Mithilfe der Schablone *Orchester.vss* und der Vorlage *Orchester.vst* wird die Zeichnung *Orchester.vsd* erstellt

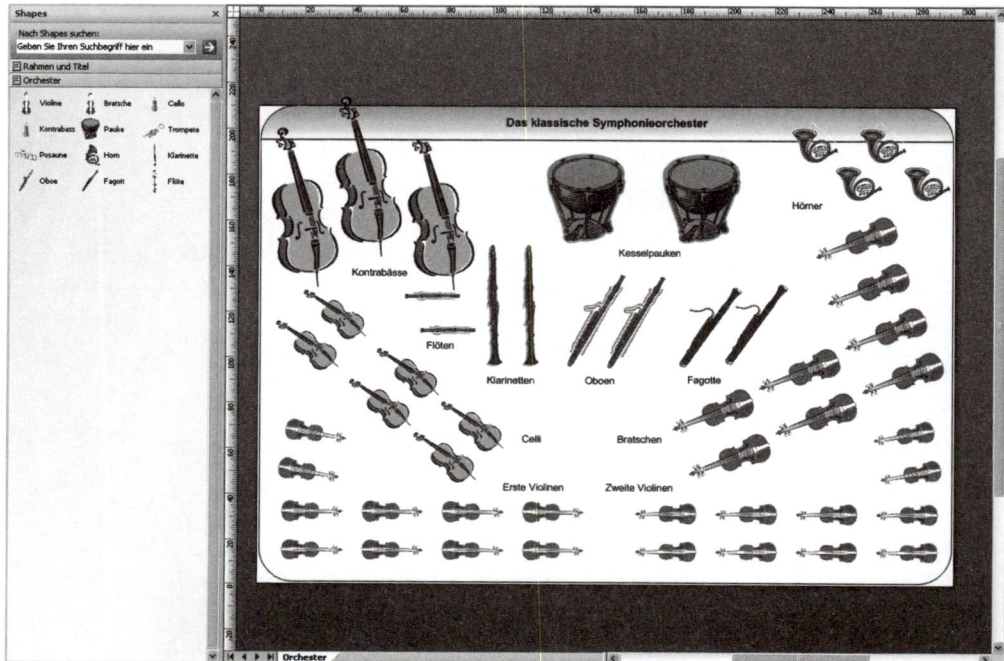

Kapitel 5

Die Assistenten

In diesem Kapitel:

Shapes nummerieren	268
Shapes verschieben	270
Shapes anordnen	271
Shape-Fläche und -Umfang berechnen	272
CAD-Zeichnungen konvertieren	273
Optimieren des Shape-Layouts	274
Datenbank-Assistent	276

Kapitel 5 Die Assistenten

Die Visio-Assistenten befinden sich in *.dll-Dateien oder als Makros gespeichert in bestimmten Vorlagen oder Schablonen. Einige von ihnen stehen in Visio immer zur Verfügung, andere werden nur dann aktiviert, wenn die richtige Vorlage oder die entsprechenden Shapes verwendet werden. Da die meisten der Assistenten selbst eine Menge Erläuterungen beinhalten, braucht nicht mehr viel dazu erklärt werden. Die Abbildungen, die Sie in Visio sehen, sprechen für sich.

Da viele Assistenten an Vorlagen gebunden sind, wird im Folgenden der Vorlagentyp erläutert – es folgen einige Bemerkungen zum spezifischen Arbeiten mit den unterschiedlichen Zeichnungstypen.

Ein wenig verborgen im Menübefehl *Extras/Add-Ons* (siehe Abbildung 5.1) und aufgeteilt in verschiedene Ordner, befinden sich eine Reihe von Assistenten, die hier vorgestellt werden:

Abbildg. 5.1   Hier finden Sie die Assistenten

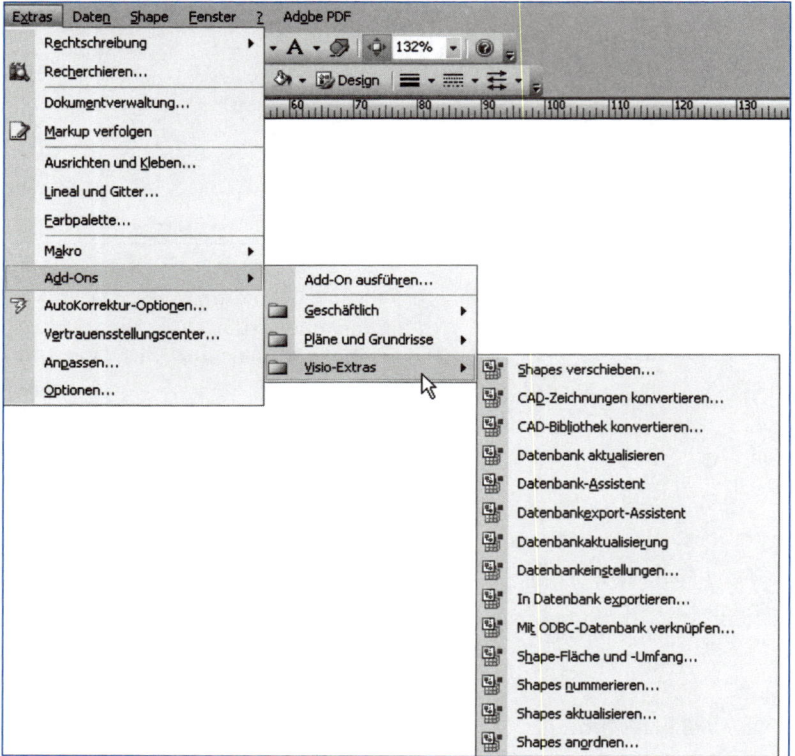

Shapes nummerieren

Mit dem Menübefehl *Extras/Add-Ons/Visio-Extras/Shapes nummerieren* können alle (oder bestimmte) Shapes auf einer Zeichnung durchnummeriert werden. Dabei stehen Ihnen auf den beiden Registerkarten eine Reihe von Optionen zur Verfügung. Den Assistenten sehen Sie in Abbildung 5.2.

Abbildg. 5.2   Shapes können automatisch durchnummeriert werden

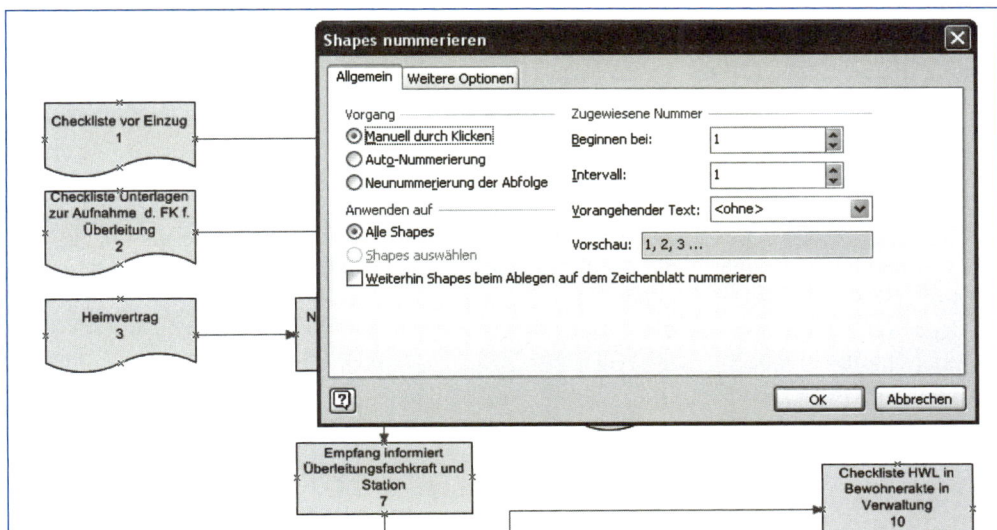

Sicherlich ist die sinnvollste der Optionen das manuelle Durchnummerieren. Dazu wählen Sie diese Option und klicken nacheinander die Shapes an, die eine fortlaufende Nummer erhalten sollen. Wenn Sie die Nummerierung ändern möchten, starten Sie erneut den Assistenten, tragen die Nummer ein, bei der er beginnen soll und nummerieren neu.

Bei der Option *Auto-Nummerierung* haben Sie die Wahl zwischen allen Shapes (des Zeichenblattes) oder allen markierten Shapes (*Shapes auswählen*).

In der Registerkarte *Weitere Optionen* wählen Sie zusätzlich die Abfolge aus:

- *Links nach rechts, oben nach unten*
- *Oben nach unten, links nach rechts*
- *von hinten nach vorne* (*Hintergrund zu Vordergrund*)
- *Reihenfolge der Auswahl*

Wenn Sie auf der Registerkarte *Allgemein* in das Textfeld *Vorangehender Text* einen Text eingeben oder auswählen, können Sie in der Registerkarte *Weitere Optionen* festlegen, ob der Text vor oder nach der Nummer angezeigt werden soll.

Aktivieren Sie die Option *Shape-Nummern ausblenden*, erhalten die Shapes zwar eine Nummer, diese wird jedoch nicht angezeigt. Sie kann jedoch jederzeit sichtbar gemacht werden: Die Nummer ist nun an das Shape gebunden ist; genauer: an die Shape-Daten. Die Nummer kann über den Menübefehl *Daten/Shape-Daten* (oder über das *Fenster Shape-Daten*) mithilfe der Option *Shape-Nummer verbergen* von FALSE auf TRUE gesetzt werden (oder umgekehrt).

In den Shape-Daten befindet sich übrigens auch die Shape-Nummer, die dort per Hand modifiziert werden könnte.

Kapitel 5 Die Assistenten

ACHTUNG   Vorsicht bei der Auto-Nummerierung. Zwar werden Verbindungslinien von der Nummerierung ausgenommen, wenn dies in der Registerkarte *Weitere Optionen* eingeschaltet ist, aber Führungslinien werden wie zweidimensionale Shapes behandelt und auch nummeriert.

Übrigens kann die Aktion dieses Assistenten rückgängig gemacht werden. Werden nun sehr viele der vorhandenen Shapes gelöscht, verändert oder neue hinzugefügt, können Sie als dritte Option die *Neunummerierung der Abfolge* einschalten.

HINWEIS   Ein Löschen der Shape-Nummern ist in diesem Assistenten nicht vorgesehen; jedoch kann über eine Neunummerierung bei der die *Shape-Nummern ausgeblendet* werden, die Anzeige deaktiviert werden.

Abbildg. 5.3   In der Registerkarte *Weitere Optionen* steht eine Reihe von Einstellungen zur Verfügung

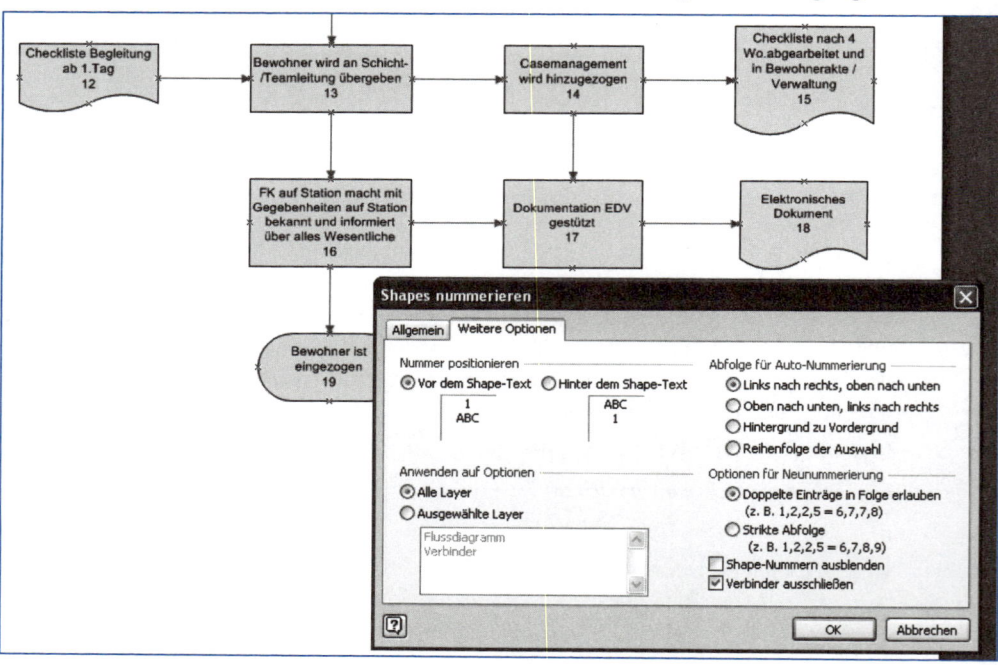

Shapes verschieben

Im Menübefehl *Extras/Add-Ons/Visio-Extras* steht Ihnen ein Assistent zum exakten Verschieben und Duplizieren von Shapes zur Verfügung. Sie sehen ihn in Abbildung 5.4.

Abbildg. 5.4   Der Assistent *Shapes verschieben*

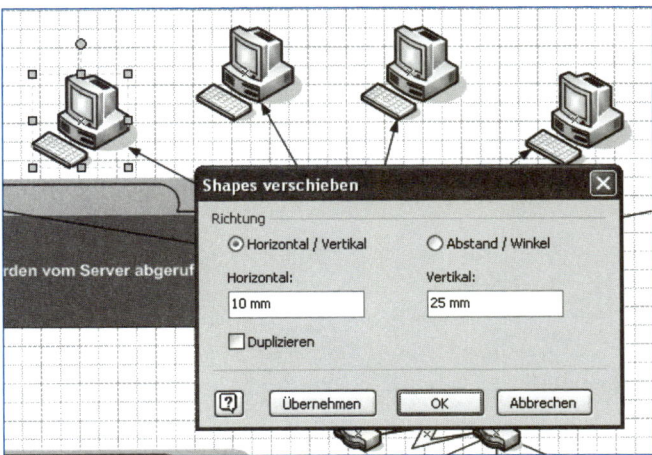

Der Assistent ist modal, das heißt, nachdem die Schaltfläche *Übernehmen* angeklickt wurde, bleibt er offen und Sie können auf dem Zeichenblatt weiterarbeiten. Nun kann ein weiteres Shape markiert werden, das erneut verschoben wird. Dies kann interessant sein, wenn Sie z.B. wissen, dass ein Shape eine Breite von 25 mm hat (dies erfahren Sie im *Größen- und Positionsfenster* im Menü *Ansicht*). Nun soll dieses Shape dupliziert werden, sodass das neue Shape zum alten einen Abstand von 5 mm hat. Also kann eingegeben werden: 30 mm horizontal, 0 mm vertikal und duplizieren. Ein Klick auf die Schaltfläche *Anwenden* lässt das Dialogfeld offen. Nun kann das neue Shape markiert und erneut *Anwenden* gedrückt werden. So wird eine Reihe von Shape-Duplikaten erzeugt, die alle den gleichen Abstand zueinander haben.

HINWEIS   Die Aktion dieses Assistenten kann zwar rückgängig gemacht werden, aber nicht wiederholt werden.

Shapes anordnen

Eine schnelle Möglichkeit, um sehr viele Duplikate zu erstellen, steht im Assistenten *Shapes anordnen* (Menü *Extras/Add-Ons/Visio-Extras*) zur Verfügung (siehe Abbildung 5.5) . Dort wählen Sie die zu duplizierenden Shapes aus – in horizontaler und vertikaler Richtung. Der Abstand berechnet sich dabei vom Shape-Mittelpunkt oder von den Shape-Kanten gemessen. Möchten Sie nur in eine Richtung duplizieren, tragen Sie bei der anderen Richtung die Zahl 1 ein.

Wenn Sie die Option *An primäre Drehung des Shapes anpassen* aktivieren, werden die Shapes in der Originalrichtung und nicht in der angezeigten Richtung auf dem Zeichenblatt dupliziert, wenn das Shape gedreht wurde.

Abbildg. 5.5 Der Assistent *Shapes anordnen*

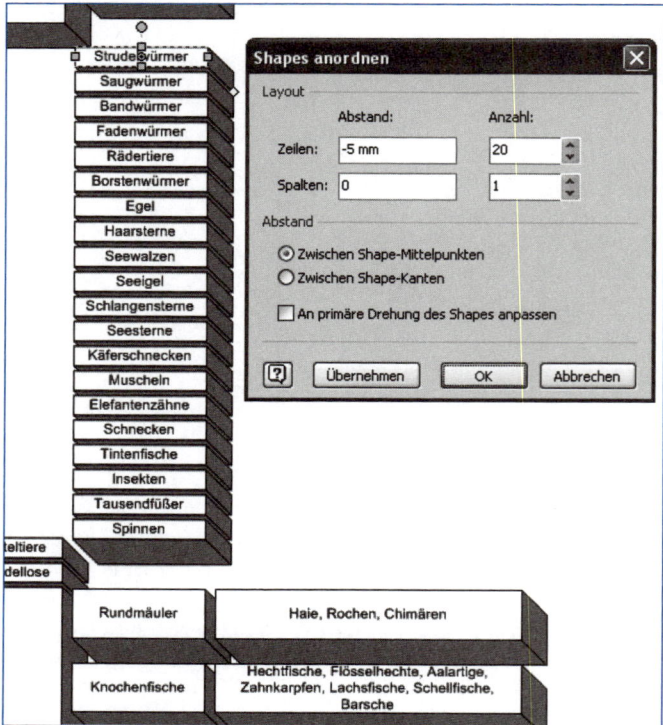

Shape-Fläche und -Umfang berechnen

Über den Menübefehl *Extras/Add-Ons/Visio-Extras/Shape-Fläche und -Umfang* kann Einblick in die Länge des Umfangs und in die Größe der Fläche eines Shapes genommen werden, wie Sie in Abbildung 5.6 sehen. Leider können Sie mit diesem Assistenten nicht die Fläche oder den Umfang in das Shape eintragen. Sie müssten sich die gewünsche Angabe mit Kopieren (Strg + C) im Dialogfeld) und Einfügen übertragen, was den Assistenten nahezu obsolet macht. Bei komplizierten zusammengesetzten Shapes versagt bisweilen die eine oder andere Berechnung und liefert ein 0-Ergebnis.

Abbildg. 5.6   Die Fläche und der Umfang werden korrekt berechnet

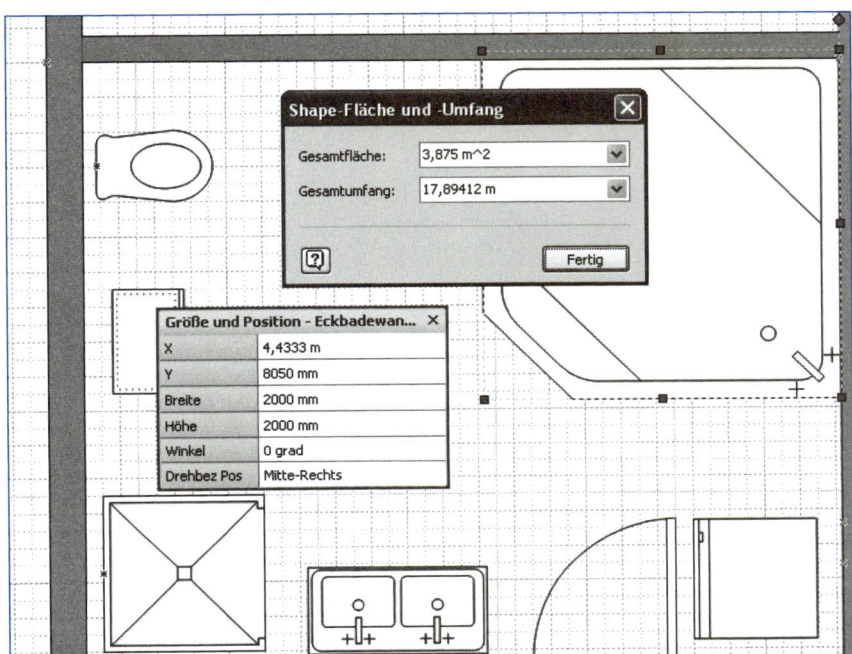

CAD-Zeichnungen konvertieren

Mit dem Assistenten, den Sie im Menübefehl *Extras/Add-Ons/Visio Extras/CAD-Zeichnungen konvertieren* finden, können Sie eine *.dwg oder *.dxf-Zeichnung direkt in Visio öffnen und sofort als Visio-Shape konvertieren (siehe Abbildung 5.7). Damit sparen Sie sich einen Schritt, der über den Menübefehl *Einfügen/CAD-Zeichnung* auszuführen wäre. Visio erzeugt in diesem Assistenten eine neue leere Datei, auf der die CAD-Zeichnung abgelegt und anschließend umgewandelt wird. Den Prozess können Sie beobachten, da das Programm den Bildschirm neu aufbaut. Anschließend können Sie die einzelnen Elemente als Visio-Shapes weiter verarbeiten.

Kapitel 5 Die Assistenten

Abbildg. 5.7   Der Assistent *CAD-Zeichnungen konvertieren* öffnet und konvertiert in eine Visio-Zeichnung

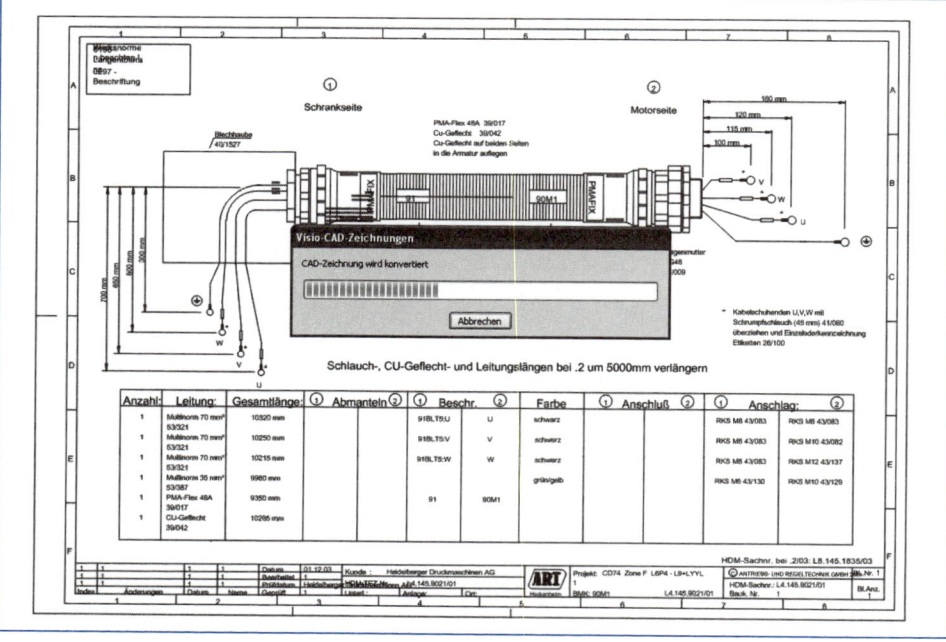

Die einzelnen Schritte des Konvertierens werden ausführlich in Kapitel 2 beschrieben.

Optimieren des Shape-Layouts

Mit dem Menübefehl *Shape/Layout konfigurieren* erreichen Sie ein Dialogfeld, das eine Reihe von Einstellungen für verschiedene Arten von Diagrammen zulässt, wie Sie in Abbildung 5.8 sehen.

Abbildg. 5.8   Das Dialogfeld *Layout konfigurieren*

Dabei spielt die Reihenfolge, in der die Shapes auf das Zeichenblatt gezogen wurden, eine große Rolle. Nun werden alle Shapes eines Zeichenblatts gemäß der Einstellung angeordnet. Dies kann eine Hilfe darstellen, wenn eine große Menge Shapes auf ein Zeichenblatt gezogen wird und diese danach schnell in eine Ordnung gebracht werden sollen, wie es beispielsweise in Abbildung 5.9 dargestellt wird. Individuelle Wünsche werden naturgemäß nicht berücksichtigt. Allerdings kann das Layout nach der Optimierung per Hand geändert und verbessert werden. Im Folgenden ein Beispiel, bei dem verschiedene Computer angeordnet wurden:

Abbildg. 5.9   Chaos und Ordnung

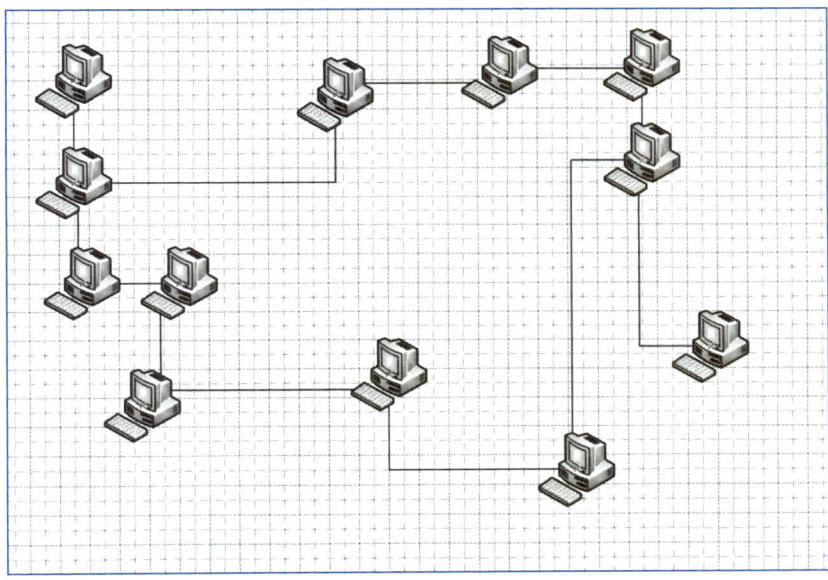

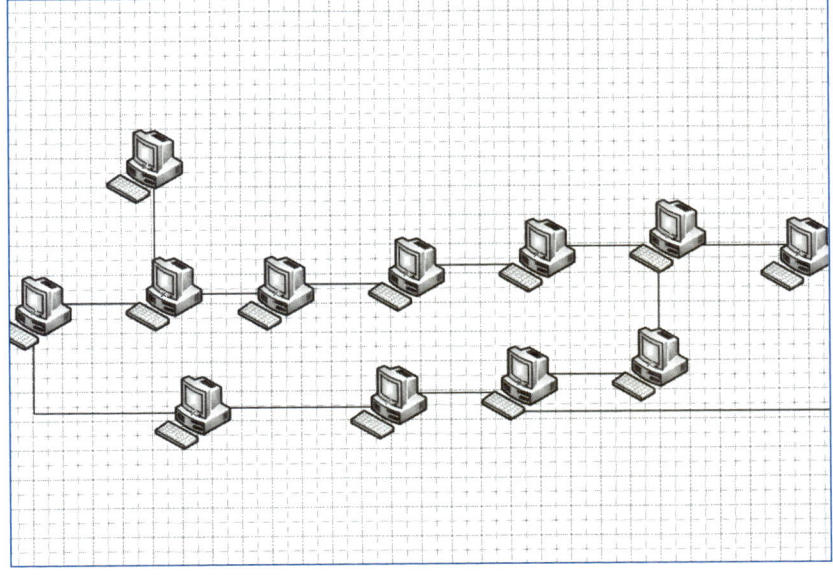

Mithilfe des Textfeldes *Abstand* können noch die Abstände zwischen den Shapes festgelegt werden. Ist die Option *Routingformat für Verbinder anwenden* ausgewählt, kann darüber festgelegt werden, wie die Verbindungslinien laufen: gerade, sie knicken in der Mitte, im unteren Bereich oder an einer anderen Stelle.

Datenbank-Assistent

Einer der komplexesten Assistenten, die Visio zur Verfügung stellt, ist der Assistent zum Austausch von Daten mit einer Datenbank. Hierbei handelt es sich nicht nur um einen Assistenten, sondern um mehrere, die im Folgenden erklärt werden. Sie finden im Menübefehl *Visio Extras/Add-Ons/Visio-Extras* folgende Assistenten, die mit dem Thema Datenbankaustausch zu tun haben:

- Mit Datenbank verknüpfen
- Der *Datenbankexport-Assistent*
- Der *Datenbank-Assistent*
- *Datenbank aktualisieren* und *Datenbankaktualisierung*
- Datenbankmodell auffrischen (im Kontextmenü)
- *Datenbankeinstellungen*
- *In Datenbank exportieren*
- *Mit ODBC-Datenbank verknüpfen*

Der Assistent *Mit Datenbank verknüpfen*

ODBC (Open Database Connectivity) bezeichnet einen einheitlichen Mechanismus zum Zugriff auf alle Datenbanksysteme, die einen ODBC-Treiber zur Verfügung stellen. Dies ist zwar eine etwas ältere Technologie, aber sie hat den großen Vorteil der Plattformunabhängigkeit. So gehen Sie vor, um einen ODBC-Treiber zu erstellen.

Im ersten Schritt können Sie einen ODBC-Treiber einrichten.

1. Um einen ODBC-Treiber auf Ihrem Rechner in Windows zu erstellen, klicken Sie auf den Menübefehl *Start/Einstellungen/Systemsteuerung/Verwaltung* oder direkt in Visio auf den Menübefehl *Extras/Add-Ons/Visio-Extras/Mit ODBC-Datenbank verknüpfen* (Abbildung 5.10). Möglicherweise schlägt das Dialogfeld bereits einen Treiber aus einer mitgelieferten Beispieldatei vor. Diesen können Sie ändern, indem Sie über die Schaltfläche *Erstellen* eine *Benutzerdatenquelle (nur für diesen Computer)* erstellen.

Datenbank-Assistent

Abbildg. 5.10   Ein neuer ODBC-Treiber wird eingerichtet

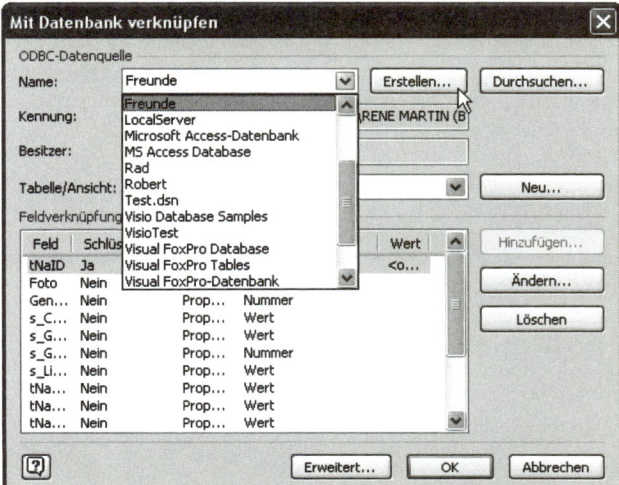

2. Klicken Sie auf die Schaltfläche *Weiter*. Der nächste Schritt des Assistenten zu dem Sie gelangen, nachdem Sie auf die Schaltfläche *Weiter* geklickt haben, führt zur Frage, um welche Art von Treiber es sich handelt. Zur Auswahl stehen Access, SQL, aber auch Paradox, dBase, Oracle, FoxPro und einige weitere.

Abbildg. 5.11   Der Treiber wird festgelegt

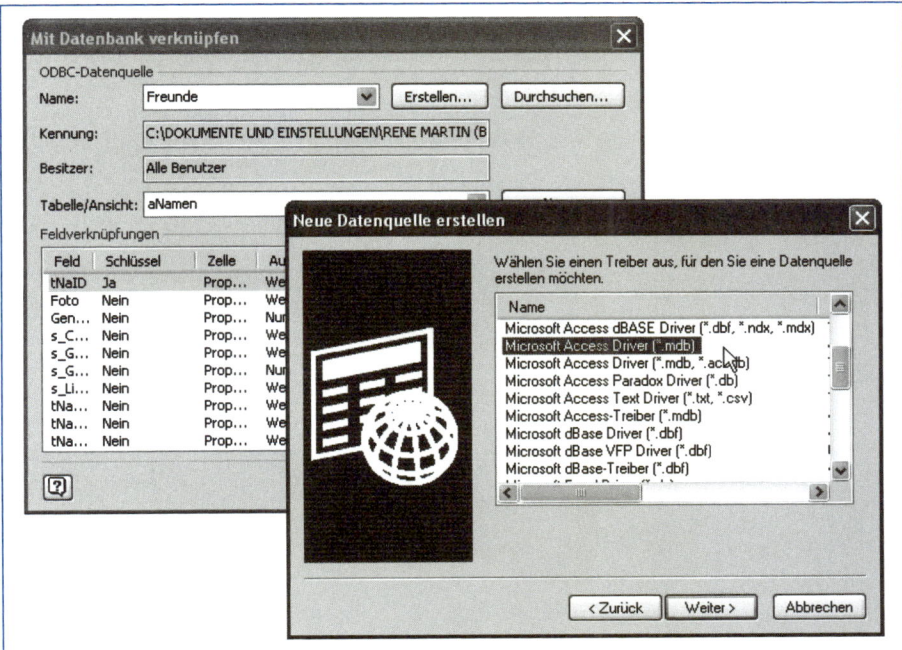

3. Nach der Auswahl (beispielsweise von Access) werden Sie aufgefordert, diese Aktion fertig zu stellen.
4. Klicken Sie auf die Schaltfläche *Weiter*. Anschließend wählen Sie eine vorhandene Datenbank aus (wie in Abbildung 5.12) oder erstellen eine ganz neue. Der ODBC-Treiber, mit dem auf diese Datenbank zugegriffen wird, erhält notwendigerweise einen Namen und optional eine Beschreibung (siehe Abbildung 5.13).

Abbildg. 5.12   Eine bestehende Datenbank wird ausgewählt

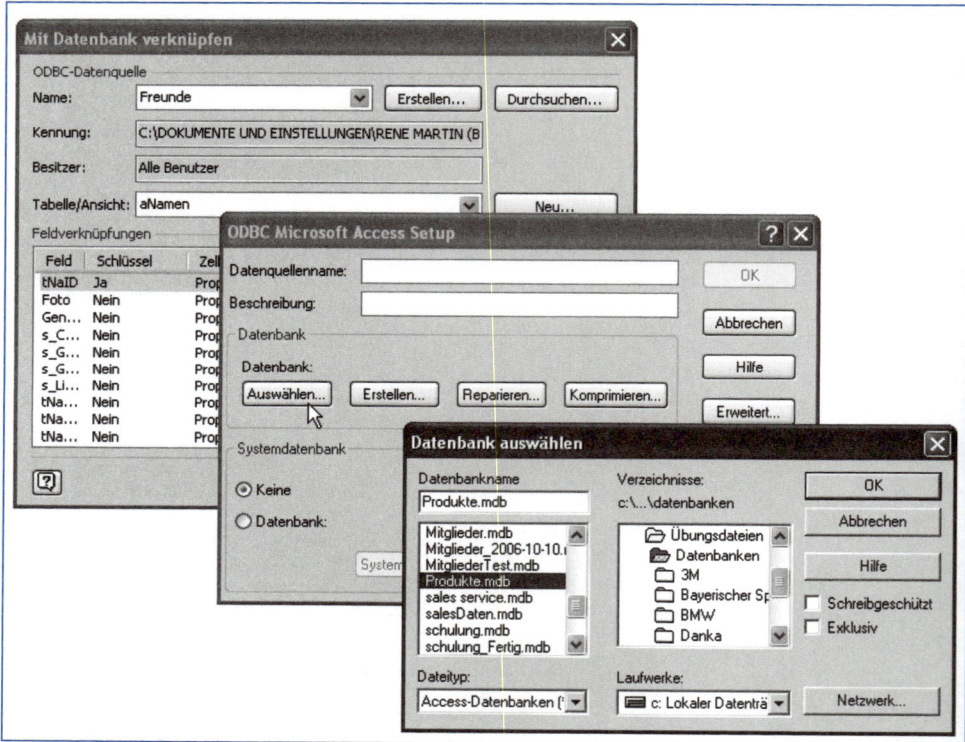

Natürlich müssen Sie den Treiber mit einer vorhandenen Datenbank verbinden oder für ihn eine neue Datenbank anlegen. Geben Sie hierzu den Speicherort und den Datenbanknamen an.

5. Nachdem der ODBC-Treiber erstellt wurde, kann er in der Liste über das Kombinationsfeld *Name* ausgewählt werden, wie Sie in Abbildung 5.14 sehen.
6. Nun kann eine vorhandene Tabelle (Abbildung 5.15) oder Abfrage eingestellt werden oder eine neue Tabelle kann kreiert werden.

Datenbank-Assistent

Abbildg. 5.13 Der ODBC-Treiber erhält einen Namen

Abbildg. 5.14 Nun kann der ODBC-Treiber verwendet werden

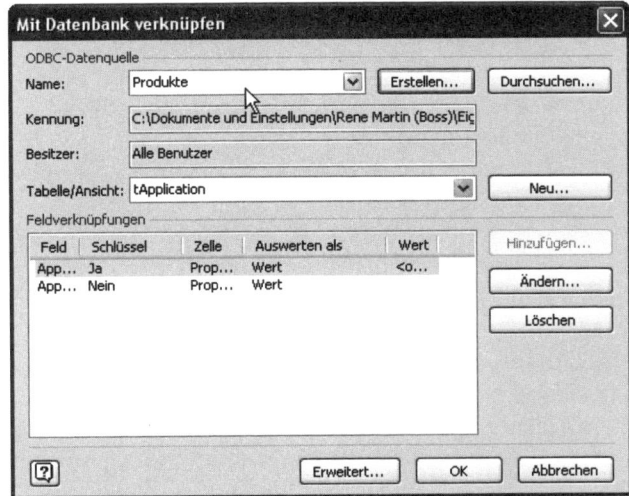

Abbildg. 5.15 Eine neue Tabelle wird eingerichtet

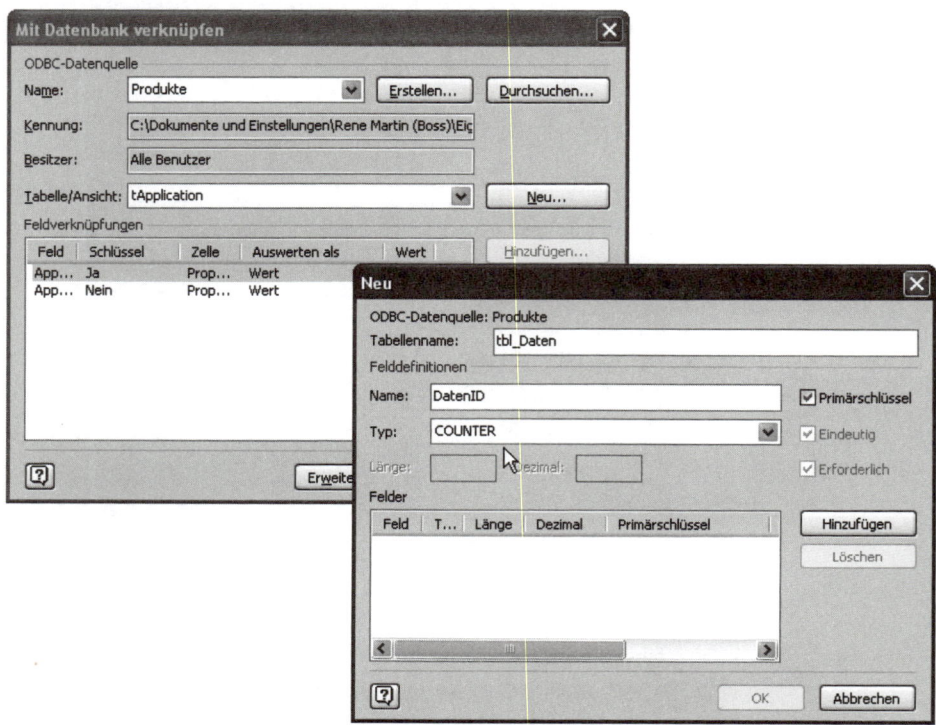

Wenn Sie eine neue Tabelle erstellen, sollten Sie ein Feld für den Primärschlüssel festlegen. Für die übrigen Felder stehen folgende Datentypen zur Verfügung:

Binary, VarBinary, LongBinary, Counter, Bit, Byte, SmallInt, Integer, Real, Double, Currency, DateTime, Guid, Char, VarChar und LongChar

7. Legen Sie die einzelnen Felder fest, die in der Tabelle benötigt werden und weisen Sie ihnen die korrekten Datentypen zu.
8. Danach wird die Tabellen-Erstellung mit der Schaltfläche *OK* bestätigt. Noch kann sie geändert und gelöscht werden.
9. Anschließend wird mit der Schaltfläche *OK* der Assistent bestätigt. Damit ist die Zeichnung mit der Datenbank verknüpft. Natürlich können Sie auch direkt auf eine vorhandene Datenbank zugreifen oder eine neue erstellen. Der Nachteil ist allerdings, dass beim Weitergeben dieser Zeichnung auf dem Zielrechner das gleiche Datenbankformat, das heißt die gleiche Access-Version installiert sein muss.

Der Datenbankexport-Assistent

Nachdem Sie einen Treiber erstellt haben und eine Datenbank auf Ihrem Rechner installiert ist, kann der Datenexport beginnen.

1. Den Assistenten mit *Datenbankexport-Assistent* im Menü *Extras/Add-Ons/Visio Extras* aufrufen.
2. Im zweiten Schritt werden Sie gefragt, ob Sie Daten exportieren möchten, die sich in der bereits geöffneten Zeichnung befinden oder ob Sie eine Zeichnung öffnen möchten. Abhängig von der gewählten Datei müssen Sie ein Zeichenblatt auswählen, auf dem sich die Shapes befinden (siehe Abbildung 5.16). Leider können nicht mehrere Blätter gleichzeitig ausgewählt werden.

Die Zeichnung wird ausgewählt

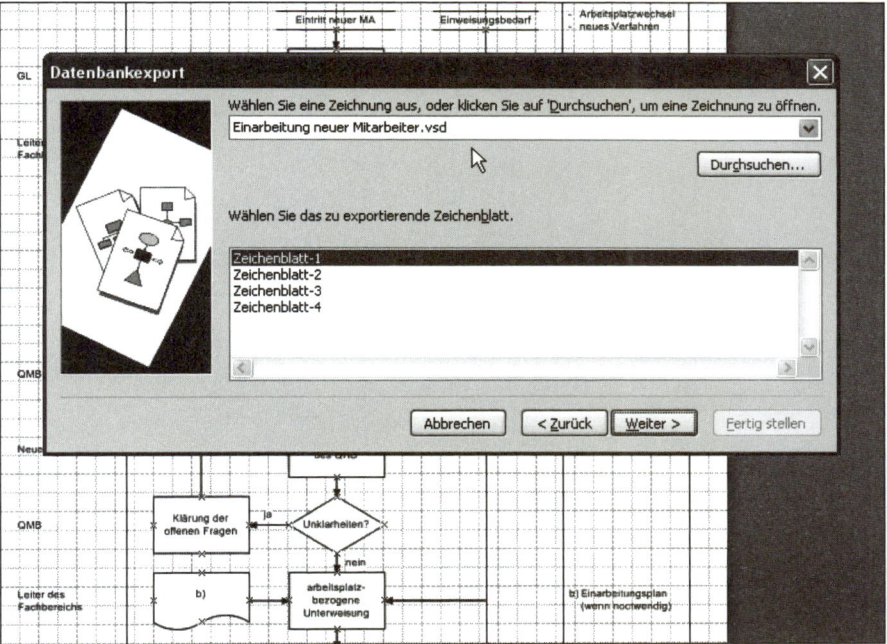

3. Klicken Sie auf die Schaltfläche *Weiter*. Im nächsten Dialogfeld werden Sie gefragt, welche der Shapes auf dem Zeichenblatt Sie exportieren möchten. Da Sie normalerweise nicht Verbinder in der Datenbank aufgelistet haben möchten, müssen Sie diese ausschließen. Entweder Sie wählen die Shapes manuell aus oder, was effektiver erscheint, Sie wählen Shapes aus, die auf einem oder auf mehreren Layern liegen. Im Beispiel eines Flussdiagramms wäre dies der Layer *Flussdiagramm* (siehe Abbildung 5.17).
4. Klicken Sie auf die Schaltfläche *Weiter*. Im folgenden Dialogfeld wählen Sie die Informationen aus, die Sie speichern möchten. Dabei wird zwischen Datenfeldern unterschieden, die mit »Prop.« gekennzeichnet sind. Daneben nimmt der beschriftende Text (*Shape.Text*) eine zentrale Rolle ein. Und schließlich können Sie auf geometrische Informationen wie Lage und Größe zugreifen.

Kapitel 5 Die Assistenten

Abbildg. 5.17   Die zu exportierenden Shapes werden ausgewählt

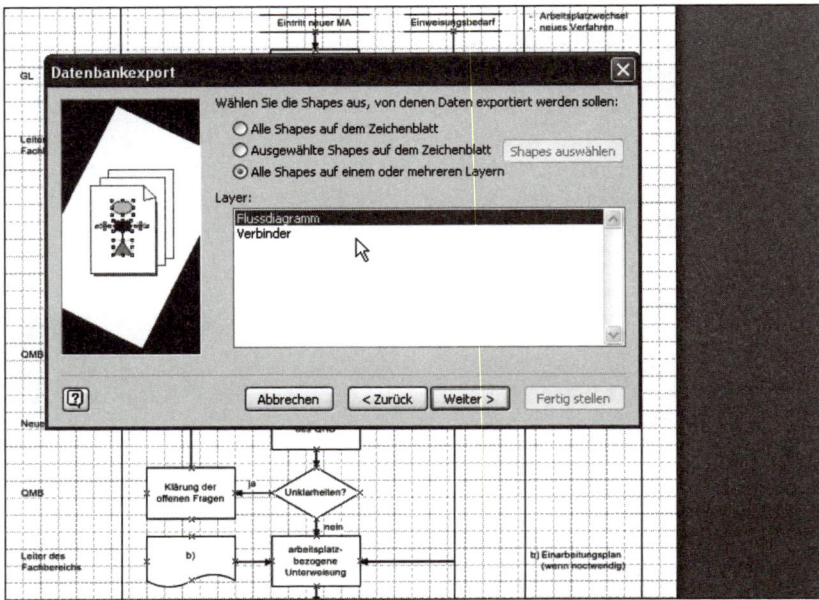

Die einzelnen Elemente werden mit der Schaltfläche *Hinzufügen* ins rechte Fenster geschoben, von wo aus sie bei einem Fehler wieder mit der Schaltfläche *Entfernen* entfernt werden können (siehe Abbildung 5.18).

Abbildg. 5.18   Die zu exportierenden Shape-Daten, Texte und Shape-Eigenschaften werden ausgewählt

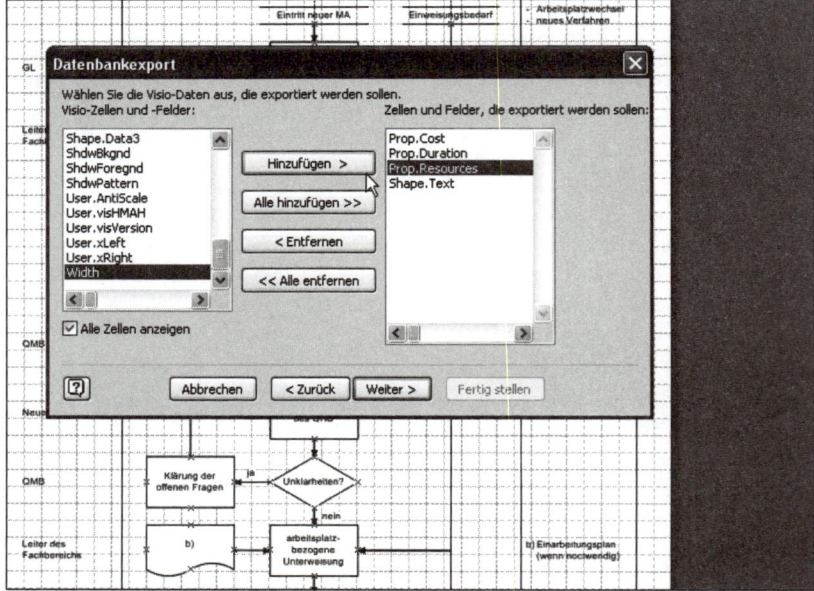

5. Klicken Sie auf die Schaltfläche *Weiter*. Schließlich wählen Sie ihre ODBC-Datenquelle aus (siehe Abbildung 5.19), die in der Liste auftaucht. Auch an dieser Stelle könnten Sie eine ODBC-Datenquelle erstellen.

Abbildg. 5.19   Die ODBC-Quelle wird ausgewählt

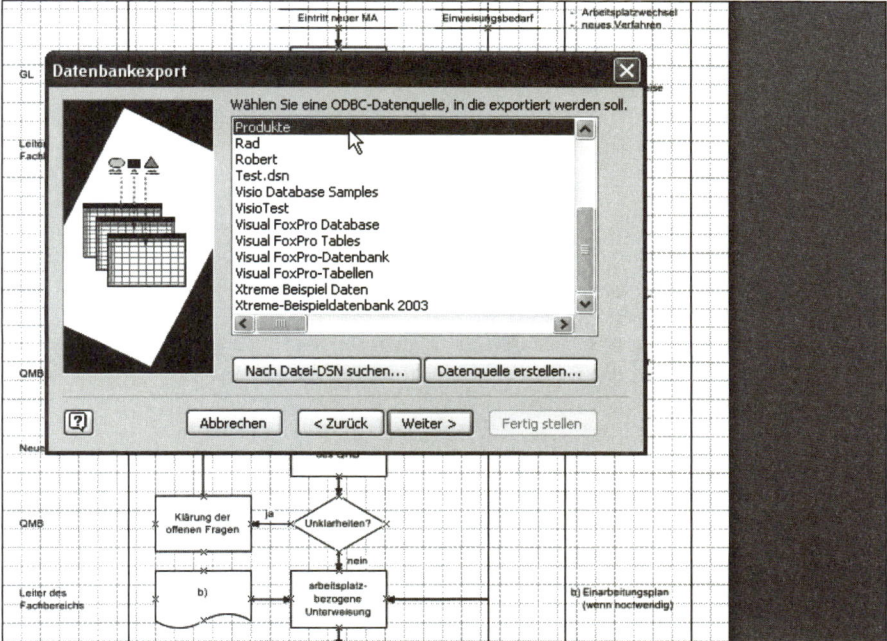

6. Anschließend wählen Sie den Tabellennamen aus und legen fest, in welchem Feld das *Schlüsselfeld* gespeichert wird (siehe Abbildung 5.20). Dies ist naturgemäß das Feld, auf das der Primärschlüssel gelegt wurde.

HINWEIS   Falls Sie keine eindeutigen Informationen in Ihren Shapes haben, die als Schlüsselfeld dienen, verwenden Sie die Shape-ID. Sie wird von Visio für jedes neue Shape generiert.

Abbildg. 5.20 Die Tabelle wird ausgewählt und das Schlüsselfeld wird festgelegt

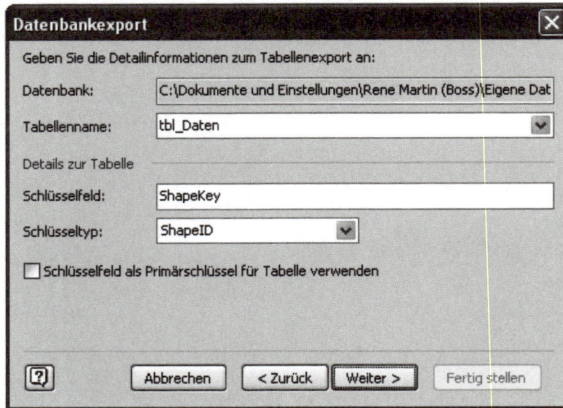

7. Im nächsten Dialogfeld können Sie Detailinformationen für die Exportzuordnung festlegen. Dabei kann jedem der Felder ein bestimmter Feldname und ein Typ zugewiesen werden (siehe Abbildung 5.21).

Abbildg. 5.21 Die Felddatentypen können geändert werden

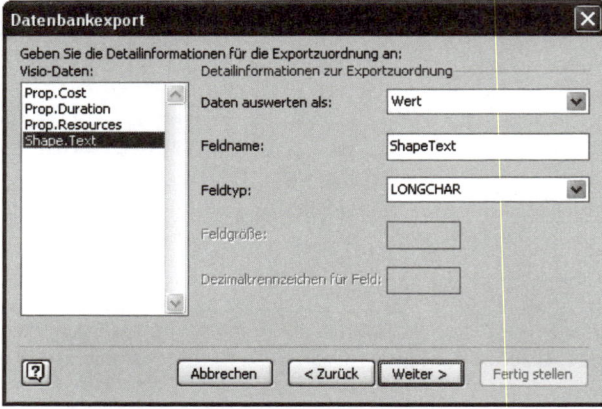

Und schließlich bietet Ihnen der Assistent an, Änderungen an den Shapes per Kontextmenü des Zeichenblattes in die Tabelle zu schreiben (siehe Abbildung 5.22).

Abbildg. 5.22 Für das Zeichenblatt kann ein Kontextmenü festgelegt werden.

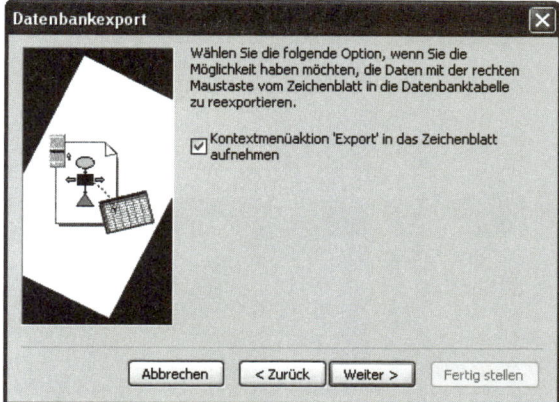

Klicken Sie auf die Schaltfläche *Weiter*. Im letzten Dialogfeld werden die ausgewählten Informationen aufgelistet. Sollten Sie einen Fehler gemacht haben, können Sie ihn mit der Schaltfläche *Zurück* korrigieren (siehe Abbildung 5.23).

Abbildg. 5.23 Die Verbindung ist hergestellt

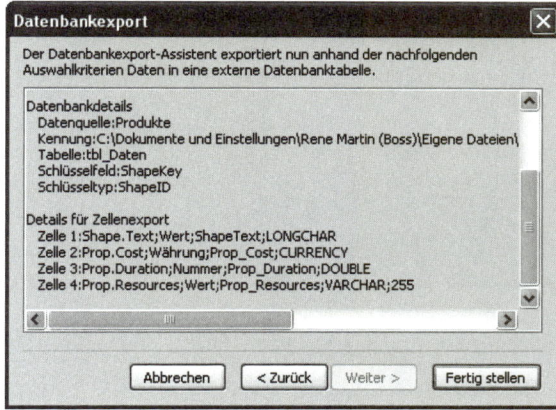

Damit wurden die Shape-Daten der Zeichnung in die Datenbank exportiert.

Der Datenbankaktualisierungs-Assistent

Mit dem *Datenbankexport-Assistenten* sind nun die Daten in die Datenbank geschrieben. Die Datenbank kann geöffnet werden, die Ergebnisse können eingesehen werden, wie Sie in Abbildung 5.24 sehen können. Werden die Daten auf der Zeichnung geändert, können Sie über das Kontextmenü (Abbildung 5.25) neu in die Tabelle geschrieben werden. Analog steht Ihnen dieser Befehl über den Menübefehl *Extras/Add-Ons/Visio-Extras/Datenbank aktualisieren* zur Verfügung.

ACHTUNG Beim Aktualisieren der Datenbank wird die ursprüngliche Tabelle gelöscht und durch eine neue ersetzt. Sollten Sie also in der Datenbank Daten ändern, werden diese gelöscht.

Wenn Sie einen Export in eine Access-Datenbank-Tabelle ausführen, muss diese Datenbank geschlossen sein. Erst dann funktioniert der korrekte Austausch.

Abbildg. 5.24   Das Ergebnis des Tabellenexports

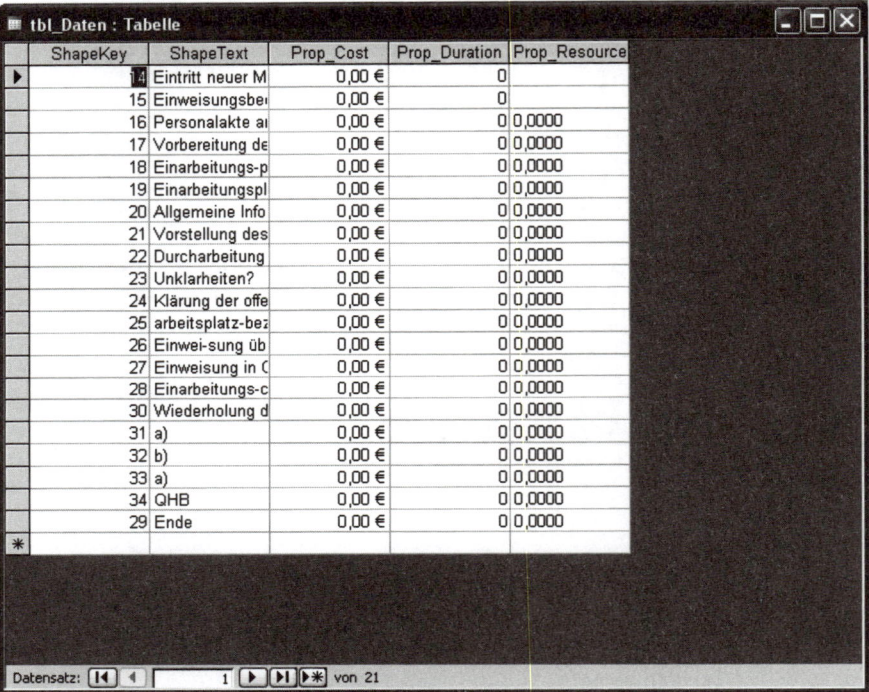

Abbildg. 5.25   Über das Kontextmenü des Zeichenblattes können die geänderten Daten exportiert werden

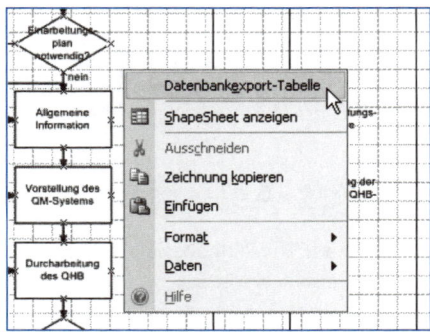

Werden in der Datenbank einige der Daten geändert, können sie mit dem Assistenten *Datenbankmodell auffrischen* von der Datenbank ins Shape zurückgeschrieben werden. Dieser Assistent hat leider einen Nachteil: Zwar werden die Daten ordentlich von Visio nach Access exportiert, allerdings nicht zurück. Nun könnte es doch sein, dass ein Anwender in der Datenbank Werte ändern möchte und diese per Mausklick zurück nach Visio schreiben möchte. Auch hierfür stellt Visio einen Assistenten zur Verfügung.

Der Datenbank-Assistent

Sehr viele Ähnlichkeiten mit dem Datenbankexport-Assistenten hat der Datenbank-Assistent.

1. Öffnen Sie den Assistenten über den Menübefehl *Extras/Add-Ons/Visio-Extras/Datenbank-Assistent*.
2. Die ersten beiden Schritte des Assistenten wurden bereits im Abschnitt Der Datenbankexport-Assistent beschrieben. Es wird eine Zeichnung und ein Zeichenblatt ausgewählt und es wird festgelegt, ob die Shapes der Zeichnung exportiert werden sollen (siehe Abbildung 5.26).

Abbildg. 5.26   Der erste Schritt des Datenbank-Assistenten

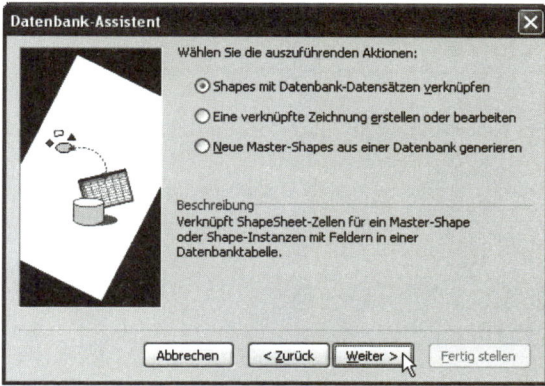

Abbildg. 5.27   Der zweite Schritt des Datenbank-Assistenten

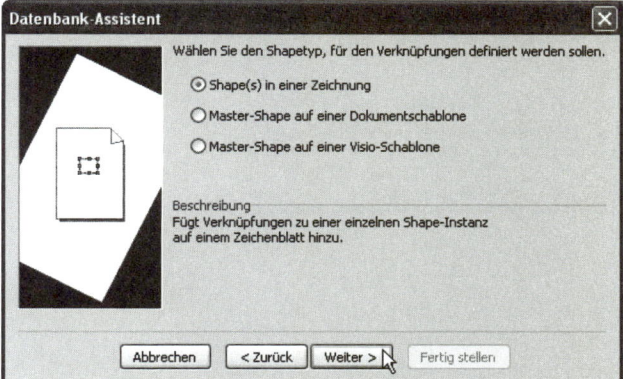

Kapitel 5 **Die Assistenten**

3. Anschließend müssen Sie die Shapes einzeln mit gedrückter ⬆- oder Strg-Taste in der Liste auswählen (siehe Abbildung 5.28). Alternativ können Sie über die Schaltfläche *Shapes auswählen* in der Zeichnung markiert werden. Leider können nicht alle Shapes, die auf einem Layer liegen, verwendet werden, sondern sie müssen einzeln selektiert werden. Da eine direkte Verbindung zwischen den Shapes und den Datenbankfeldern erzeugt wird, ist dieser Schritt jedoch verständlich.

Abbildg. 5.28   Die Shapes werden selektiert

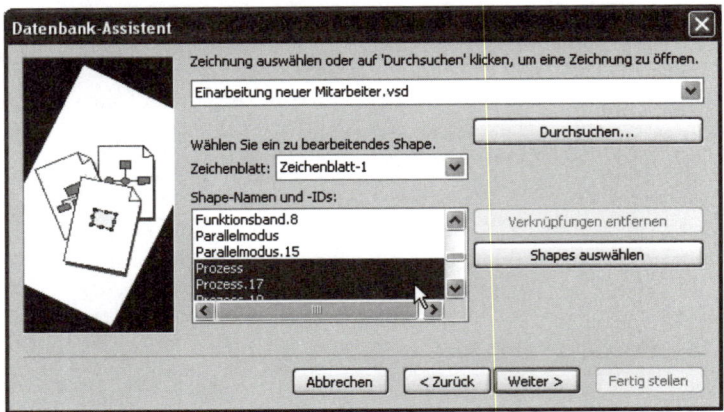

4. Nun wird wieder der Treiber ausgewählt (Abbildung 5.29) und die Tabelle der zugehörigen Datenbank, in welche die Daten geschrieben werden. Dabei kann – ebenso wie beim *Datenbankexport-Assistenten* – eine vorhandene Tabelle gewählt oder eine neue Tabelle generiert werden.

Abbildg. 5.29   Der Treiber wird gewählt

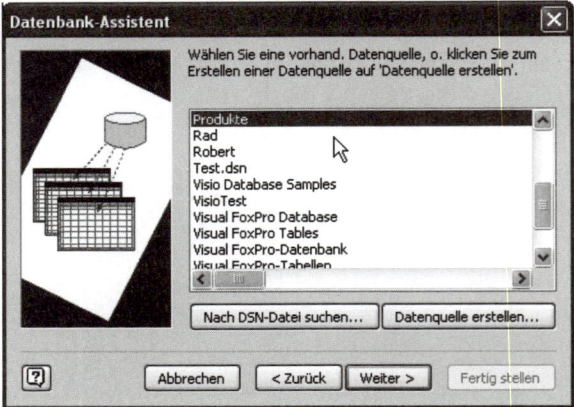

Abbildg. 5.30   Die Tabelle wird gewählt

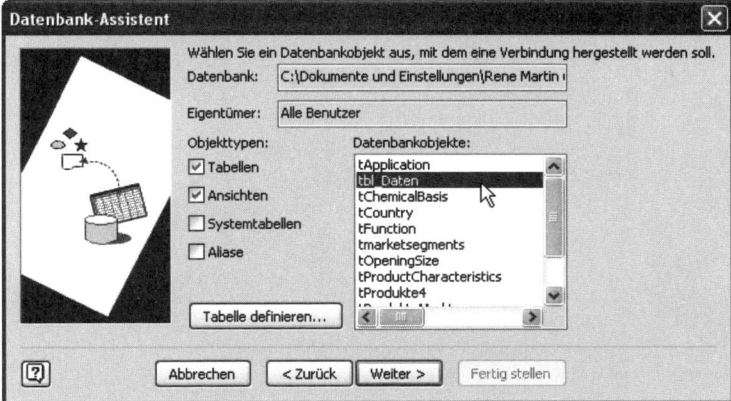

5. Im nächsten Schritt wird gefragt, über wie viele Felder sich der Primärschlüssel erstreckt (siehe Abbildung 5.31). In der Regel liegt der Primärschlüssel auf einer Spalte – es kann aber auch auf mehrere Felder ein Primärschlüssel gelegt werden. Nachdem die Frage nach der Anzahl beantwortet ist, muss das Feld/die Felder ausgewählt werden, welches den Datensatz eindeutig festlegt. Dies ist in der Regel der ShapeKey.

Abbildg. 5.31   Für den Primärschlüssel wird die Anzahl der Felder festgelegt

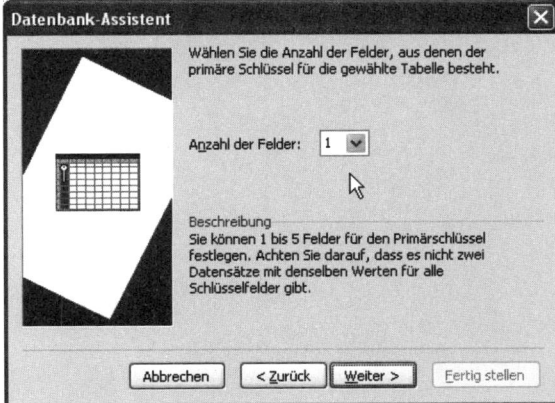

Kapitel 5 Die Assistenten

Abbildg. 5.32   Für den Primärschlüssel wird das Feld oder die Felder ausgewählt

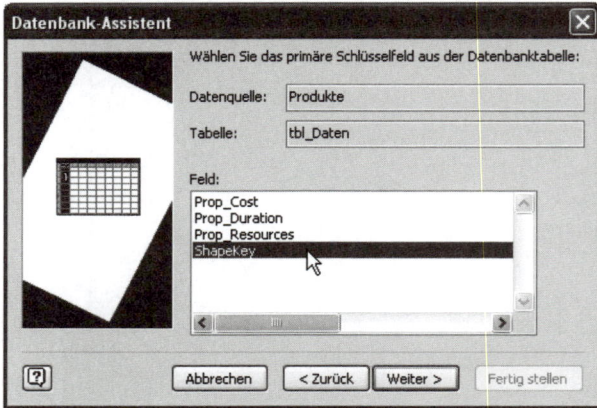

6. Nun können Standard-Werte für das Schlüsselfeld festgelegt werden.
7. Im nächsten Schritt können Aktionen für die einzelnen Shapes festgelegt werden (siehe Abbildung 5.33). Damit sind Einträge im Kontextmenü gemeint, die den Datenbankaustausch steuern.

Abbildg. 5.33   Die Daten können aktualisiert werden

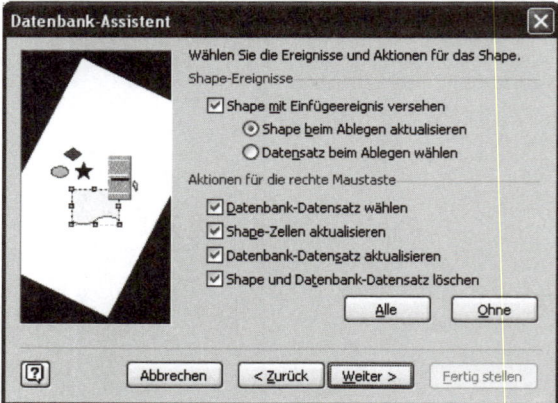

8. Nun wird die Shape-Zelle ausgewählt, in welcher der primäre Schlüsselfeldwert gespeichert werden soll.
9. Danach werden die Verknüpfungen festgelegt. Einer Zelle eines Shapes wird ein Datenbankfeld zugewiesen. Dies geschieht, indem Sie aus der linken Liste und aus der mittleren Liste jeweils einen Eintrag auswählen und ihn mit der Schaltfläche *Hinzufügen* in die rechte Liste schieben (siehe Abbildung 5.34). Der Begriff *Zelle* ist hier nicht ganz korrekt gewählt, da sich in der linken Liste nicht nur Shape-Daten, sondern auch der Text der Shapes und geometrische Eigenschaften befinden.

Abbildg. 5.34 Die Verknüpfungen werden festgelegt

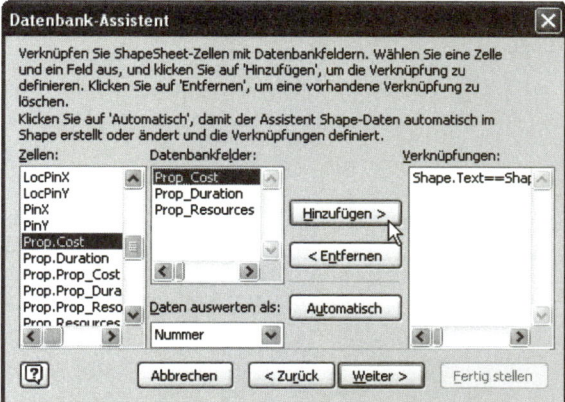

10. Zum Schluss erscheint eine Zusammenfassung (Abbildung 5.35), anhand derer kontrolliert werden kann, ob alle Einstellungen korrekt vorgenommen wurden.

Abbildg. 5.35 Das letzte Dialogfeld

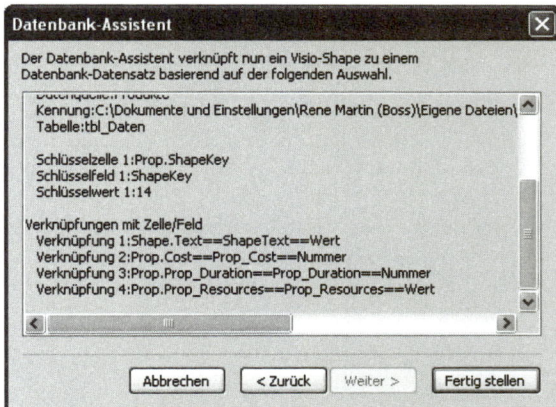

Werden nun Datenfelder in der Visio-Zeichnung geändert, können sie mithilfe des Kontextmenüs *Datenbankexport-Tabelle* oder über den Menübefehl *Extras/Add-Ons/Visio-Extras/Datenbank aktualisieren* erneut in die Tabelle geschrieben werden.

Datenbankmodell auffrischen

Der Datenexport aus der Zeichnung in die Datenbank funktioniert mit dem Kontextmenü, das Sie durch den *Datenbankexport-Assistenten* erhalten, ebenso wie durch das Kontextmenü, das Resultat des *Datenbank-Assistenten* ist. Im letzteren der beiden Assistenten ist es allerdings möglich, dass Sie die Daten in der Tabelle der Datenbank ändern und nach Visio zurückschreiben.

Für diesen Schritt stehen Ihnen zwei Varianten zur Verfügung. Mithilfe des Menübefehls *Extras/Add-Ons/Visio-Extras/Datenbankmodell auffrischen* werden die aktuellen Daten von der Datenbank nach Visio zurückgeschrieben. Wurde in einem der letzten Schritte die Option *Aktionen* ausgewählt, befinden sich nun in jedem Shape vier neue Kontextmenüs (siehe Abbildung 5.36): *Datenbank-Datensatz wählen*, *Shape-Datenfelder aktualisieren*, *Datenbank-Datensatz aktualisieren* und *Shape und Datensatz löschen*.

Dies bedeutet im Einzelnen:

- *Datenbank-Datensatz wählen*

  Die Daten dieses Shapes könnten in einen anderen Datensatz geschrieben werden und damit einen existierenden Datensatz löschen.

- *Shape-Datenfelder aktualisieren*

  Die Daten dieses einen Datensatzes werden von der Datenbank nach Visio in das eine ausgewählte Shape geschrieben.

- *Datenbank-Datensatz aktualisieren*

  Die Daten dieses einen Shapes werden in die Datenbank exportiert.

- *Shape und Datensatz löschen*

  Damit wird nicht nur das Shape in Visio gelöscht, sondern auch der zugehörige Datensatz aus der Datenbank entfernt.

Abbildg. 5.36   Von der Datenbank (Access) nach Visio: die Shape-Datenfelder werden aktualisiert

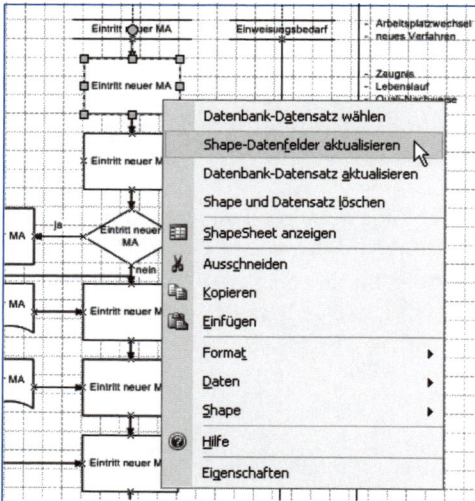

Abbildg. 5.37   Nun befinden sich die Daten in den Shape-Datenfeldern

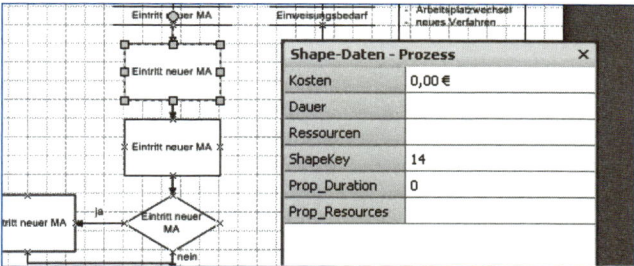

Datenbankeinstellungen

Interessant ist in diesem Zusammenhang der Assistent *Datenbankeinstellungen*. Sie sehen ihn in Abbildung 5.38. Mit ihm kann das Zeitintervall festgelegt werden, mit dem die Daten von Visio nach Access geschrieben werden. Hier wird ebenfalls eingestellt, ob die Auffrischung manuell geschieht oder automatisch. Letzteres ist sicherlich angenehm, aber raubt dafür dem Rechner Ressourcen.

Abbildg. 5.38   Datenbankeinstellungen

Weitere Assistenten

In anderen Kapiteln wurden bereits Assistenten beschrieben. Der Vollständigkeit halber werden sie an dieser Stelle nur aufgelistet und nicht noch einmal im Detail beschrieben.

- Berichte (Kapitel 3)
- Pivotdiagramm (Kapitel 3)
- Export in eine HTML-Seite (als Webseite speichern) (Kapitel 2)
- Organigramm-Assistent (Kapitel 8)
- Funktionsübergreifendes Flussdiagramm (Kapitel 7)
- Gantt-Diagramm (Kapitel 9)

- Verfahrenstechnik (Kapitel 10)
- Websiteübersicht (Kapitel 13)
- UML (Kapitel 13)
- Datenbank Reverse Engineering (Kapitel 13)

Zusammenfassung

Ein wenig umständlich sind sie schon – die Datenbank-Assistenten. Für kleinere Zeichnungen, in denen häufig Änderungen vorgenommen werden, die immer aktuell in eine Datenbank geschrieben werden sollen, sind sie sicherlich ausreichend. Allerdings nicht für große Zeichnungen, die aus mehreren Zeichenblättern bestehen, auf denen sich komplexe Daten befinden. So etwas kann und muss programmiert werden.

Allerdings zeigen diese Assistenten sehr gut, worum es Visio geht: Wie schon mehrfach erwähnt, ist Visio kein reines Grafik- oder gar Präsentationsprogramm, sondern bietet die Möglichkeiten, in den Shapes Daten zu speichern und diese Daten einzusammeln. Zum Sammeln stehen Ihnen der Assistent Berichte und die in diesem Kapitel beschriebenen Assistenten zum Datenbankexport zur Verfügung. Leider müssen sehr viele Einstellungen vorgenommen werden, bei denen selbstredend eine Reihe von Fehlern möglich sind. Um so etwas zu beschleunigen, können Exporte per Programmierung durchgeführt werden. Unter Visio liegt die Programmiersprache VBA (Visual Basic for Applications), mit deren Hilfe auf Shapes und auf benutzerdefinierte Eigenschaften zugegriffen werden kann und diese in eine Datenbank oder nach Excel exportiert werden können.

Kapitel 6

Die Vorlagen der Kategorie »Allgemein«

In diesem Kapitel:

Die Vorlage *Standarddiagramm*	296
Die Vorlage *Blockdiagramm*	300
Die Vorlage *Blockdiagramm mit Perspektive*	304
Zusammenfassung	307

| Kapitel 6 | Die Vorlagen der Kategorie »Allgemein«

Die vier Vorlagen der Kategorie *Allgemein* unterliegen – wie der Name sagt – keiner spezifischen Verwendung, sondern können für Zeichnungen, Darstellungen, Diagramme oder Grafiken jedwelcher Art verwendet werden. Dennoch: Auch und gerade hier stellen die Shapes nicht nur reine geometrische Objekte dar, sondern verfügen über bestimmte Mechanismen, die Sie kennen sollten, um effizient eine Zeichnung zu erstellen.

Die Vorlage *Standarddiagramm*

Wenn Sie diese Vorlage im Menü *Datei/Neu/Allgemein/Standarddiagramm* öffnen, erhalten Sie ein leeres Zeichenblatt im Hochformat mit den drei Schablonen *Hintergründe*, *Rahmen und Titel* und *Standardformen*. Die wichtigsten Shapes für die Zeichnung befinden sich in der Schablone *Standardformen*. Die Shapes können auf das Zeichenblatt gezogen, ausgerichtet und beschriftet werden.

ACHTUNG Den Master-Shapes in der Schablone sieht man es nicht an – erst wenn sie auf das Zeichenblatt gezogen werden: einige der Shapes der Schablone *Standardformen* sind eindimensional, das heißt: sie haben eine Richtung und sind durch Anfang und Ende definiert. Dazu gehören sämtliche Pfeile, aber auch der ausziehbare Kreis, wie Sie in Abbildung 6.1 sehen können.

Abbildg. 6.1   Der *Kreis* ist ein *Rechteck*, der *ausziehbare Kreis* eine *Linie*

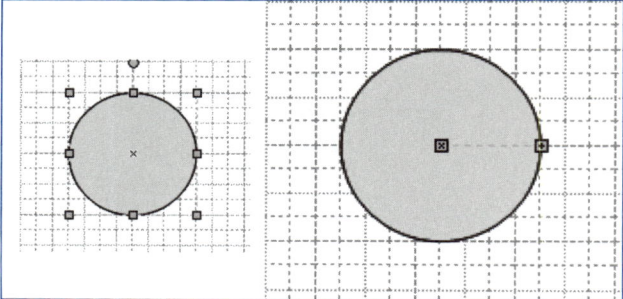

Sämtliche zweidimensionalen Shapes oder *Rechtecke* besitzen Verbindungspunkte, an die Pfeile oder dynamische Verbinder geklebt werden können. Keines der Shapes besitzt Shape-Daten, keines verfügt über besondere Einstellungen im Kontextmenü. Jedoch können die Formen geändert werden: Vier der Shapes besitzen Kontrollpunkte, mit deren Hilfe ihre Form geändert werden kann: das *abgerundete Rechteck*, das *abgerundete Quadrat*, das *Kreuz* und das *3D-Feld*. Auch die vier *flexiblen Pfeile* verfügen über Kontrollpunkte, mit deren Hilfe ihre Spitzen und ihre Schweife symmetrisch deformiert werden, wie Abbildung 6.2 zeigt.

Die Vorlage Standarddiagramm

Abbildg. 6.2 Die Kontrollpunkte erlauben eine problemlose Veränderung der Shapes

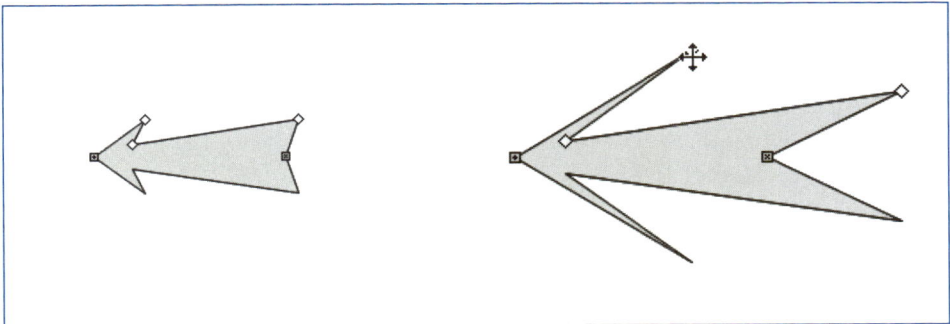

Dies bedeutet umgekehrt: Da die Transformation mithilfe der Kontrollpunkte vorgesehen ist, sind viele dieser Shapes geschützt: Wenn Sie das Quadrat in die Breite ziehen, bleiben Höhe und Breite gleich groß. Es verliert nicht die Eigenschaft als Quadrat.

Wenn Sie den Bleistift einschalten, können die flexiblen Pfeile nicht mehr modifiziert werden – die Ecken sind geschützt. Dies sehen Sie deutlich in Abbildung 6.3.

Abbildg. 6.3 Unter den flexiblen Pfeilen liegen Schutzmechanismen

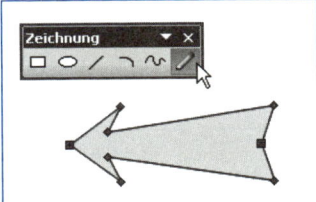

Erstellen eines Diagramms

So erstellen Sie ein Diagramm mit der Vorlage *Standarddiagramm*:
1. Wählen Sie über den Menübefehl *Datei/Neu/Allgemein/Standarddiagramm* die Vorlage.
2. Ziehen Sie aus der Schablone *Standardformen* die Master-Shapes auf das Zeichenblatt an die Stelle, wo sie später benötigt werden.
3. Markieren Sie die Shapes, die auf einer horizontalen oder vertikalen Linie liegen sollen.
4. Richten Sie die Shapes über den Menübefehl *Shape/Shapes ausrichten* aus.
5. Wiederholen Sie den Vorgang bei den übrigen Shapes mithilfe der Wiederholfunktion F4.
6. Beschriften Sie die Shapes, indem Sie die Shapes markieren und den Text eingeben.
7. Formatieren Sie – falls nötig – den Text mit dem Befehl *Format/Text*.
8. Verändern Sie – falls nötig – die Form der Shapes.
9. Verbinden Sie – falls nötig – die Shapes miteinander.
10. Wird Ihre Zeichnung größer als DIN-A4, können Sie das Zeichenblatt über den Menübefehl *Datei/Seite einrichten/Zeichenblattgröße* von DIN-A4 auf DIN-A3 vergrößern. Alternativ kön-

nen Sie mit gedrückter `Strg`-Taste an einem der vier Ränder ziehen – so erhalten Sie ein größeres Zeichenblatt.

11. Die Ränder des Ausdrucks lassen sich über den Menübefehl *Ansicht/Seitenumbruch* sichtbar machen.
12. Speichern Sie die Datei über den Befehl *Datei/Speichern unter*, falls gewünscht.
13. Kontrollieren Sie die Datei über *Datei/Seitenansicht*.
14. Drucken Sie die Datei, falls gewünscht.

Abbildg. 6.4   Eine Zeichnung, die mit der Vorlage *Standarddiagramm* erstellt wurde

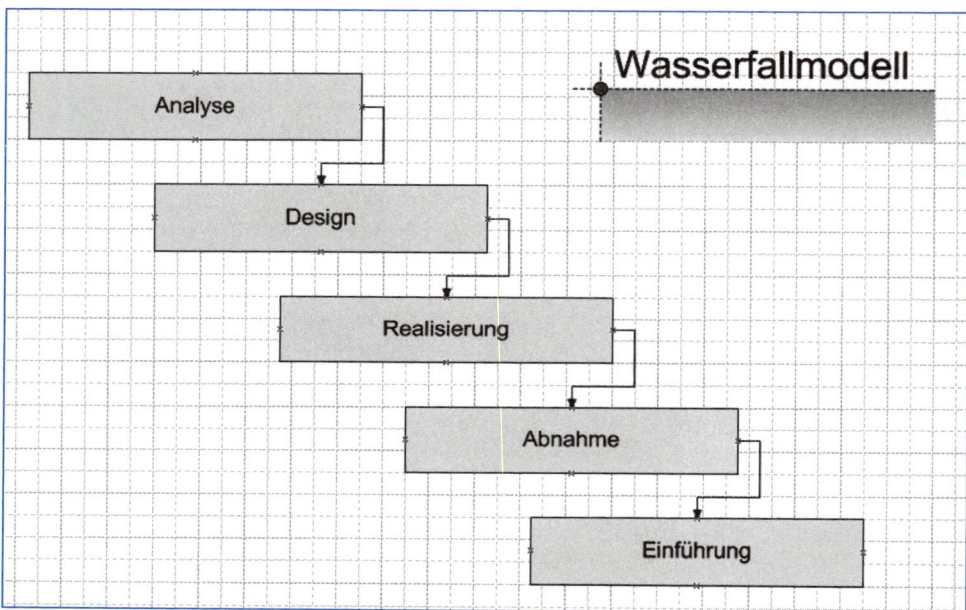

Verwenden der Rahmen und Titel

Falls Sie einen Rahmen oder Titel auf der Zeichnung benötigen, wechseln Sie in die Schablone *Rahmen und Titel*.

1. Ziehen Sie einen der 35 Titelblöcke auf das Zeichenblatt.
2. Da die Titel aus mehreren Teilen gruppiert sind, müssen Sie zuerst das entsprechende Mitglied der Gruppe markieren.
3. Geben Sie den Text ein oder löschen Sie die Textteile aus der Vorgabe, die Sie nicht benötigen.
4. Die meisten der Titel zentrieren sich automatisch auf dem Zeichenblatt, wie beispielsweise in Abbildung 6.5.
5. Sollten Sie einen der Titel verschieben, können Sie ihn wieder in die Mitte des Zeichenblatts zentrieren, indem Sie aus dem Lineal eine Führungslinie auf das Zeichenblatt ziehen. Positionieren Sie mithilfe des Fensters *Größe und Position* (Menü *Ansicht*) die Führungslinie.

6. Ziehen Sie anschließend den Titel so auf die Führungslinie, dass die mittleren Größenänderungs-Kontrollpunkte rot werden.

Abbildg. 6.5   Eine Zeichnung mit Titel. Das Bild wurde aus den Cliparts eingefügt.

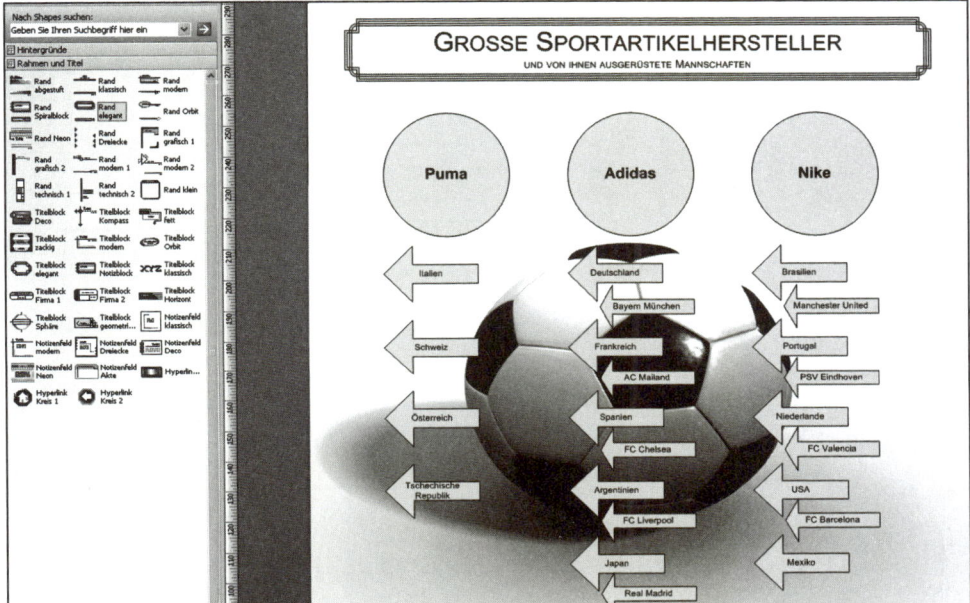

Hintergründe

So legen Sie einen Hintergrund fest.

1. Wenn Sie der Zeichnung einen Hintergrund hinzufügen möchten, wechseln Sie in die Schablone *Hintergründe*.
2. Ziehen Sie einen der Hintergründe auf das Zeichenblatt. Es wird automatisch zentriert, passt sich der Zeichenblattgröße an und liegt auf dem Hintergrundblatt *VHintergrund-1* (siehe Abbildung 6.6).
3. Wenn Sie sich für einen anderen Hintergrund entscheiden, wird der bisherige Hintergrund gelöscht.
4. Möchten Sie weitere Elemente für den Hintergrund verwenden, klicken Sie auf das Zeichenblatt *VHintergrund-1* und fügen dort Shapes, geormetrische Objekte, Bilder, Logos, Texte, … ein. Sie erscheinen automatisch auf dem Vordergrundblatt, da dieser den Hintergrund verwendet (*Datei/Seite einrichten/Zeichenblatteigenschaften*).
5. Wenn Sie sich nun doch entscheiden, den Hintergrund zu löschen, können Sie das Shape *Kein Hintergrund* auf das Vordergrundblatt ziehen.

Abbildg. 6.6   Eine Zeichnung mit dem Hintergrund-Shape *Hintergrund geometrisch*

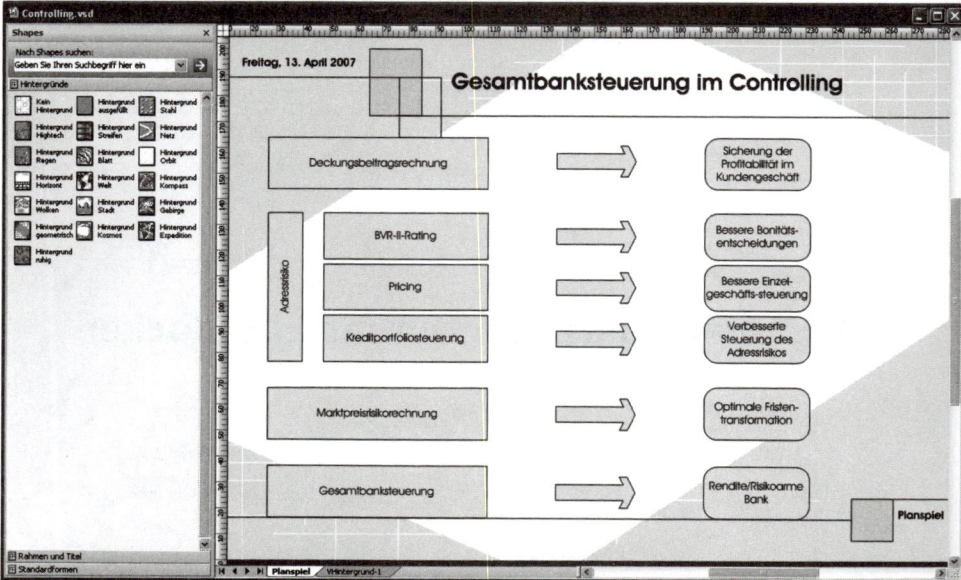

Die Vorlage *Blockdiagramm*

Wenn Sie die Vorlage *Datei/Neu/Allgemein/Blockdiagramm* öffnen, erhalten Sie ein hochformatiges Zeichenblatt mit den vier Schablonen *Hintergründe, Rahmen und Titel, 3D-Block-Shapes* und *Blöcke*. Keines der Shapes der beiden Schablonen *Blöcke* und *3D-Block-Shapes* besitzt Shape-Daten. Jedoch verfügen die Shapes über manigfache Funktionalitäten in puncto:

- Kontrollpunkte
- Schutz
- Kontextmenü
- Automatismen

Einige der Pfeile aus der Schablone *Blöcke* liegen als 1D-Shapes, andere als 2D-Shapes vor. Dies sehen Sie in Abbildung 6.7. Viele besitzen einen Kontrollpunkt, mit deren Hilfe die Krümmung, Spitze oder Tiefe (siehe Shape *3D-Feld*) geändert werden kann. Die Shapes *Konzentrisches Layer 1* bis *3* verfügen über einen Kontrollpunkt, mit denen die Textposition schnell verändert beziehungsweise die Größe des inneren Loches modifiziert werden kann.

Abbildg. 6.7   Einige der Pfeile sind gerichtet, andere liegen als 2D-Shape vor

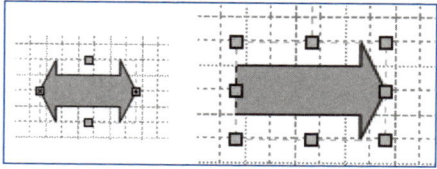

Über das Kontextmenü können bei den Pfeilen die Schweife geöffnet oder geschlossen werden. Auch die *3D-Block-Shapes* bieten über das Kontextmenü eine komfortable Möglichkeit an, eines oder beide der Enden zu öffnen.

> **HINWEIS** Beachten Sie die beiden Shapes *Auto-Höhe* und *Auto-Feldbreite*. Die grauen Größenänderungs-Kontrollpunkte weisen darauf hin, dass ein Schutzmechanismus unter diesen beiden Textfeldern liegt. Und tatsächlich: Wenn Sie Text eingeben, verändert sich die Größe der Shapes je nach Menge des getippten Textes. Der Unterschied zwischen beiden Shapes liegt darin, dass die *Auto-Höhe* eine variable Breite hat. Sie kann im Nachhinein in die Breite gezogen werden.

Erstellen eines Diagramms mit Blöcken

Für allgemeine Zeichnungen, in denen schematisch Unterteilungen einer Gesamtheit dargestellt werden, eignet sich die Vorlage *Blockdiagramm*.

1. Wählen Sie über den Menübefehl *Datei/Neu/Allgemein/Blockdiagramm* die Vorlage aus.
2. Ziehen Sie aus der Schablone *Blöcke* die Master-Shapes auf das Zeichenblatt an die Stelle, wo sie später benötigt werden.
3. Markieren Sie die Shapes, die auf einer horizontalen oder vertikalen Linie liegen sollen.
4. Richten Sie die Shapes über den Menübefehl *Shape/Shapes ausrichten* aus.
5. Wiederholen Sie den Vorgang bei den übrigen Shapes mithilfe der Wiederholfunktion `F4`.
6. Verteilen Sie die Shapes, falls nötig: mit *Shape/Shapes verteilen*.
7. Beschriften Sie die Shapes, indem Sie die Shapes markieren und den gewünschten Text eingeben.
8. Formatieren Sie – falls nötig – den Text mit *Format/Text*.
9. Wird Ihre Zeichnung größer als DIN-A4, können Sie das Zeichenblatt über den Menübefehl *Datei/Seite einrichten/Zeichenblattgröße* von DIN-A4 auf DIN-A3 vergrößern. Alternativ können Sie mit gedrückter `Strg`-Taste einen der vier Ränder ziehen – so erhalten Sie ein größeres Zeichenblatt.
10. Die Ränder des Ausdrucks lassen sich über den Menübefehl *Ansicht/Seitenumbruch* sichtbar machen.
11. Falls Sie mehr als ein Zeichenblatt benötigen, fügen Sie es über den Menübefehl *Einfügen/Neues Zeichenblatt* ein.
12. Speichern Sie die Datei.
13. Kontrollieren Sie die Datei über *Datei/Seitenansicht*.
14. Drucken Sie die Datei, falls gewünscht.

Abbildg. 6.8   Eine Zeichnung mit Blöcken

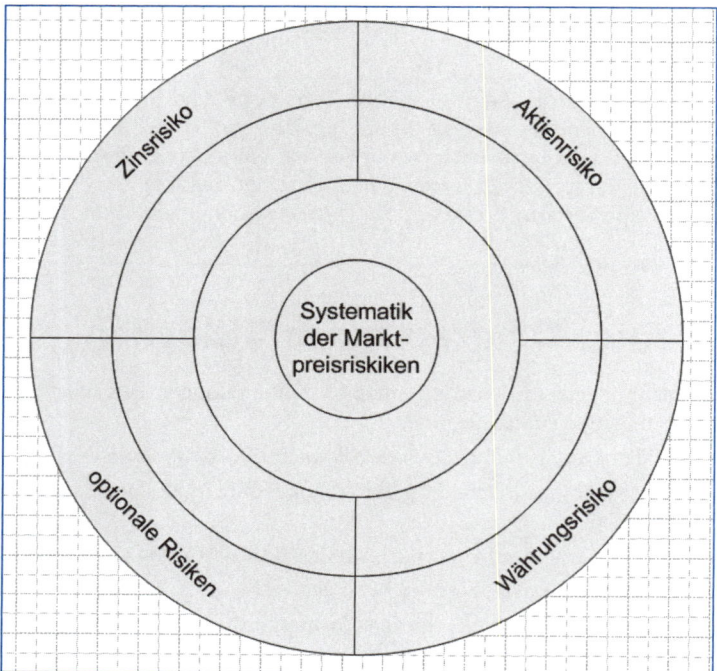

Erstellen eines Diagramms mit 3D-Blöcken

In der Vorlage *Blockdiagramm* gibt es neben der Schablone *Blöcke* eine andere Schablone, in der sich Shapes befinden, mit denen einzelne Teile eines Prozesses visualisiert werden können: die Schablone *3D-Block-Shapes*. Da ihre Darstellung dreidimensional gewählt ist, verfügen sie über einige Unterschiede zu den Shapes der Schablone *Blöcke*. So erstellen Sie eine Zeichnung mit den Shapes dieser Schablone:

1. Wählen Sie über den Menübefehl *Datei/Neu/Allgemein/Blockdiagramm* die Vorlage.
2. Wechseln Sie die Schablone *3D-Block-Shapes*.
3. Ziehen Sie aus der Schablone *3D-Block-Shapes* die Master-Shapes auf das Zeichenblatt an die Stelle, wo sie später benötigt werden.
4. Es empfiehlt sich, aus den Linealen Führungslinien auf das Zeichenblatt zu ziehen. Positionieren Sie die Führungslinien mithilfe des Fensters *Größen- und Positionsfenster* an der Stelle, wo sie benötigt werden. Ziehen Sie die 3D-Block-Shapes an die Führungslinien, sodass sie daran kleben.
5. Verändern Sie die Reihenfolge: Bei zwei Shapes, die aneinander stoßen, liegt immer eines von beiden »hinter« dem anderen. Die Reihenfolge können Sie über den Menübefehl *Shape/Reihenfolge* festlegen.

Abbildg. 6.9   Ein Diagramm mit Blöcken

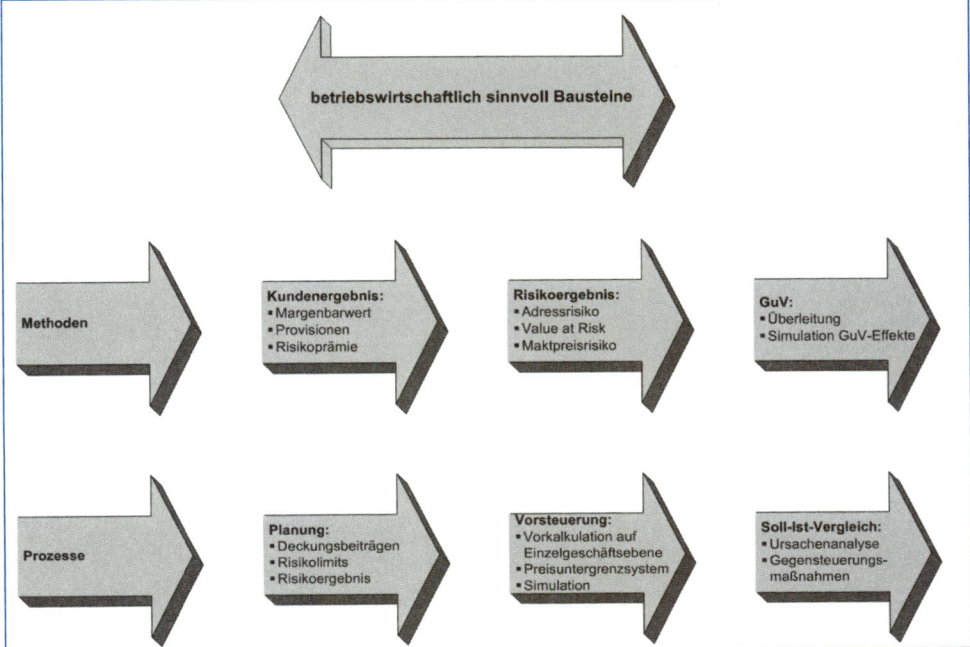

6. Beschriften Sie die Shapes, indem Sie die Shapes markieren und den Text eingeben.
7. Formatieren Sie – falls nötig – den Text.
8. Öffnen Sie – falls nötig – die Enden der Shapes. Sie finden die Einstellungen im Kontextmenü der Shapes. Um Stoßkanten zweier Shapes unsichtbar zu machen, muss die Linienfarbe auf »keine Linie« gesetzt werden. Die Farbe weiß ist ungeschickt, da sie auf den grauen Shapes sichtbar ist.
9. Wird Ihre Zeichnung größer als DIN-A-4, können Sie das Zeichenblatt über den Menübefehl *Datei/Seite einrichten/Zeichenblattgröße* von DIN-A-4 auf DIN-A-3 vergrößern. Alternativ können Sie mit gedrückter Strg -Taste einen der vier Ränder ziehen – so erhalten Sie ein größeres Zeichenblatt.
10. Die Ränder des Ausdrucks lassen sich über den Menübefehl *Ansicht/Seitenumbruch* sichtbar machen.
11. Falls Sie mehr als ein Zeichenblatt benötigen, fügen Sie es über den Menübefehl *Einfügen/Neues Zeichenblatt* ein.
12. Speichern Sie die Datei.
13. Kontrollieren Sie die Datei über *Datei/Seitenansicht*.
14. Drucken Sie die Datei, falls gewünscht.

Kapitel 6 Die Vorlagen der Kategorie »Allgemein«

Abbildg. 6.10   Ein weiteres Diagramm mit Blöcken – diesmal aneinander gesetzt. Wichtig ist hier die Reihenfolge.

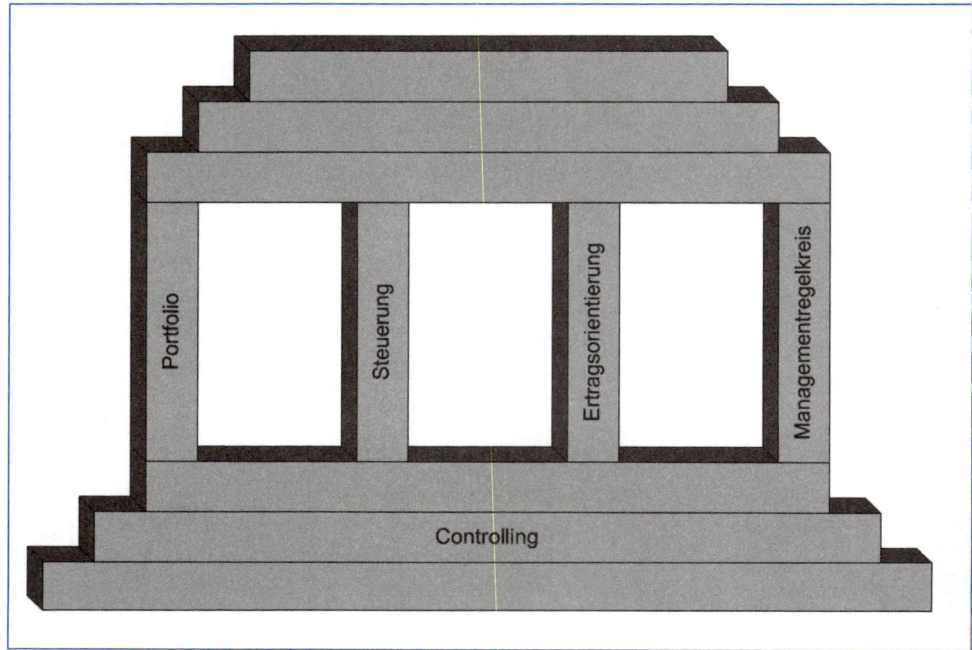

HINWEIS   Die Rahmen und Titel und Hintergründe verhalten sich genauso wie in »Verwenden der Rahmen und Titel« und »Hintergründe« beschrieben.

Die Vorlage *Blockdiagramm mit Perspektive*

Wenn Sie aus der Kategorie *Datei/Neu/Allgemein* die Vorlage *Blockdiagramm mit Perspektive* geöffnet haben, dann fällt auf, dass auf dem Zeichenblatt bereits zwei gestrichelte Linien, ein Kästchen und der Text »F.P.« stehen. Wenn Sie in die Seitenansicht wechseln, stellen Sie fest, dass diese Shapes nicht ausgedruckt werden. Der Schnittpunkt der beiden Linien dient als Fluchtpunkt für eine Fluchtpunktperspektive. An ihm werden sich die Shapes der Schablone *Perspektivische Blöcke* orientieren und ausrichten, wenn sie auf das Zeichenblatt gezogen werden. Die Lage des Fluchtpunktes kann mit der Maus oder über das Fenster *Größen- und Positionsfenster* verschoben werden.

Jedes der Shapes der Schablone *Perspektivische Blöcke* hat im Kontextmenü die Einstellung *Tiefe festlegen*. Sie können die Tiefe auch über die Shape-Daten angeben. Öffnen Sie hierzu das Fenster *Ansicht/Fenster 'Shape-Daten'*.

HINWEIS   Visio ist kein 3D-Grafikprogramm. In dieser Vorlage wird lediglich dreidimensionales Verhalten simuliert, ohne dass ein Anspruch auf echtes räumliches Zeichnen erhoben wird. Es können beispielsweise keine Lichtquellen eingefügt werden, der Raum kann nicht gedreht oder verzerrt werden, die Shapes können nicht gerendert werden und so weiter.

Erstellen eines Diagramms mit perspektivischen Blöcken

Zwar ist Visio ein Programm, um dreidimensionale Zeichnungen zu erstellen, Perspektiven zu ändern oder gar dem Benutzer unterschiedliche Positionen in einem Raum anzubieten, jedoch besitzt es eine Vorlage *Blockdiagramm mit Perspektive*.

1. Wählen Sie über den Menübefehl *Datei/Neu/Allgemein/Blockdiagramm mit Perspektive* die Vorlage aus.
2. Positionieren Sie den Fluchtpunkt. Sie können ihn mit der Maus oder über das Fenster *Größen- und Positionsfenster* verschieben.
3. Ziehen Sie aus der Schablone *Perspektische Blöcke* die Master-Shapes auf das Zeichenblatt an die Stelle, wo sie später benötigt werden.
4. Es empfiehlt sich, aus den Linealen Führungslinien auf das Zeichenblatt zu ziehen. Positionieren Sie die Führungslinien mithilfe des Fensters *Größen- und Positionsfenster* an der Stelle, wo sie benötigt werden. Ziehen Sie die 3D-Block-Shapes an die Führungslinien, sodass sie daran kleben.
5. Sie können auch mehrere Shapes horizontal oder vertikal ausrichten mit dem Befehl *Shapes/Ausrichten*.
6. Verändern Sie die Reihenfolge: Bei zwei Shapes, die aneinander stoßen, liegt immer eines von beiden hinter dem anderen. Die Reihenfolge können Sie über den Menübefehl *Shape/Reihenfolge* festlegen.

Abbildg. 6.11   Fast ein Dalí

7. Beschriften Sie die Shapes, indem Sie die Shapes markieren und den Text eingeben. Wenn Sie freien Text benötigen, arbeiten Sie mit dem Text-Tool oder ziehen aus der Schablone *Rahmen und Titel* einen Textblock auf das Zeichenblatt.
8. Formatieren Sie – falls nötig – den Text.
9. Verändern Sie die Tiefen der Shapes. Sie legen die Tiefe über das Kontextmenü fest oder wählen die Daten aus dem Fenster *Shape-Daten* aus.
10. Wenn Sie die Schattenfarbe manuell festlegen möchten, formatieren Sie den Schatten über *Format/Schatten*. Schalten Sie anschließend im Kontextmenü die Option *Manuelle Schattenfarbe* ein.

Mehr als ein Zeichenblatt, mehr als ein Fluchtpunkt

Wie aus der Malerei bekannt, kann eine Zeichnung nicht nur einen, sondern auch zwei oder gar drei Fluchtpunkte besitzen. Dies kann in der Vorlage *Blockdiagramm mit Perspektive* simuliert werden.

1. Ziehen Sie aus der Schablone *Perspektivische Blöcke* das Master-Shape *Fluchtpunkt* auf das Zeichenblatt.

ACHTUNG Wenn Sie keinen Fluchtpunkt auf der Seite haben, können Sie die Shapes zwar frei neigen lassen, jedoch bewirkt die Veränderung des Kontrollpunktes von einem Shape lediglich, dass der Fluchtpunkt dieses einen Shapes verschoben wird – und nicht von allen Shapes auf dem Zeichenblatt.

2. Wenn Sie den Fluchtpunkt auf dem Zeichenblatt löschen möchten, müssen Sie vor dem Entfernen die Option *Löschen zulassen* im Kontextmenü aktivieren.
3. Theoretisch können Sie auch mehrere Fluchtpunkte auf das Zeichenblatt setzen. Da neue Shapes natürlich nicht mehr wissen, welchen Fluchtpunkt sie verwenden sollen, muss ihr Kontrollpunkt auf einen der Fluchtpunkte gezogen werden.
4. Speichern Sie die Datei.
5. Kontrollieren Sie die Datei über *Datei/Seitenansicht*.
6. Drucken Sie die Datei, falls gewünscht.

HINWEIS Die Vorlage *Standardflussdiagramm* wird im nächsten Kapitel erläutert.

Abbildg. 6.12 Ein Diagramm mit perspektivischen Shapes

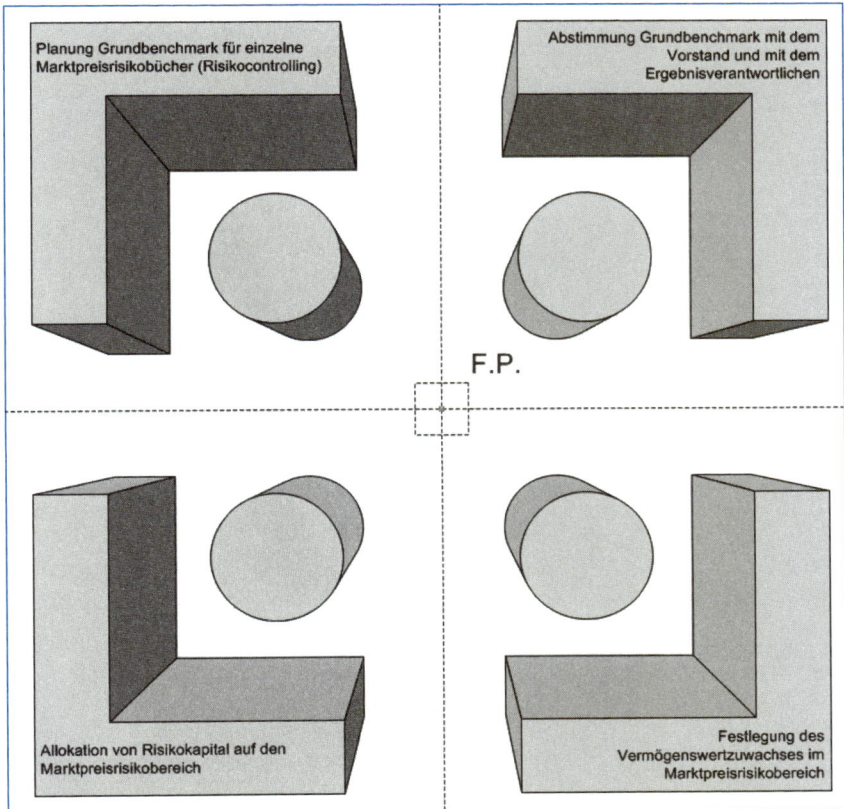

Zusammenfassung

Sicherlich sind die drei in diesem Kapitel beschriebenen Vorlagen diejenigen, mit denen am schnellsten Zeichnungen erstellt werden können. Da die Shapes normalerweise nicht verbunden werden, besteht die Grundtechnik im Herausziehen der Shapes auf das Zeichenblatt, dem ordentlichen Ausrichten (für das es mehrere Methoden gibt), dem Beschriften und Formatieren der Shapes. Dies wurde in diesem Kapitel beschrieben – ausführlichere Beschreibungen der Aktionen finden Sie im ersten Kapitel des Buches.

Kapitel 7

Die Vorlagen der Kategorie »Flussdiagramm«

In diesem Kapitel:

Die Vorlage *Standardflussdiagramm*	310
Weitere Flussdiagramm-Varianten der Kategorie *Flussdiagramm*	316
Weitere Ablaufdiagramme der Kategorie *Geschäft*	325
Zusammenfassung	329

Kapitel 7 Die Vorlagen der Kategorie »Flussdiagramm«

Vielleicht sind die Vorlagen dieser Kategorie die häufigsten, die in Visio verwendet werden – sicherlich spielen sie nicht nur eine Rolle in den Bereichen Qualitätsmanagement, Prozessmanagement, Darstellung von Computerprogrammen, sondern in allen Bereichen, in denen Folgen von verbundenen Schritten visuell dargestellt werden. In vielen Firmen werden komplexe Abläufe mit Flussdiagrammen visualisiert – für die einzelnen Elemente gilt die DIN-Norm 66001, die auch von Visio verwendet wird.

Die Vorlage *Standardflussdiagramm*

Wenn Sie beim Starten von Visio die Kategorie *Flussdiagramm* wählen oder über den Menübefehl *Datei/Neu/Flussdiagramm* die entsprechende Kategorie öffnen, finden Sie dort die Vorlage *Standardflussdiagramm*. Sie enthält ein hochformatiges Zeichenblatt, die Schablonen *Pfeil-Shapes*, *Hintergründe*, *Standardflussdiagramm-Shapes* und *Rahmen und Titel*. Die Formatvorlage *Verbinder* ist mit Pfeilspitzen versehen, sodass Shapes schnell miteinander durch Linien mit Pfeilspitzen verbunden werden können. Außerdem ist das *dynamische Gitter* aktiviert (Menübefehl *Extras/Ausrichten und Kleben*), welches ein schnelles und exaktes Ausrichten ermöglicht, wie in Abbildung 7.1 zu sehen ist.

Abbildg. 7.1   Das dynamische Gitter hilft beim schnellen und ordentlichen Erstellen des Flussdiagramms

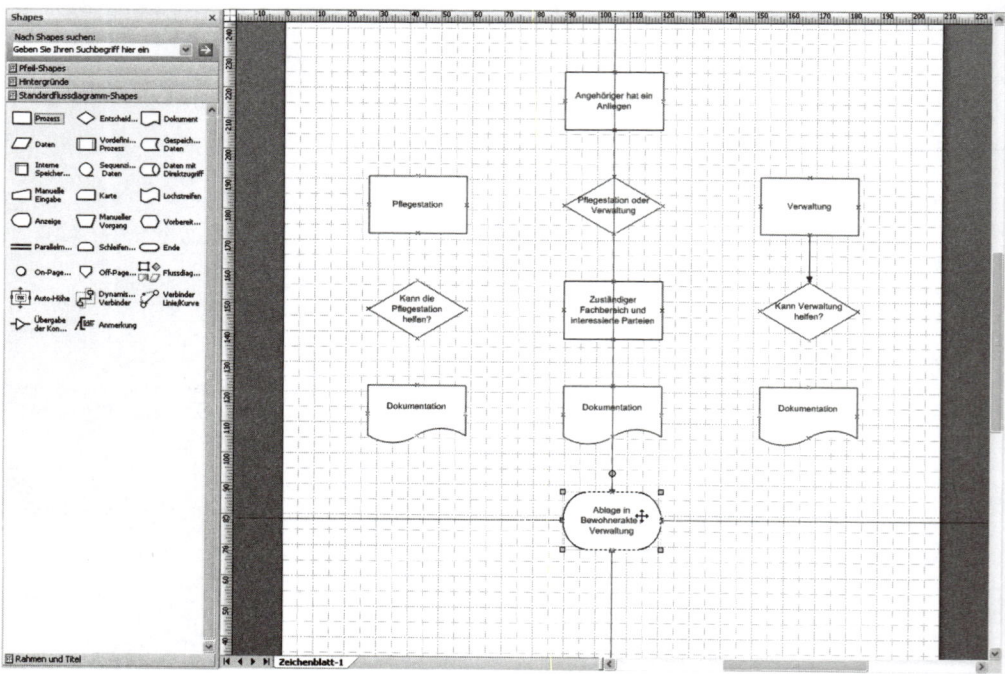

Erstellen eines Diagramms

So erstellen Sie ein einfaches Flussdiagramm:

1. Wählen Sie über den Menübefehl *Datei/Neu/Flussdiagramm/Standardflussdiagramm* die Vorlage aus.
2. Ziehen Sie aus der Schablone *Standardflussdiagramm-Shapes* die benötigten Shapes auf das Zeichenblatt.

   Bei einem Ablauf sollte das oberste und unterste Shape des Zeichenblatts (in der Regel das *Ende*-Shape) an der Position auf dem Zeichenblatt sitzen, wo Sie es benötigen. Um die exakte Ausrichtung der Shapes zueinander und Abstände zwischen den Shapes brauchen Sie sich keine Gedanken zu machen.

> **PROFITIPP** Wenn Sie sich nicht sicher sind, welches der Shapes Sie verwenden möchten, dann ziehen Sie das Master-Shape *Flussdiagramm* auf das Zeichenblatt. Im Kontextmenü finden sich vier verschiedene Konfigurationen: *Prozess, Entscheidung, Dokument* und *Daten* (siehe Abbildung 7.2).

Abbildg. 7.2   Das Shape *Flussdiagrammelement* hat vier verschiedene Darstellungen

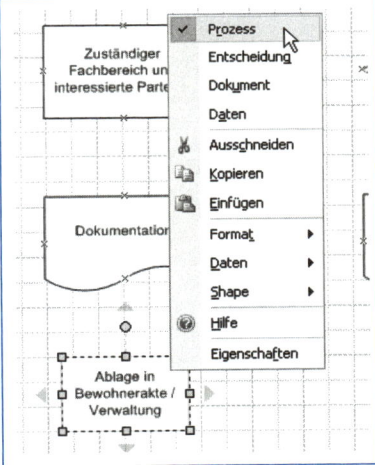

3. Beschriften Sie anschließend die Shapes – dazu genügt es, die entsprechenden Shapes zu markieren und dann loszuschreiben.
4. Markieren Sie die Shapes der entsprechenden Spalte, richten Sie sie aus (Menübefehl *Shape/Shapes ausrichten* oder `F8`) und verteilen sie, sodass die Abstände zwischen den Shapes gleichmäßig sind (Menübefehl *Shape/Shapes verteilen*).
5. Verbinden Sie anschließend die Shapes (siehe Abbildung 7.3). Dafür stehen Ihnen verschiedene Möglichkeiten zur Verfügung:
   - Sie verwenden den dynamischen Verbinder aus der Symbolleiste und ziehen eine Verbindungslinie jeweils von Shape zu Shape. Da die Formatvorlage *Verbinder* bereits mit Pfeilspitze vorformatiert ist, spielt die Richtung eine Rolle.

Kapitel 7 Die Vorlagen der Kategorie »Flussdiagramm«

- Markieren Sie die Shapes einzeln mit gedrückter ⇧- oder `Strg`-Taste und verbinden Sie sie mithilfe des Assistenten *Shape/Shapes verbinden*. Beachten Sie, dass Visio nun keinen statischen Verbinder, sondern einen dynamischen verwendet.

- Ziehen Sie aus der Schablone *Standardflussdiagramm-Shapes* das Master-Shape *Dynamischer Verbinder* auf das Zeichenblatt und verbinden Sie mit seinen beiden Endpunkten die Shapes an ihren Verbindungspunkten.

- Klicken Sie auf die blauen Pfeile und verbinden Sie so ein Shape mit dem nächstgelegenen.

- Als Alternative bietet sich an, die Shapes bereits beim Herausziehen zu verbinden: markieren Sie das Anfangs-Shape auf der Zeichnung, aktivieren Sie in der Symbolleiste den *automatischen Verbinder* und ziehen Sie das nächste Master-Shape auf das Zeichenblatt. Es wird automatisch mit seinem Vorgänger verbunden.

Abbildg. 7.3   Die Shapes werden verbunden. Aufgrund der Formatvorlage werden sie mit Pfeilspitzen versehen

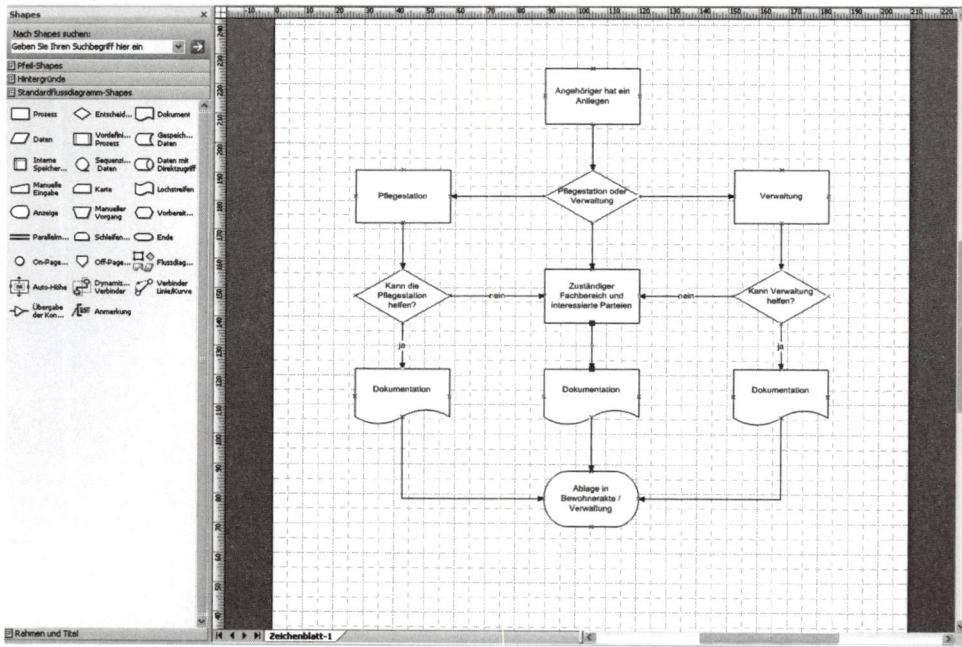

ACHTUNG   Beachten Sie den Unterschied zwischen den statischen und den dynamischen Verbindern. Da Sie normalerweise nicht möchten, dass sich die Verbindungslinien, die für sie am günstigsten liegenden Verbindungspunkte suchen, sollten Sie die Verbindungslinien statisch an die Verbindungspunkte kleben. Weitere Informationen über Verbinder finden Sie in Kapitel 1.

6. Sollten Sie weitere Verbindungspunkte auf einem Shape benötigen, markieren Sie das Shape, wählen Sie das Symbol *Verbindungspunkt verschieben* und klicken mit gedrückter `Strg`-Taste auf die Stelle des Shapes, wo der neue Verbindungspunkt sitzen soll.

   Sämtliche zweidimensionalen Shapes der Schablone *Standardflussdiagramm-Shapes* liegen auf dem Layer *Flussdiagramm*. Über den Menübefehl *Bearbeiten/Auswahl nach Typ/Layer* können schnell sämtliche Shapes auf dem Zeichenblatt, die auf diesem Layer liegen, markiert werden.
7. Über das Fenster *Ansicht/Shape-Daten* können leicht die drei Informationen *Kosten*, *Dauer* und *Ressourcen* eingetragen werden.
8. Wenn Sie sämtliche Shapes auf dem Zeichenblatt (oder in der Datei) mit neuen Shape-Daten versehen möchten, öffnen Sie die *Dokumentschablone* (über den Menübefehl *Datei/Shapes/ Dokumentschablone anzeigen*). Im Kontextmenü des Master-Shapes finden Sie die Option *Master-Shape bearbeiten/Master-Shape bearbeiten*. Nun können Sie im Master-Shape über den Menübefehl *Daten/Shape-Daten/Definieren* neue Shape-Daten hinzufügen. Das Schließen des Master-Shape-Fensters und das Aktualisieren aller zugehörigen Instanzen bewirkt, dass jedes dieser Shapes der Zeichnung geändert wird. Das bedeutet, dass beispielsweise jedes Prozess-Shape eine neue Kategorie *Verantwortlicher* und weitere Shape-Daten besitzt (Abbildung 7.4).

Abbildg. 7.4   An die Shapes werden weitere Daten gebunden

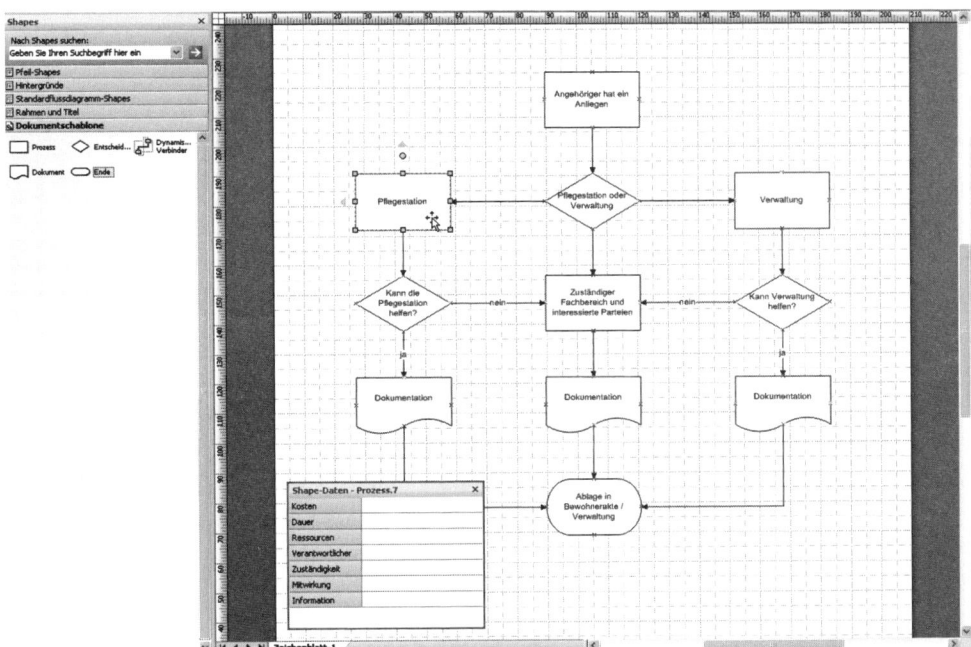

Die Shape-Daten können gefüllt werden und auf dem Shape angezeigt werden (*Daten/Daten für Shapes anzeigen*).

Abbildg. 7.5 Eingefügte Daten können auf der Zeichnung angezeigt werden

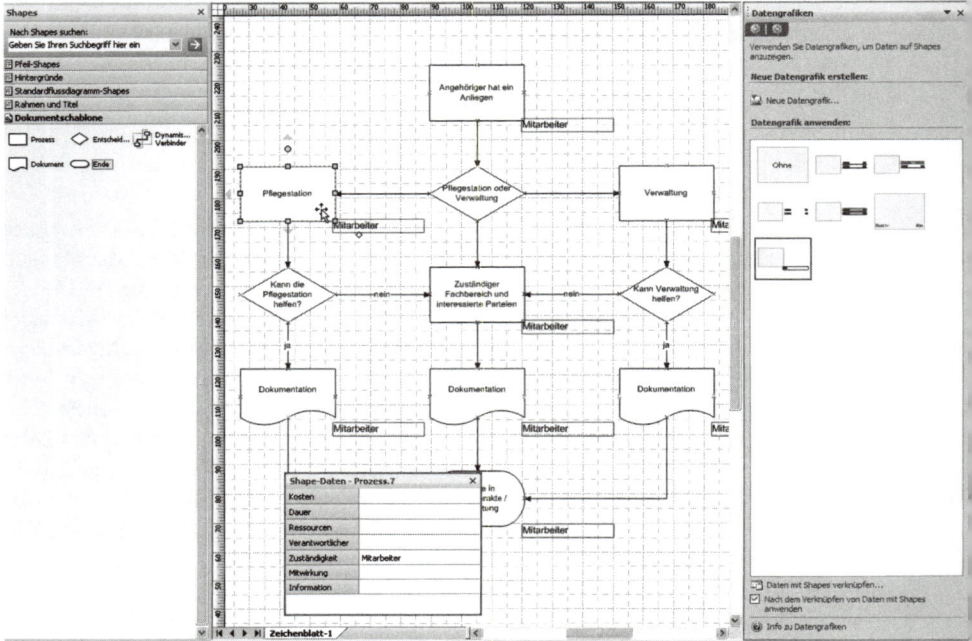

9. Ebenso können die Daten exportiert werden (Daten/Berichte). Sämtliche Einstellungen werden in Kapitel 4 beschrieben.
10. Die Zeichnung kann kopiert und in ein Word-Dokument eingefügt werden, wenn Sie ein Handbuch für das Qualitätsmanagement erstellen möchten. Soll eine Verknüpfung zwischen den Shapes und der Zeichnung in der Visio-Datei hergestellt werden, müssen die Shapes markiert und gruppiert werden. Erst dann kann die Kopie der Gruppe in Word verknüpft werden.

Besonderheiten einzelner Shapes

Das Shape *Parallelmodus* verfügt über Kontrollpunkte, mit denen Verbindungslinien erzeugt werden können. Wenn die *Off-Page-Referenz* auf das Zeichenblatt gezogen wird, startet ein Assistent, der fragt, ob das Shape mit einem neuen oder vorhandenen Zeichenblatt verknüpft werden soll. Wenn eine bidirektionale Verlinkung gewünscht wird, müssen Sie die Option *Off-Page-Referenz-Shape auf dem Zeichenblatt ablegen* aktivieren. *Hyperlinks auf Shapes einfügen* erscheint vernünftig, wenn eine Verlinkung zwischen den Shapes und dem entsprechenden Zeichenblatt gewünscht wird. Wird das Shape beschriftet, kann der Text auf beiden Shapes angezeigt werden. Soll das Shape lediglich ein grafisches Symbol für *Fortsetzung* signalisieren, können Sie den Assistenten abbrechen. Im Kontextmenü finden Sie vier verschiedene Darstellungen, zwischen denen Sie wechseln können.

Die Beschriftung des Shapes *Anmerkung* ist selbsterklärend: »Die Höhe des Textfelds und der zugehörigen Linie wird beim Hinzufügen von Text automatisch vergrößert bzw. verkleinert. Ziehen Sie zum Ändern der Breite des Kommentars den seitlichen Ziehpunkt des Shapes«.

In der Schablone *Rahmen und Titel* finden sich eine Reihe von Rahmen, die automatisch auf dem Zeichenblatt einrasten. Sie passen sich an die Zeichenblattgröße und Zeichenblattausrichtung an. Selbstverständlich sollten Sie beschriftet werden, oder – falls Ihnen der vorhandene Text nicht gefällt –, kann dieser gelöscht werden. Diese Shapes liegen als Gruppe vor, wobei die Kindelemente geschützt sind.

Über das Kontextmenü können die Fußzeile oder der Seitenrand ein- oder ausgeblendet werden. Die Shapes *Titelblock modern*, *Titelblock Orbit*, *Titelblock klassisch* und *Titelblock Notizblock* können in den jeweils anderen Titelblock mithilfe der *Shape-Daten* geändert werden. Die Titel der Schablone verwenden jeweils die Feldfunktion *Datum/Uhrzeit der letzten Bearbeitung*.

Die drei Hyperlinks starten nach dem Herausziehen aus der Schablone einen Assistenten, der nach der URL, der Datei oder dem zu verlinkenden Zeichenblatt fragt.

Die Schablone *Hintergründe*

Wenn Sie eines der 19 Master-Shapes aus der Schablone *Hintergründe* auf das Zeichenblatt ziehen, wird ein neues Hintergrundblatt erzeugt, auf dem das Shape passgenau abgelegt wird (siehe Abbildung 7.6). Das Vorderblatt wird mit diesem Hintergrundblatt verknüpft (*Datei/Seite einrichten/Zeichenblatteigenschaften*). Wird ein zweites Hintergrund-Shape auf das Zeichenblatt gezogen, wird das ursprüngliche nicht mehr benötigte Hintergrund-Shape auf dem Hintergrundblatt gelöscht. Das Shape *Kein Hintergrund* löscht den vorhandenen Hintergrund.

Abbildg. 7.6 Die Shapes der Schablone *Hintergründe* erzeugen schnell ein Hintergrund-Zeichenblatt mit einer Grafik

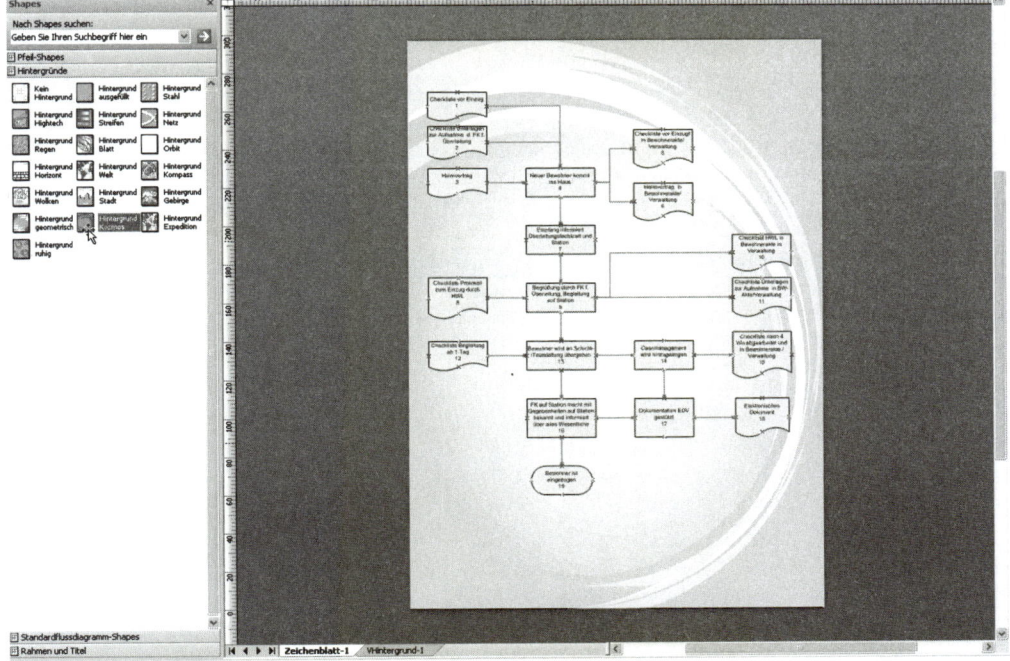

Kapitel 7 Die Vorlagen der Kategorie »Flussdiagramm«

Über die *Pfeil-Shapes* aus der gleichnamigen Schablone gibt es wenig zu erzählen. Lediglich erwähnenswert ist, dass die beiden flexiblen Pfeile über Steuerelemente verfügen, mit deren Hilfe die Gestalt geändert werden kann.

Weitere Flussdiagramm-Varianten der Kategorie *Flussdiagramm*

In der Kategorie *Flussdiagramm* befinden sich weitere Vorlagen, mit denen bestimmte Abläufe, Prozessmodelle und Verläufe dargestellt werden können. Da die Arbeitstechniken im Wesentlichen denen entsprechen, wie sie im Abschnitt Die Vorlage *Standardflussdiagramm* beschrieben wurden, sollen sie an dieser Stelle nicht noch einmal wiederholt werden. Lediglich die Vorlage *Funktionsübergreifendes Flussdiagramm* besitzt einen Assistenten, mit dem Bänder erstellt werden – im Abschnitt »Die Vorlage *Funktionsübergreifendes Flussdiagramm*« wird darauf Bezug genommen.

Die Vorlage *Arbeitsflussdiagramm*

Wenn Sie die Vorlage *Arbeitsflussdiagramm* öffnen, öffnet Visio die drei Schablonen *Pfeil-Shapes*, *Hintergründe*, *Rahmen und Titel*, *Abteilung*, *Workflowobjekte* und *Workflowschritte*. Die Shapes in diesen Schablonen sind lediglich Grafiken ohne Layereigenschaften, Shape-Daten, Steuerelementen, Funktionen im Kontextmenü, Verbindungspunkten oder gar Assistenten (siehe Abbildung 7.7).

Abbildg. 7.7   Eine Zeichnung, die mit der Vorlage *Arbeitsflussdiagramm* erstellt wurde

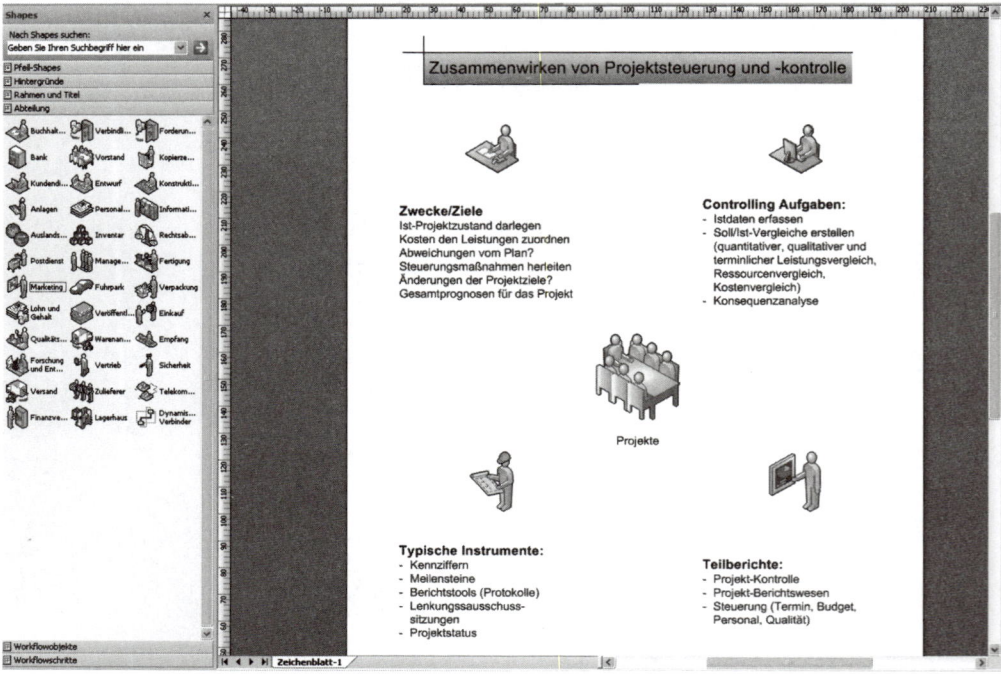

Die Vorlage *Datenflussdiagramm*

Beim Öffnen der Vorlage *Datenflussdiagramm* werden die Schablonen *Pfeil-Shapes*, *Hintergründe*, *Rahmen und Titel* und *Datenflussdiagramm-Shapes* geöffnet. Die Shapes dieser Vorlage haben bezüglich ihrer Funktionalität Ähnlichkeit mit den Shapes der Schablone *Standardflussdiagramm-Shapes*: Sie liegen auf dem Layer Flussdiagramm, verfügen über die drei Shape-Daten *Kosten*, *Dauer* und *Ressourcen* und besitzen Verbindungspunkte zum flexiblen Kleben der Verbindungslinien. Einige der Shapes (die *ovalen Prozesse*, *Entität 2*, *Anfangszustand*, *Variabler Zustand* und *Endzustand*) verfügen über Steuerelemente, mit deren Hilfe die Gestalt geändert werden kann. Der *variable Zustand* kann über das Kontextmenü in das Aussehen des Shapes *Anfangszustand* oder *Endzustand* geändert werden.

Die Vorlage *IDEF0 Diagrammvorlage*

Bei dieser Vorlage, deren Schwerpunkte im Bereich Modellkonfigurationsverwaltung, Kosten-/Nutzenrechnung und Anforderungsdefinition liegen, wird lediglich eine Schablone geöffnet: die IDEF0-Diagramm-Shapes (Integration Definition Language 0). IDEF0 ist ein benutzerfreundliches System und Prozessmodellierungswerkzeug, das die Erstellung von IDEF0-kompatiblen Diagrammen ermöglicht. Ziel ist es, alle prozessrelevanten Informationen zu erfassen um den Weg zu den optimalen Verbesserungsmöglichkeiten zu ebnen.

IDEF0 ist ideal für folgende Anwendungsbereiche:

- Luft- und Raumfahrt
- Finanzdienstleistungen
- Behörden
- Zertifizierung

Neben dem dynamischen Verbinder befinden sich in dieser Schablone nur acht weitere Shapes, die jedoch über einige interessante Einstellungen verfügen.

Wenn Sie das Master-Shape *Aktivitätsfeld* auf das Zeichenblatt ziehen, werden die drei Felddaten *Prozessname*, *Prozess-ID* und *ID des Subdiagramms* abgefragt. Diese drei eingegebenen Informationen erscheinen auf dem Shape, das gegen Textänderung geschützt ist (Menübefehl *Format/Schutz*). Da dieses Shape als Gruppe aus mehreren Elementen besteht, wird eine einfache Textänderung verhindert. Um den Text im Nachhinein zu korrigieren, können Sie das Datenfeld-Dialogfeld über das Kontextmenü *Vorgangseigenschaften einrichten* öffnen. Ebenso ist das Shape gehen Höhenänderungen geschützt, was Sie an den grauen Schutzsymbolen erkennen können. Im Kontextmenü befindet sich auch die Option, mit der die Hälfte der Verbindungspunkte ausgeblendet werden können.

Das Shape *Beschriftung* besteht als eindimensionales Shape aus einer gekrümmten Linie, dessen Besonderheit darin besteht, dass der beschriftete Text über der Linie steht, wenn sich der Endpunkt über dem Anfangspunkt befindet, oder unter der Linie, wenn der Endpunkt unterhalb des Ausgangspunktes liegt. Über das Kontextmenü können Sie die *Wellenlinie verbergen*.

Wird ein Titelblock auf die Seite gezogen, werden die drei Informationen *Knoten*, *Titel* und *Nummer* abgefragt, die anschließend am unteren Rand angezeigt werden. Der Seitenabstand, der eine feste Liste von sieben Vorgaben enthält, bestimmt den Abstand der Ränder zum Zeichenblatt. Das Shape selbst ist geschützt (Menübefehl *Format/Schutz*), kann jedoch über das Kontextmenü *Diagrammeigenschaften* geändert werden. Beim Herausziehen des Knotens werden die Texte, die als Beschriftung erscheinen sollen, abgefragt. Sie können mit dem Steuerelement verschoben werden.

Knoten werden mit einem (geraden) *Verbinder*, einem *Verbinder, 1 Abschnitt* einem *IDEFO-Verbinder* oder einem »dynamischen Verbinder« verbunden. Die Verbindung weist keine weiteren Eigenschaften oder Mechanismen auf. Der *Verbinder, 1 Abschnitt* verfügt über einen Verbindungspunkt, an den das Shape *Beschriftung* geklebt werden kann. Der *IDEFO-Verbinder* lässt über das Kontextmenü einen *Eingangstunnel* bzw. einen *Ausgangstunnel* anzeigen. Seine Krümmung wird über das Steuerelement geändert. Sollten Sie zu den Zeichnungselementen noch weitere Shapes benötigen, können Sie leicht weitere Schablonen hinzuladen.

Die Vorlage *SDL-Diagramm*

SDL (Simple DirectMedia Layer) ist eine Programmierschnittstelle für Spiele, Demos und Multimedia-Anwendungen. SDL stellt eine Schnittstelle zur Verfügung, über die Sie die Multimedia-Elemente wie Grafikkarte, Sound, Joystick oder CD-ROM programmieren können. Mit der Vorlage von Visio können die einzelnen Elemente dargestellt werden, beispielsweise wie man ein Bild in den Grafikspeicher ablegt, wie man es wieder ausgibt oder wie die Soundkarte angesteuert wird.

Die Shapes der Vorlage *SDL-Diagramm* haben sehr viel Ähnlichkeit mit denen der Schablone *Standardflussdiagramm-Shapes* (siehe Abbildung 7.8). Sie liegen auf dem Layer *Flussdiagramm*, verfügen über Verbindungspunkte, mit denen sie schnell verbunden werden können, besitzen die drei Shape-Daten *Kosten*, *Dauer* und *Ressourcen* und verfügen über keinerlei Schutzmechanismen. Lediglich die beiden Shapes *Start (variabel)* und *Prozess (variabel)* stellen neben dem nicht spezifizierten Typ die beiden anderen Varianten *Typ N* und *Typ X* über das Kontextmenü zur Verfügung. Viele dieser Shapes, beispielsweise *Anfang*, *Start*, *Prozedur*, *Prozess*, ... verfügen über jeweils ein Steuerelement, mit dessen Hilfe die Position des quer- oder längsliegenden Balken verschoben werden kann. Die beiden Schablonen *Hintergründe* und *Rahmen und Titel* wurden bereits weiter oben beschrieben.

Abbildg. 7.8 Ein Beispiel der Vorlage *SDL-Diagramm*

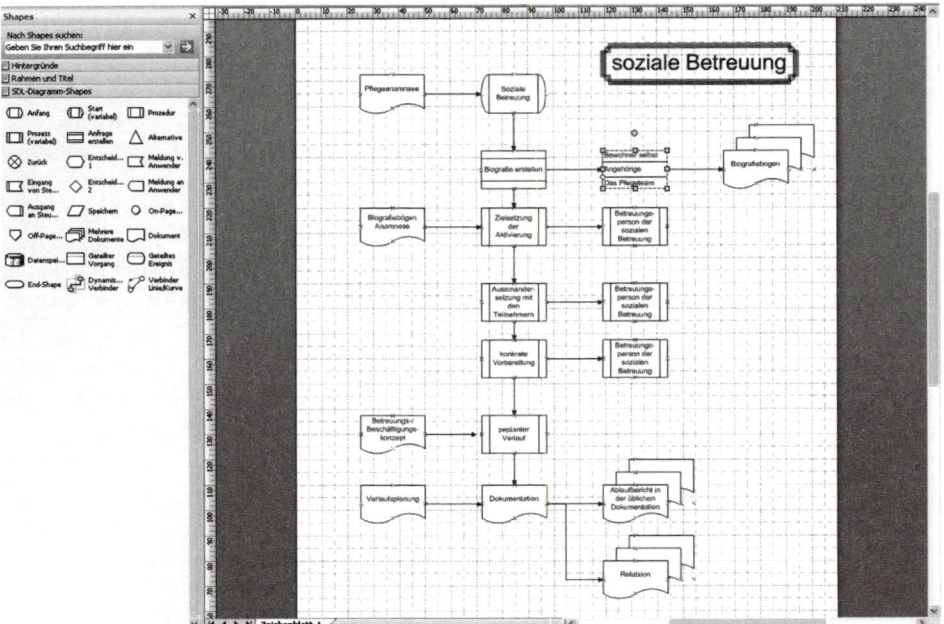

Die Vorlage *Funktionsübergreifendes Flussdiagramm*

Im Gegensatz zur Vorlage *Standardflussdiagramm* öffnet die Vorlage *Funktionsübergreifendes Flussdiagramm* automatisch einen Assistenten, der die Frage nach der Bandausrichtung stellt, wie Sie in Abbildung 7.9 sehen.

Das funktionsübergreifende Flussdiagramm visualisiert die funktionalen Einheiten (Abteilungen, Organisationseinheiten und alle am Prozess beteiligten Menschen) als Bahnen (Schwimmbahnen), die horizontal oder vertikal angeordnet werden. Auf diese Weise wird ermöglicht, den Prozessablauf dieser Funktionen übergreifend darzustellen. Der Betrachter sieht immer sofort, wer einen Prozessschritt ausführt.

1. Öffnen Sie die Vorlage *Funktionsübergreifendes Flussdiagramm*. Dabei startet automatisch ein Assistent, der die Frage nach der Bandausrichtung stellt, wie Sie in Abbildung 7.9 sehen.

Abbildg. 7.9   Der Assistent *Funktionsübergreifendes Flussdiagramm*

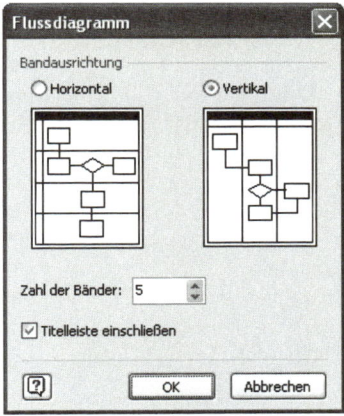

2. Legen Sie dort die Leserichtung und die Anzahl der Bänder fest. Ebenso findet sich eine Option, mit der ein Titelbalken angezeigt wird.
3. Sie können die Breite der Balken nachträglich ändern. Sie sind variabel. Dazu muss der »Kopf« markiert werden; die Linien der Bänder sind geschützt. Ebenso müssen die Bänderköpfe einzeln markiert werden, damit sie beschriftet werden können (Abbildung 7.10). Im Kontextmenü des gesamten Shapes können alle Bandbeschriftungen horizontal oder vertikal angezeigt werden.

Die Bänder selbst, die der Assistent erzeugt, bestehen aus einer großen Anzahl von ineinander gruppierten Elementen. Zwar können diese Mitglieds-Shapes alle markiert werden, darüber hinaus kann man jedem dieser Shapes über *Format/Schutz* seine Schutzeinstellungen entziehen – dann jedoch wird dem Gesamt-Shape das Verhalten entfernt, dass die einzelnen Bänder aufeinander reagieren, das heißt: ihre Höhe und Breite zueinander anpassen.

Abbildg. 7.10   Die Breite der Bänder kann verändert werden; die Titelzeile wird beschriftet

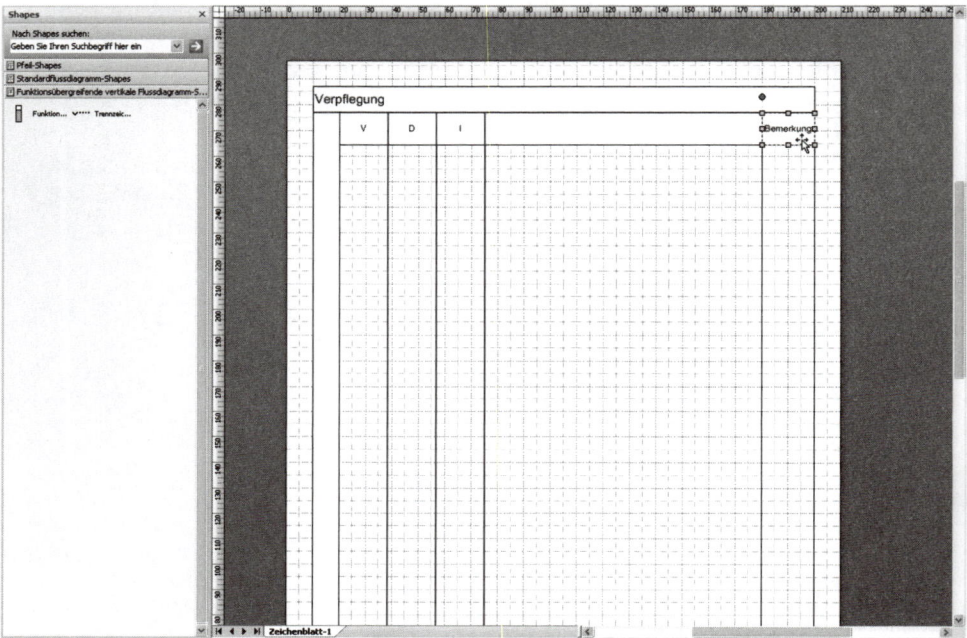

4. Wenn Sie weitere Funktionsbänder benötigen, ziehen Sie eines aus der Schablone *Funktionsübergreifende Flussdiagramm-Shapes* auf das Zeichenblatt. Es passt sich an die vorgegebene Struktur an.
5. Zum Löschen eines Bandes markieren Sie den Kopf und entfernen somit das gesamte Band. Auch hier passen sich die übrigen Bänder an den nun zur Verfügung stehenden Platz an.
6. Ziehen Sie nun die Shapes, die Sie in der Schablone *Standardflussdiagramm-Shapes* finden, auf das Zeichenblatt. Mit ihnen wird ein Flussdiagramm erzeugt (Abbildung 7.11).

   Natürlich könnten Sie statt dieser Vorlage die Zeichnung des Flussdiagramms nach Word exportieren und dort in eine Tabelle einbinden (Abbildung 7.12).

Weitere Flussdiagramm-Varianten der Kategorie Flussdiagramm

Abbildg. 7.11   Die fertige Zeichnung in Visio

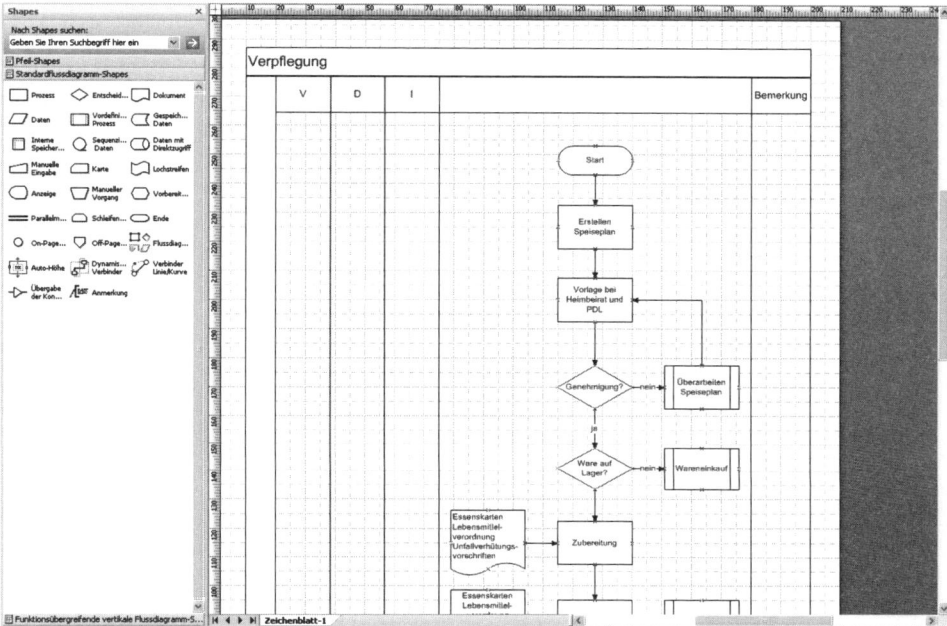

Abbildg. 7.12   Sie können die Zeichnung auch in Word erstellen – die Bänder sind dort eine Tabelle

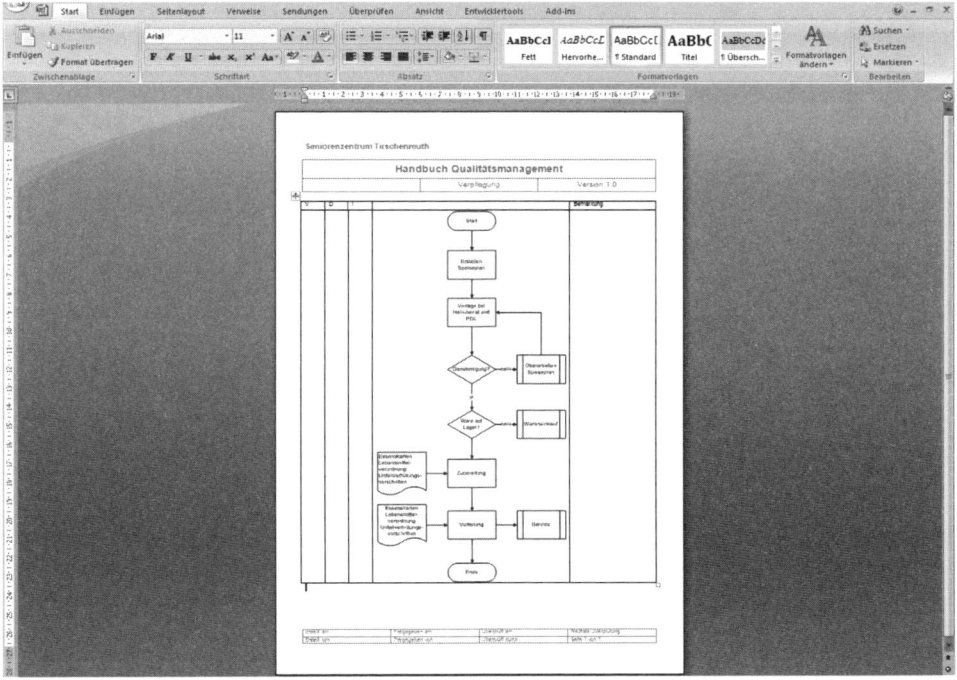

Ein Beispiel für eine Zeichnung, die mit der Vorlage Funktionsübergreifendes Flussdiagramm erstellt wird

1. Öffnen Sie die Vorlage *Funktionsübergreifendes Flussdiagramm*.
2. Stellen Sie im Assistent ein: drei vertikale Bänder mit Titelleiste.
3. Vergrößern Sie das mittlere Band.
4. Beschriften Sie die Köpfe (siehe Abbildung 7.13).

Abbildg. 7.13   Der Ausgangsbereich

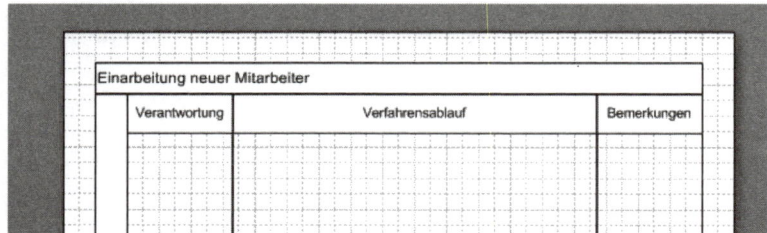

5. Ziehen Sie die Shapes auf das Blatt. Das dynamische Gitter hilft beim Ausrichten – jedoch zeigt die Praxis, dass auch im Nachhinein die Shapes zueinander ausgerichtet und – vor allem – verteilt werden müssen.
6. Beschriften Sie die Shapes.
   Vergessen Sie nicht die Funktionstaste F4, mit der die letzte Aktion wiederholt werden kann. Sie beschleunigt die Arbeit enorm.

Abbildg. 7.14   Die Shapes werden auf dem Blatt ausgerichtet, verteilt und beschriftet. Beachten Sie die manuellen Trennungen.

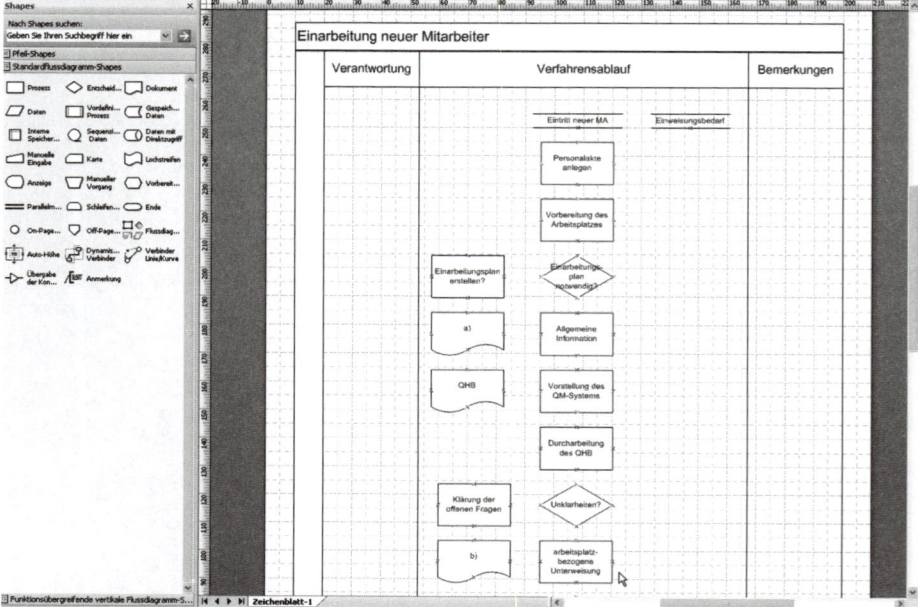

Weitere Flussdiagramm-Varianten der Kategorie Flussdiagramm

Beachten Sie, dass der Text in den Shapes so umbricht, dass er die Shape-Breite einnimmt. Eine Silbentrennung gibt es in Visio nicht. Deshalb müssen Sie bei einigen Shapes manuell trennen (siehe Abbildung 7.14).

7. Wenn Sie freien Text einfügen möchten, aktivieren Sie das *Text-Tool*. Es genügt ein Klick auf das Zeichenblatt. Alternativ kann man ein Rechteck auf dem Blatt aufziehen, um eine Textbox zu erzeugen.
8. Texte sind standardmäßig zentriert. Falls Sie diese linksbündig formatieren möchten, empfiehlt es sich, ein Shape zu beschriften, zu formatieren und anschließend zu duplizieren. Wird nun neuer Text eingefügt, wird er ebenso formatiert wie der alte Text. Alternativ können Sie mehrere Textfelder erstellen und beschriften. Wenn Sie markiert sind, können sie auf die gleiche Art formatiert werden. Vergessen Sie auch hier die Wiederholtaste F4 nicht.
9. Für Aufzählungen empfiehlt es sich, im Textmodus das Textlineal zu aktivieren. Dann kann nach einem Aufzählungszeichen ein Tabulator eingegeben werden. Die Position des hängenden Einzugs kann schnell über das Textlineal festgelegt werden (siehe Abbildung 7.15).

Abbildg. 7.15   Shapes werden beschriftet und formatiert

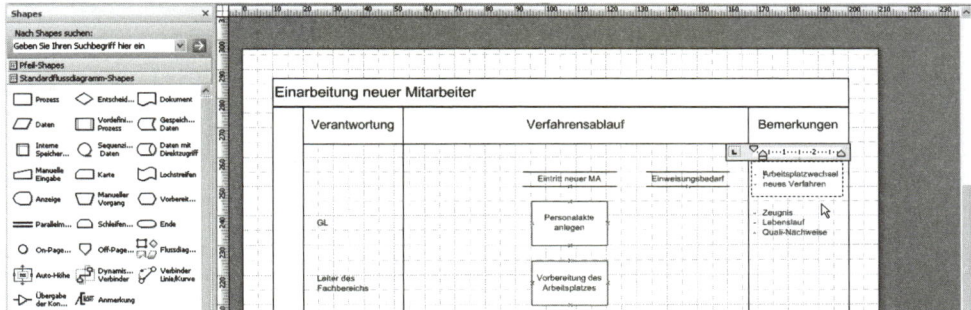

10. Um die Shapes miteinander zu verbinden, bietet sich der dynamische Verbinder aus der Symbolleiste an. Da Verbindungslinien zwischen Shapes mit Pfeilspitzen versehen werden und die Vorlage *Funktionsübergreifendes Flussdiagramm* die Formatvorlagen *Verbinder* bereits mit Pfeilspitzen versehen hat, müssen die Verbinder in die korrekte Richtung gezogen werden (siehe Abbildung 7.16).
11. Die Verbinder werden – falls nötig – beschriftet. Die Texte können bequem mithilfe des Steuerelements zur Seite geschoben werden (siehe Abbildung 7.16).
12. Als Alternative zu den dynamischen Verbindern bietet es sich an, dass die Shapes in der Reihenfolge markiert werden, wie sie verbunden werden sollen. Wenn Sie nun über den Menübefehl *Shape/Shapes verbinden* die entsprechenden Verknüpfungen erstellen, erhalten Sie jedoch dynamische und keine statischen Verbinder.

Sie können auch das Master-Shape *dynamischer Verbinder* aus der Schablone *Standardflussdiagramm-Shapes* herausziehen oder einen anderen Verbinder aus der Schablone *Verbinder*, die sich in der Kategorie *Visio-Extras* befindet.

Zwar besitzt das Shape *Parallelmodus* drei Steuerelemente, mit deren Hilfe neue Linien erzeugt werden – jedoch verfügen sie über keine Pfeilspitzen. Wenn Sie Pfeilspitzen dazu formatieren, dann erhalten leider auch die Linien Pfeile. Deshalb sollten Sie einen weiteren Verbindungspunkt setzen.

Kapitel 7 Die Vorlagen der Kategorie »Flussdiagramm«

Abbildg. 7.16   Die Shapes werden mit dynamischen Verbindern verbunden

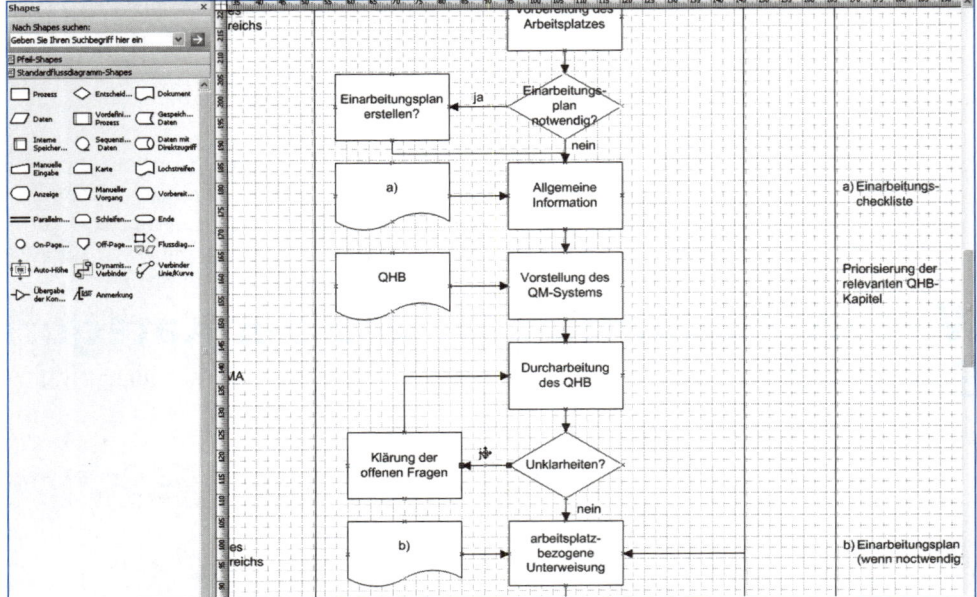

13. Ziehen Sie das Master-Shape auf eine Hilfslinie, sodass es genau zentriert auf der Linie sitzt, wie in Abbildung 7.17.
14. Markieren Sie das Shape.
15. Fügen Sie mit gedrückter [Strg]-Taste einen neuen Verbindungspunkt in der Mitte ein. Mit seiner Hilfe kann das Shape mit einem dynamischen Verbinder mit dem nächsten verbunden werden.

    Als Alternative bietet sich an, das Shape dynamisch mit dem nächsten zu verbinden – also ganz ohne Verbindungspunkt.

Abbildg. 7.17   Die Hilfslinie unterstützt beim Erzeugen eines neuen Verbindungspunktes. Er ist nötig, um einen Verbinder an das Shape zu kleben.

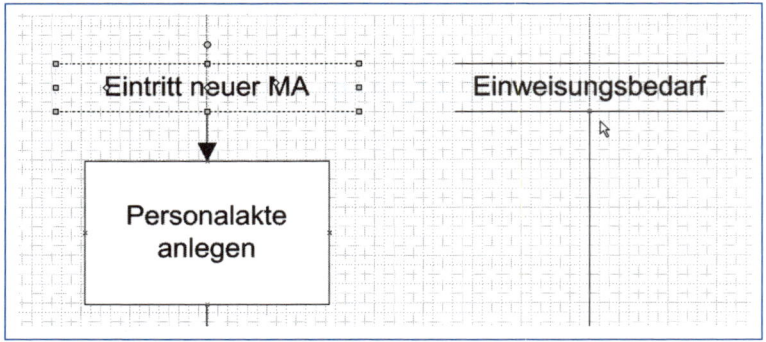

16. Wird Ihre Zeichnung größer als DIN-A4, können Sie das Zeichenblatt über den Menübefehl *Datei/Seite einrichten/Zeichenblattgröße* von DIN-A4 auf DIN-A3 vergrößern. Alternativ können Sie mit gedrückter `Strg`-Taste einen der vier Ränder ziehen – so erhalten Sie ein größeres Zeichenblatt.
17. Die Ränder des Ausdrucks lassen sich über den Menübefehl *Ansicht/Seitenumbruch* sichtbar machen.
18. Speichern Sie die Datei.
19. Kontrollieren Sie die Datei über *Datei/Seitenansicht*.
20. Drucken Sie die Datei, falls gewünscht.

Weitere Ablaufdiagramme der Kategorie *Geschäft*

Erstaunlicherweise finden sich in der Kategorie *Geschäft* und nicht in *Flussdiagramm* eine Reihe weiterer Vorlagen, mit denen sich bestimmte Ablaufdiagramme darstellen lassen. Es handelt sich dabei um folgende Vorlagen:

- *Auditdiagramm*
- Datenflussdiagramm (die gleiche Vorlage wie in der Kategorie *Flussdiagramm*)
- *EPC-Diagramm*
- *Fehlerstrukturanalyse-Diagramm*
- *Funktionsübergreifendes Flussdiagramm* (die gleiche Vorlage wie in der Kategorie *Flussdiagramm*)
- *ITIL-Diagramm*
- *Standardflussdiagramm* (die gleiche Vorlage wie in der Kategorie *Flussdiagramm*)
- *TQM-Diagramm*
- *Wertstromzuordnung*

Auch ihre Arbeitsweisen unterscheiden sich nicht von denen, die bereits im Abschnitt Die Vorlage *Standardflussdiagramm* beschrieben wurden.

Die Vorlage *Auditdiagramm*

Als Audit (lateinisch für »Anhörung«) werden allgemein Untersuchungsverfahren bezeichnet, die dazu dienen, Prozessabläufe hinsichtlich der Erfüllung von Anforderungen und Richtlinien zu bewerten. Dies erfolgt häufig im Rahmen des Qualitätsmanagements. In diesem Sinne wurde der Begriff ursprünglich im Personalwesen angewandt. Heute werden in fast allen Bereichen von Firmen oder Organisationen von Zeit zu Zeit Audits durchgeführt: Finanzwesen, Informationsmanagement, Datenschutz, Produktionsabläufe, Kundenmanagement, Qualitätsmanagement, Umwelt, Management bzw. Führung eines Unternehmens oder einer Organisation, Arbeitszufriedenheit, Vereinbarkeit von Familie und Beruf und so weiter.

Je nach Bereich wird bei einem Audit der Ist-Zustand analysiert oder aber ein Vergleich der ursprünglichen Zielsetzung mit den tatsächlich erreichten Zielen ermittelt. Oft soll ein Audit auch dazu dienen, allgemeine Probleme oder einen Verbesserungsbedarf aufzuspüren, damit die Probleme beseitigt werden können. Die Vorlage *Auditdiagramm* weist keine grundlegenden Änderungen zur Vorlage *Standardflussdiagramm* auf. Das Arbeiten entspricht den gleichen Techniken.

Abbildg. 7.18   Ein Auditdiagramm – es hat sehr viel Ähnlichkeit mit dem Standardflussdiagramm

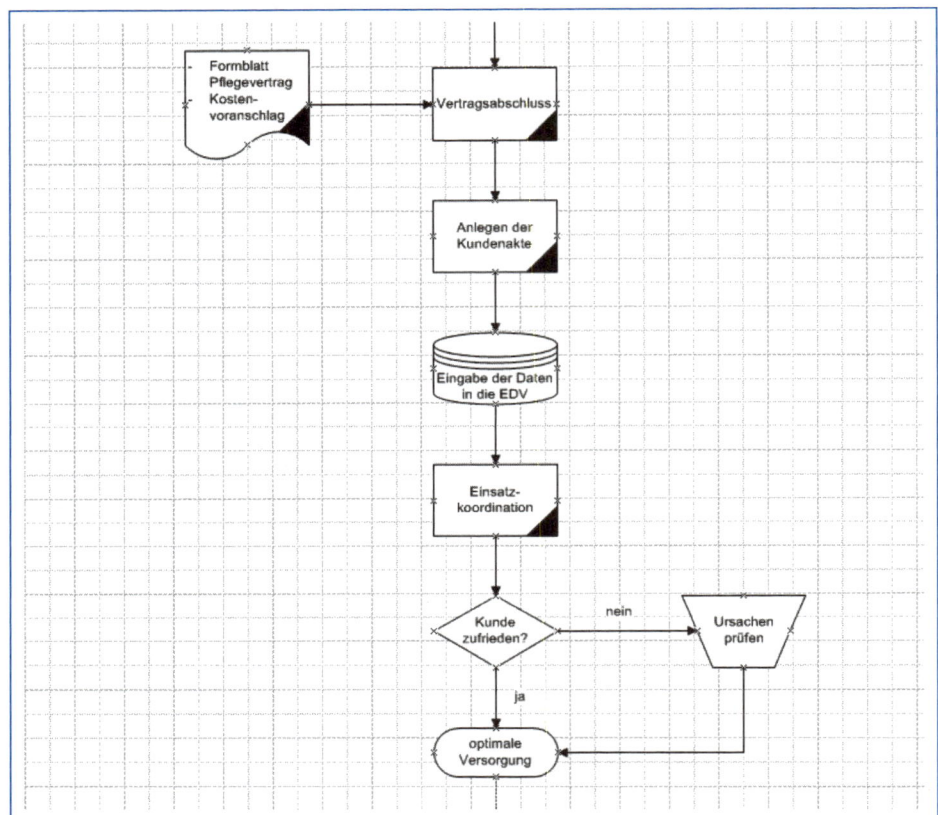

Die Vorlage *EPC-Diagramm*

Die Ereignisgesteuerte Prozesskette oder *Event-driven Process Chain (EPC)* ist ein Modell zur Darstellung von Geschäftsprozessen einer Organisation bei der Geschäftsprozessmodellierung. EPC stellt Arbeitsprozesse in einer halbformalen Modellierungssprache grafisch dar. Dadurch sollen betriebliche Vorgänge systematisiert und parallelisiert werden, mit dem Ziel, Zeit und Geld einsparen zu können. Dazu werden Objekte in gerichteten Graphen mit Verknüpfungslinien und -pfeilen in einer 1:1-Zuordnung verbunden.

EPCs können für verschiedene Aufgaben eingesetzt werden:

- Evaluation und Implementierung von Standardsoftware
- Darstellung von Abläufen bei Eigenentwicklungen

Weitere Ablaufdiagramme der Kategorie Geschäft

- Prozessoptimierung beim Business Process Reengineering
- Analyse und Optimierung von Geschäftsprozessen im Rahmen des Process Performance Management
- Veranschaulichung von Abläufen bei Anwenderschulungen
- Geschäftsprozessmodellierung (Standard in kleinen und mittleren Unternehmen)
- Prozesskostenrechnung
- Modellierung von verschiedenen Prozessen

Die Vorlage EPC-Diagramm weist von den Arbeitstechniken keine Unterschiede zur Vorlage *Flussdiagramm* auf.

Abbildg. 7.19 Ein EPC-Diagramm

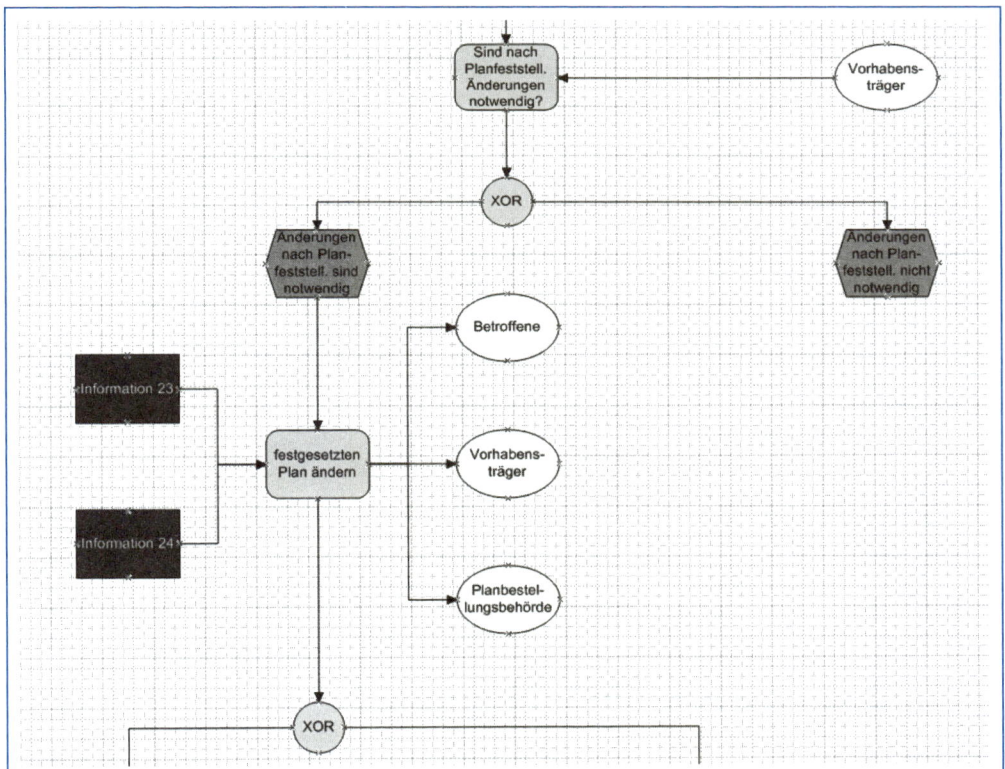

Die Vorlage *Fehlerstrukturanalyse-Diagramm*

Mithilfe dieser Kategorie erstellen Sie Fehlerbaumdiagramme zur Dokumentation von Geschäftsvorgängen. Damit dokumentieren Sie ISO-9000-Prozesse.

Die Vorlage *TQM-Diagramm*

TQM (Total Quality Management), manchmal auch Umfassendes Qualitätsmanagement genannt, bezeichnet die durchgängige, fortwährende und alle Bereiche einer Organisation (Unternehmen, Institution usw.) erfassende, aufzeichnende, sichtende, organisierende und kontrollierende Tätigkeit, die dazu dient, Qualität als Systemziel einzuführen und dauerhaft zu garantieren. TQM wurde in der japanischen Autoindustrie weiterentwickelt und schließlich zum Erfolgsmodell gemacht.

Die Vorlage *ITIL-Diagramm*

Die IT Infrastructure Library (ITIL) ist ein Regelwerk, das die für den Betrieb einer IT-Infrastruktur notwendigen Prozesse beschreibt. Die Prozesse orientieren sich bei ITIL nicht an der Technik, sondern an den durch den IT-Betrieb erbrachten Services bzw. den Dienstleistungen. Daher bildet ITIL eine mögliche Grundlage für ein IT-Service-Management. Die Vorlage *ITIL-Diagramm* weist keine grundlegenden Änderungen zur Vorlage *Arbeitsflussdiagramm* auf. Das Arbeiten entspricht den gleichen Techniken:

Die Vorlage *Wertstromzuordnung*

Die Vorlage *Wertstromzuordnung* weist keine grundlegenden Änderungen zur Vorlage *Standardflussdiagramm* auf. Das Arbeiten entspricht den gleichen Techniken:

1. Öffnen Sie die Vorlage *Datei/Neu/Geschäft/Wertstromzuordnung*.
2. Ziehen Sie aus der Schablone *Wertstromzuordnungs-Shapes* die benötigten Master-Shapes auf das Zeichenblatt.
3. Wenn Sie bei den Shapes *Prozess* den Operator ausblenden möchten, können Sie dies mithilfe des Kontextmenüs tun.

   Des Weiteren stehen Ihnen Shapes in den Schablonen Server, Computer und Monitore und Standardflussdiagramm-Shapes zur Verfügung.
4. Richten Sie die Shapes aus und verteilen Sie die Shapes.
5. Verbinden Sie die Shapes.
6. Beschriften Sie die Shapes. Die Shapes *Prozess* und *Produktionskontrolle* sind gruppierte Shapes, können also mehrere Texte aufnehmen. Markieren Sie das entsprechende Mitglieds-Shape und schreiben Sie dort den benötigten Text hinein.
7. Falls nötig: Formatieren Sie die Shapes.

   Die Shapes *Produktionskanban*, *Entnahmekanban*, *Stapelkanban* und *Stapelentnahmekanban* haben eine Mindestbreite und Mindesthöhe. Sie können diese Shapes also nicht beliebig verkleinern.

> **HINWEIS** Kanban (japanisch: Karte, Tafel) ist eine Methode der Produktionsablaufsteuerung. Es orientiert sich am Bedarf einer verbrauchenden Stelle im Fertigungsablauf. Autonome Regelkreise bilden das Kernelement der Produktionssteuerung.

Wird das Shape *Datentabelle* verbreitert, ändert sich der Textumbruch. Wird es in der Höhe vergrößert, erscheinen weitere Felder.

Die Seitenverhältnisse des Inventardreiecks sind gesperrt.
8. Sie können schnell die Pfeilspitze der Shapes verändern, indem Sie im Kontextmenü die Option *Pfeilspitze ändern* wählen.
9. Speichern Sie die Datei.
10. Kontrollieren Sie die Datei über *Datei/Seitenansicht*.
11. Drucken Sie die Datei, falls gewünscht.
12. Exportieren Sie die Datei, falls gewünscht.

Zusammenfassung

Um effizient ein Flussdiagramm oder Ablaufdiagramm zu erstellen, müssen Sie die richtige Vorlage öffnen. In jeder der in diesem Kapitel beschriebenen Vorlagen finden Sie eine oder mehrere Schablonen, die Sie für Ihre Zwecke benutzen können. Danach werden die Master-Shapes auf das Zeichenblatt gezogen, etwa an die Position, an der sie später etwa stehen sollen. Dies kann jedoch niemals die endgültige Position sein, da in der Regel neue Shapes dazwischen gelegt werden oder sich ihre Größe aufgrund des Textes verändert. Richten Sie die Shapes ordentlich aus, verteilen Sie die Shapes so, dass die Abstände gleich groß sind. Unterschiedlich große Abstände oder nicht auf einer Linie sitzende Shapes werden von den meisten Betrachtern sofort wahrgenommen. Die Zeichnung wirkt unordentlich und schlampig. Da solche Ablaufdiagramme häufig in Bereichen des Qualitätsmanagements zu finden sind, wäre es ein Widerspruch in sich, wenn die Verbinder schräg laufen oder »knicken« oder wenn sofort erkennbar wird, dass die Zeichnung ohne qualitativ hohe Ansprüche erstellt wurde. Verbinden Sie die Shapes miteinander, beschriften Sie die Shapes und – falls Sie dies möchten – exportieren Sie die Zeichnung. Vor allem in Word werden viele Handbücher im Bereich Qualitätsmanagement erstellt.

Kapitel 8

Die Vorlagen der Kategorie »Geschäft«

In diesem Kapitel:

Die Vorlage *Organigramm*	332
Die Vorlage *Brainstormingdiagramm*	345
Die Vorlage *Diagramme*	352
Vorgehen beim Verwenden der Diagramm-Shapes	357
Vorgehen beim Verwenden einer Tabelle oder eines Gitters	358
Die Vorlage *Ursache/Wirkung-Diagramm*	359
Die Vorlage *Marketingdiagramme*	360
Weitere Vorlagen in der Kategorie *Geschäft*	363
Zusammenfassung	363

Kapitel 8 Die Vorlagen der Kategorie »Geschäft«

Neben den Flussdiagramm-Shapes ist die Vorlage *Organigramm* die wichtigste und beliebteste Vorlage von Visio – in ihren vielfältigen Anwendungsgebieten liegen sehr viele Stärken, mit denen nicht nur in kurzer Zeit Organigramme erzeugt und verändert werden können, sondern Daten und Informationen können aus ihnen exportiert werden. Sie und die übrigen Vorlagen der Kategorie Geschäft werden in diesem Kapitel beschrieben.

Die Vorlage *Organigramm*

Nachdem Sie die Vorlage *Organigramm* geöffnet haben, fällt auf, dass das Zeichenblatt im Querformat eingerichtet ist und dass es einen festen Gitterabstand besitzt, der nicht beim Verkleinern oder Vergrößern feiner oder gröber wird (*Extras/Lineal und Gitter*). Die Formatvorlage *Verbinder* ist ohne Pfeilspitze vorformatiert und das dynamische Gitter ist deaktiviert (*Extras/Ausrichten und Kleben*). Darüber hinaus sehen Sie, dass diese Vorlage über ein weiteres Menü *Organigramm* (zwischen *Shape* und *Fenster*) verfügt und über eine Symbolleiste *Organigramm*. Beim Öffnen der Vorlage werden neben den Schablonen *Rahmen und Titel* und *Hintergründe* auch die Schablone *Organigramm-Shapes* geöffnet, in der sich die zentralen Shapes für das Diagramm befinden (siehe Abbildung 8.1).

Abbildg. 8.1   Die Vorlage *Organigramm*

Wird eines der ersten sechs Master-Shapes *Führung*, *Manager*, *Position*, *Berater*, *Freie Stelle* oder *Assistent* auf das Zeichenblatt gezogen, öffnet sich ein Assistent mit dem Hinweis, dass das Ablegen von Shapes auf den übergeordneten Shape ein automatisches Verbinden und Ausrichten zur Folge

Die Vorlage Organigramm

hat. Wenn Sie ein zweites Shape aus der Schablone auf das Zeichenblatt ziehen und es weitgehend mittig auf einem vorhandenen Shape fallen lassen, wird es automatisch an seine korrekte Position ausgerichtet und mit dem darüber liegenden Shape verbunden (siehe Abbildung 8.2). Sollten Sie es nicht nahe genug in der Mitte platziert haben, können Sie es erneut verschieben um den Positionierungs- und Verbindemechanismus zu aktivieren.

Abbildg. 8.2 Die Shapes werden automatisch beim korrekten Ablegen positioniert

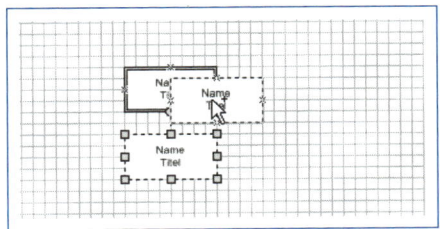

HINWEIS Beachten Sie, dass das Duplizieren von Shapes und das Kopieren und Einfügen von vorhandenen Shapes zwar neue Shapes erzeugt, diese jedoch nicht mit einer Führungsposition verbunden sind. Sie müssen erneut auf das entsprechende übergeordnete Shape gezogen werden, damit sie mit diesem verbunden sind.

Wenn Sie drei Shapes als Mitarbeiter (Positionen) benötigen, die einem Chef untergeordnet sind, finden Sie in der Schablone *Organigramm-Shapes* das Shape *Drei Positionen*. Es wird wie ein Shape behandelt, erzeugt jedoch – wie der Name vermuten lässt – drei (untergeordnete) Positionen. Die drei neuen Shapes sind nach dem Erzeugen markiert. Vor der weiteren Bearbeitung sollten Sie die Markierung auflösen. Dann können sie wie drei voneinander unabhängige Shapes behandelt werden.

Wenn Sie mehr als drei Shapes benötigen oder wenn Sie drei Shapes benötigen, die nicht als Positionen ausgezeichnet sind, können Sie das Master-Shape *Mehrere Shapes* verwenden. Sobald es aus der Schablone herausgezogen und auf dem übergeordneten Shape fallen gelassen wird, öffnet sich der Assistent, der fragt, von welchem Typ und wie viele Shapes benötigt werden.

Abbildg. 8.3 Es können mehrere Shapes auf einem übergeordneten Shape abgelegt werden

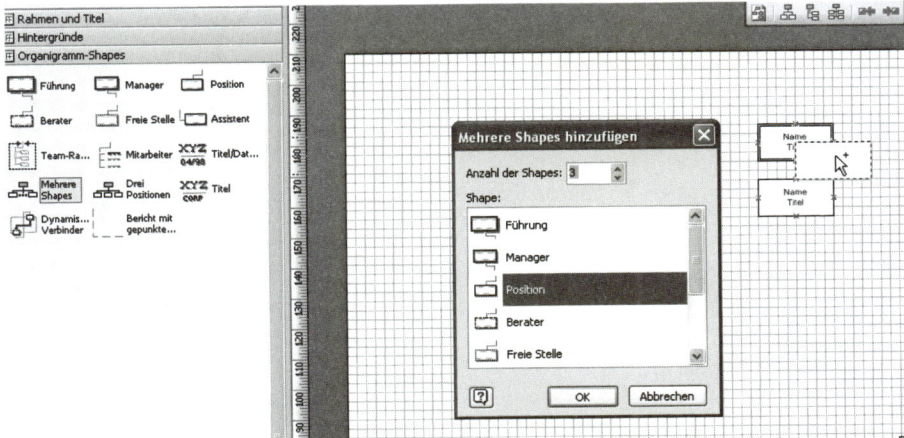

Kapitel 8 Die Vorlagen der Kategorie »Geschäft«

Das Beschriften stellt keine Schwierigkeit dar: Ist ein Shape markiert, können Sie lostippen. Ein Umbruch zwischen den einzelnen Zeilen wird mit der ⏎ -Taste erzeugt – zu langer Text wird automatisch im Shape umgebrochen. Vorhandener Text kann per Doppelklick auf das Shape mit der Funktionstaste F2 oder mit dem Symbol *Text-Tool* geändert und korrigiert werden.

Abbildg. 8.4 Die Shapes werden beschriftet

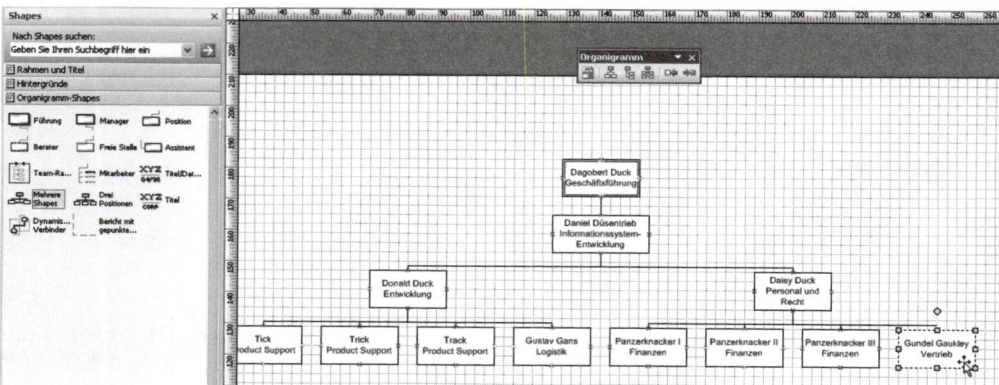

Neue Shapes werden abwechselnd rechts und links der bereits vorhandenen Shapes angeordnet. Möchten Sie ein Shape mit seinem linken (oder rechten) Nachbarn vertauschen, helfen Ihnen hierbei die beiden Symbole aus der Symbolleiste *Nach links verschieben* und *Nach rechts verschieben*. Alternativ steht Ihnen der Menübefehl *Organigramm/Untergeordnete Elemente verschieben/links/nach oben* beziehungsweise *rechts/nach unten* zur Verfügung.

Soll ein Shape an eine andere Stelle befördert werden (das heißt zum Beispiel: ein Mitarbeiter wechselt die Abteilung oder wird befördert), so genügt es, dieses Shape mit der Maus an die entsprechende Stelle zu ziehen und es auf dem neuen Chef fallen zu lassen.

HINWEIS Beachten Sie, dass beim Verschieben sämtliche untergeordneten Shapes mitgenommen werden und an dem übergeordneten kleben bleiben.

Wenn Sie ein Shape löschen möchten, genügt es, dieses Shape zu markieren und mit der Taste Entf zu löschen. Selbstverständlich steht Ihnen hierfür, wie für alle anderen Aktionen die Rückgängig-Funktion zur Verfügung.

Das Hinzufügen, Verschieben und Löschen von Shapes bewirkt, dass in einer Reihe Lücken entstehen oder dass eine Reihe nicht symmetrisch und dem übergeordneten Shape zu stehen kommt. Um dies schnell wieder in eine ansehnliche Ordnung zu bringen, können Sie den Menübefehl *Organigramm/Re-Layout* oder das gleichnamige Symbol verwenden (siehe Abbildung 8.5).

Abbildg. 8.5   Vor und nach dem Neuformatieren durch den Menübefehl *Re-Layout*

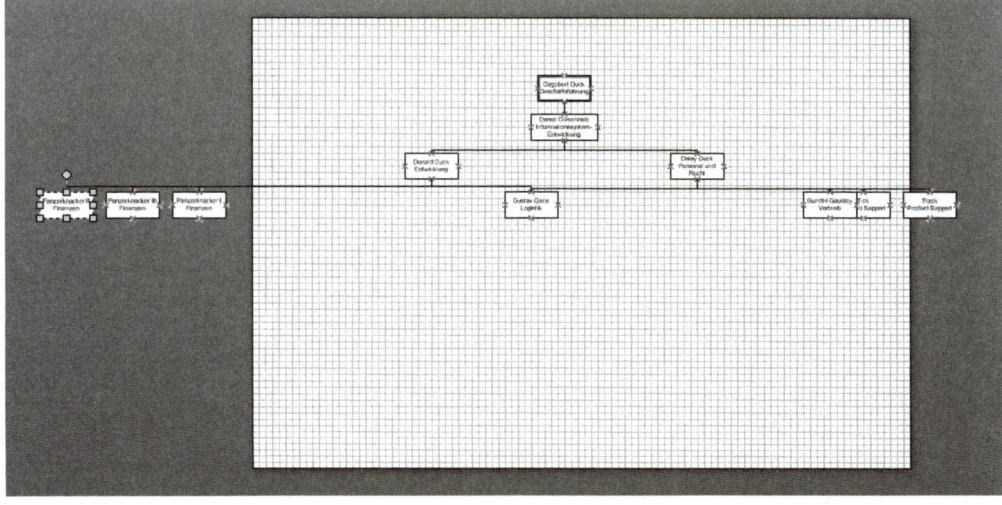

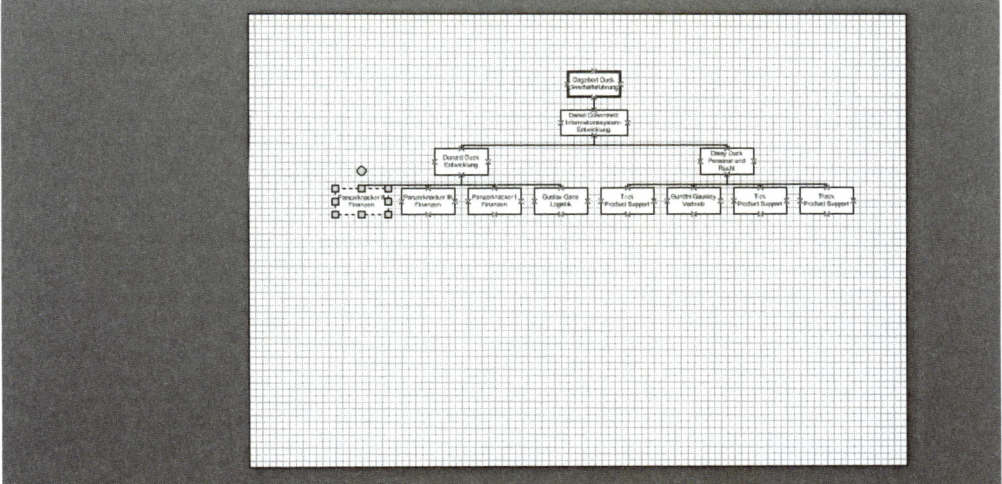

Wenn Sie feststellen, dass eines der vorhandenen Shapes nicht dem korrekten Typ entspricht, kann dies über das Kontextmenü schnell geändert werden. Dort findet sich die Option *Positionstyp ändern* (siehe Abbildung 8.6).

Kapitel 8 **Die Vorlagen der Kategorie »Geschäft«**

Abbildg. 8.6   Der Positionstyp kann schnell geändert werden

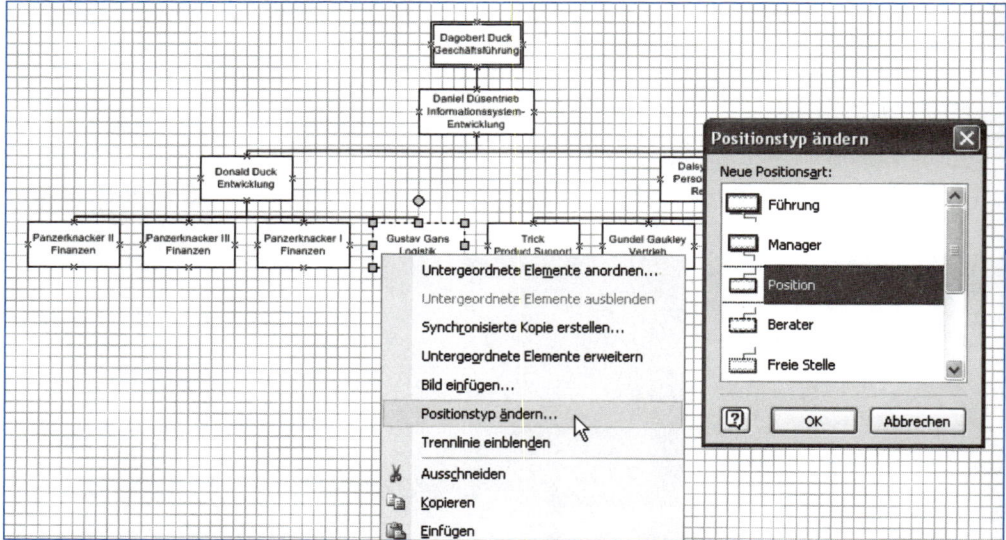

Möglicherweise entspricht das auf diese Weise schnell erstellte Organigramm (noch) nicht Ihren Wünschen. Nachdem Sie eine Neuformatierung durch den Menübefehl Re-Layout vorgenommen haben, können Sie die Abstände definieren. Im Menübefehl *Organigramm/Abstände ändern* können die Abstände enger oder weiter gesetzt werden. Oder Sie geben eine feste Zahl vor, die sich hinter der Option *Benutzerdefiniert* und der Schaltfläche *Werte* befindet (siehe Abbildung 8.7). Wählen Sie dort den Layouttyp aus, den Sie verwendet haben. Dann haben Sie – je nach gewähltem Typ – bis zu sechs verschiedene numerische Einstellungsmöglichkeiten, mit denen die Abstände horizontal oder vertikal festgesetzt werden können. Wenn Sie Zahlen mit dem Drehfeld oder per Eingabe geändert haben und das Dialogfeld geschlossen haben, sollten Sie noch angeben, ob diese Abstände nur für das markierte Shape (beziehungsweise die markierten Shapes – eine Mehrfachselektion ist möglich), für das gesamte Zeichenblatt – was in der Regel am sinnvollsten ist – oder für die gesamte Datei gelten soll.

Während in früheren Visio-Versionen einige Schutzmechanismen in Bezug auf Formatierungen eingeschaltet waren, wurden diese nun vollständig entfernt. Sämtliche Formatierungen können verwendet werden: Füllbereich, Füllfarbe, Muster, Transparenz, Schatten, Linien, Linienmuster, Linienbreite, Linienfarbe, Linienende, abgerundete Ecken, Textformate, Schriftart, Schriftmodus (fett, kursiv, fett/kursiv), Schriftgröße, Groß- und Kleinschreibung, Schriftfarbe, Unterstreichung, Ausrichtung, Einzüge, Position, Aufzählungszeichen, Shape-Höhe und -breite sowie Rotationswinkel

Die Vorlage Organigramm

Abbildg. 8.7   Die horizontalen und vertikalen Abstände können mithilfe des Assistenten geändert werden

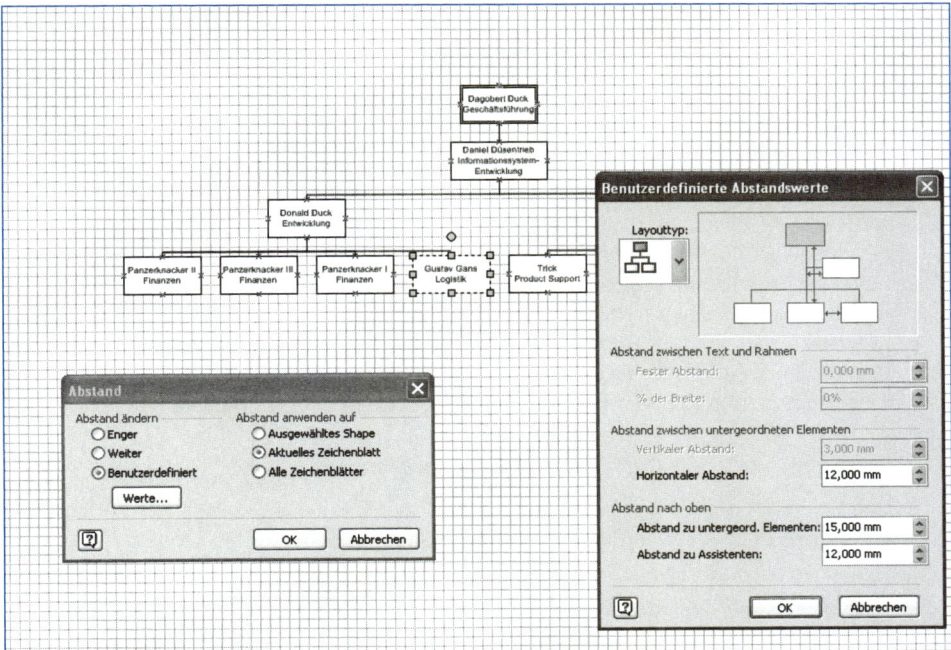

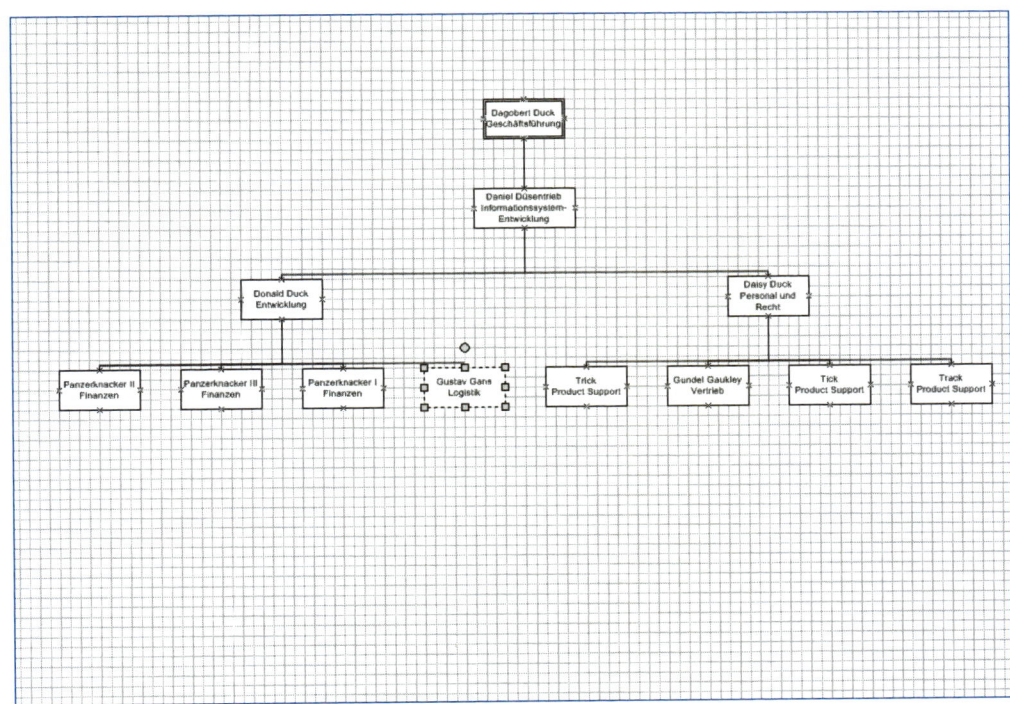

Weitere Gestaltungsoptionen und -einstellungen finden Sie im Menübefehl *Organigramm/Optionen*. Dieses Dialogfeld besteht aus drei Registerkarten. In der Registerkarte *Optionen* legen Sie die Breite und die Höhe sämtlicher Shapes fest. Sollten Sie Shapes zuvor per Hand kleiner oder größer gezogen haben, bekommen auch sie die neuen Größen zugewiesen. Ebenso kann sämtlichen Shapes eine Trennlinie zugewiesen werden beziehungsweise, falls eingeblendet, können Sie sie an dieser Stelle wieder ausblenden.

Um dem Shape ein Bild zuzuweisen – meist ein Mitarbeiterfoto – verwenden Sie die Option im Kontextmenübefehl *Bild einfügen*. Der Vorteil gegenüber dem Menübefehl *Einfügen/Bild* liegt auf der Hand: Wird ein Mitarbeiterfoto über das Kontextmenü eingefügt, wird es mit dem entsprechenden Shape gruppiert. Das bedeutet, dass ein Verändern der Position nicht nur den Text, sondern auch das Foto mit verschiebt. Zwar könnten Sie eingefügte Bilder mit den Shapes gruppieren – jedoch weisen Sie einen weiteren Vorteil auf: Wenn Sie für einen Ausdruck oder einen Export in ein anderes Format (HTML, JPEG, TIFF, PDF usw.) nicht möchten, dass dieses Bild mit exportiert wird, können Sie für die entsprechenden Shapes über das Kontextmenü die Bilder ausblenden lassen. Umgekehrt genügt ein Mausklick, um die Bilder erneut wieder anzeigen zu lassen.

Beispiel: So erstellen Sie ein Organigramm

1. Wählen Sie über den Menübefehl *Datei/Neu/Geschäft/Organigramm* die Vorlage.
2. Ziehen Sie das oberste Shape *Führung* oder *Manager* auf das Zeichenblatt.
3. Ziehen Sie eine »Position« auf das Zeichenblatt und lassen es auf dem übergeordneten fallen.
4. Ziehen Sie so viele Mitarbeiterpositionen auf das übergeordnete Shape, wie Sie benötigen. Alternativ können Sie auch die beiden Shapes *Drei Positionen* oder *Mehrere Shapes* auf einem übergeordneten Shape fallen lassen. Bei *Mehrere Shapes* öffnet sich ein Assistent. Wählen Sie dort die Art des Shapes und ihre Anzahl aus.
5. Beschriften Sie die Shapes. Sie können direkt auf die Shapes schreiben oder die Eingaben in den Shape-Daten (*Ansicht/Fenster ‚Shape-Daten'*) tätigen. Sie können weitere Daten eingeben, die am Anfang nicht angezeigt werden. Wenn Sie möchten, dass auch Informationen wie Titel, Telefon und E-Mail auf dem Shape stehen, wählen Sie die entsprechenden Optionen über *Organigramm/Optionen/Felder* aus und weisen ihnen den gewünschten Platz zu.

    Der Typus des Mitarbeiters kann über das Kontextmenü *Positionstyp ändern* modifiziert werden. Ein Mitarbeiter-Shape wird gelöscht, indem es markiert und entfernt wird. Ein Mitarbeiter-Shape wird verschoben, indem Sie es mit gedrückter Maustaste zu seinem neuen Vorgesetzten befördern.
6. Ein Mitarbeiter kann auf der gleichen Ebene über den Menübefehl *Organigramm/Untergeordnete Elemente verschieben/Links/nach oben* oder *Organigramm/Untergeordnete Elemente verschieben/Rechts/nach unten* verschoben werden.

Gestaltung des Organigramms

Nachdem die Struktur der Organigrammzeichnung festgelegt und nachdem die einzelnen Shapes beschriftet wurden, können Sie das Organigramm gestalten. Dazu stehen Ihnen eine Reihe von Optionen zur Verfügung:

- Wenn Sie Shapes verschoben, gelöscht oder neu hinzugefügt haben, entstehen Lücken. Diese können automatisch über den Menübefehl *Organigramm/Re-Layout* geschlossen werden.

- Untergeordnete Elemente können nebeneinander oder untereinander angeordnet werden. Markieren Sie das übergeordnete Shape und ordnen Sie die Positionen über *Organigramm/Untergeordnete Elemente anordnen* neu an.
- Fügen Sie einem Mitarbeiter sein Bild hinzu, indem Sie das Shape markieren und über das Kontextmenü das *Bild einfügen*.
- Lassen Sie sich eine Trennlinie zwischen der ersten Textzeile und den folgenden anzeigen, indem Sie im Menübefehl *Organigramm/Optionen* auf der Registerkarte *Optionen* die Option *Trennlinie anzeigen* einschalten. Sie können auch nur einem oder mehreren Shapes diese Option hinzufügen, indem Sie im Kontextmenü des markierten Shapes die Option ein- oder ausschalten.
- Ändern Sie die Schriftart. Die Schriftart (Arial), Schriftgröße (8 pt), Schriftfarbe (schwarz), die Schriftmodi fett und kursiv können über die Registerkarte *Text* im Menü *Organigramm/Optionen* für sämtliche Shapes des Zeichenblattes geändert werden.
- Ändern Sie die Breite und die Höhe der Shapes. Sie werden mit dem Menübefehl *Organigramm/Optionen* auf der Registerkarte *Optionen* festgelegt.
- Die Abstände zwischen den Shapes (horizontal und/oder vertikal) legen Sie im Menübefehl *Organigramm/Abstand* fest.
- Zentrieren Sie das Organigramm, indem Sie über den Menübefehl *Organigramm/An Zeichenblatt anpassen* die Zeichnung auf dem Blatt zentrieren.

Weitergabe der Organigramm-Daten

Selbstverständlich können Sie die Zeichnung ausdrucken. Es stehen Ihnen aber auch andere Exportmöglichkeiten zur Verfügung.

HINWEIS Wenn Sie untergeordnete Shapes nicht ausdrucken möchten, markieren Sie das übergeordnete Shape und schalten die Option *Organigramm/Untergeordnete Elemente ausblenden* ein.

Sie können Teile des Organigramms auf ein anderes Blatt auslagern. Das Vorgehen hierzu ist wie folgt:

1. Markieren Sie ein übergeordnetes Shape. Über den Menübefehl *Organigramm/Synchronisieren/Synchronisierte Kopie erstellen* können Sie die Teile auf ein anderes Blatt exportieren. Als Alternative steht Ihnen *Neues Zeichenblatt* oder *Existing Page* (sofern die Zeichnung aus mehr als einem Zeichenblatt besteht) zur Verfügung. Sie können parallel dazu die untergeordneten Shapes des Originalzeichenblatts ausblenden lassen.
2. Sie können sich die ausgeblendeten Elemente wieder über *Organigramm/Synchronisieren/Ausgeblendete Elemente erweitern* anzeigen lassen.

Sie können die Zeichnung drucken (*Datei/Drucken*); sollten jedoch – wie bei allen Zeichnungen – zuvor über *Datei/Seitenansicht* kontrollieren, ob die Shapes korrekt auf dem Zeichenblatt sitzen. Sie können es in ein Grafikformat exportieren (*.jpg, *.wmf, *.eps, *.tif) – dies wurde ausführlich in Kapitel 2 beschrieben. Sie können die Zeichnung ins HTML-Format exportieren (*Datei/Als Webseite speichern*) – dies wurde gleichfalls in Kapitel 2 beschrieben.

Sie können über den Menübefehl *Organigramm/Unternehmensdaten exportieren* die Daten in die Formate (*.xlsx, *.txt oder *.csv) speichern. Damit werden nur die reinen Mitarbeiterinformationen exportiert – ohne Rücksicht auf Gestaltung.

HINWEIS Beachten Sie beim Export, dass zu jedem Shape die Nummer des Vorgesetzten hinzugefügt wird, sodass die Hierarchie der Mitarbeiter rekonstruiert werden kann.

Sie können die Zeichnung auch ins *.pdf*-Format exportieren. Natürlich können Sie die Zeichnung kopieren und in Office-Applikationen wie Word, Excel oder PowerPoint einfügen, sodass bei der Weitergabe der Empfänger nicht unbedingt Visio besitzen muss. In dieser Form kann er die Daten öffnen, anschauen und ausdrucken.

Wenn mehrere Mitarbeiter unabhängig voneinander ein Organigramm mit Visio erstellen, können zwei Zeichnungen über den Menübefehl *Organigramm/Unternehmensdaten vergleichen* miteinander verglichen werden.

Abbildg. 8.8   Das fertige Organigramm

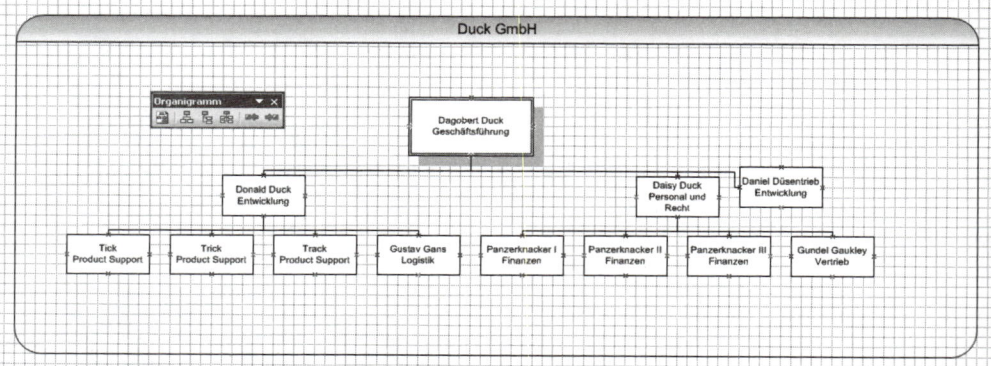

Der Organigramm-Assistent

Im Unterordner *SAMPLES/1031* des Ordners, in dem Sie Visio installiert haben, finden Sie eine Excel-Mappe *ORGDATA.XLS*. In ihr sind 51 Namen von Mitarbeitern einer fiktiven Firma aufgelistet. Zu den Namen sind verschiedene Informationen (Abteilung, Büro, Telefonnummer und E-Mail-Adresse) gespeichert. Jeder Mitarbeiter besitzt als Angabe den Namen seines Vorgesetzten in der entsprechenden Spalte. In einem weiteren Feld *Master-Shape* stehen die Namen der Master-Shapes, die später in der Zeichnung verwendet werden sollen (siehe Abbildung 8.9).

Die Vorlage Organigramm

Abbildg. 8.9 Die Namensliste (Ausschnitt)

	A	B	C	D	E	F	G	H
1	Name	Position	Vorgesetzter	Abteilung	Telefon	E-Mail	Büro_Nummer	Master-Shape
2	Ingolf Stöber	Vorsitzender & Geschäftsführer		Büro des Vorsitzenden	425-707-9790	ingolf@contoso.com	555	Führung
3	Ariane Berthier	Geschäftsführungsassistent	Ingolf Stöber	Büro des Vorsitzenden	425-707-9795	ariane@contoso.com	556	Assistent
4	Inke Herrmann	Finanzdirektor	Ingolf Stöber	Finanzen	425-707-9794	inke@contoso.com	560	Manager
5	Andrea Dunker	COO	Ingolf Stöber	Betrieb	425-707-9793	andrea@contoso.com	520	Manager
6	Stig Struve-Christensen	Marketing-Strategie	Christine Koch	Marketing	425-707-9797	stig@contoso.com	415	Position
7	Michael Krause	Public Relations	Ingelise Lang	Marketing	425-707-9796	michael@contoso.com	417	Position
8	Christian Cletus	Werbung	Ingelise Lang	Marketing	425-707-9796	christian@contoso.com	419	Berater
9	Lisa Toftemark	Produktmanagement	Ingelise Lang	Marketing	425-707-9799	lisa@contoso.com	421	Position
10	Ingelise Lang	Marketingdirektor	Christine Koch	Marketing	425-707-9798	ingelise@contoso.com	424	Manager
11	Britta Simon	Medizinische Beratung	Ingelise Lang	Marketing	425-707-9793	britta@contoso.com	525	Position
12	Nina Vietsen	Geschäftsentwicklung	Heinrich Fischer	Marketing	425-707-9790	nina@contoso.com	526	Position
13	Peter J. Krebs	Kundenberatung	Ingelise Lang	Marketing	425-707-9791	peter@contoso.com	539	Position
14	Christine Koch	VP Verkauf	Heinrich Fischer	Vertrieb	425-707-9792	christine@contoso.com	422	Manager
15	Thomas Andersen	Verkauf - Asien	Christine Koch	Vertrieb	425-707-9791	thomas@contoso.com	462	Position
16	Sven Eberhardt	Verkauf NA	Christine Koch	Vertrieb	425-707-9796	sven@contoso.com	463	Position
17	Jan Schrapel	Verkauf SA	Christine Koch	Vertrieb	425-707-9792	jan@contoso.com	464	Position
18	Joachim Seidler	Verkauf - Europa	Christine Koch	Vertrieb	425-707-9796	joachim@contoso.com	466	Position
19	Jens Geschwandtner	Geschäftsführungsassistent	Heinrich Fischer	Vertrieb	425-707-9790	jens@contoso.com	541	Assistent
20	Heinrich Fischer	Senior VP Sales & Marketing	Ingolf Stöber	Vertrieb	425-707-9796	heinrich@contoso.com	540	Manager
21	Katja Heidemann	Phase IV -Versuche	Cornelia Träger	Forschung u. Entwicklung	425-707-9798	katja@contoso.com	411	Position
22	Uta Erben	Leiter Dateneingabe	Cornelia Träger	Forschung u. Entwicklung	425-707-9792	uta@contoso.com	425	Position
23	Jose Lugo	Phase III-Versuche	Cornelia Träger	Forschung u. Entwicklung	425-707-9795	jose@contoso.com	427	Position
24	Danielle Tiedt	Phase I-Versuche	Cornelia Träger	Forschung u. Entwicklung	425-707-9796	danielle@contoso.com	429	Position
25	Sven Buck	Phase II-Versuche	Helmut Hornig	Forschung u. Entwicklung	425-707-9794	sven@contoso.com	431	Position
26	Anja Richter	Techniker	Helmut Hornig	Forschung u. Entwicklung	425-707-9798	anja@contoso.com	433	Position
27	Pascaline Overeem	Produktsupport	Patrick Gottwald	Forschung u. Entwicklung	425-707-9793	pascaline@contoso.com	439	Position
28	Jae Pak	Databankmanagement	Helmut Hornig	Forschung u. Entwicklung	425-707-9790	jae@contoso.com	441	Position

So generieren Sie eine Zeichnung aus den Daten:

1. Starten Sie den Assistenten über den Menübefehl *Datei/Neu/Geschäft/Organigramm-Assistent* oder – wenn Sie sich in der Vorlage *Organigramm* befinden – über den Menübefehl *Organigramm/Unternehmensdaten importieren*.
2. Im ersten Dialogfeld werden Sie gefragt, ob die Daten bereits in einer Datei gespeichert wurden. Da dies der Fall ist, belassen Sie das aktivierte Optionsfeld und klicken auf die Schaltfläche *Weiter*.
3. Anschließend werden Sie gefragt, in welchem Format die Daten gespeichert sind:
   - Eine Text-, Org Plus- (*,txt) oder Exceldatei
   - Ein Microsoft Exchange Server-Verzeichnis
   - Eine ODBC-kompatible Datenquelle

   Da die Daten in unserem Falle in einer Exceltabelle liegen, muss die erste Variante gewählt werden. Ein Klick auf die Schaltfläche *Weiter* führt zum nächsten Schritt.
4. Nun wählen Sie das richtige Verzeichnis aus. Das Dialogfeld sehen Sie in Abbildung 8.10.

Abbildg. 8.10 Der Speicherort der Datei wird festgelegt

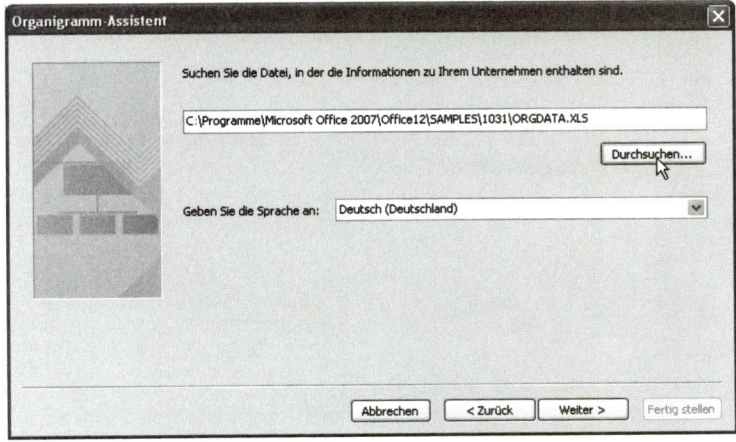

ACHTUNG Die Datei muss zu diesem Zeitpunkt geschlossen sein. Sonst kann kein Datenzugriff auf sie erfolgen. Eine Fehlermeldung wäre die Folge.

5. Im nächsten Schritt legen Sie die beiden Felder fest, in denen die Namen der Mitarbeiter und ihre Vorgesetzten gespeichert sind. Wichtig ist hierbei, dass jeder Vorgesetzte auch als Name einen Eintrag in der Liste findet. Umgekehrt hat der Chef/Geschäftsführer natürlich keinen Vorgesetzten – sein Vorgesetzter-Feld bleibt in der Excel-Tabelle leer. Bestätigen Sie die Auswahl mit der Schaltfläche *Weiter*.

Abbildg. 8.11   Die beiden Felder *Name* und *Vorgesetzter* werden zugeordnet

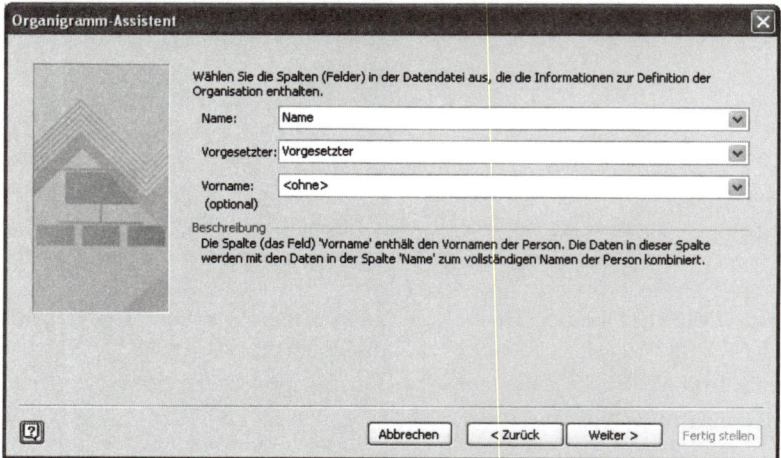

6. Im folgenden Dialogfeld werden die Felder ausgewählt, deren Informationen auf dem Shape als Text zu sehen sind. Bestätigen Sie die Auswahl mit der Schaltfläche *Weiter*.

Abbildg. 8.12   Anschließend folgt die Auswahl der sichtbaren Daten

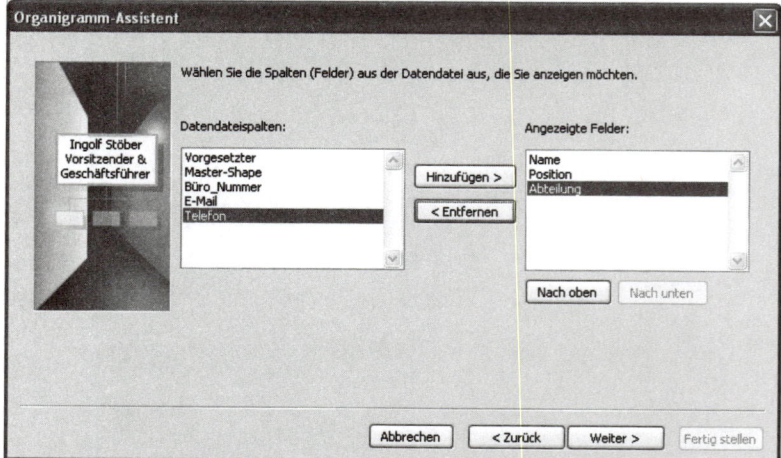

7. Nun wählen Sie die Spalten aus, deren Daten zwar nicht angezeigt, jedoch im Shape gespeichert werden sollen. Dies können die beiden angezeigten Felder sein, müssen es jedoch nicht sein. Sie können einige weitere oder auch beliebig viele Dateninformationen an die Shapes binden.

Abbildg. 8.13   Die Auswahl der Shape-Datenfelder

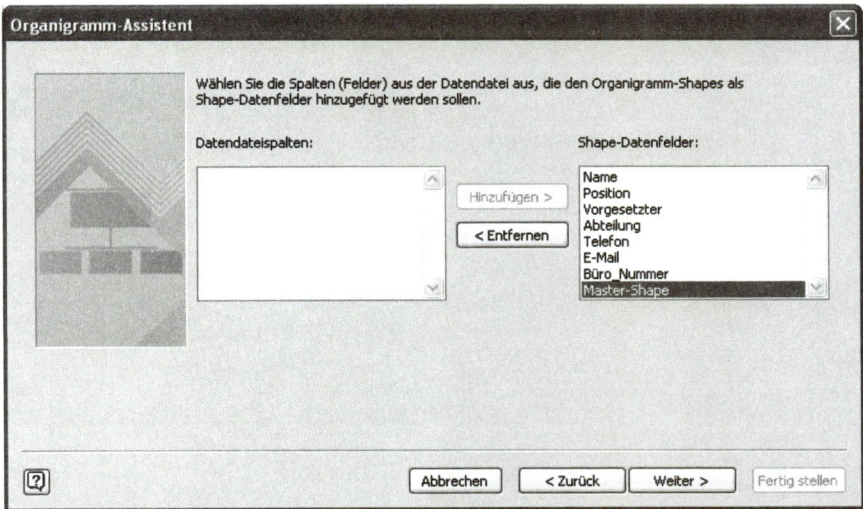

ACHTUNG   Beachten Sie, dass, wenn Sie die Visio-Zeichnung als Visio-Zeichnung weitergeben möchten, die Daten eingesehen werden können. Sie sollten also keine sensiblen oder vertraulichen Daten an die Shapes binden. Oder Sie exportieren die Zeichnung in ein anderes Format wie *.html, *.jpg oder *.pdf, sodass die Daten nicht ermittelt werden können.

Bestätigen Sie auch diese Eingaben mit der Schaltfläche *Weiter*.

8. Legen Sie im letzten Dialogfeld fest, wie Visio vorgehen soll, wenn die Zeichnung größer als ein Zeichenblatt ist.

    - Sie können selbst festlegen, welcher Teil des Unternehmens auf welchen Blättern dargestellt wird. Sie können auswählen, ob *die Beschäftigten-Shapes über Zeichenblätter hinweg miteinander verknüpft sind* und/oder ob *die Beschäftigten-Shapes über Zeichenblätter hinweg miteinander synchronisiert sind*. Wenn Sie diese Variante auswählen, erhalten Sie eine weitere Abfrage, welche Zeichenblätter hinzugefügt werden sollen. Dies sehen Sie in Abbildung 8.14.
    - Oder Sie überlassen es Visio, welche Daten auf welchem Zeichenblatt angezeigt werden. Visio nimmt nun selbst einen automatischen Seitenumbruch vor (siehe *Abbildung 8.15*).

Kapitel 8 Die Vorlagen der Kategorie »Geschäft«

Abbildg. 8.14   Weitere Zeichenblätter können hinzugefügt und bearbeitet werden

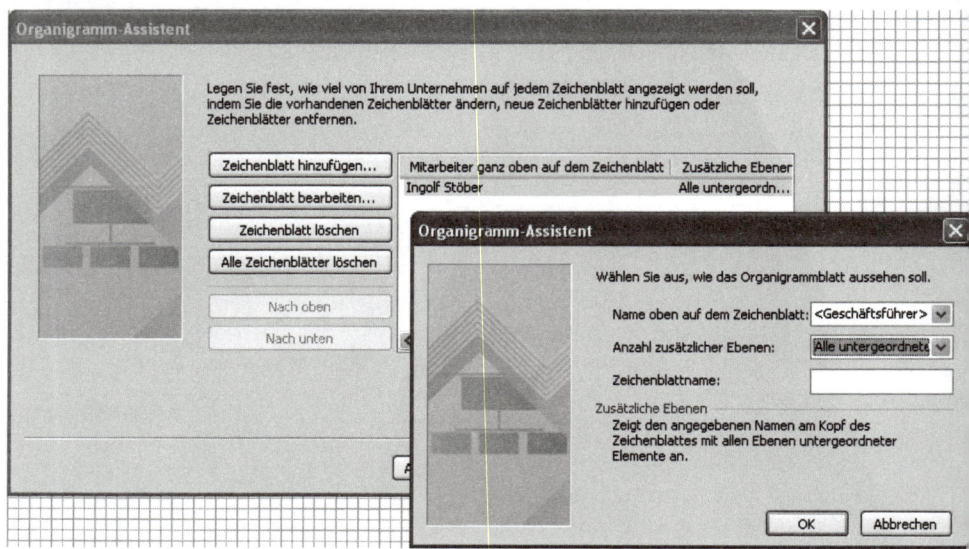

Abbildg. 8.15   Das Ergebnis der zweiten Variante

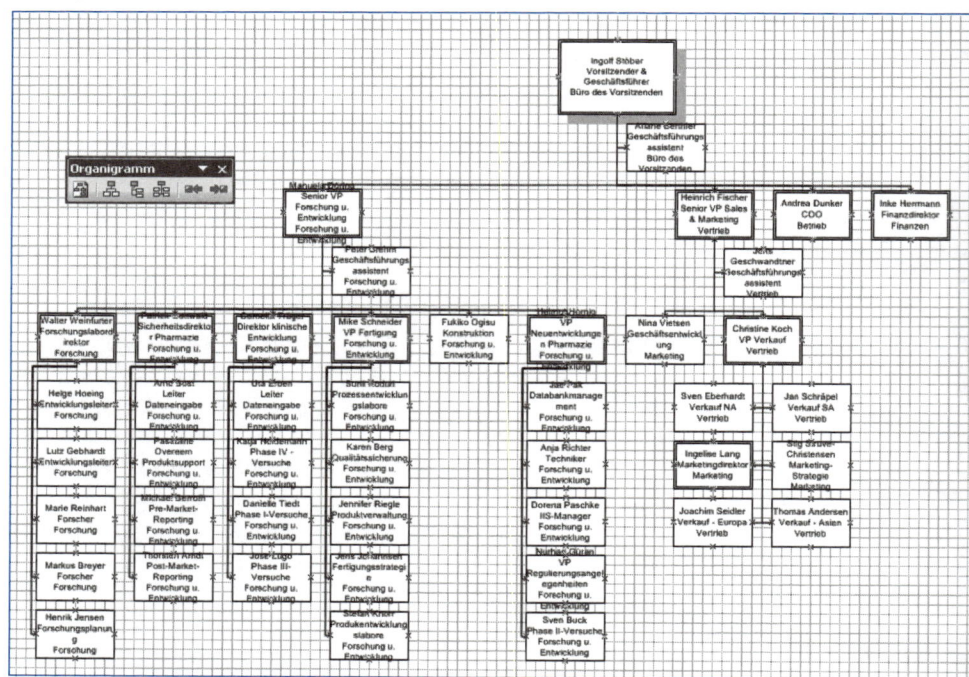

> **ROFITIPP**
>
> Wenn Sie regelmäßig Organigramme Ihrer Firmendaten erstellen möchten, die Daten jedoch in einer Excel-Mappe speichern wollen, dann verwenden Sie die Datei *ORGDATA.XLS*, die Sie in dem Verzeichnis finden, in dem Visio installiert ist. Da die Felder bereits geeignete Feldnamen besitzen, brauchen Sie sich um die Namen keine Gedanken mehr zu machen. Löschen Sie die Daten und schreiben Sie die Namen der Mitarbeiter Ihrer Abteilung oder Firma in die Tabelle. Falls Sie möchten, können Sie selbstverständlich neue Spalten hinzufügen.

Die Vorlage *Brainstormingdiagramm*

Brainstorming ist eine von Alex Osborn eingeführte und von Charles Hutchison Clark weiterentwickelte Methode zur Ideenfindung, die die Erzeugung von neuen, ungewöhnlichen Ideen in einer Gruppe von Menschen fördern soll. Osborn orientierte sich an der indischen Technik Prai-Barshana, die es seit etwa 400 Jahren gibt. Er benannte sie nach der Idee dieser Methode, nämlich »using the brain to storm a problem« (wörtlich: Das Gehirn verwenden zum Sturm auf ein Problem).

Beim Brainstorming wird im ersten Schritt in einer (moderierten) Gruppensitzung nach neuen Ideen zu einem bestimmten Thema gesucht. Am Anfang wird das Problem dargestellt, analysiert und präzisiert. Anschließend können bekannte Lösungen oder Ideen diskutiert werden. Dann nennen die Teilnehmer einer Gruppe spontan Ideen zur Lösungsfindung, wobei sie sich im optimalen Fall gegenseitig inspirieren und untereinander Gesichtspunkte in neue Lösungsansätze und Ideen einfließen lassen. Die Ideen werden protokolliert. Für diese Protokollierung der Ideen kann Visio verwendet werden – es stellt die Vorlage *Brainstormingdiagramm* zur Verfügung.

Wenn Sie die Vorlage *Brainstormingdiagramm* öffnen, fallen mehrere Dinge auf: Neben den vier Schablonen *Brainstorming-Shapes*, *Hintergründe*, *Rahmen und Titel* und *Legenden-Shapes* befindet sich ein neuer Menübefehl *Brainstorming* zwischen den Menüs *Shape* und *Fenster*, über der Zeichnung schwebt eine Symbolleiste *Brainstorming* und ein neues Fenster *Übersichtsfenster* ist geöffnet. Sollte das Fenster geschlossen sein, kann es über das Menü *Brainstorming* wieder geöffnet werden.

Um eine Zeichnung zu erstellen, gehen Sie wie folgt vor:

1. Öffnen Sie die Vorlage *Datei/Neu/Geschäft/Brainstormingdiagramm*.
2. Wählen Sie aus dem Menü *Brainstorming/Layout* und *Brainstorming/Brainstormingstil* das passende Aussehen für Ihre Zeichnung.
3. Ziehen Sie das Master-Shape *Hauptthema* auf das Zeichenblatt.
4. Beschriften Sie das Shape *Hauptthema*. Der Text erscheint im Übersichtsfenster.
5. Ziehen Sie ein Thema auf die Seite.
6. Beschriften Sie das Thema. Der Text erscheint im Übersichtsfenster.
7. Verbinden Sie das neue Thema mit einem automatischen Verbinder oder mit dem Shape *Dynamischer Verbinder*. Im Übersichtsfenster wird das neue Thema unter das Hauptthema gestuft und zeigt seine Abhängigkeit (siehe Abbildung 8.16).

Für das Duplizieren eines Themas gibt es folgende Varianten:

- Markieren Sie das Thema, kopieren Sie es und fügen es ein. Auf die neue Position kann leider kein Einfluss genommen werden – Visio entscheidet, wohin die Kopie platziert wird.
- Markieren Sie das Shape und duplizieren Sie es mit dem Menübefehl *Bearbeiten/Duplizieren* oder der Tastenkombination `Strg`+`D`.

Kapitel 8 — Die Vorlagen der Kategorie »Geschäft«

- Ziehen Sie das Shape an seine neue Position und halten Sie während des Ziehens die `Strg`-Taste gedrückt.

- Ziehen Sie sich das Symbol (*Ansicht/Symbolleisten/Anpassen/Befehle*) *Shape-Stempel* aus der Kategorie *Zeichentools* in eine vorhandene Symbolleiste. Markieren Sie das Master-Shape *Thema*, wählen den Shape-Stempel aus und »stempeln« das Shape auf das Zeichenblatt.

Abbildg. 8.16 Ein Hauptthema mit vier (verbundenen) Themen

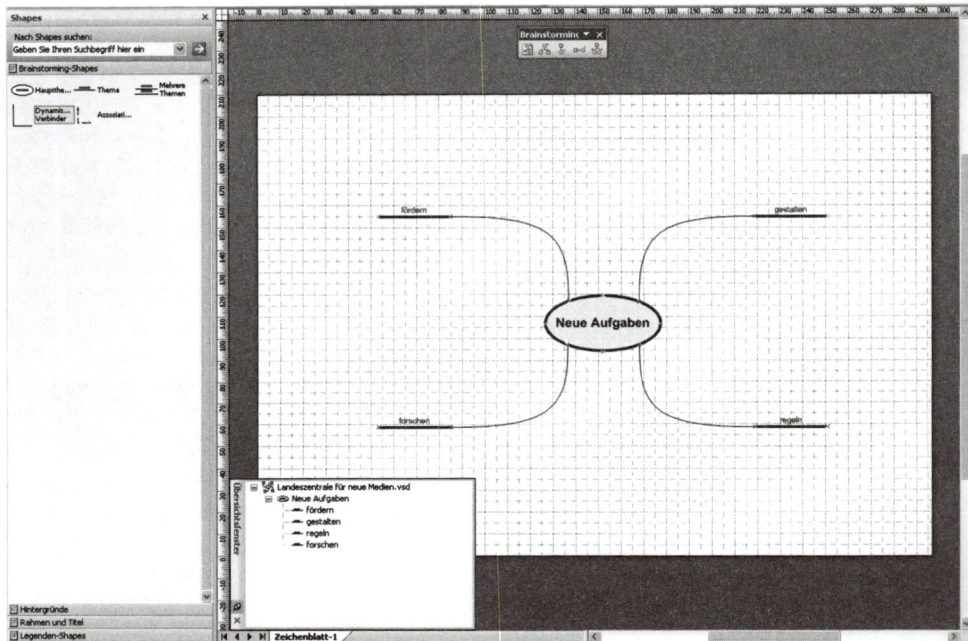

- Wenn Sie mehrere Themen benötigen, können Sie auch das Master-Shape *Mehrere Themen* auf das Zeichenblatt ziehen. Tragen Sie in das sich nun öffnende Fenster die einzelnen Themen ein, die Sie untereinander schreiben und jeweils mit `↵` beenden. Daraus werden einzelne Themen generiert, die unabhängig voneinander sind.

- Möchten Sie neue Themen erstellen, die bereits mit anderen Themen verknüpft sind, markieren Sie das Thema, an welches neue Thema gehängt werden. Wählen Sie aus der Symbolleiste *Brainstorming* das Symbol *Untergeordnetes Thema hinzufügen*, *Gleichrangiges Thema hinzufügen* oder *Mehrere untergeordnete Themen hinzufügen* (siehe Abbildung 8.17). Bei Letzteren öffnet sich wieder das Dialogfeld, in das Sie die Themen untereinander schreiben. Die gleichen Einträge finden Sie auch in der Menüleiste *Brainstorming*.

Abbildg. 8.17 Weitere Unterthemen werden eingefügt

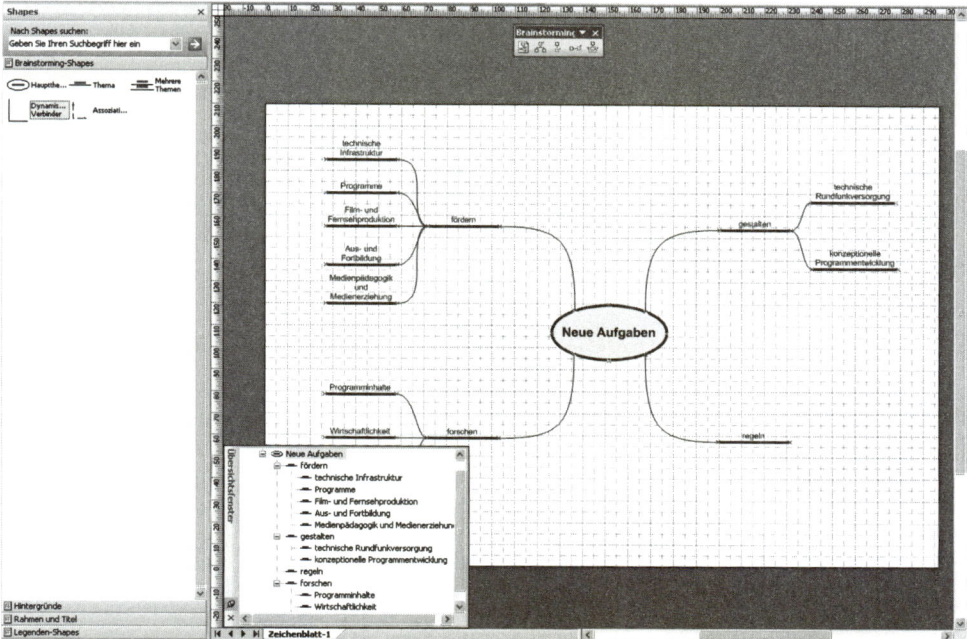

Wenn Sie ein größeres Blatt benötigen, stehen Ihnen folgende Alternativen zur Verfügung:

- Vergrößern Sie über den Menübefehl *Datei/Seite einrichten/Zeichenblattgröße* das Zeichenblatt.
- Vergrößern Sie das Zeichenblatt, indem Sie mit gedrückter `Strg`-Taste den Mauszeiger an den Rand des Tabellenblattes bewegen und dort die Blattränder durch Ziehen vergrößern.
- Sie können einem Brainstormingdiagramm mehrere Zeichenblätter zuweisen. Soll ein Thema auf einem neuen Zeichenblatt weitergeführt werden, dann markieren Sie das Shape und wählen aus dem Menü *Brainstorming* den Menübefehl *Thema auf das nächste Zeichenblatt verschieben*. In dem sich nun öffnenden Assistenten haben Sie die Möglichkeit, zu entscheiden, ob das Thema auf einem bereits vorhandenen Zeichenblatt weitergeführt wird oder ob ein neues Zeichenblatt generiert werden soll. Visio generiert jeweils einen Hyperlink zwischen beiden Shapes. Neben dem übergeordneten Shape wird außerdem ein Pfeil angezeigt.

ACHTUNG Beachten Sie, dass die Texte nicht synchronisiert werden. Deshalb sollte der Text bereits eingegeben werden, bevor das Thema auf einem anderen Zeichenblatt weitergeführt wird. Textänderungen müssen somit auf beiden Shapes parallel durchgeführt werden.

Gestalten des Brainstormingdiagramms

Der Stil der gesamten Zeichnung kann über den Menübefehl *Brainstorming/Brainstormingstil* geändert werden. Dort finden sich die sieben Varianten:

- Einfach (Standard)
- Wellenförmig
- Kastenförmig
- Elliptisch
- Mosaik 1
- Mosaik 2
- Stern

Jedes Thema verfügt über sechs verschiedene Darstellungen. Markieren Sie ein Thema-Shape und wählen im Kontextmenü oder über das Menü *Brainstorming Thema-Shape ändern* eine der folgenden Varianten:

- Oval
- Wolke
- Rechteck
- Linie
- Freihand
- Welle

Das Hauptthema verfügt über vier Varianten

- Oval
- Wolke
- Rechteck
- Stern

Wenn Sie die Krümmung der Linie verändern möchten, markieren Sie die Linie. Je nachdem wo sich das übergeordnete und untergeordnete Thema befindet, werden unterschiedlich viele Ziehpunkte auf der Linie angezeigt. Bewegen Sie den Mauszeiger über einen Ziehpunkt und verschieben ihn mit gedrückter Maustaste. Bei den beiden Verbindungspunkten der Linie finden sich zwei weitere Ziehpunkte, die Stützpunktfunktion haben. Mit ihrer Hilfe kann der Lauf der Linie verändert werden, wie Sie in Abbildung 8.19 sehen.

Die Linie kann selbstverständlich beschriftet und formatiert werden. Sämtliche Einstellungen des Menüs *Format/Linie* stehen Ihnen hierzu zur Verfügung. Beachten Sie, dass die Linien mit der Formatvorlage *Verbinder* formatiert sind – sie enthält standardmäßig keine Pfeilspitze. Analog kann jedes Thema formatiert werden. Ihnen stehen sämtliche Einstellungen des Menüs *Format/Linie*, *Format/Füllbereich* und *Format/Text* zur Verfügung.

Die Vorlage Brainstormingdiagramm

Abbildg. 8.18   Brainstormingstil: *Stern*, Layout: *von links nach rechts*, Verbinder: *gekrümmt*

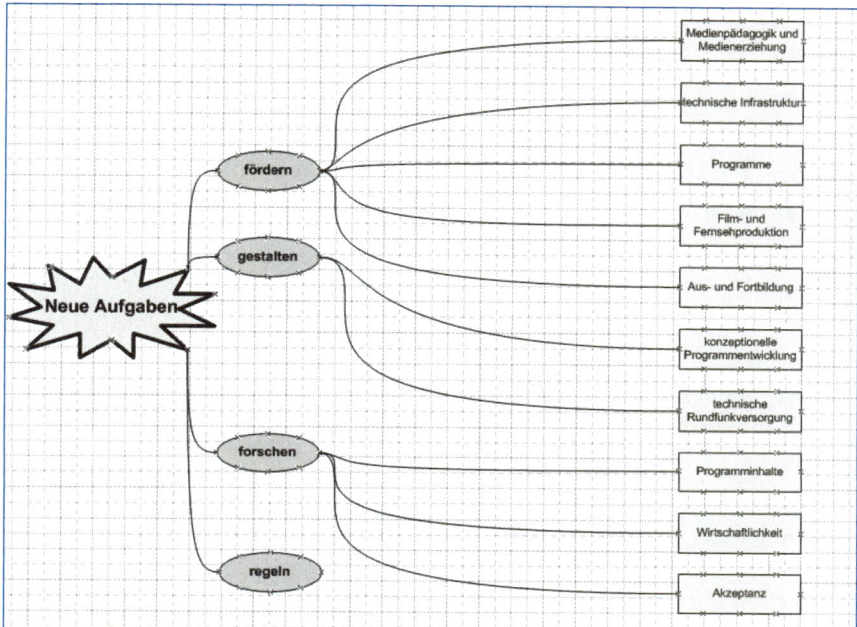

Abbildg. 8.19   Die Krümmung der Linie kann verändert werden

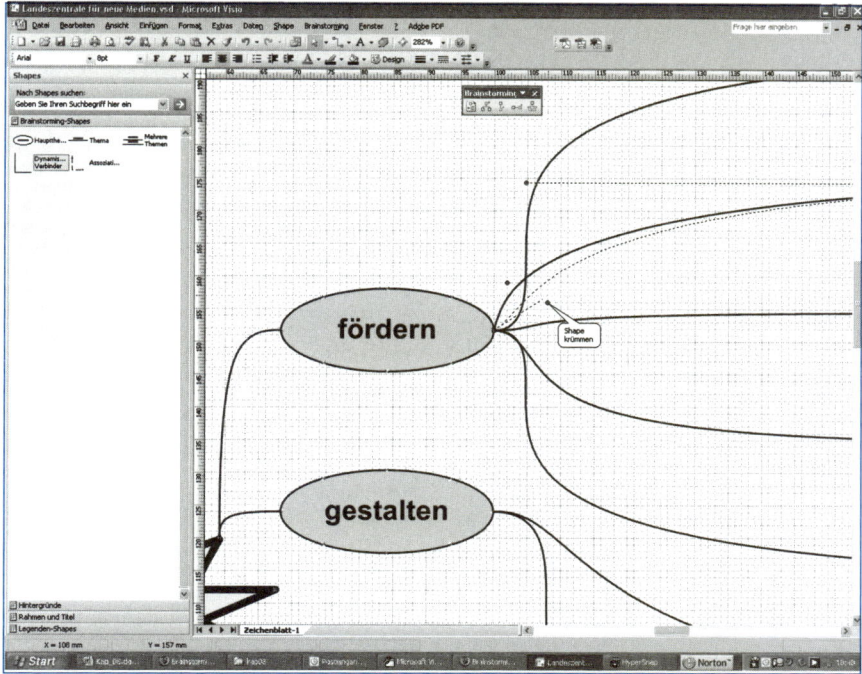

Die Anordnung der einzelnen Themen kann festgelegt werden. Im Menübefehl *Brainstorming/Layout* stehen Ihnen die fünf Varianten

- Standard
- von links nach rechts
- von rechts nach links
- von oben nach unten
- von unten nach oben

zur Verfügung. Jede dieser Varianten lässt die beiden folgenden Verbinderformen zu:

- gekrümmt
- gerade

ACHTUNG Beachten Sie, dass eine Layoutänderung, die auf eine gesamte Zeichnung ausgeführt wird, ein Verschieben sämtlicher Shapes zur Folge hat. Möglicherweise ist das Ergebnis nicht das gewünschte und muss manuell nachgebessert werden. Sinnvoll ist es deshalb, das Layout zu Beginn der Zeichnung einzuschalten.

Formatierungen der Linie und der Themen haben keinerlei Einfluss auf die Daten, die im Übersichtsfenster angezeigt werden.

Daten exportieren

Um sämtliche Daten zu exportieren, stehen Ihnen Berichte zur Verfügung:

1. Wählen Sie den Menübefehl *Daten/Berichte*.
2. Erstellen Sie mithilfe der Schaltfläche *Neu* einen neuen Bericht.
3. Wählen Sie aus, ob Sie die Shapes auf allen Zeichenblättern oder nur die Shapes auf dem aktuellen Zeichenblatt »einsammeln« möchten.
4. Ein Klick auf die Schaltfläche *Erweitert* führt Sie zu differenzierten Auswahlmöglichkeiten.

ACHTUNG Beachten Sie, dass keines der Themen auf einem Layer liegt; sie können also nicht per Layername eingesammelt werden.

5. Um die Texte einzusammeln, empfiehlt sich die Option:

    <Angezeigter Text> ist nicht gleich "". Fügen Sie diese Bedingung hinzu und bestätigen Sie das Ergebnis mit *OK*.
6. Im folgenden Schritt wählen Sie den angezeigten Text aus. Folgen Sie dem Assistenten.
7. Nachdem die Berichtdefinition erstellt wurde, führen Sie diese aus. Ihnen stehen die vier Optionen *Excel*, *HTML*, *Visio-Shape* und *XML* zur Verfügung.
8. Alternativ können die Daten direkt exportiert werden. Wählen Sie hierzu über das Menü *Brainstorming/Daten exportieren* aus. Ihnen stehen die Varianten *Microsoft Office Word*, *Microsoft Office Excel* und *XML* zur Verfügung.

> **HINWEIS** Beachten Sie, dass – unabhängig von der gewählten Variante – die Daten im XML-Format gespeichert werden. Das bedeutet, dass sie ohne Word und Excel, sondern lediglich mit einem Text-Editor angesehen werden können. Sie können auch das Namespace-Attribut des Wurzeltags (<Workbook xmlns:bs="http://schemas.microsoft.com/visio/2003/brainstorming" xmlns="urn:schemas-microsoft-com:office:spreadsheet" xmlns:o="urn:schemas-microsoft-com:office: office" xmlns:x="urn:schemas-microsoft-com:office:excel" xmlns:ss="urn:schemas-microsoft-com:office: spreadsheet" xmlns:html="http://www.w3.org/TR/REC-html40">) ändern in: <Workbook> – nun können Sie die XML-Datei in einem Browser oder einem XML-Editor betrachten.

Das Übersichtsfenster

Das Übersichtsfenster hat einige Funktionen, die im Folgenden aufgelistet werden.

- Sie können das Übersichtsfenster über den Menübefehl *Brainstorming/Übersichtsfenster* einblenden, falls es nicht angezeigt wird. Das Übersichtsfenster kann – wie jedes andere Fenster in Visio – verschoben werden. Es rastet an den vier Rändern des Zeichenblattes ein. Mit einem Klick auf das Symbol *AutoAusblenden* (die Pinnadel) kann es geschlossen werden. Es wird geöffnet, wenn der Mauszeiger sich darüber bewegt. Im Übersichtsfenster werden sämtliche Themen in der Reihenfolge aufgelistet, wie sie auf dem Zeichenblatt erzeugt wurden.

- Ein Doppelklick auf eines der Themen führt zu dem entsprechenden Shape auf dem Zeichenblatt – auch wenn es auf einem anderen Zeichenblatt liegt. Alternativ können Sie auch über das Kontextmenü *Auf dem Zeichenblatt auswählen* das entsprechende Shape markieren.

- Mit den Symbolen + und - werden untergeordnete Elemente ein- beziehungsweise ausgeblendet. Wird ein Thema (nicht das Hauptthema) mit der Maus verschoben und auf einem anderen Thema fallen gelassen, wird das verschobene Thema unter das neue untergeordnet. Auf dem Zeichenblatt wird automatisch eine Verbindung hergestellt.

- Über das Kontextmenü kann die Reihenfolge der Themen verändert werden. Sie finden dort die beiden Einstellungen *nach oben* und *nach unten*.

- Mit der Taste [Entf] oder über das Kontextmenü *Thema löschen* kann ein Thema entfernt werden.

- Über das Kontextmenü kann das Thema umbenannt werden. Der Text wird automatisch auf dem Shape angezeigt.

- Im Kontextmenü befinden sich auch die weiteren Einstellungen, die Sie auch im Shape finden: Sie können ein *untergeordnetes Thema hinzufügen* oder *mehrere untergeordnete Themen hinzufügen* (siehe Abbildung 8.20).

- Im Kontextmenü finden Sie auch die Option, mit der ein *Thema auf das nächste Zeichenblatt verschoben* werden kann.

Abbildg. 8.20   Im Kontextmenü des Übersichtsfensters finden Sie mehrere Einstellungsmöglichkeiten

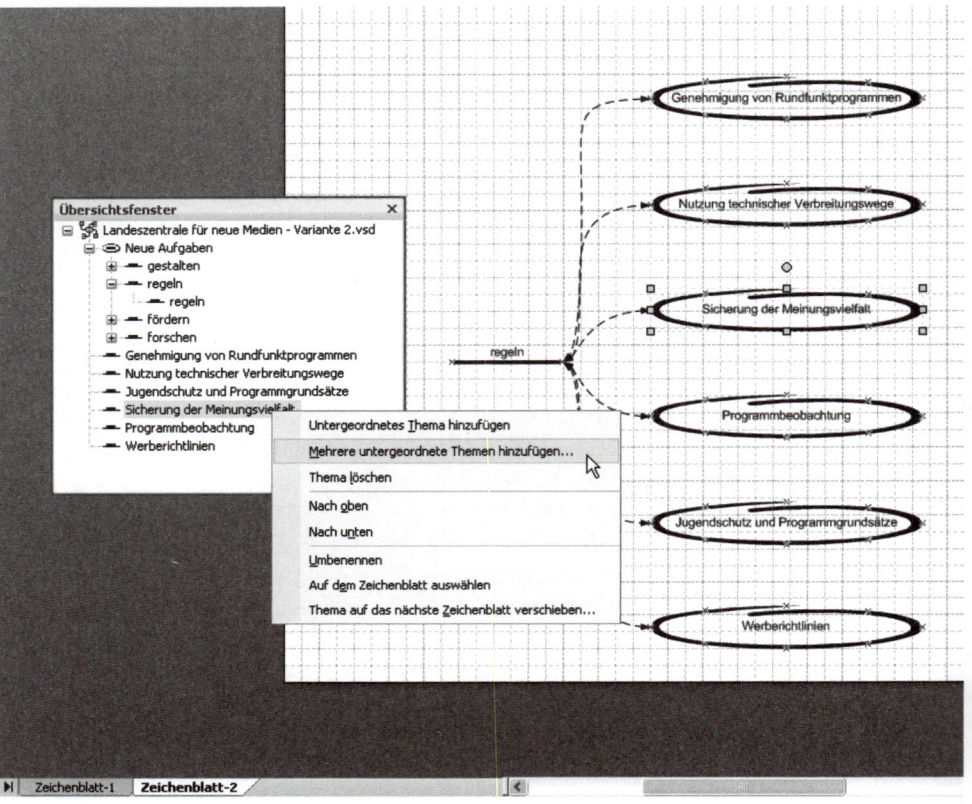

Weitere Shapes

Die Shapes der Schablonen *Hintergründe* und *Rahmen und Titel* sind bereits mehrfach beschrieben worden. Die 23 Shapes der Schablone *Legenden-Shapes* haben keinerlei Funktionalität – sie besitzen weder Shape-Daten, Layer, Einträge im Kontextmenü noch werden sie im Übersichtsfenster angezeigt. Sie besitzen jedoch einen Kontrollpunkt, mit dessen Hilfe sie an ein Thema geklebt werden können.

Wird das Legendensymbol auf das Zeichenblatt gezogen, werden alle Shapes der Schablone *Legenden-Shapes* mit ihrem Symbol, ihrer Anzahl und ihrem Text aufgelistet.

Die Vorlage *Diagramme*

Sicherlich kann man Diagramme besser in Excel als in Visio erstellen, dort lassen sie sich auch leichter verändern und besitzen mehr Formatierungsoptionen. Aber: Wenn Sie auf einer Zeichnung ein kleines Säulen-, Balken-, Kreis- oder Liniendiagramm benötigen, können Sie dies auch in Visio erledigen. Die Vorlage *Diagramme* öffnet ein hochformatiges Zeichenblatt und die drei Schablonen *Hintergründe*, *Rahmen und Titel* und *Diagramm-Shapes*.

Die Vorlage Diagramme

Balkendiagramm1

Wenn Sie das Master-Shape *Balkendiagramm1* auf das Zeichenblatt ziehen, werden Sie gefragt, wie viele Säulen das Diagramm besitzen soll. Die Obergrenze liegt bei 12. Diese Zahl kann im Nachhinein über das Kontextmenü verändert werden. Wie an den grauen seitlichen Anfassern erkennbar ist, ist das Shape gegen eine Änderung in der Breite gesperrt (*Format/Schutz*). Das Shape ist gruppiert und besteht aus den Säulen, deren Anzahl Sie zuvor angegeben haben. Daneben befindet sich links ein weiteres Shape, das die Absolutposition angibt. In dieses Shape tragen Sie einen Wert ein, auf den die anderen Bezug nehmen. Die Höhe dieses Shapes wird über das Steuerelement geregelt. Es wird selbstverständlich nicht ausgedruckt (*Format/Verhalten/Verhalten/nicht druckbares Shape*). Wird auf einer der Säulen eine Zahl eingegeben, verändert diese Säule ihre Höhe im Verhältnis zum Bezugs-Shape (siehe Abbildung 8.21). Die Änderung tritt bereits beim Eingeben ein. Text wird sofort als solcher erkannt – das Shape kann nun nicht mehr dargestellt werden; es erhält die Höhe 0. Jede der Säulen ist gegen Größenänderung geschützt. Die Höhe berechnet sich aus dem Verhältnis zum Bezugs-Shape. Die Breite sämtlicher Säulen wird über das untere Steuerelement des Shapes (nicht des Kindelements festgelegt.

> **HINWEIS** Linienfarbe, Füllfarbe und Schriftfarbe sind nicht geschützt und können geändert werden.

Und was tun Sie, wenn Sie mehr als 12 Shapes benötigen? Ziehen Sie ein zweites Master-Shape auf das Zeichenblatt, platzieren Sie es direkt neben das erste und schalten Sie die gleichen Optionen ein: Breite der Säulen, Höhe des Bezugs-Shapes, Wert des Bezugs-Shapes.

Abbildg. 8.21 Ein Balkendiagramm

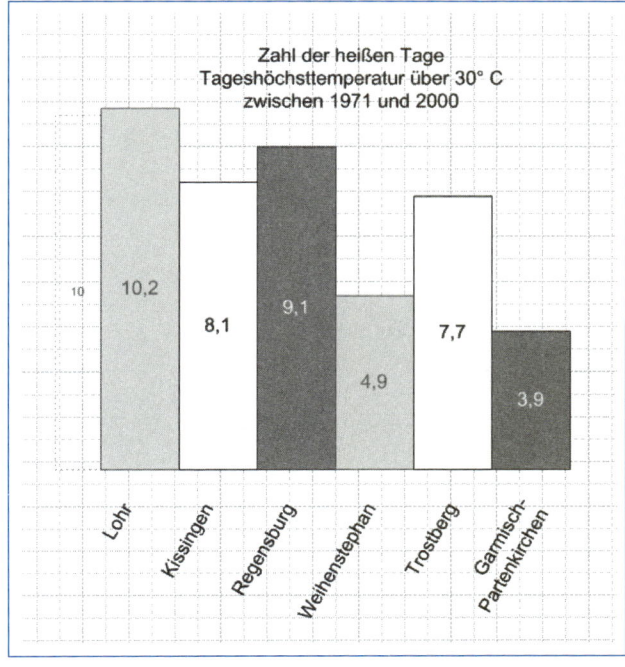

Säulendiagramm2

Ganz ähnlich funktioniert das zweite Säulendiagramm-Shape – jedoch mit dem Unterschied, dass das Bezugs-Shape keine absolute Größenangabe verlangt, sondern von 100% ausgeht. Diese Zahl kann nicht geändert werden. Allerdings kann die Höhe dieser 100% mithilfe des Steuerelements bestimmt werden.

ACHTUNG Beachten Sie, dass die Werte der Säulen als Prozentwerte eingegeben werden müssen – also als 50% und nicht als 50. Letzteres würde intern zu 5.000% umgerechnet werden.

Auch bei diesem Shape kann die Anzahl der Säulen im Nachhinein über das Kontextmenü verändert werden. Wenn Sie mehr als 12 Säulen benötigen, müssen Sie ein zweites Shape mit den gleichen Einstellungen daneben setzen.

3D-Balken

Weitaus mehr Möglichkeiten und Einstellungen bietet das Shape *3D-Balken*. Wenn es auf das Zeichenblatt gezogen wird, öffnet sich das Fenster für die Daten. Im ersten Feld werden die Anzahl der Säulen angegeben. Die maximale Anzahl ist fünf. Das Feld *Bereich* gibt an, in welchem Bereich sich diese Daten bewegen – auch hier kann der Referenzwert überschritten werden. Die Werte der einzelnen Säulen werden in den entsprechenden Zeilen eingetragen. Selbstverständlich ist es überflüssig, bei einer Säulenanzahl, die kleiner als fünf ist, alle Werte einzugeben, wenn die entsprechenden Säulen nicht benötigt werden. Jedem der Shapes stehen die fünf Farben *Rot*, *Blau*, *Grün*, *Gelb*, *Orange*, *Lila* und *Grau* zur Verfügung.

Abbildg. 8.22 Ein 3D-Balkendiagramm

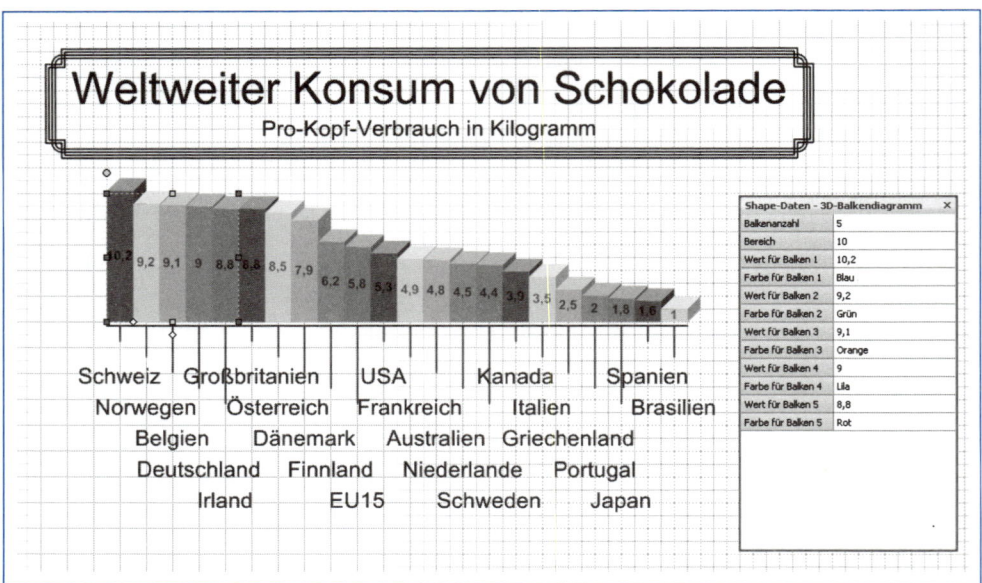

Die Vorlage Diagramme

Das fertige Shape kann in die Höhe, jedoch nicht in die Breite gezogen werden. Um sämtliche Balken zu verbreitern, verwenden Sie das Steuerelement am linken unteren Rand. Unter dem Shape liegt ein weiteres Steuerelement, mit dem der Text bewegt werden kann. Um im Nachhinein die Anzahl der Balken zu vergrößern oder verkleinern, können Sie das Kontextmenü verwenden. Darin finden Sie die Daten unterteilt in *Balkenanzahl und Bereich* und *Balkeneigenschaften*. Außerdem können Sie sich mithilfe des Kontextmenüs Linien anzeigen oder Text verbergen lassen.

HINWEIS Wenn Sie die Anzahl von fünf verringern, beispielsweise auf drei, werden beim zweiten Aufruf der Daten über das Kontextmenü nur noch drei Säuleneigenschaften abgefragt. Beim Vergrößern ist es umgekehrt.

Sie können die Farbe jeder einzelnen Säule verändern. Markieren Sie ein Mitgliedselement der Gruppe und ändern Sie die Farbe. Dann werden die drei sichtbaren Flächen mit der gleichen Farbe eingefärbt. Jetzt kann die Farbe allerdings nicht mehr über die Daten verändert werden. Selbstverständlich können Sie die Informationen über das Fenster *Daten* eingeben. Dort stehen Ihnen sämtliche Daten nach dem Herausziehen aus der Schablone zur Verfügung; allerdings nur das Fenster, das Sie zuletzt über das Kontextmenü verwendet haben.

3D-Achse

Um das Diagramm in eine Achsenansicht einzupassen, können Sie das nächste Master-Shape *3D-Achsen* auf das Blatt ziehen. Es muss hinter dem Säulen-Shape liegen: *Shape/Reihenfolge/In den Hintergrund* (siehe Abbildung 8.23). Es verfügt über fünf verschiedene Steuerelemente. Mit zwei der Steuerelemente kann der Text neu positioniert werden, eines dient zum Vergrößern der Tiefe, eines zum Verbreitern der Wanddicke und das fünfte verändert den Abstand der Gitternetzlinien. Es kann mithilfe der Anfasser in die Breite beziehungsweise in die Höhe gezogen werden.

Abbildg. 8.23 Ein 3D-Balkendiagramm mit 3D-Achse

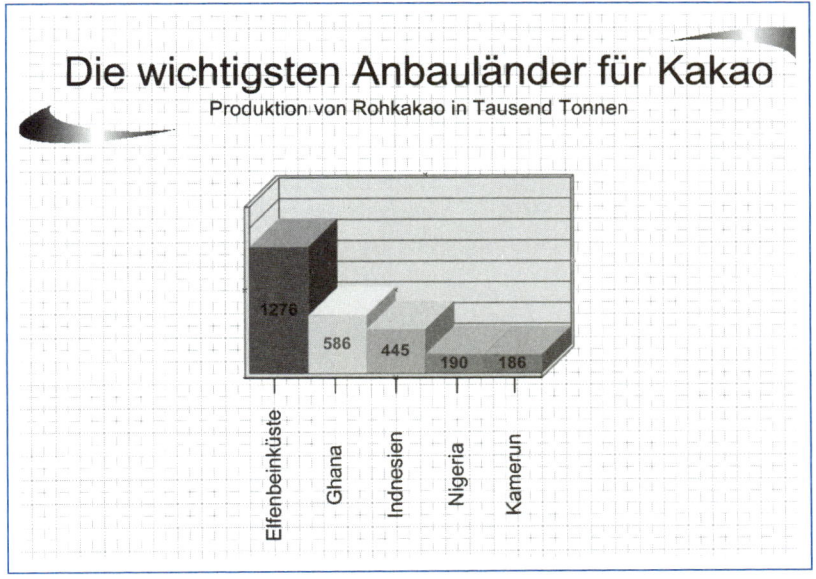

3D-Balken, Text vert. und 3D-Balken, Text hor.

Wenn Sie in einem dreidimensionalen Diagramm mehr als fünf Shapes benötigen, können Sie ein weiteres Master-Shape *3D-Balken* auf das Zeichenblatt ziehen und neben dem ersten Shape andocken. Oder Sie verwenden das Shape *3D-Balken, Text vert.* oder das Shape *3D-Balken, Text hor.* Im Kontextmenü kann die Farbe geändert werden, die Linie kann ausgeblendet werden und das Shape kann von einer dreidimensionalen Säule auf einen zweidimensionalen Balken umgeschaltet werden.

Kreisdiagramm

Beim Herausziehen des Shapes *Kreisdiagramm* werden Sie nach der Anzahl der »Tortenstücke« gefragt – bis zu 10 sind möglich. Anschließend können Sie über das Kontextmenü die Größe der einzelnen Stücke festlegen. Es ist nicht möglich, einzelne Segmente aus ihrer Lage zu ziehen, um besondere Segmente hervorzuheben.

> **ACHTUNG** Sie müssen die Daten als Prozentzahlen – im Verhältnis zu 100 (Prozent) angeben – Visio berechnet daraus die Aufteilung der Scheiben. Zu 100% fehlende Werte resultieren in einem leeren Kreissegment.

Segment und *besonderes Segment*

Falls Ihnen das Tortendiagramm nicht genügt, können Sie die Shapes *Segment* beziehungsweise *Besonderes Segment* verwenden. Nachdem sie auf das Zeichenblatt gezogen wurden, kann mithilfe des Kontrollelements oder des Kontextmenüs die Skalierung des Segments vorgenommen werden und mit den Steuerpunkten kann die Lage des Mittelpunktes und die Lage der festen Seite des Shapes verändert werden.

Unterteilter Balken 1 und 2

Werden diese Shapes auf das Zeichenblatt gezogen, stellen Sie fest, dass das Shape als Gruppe dreier Mitgliedsshapes vorliegt. Die Größe wird verändert, indem Sie das gesamte Shape markieren, anschließend ein Teil-Shape und schließlich dort die Nummer eingeben. Beachten Sie, dass der *Unterteilte Balken 2* die Zahl als Prozentwert benötigt. Alternativ können Sie auch an den gelben Kontrollelementen ziehen. Wenn Sie mehr als drei Elemente brauchen, müssen Sie ein weiteres Master-Shape auf das Zeichenblatt ziehen oder ein vorhandenes duplizieren.

Liniendiagramm

Wird das Master-Shape *Liniendiagramm* auf das Zeichenblatt gezogen, öffnet sich das Fenster *Shape-Daten*. Dort tragen Sie die Anzahl der Datenpunkte ein. Jeden einzelnen Datenpunkt können Sie anschließend mit der Maus korrekt positionieren.

Vorgehen beim Verwenden der Diagramm-Shapes

Wenn Sie sich entschließen, in Visio ein Diagramm mit den vorhandenen Diagramm-Shapes zu erstellen, gehen Sie wie folgt vor:

1. Öffnen Sie eine neue Vorlage über den Menübefehl *Datei/Neu/Geschäft/Diagramme*.
2. Wählen Sie den richtigen Diagrammtyp aus. Ihnen stehen Balkendiagramme, Kreisdiagramme und Liniendiagramme zur Verfügung. Beachten Sie, dass ein nachträgliches Ändern des Typs nicht mehr möglich ist.
3. Legen Sie beim Herausziehen des Shapes fest, wie viele Balken oder Segmente Sie benötigen. Legen Sie auch – falls erforderlich – die Farben fest.
4. Markieren Sie jedes einzelne Element und geben Sie die Daten ein.
5. Verändern Sie die Absoluthöhe und -breite des gesamten Diagramms.
6. Falls nötig: Duplizieren Sie das Diagramm oder fügen Sie einzelne weitere Elemente hinzu.
7. Formatieren Sie das gesamte Diagramm beziehungsweise die Teile.
8. Legen Sie Hintergründe, Rahmen und Titel oder andere Shapes auf das Zeichenblatt.
9. Falls nötig: duplizieren Sie das Diagramm, um weitere gleichartige Diagramme zu erhalten.
10. Speichern Sie die Datei.
11. Kontrollieren Sie die Datei über *Datei/Seitenansicht*.
12. Drucken Sie die Datei, falls gewünscht.
13. Exportieren Sie die Datei, falls gewünscht.

Abbildg. 8.24   Ein Liniendiagramm

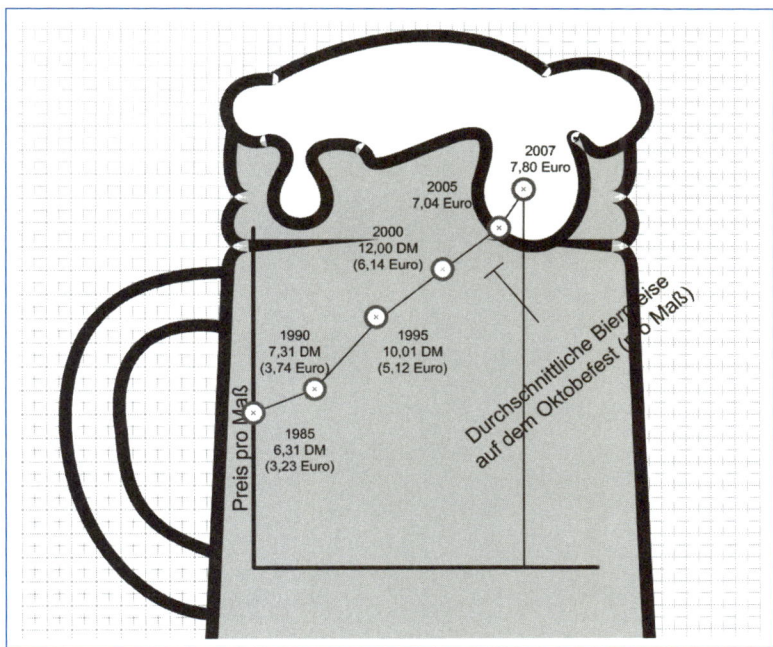

Vorgehen beim Verwenden einer Tabelle oder eines Gitters

Wenn Sie sich entschließen, in Visio eine Tabelle oder ein Gitter mit den vorhandenen Shapes der Schablone *Diagramme* zu erstellen, gehen Sie wie folgt vor:

1. Öffnen Sie eine neue Vorlage über den Menübefehl *Datei/Neu/Geschäft/Diagramme*.
2. Ziehen Sie das Master-Shape *Prozessdiagramm*, *Ressourcenplan* oder *Gitter* auf das Zeichenblatt.
3. Legen Sie die gewünschte Anzahl der Spalten und Zeilen fest.
4. Markieren Sie das gruppierte Shape.
5. Markieren Sie ein Mitglieds-Shape der Gruppe. Tragen Sie dort die Daten ein.
6. Legen Sie – falls nötig – die Shapes *Ja/Nein-Feld* oder *Feature aktiviert/deaktiviert* auf das Zeichenblatt.
7. Legen Sie – falls nötig – die Shapes *Zeilenbeschriftung* vor beziehungsweise *Spaltenbeschriftung* über die Tabelle.
8. Speichern Sie die Datei.
9. Kontrollieren Sie die Datei über *Datei/Seitenansicht*.
10. Drucken Sie die Datei, falls gewünscht.
11. Exportieren Sie die Datei, falls gewünscht.

Abbildg. 8.25   Ein Gitter

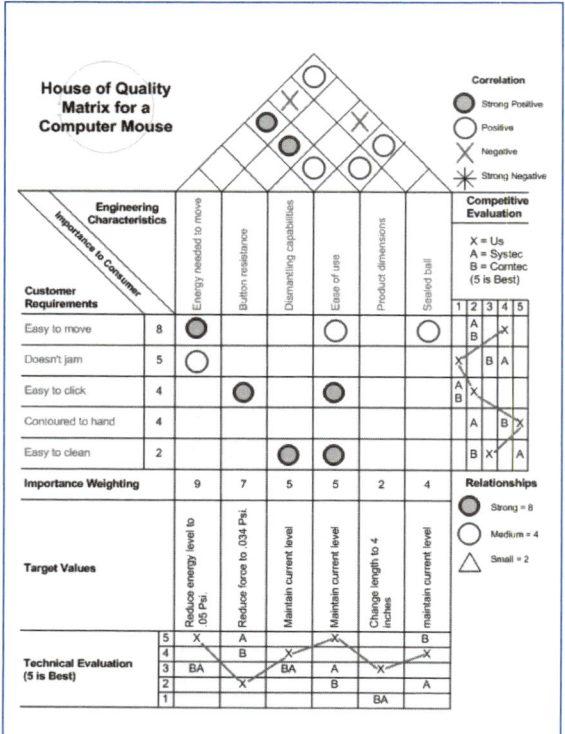

Die Vorlage *Ursache/Wirkung-Diagramm*

Die Vorlage *Ursache/Wirkung-Diagramm* weist wenig grundlegende Unterschiede zur Vorlage *Standardflussdiagramm* auf. Das Arbeiten entspricht im Wesentlichen den gleichen Techniken:

1. Öffnen Sie die Vorlage *Datei/Neu/Geschäft/Ursache/Wirkung-Diagramm*. Auf dem querformatigen Zeichenblatt befindet sich bereits das Shape *Wirkung*, an das jeweils zwei Shapes *Kategorie 1* und *Kategorie 2* geklebt sind.
2. Ziehen Sie aus der Schablone *Shapes für Ursache/Wirkung-Diagramm* weitere Master-Shapes auf das Zeichenblatt.

    Die Unterschiede zwischen den sechs Shapes *Primäre Ursache* und *Sekundäre Ursache* liegen in den Positionen der Texte.
3. Falls Sie möchten, ziehen Sie einen *Fischrahmen* um das Diagramm. Er wird automatisch auf dem Zeichenblatt zentriert.
4. Beschriften Sie die Shapes. Beachten Sie, dass die Kästchen Teil der Linien sind – der Text wird in den Kästchen angezeigt.
5. Speichern Sie die Datei.
6. Kontrollieren Sie die Datei über *Datei/Seitenansicht*.
7. Drucken Sie die Datei, falls gewünscht.
8. Exportieren Sie die Datei, falls gewünscht.

Abbildg. 8.26   Ein Ursache-Wirkungs-Diagramm

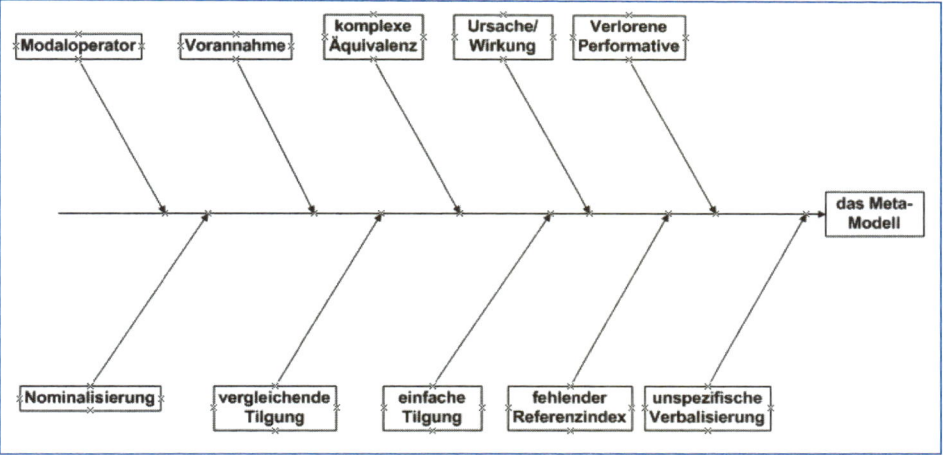

Die Vorlage *Marketingdiagramme*

Die Vorlage *Marketingdiagramme* besteht aus den gleichen Schablonen wie die Vorlage *Diagramme*, öffnet jedoch zusätzlich die beiden Schablonen *Marketing-Shapes* und *Marketingdiagramme*.

Shapes der Schablone *Marketingdiagramme*

Die vier Shapes

- Kreisförmige Pfeile
- Dreieck
- 3D-Pyramide
- Kreis-Netz-Diagramm

zeigen beim Herausziehen aus der Schablone die Shape-Daten, wobei über eine feste Liste die Anzahl der Elemente eingegeben werden kann. Diese Anzahl kann über das Kontextmenü oder das Fenster *'Shape-Daten'* nachträglich geändert werden. Der

- Gemusterte Block
- Farbige Block
- 3D-Kreis

fragen beim Herausziehen die Farben ab. Sie werden in den Shape-Daten eingetragen.

Die übrigen Shapes sind reine grafische Objekte. Um ein Diagramm zu erstellen, gehen Sie wie folgt vor:

1. Öffnen Sie die Vorlage über den Menübefehl *Datei/Neu/Geschäft/Marketingdiagramme*.
2. Ziehen Sie die benötigten Shapes auf das Zeichenblatt.
3. Ordnen Sie die Shapes mithilfe der Funktion *Shape/Shapes ausrichten* und *Shape/Shapes verteilen* an.
4. Verwenden Sie Führungslinien zum schnellen, ordentlichen Ausrichten.
5. Wenn Sie mehr Elemente benötigen als die Shapes zur Verfügung stellen, duplizieren Sie die Shapes. Viele der Shapes besitzen im Kontextmenü Varianten, beispielsweise um den Beschriftungstext auszublenden.
6. Die Shapes liegen als Gruppen vor. Um Teile zu beschriften, markieren Sie zuerst das Gruppen-Shape und anschließend das Mitglieds-Shape. Nun kann der Text eingefügt werden.
7. Falls nötig, formatieren Sie die Shapes mit den drei Kategorien *Format/Text*, *Format/Linie* und *Format/Füllbereich*.
8. Speichern Sie die Datei.
9. Kontrollieren Sie die Datei über *Datei/Seitenansicht*.
10. Drucken Sie die Datei, falls gewünscht.
11. Exportieren Sie die Datei, falls gewünscht.

Shapes der Schablone *Marketing-Shapes*

Die beiden Shapes *Ziel* und *Pfeil/Nadel* fragen beim Herausziehen auf das Zeichenblatt beziehungsweise beim Kopieren ab, welche Gestalt das neue Shape annehmen soll. Es kann über das Kontextmenü oder über die Shape-Daten nachträglich geändert werden.

Viele der Shapes der Schablone besitzen Kontrollkästchen. Mit ihrer Hilfe kann das Aussehen verändert werden:

- Thermometer
- Waage
- Veränderbarer Schornstein
- Variabler Rauch
- Baustein
- Hanteln
- Fernseher

Einige der Shapes reagieren anders als gewohnt, wenn Sie an den Größenänderungskontrollpunkten ziehen:

- die »dehnbare Hand« verändert nur die Länge des Arms – nicht der Hand.
- die *Menschen* vermehren sich – beim Ziehen werden aus einem Mensch bis zu vier Menschen.
- beim *Bleistift* vergrößert sich nur das Holz.
- bei der *wachsenden Blume* wächst nut der Stiel und zeigt bis zu vier Blätter.
- das *variable Gebäude* zeigt mehr oder weniger Stockwerke an.
- der *Papierstapel* blendet Papierseiten aus oder ein.
- der *Zylinder* wächst, ohne dass der Deckel größer oder kleiner wird.
- der *Grabstein* wächst, ohne dass sich die Tiefe verändert.
- beim *Baum* wächst der Stamm nicht mit.

Das Erstellen einer Zeichnung ist von allen anderen Vorlagen bekannt. Außer den Anomalien der oben beschriebenen Shapes gibt es sonst nichts hinzuzufügen, was spezifisch für die Vorlage *Marketingdiagramme* wäre.

Kapitel 8 Die Vorlagen der Kategorie »Geschäft«

Abbildg. 8.27 Ein Diagramm mit dem Marketing-Shape *Variables Gebäude*

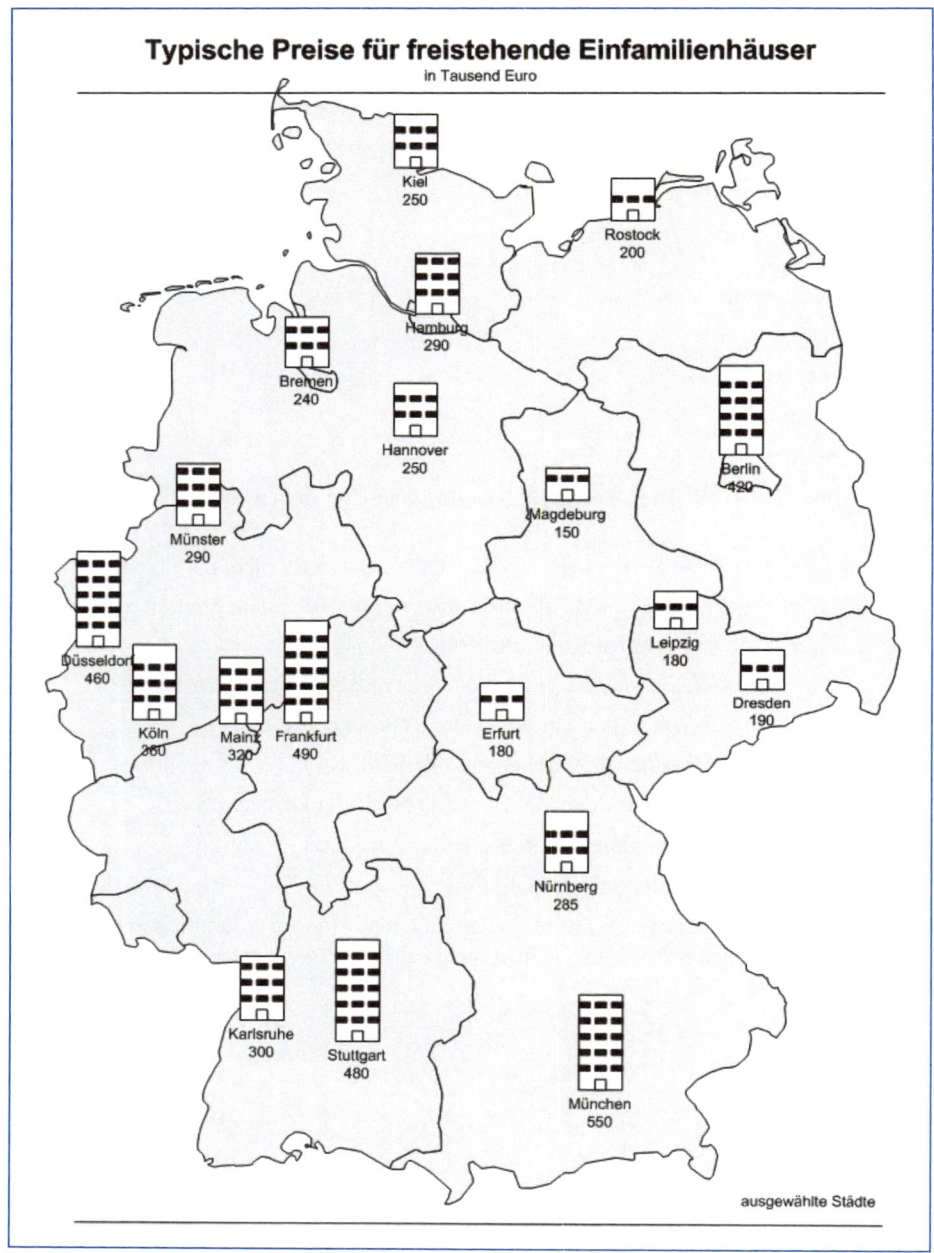

Weitere Vorlagen in der Kategorie *Geschäft*

Erstaunlicherweise finden sich in der Kategorie *Geschäft* und nicht in *Flussdiagramm* eine Reihe weiterer Vorlagen, mit denen sich bestimmte Ablaufdiagramme darstellen lassen. Es handelt sich dabei um folgende Vorlagen:

- Auditdiagramm
- Datenflussdiagramm
- EPC-Diagramm
- Fehlerstrukturanalyse-Diagramm
- ITIL-Diagramm
- TQM-Diagramm
- Wertstromzuordnung

Sie werden in Kapitel 7 im Abschnitt *Die Vorlagen der Kategorie Flussdiagramm* ausführlich beschrieben.

Zusammenfassung

Die Vorlage *Organigramm* ist ein mächtiges Werkzeug, um die Organisationsstruktur einer Abteilung oder einer Firma darzustellen. Da die Schablone dieser Vorlage – anders als viele andere – nicht nur aus reinen Shapes besteht, können Sie schnell ein Organigramm erstellen und – falls sich die Firmenstruktur ändert – modifizieren. Auch der Assistent, den Sie innerhalb der Vorlage, aber auch als eigene Vorlage haben, ermöglicht es, mit extern gespeicherten Daten schnell ein anschauliches Organigramm zu erstellen.

Kapitel 9

Die Vorlagen der Kategorie »Terminplan«

In diesem Kapitel:

Die Vorlage *Kalender*	366
Die Vorlage *Zeitplan*	368
Die Vorlage *Gantt-Diagramm*	371
Die Vorlage *PERT-Diagramm*	377
Zusammenfassung	377

Seit vielen Versionen stellt Visio die vier Vorlagen *Gantt-Diagramm*, *PERT-Diagramm*, *Kalender* und *Zeitplan* zur Verfügung. Während die beiden Vorlagen *Zeitplan* und *Kalender* durch ihre Schlichtheit bestechen, verwundert es, dass die *Gantt-Diagramme* und *PERT-Diagramme* nicht verbessert oder modifiziert werden. Fast gewinnt man den Eindruck, dass Microsoft seine Ressourcen im Bereich Projektplan in das mächtige Werkzeug Microsoft Office Project steckt und in Visio die Projektplan-Vorlagen von Version zu Version unverändert übernimmt. Dennoch sollen diese vier Vorlagen an dieser Stelle besprochen und ihre Funktionalität gezeigt werden, da sie durchaus in semi-professionellen oder kleineren Zusammenhängen Verwendung finden können.

Die Vorlage *Kalender*

Nachdem Sie die Vorlage *Kalender* geöffnet haben (*Datei/Neu/Terminplan/Kalender*), stehen Ihnen sechs verschiedene Kalendertypen in der Schablone *Kalender-Shapes* zur Verfügung.

- Monat
- Woche
- Mehrere Wochen
- Miniatur des Monats
- Jahr
- Tag

Wird einer dieser sechs Kalender auf das Zeichenblatt gezogen, erhält der Benutzer die Frage nach Einstellungen. Wählen Sie das gewünschte Jahr, den Monat oder Anfangsdatum und Enddatum. Da die deutsche DIN-Norm 1355 den Montag als ersten Wochentag vorsieht, sollten Sie diese Einstellung belassen, es sei denn, Sie möchten explizit einen Kalender für die USA generieren. Dort beginnt die Woche am Sonntag.

So erstellen Sie einen Kalender:

1. Ziehen Sie das gewünschte Master-Shape auf das Zeichenblatt.
2. Tragen Sie im Dialogfeld *Konfigurieren* die gewünschten Daten ein. Das vorläufige Ergebnis sehen Sie in Abbildung 9.1.
3. Sollten Sie Änderungen an den Shapes vornehmen müssen, markieren Sie das betreffende Kalender-Shape und tragen Sie die Informationen in *Daten/Shape-Daten* ein.
4. Während der Monat auf die Mitte des Zeichenblattes platziert wird, werden die übrigen Shapes dort angezeigt, wo Sie sie fallen lassen. Verschieben Sie gegebenenfalls die Position.
5. Im Monats-Shape (analog im Shape *Woche* und *Mehrere Wochen*) können Sie ein Mitglieds-Shape markieren und dort Text eintragen.
6. Ziehen Sie die Master-Shapes aus der Schablone *Kalender-Shapes* auf das betreffende Kalender-Shape (*Woche*, *Monat* usw.). Die Shapes *Termine* und *Mehrtägige Ereignisse* öffnen das Dialogfeld *Konfigurieren*, wie Sie in Abbildung 9.2 sehen. Dort können die gewünschten Daten eingetragen werden. Im Kontextmenü der Shapes finden Sie den Menübefehl *Konfigurieren* – darüber können die Informationen im Nachhinein geändert werden. Diese beiden Shapes werden automatisch an die den Daten entsprechende Position im Kalender platziert.

Abbildg. 9.1 Der »Monat« wird erstellt

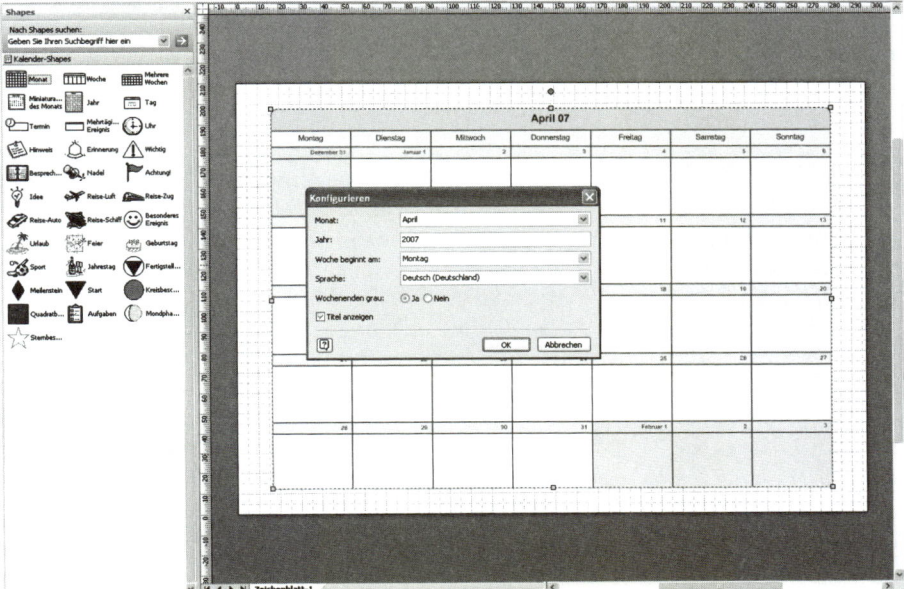

Abbildg. 9.2 Die Termine werden eingetragen

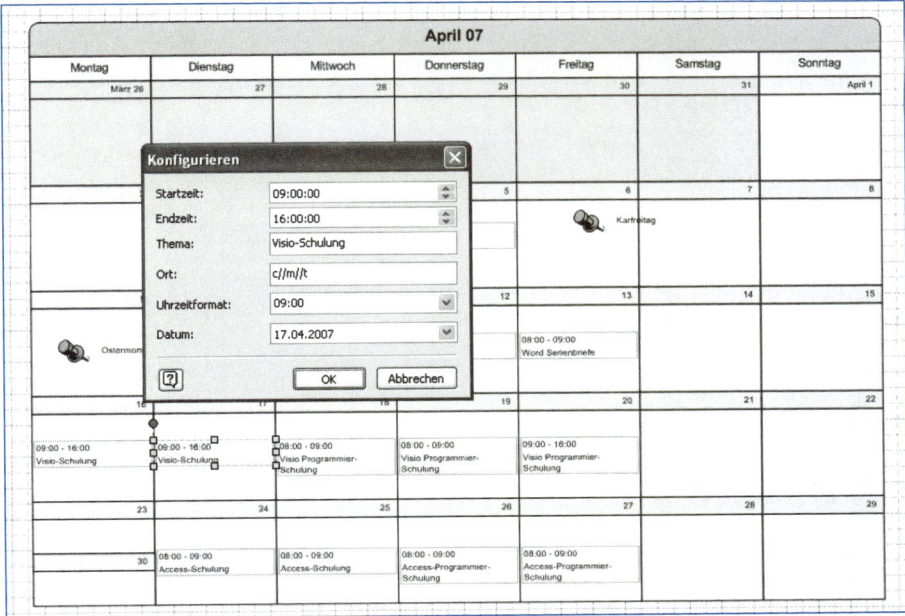

7. Jedes der übrigen Shapes (*Uhr, Hinweis, Erinnerung* usw.) kann ebenfalls beschriftet werden – markieren Sie das Shape auf dem Zeichenblatt und geben Sie den Text ein.

Kapitel 9   Die Vorlagen der Kategorie »Terminplan«

8. Mithilfe des Kontrollpunkts kann der Text verschoben werden.
9. Falls Sie weitere Zeichenblätter benötigen, fügen Sie ein weiteres Blatt ein (*Einfügen/Zeichenblatt*).
10. Speichern Sie die Zeichnung.
11. Falls nötig: drucken Sie die Zeichnung.

PROFITIPP

> Die Vorlage *Kalender* stellt für jemanden, der keine Ahnung von HTML hat, eine schnelle, effiziente und ansprechende Möglichkeit zur Verfügung, den Kalender ins Internet oder Intranet zu stellen. Sie können ihn mit *Datei/Als Webseite speichern* ins HTML-Format konvertieren. Beachten Sie, dass Sie in dem Dialogfeld, das sich hinter der Schaltfläche *Veröffentlichen* befindet, die Option *Details (Shape-Daten)* deaktivieren sollten, da Sie auf diesem oder diesen Zeichenblättern keine Shape-Daten liegen haben (siehe Abbildung 9.3).

Abbildg. 9.3   Der Kalender kann ins Internet oder Intranet gestellt werden

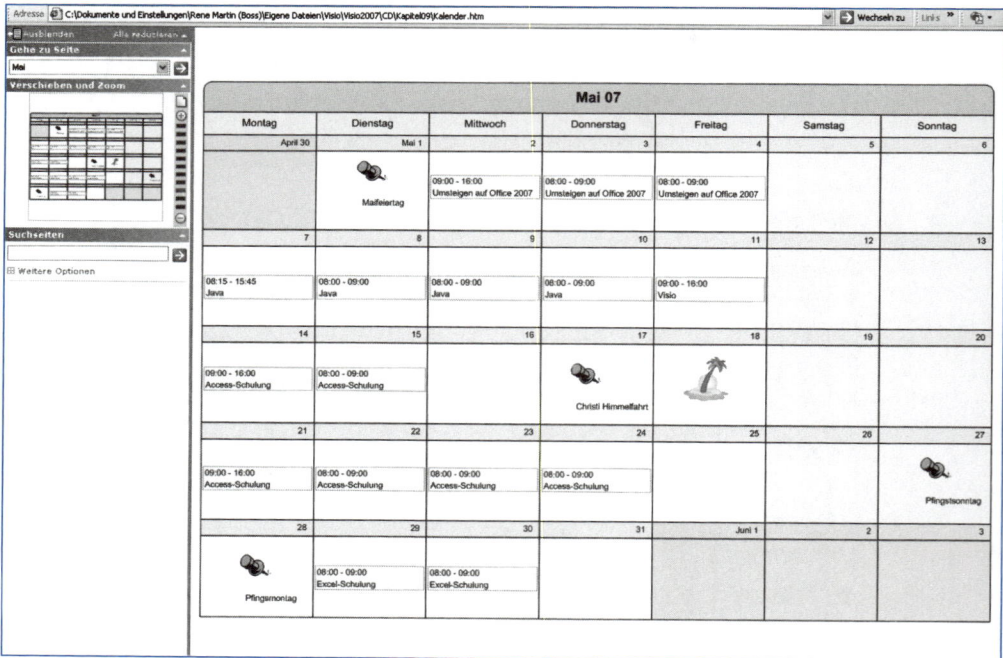

Die Vorlage *Zeitplan*

So erstellen Sie einen Zeitplan:

1. Öffnen Sie die Vorlage *Zeitplan* über den Menübefehl *Datei/Neu/Terminplan/Zeitplan*.
2. Ziehen Sie aus der Schablone *Zeitplan-Shapes* eines der fünf Zeitplan-Shapes (*Block-*, *Linien-*, *Lineal-*, *Unterteilter* und *Zylindrischer Zeitplan*) auf das Zeichenblatt.
3. Danach öffnet sich ein Dialogfeld, in dem Sie die Informationen zu Zeitperiode und Zeitformat einstellen können.

4. Tragen Sie Anfangs- und Endzeit des Plans und die Zeitskala ein.
5. Wenn Sie sich für eine Zeitskala *Wochen* entscheiden, sollten Sie den Wochenbeginn gemäß DIN-Norm 1355 auf Montag stellen.
6. Stellen Sie die Zeitskala auf Quartale; dann können Sie den Beginn des Geschäftsjahres eintragen.
7. Falls Sie abweichende Datumsformate wünschen, ändern Sie diese in der zweiten Registerkarte *Zeitformat*.

> **HINWEIS** Sämtliche dieser Einstellungen können im Nachhinein noch verändert werden.

8. Verschieben Sie das Shape auf dem Zeichenblatt an die gewünschte Position.
9. Wenn Sie die Daten des Zeitplans ändern möchten, markieren Sie das Shape und klicken auf den Menübefehl *Zeitplan/Zeitplan konfigurieren*.
10. Falls Sie sich doch für einen anderen Zeitplan entscheiden, müssen Sie nicht den alten löschen und einen neuen auf das Blatt ziehen, sondern Sie können ihn über das Kontextmenü *Zeitplantyp festlegen* oder über die Shape-Daten *Typ des Zeitplans* in eine der anderen vier Varianten konfigurieren.

> **HINWEIS** Sämtliche fünf Varianten unterscheiden sich nicht durch eine bestimmte Funktionalität, sondern lediglich durch ihr Aussehen.

11. Ziehen Sie nun einen oder mehrere Meilensteine auf das Zeichenblatt. Sie müssen ihn nicht unbedingt auf der Zeitskala fallen lassen – er rastet automatisch darauf ein. Nach dem Herausziehen öffnet sich ein Dialogfeld, in dem Sie das Datum, das Datumsformat und die Beschreibung eintragen können. Per definitionem haben Meilensteine keine zeitliche Ausdehnung – deshalb sollten Sie die Dauer auf *00:00:00* stehen lassen.
12. Änderungen an dem Datum oder dem Text können Sie vornehmen, indem Sie den Meilenstein markieren. Wählen Sie anschließend den Befehl *Meilenstein konfigurieren* aus dem Kontextmenü oder dem Menü *Zeitplan*.
13. Im Kontextmenü oder im Fenster *Shape-Daten* finden Sie die Option *Meilensteintyp festlegen*. Dort können Sie die Form des Meilensteins in eine der anderen acht Varianten konvertieren.
14. Ähnlich wie der Meilenstein funktionieren die vier Shapes *Blockintervall*, *Klammerintervall 1*, *Klammerintervall 2* und *Zylindrisches Intervall*. Im Gegensatz zum Meilenstein werden hier *Anfangsdatum* und *Abschlussdatum* eingegeben (siehe Abbildung 9.4).
15. Änderungen an dem Datum oder dem Text können Sie vornehmen, indem Sie das Zeitintervall markieren. Wählen Sie anschließend den Befehl *Intervall konfigurieren* aus dem Kontextmenü oder dem Menü *Zeitplan*.
16. Im Kontextmenü oder im Fenster *Shape-Daten* finden Sie die Option *Intervalltyp festlegen*. Dort können Sie die Form des Meilensteins in eine der anderen drei Varianten konvertieren.
17. Das Shape *'Heute'-Marker* ist das einfachste der Shapes. Wird es auf das Zeichenblatt gezogen, rastet es am heutigen Datum ein und kennzeichnet so die Position des aktuellen Tages.

Kapitel 9 Die Vorlagen der Kategorie »Terminplan«

Abbildg. 9.4   Ein Diagramm mit der Vorlage *Zeitplan*

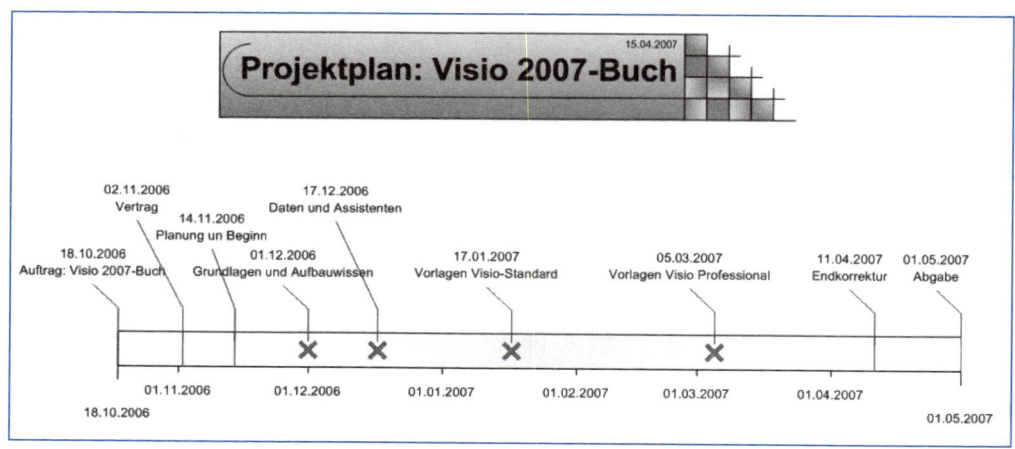

> **HINWEIS**   Selbstverständlich können Sie auch diese Zeichnungen als Webseite speichern und im Internet oder Intranet veröffentlichen.

Abbildg. 9.5   Auch solch ein Zeitplan kann mit der Vorlage *Zeitplan* schnell erstellt werden

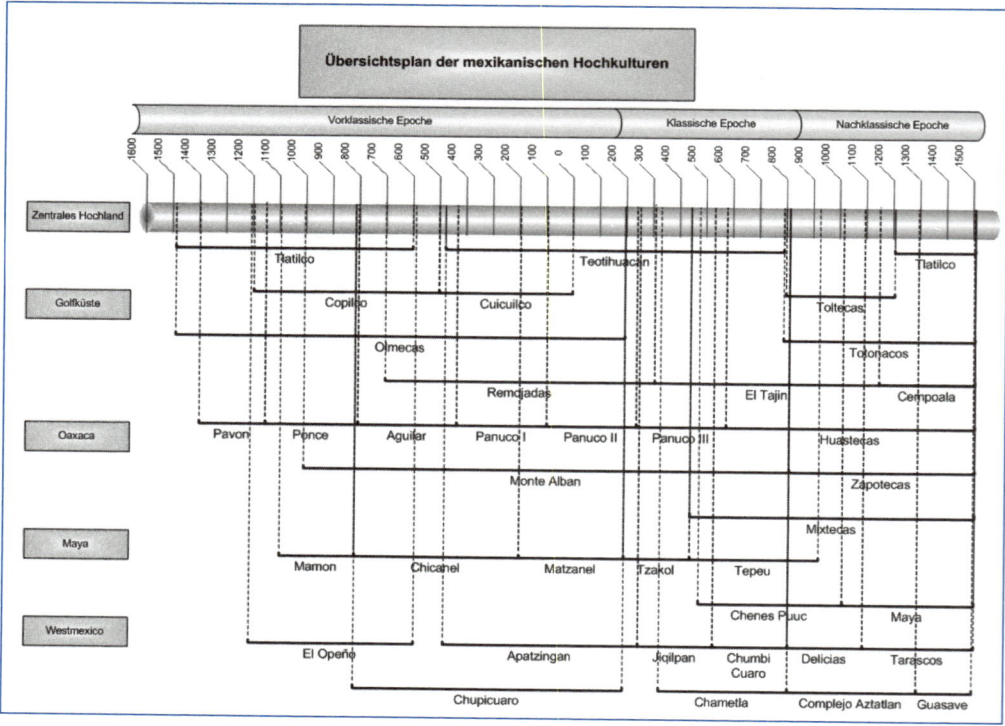

Die Vorlage *Gantt-Diagramm*

Der Berater Henry L. Gantt entwickelte zu Beginn des zwanzigsten Jahrhunderts ein Werkzeug für das Projektmanagement, das die zeitliche Abfolge von Aktivitäten grafisch in Form von Balken auf einer Zeitachse darstellte. Nach ihm wurde es Gantt-Diagramm oder Balkenplan benannt. Im Unterschied zum Netzplan ist die Dauer der Aktivitäten im Gantt-Diagramm deutlich sichtbar.

So erstellen Sie in Visio ein Gantt-Diagramm:

1. Öffnen Sie die Vorlage über den Menübefehl *Datei/Neu/Terminplan/Gantt-Diagramm*.
2. Beim Öffnen wird ein Dialogfeld angezeigt (siehe Abbildung 9.6). Darin werden Sie nach der Anzahl der Aufgaben, dem Anfangs- und Abschlussdatum und den Datumsformaten gefragt. Auf der Registerkarte *Format* können Sie das Aussehen und Verhalten seiner Elemente auf der Zeichnung festlegen.

Abbildg. 9.6   Nach dem Öffnen der Vorlage werden die Daten eingegeben

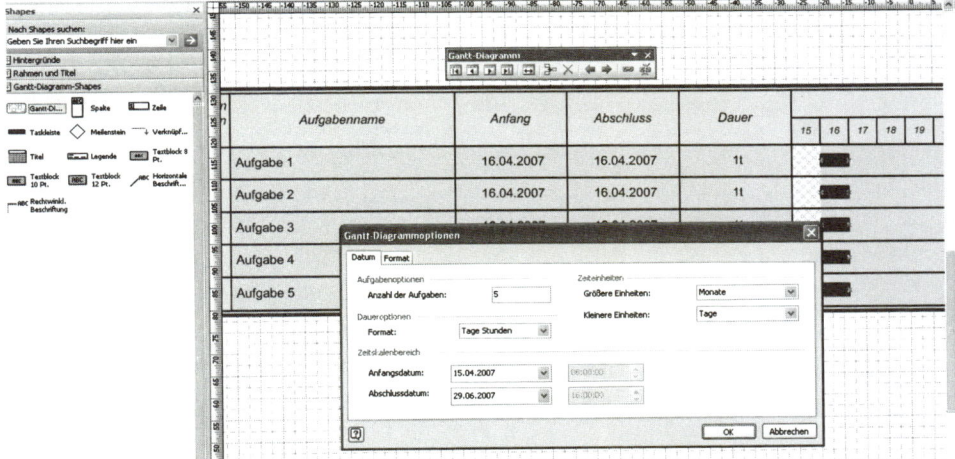

3. Markieren Sie die einzelnen Aufgabennamen und beschriften Sie die Mitglieds-Shapes.
4. Neue Aufgaben werden über einer bestehenden Aufgabe eingefügt, indem Sie die Aufgabe markieren und im Kontextmenü *Neue Aufgabe* anklicken (siehe Abbildung 9.7). Über das Kontextmenü können Sie bestehende Aufgaben löschen.
5. Markieren Sie die Felder *Anfang* und *Abschluss* und tragen Sie dort die Daten ein. Oder Sie markieren das Feld *Dauer* und tragen die Dauer mit den Einheiten m (Minuten), h (Stunden), t (Tage), w (Wochen) ein, wie Sie in Abbildung 9.8 sehen.

ACHTUNG   Beachten Sie, dass das Datum komplett eingetragen werden muss. Eine Datumsangabe wie beispielsweise »05.05.« wird nicht akzeptiert. Sie müssen mindestens »»5.5.07« eintragen.

Kapitel 9 **Die Vorlagen der Kategorie »Terminplan«**

Abbildg. 9.7 Die Aufgabennamen werden eingegeben; die Liste kann erweitert werden

Kennung	Aufgabe	Abschluss	Dauer
1	Schulungsbedarf ermitteln	16.04.2007	1t
2	Erweiterung der bestehenden Quali-Matrix	16.04.2007	1t
3	Festlegung der zu qualifizierenden MA	16.04.2007	1t
4	Planung der Quali-Kapazität	16.04.2007	1t
5	Terminplan festlegen	16.04.2007	1t
6	Interne Qualifizierung/Schulungsdurchführung	16.04.2007	1t
7	Bewertung des Seminars durch den Trainer	16.04.2007	1t
8	Quali-Matrix aktualisieren	16.04.2007	1t
9	Abschluss	16.04.2007	1t

Kontextmenü:
- Aufgaben verknüpfen
- Verknüpfung der Aufgaben aufheben
- Gliederungsebene verringern
- Gliederungsebene erweitern
- Spalte einfügen…
- Spalte ausblenden
- Neue Aufgabe
- Aufgabe löschen
- Bildlauf zur Aufgabe

Abbildg. 9.8 Die Datumsangaben werden eingetragen

Anfang	Abschluss	Dauer
16.04.2007	20.04.2007	5t
23.04.2007	23.04.2007	1t
24.04.2007	24.04.2007	1t
30.04.2007	30.04.2007	1t
02.05.2007	04.05.2007	3t
07.05.2007	15.06.2007	30t
18.06.2007	19.06.2007	2t
20.06.2007	27.06.2007	6t
28.06.2007	28.06.2007	1t
29.06.2007	29.06.2007	1t

Die Vorlage Gantt-Diagramm

6. Anschließend können Sie die Aufgaben miteinander verknüpfen. Markieren Sie zwei oder mehrere Aufgaben und wählen Sie im Kontextmenü die Option *Aufgaben verknüpfen* (siehe Abbildung 9.9). Nun wirkt sich eine Datumsänderung oder eine Änderung der Dauer auf sämtliche nachfolgenden Aufgaben aus. Über das Kontextmenü können Sie die *Verknüpfung der Aufgaben aufheben*.

Abbildg. 9.9   Die Aufgaben werden miteinander verknüpft

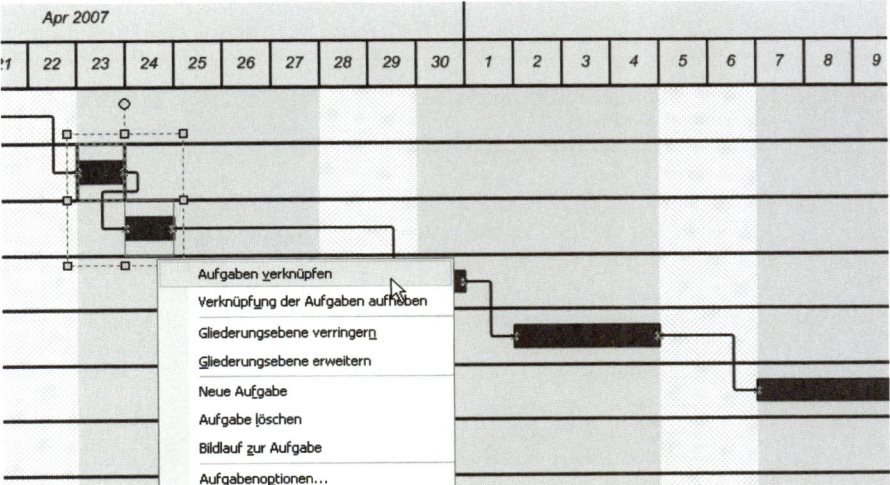

7. Sie können Unterebenen einrichten. Fügen Sie neue Aufgaben in Ihr Diagramm, tragen Sie die Aufgabentexte und die Angaben über die Dauer ein. Markieren Sie die übergeordneten und untergeordneten Aufgaben. Im Kontextmenü finden Sie den Befehl *Gliederungsebene erweitern* (siehe Abbildung 9.10).

Abbildg. 9.10   Mehrere Unterebenen werden eingefügt

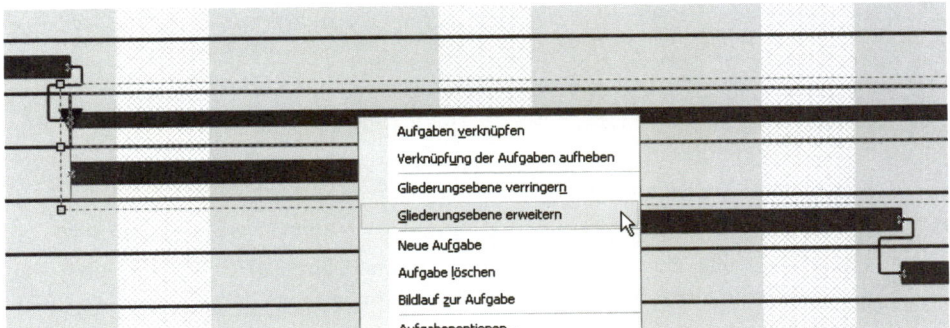

Kapitel 9 Die Vorlagen der Kategorie »Terminplan«

Abbildg. 9.11   Die untergeordneten Aufgaben werden automatisch eingerückt

6	Interne Qualifizierung/ Schulungsdurchführung	04.05.2007	14.06.2007	30t
7	Word	04.05.2007	10.05.2007	5t
8	Excel	11.05.2007	21.05.2007	7t
9	Powerpoint	22.05.2007	24.05.2007	3t
10	Access	25.05.2007	07.06.2007	10t
11	Visio	08.06.2007	14.06.2007	5t
12	Bewertung des Seminars durch die Teilnehmer	18.06.2007	19.06.2007	2t

8. Sie finden einige Einstellungen im Menübefehl *Gantt-Diagramm/Optionen* (siehe Abbildung 9.12). Ebenso können Sie festlegen, an welchen Wochentagen gearbeitet wird und zu wann Arbeitsbeginn und -ende liegen. Diese Einstellung finden Sie im Menübefehl *Gantt-Diagramm/ Arbeitszeit konfigurieren*. Die tägliche Arbeitszeit ist natürlich nur wichtig, wenn Sie einzelne Aufgaben stundenweise anordnen.

Abbildg. 9.12   Die Diagrammoptionen

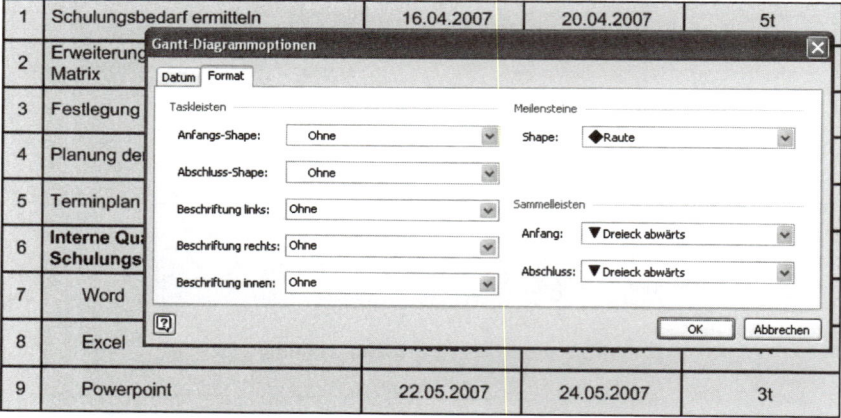

9. Speichern Sie das Diagramm.
10. Exportieren Sie es ins Format HTML, falls Sie dies möchten.
11. Exportieren Sie das Diagramm in ein anderes Format, falls Sie dies möchten.

Ihnen steht über den Menübefehl *Gantt-Diagramm/Exportieren* die Möglichkeit zur Verfügung, die Daten in eines der folgenden Formate zu exportieren:

- Microsoft Office Excel-Datei (Excel 2007 *.xlsx*, *.xlsm*, *.xlsb* oder Excel 2000 *.xls*) (siehe Abbildung 9.14)
- Textdatei (*.txt*)
- MPX-Datei für Microsoft Project 2007 (*.mpx*) (siehe Abbildung 9.13)
- Microsoft Project

Die Vorlage Gantt-Diagramm

Abbildg. 9.13   Die nach Project exportierten Daten

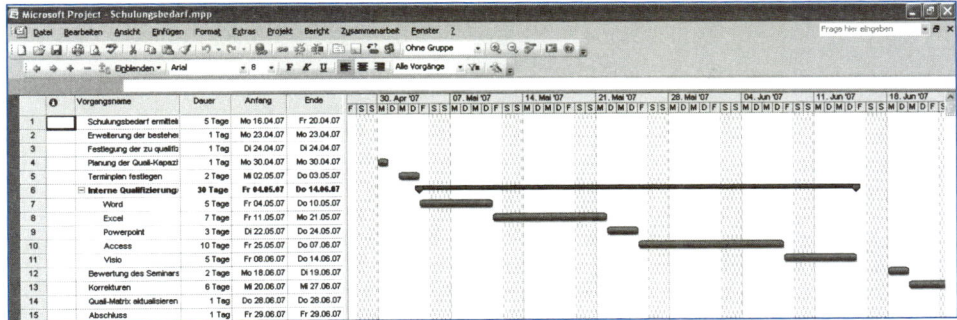

Abbildg. 9.14   Die nach Excel exportierten Daten

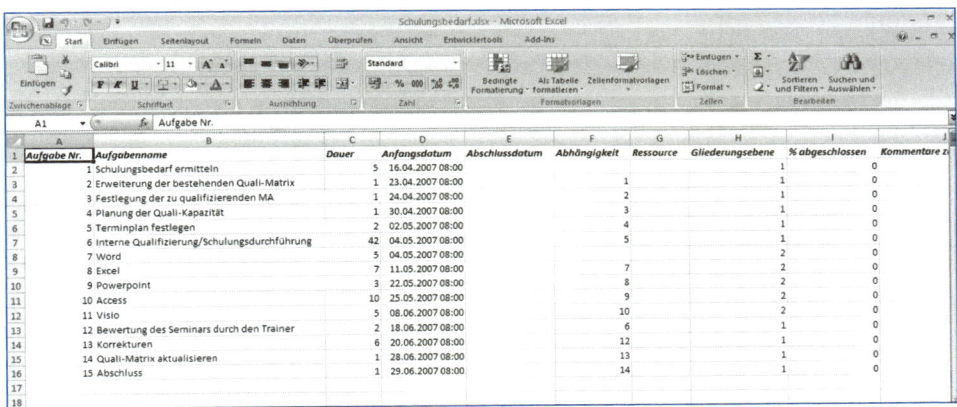

Auch der umgekehrte Weg ist denkbar: Textdaten, eine Project-Datei oder eine Excel-Mappe können mithilfe des Menübefehls *Gantt-Diagramm/Importieren* nach Visio importiert werden (siehe Abbildung 9.15 und Abbildung 9.16). In dem Verzeichnis, in dem Sie Visio gespeichert haben, finden Sie einen Unterordner *Samples/1031*. Darin liegen die Dateien *TIMELINE.mpp* und *PROJTL.xls*. Mit ihnen können Sie den Datenimport testen. Beachten Sie, dass die Datei geschlossen sein muss, wenn Sie die Daten importieren. Sonst bricht der Assistent mit einer Fehlermeldung ab.

ACHTUNG   Beachten Sie, dass der Import einer Project-Datei nur funktioniert, wenn Sie Project auf Ihrem Rechner installiert haben.

Abbildg. 9.15   Die Excel-Daten

Abbildg. 9.16 Das Diagramm nach dem Import nach Visio

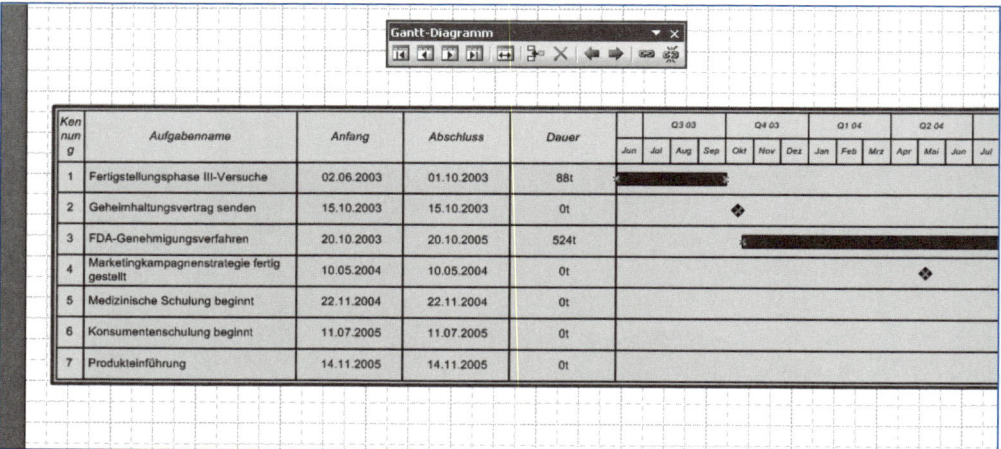

Abbildg. 9.17 Auch größere Project-Dateien werden problemlos importiert.

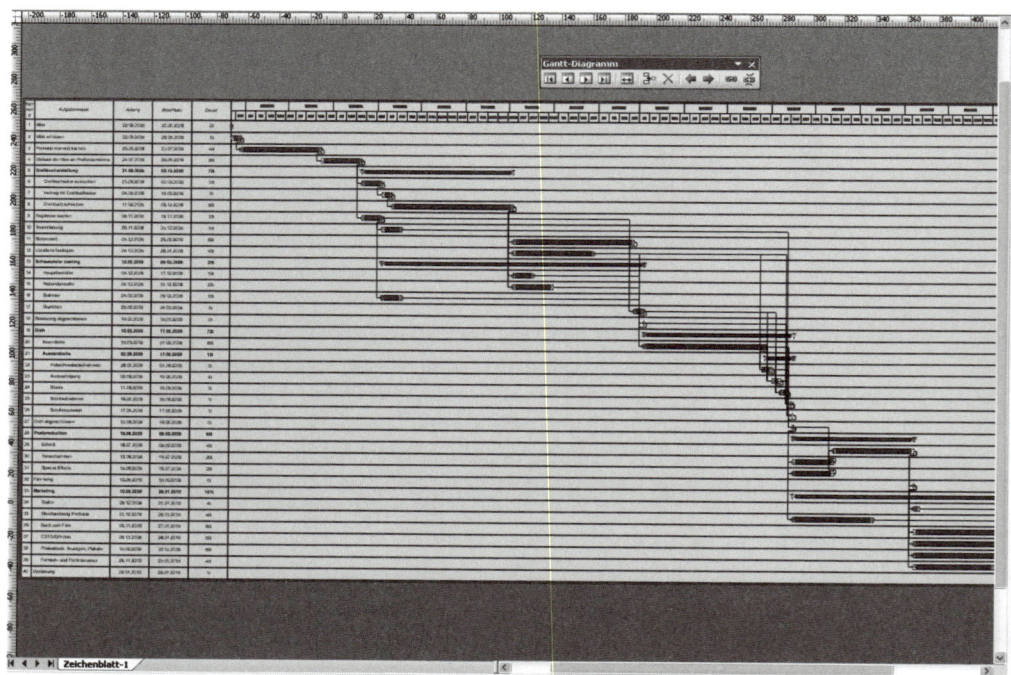

Die Vorlage *PERT-Diagramm*

Während beim Gantt-Diagramm der zeitliche Ablauf im Vordergrund steht, liegt der Fokus beim PERT-Diagramm (Project Evaluation and Review Technique) auf den einzelnen Prozessen. Die Dauer spielt nur eine untergeordnete Rolle. Anders als in Microsoft Project kann ein Gantt-Diagramm nicht per Mausklick in ein PERT-Diagramm konvertiert werden. Es muss neu erzeugt werden. Dazu gehen Sie wie folgt vor:

1. Öffnen Sie die Vorlage *Datei/Neu/Terminplan/PERT-Diagramm*.
2. Ziehen Sie die Shapes *PERT 1* und *PERT 2* auf das Zeichenblatt.
3. Beschriften Sie das Shape mit dem Aufgabennamen.
4. Markieren Sie die Mitglieds-Shapes der Gruppe und beschriften Sie diese.
5. Verbinden Sie die Shapes mit dem Shape *Verbinder Linie* oder mit einem *dynamischen Verbinder*.
6. Ziehen Sie das Shape *Zusammenfassung* aus der Schablone auf das Zeichenblatt. Aus diesem Shape kann über den Kontrollpunkt eine Linie herausgezogen werden. Damit kann es mit anderen Shapes markiert werden (siehe Abbildung 9.18).

Abbildg. 9.18 Ein PERT-Diagramm

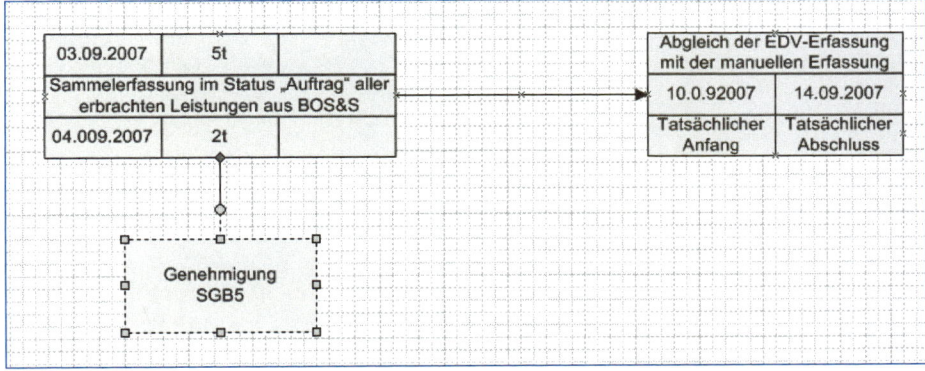

Zusammenfassung

Während die beiden Vorlagen *Kalender* und *Zeitplan* leicht zu bedienen sind und in kurzer Zeit einen Tages-, Monats- oder Jahres-Kalender erzeugen beziehungsweise einen zeitlichen Verlauf auf einer Datumsachse darstellen können, mangelt es den Vorlagen *Gantt-Diagramm* und *PERT-Diagramm* an vielen wichtigen Dingen. Als Kritikpunkte sind zu nennen:

- Es können keine Ressourcen eingegeben werden.
- Folglich können auch die Kosten eines Projektes nicht berechnet werden.
- Es gibt nur eine Ende-Anfang-Beziehung. Die anderen Beziehungen – vor allem Ende-Ende – fehlen leider.
- Es können keine Pufferzeiten zwischen den einzelnen Vorgängen festgelegt werden.

Kapitel 9 Die Vorlagen der Kategorie »Terminplan«

- Ein Gantt-Diagramm kann nicht in ein PERT-Diagramm konvertiert werden.
- Der Kalender kann nicht modifiziert werden. Es ist beispielsweise keine 38-Stunden-Woche möglich, Feiertage, regelmäßige Daten und so weiter können nicht eingegeben werden.
- Geplante Projekte können nicht mit der Realität verglichen werden.

Es lassen sich noch viele weitere Kritikpunkte an diesen beiden Vorlagen finden. Die Praxis zeigt, dass mit Visio schnell ein kleines Gantt-Diagramm erstellt werden kann – mehr leistet es jedoch nicht.

Kapitel 10

Visio Professionell-Vorlagen: »Konstruktion«

In diesem Kapitel:

Die Vorlage *Elektrotechnik allgemein*	380
Die Vorlagen *Industrielle Steuerungssysteme, Systeme, Schaltkreise und Logik* und *Systeme*	384
Die Vorlage *Pneumatik/Hydraulik*	384
Die Vorlage *Gas-, Wasser-, Sanitärdiagramm*	386
Die Vorlage *Teile- und Zusammenbauzeichnung*	391
Zusammenfassung	392

Die Anwendungsbereiche der acht Vorlagen der Kategorie *Konstruktion* sind klar umrissen: Es geht um die Darstellungen von Elektronik und elektrotechnischen Schaltplänen, um Darstellung von hydraulischen und pneumatischen Anlagen, Steuerungssystemen und Schaltkreisen. Auffällig ist hierbei die große Anzahl an Schablonen und Shapes und die Tatsache, dass viele der Shapes weitere Darstellungen in sich bergen.

Sicherlich kann das folgende Kapitel nicht jedes einzelne Shape und jede einzelne Option in den Kontextmenüs erläutern – jedoch sollen die grundlegenden Funktionen der wichtigsten Shapes beschrieben werden, mit denen Sie Zeichnungen erstellen können.

Die Vorlage *Elektrotechnik allgemein*

In der Vorlage *Elektrotechnik allgemein* finden sich keine besonderen Einstellungen: Die Formatvorlage *Verbinder* ist nicht mit Pfeilspitzen vorformatiert, es wurde kein Maßstab eingestellt, es sind keine Assistenten an die Vorlage gebunden, die Druckereinrichtung des Zeichenblatts ist auf Querformat und DIN-A4 eingestellt, die Linien springen horizontal.

So erstellen Sie eine Zeichnung *Elektrotechnik allgemein*:

1. Öffnen Sie die Vorlage *Datei/Neu/Konstruktion/Elektrotechnik allgemein*.
2. Ziehen Sie die benötigten Shapes auf das Zeichenblatt. Beachten Sie, dass die meisten Shapes als Rechteck vorliegen und mit Verbindungspunkten versehen sind, wie Sie in Abbildung 10.1 sehen können. Die typischen Elemente einer Schaltung sind auf den Schablonen *Grundlegende Elemente*, *Halbleiter und Elektronenröhren* und *Schalter und Relais* verteilt.

Abbildg. 10.1 Viele der Shapes sind mit Verbindungspunkten versehen, über das Kontextmenü kann zwischen *PNP-* und *NPN-*Transistor umgeschaltet werden.

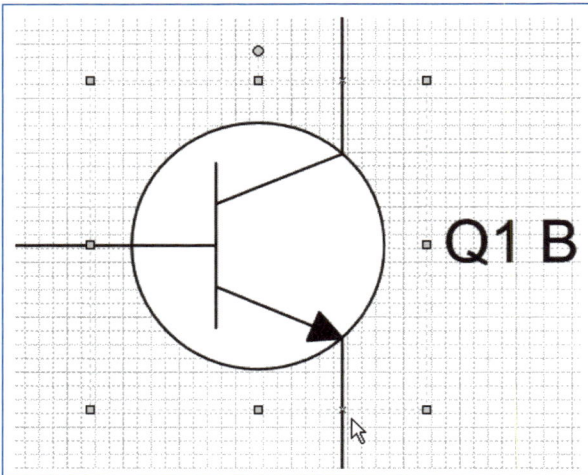

3. Falls Sie Shapes auf einer gleichen horizontalen oder vertikalen Ebene liegen lassen möchten, können Sie mehrere Shapes markieren und über *Shape/Shapes ausrichten* auf die gleiche Höhe oder Breite verschieben.

4. Falls Sie die gerichteten Shapes um 90 Grad kippen möchten, markieren Sie das Shape und drehen es über den Menübefehl *Shape/Drehen oder kippen/Nach links kippen* beziehungsweise *Shape/Drehen oder kippen/Nach rechts kippen*.
5. Wenn Sie mehrere Shapes markieren möchten, können Sie den Assistenten in *Bearbeiten/Auswahl nach Typ/Layer* verwenden. Sämtliche Shapes der Vorlage *Elektrotechnik allgemein* liegen auf dem Layer *Elektrisch*.
6. Wenn Sie zwei Shapes, die mit einer physikalischen (Strom-)leitung verbunden werden sollen, verbinden möchten, aktivieren Sie das Symbol *Automatischer Verbinder* und ziehen eine Verbindungslinie von einem Shape zu einem anderen. Die Krümmung der Verbindungslinie können Sie über die Ziehpunkte beeinflussen.
7. Wenn sich zwei Verbinderlinien kreuzen, wird der horizontalen Linie ein Sprung hinzugefügt. Dies zeigt der Ausschnitt in *Abbildung 10.2*. Möchten Sie dieses Sprungverhalten ändern beziehungsweise deaktivieren, finden Sie im Menübefehl *Datei/Seite einrichten/Layout und Routing* unter *Liniensprünge* eine Reihe von Optionen. Möchten Sie nur für eine Linie das Verhalten ändern, markieren Sie die Linie und stellen in *Format/Verhalten/Verbinder* ein, dass die *Liniensprünge* nicht *nach Blattvorgabe* verlaufen, sondern wählen Sie die entsprechende Option.

Abbildg. 10.2 Sich kreuzende Verbindungslinien »springen«

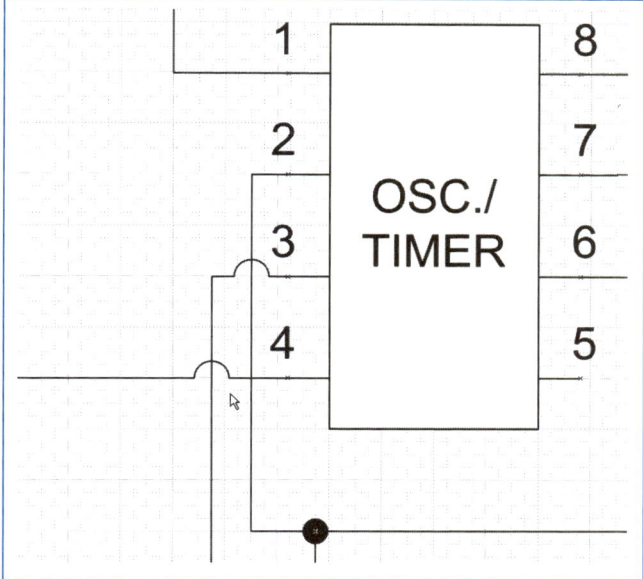

8. Umgekehrt kann es sein, dass ein Verbinder verzweigt. Markieren Sie den Verbinder und aktivieren Sie das Werkzeug *Verbindungspunkt verschieben*. Klicken Sie bei gedrückter `Strg`-Taste auf die Stelle des Verbinders, wo der neue Verbindungspunkt sitzen soll. Nun kann an diese Stelle eine neue Linie geklebt werden. Alternativ können Verbindungen und Kreuzungen über die beiden Shapes *Verbindung* beziehungsweise *Verbindung/Kreuzung* erstellt werden, die Sie in der Schablone *Übertragungspfade* finden.

Kapitel 10   Visio Professionell-Vorlagen: »Konstruktion«

> **TIPP**   Beachten Sie, dass fast alle der elektrotechnischen Shapes mehrere Gestalten besitzen. Sie finden die anderen Darstellungen im Kontextmenü. Wenn Sie häufig zwischen den verschiedenen Darstellungsvarianten wechseln müssen, lassen Sie sich das Fenster *Shape-Daten* anzeigen. Nicht alle, aber sehr viele der Einstellungen können darüber konfiguriert werden.

9. Wird Ihre Zeichnung größer als DIN-A4, können Sie das Zeichenblatt über den Menübefehl *Datei/Seite einrichten/Zeichenblattgröße* von DIN-A4 auf DIN-A3 vergrößern. Alternativ können Sie mit gedrückter `Strg`-Taste einen der vier Ränder ziehen – so erhalten Sie ein größeres Zeichenblatt.

PROFITIPP

> Wenn Sie sehr im Detail der Zeichnung arbeiten, jedoch den Gesamtüberblick nicht verlieren möchten, öffnen Sie das *Verschiebe- und Zoomfenster* (Menü *Ansicht*). Damit können Sie schnell den Zoom einstellen, den Ausschnitt, an dem Sie gerade arbeiten, verschieben und behalten die gesamte Zeichnung im Blick (siehe Abbildung 10.3).

Abbildg. 10.3   Das Fenster *Verschieben und Zoom*

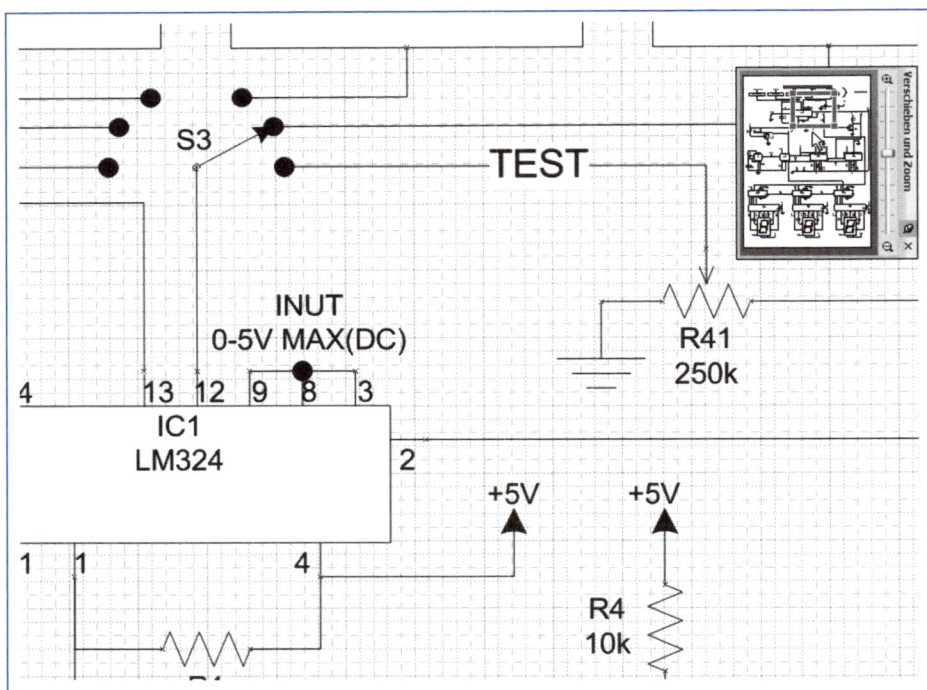

10. Die Ränder des Ausdrucks lassen sich über den Menübefehl *Ansicht/Seitenumbruch* sichtbar machen.
11. Speichern Sie die Datei. Sie können die Datei auch ins *.dwg oder *.dxf-Format exportieren zur Weiterverarbeitung in einem CAD-Programm. Sie finden beide Einstellungen im Menübefehl *Datei/Speichern unter/Dateityp*.

12. Kontrollieren Sie die Datei über *Datei/Seitenansicht*.
13. Drucken Sie die Datei, falls gewünscht.

Abbildg. 10.4   Die fertige Zeichnung

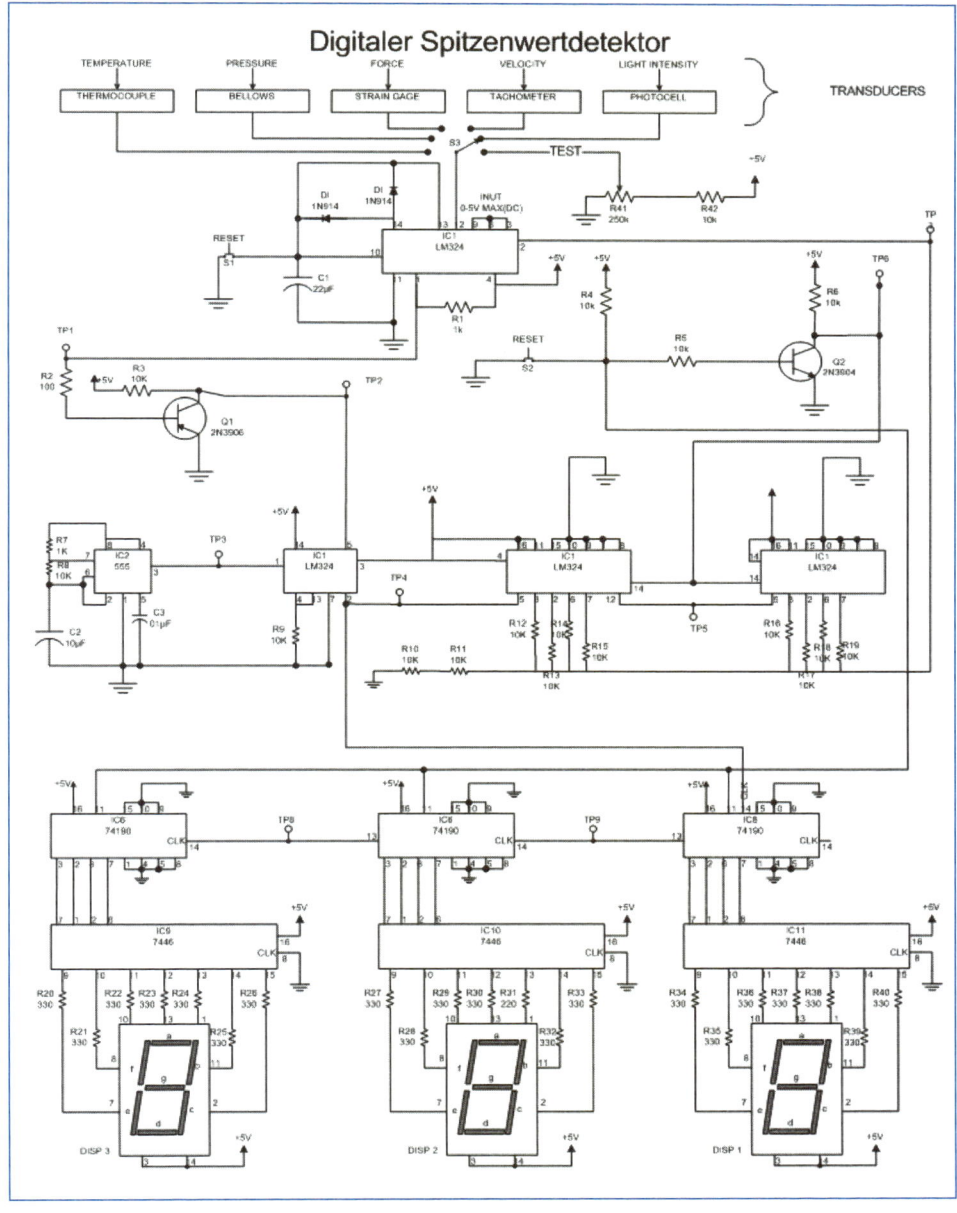

Kapitel 10   Visio Professionell-Vorlagen: »Konstruktion«

Die Vorlagen *Industrielle Steuerungssysteme, Systeme, Schaltkreise und Logik* und *Systeme*

Das Arbeiten mit diesen vier Vorlagen entspricht im Wesentlichen dem Arbeiten mit der Vorlage *Elektrotechnik allgemein*. Beachten Sie auch hier, dass fast alle der Shapes mehrere Darstellungsformen besitzen, die Sie im Kontextmenü der einzelnen Shapes finden. Da bereits im Abschnitt Die Vorlage *Elektrotechnik allgemein* die wesentlichen Schritte beschrieben wurden, soll es in diesem Abschnitt nicht noch einmal wiederholt werden.

Die Vorlage *Pneumatik/Hydraulik*

In dieser Vorlage finden sich keine besondern Einstellungen: Die Formatvorlage *Verbinder* ist nicht mit Pfeilspitzen vorformatiert, es wurde kein Maßstab eingestellt. es sind keine Assistenten an die Vorlage gebunden, die Druckereinrichtung des Zeichenblatts ist auf Querformat und DIN-A4 eingestellt, die Linien springen horizontal. Beachten Sie, dass keines der Shapes auf einem Layer liegt.

So erstellen Sie eine Zeichnung mit pneumatischen oder hydraulischen Elementen.

1. Öffnen Sie die Vorlage *Datei/Neu/Konstruktion/Pneumatik/Hydraulik*.
2. Ziehen Sie die benötigten Shapes auf das Zeichenblatt. Beachten Sie, dass einige Shapes als Rechteck vorliegen, andere als Linie. Die meisten der Shapes sind jedoch mit Verbindungspunkten versehen, wie Sie in Abbildung 10.5 sehen können.

Abbildg. 10.5   Die meisten Shapes sind mit Verbindungspunkten versehen

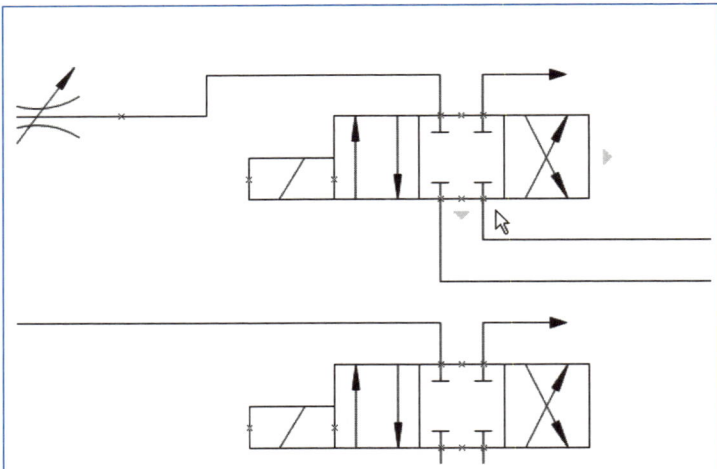

3. Falls Sie Shapes auf einer gleichen horizontalen oder vertikalen Ebene liegen lassen möchten, können Sie mehrere Shapes markieren und über *Shape/Shapes ausrichten* auf die gleiche Höhe oder Breite verschieben.
4. Falls Sie die gerichteten Shapes um 90 Grad kippen möchten, markieren Sie das Shape und drehen es über den Menübefehl *Shape/Drehen oder kippen/Nach links kippen* beziehungsweise *Shape/Drehen oder kippen/Nach rechts kippen*.

Die Vorlage Pneumatik/Hydraulik

5. Wenn Sie zwei Shapes, die mit einer physikalischen (Rohr-)leitung verbunden werden sollen, verbinden möchten, aktivieren Sie das Symbol *Automatischer Verbinder* und ziehen eine Verbindungslinie von einem Shape zu einem anderen. Die Krümmung der Verbindungslinie können Sie über die Ziehpunkte beeinflussen. Selbstverständlich sollten Sie den statischen Verbinder verwenden, da die Ausgänge mit bestimmten Funktionen belegt sind. Schließlich wollen Sie entscheiden, welcher Verbinder an welchem Ausgang klebt und wollen die Entscheidung nicht Visio überlassen. Statt des *automatischen Verbinders* können Sie auch eine Linie aus der Schablone *Verbinder* auf das Zeichenblatt ziehen und die beiden Enden mit den Verbindungspunkten der Shapes verbinden.

6. Wenn sich zwei Verbinderlinien kreuzen, wird der horizontalen Linie ein Sprung hinzugefügt. Möchten Sie dieses Sprungverhalten ändern beziehungsweise deaktivieren, finden Sie im Menübefehl *Datei/Seite einrichten/Layout und Routing* unter *Liniensprünge* eine Reihe von Optionen. Möchten Sie nur für eine Linie das Verhalten ändern, markieren Sie die Linie und stellen in *Format/Verhalten/Verbinder* ein, dass die *Liniensprünge* nicht *nach Blattvorgabe* verlaufen, sondern wählen die entsprechende Option.

7. Umgekehrt kann es sein, dass ein Verbinder verzweigt. Markieren Sie den Verbinder und aktivieren Sie das Werkzeug *Verbindungspunkt verschieben*. Klicken Sie bei gedrückter `Strg`-Taste auf die Stelle des Verbinders, wo der neue Verbindungspunkt sitzen soll. Nun kann an diese Stelle eine neue Linie geklebt werden. Leider befindet sich keine Verbindung oder Kreuzung in einer der fünf geöffneten Schablonen. Wenn Sie gerne mit einem Kreuzungs-Shape arbeiten möchten, öffnen Sie die Schablone Übertragungspfade über den Menübefehl *Datei/Shapes/Konstruktion/Elektrotechnik/Übertragungspfade*. Dort können Sie die beiden Shapes *Verbindung* beziehungsweise *Verbindung/Kreuzung* verwenden. An sie können mehrere Linien geklebt werden.

TIPP Beachten Sie, dass fast alle der pneumatischen und hydraulischen Shapes mehrere Gestalten besitzen (siehe Abbildung 10.6). Sie finden die anderen Darstellungen im Kontextmenü. Leider werden diese Varianten nicht im Fenster *Shape-Daten* angezeigt. Beachten Sie auch, dass mehrere der Shapes Kontrollpunkte besitzen. Mit ihrer Hilfe kann die Lage des Shapes verschoben und ihre Form geändert werden.

Abbildg. 10.6   Die meisten Shapes beinhalten mehrere Darstellungen

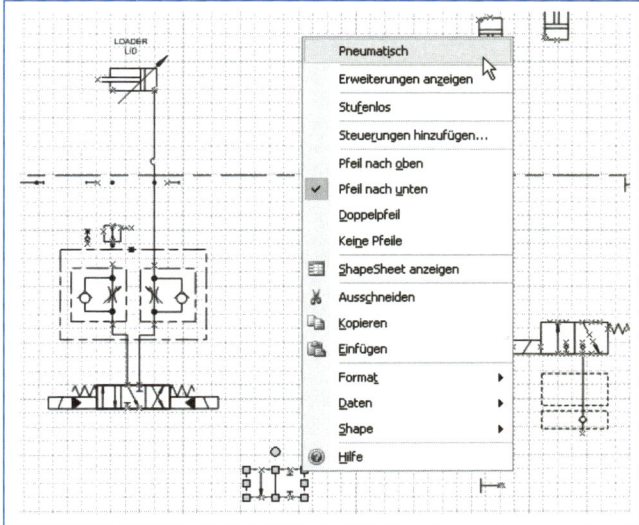

Kapitel 10 Visio Professionell-Vorlagen: »Konstruktion«

8. Wird Ihre Zeichnung größer als DIN-A4, können Sie das Zeichenblatt über den Menübefehl *Datei/Seite einrichten/Zeichenblattgröße* von DIN-A4 auf DIN-A3 vergrößern. Alternativ können Sie mit gedrückter `Strg`-Taste einen der vier Ränder ziehen – so erhalten Sie ein größeres Zeichenblatt.
9. Die Ränder des Ausdrucks lassen sich über den Menübefehl *Ansicht/Seitenumbruch* sichtbar machen.
10. Speichern Sie die Datei. Sie können die Datei auch ins *.dwg oder *.dxf-Format exportieren. Sie finden beide Einstellungen im Menübefehl *Datei/Speichern unter/Dateityp*.
11. Kontrollieren Sie die Datei über *Datei/Seitenansicht*.
12. Drucken Sie die Datei, falls gewünscht.

Häufig stellen Firmen eigene Normen für die Darstellung ihrer Shapes auf. Wenn Sie Shapes benötigen, die Sie in keiner der vorhandenen Schablonen finden, erstellen Sie eigene Shapes. Das detaillierte Vorgehen wird in Kapitel 4 ausführlich beschrieben.

Die Vorlage *Gas-, Wasser-, Sanitärdiagramm*

Wenn Sie diese Vorlage öffnen, fällt auf, dass sie einen neuen Menübefehl *Verfahrenstechnik* (zwischen den beiden Menüs *Shape* und *Fenster*) aufweist. Der Gitterabstand ist auf *fest* eingestellt (*Extras/Lineal und Gitter*), die querformatige Seite ist als Papiergröße auf DIN-A3 eingestellt, während die Druckereinrichtung auf DIN-A4 im Hochformat steht. Es wurde kein Zeichnungsmaßstab eingestellt, die Linien springen horizontal als Lücken. Die Shapes liegen auf unterschiedlichen Layern.

So erstellen Sie eine Zeichnung *Systeme*:
1. Öffnen Sie die Vorlage *Datei/Neu/Konstruktion/Systeme*.
2. Ziehen Sie die benötigten Shapes auf das Zeichenblatt. Beachten Sie, dass die meisten Shapes, die Sie aus den Schablonen *Zubehör - Allgemein*, *Geräte Wärmetauscher*, *Geräte Pumpen* und *Geräte Behälter* auf das Zeichenblatt ziehen, eine *Tagnummer* erhalten, die mit dem Buchstaben »E« beginnt und eine fortlaufende Nummer erhält. Die Shapes der Schablone *Instrumente* werden mit »I« und einer Nummer bezeichnet, die *Rohrleitungen* mit »P«. Shapes der Schablone *Ventile und Armaturen* mit »V«. Ein Beispiel zeigt der Ausschnitt der Zeichnung in Abbildung 10.7.

Abbildg. 10.7   Die neuen Shapes erhalten eine fortlaufende Bezeichnung

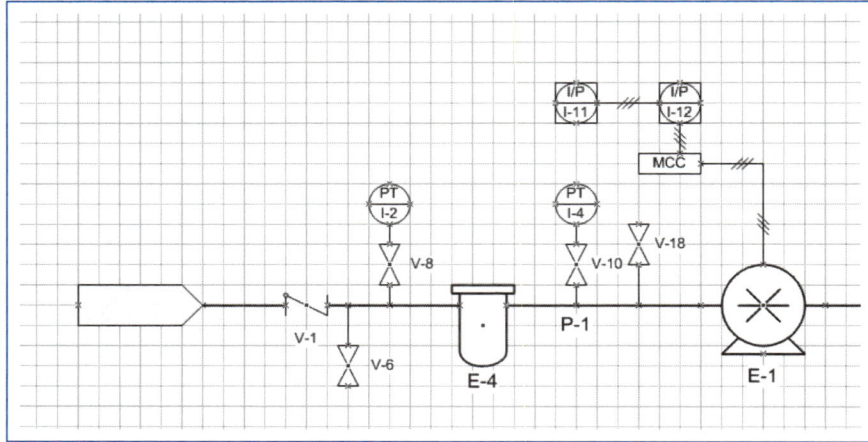

3. Falls Sie Shapes auf einer gleichen horizontalen oder vertikalen Ebene liegen lassen möchten, können Sie mehrere Shapes markieren und über *Shape/Shapes ausrichten* auf die gleiche Höhe oder Breite verschieben.
4. Falls Sie die gerichteten Shapes um 90 Grad kippen möchten, markieren Sie das Shape und drehen es über den Menübefehl *Shape/Drehen oder kippen/Nach links kippen* beziehungsweise *Shape/Drehen oder kippen/Nach rechts kippen*.
5. Wenn Sie mehrere Shapes markieren möchten, können Sie den Assistenten in *Bearbeiten/Auswahl nach Typ/Layer* verwenden. Die Shapes liegen auf den Layern *Geräte*, *Instrument*, *Rohrleitungen* und *Ventil*.
6. Wenn Sie zwei Shapes, die mit einer physikalischen Leitung verbunden werden sollen, verbinden möchten, aktivieren Sie das Symbol *Automatischer Verbinder* und ziehen eine Verbindungslinie von einem Shape zu einem anderen. Die Krümmung der Verbindungslinie können Sie über die Ziehpunkte beeinflussen. Die Verbindungslinien liegen auf dem Layer *Rohrleitungen*, verwenden keine Formatvorlage und werden mit einem neuen Tag beschriftet, das mit »P« beginnt.

ACHTUNG Die Shapes der Schablone *Rohrleitung* werden automatisch weiternummeriert, ebenso wie die automatischen Verbinder. Leider zählt die Nummerierung der Rohrleitungen nicht bei den automatischen Verbindern weiter und umgekehrt. Deshalb sollten Sie Abstand von den automatischen Verbindern nehmen und konsequenterweise nur mit den sechs Shapes *Rohrleitungen* arbeiten.

7. Wenn sich zwei Rohrleitungen kreuzen, wird der horizontalen Linie eine Lücke hinzugefügt (siehe Abbildung 10.8). Möchten Sie dieses Sprungverhalten ändern beziehungsweise deaktivieren, finden Sie im Menübefehl *Datei/Seite einrichten/Layout und Routing* unter *Liniensprünge* eine Reihe von Optionen. Möchten Sie nur für eine Linie das Verhalten ändern, markieren Sie die Linie und stellen in *Format/Verhalten/Verbinder* ein, dass die *Liniensprünge* nicht *nach Blattvorgabe* verlaufen, sondern wählen Sie die entsprechende Option.

Abbildg. 10.8   Zwei kreuzende Verbinder zeigen durch eine Lücke an, dass sie nicht physisch zusammengehören

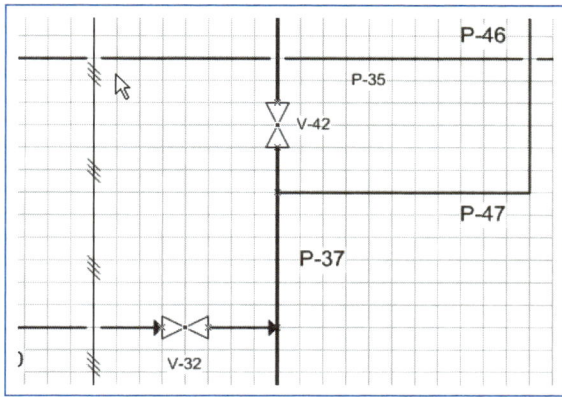

> **TIPP** Beachten Sie, dass viele der Shapes mehrere Gestalten besitzen. Sie finden die anderen Darstellungen im Kontextmenü.

8. Wird Ihre Zeichnung größer als DIN-A4, können Sie das Zeichenblatt über den Menübefehl *Datei/Seite einrichten/Zeichenblattgröße* von DIN-A4 auf DIN-A3 vergrößern. Alternativ können Sie mit gedrückter `Strg`-Taste einen der vier Ränder ziehen – so erhalten Sie ein größeres Zeichenblatt.
9. Alternativ können Sie ein zweites Zeichenblatt einfügen: *Einfügen/Zeichenblatt*. Mithilfe der Shapes *Beschriftungs-Pfeil 1*, *Beschriftungs-Pfeil 2* und *Beschriftungs-Pfeil 3* können Sie auf ein bereits vorhandenes Zeichenblatt verlinken oder einen Link auf ein neues Zeichenblatt generieren. Ziehen Sie das Shape aus der Schablone *Prozessanmerkungen* auf das Zeichenblatt und wählen Sie in dem Dialogfeld aus, auf welches Zeichenblatt Sie verlinken möchten.
10. Die Ränder des Ausdrucks lassen sich über den Menübefehl *Ansicht/Seitenumbruch* sichtbar machen.
11. Speichern Sie die Datei. Sie können die Datei auch ins *.dwg* oder *.dxf*-Format exportieren. Sie finden beide Einstellungen im Menübefehl *Datei/Speichern unter/Dateityp*.
12. Kontrollieren Sie die Datei über *Datei/Seitenansicht*.
13. Drucken Sie die Datei, falls gewünscht.

Beschriftung der Shapes

Wie oben beschrieben erhält jedes neue Shape eine fortlaufende Nummer. Dabei sind ein paar Dinge zu beachten:

- Die Position der Nummer kann über den Kontrollpunkt leicht verschoben werden.
- Werden Shapes gelöscht, würden Lücken innerhalb der Liste entstehen. Um sie zu schließen, müssen Sie den Assistenten *Verfahrenstechnik/Komponenten neu nummerieren* aktivieren. Sie können nur eine Kategorie oder mehrere Kategorien neu nummerieren lassen. Dabei können sämtliche Shapes des gesamten Dokuments, des Zeichenblatts oder der Markierung neu nummeriert werden. Geben Sie den Startwert und die Intervallschrittweise an, in der hochgezählt werden soll. Hinter den Schaltflächen *Formate bearbeiten/Ändern* befindet sich die Möglichkeit, den Tag-Ausdruck zu modifizieren. Im Textfeld kann der Buchstabe geändert werden, über das Kombinationsfeld *Zählereigenschaften* das Zahlenformat. Sie können auch Shape-Daten als Beschriftung für die Tag-Bezeichnung verwenden. Wählen Sie hierzu eine oder mehrere der Daten aus der Liste aus und bestätigen Sie es mit der Schaltfläche *Eigenschaft einfügen*. Sie können Daten, Zähler oder Buchstaben durch Sonderzeichen, wie Leerzeichen, Trennzeichen, Satzzeichen oder anderes trennen.
- Über den Menübefehl *Verfahrenstechnik/Shape-Konvertierung* kann das Tag-Format geändert werden. So ist es möglich, die Bezeichnung einer Pumpe in Behälter oder Ventil zu ändern (siehe Abbildung 10.9).

Abbildg. 10.9   Das Tag-Format kann geändert werden

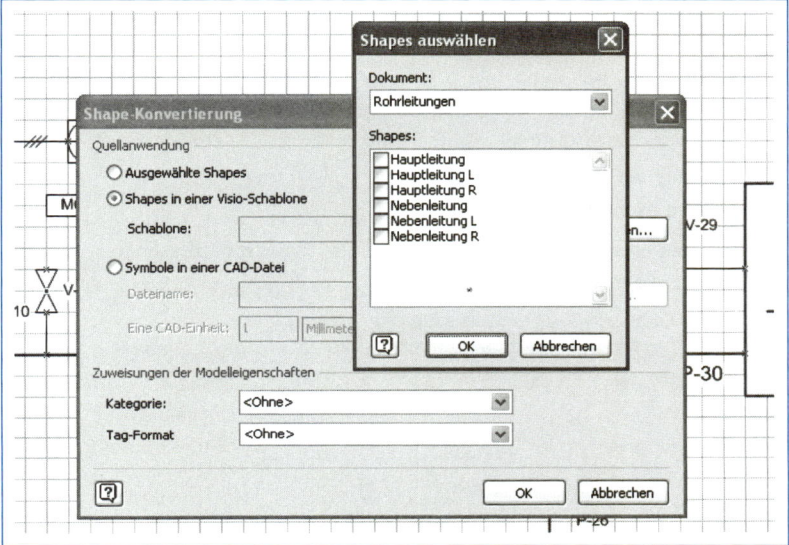

- Wenn Sie einen Bericht erstellen, taucht die Bezeichnung in der Liste auf.
- Sie können von einem einzelnen Shape die Tag-Information ausblenden lassen. Diese Option finden Sie im Kontextmenü des Shapes.
- Sie können sich von allen Shapes die Tags ausblenden lassen. Diese Einstellung liegt im Kontextmenü des Zeichenblattes oder im Menübefehl *Shape/Aktionen*.

Daten

Jedes der Shapes verfügt über Shape-Daten. Öffnen Sie das Fenster *Shape-Daten* (Menü *Ansicht*) und tragen Sie dort die benötigten Informationen ein.

1. Im Aufgabenbereich *Daten/Daten für Shapes anzeigen* können Sie eine oder mehrere der Shape-Daten neben den Shapes anzeigen lassen.
2. Im Assistenten *Daten/Berichte* sind mehrere Berichtsvorlagen vorbereitet, die Sie verwenden können: Messgeräteliste, Rohrleitungsliste, Ventilliste und Zubehörliste
3. Interessant ist der Export in eine Excel-Tabelle oder eine XML-Datei. Sie können sich die Daten auch in einem Shape auf der Zeichnung anzeigen lassen.

HINWEIS   Die gleichen Berichte erhalten Sie, wenn Sie eines der vier Shapes *Zubehörliste*, *Ventilliste*, *Rohrleitungsliste* oder *Messgeräteliste* auf das Zeichenblatt ziehen.

4. Wenn Sie sich eine Liste als Shape auf dem Zeichenblatt anzeigen lassen, können Sie die Änderungen der Zeichnung im Shape übernehmen lassen. Diese Option finden Sie im Kontextmenü des Shapes.
5. Weitere Informationen zum Thema Daten finden Sie in Kapitel 3.

Die beiden Explorer: Komponenten-Explorer und Anschluss-Explorer

Im Menü *Verfahrenstechnik* finden Sie die beiden Fenster *Komponenten-Explorer* und *Anschluss-Explorer*. Sie rasten in der Leiste der Schablonen ein, können aber wie jede Schablone oder wie ein Fenster aus ihrer Verankerung gelöst werden. In ihnen werden sämtliche Komponenten beziehungsweise Rohrleitungen angezeigt.

Die Explorer haben mehrere Funktionen:

- Werden die Shapes neu nummeriert, zeigen die Explorer-Fenster die neuen Namen an.
- Ein Doppelklick auf eine Komponente markiert sie (Abbildung 10.10).

Abbildg. 10.10   Ein Doppelklick auf den Namen markiert das Shape auf dem Zeichenblatt

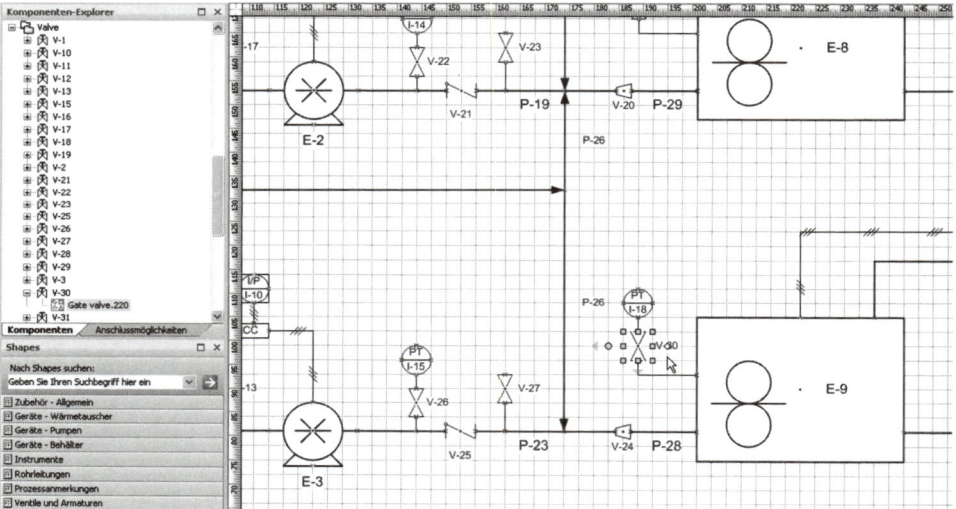

ACHTUNG   Leider wird manchmal das Zeichenblatt nicht so verschoben, dass das markierte Shape sichtbar ist. Wenn Sie das markierte Shape nicht finden, sollten Sie den Zoomfaktor auf *Zeichenblatt* einstellen (*Ansicht/Zoom/Ganzes Zeichenblatt*).

- Sie können im *Komponenten-Explorer* und *Anschluss-Explorer* den Shapes neue Namen vergeben. Diese Option finden Sie im Kontextmenü.
- Sie können ein Shape einer anderen Kategorie zuweisen. Ziehen Sie das Shape mit der Maus in die gewünschte Kategorie. Diese Option finden Sie auch im Kontextmenü.
- In den beiden Explorern werden die Namen der Komponenten und Anschlussleitungen aufgelistet.

HINWEIS   Wenn Sie über den Menübefehl *Format/Objektdaten* den Namen des Shapes ändern, wird er leider nicht im Explorer geändert. Es gibt auch keine Möglichkeit, die Namen zu aktualisieren.

Die Vorlage *Teile- und Zusammenbauzeichnung*

Im Gegensatz zu den beiden verfahrenstechnischen Vorlagen *Systeme* und *Gas-, Wasser-, Sanitärdiagramm* besitzt die Vorlage *Teile- und Zusammenbauzeichnung* keine zusätzlichen Assistenten. Da die zentrale Funktion der Shapes – wie der Name bereits sagt – darin besteht, technische Zeichnungen für Maschinenbau, Werkzeugmaschinen und Maschinenbaugeräte zu erstellen, werden normalerweise auch keine Verbinder benötigt, da weder logische Verbindungen zwischen zwei Shapes hergestellt, noch physische Rohre oder Leitungen gelegt werden.

Die Vorlage ist in DIN-A3 im Querformat eingerichtet, die Druckerpapiergröße ist auf DIN-A4 Hochformat eingestellt. Der Zeichnungsmaßstab ist 1:10, horizontale Linien springen im Bogen.

Und so sollten Sie vorgehen, wenn Sie eine technische Zeichnung mit der Vorlage *Teile- und Zusammenbauzeichnung* erstellen:

1. Der Zeichnungsmaßstab ist 1:10 – wenn Sie einen anderen benötigen, ändern Sie ihn im Menübefehl *Datei/Seite einrichten/Zeichnungsmaßstab*.
2. Wenn Ihnen DIN-A3 zu klein erscheint, ändern Sie die Größe in *Datei/Seite einrichten/Zeichenblattgröße*.
3. Die meisten technischen Zeichnungen haben einen Rahmen zur besseren Orientierung. Ziehen Sie aus der Schablone *Titelblöcke* das Master-Shape *Zonen - 4*, *Zonen - 8* oder *Rahmen* auf das Zeichenblatt. Er passt sich automatisch an die vier Ränder des Zeichenblattes an.
4. Die meisten technischen Zeichnungen besitzen am unteren Rand eine Leiste mit weiteren Informationen. In der Schablone *Titelblöcke* finden Sie 19 verschiedene Blöcke, die Sie verwenden können. Da die meisten der Shapes mehrere, getrennte Namen besitzen, müssen Sie zuerst auf das Shape klicken, anschließend das Mitglieds-Shape der Gruppe markieren. Nun können Sie den Text problemlos überschreiben. Beachten Sie, dass einige dieser Shapes bereits Feldfunktionen besitzen, die Sie verwenden können, wie beispielsweise:
   - (aktuelles) Datum
   - Dateiname
   - Dateiname und Pfad
   - Autor (wird aus *Datei/Eigenschaften/Dateiinfo* ausgelesen)
   - Maßstab
   - Titel (wird aus *Datei/Eigenschaften/Dateiinfo* ausgelesen)
5. Ziehen Sie aus den Linealen die Hilfslinien, die Sie benötigen. Positionieren Sie die Führungslinien an die richtige Stelle. Eine gute Hilfe hierfür ist das *Größen- und Positionsfenster* (Menü *Ansicht*). Beachten Sie, dass bei Führungslinien immer die X- und Y-Koordinate angezeigt wird – obwohl waagrechte Führungslinien nur einen y-Wert besitzen, senkrechte nur einen x-Wert.
6. Zeichnen Sie mit den Werkzeugen *Rechteck/Quadrat*, *Ellipse/Kreis*, *Linie* und *Bogen* oder den Shapes der Schablone *Zeichentools* die großen Bauteile Ihrer Maschine.
7. Ziehen Sie die benötigten Master-Shapes aus den Schablonen *Federn und Lager*, *Schrauben 1* und *Schrauben 2* auf das Zeichenblatt mit denen Sie die Bauteile verbinden möchten. Kleben Sie die Shapes – falls nötig – an die Führungslinien. Positionieren Sie die Shapes – falls nötig – mit dem *Größen- und Positionsfenster*. Bringen Sie die Shapes – falls nötig – in die richtige Reihenfolge (*Shape/Reihenfolge/in den Vordergrund* oder *Shape/Reihenfolge/in den Hintergrund*).

Kapitel 10 Visio Professionell-Vorlagen: »Konstruktion«

Abbildg. 10.11 Eine Zeichnung Maschinenbauteile

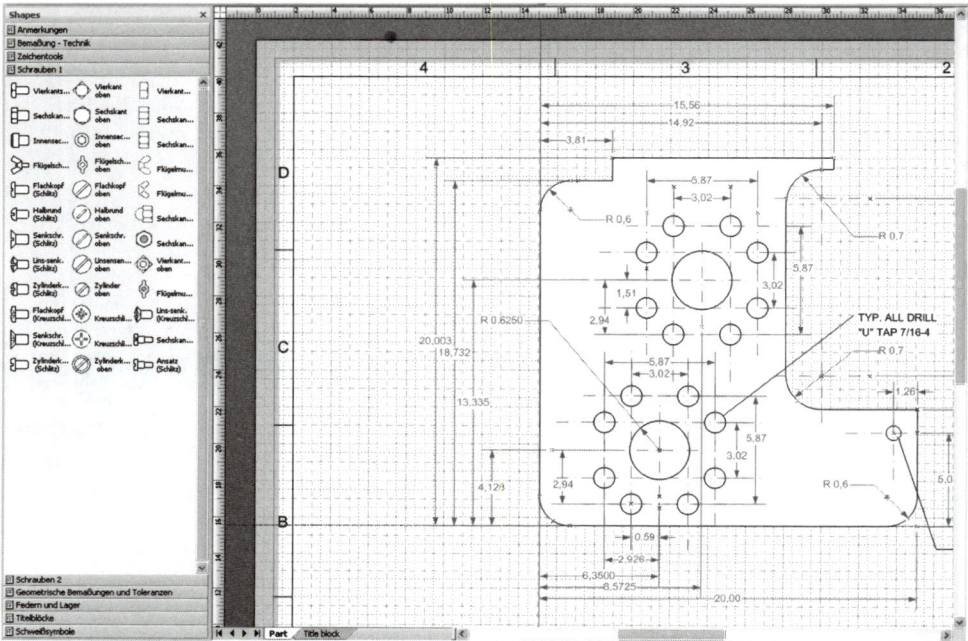

Zusammenfassung

Auch wenn Visio kein CAD-Programm ist, kann es dennoch im Bereich Konstruktion in weiten Bereichen mithalten. In über 30 Schablonen sind mehrere Hundert Master-Shapes gespeichert, die wiederum eine Unzahl an Varianten aufweisen. Die Shapes liegen auf Layern, können aber auch auf andere Layer verschoben werden. Ein maßstabgerechtes Zeichnen ist durch die vielen Hilfen (Zeichnungsmaßstab, Fenster Größe und Position, Führungslinien etc.) möglich. Für das Bewegen der Ansicht stellt Visio das *Verschiebe- und Zoomfenster* zur Verfügung. Besonders mächtig erweist sich die Vorlage *Gas-, Wasser-, Sanitärdiagramm*. Mit ihr können verfahrenstechnische PI&D-Zeichnungen erstellt werden. Da die Daten später nach Excel exportiert oder in eine Datenbank geschrieben werden können, werden diese Vorlagen zu mächtigen Zeichnungswerkzeugen.

Kapitel 11

Die Vorlagen der Kategorie »Netzwerk«

In diesem Kapitel:

Die Vorlage *Standardnetzwerk-Diagramm*	394
Die Vorlage *Detailliertes Netzwerkdiagramm*	396
Die Vorlage *Active Directory*	397
Die Vorlage *LDAP-Verzeichnis*	398
Die Vorlage *Gestelldiagramm*	398
Ein Beispiel	402
Zusammenfassung	404

In den ersten Versionen von Visio wurde der Fokus auf Netzwerkdiagramme gelegt. Damit hatte Visio eine Lücke geschlossen und ein Programm geschaffen, mit dem schnell die schematische Darstellung von PCs, Servern, Druckern, Routern und anderen Netzwerkelementen erstellt werden konnte. Die Shapes wurden im Laufe der Versionen verändert, angepasst, erweitert – nun liegen in dieser Kategorie sieben verschiedene Vorlagen.

Auch in der Version Visio 2007 Professional (Visio 11.0) liegt eine der Stärken von Visio in der Fähigkeit, dass Anwender schnell schematische Darstellungen von Netzwerktopografien erstellen können, um Kollegen gezielt Informationen über bestimmte Geräte zukommen zu lassen. Die Tatsache, dass in Visio Shape-Daten an die PCs, Server, Router, und so weiter gebunden werden können, macht dieses Programm zu einem mächtigen Werkzeug in diesem Bereich.

Die Vorlage *Standardnetzwerk-Diagramm*

Um ein einfaches Netzwerk-Diagramm mit dieser Vorlage zu erstellen, gehen Sie wie folgt vor:

1. Öffnen Sie die Vorlage *Datei/Neu/Netzwerk/Standard-Netzwerkdiagramm*.
2. Wenn Sie ein Ringnetzwerk oder ein Ethernet als Shape benötigen, ziehen Sie diese Master-Shapes aus der Schablone *Netzwerk und Peripheriegeräte* auf das Zeichenblatt.

In der Schablone *Verbinder* (*Datei/Shapes/Visio-Extras/Verbinder*) finden Sie die drei Master-Shapes *Bus*, *Ethernet* und *Stern*, die Sie ebenfalls verwenden können (siehe Abbildung 11.1).

Abbildg. 11.1   Drei weitere Shapes zum Verbinden

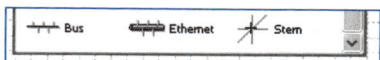

3. Ziehen Sie weitere Master-Shapes auf das Zeichenblatt. In der Schablone *Netzwerk und Peripheriegeräte* finden Sie *Server*, *Drucker*, *Scanner*, *Hub* und einige weitere, in der Schablone *Computer und Monitore* liegen *PC*, *Laptop*, *PDA*, *Terminal* und einige weitere Shapes.

Die beiden Shapes *Ringnetzwerk* (Abbildung 11.2) und *Ethernet* besitzen mehrere Kontrollpunkte. Werden sie aus dem Shape herausgezogen, erhalten Sie Verbindungslinien, die mit den entsprechenden Geräten verbunden werden können.

Abbildg. 11.2   Das Shape *Ringnetzwerk* mit seinen Kontrollpunkten

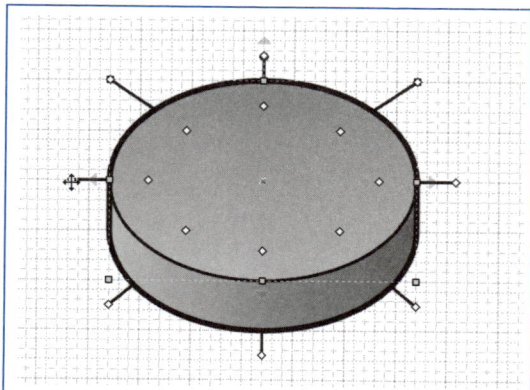

Sie können ebenso die Geräte direkt miteinander verbinden – entweder mithilfe eines dynamischen Verbinders oder indem Sie auf die blauen Pfeile für das automatische Verbinden klicken.

4. Ordnen Sie die Shapes ordentlich auf dem Zeichenblatt an: Richten Sie die Shapes mithilfe des Menübefehls *Shape/Shape ausrichten* aus und verteilen Sie die Shapes mit *Shape/Shape verteilen*.
5. Jedes der Shapes verfügt über eine Reihe von Shape-Daten (Abbildung 11.3). Diese können bequem über das Fenster *Shape-Daten* eingegeben werden, das Sie über das Menü *Ansicht* öffnen können.

Abbildg. 11.3   Eines der Shapes mit den Shape-Daten

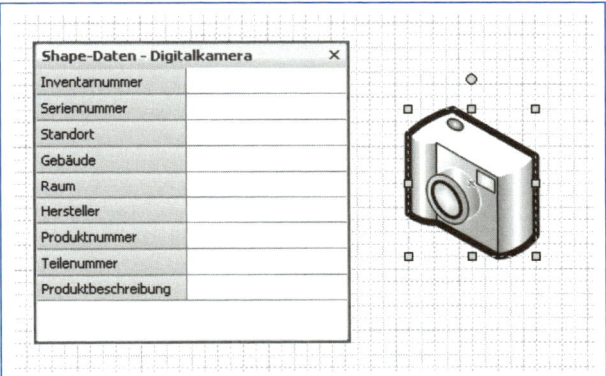

6. Die Shape-Daten können eingesammelt und in einem Bericht veröffentlicht werden. Sie finden die drei Berichte *Netzwerkausrüstung, Netzwerkgerät* und *PC-Bericht* im Menübefehl *Daten/Berichte*. Das detaillierte Vorgehen wird in Kapitel 3 beschrieben.

> **ACHTUNG**   Bedauerlicherweise liegt keines der Shapes der hier vorgestellten fünf Vorlagen auf einem Layer. Dies macht das Einsammeln der Daten ein wenig mühsam – Sie müssen entweder sämtliche Daten oder die Shapes manuell markieren.

7. Sie können auch die Shape-Daten in eine Datenbank exportieren. Die zuständigen Assistenten werden in Kapitel 5 beschrieben.
8. Fügen Sie weitere Zeichenblätter hinzu, falls Sie mehrere Blätter benötigen.
9. Oder vergrößern Sie das Zeichenblatt, indem Sie mit gedrückter Strg-Taste einen der vier Blattränder mit der Maus ziehen.
10. Kontrollieren Sie Ihre Zeichnung im Menübefehl *Datei/Seite einrichten*.
11. Speichern Sie Ihre Datei.
12. Exportieren Sie Ihre Datei in ein anderes Format, falls Sie dies möchten, oder kopieren Sie es in ein anderes Programm (z.B. Word, Excel oder PowerPoint)

Kapitel 11 Die Vorlagen der Kategorie »Netzwerk«

Abbildg. 11.4   Ein Standardnetzwerk-Diagramm

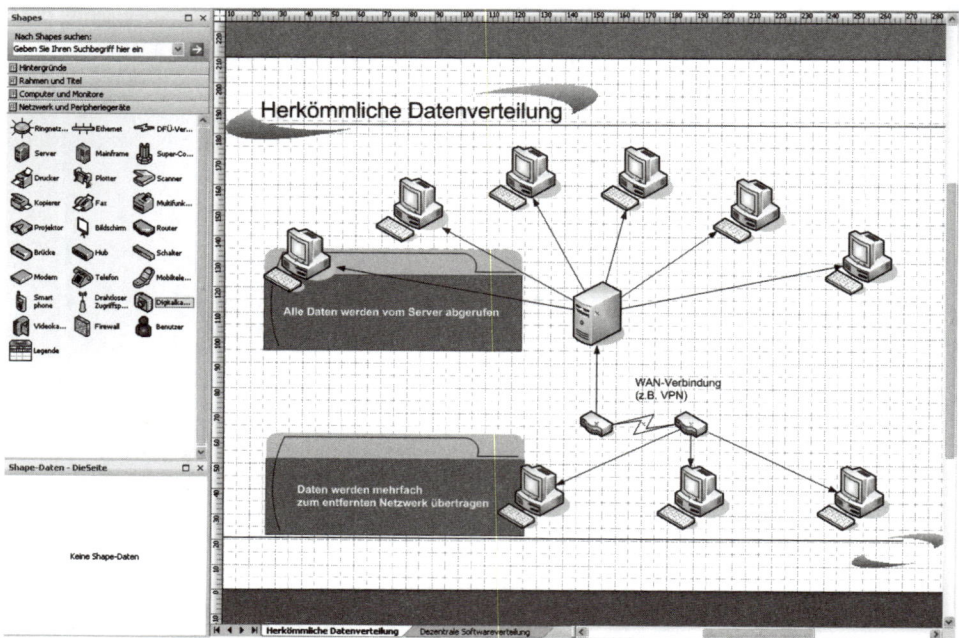

Die Vorlage *Detailliertes Netzwerkdiagramm*

Etwas komplexer als die Vorlage *Standardnetzwerk-Diagramm* sieht die Vorlage *Detailliertes Netzwerkdiagramm* aus. Darin befinden sich sieben Schablonen mit Geräten und drei weitere für Beschriftungen, Titel und Hintergründe. Damit können Diagramme für größere Netze erstellt werden.

Abbildg. 11.5   Ein Detailliertes Netzwerkdiagramm

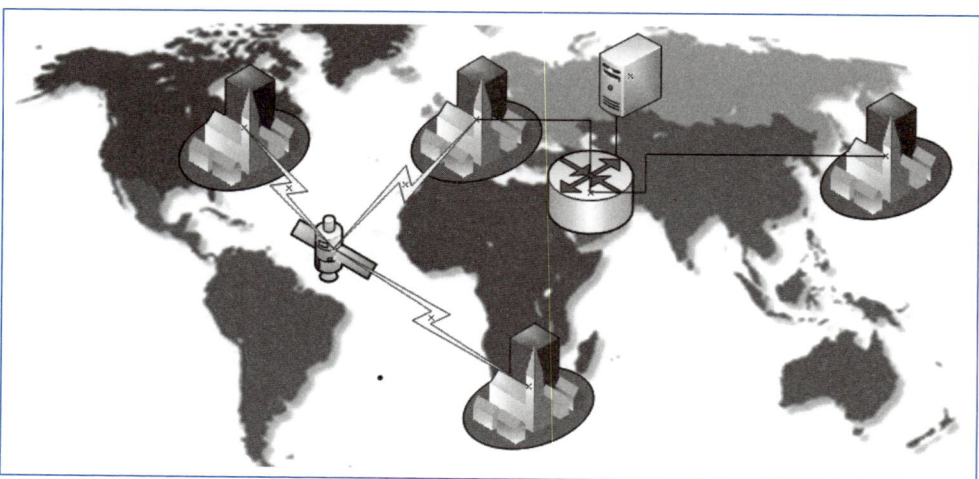

Die Vorlage *Active Directory*

Anders als bei den beiden Vorlagen *Detailliertes Netzwerkdiagramm* und *Standardnetzwerk-Diagramm* befinden sich in den Schablonen der Vorlage *Active Directory* keine Shapes, die auf ein realistisches oder wirklichkeitsgetreues Zeichnen abheben, sondern Sie finden darin Shapes, die die Logik eines Active Directory widerspiegeln.

So erstellen Sie ein Diagramm *Active Directory*:

1. Öffnen Sie die Vorlage *Datei/Neu/Netzwerk/Active Directory*.
2. Ziehen Sie das zentrale oder die zentralen Master-Shapes auf das Zeichenblatt. In der Schablone *Active Directory-Objekte* finden Sie die Shapes *Domäne, Container, Organisation, Standort* und einige weitere Shapes.
3. Ziehen Sie die *Benutzer, Gruppen, Kontakte* aus der gleichen Schablone auf das Zeichenblatt.
4. Beschriften Sie die Shapes.
5. Ordnen Sie die Shapes ordentlich auf dem Zeichenblatt an: Richten Sie die Shapes mithilfe des Menübefehls *Shape/Shape ausrichten* aus und verteilen Sie die Shapes mit *Shape/Shape verteilen*.
6. Die Shape-Daten können »eingesammelt« und in einem Bericht veröffentlicht werden. Das detaillierte Vorgehen wird in Kapitel 3 ausführlich beschrieben.
7. Sie können auch die Shape-Daten in eine Datenbank exportieren. Die zuständigen Assistenten werden in Kapitel 5 beschrieben.
8. Fügen Sie weitere Zeichenblätter hinzu, falls Sie mehrere Blätter benötigen.

    Oder vergrößern Sie das Zeichenblatt, indem Sie mit gedrückter `Strg`-Taste einen der vier Blattränder mit der Maus ziehen.
9. Kontrollieren Sie Ihre Zeichnung im Menübefehl *Datei/Seite einrichten*.

Abbildg. 11.6 Das Active Directory einer fiktiven Firma

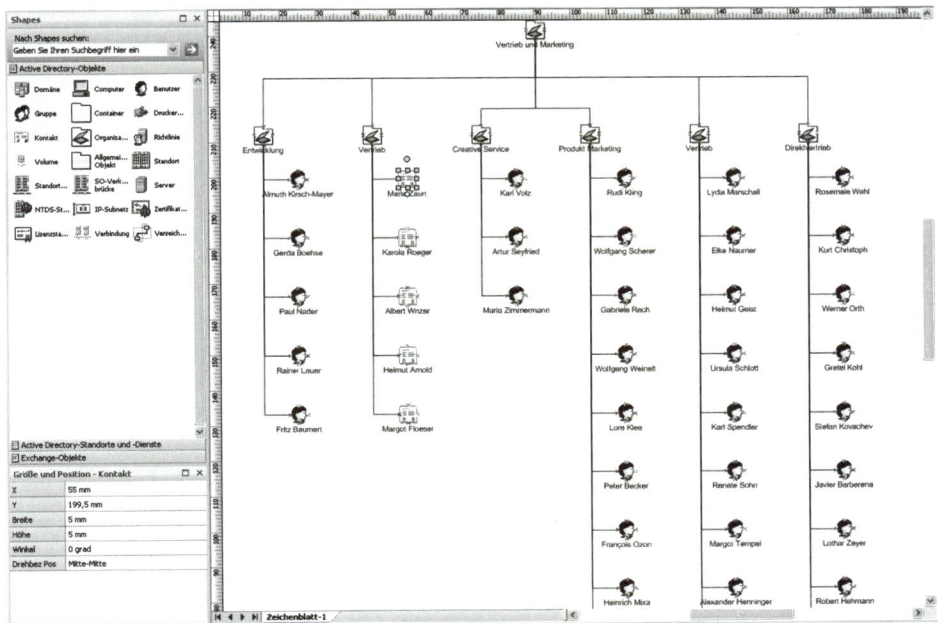

Kapitel 11 Die Vorlagen der Kategorie »Netzwerk«

10. Speichern Sie Ihre Datei.
11. Exportieren Sie Ihre Datei in ein anderes Format, falls Sie dies möchten, oder kopieren Sie es in ein anderes Programm (z.B. Word, Excel oder PowerPoint)

Die Vorlage *LDAP-Verzeichnis*

Diese Vorlage mit der Schablone *LDAP-Objekte* hat sehr viel Ähnlichkeit zur Vorlage *Active Directory*. Das Erstellen der Zeichnung entspricht genau dem Erstellen der Zeichnung wie im Abschnitt »Die Vorlage *Active Directory*« beschrieben.

Abbildg. 11.7   Eine Zeichnung eines LDAP-Verzeichnisses

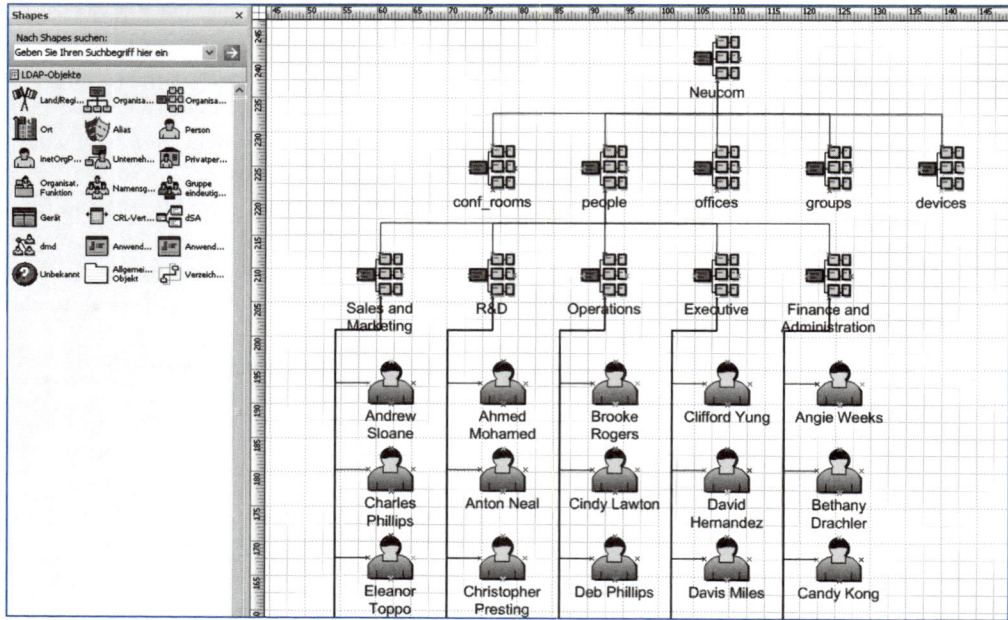

Die Vorlage *Gestelldiagramm*

Anders als die bisher beschriebenen Vorlagen arbeitet die Vorlage *Gestelldiagramm*. Es geht darum, einen Schrank (19-Zoll-Rack) zu bauen, in dem sich verschiedene Einzelteile befinden. So erstellen Sie ein Diagramm mithilfe der Vorlage *Gestelldiagramm*:

1. Öffnen Sie die Vorlage *Datei/Neu/Netzwerk/ Gestelldiagramm*.
2. Ziehen Sie aus der Schablone *Gestellmontierte Geräte* das Master-Shape *Gestell* oder das Master-Shape *Schrank* auf das Zeichenblatt.
3. Falls Sie die Größenangaben ausblenden möchten, klicken Sie im Kontextmenü auf den Menübefehl *U-Größen ausblenden*.

4. Falls Sie Informationen mit dem Gestell (und den übrigen Shapes) speichern möchten, können Sie über das Kontextmenü *Eigenschaften* oder über das Fenster *Shape-Daten* (Menü *Ansicht*) das entsprechende Fenster öffnen und dort die Daten eingeben. Dort können Sie die Angaben für die Höhe und die Breite zwischen den Löchern eingeben (siehe Abbildung 11.8).

Abbildg. 11.8   Der Schrank

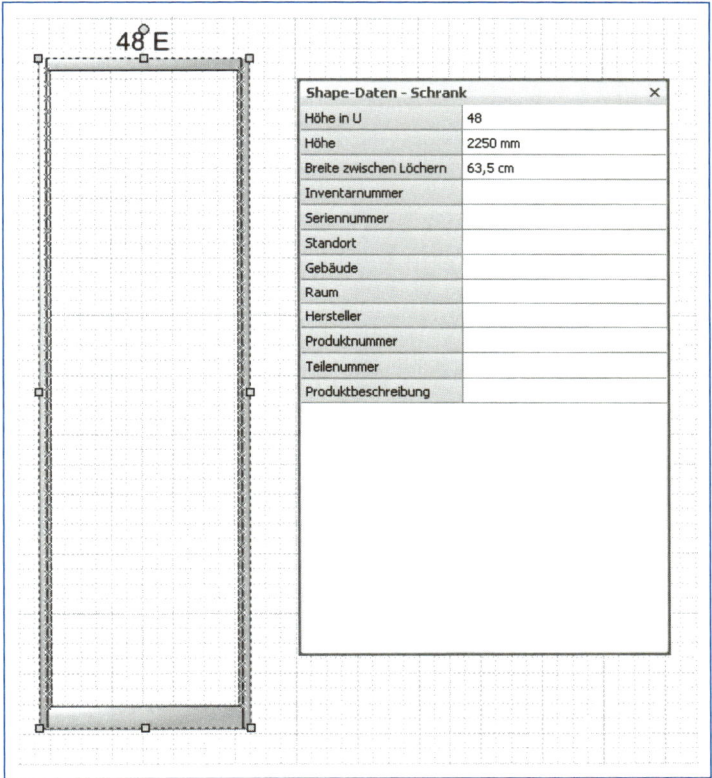

5. Ziehen Sie die benötigten Shapes aus der Schablone *Gestellmontierte Geräte* auf das Zeichenblatt und lassen Sie sie in dem Schrank fallen. Folgende Shapes stehen Ihnen zur Verfügung:
   - Server
   - Eigenständiger Datenspeicher
   - RAID-Array
   - LCD-Monitor
   - Router 1
   - Router 2
   - Bandlaufwerk
   - Patchpanel
   - Stromversorgung/USV

- Brücke
- Tastaturablage
- Schalter
- Kabelschacht/Abstandhalter
- Steckdosenleiste

Alle diese Shapes liegen als Linie vor und kleben an den dafür vorgesehenen Verbindungspunkten. Somit rasten die Teile im Schrank ein (siehe Abbildung 11.9).

Abbildg. 11.9 Einige Teile wurden bereits eingefügt

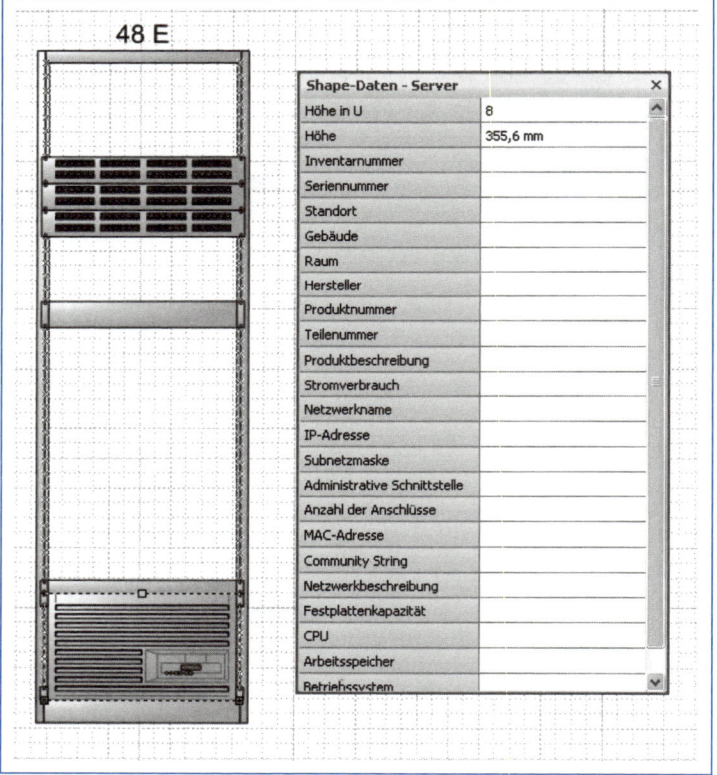

6. Sie finden weitere Shapes in den Schablonen *Netzraumelemente* und *Freistehende Gestelle*. Darüber hinaus bieten die Schablonen *Anmerkungen* und *Beschriftungen* eine Reihe an vorgegebenen Beschriftungselementen, die Sie für Ihre Zeichnung verwenden können.

7. Die Shape-Daten können eingesammelt und in einem Bericht veröffentlicht werden. Sie finden die drei Berichte *Netzwerkausrüstung*, *Netzwerkgerät* und *PC-Bericht* im Menübefehl *Daten/Berichte*. Das detaillierte Vorgehen wird in Kapitel 3 ausführlich beschrieben.

8. Sie können die Daten auch mithilfe einer Datengrafik (Menü *Daten*) auf dem Zeichenblatt sichtbar machen lassen. Dieses Vorgehen wird ebenfalls in Kapitel 3 beschrieben.

Die Vorlage Gestelldiagramm

9. Sie können die Shape-Daten auch in eine Datenbank exportieren. Die zuständigen Assistenten werden in Kapitel 5 beschrieben.
10. Fügen Sie weitere Zeichenblätter hinzu, falls Sie mehrere Blätter benötigen.
11. Kontrollieren Sie Ihre Zeichnung im Menübefehl *Datei/Seite einrichten*.
12. Speichern Sie Ihre Datei.
13. Drucken Sie die Datei, falls Sie dies möchten.

Abbildg. 11.10 Die Komponenten eines Gerätes ohne Gehäuse, jedoch mit Beschriftungen

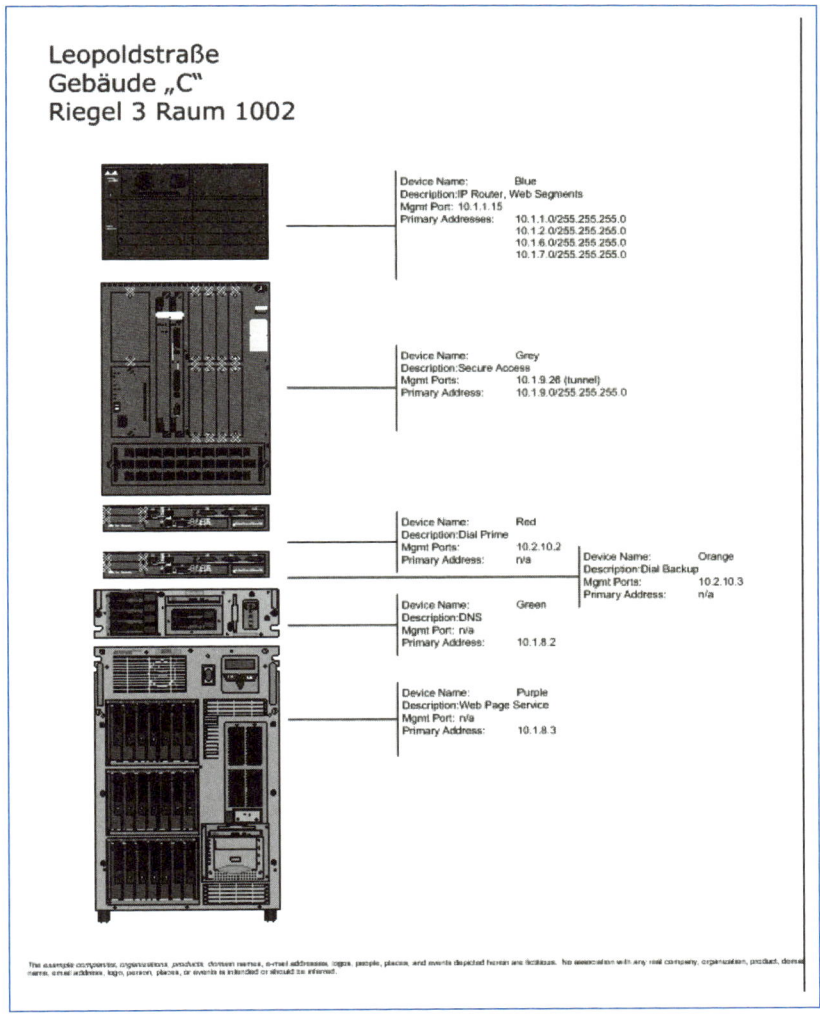

HINWEIS Die beiden Vorlagen *Konzeptionelle Website* und *Websiteübersicht* werden in Kapitel 13 beschrieben.

Kapitel 11 Die Vorlagen der Kategorie »Netzwerk«

Ein Beispiel

In dem Verzeichnis, in dem Sie Visio installiert haben, finden Sie den Unterordner *Samples\1031*. Darin liegt die Excel-Mappe *ASTMGT.XLS* und die Visio-Vorlage *ASTMGT_M.VST*. Wenn Sie die Vorlage öffnen (Sie können die Zeichnung ebenso über den Menübefehl *?/Beispieldiagramme* öffnen), sehen Sie eine kleine Netzwerktopologie. Abbildung 11.11 zeigt diese Beispieldatei.

Abbildg. 11.11   Das Beispieldiagramm von Microsoft Visio

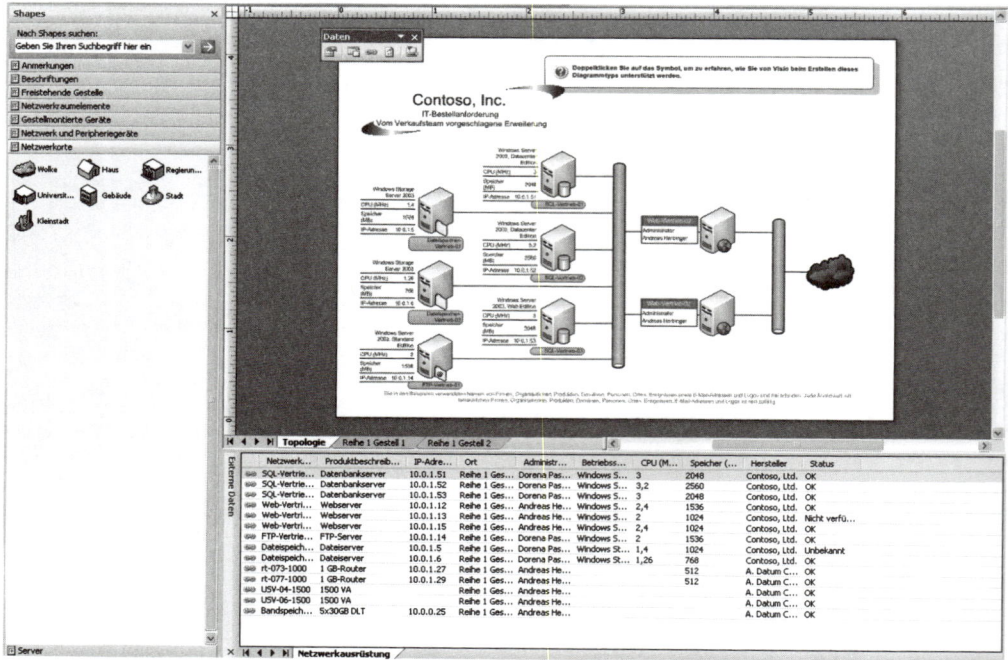

An ihr kann exemplarisch gezeigt werden, welche Möglichkeiten die Vorlage *Standardnetzwerk-Diagramm* bietet. Detaillierte Beschreibungen zu den einzelnen Punkten finden Sie in Kapitel 2.

1. Aus der Schablone *Netzwerk und Peripheriegeräte* wurde das Master-Shape *Ethernet* auf das Zeichenblatt gezogen, aus *Netzwerkorte* stammt die *Wolke*, mit dem Shape *Server* wurden die vier Server Dateiserver, FTP-Server, Datenbankserver und Webserver erzeugt. Sie wurden mithilfe der Kontrollpunkte des Ethernets mit dem Netz verbunden.
2. Zwei weitere Zeichenblätter wurden eingefügt. Dort wurden zwei Netzwerkschränke erstellt (siehe Abbildung 11.12). Sie verwenden verschiedene Master-Shapes der Schablone *Gestellmontierte Geräte*.
3. Der Assistent *Daten/Daten mit Shapes verknüpfen* wurde verwendet, um die Excel-Tabelle mit den Shapes der drei Zeichenblätter zu verknüpfen. Die Datensätze wurden auf die entsprechenden Shapes gezogen. Hatten die Shapes schon die Shape-Daten (beispielsweise haben die Server die Daten »Hersteller«), dann werden sie verwendet. Fehlen sie (beispielsweise haben die Server noch keine Daten »Ort«, werden sie neu angelegt.

Ein Beispiel

Abbildg. 11.12   Einer der beiden Schränke

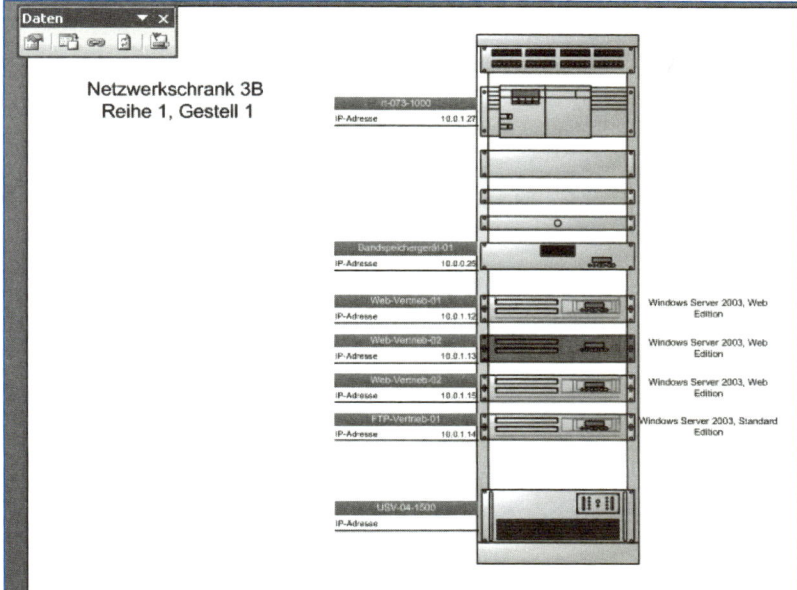

4. Eine neue Datengrafik (*Topologie 1*) wurde erstellt. Sie zeigt einige der Shape-Daten in der Zeichnung an. Die Server der Zeichnung verwenden diese Datengrafik.

Abbildg. 11.13   Die Datengrafik *Topologie 1*

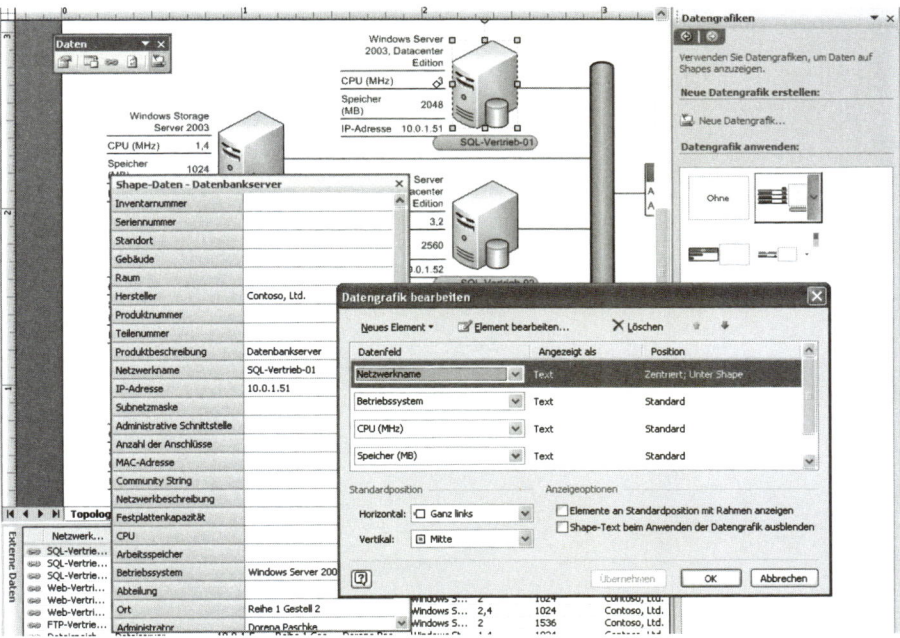

Kapitel 11 Die Vorlagen der Kategorie »Netzwerk«

5. Die Server wurden einzeln markiert. Sie besitzen einen Hyperlink, der über den Menübefehl *Einfügen/Hyperlink* eingestellt wurde. Er verknüpft die Shapes mit Teilen des Schranks auf dem zweiten und dritten Zeichenblatt. Zum schnelleren Identifizieren wurde den Shapes ein Shape-QuickInfo zugewiesen (Menü *Einfügen*). Wenn Sie den Mauszeiger über das Shape bewegen, sehen Sie das Symbol für den Hyperlink und den Text des Shape-QuickInfos. Der Hyperlink wird mithilfe des Kontextmenüs aktiviert. Sie sehen es auch in Abbildung 11.14.

Abbildg. 11.14   Das Shape-QuickInfo und der Hyperlink

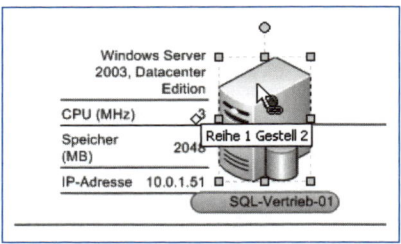

Zusammenfassung

Um eine Darstellung eines firmeneigenen Netzwerkes oder eines LAN zu bekommen, ist Visio ein gutes Werkzeug. Mit der entsprechenden Vorlage finden Sie schnell die Shapes, die Sie verwenden können, um eine Übersicht zu erstellen. Sie werden auf das Zeichenblatt gezogen und verbunden.

Angenehm ist auch die Tatsache, dass jedes der Shapes bereits über eine große Anzahl an Shape-Daten verfügt. Sie können gefüllt und exportiert werden. Auch die Vorlage *Gestelldiagramm* bietet eine schnelle und effektive Möglichkeit, um einen Gestellschrank zu zeichnen und einen Überblick über die exakte physische Position einzelner Geräte in einem Rechenzentrum zu erhalten.

Kapitel 12

Die Vorlage »Pläne und Grundrisse«

In diesem Kapitel:

Die Vorlage *Büroplan*	406
Die Vorlage *Grundriss*	416
Die Vorlage *Hauseinrichtungsplan, Deckenspiegelplan* und *HKL-Plan*	417
Die Vorlage *HKL-Steuerung – Logisches Diagramm*	418
Die Vorlage *Plan für Elektrik und Telekommunikation*	418
Die Vorlage *Sanitär- und Rohrleitungsplan*	418
Die Vorlage *Sicherheits- und Zutrittsplan*	419
Die Vorlage *Werksplanung*	420
Die Vorlage *Wegbeschreibung* und *Wegbeschreibung 3D*	420
Die Vorlage *Grundstückplan*	424
Zusammenfassung	425

Um einen Raum einzurichten, stehen Ihnen in Visio Professional zwölf verschiedene Vorlagen zur Verfügung, deren Arbeitsweisen im Prinzip sehr ähnlich sind. Lediglich die beiden Vorlagen *Wegbeschreibung* weichen etwas von den übrigen ab. Beachten Sie, dass bei Raumplänen die Reihenfolge des Erstellens wichtig ist – nachträgliche Korrekturen an Räumen sind mühsam und zeitaufwendig.

Die Vorlage *Büroplan*

Der Vorlage *Büroplan* liegt ein querformatiges Zeichenblatt zugrunde, dessen Zeichnungsmaßstab auf 1:25 gestellt wurde. Außerdem fällt auf, dass ein neuer Menübefehl *Plan* nach dem Menü *Fenster* eingefügt wird. So erstellen Sie einen Büroplan.

Schaffen Sie Voraussetzungen

- Bevor Sie beginnen, den Plan zu zeichnen, sollten Sie sich den realen Raum ansehen oder noch besser den Raum exakt vermessen.
- Da das Zeichenblatt einen Nullpunkt der x- und y-Koordinaten hat, ist es sinnvoll, von einer Ecke als Bezugspunkt auszugehen.
- Der Standardmaßstab beträgt 1:25, also entspricht das Zeichenblatt einer Größe in der Wirklichkeit von 5 m × 7 m. Überlegen Sie sich, ob diese Größe genügt oder ob sie einen anderen Maßstab benötigen.

Richten Sie das Zeichenblatt ein

1. Öffnen Sie die Vorlage *Büroplan* über den Menübefehl *Datei/Neu/Pläne und Grundrisse*.
2. Ändern Sie – falls nötig – den Maßstab in *Datei/Seite einrichten/Maßstab*.
3. Ändern Sie – falls gewünscht – die Zeichenblattgröße in *Datei/Seite einrichten/Zeichenblattgröße*.
4. Ändern Sie – falls gewünscht – die Druckerausrichtung in *Datei/Seite einrichten/Druckeinrichtung*.

Erstellen Sie eine Skizze des Raums

1. Ziehen Sie aus der Schablone *Wände, Türen und Fenster* das Master-Shape *Fläche* auf das Zeichenblatt.
2. Ziehen Sie das Shape in die Breite und Höhe, sodass es ungefähr dem Raum entspricht, den Sie zeichnen möchten.
3. Wenn Teile in den Raum »hineingebuchtet« sind, wie beispielsweise Kamine, andere Räume, Vorsprünge oder Ähnliches, ziehen Sie ein weiteres Master-Shape *Fläche* auf das erste Flächen-Shape. Markieren Sie die Fläche zuerst, mit der Sie den Raum erstellen möchten. Markieren Sie anschließend mit gedrückter ⇧-Taste die zweite Fläche. Die Reihenfolge ist sehr wichtig. Im Kontextmenü finden Sie die Option *Shapes voneinander abziehen*. Aktivieren Sie diese Option. Nun erhalten Sie die Differenz beider Flächen.
4. Wenn Teile aus dem Raum nach außen vorstehen (Erker, Balkone, Vorräume usw.), gehen Sie ähnlich vor: Ziehen Sie eine weitere Fläche auf das Raum-Shape. Markieren Sie beide Shapes – hierbei ist die Reihenfolge des Markierens egal. Im Kontextmenü finden Sie die Option *Gesamtmenge bilden*. Damit addieren Sie beide Flächen. Das Ergebnis sehen Sie in Abbildung 12.1

Die Vorlage Büroplan

5. Als weitere Option steht Ihnen noch *Shapes voneinander abziehen* zur Verfügung. Damit könnten Sie die Schnittmenge beider Flächen bilden.

Wiederholen Sie die Schritte 3 bis 5 so oft, bis der gezeichnete Raum die Form des wirklichen Raums hat.

Abbildg. 12.1   Mehrere Rechtecke können zu einer Gesamtmenge verschmolzen oder voneinander abgezogen werden. Sie können ebenso eine Schnittmenge bilden.

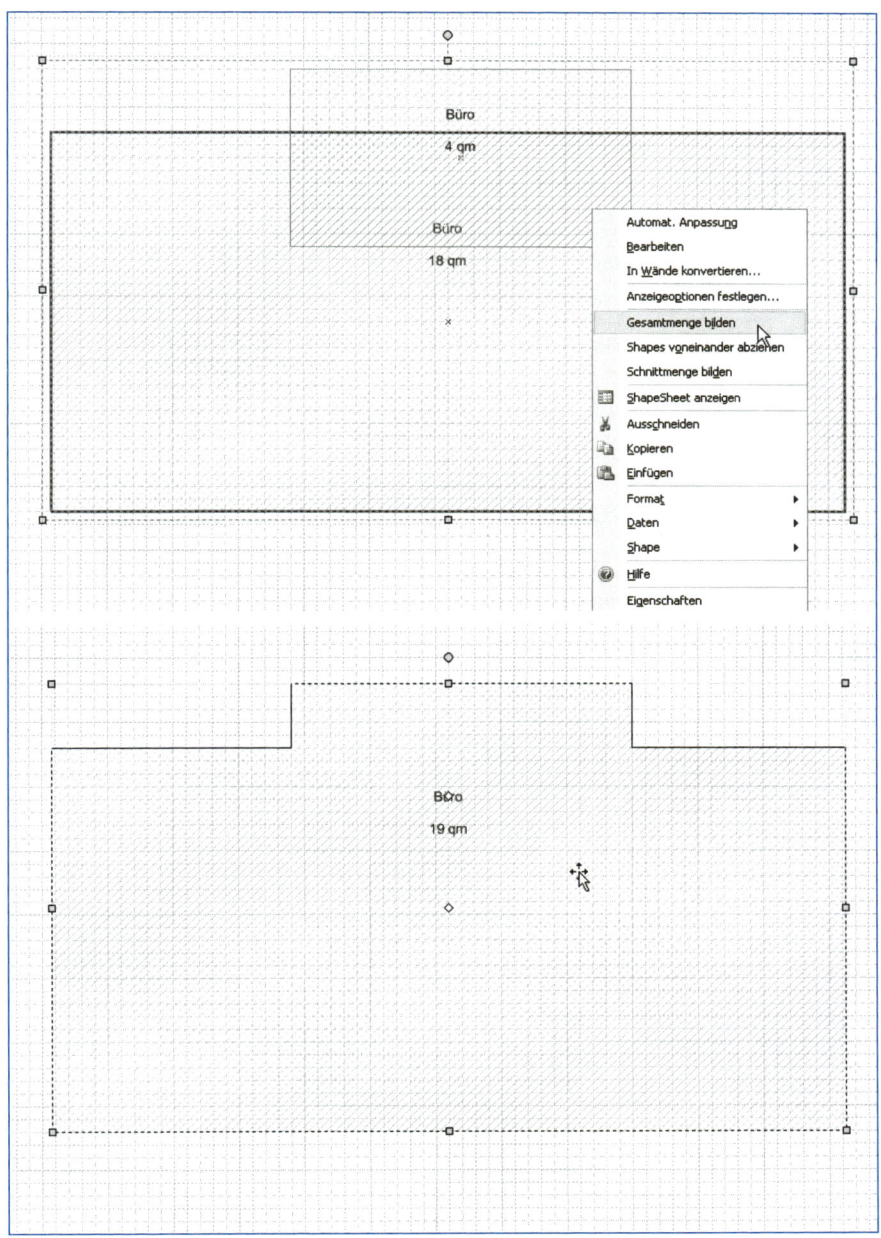

Kapitel 12   Die Vorlage »Pläne und Grundrisse«

Den Raum exakt zeichnen

Nachdem nun die Konturen stehen, sollten Sie die Abmessungen der Wände exakt festlegen. Hierzu müssen selbstverständlich die Daten des wirklichen Raums vorliegen. Gehen Sie dabei wie folgt vor:

1. Markieren Sie den gezeichneten Raum.
2. Im Menübefehl *Plan/In Wände konvertieren* (oder im Kontextmenü des Shapes) befindet sich ein Assistent. Starten Sie ihn.
3. Legen Sie die folgende Optionen fest: Außenwand oder Wand
4. Es empfiehlt sich, mit der entsprechenden Option, *Führungslinien hinzuzufügen*.
5. Sie sollten (müssen aber nicht) *Bemaßungen hinzufügen*.
6. Sie sollten (müssen aber nicht) *die ursprüngliche Anordnung löschen*.

> **HINWEIS**   Wenn Sie Raum-Shapes löschen lassen, werden die Informationen *Raumnutzung*, *Name* und *Größe* nicht mehr angezeigt. Wenn Sie also das Shape behalten, behalten Sie auch die Optionen, die Sie im Menübefehl *Plan/Anzeigeoptionen festlegen/Räume* vorfinden. Die Raumnutzung und der Name des Raumes können über die *Eigenschaften* (Kontextmenü) oder über die Shape-Daten (Menü *Daten*) geändert werden. Dies und die weiteren Daten sollten Sie sinnvollerweise aufbewahren, wenn Sie diese Informationen auswerten möchten.

7. Starten Sie den Assistenten. Das Ergebnis sehen Sie in Abbildung 12.2.

Abbildg. 12.2   Das Ergebnis des Konvertierens

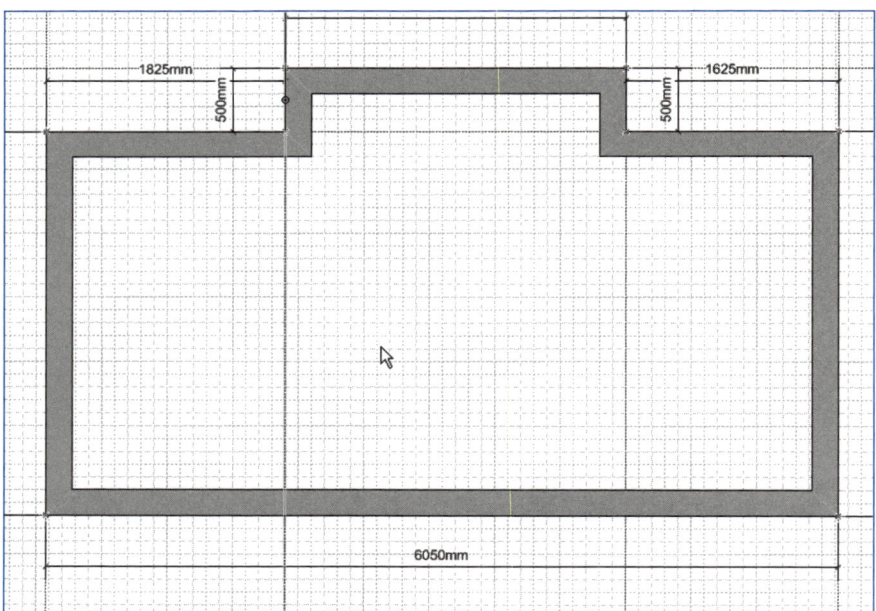

8. Der Ursprung des Zeichenblattes liegt in der linken unteren Ecke. Dies erweist sich als ungeschickt zum Bemaßen. Deshalb sollten Sie diesen Ursprung in die linke, untere Raumecke legen. Ziehen Sie hierzu mit gedrückter [Strg]-Taste den Kreuzungspunkt beider Lineale heraus und legen ihn auf eine der Ecken, wie Sie in Abbildung 12.3 sehen.

Die Vorlage Büroplan

PROFITIPP Da das Zeichenblatt wie das kartesische Koordinatensystem rechnet – also nach rechts und nach oben liegen positive Werte – sollten Sie den Nullpunkt beider Lineale in die linke, untere Raumecke legen. Wenn Sie einen der anderen Eckpunkte als Referenzpunkt verwenden, müssen Sie mit negativen Zahlen rechnen.

Abbildg. 12.3   Verschieben Sie den Ursprung in die linke untere Ecke

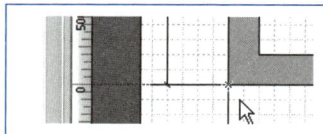

9. Sollten Sie vergessen haben, die Führungslinien einzuschalten, können Sie die Führungslinien über das Kontextmenü der Wände hinzufügen lassen. Beachten Sie jedoch, dass Sie jede Wand markieren müssen. Deshalb empfiehlt es sich, mithilfe des Assistenten beim Konvertieren die Führungslinien erzeugen zu lassen.
10. Öffnen Sie über das Menü *Ansicht* das *Größen- und Positionsfenster*.
11. Markieren Sie – ausgehend vom Nullpunkt – jede einzelne Führungslinie.
12. Tragen Sie den entsprechenden x- oder y-Wert ein (siehe Abbildung 12.4). Beachten Sie, dass waagrechte Führungslinien nur eine y-Koordinate, senkrechte nur eine x-Koordinate haben. Die andere wird zwar angezeigt, ist jedoch hinfällig. Da die Wände an den Führungslinien kleben, werden sie folglich mit den Führungslinien an die korrekte Position verschoben.
13. Verfahren Sie mit allen Führungslinien so, bis sämtliche Wände an der richtigen Stelle platziert sind.

Abbildg. 12.4   Tragen Sie die korrekten Daten ein

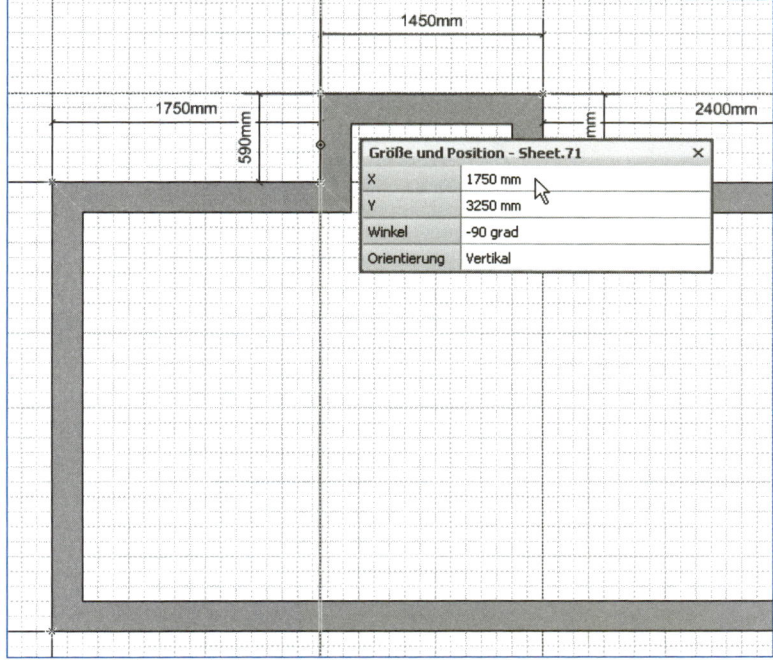

Weitere Wände

In folgender Weise legen Sie zusätzliche Wände an:
1. Wenn Ihr Raum noch weitere Wände besitzt, beispielsweise Trennwände, Raumteiler – oder: weil sich die Raumstruktur verändert hat, kann aus der Schablone *Wände, Türen und Fenster* eine Wand herausgezogen werden.
2. Wird das Ende einer Wand auf einer anderen Wand fallen gelassen, verbindet sich die neue Wand mit der alten. Wird das Ende auf einem anderen Endwandstück fallen gelassen, stellt Visio ein Eckstück her und verbindet die beiden Wandteile miteinander.
3. Die Wand kann an eine vorhandene Führungslinie geklebt werden.
4. Der Wand kann über das Kontextmenü eine Führungslinie hinzugefügt werden, an der sie selbst nun klebt.
5. Die Wand kann über das Fenster *Größe und Position* über seine vier Koordinaten oder seine Länge auf die richtige Position gebracht werden.
6. Im Menübefehl *Plan/Anzeigeoptionen festlegen/Wände* (oder im Kontextmenü der Wände) finden sich die Einstellungen zu den Wänden, mit denen Sie festlegen, ob die Wände als Doppellinie oder als einfache Linie dargestellt werden.
7. Werden die Wände als Doppellinie dargestellt, können sie über die *Referenzlinie*, das heißt die Führungslinie, gekippt werden. Diese Einstellung finden Sie im Kontextmenü der Wände.

Türen und Fenster

So fügen Sie Türen und Fenster in die Wände ein:
1. Ziehen Sie aus der Schablone *Wände, Türen und Fenster* die Master-Shapes *Tür* und *Doppeltür*, *Öffnung* und *Fenster* auf die Stelle der Wand, auf der sie positioniert werden sollen. Bei vertikalen, schrägen oder sogar gekrümmten Wänden passt sich Visio automatisch an den Verlauf der Wände an und richtet die Türen und Fenster korrekt aus.
2. Wenn Sie die Türangel auf die andere Seite positionieren möchten, finden Sie diese Einstellung im Kontextmenü: *Links-/Rechtsöffnung umkehren*.

Abbildg. 12.5 Die Tür kann gekippt werden

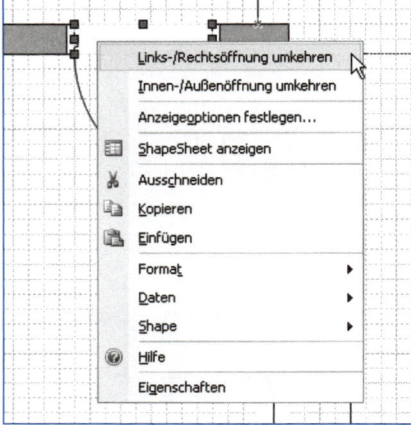

3. Wenn die Türe nicht nach außen, sondern nach innen aufgeht, finden Sie im Kontextmenü die zugehörige Einstellung: *Innen-/Außenöffnung umkehren* (siehe Abbildung 12.5).
4. Wenn Sie die Türe etwas oder ganz schließen möchten, ziehen Sie den Kontrollpunkt. Er schließt die Tür.

Hat die Tür eine andere Breite als die Normbreite von 90 cm, dann ändern Sie die Breite im Kontextmenü über die Eigenschaften. Wenn Sie dort in den Shape-Daten die Türbreite verändern, wird sie in der Zeichnung verbreitert oder verschmälert.

Weitere Informationen können in den Shape-Daten eingetragen werden: *Türhöhe*, *Tür in Wandabsatz*, *Türnummer*, *Feuerbeständigkeit* und *Basishöhe*. Lediglich die beiden Daten *Türtyp* und *Türöffnungsbereich (%)* haben Einfluss auf die Darstellung der Tür.

Wenn Sie eine Tür markiert haben, können Sie für sämtliche Türen weitere Anzeigeoptionen festlegen. Sie finden die Einstellungen im Kontextmenü *Anzeigeoptionen festlegen* oder im Menübefehl *Plan/Anzeigeoptionen festlegen*. Dort können folgende Shapes angezeigt oder ausgeblendet werden:

- Rahmen
- Kopfzeile
- Trennwand
- Trennwand geschlossen
- Türstopp
- Türöffnung
- Schwelle

Mithilfe der Schaltfläche *Eigenschaften* können weitere Darstellungsoptionen festgelegt werden:

- Rahmenbreite
- Rahmentiefe
- Türstoppbreite
- Türstopptiefe
- Breite der Türschwelle innen
- Tiefe der Türschwelle innen
- Breite der Türschwelle außen
- Tiefe der Türschwelle außen
- Stärke der Trennwand
- Türschwung als Bogen oder als Linie gezeichnet

Die Anzeigeoptionen der Fenster werden im Menübefehl *Plan/Anzeigeoptionen/Fenster* festgelegt. Dort entscheiden Sie, ob Sie sich anzeigen lassen:

- Rahmen
- Kopfzeile
- Kippfenster
- Fensterbrett

Mithilfe der Schaltfläche *Eigenschaften* können weitere Darstellungsoptionen festgelegt werden:

- Rahmenbreite
- Rahmentiefe
- Breite der Kippfenster
- Tiefe der Kippfenster
- Breite des Fensterbretts (innen)
- Tiefe des Fensterbretts (innen)
- Breite des Fensterbretts (außen)
- Tiefe des Fensterbretts (außen)

Über das Kontextmenü finden Sie die *Eigenschaften* des Fensters. Darüber gelangen Sie in die Shape-Daten (siehe Abbildung 12.6). Die Daten *Fensterbreite* bestimmen – wie der Name sagt – die Breite des Fensters. Eine Änderung dieser Daten hat Einfluss auf das Aussehen. Die übrigen Daten *Fensterhöhe*, *Fensterbalkenhöhe*, *Fenstertyp*, *Fenster in Wandabsatz*, *Fensternummer* und *Feuerbeständigkeit* sind »reine« Daten und haben keinen Einfluss auf die Zeichnung. Sie können nach Fertigstellung der Zeichnung eingesammelt und ausgewertet werden.

Abbildg. 12.6   Die Shape-Daten des Fensters

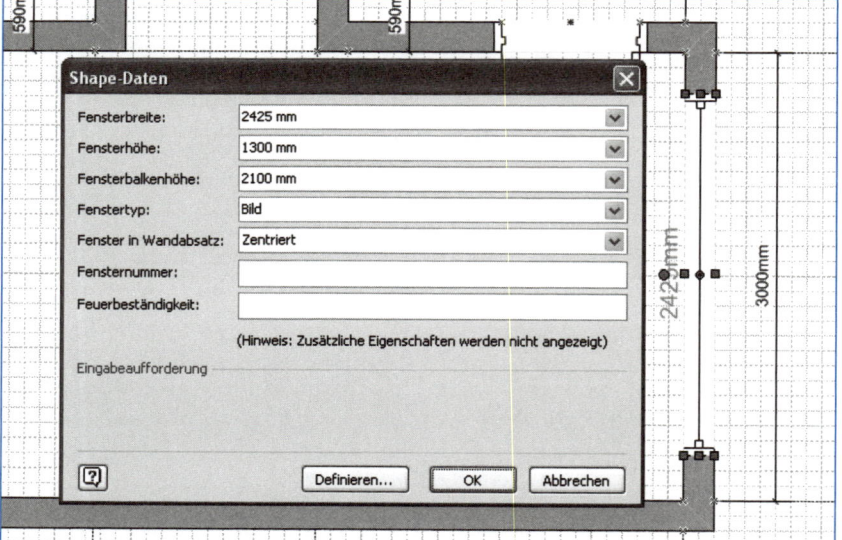

Das Mobiliar

Nachdem Wände, Türen und Fenster »gebaut« wurden, können die Möbel aus den Schablonen *Büromöbel*, *Büroausstattung*, *Bürozubehör* und *Arbeitsbereiche* auf das Zeichenblatt gezogen werden. Die Größe der Tische können Sie am schnellsten ändern, indem Sie das Größen- und Positionsfenster (Menü *Ansicht*) öffnen. Soll ein Stuhl unter einen Tisch geschoben werden, muss seine Reihenfolge geändert werden. Setzen Sie ihn über *Shape/Reihenfolge/In den Hintergrund*. Wenn Sie mehrere Tische oder Stühle benötigen, können Sie schnell dupliziert werden: mit dem Menübefehl *Bearbeiten/Duplizieren* oder Strg+D.

TIPP Schneller geht es, wenn Sie ein Mobiliar mit gedrückter Strg-Taste an seine neue Position verschieben. Dann wird es dupliziert. Weitere Duplikate werden erzeugt, indem Sie diesen Vorgang mit F4 wiederholen.

Bringen Sie Ordnung in die Shapes über die Menübefehle *Shape/Shapes ausrichten* und *Shape/Shapes verteilen*. Beachten Sie, dass beim Ausrichten das Shape, das seine Position nicht verändern soll, zuerst markiert werden muss.

Alle diese Shapes besitzen Eigenschaften im Kontextmenü. Dort können Sie einige wenige Informationen zu Breite und Länge, bei einigen Shapes auch zu Tiefe, Radius und Abschrägung eintragen. Alle anderen Informationen sind reine Daten, die später eingesammelt werden können.

Viele der Möbelstücke besitzen Kontrollpunkte. Einen sehen Sie beim Aktenschrank am unteren Rand der Abbildung 12.7. Mit ihnen kann das Aussehen modifiziert werden, beispielsweise ein Stuhl oder eine Schreibtischlampe gedreht werden, die Lehnen der Sofas ändern oder die Schubladen der Schränke herausziehen.

Abbildg. 12.7 Der Raum wird eingerichtet

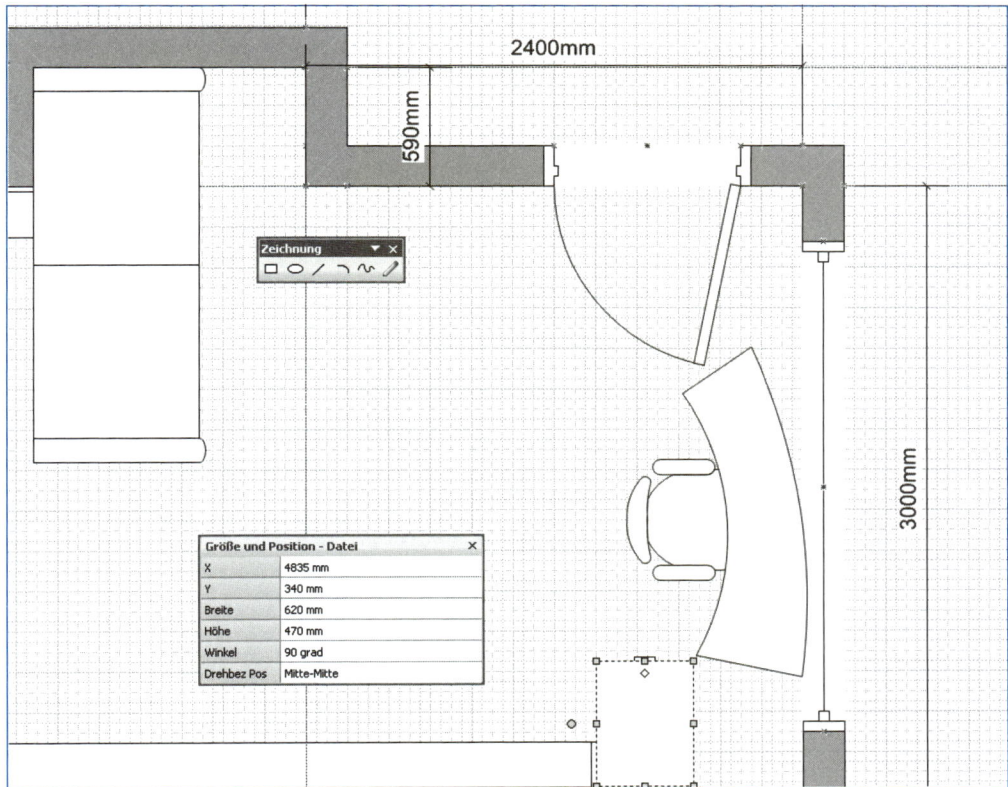

Drucken

Wenn Sie nur bestimmte Teile drucken möchten, verwenden Sie die Layer. Über den Menübefehl *Ansicht/Layereigenschaften* können Sie bestimmte Shapes vom Ausdruck ausschließen. Kontrollieren Sie vor dem Ausdruck die Seitenansicht. Sie zeigt Ihnen, wie (und was) später auf dem Papier ausgedruckt wird.

Sämtliche Shapes modifizieren

Wenn Sie nur sämtliche Shapes einer Kategorie markieren möchten, können Sie diese Shapes über *Bearbeiten/Auswahl nach Typ/Layer* selektieren. Beachten Sie, dass manche Shapes auf mehreren Layern liegen, umgekehrt natürlich mehrere Shapes zu einem Layer zugehörig sind. Die Liste der verwendeten Layer finden Sie im Menübefehl *Ansicht/Layereigenschaften*. Das Dialogfeld wird in Abbildung 12.8 gezeigt.

Abbildg. 12.8   Die Shapes liegen auf unterschiedlichen Layern

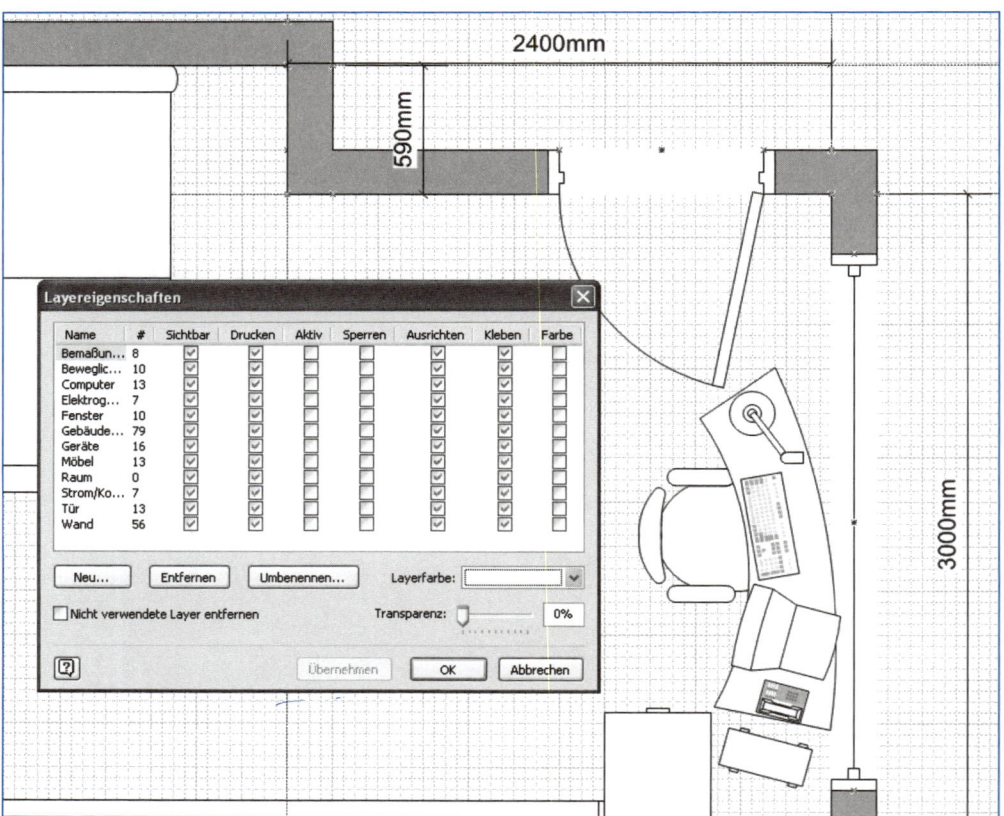

In der Dokumentschablone (Menübefehl *Datei/Shapes/Dokumentschablone anzeigen*) werden sämtliche Shapes aufgelistet, die sich in der Zeichnung befinden. Wenn Sie nun beispielsweise ein Shape in seiner Gestalt, seiner Formatierung oder seinem Verhalten ändern wollen, müssen Sie das Shape in der Dokumentschablone markieren. Über das Kontextmenü *Master-Shape bearbeiten/Master-Shape bearbeiten* können Sie nun an dem Master-Shape die gewünschten Änderungen vornehmen.

Beim Schließen des Zeichenblatts zum Bearbeiten des Master-Shapes werden Sie gefragt, ob Sie *alle zugehörigen Instanzen aktualisieren* möchten. Diese Frage müssen Sie bejahen, damit alle Shapes, die aus diesem Master-Shape generiert wurden, modifiziert werden.

ACHTUNG Beachten Sie, dass das Aufheben der Gruppierung ein Trennen der Verbindung zwischen Master-Shape und dem Shape auf der Zeichnung zur Folge hat.

Selbstverständlich können Sie auch weitere Shape-Daten im Master-Shape hinzufügen – so erhalten sämtliche Shapes die neuen Daten.

Die Daten

Sämtliche Shapes der Schablonen enthalten Shape-Daten. Diese können Sie einsammeln und auswerten:

Zum bequemen Eintragen der Shape-Daten öffnen Sie das Fenster *Ansicht/Fenster 'Shape-Daten'*. Dort können die gewünschten Daten bequem geändert und eingesehen werden. Beim Export in eine HTML-Datei können die Shape-Daten angezeigt oder ausgeblendet werden: *Datei/Als Webseite speichern/Veröffentlichen/Allgemein/Details (Shape-Daten)*.

Die Daten könnten mithilfe der Datengrafik auf der Zeichnung angezeigt werden (*Daten/Daten für Shapes anzeigen*). Dies ist sicherlich ungewöhnlich und führt zu einem Überladen der Zeichnung. Das genaue Vorgehen wird in Kapitel 3 beschrieben.

- Für den Datenexport stehen die Berichte
    - Fensterplan
    - HKL-Rohre
    - Inventar
    - Inventarbericht
    - Raumbericht
    - Türenplan

    zur Verfügung. Diese können modifiziert und ausgeführt werden. Selbstverständlich können Sie auch neue Berichte entwerfen.

- Beim Ausführen steht Ihnen die Möglichkeit zur Verfügung, die Daten als Shape auf der Zeichnung anzeigen zu lassen oder in eine XML-Datei beziehungsweise Excel-Tabelle zu schreiben. Weitere Informationen finden Sie in Kapitel 3.

- Sie können die Daten auch in eine Datenbank schreiben, indem Sie den Assistenten *Extras/Add-Ons/Visio-Extras/In Datenbank exportieren* verwenden. Dieser Export wird ausführlich in Kapitel 5 beschrieben.

Kapitel 12   Die Vorlage »Pläne und Grundrisse«

Die Vorlage *Grundriss*

Zwischen der Vorlage *Grundriss* und der Vorlage *Büroplan* gibt es keine funktionalen Unterschiede. Beachten Sie, dass der Zeichenmaßstab auf 1:50 eingestellt ist und das Zeichenblatt eine Größe DIN-A1 voreingestellt hat.

Die Schablone *Wände, Gerüst und Konstruktion* verfügt über weitere Fenster und Türen, Sie finden eine große Anzahl an Anmerkungen, Bemaßungen, elektronische Symbole (Leuchten, Steckdosen usw.) und eine Reihe von *Themen*, mit denen Elemente der Räume gekennzeichnet werden können, wie beispielsweise: *Behinderte, Telefon, Drucker, Kopierer, Raucher* und so weiter (siehe Abbildung 12.9).

> **HINWEIS**   Beachten Sie, dass sehr viele dieser Shapes mehrere Darstellungen besitzen beziehungsweise die Position schnell ändern können, indem Sie die entsprechende Einstellung im Kontextmenü aktivieren.

In der Schablone *Wände, Gerüst und Konstruktion* befinden sich die beiden Master-Shapes Türenplan und Fensterplan. Mit ihrer Hilfe kann ein Plan aller Türen beziehungsweise Fenster erstellt werden – er entspricht den Assistenten, die Sie in *Daten/Berichte* finden.

Abbildg. 12.9   In der Vorlage *Grundriss* finden Sie noch mehr Schablonen als in der Vorlage *Büroplan*

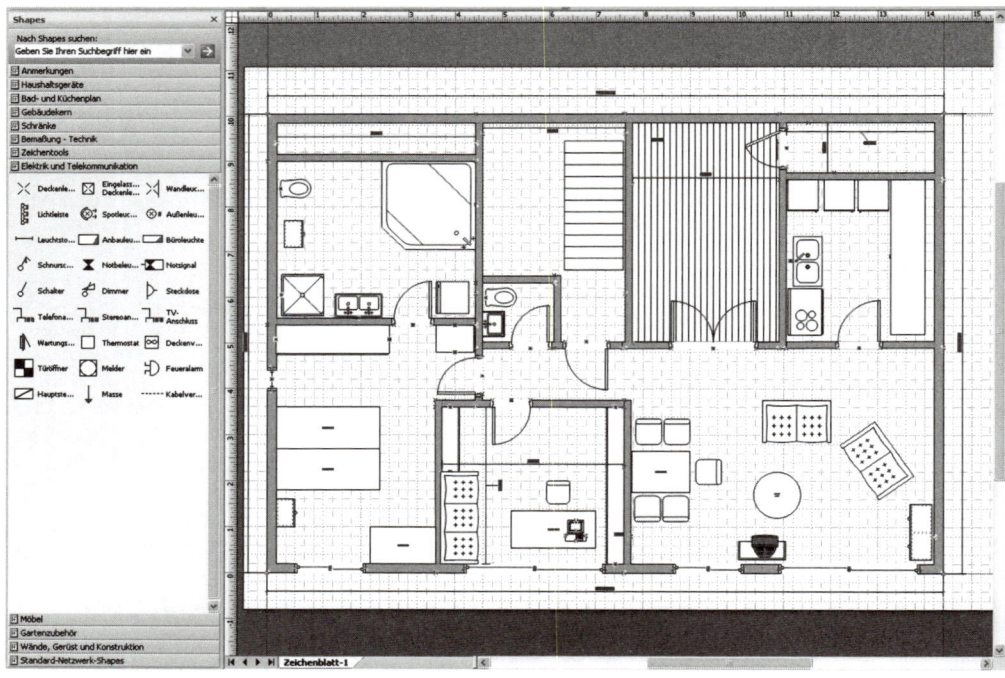

Die Vorlagen *Hauseinrichtungsplan, Deckenspiegelplan* und *HKL-Plan*

Zwischen den Vorlagen *Hauseinrichtungsplan* beziehungsweise *Deckenspiegelplan* oder *HKL-Plan* und der Vorlage *Büroplan* gibt es keine funktionalen Unterschiede. HKL steht für Heizung, Klimaanlage, Lüftung und Kühlsysteme in automatisierten Gebäude-, Umweltsteuerungs- und Energiesystemen.

Beachten Sie, dass der Zeichenmaßstab auf 1:50 eingestellt ist und das Zeichenblatt eine Größe DIN-A1 voreingestellt hat. Die Schablone *Wände, Gerüst und Konstruktion* verfügt über weitere Fenster und Türen. Sie finden auf mehrere Schablonen verteilt eine große Anzahl an Bad- und Küchengeräten, wie Kühlschränke, Herde, Spülen, Toiletten oder Badewannen (siehe Abbildung 12.10). Sehr viele der Shapes sind geschützt, da sie Normmaße verwenden. Da allerdings nicht alle Hersteller mit Normmaßen (beispielsweise Küchengeräte in 60 cm × 60 cm) arbeiten, können Sie über *Format/Schutz* den Schutzmechanismus ausschalten, falls Sie andere Größen benötigen.

HINWEIS Beachten Sie, dass sehr viele dieser Shapes mehrere Darstellungen besitzen beziehungsweise die Position schnell ändern können, indem Sie die entsprechende Einstellung im Kontextmenü aktivieren.

In der Schablone *Wände, Gerüst und Konstruktion* befinden sich die beiden Master-Shapes *Türenplan* und *Fensterplan*. Mit ihrer Hilfe kann ein Türen- beziehungsweise Fensterplan erstellt werden – er entspricht den Assistenten, die Sie in *Daten/Berichte* finden.

Abbildg. 12.10 Eine Küche wie geplant

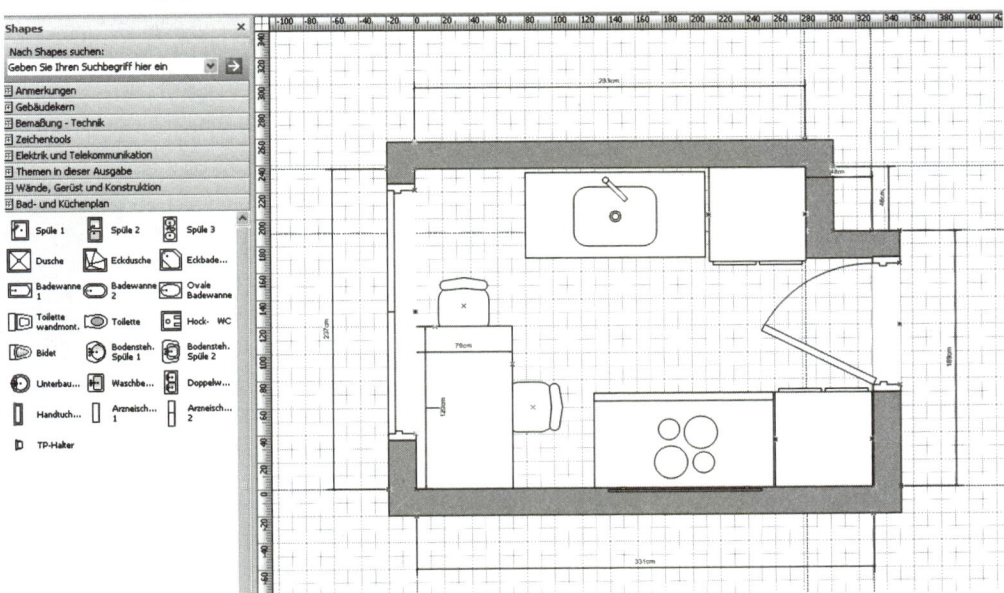

Die Vorlage *HKL-Steuerung – Logisches Diagramm*

Die Vorlage *HKL-Steuerung – Logisches Diagramm* hat zwar als Zeichenblattgröße DIN-A1 eingestellt, besitzt jedoch keinen Maßstab. Da es hierbei nur um die Darstellung der logischen Komponenten geht und nicht um die realistische Darstellung innerhalb einer Werkshalle, wird auch keiner benötigt.

> **HINWEIS** Beachten Sie, dass die Shapes der Schablone *HKL-Steuerungen* und *HKL-Steuerungszubehör* mehrere Darstellungsvarianten besitzen. Sie finden sie in den Eigenschaften im Kontextmenü oder in den Shape-Daten im Menü *Daten*. Lassen Sie das Fenster Shape-Daten (Menü *Ansicht*) offen, während Sie die Shapes auf das Zeichenblatt ziehen.

Die Vorlage *Plan für Elektrik und Telekommunikation*

Zwischen der Vorlage *Grundriss* und der Vorlage *Plan für Elektrik und Telekommunikation* gibt es überhaupt keine Unterschiede. Lediglich die Schablonen *Themen in dieser Auswahl*, *Bemaßung Technik* und *Gebäudekern* werden nicht angezeigt.

Die Vorlage *Sanitär- und Rohrleitungsplan*

Zwischen der Vorlage *Sanitär- und Rohrleitungsplan* und der Vorlage *Büroplan* gibt es keine funktionalen Unterschiede. Beachten Sie, dass der Zeichenmaßstab auf 1:50 eingestellt ist und das Zeichenblatt eine Größe DIN-A1 voreingestellt hat.

1. Erstellen Sie die Zeichnung des Raums wie im Abschnitt »Die Vorlage *Büroplan*« beschrieben.

Abbildg. 12.11   In den Raum können Rohre verlegt werden. Jedes Shape besitzt mehrere Darstellungsvarianten.

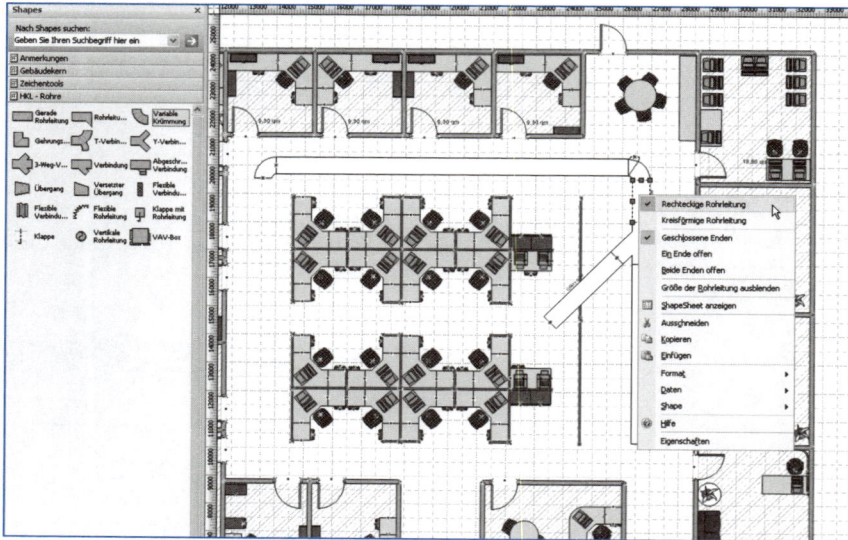

2. Anschließend fügen Sie die Rohre und Ventile aus den Schablonen *Rohre 1*, *Rohre 2*, *Ventile 1* und *Ventile 2* auf das Zeichenblatt. Verbinden Sie die Endpunkte miteinander oder verwenden Sie den *automatischen Verbinder*, um die Shapes aneinander zu kleben. Jedes der Rohre und Ventile hat noch weitere Einstellungen, die Sie in den Shape-Daten finden (siehe Abbildung 12.11).

Die Vorlage *Sicherheits- und Zutrittsplan*

Zwischen der Vorlage *Sicherheits- und Zutrittsplan* und der Vorlage *Büroplan* gibt es keine funktionalen Unterschiede. Beachten Sie, dass der Zeichenmaßstab auf 1:50 eingestellt ist und das Zeichenblatt eine Größe DIN-A1 voreingestellt hat.

Und beachten Sie, dass Sie normalerweise nicht nur einen Raum zeichnen werden, sondern mehrere. Sie können also den Raum wie im Abschnitt »Erstellen Sie eine Skizze des Raums« erstellen und duplizieren und anschließend – falls nötig – die Änderungen an den Räumen modifizieren.

Sind mehrere Räume markiert, können Sie diese Räume über den Assistenten im Menübefehl *Plan/In Wände konvertieren* auf einmal konvertieren lassen – Sie müssen nicht jeden Raum einzeln konvertieren.

> **HINWEIS** Beachten Sie, dass die Shapes der Schablonen *Alarmsteuerung und Zutrittskontrolle*, *Auslöser und Melder* und *Videoüberwachung* mehrere Darstellungsvarianten – in der Regel Beschriftungen für Decke (D), Wand (W), Tisch (T), verborgen (v), Erschütterung (E), Geräusch (G), Magnetisch (M), Riegel (R) und so weiter besitzen (siehe Abbildung 12.12). Sie finden sie in den Eigenschaften im Kontextmenü oder in den Shape-Daten im Menü *Daten*. Lassen Sie das Fenster *Shape-Daten* (Menü *Ansicht*) offen, während Sie die Shapes auf das Zeichenblatt ziehen.

Abbildg. 12.12 Der überwachte Eingangsbereich einer Firma

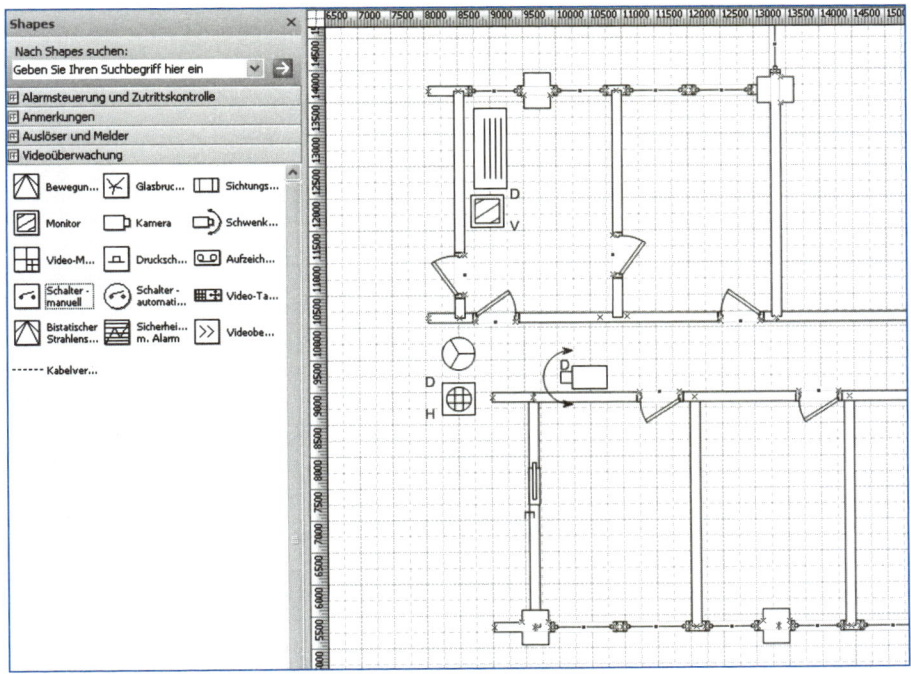

Die Vorlage *Werksplanung*

Zwischen der Vorlage *Werksplanung* und der Vorlage *Büroplan* (oder besser: *HKL-Plan*), gibt es keine funktionalen Unterschiede. Beachten Sie, dass der Zeichenmaßstab auf 1:50 eingestellt ist und das Zeichenblatt eine Größe DIN-A1 voreingestellt hat.

Die Schablone *Wände, Gerüst und Konstruktion* verfügt über weitere Fenster und Türen. Sie finden in der Schablone *Produktionsstätte – Maschinen und Einrichtungen* eine Reihe von Fertigungsmaschinen, die zur Ausstattung einer Werkshalle gehören können. In der Schablone *Produktionsstätte – Lagerhaltung und Verteilung* liegen Shapes für die Darstellung von festen und beweglichen Fördereinrichtungen und Lagersystemen und schließlich in der Schablone *Lagerhaus – Versand und Warenannahme* Containerrampen, Hebebühnen, Kippmulden, Öltanks und so weiter (siehe Abbildung 12.13).

> **HINWEIS** Beachten Sie, dass sehr viele dieser Shapes mehrere Darstellungen besitzen beziehungsweise die Position schnell ändern können, indem Sie die entsprechende Einstellung im Kontextmenü aktivieren. Sie verfügen auch über weitere Daten, mit denen Informationen an die Shapes gebunden werden können.

Abbildg. 12.13 Ein Werksplan

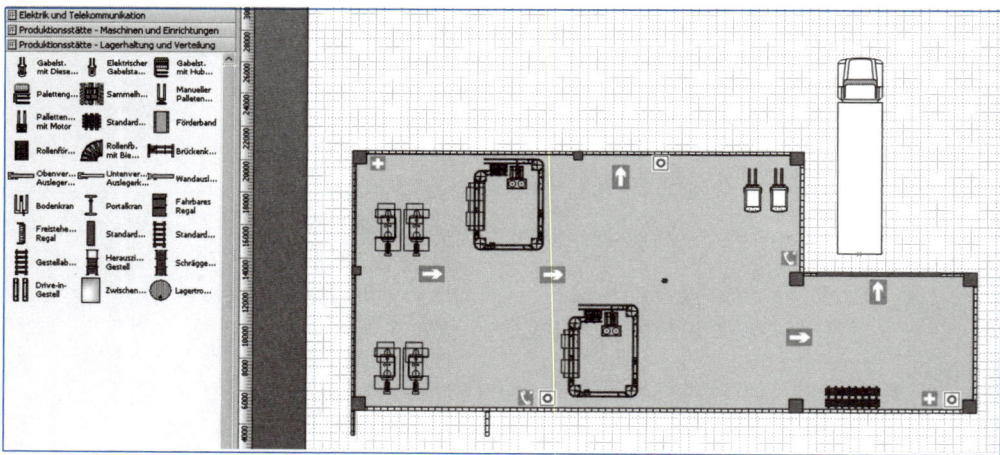

Die Vorlage *Wegbeschreibung* und *Wegbeschreibung 3D*

Diese Vorlagen unterscheiden sich von den oben beschriebenen Raumplänen und Gebäudedarstellungen, da hier keine geschlossenen Räume dargestellt werden. Es geht vielmehr darum, mit Straßen, Schienen und Stadtbahn-Linien eine schematische Skizze zu erstellen.

Gehen Sie folgendermaßen vor, wenn Sie einen Plan »So finden Sie uns« erstellen möchten.

1. Kopieren Sie eine Karte für eine Wegbeschreibung. Scannen Sie den Plan ein oder kopieren Sie ihn aus dem Internet. Beachten Sie, dass auf vielem Kartenmaterial ein Copyright liegt – Sie müssen die Karte danach wieder löschen.

Im folgenden Beispiel wurde für eine Wegbeschreibung ein Kartenausschnitt aus dem Internet kopiert (*http://www.muenchen.de*).

2. Die Vorlage *Datei/Neu/Pläne und Grundrisse/Wegbeschreibung* wird geöffnet.
3. Ein neues Hintergrundblatt wird erzeugt (*Einfügen/Zeichenblatt*). Es wird zu einem Hintergrundzeichenblatt.
4. Die Grafik wird als Hintergrund auf ein Zeichenblatt gelegt und vergrößert.
5. Dem Vordergrundzeichenblatt wird das Hintergrundzeichenblatt zugewiesen: *Datei/Seite einrichten/Zeichenblatteigenschaft*.
6. Zuerst werden auf dem Vordergrundblatt die Straßen mit den Straßen-Shapes nachgezeichnet. Hinweis: Beginnen Sie mit den Kurven. Sie sollten zuerst positioniert, gedreht und gestreckt werden.
7. Zeigt eine Gerade exakt in Nord-Süd- beziehungsweise Ost-West-Richtung, können Sie das Shape *Straße (eckig)* verwenden. Für nicht exakt waagrecht und senkrecht ausgerichtete Kurven sollten Sie das Shape *Straße (abgerundet)* benutzen, damit keine Lücken zwischen der Straße und der Kurve entstehen.
8. *Kurven*, *Ecken*, *Kreuzungen*, *Kleeblatt* und *Autobahnkreuz* sind zweidimensionale Shapes mit Verbindungspunkten. An ihnen werden die eindimensionalen Straßen befestigt.

HINWEIS Übrigens ist auch das Shape *Flexible Straße* ein zweidimensionales Shape. Wenn Sie es an eine Kurve oder Kreuzung kleben möchten, müssen Sie eine Straße als *Verbindungsstück* dazwischen verwenden. Sie kann auf eine beliebig kleine Strecke verkürzt werden. Wenn Sie den Lauf der Krümmung verändern möchten, benutzen Sie den *Bleistift* als Werkzeug in der Symbolleiste *Zeichnung*. Mit seiner Hilfe kann die Position des Stützpunktes und die Krümmung der Kurve modifiziert werden.

9. Wenn Sie eine Straße verbreitern (oder verschmälern) möchten, markieren Sie die Straße. Im Kontextmenü der Straßen können Sie einstellen, ob es sich um eine *schmale Straße, normale Straße* oder um eine *breite Straße* handelt. Wählen Sie dagegen die Option *Benutzerdefiniert*, wird der Kontrollpunkt angezeigt, mit dessen Hilfe die Breite der Straße manuell verändert werden kann.
10. Oder Sie markieren das Straßen-Shape und ändern die Breite in den Shape-Daten. Öffnen Sie hierzu das Fenster *Shape-Daten* über das Menü *Ansicht*. Möchten Sie sämtliche Straßen in ihrer Breite modifizieren, markieren Sie kein Shape – dann ist das Zeichenblatt selektiert. Nun finden Sie die Shape-Daten des Zeichenblattes, mit der die Straßenbreite (und auch die Breite der Landstraßen und Autobahnen) geändert werden kann. Das Ergebnis eines Stadtplans sehen Sie in Abbildung 12.14.
11. Ähnlich wie die Straßen-Shapes arbeiten die *Stadtbahn-Shapes* aus der gleichnamigen Schablone. An die zweidimensionalen Stationen beziehungsweise Umsteigestationen werden die Stadtbahn-Shapes geklebt. Auch hier sind die Kurven zweidimensionale Shapes, an die eindimensionale Stadtbahnlinien geklebt werden. Möglicherweise müssen Sie die Linien hinter die Stationen legen (*Shape/Reihenfolge*), damit die Station besser zu sehen sind.

Abbildg. 12.14   Der nachgezeichnete Stadtplan

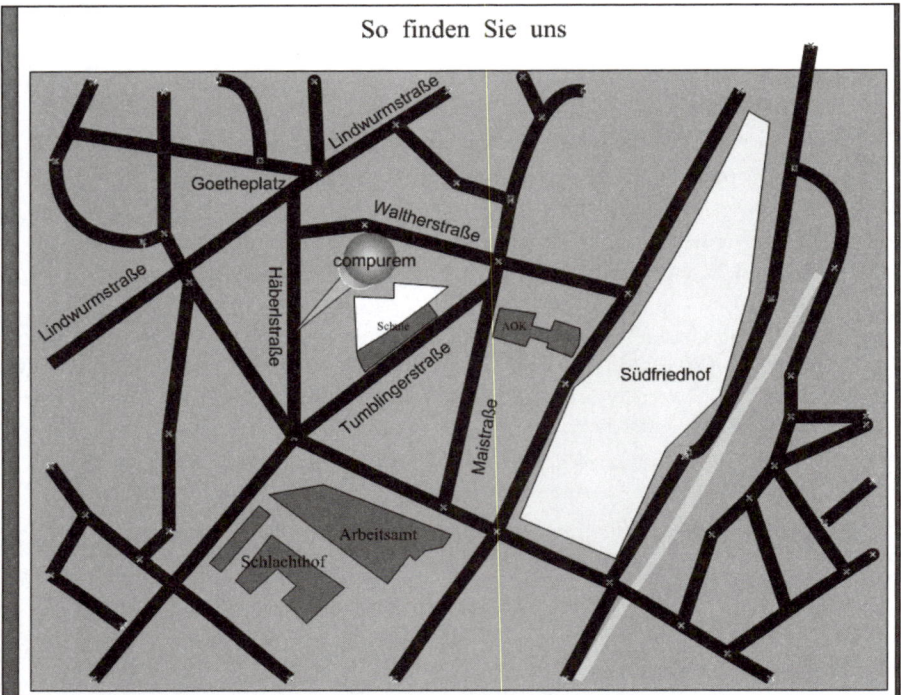

12. Die Shapes der Schablone *Verkehrs-Shapes* besitzen eigene Intelligenz: Die meisten der Shapes liegen in mehreren Varianten vor, die Sie über das Kontextmenü erreichen. Das Shape *Schienen* können Sie an seinem Endpunkt ziehen – danach »wachsen« die Gleise, das heißt: das Shape zeigt mehr Schwellen. In der Schablone *Verkehrs-Shapes* finden sich auch mehrere »intelligente Straßen«. Wenn Sie an einem Kontrollpunkt ziehen, verändert sich die Krümmung des Shapes.

HINWEIS   Beachten Sie, dass die Shapes auf mehreren Layern liegen. Das erleichtert die Mehrfachselektion über den Menübefehl *Bearbeiten/Auswahl nach Typ*.

13. Wenn Sie das Ergebnis ohne Hintergrundbild betrachten möchten, können Sie entweder die Option *Nicht druckbares Shape* einschalten (*Format/Verhalten*). Nun wird in der Seitenansicht nur der Straßenverlauf gezeigt. Oder Sie legen dieses Shape auf einen Layer (*Format/Layer*), welcher nicht gedruckt oder nicht angezeigt wird (*Ansicht/Layereigenschaften*). Diese Option muss allerdings über das Menü ein- und ausgeschaltet werden. Oder Sie markieren das Bild und erhöhen mit der Transparenz (*Format/Bild*) den Grad der Durchsichtigkeit. Jedoch Achtung: Wenn Sie die Transparenz auf 100% erhöhen, verschwindet das Bild.

ACHTUNG   Beachten Sie, dass Sie Grafiken, die Sie aus dem Internet heruntergeladen haben oder die Sie eingescannt haben, nicht weitergeben dürfen. Sie müssen die Bilder löschen, wenn Sie die Visio-Zeichnung veröffentlichen oder verschicken.

14. Wenn Sie nicht sicher sind, ob derjenige, der Ihre Zeichnung erhält, wirklich Visio besitzt beziehungsweise den Visio-Viewer installiert hat, sollten Sie die Zeichnung als Bild exportieren, siehe Kapitel 2.

Abbildg. 12.15   Die Zeichnung wurde als *.jpg-Bild gespeichert

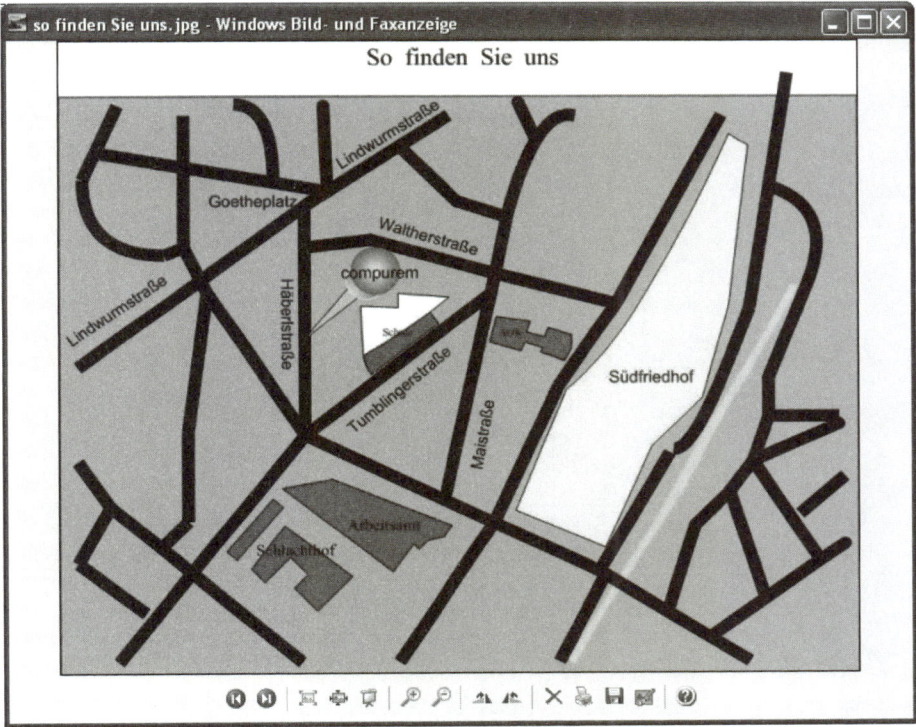

15. Ebenso können Sie das Bild das HTML-Datei veröffentlichen über *Datei/Als Webseite speichern*. Beide Exportvarianten werden ausführlich in Kapitel 2 beschrieben.
16. Und schließlich können Sie das Bild in ein Word-Dokument oder eine PowerPoint-Präsentation einfügen. Auch dies wird in Kapitel 2 erläutert.

HINWEIS   Leider stellt Visio für einzelne Gebäude in dieser Vorlage wenig Shapes zur Verfügung. Auch die Symbole für *Stadtbahn* entsprechen nicht unseren gewohnten U-Bahn- oder S-Bahn-Symbolen (siehe Abbildung 12.16). Dies kann und muss alles nachträglich eingezeichnet werden. Hierzu stellen Sie einen großen Zoomfaktor ein (am besten mit gedrückten ⇧ + Strg -Tasten) und zeichnen mit dem Bleistift-Werkzeug die Gebäude nach. Sie können anschließend – nachdem sie geschlossen sind – mit einer Füllfarbe versehen werden. Für die Beschriftung stehen Ihnen drei Textblöcke und ein Beschriftungs-Shape zur Verfügung.

Kapitel 12 Die Vorlage »Pläne und Grundrisse«

Abbildg. 12.16   Für die U-Bahn in London können die Stadtbahn-Shapes verwendet werden

Die Vorlage *Grundstückplan*

Zwischen der Vorlage *Grundstückplan* und der Vorlage *Grundriss* gibt es wenig funktionale Unterschiede. Beachten Sie, dass der Zeichenmaßstab auf 1:200 eingestellt ist und das Zeichenblatt eine Größe DIN-A1 voreingestellt hat.

HINWEIS   Beachten Sie, dass einige dieser Shapes mehrere Darstellungen besitzen beziehungsweise die Position schnell ändern können, indem Sie die entsprechende Einstellung im Kontextmenü aktivieren. Beachten Sie auch, dass sehr viele der Shapes über Eigenschaften verfügen, die Sie im Menübefehl *Ansicht/Fenster 'Shape-Daten'* einstellen können.

Abbildg. 12.17   Eine Zeichnung, die mit der Vorlage *Grundstückplan* erstellt wurde

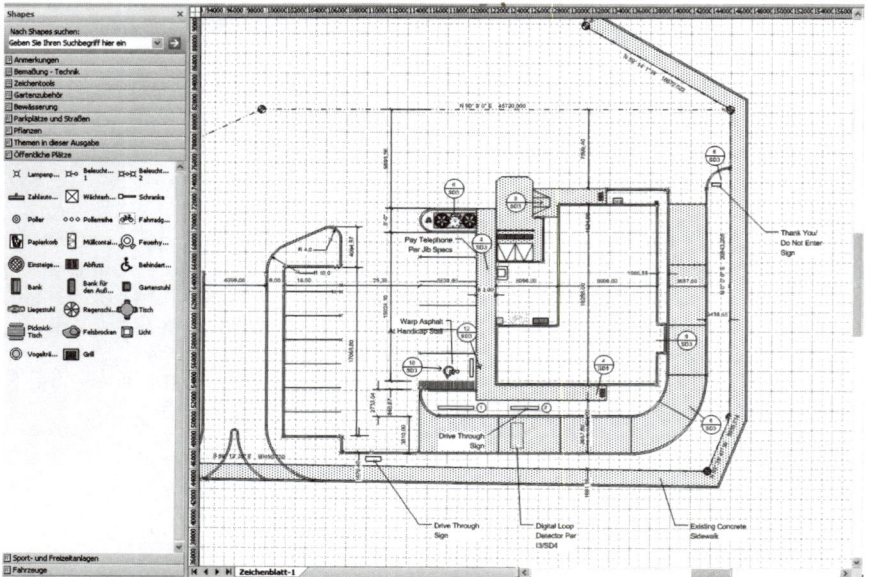

Die Shapes liegen auf mehreren Layern. Das erleichtert die Mehrfachselektion über den Menübefehl *Bearbeiten/Auswahl nach Typ*. Auch das Einsammeln der Daten mithilfe der Assistenten über *Daten/Berichte* wird dadurch leicht gemacht.

Zusammenfassung

Die Anzahl der Schablonen in der Kategorie *Pläne und Grundrisse* ist sehr groß – keine andere Kategorie in Visio besitzt so viele Schablonen und damit Shapes wie diese Kategorie. Und: Wohl in keiner anderen Kategorie ist das Erstellen einer Zeichnung – in diesem Falle eines Raumes, eines Stockwerkes oder Gebäudes – so an die Reihenfolge gebunden, wie bei den Shapes dieser Vorlagen. Wenn Sie sich jedoch an diese Reihenfolge:

1. Neue Vorlage
2. Maßstab einstellen
3. Raum erstellen
4. Raum in Wände konvertieren
5. Wände exakt positionieren
6. Neue Wände einziehen
7. Türen und Fenster positionieren und einrichten
8. Mobiliar, Rohre, Sicherheitssysteme, Geräte, Elektrik anordnen
9. Speichern, drucken oder plotten, exportieren

halten, werden sie schnell zu dem gewünschten Plan gelangen.

Kapitel 13

Die Vorlagen der Kategorie »Software und Datenbank«

In diesem Kapitel:

Die Vorlage *Datenbankmodelldiagramm*	428
Die Vorlagen *Konzeptionelle Website* und *Websiteübersicht*	438
Windows XP-Benutzeroberfläche	447
Die Vorlage *UML-Modelldiagramm*	449
Weitere Diagrammvorlagen für Softwaredesign	458
Zusammenfassung	459

Kapitel 13 Die Vorlagen der Kategorie »Software und Datenbank«

Wenn Sie mit der Softwareentwicklung oder -dokumentation beschäftigt sind, im Team programmieren oder auch eine Leitungsfunktion haben, in der entschieden wird, dass eine bestimmte Software, eine Datenbank oder ein Internet-/Intranet-Auftritt geplant wird, dann sollten Sie sich vorher konzeptionelle Gedanken machen, wie das fertige Produkt aufgebaut ist, welche Leistungsmerkmale es beinhaltet, wie die Oberfläche für den Anwender aussieht und so weiter. Visio stellt in der Kategorie *Software und Datenbank* mehrere solcher Vorlagen zur Verfügung, die zum Teil auch über Assistenten verfügen, mit denen ein Reverse-Engineering durchgeführt wird, um den Zustand der aktuellen Software zu dokumentieren.

Die Vorlage *Datenbankmodelldiagramm*

Wenn Sie die Vorlage *Datenbankmodelldiagramm* öffnen, fällt auf, dass Sie neben den beiden Vorlagen *Entitätsbeziehung* und *Objekt – relational* zwei weitere Fenster geöffnet haben: *Tabellen und Ansichten*. Beide besitzen jeweils zwei Registerkarten: *Tabellen und Ansichten* beziehungsweise *Typen* und *Datenbankeigenschaften* beziehungsweise *Ausgabe*. Darüber hinaus befindet sich zwischen den Menüs *Daten* und *Shape* ein neues Menü *Datenbank*. Sollte eines der beiden Fenster geschlossen sein, können Sie es über den Menübefehl *Datenbank/Ansicht* wieder öffnen.

Abbildg. 13.1   Die Oberfläche der Vorlage *Datenbankmodelldiagramm*

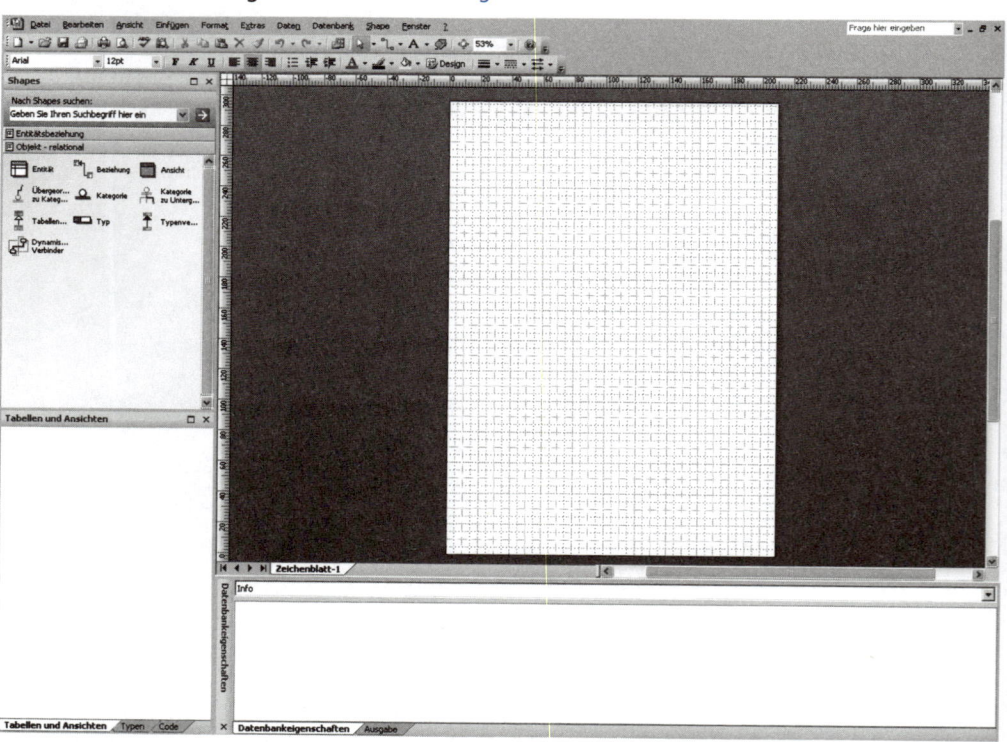

Die Vorlage Datenbankmodelldiagramm

> **HINWEIS** Beachten Sie, dass die Menübefehle *Datenbank/Ansicht/Tabellen und Ansichten*, *Datenbank/Ansicht/Typen* beziehungsweise *Datenbank/Ansicht/Ausgabe* zwar das Fenster öffnen und die entsprechende Registerkarte aktivieren, jedoch gibt es für die Registerkarte *Datenbankeigenschaften* keinen Menübefehl. Sie müssen das Fenster über *Datenbank/Ansicht/Ausgabe* öffnen und dann in die Registerkarte *Datenbankeigenschaften* wechseln. Umgekehrt steht Ihnen über den Menübefehl *Datenbank/Ansicht/Code* eine weitere Registerkarte zur Verfügung, die sich im Fenster *Tabellen und Ansichten* andockt, wie Sie in Abbildung 13.1 sehen.

Wenn Sie mehrere Fenster zur gleichen Zeit sehen möchten, können Sie eine der Registerkarten am Henkel herausziehen und an einer anderen Stelle fallen lassen. Sie schweben auf der Zeichnung oder docken sich in einem anderen Fenster an, wenn sie dort hingezogen werden.

Erstellen einer Zeichnung

So erstellen Sie eine Zeichnung mithilfe der Vorlage *Datenbankmodelldiagramm*:

1. Öffnen Sie die Vorlage *Datei/Neu/Software und Datenbank/Datenbankmodelldiagramm*.
2. Ziehen Sie aus der Schablone *Entitätsbeziehung* oder *Objekt – relational* das Shape *Entität* auf das Zeichenblatt.
3. Wechseln Sie im Fenster *Datenbankeigenschaften* in die Registerkarte *Datenbankeigenschaften*.
4. Tragen Sie in der Kategorie *Definition* den physikalischen Namen der Tabelle ein. Sollte der konzeptionelle Name identisch mit dem physikalischen sein, lassen Sie das Kontrollkästchen *Namen bei Eingabe synchron.* aktiviert. Wenn Sie unterschiedliche Namen vergeben möchten, deaktivieren Sie diese Option.
5. Tragen Sie – falls dies erforderlich ist – den Namensbereich ein (siehe Abbildung 13.2).

Abbildg. 13.2   Die Tabellennamen werden festgelegt

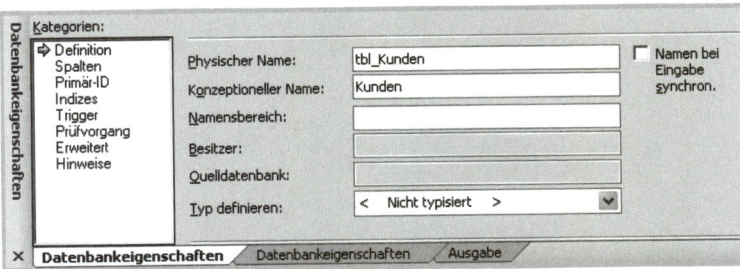

6. Wechseln Sie nun in die Kategorie *Spalten*.
7. Vergeben Sie dort den Spaltennamen und den zugehörigen Datentyp.
8. Falls dieses Feld ein Pflichtfeld ist, aktivieren Sie die Option *Erforderlich*, falls auf dem Feld ein Primärschlüssel liegt, aktivieren Sie *PK* (Primary Key). Ihnen stehen die Datentypen ATTACHMENT, BINARY, BIT, BYTE, CHAR, COMPLEXBYTE, COMPLEXDECIMAL, COMPLEXDOUBLE, COMPLXGUID, COMPLXINTEGER, COMPLXLONG, COMPLXSINGLE, COUNTER, CURRENCY, DATETIME, DECIMAL, DOUBEL, GUID, INTEGER, LONG, LONGBINARY, LONGCHARACTER, LONGTEXT, NUMERIC, REAL, SHORT, SINGLE, SMALLINT, TEXT, VARBINARY und VARCHAR zur Verfügung.

> **HINWEIS** Beachten Sie, dass Sie bei den Datentypen CHAR und VARCHAR die maximale Länge der Zeichen eingeben sollten. Die Vorgabe liegt bei 10 (Zeichen)

9. Wenn Sie benutzerdefinierte Typen benötigen, können Sie diese im Menübefehl *Datenbank/ Benutzerdefinierte Typen* festlegen. Sie tauchen anschließend in der Liste der vorhandenen Datentypen auf und werden alphabetisch einsortiert.
10. Am rechten Rand finden Sie die Schaltflächen *Entfernen*, mit der ein Feld gelöscht werden kann, und *Nach oben* beziehungsweise *Nach unten*, mit der die Reihenfolge der Felder geändert werden kann.
11. Sie können die Daten direkt in die Spalte *Physikalischer Name* eintragen oder über die Schaltfläche *Bearbeiten* in ein Dialogfeld wechseln, das Ihnen nicht nur eine bequemere Eingabe zulässt, sondern darüber hinaus weitere Informationseingaben zu den Spalten ermöglicht (siehe Abbildung 13.3).

Abbildg. 13.3   Das Dialogfeld *Spalteneigenschaften*

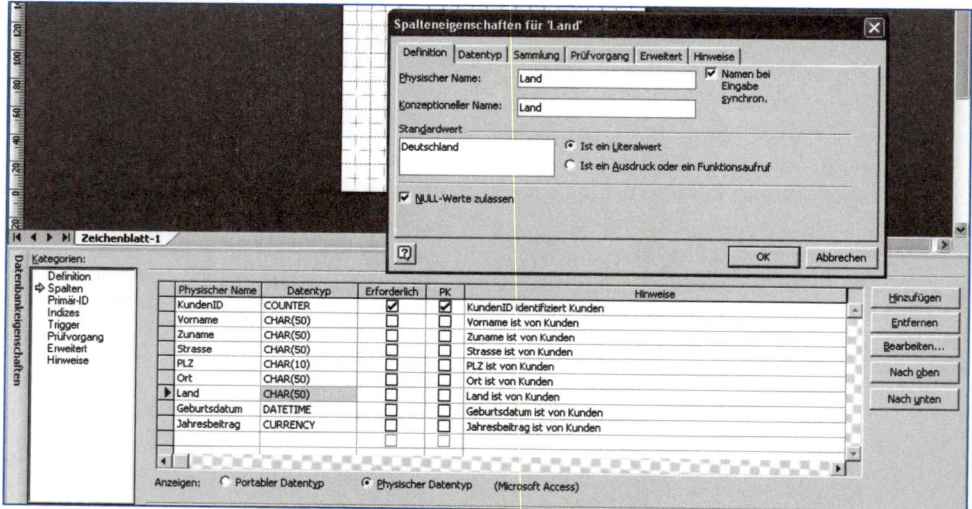

12. Im Dialogfeld *Spalteneigenschaften*, das Sie über die Schaltfläche *Bearbeiten* erreichen, finden Sie folgende Einstellungen:

    - Registerkarte *Definition*. Dort werden der physikalische Name und der konzeptionelle Name angezeigt. Darüber hinaus können Sie einen Standardwert vergeben. Ebenso wird eingestellt, ob NULL-Werte zugelassen sind.
    - Registerkarte *Datentyp*. Hier wird der Datentyp gewählt beziehungsweise geändert. Ihnen stehen die oben genannten Datentypen zur Verfügung.
    - Registerkarte *Sammlung*. Hier könnten Listen, Sets oder Multisets festgelegt werden.

Die Vorlage Datenbankmodelldiagramm

- Registerkarte *Prüfvorgang*. In dieser Registerkarte wird ein Gültigkeitsbereich festgelegt.
- Registerkarte *Hinweis*. Hier könnten Kommentare stehen. Sie haben für das Datenbankdesign keine weitere Bedeutung.
- Selbstverständlich können nicht nur Einstellungen für neue Felder vorgenommen werden, sondern Sie können auch vorhandene Eigenschaften ändern.

13. In der Kategorie *Primär-ID* legen Sie den Primärschlüssel fest. Wurde ein Feld als Primarschlüssel in der Kategorie *Spalten* definiert (PK), dann steht er in dieser Liste. Alternativ können Sie einen Primärschlüssel auf mehrere Felder legen. Dies ist dann Usus, wenn sich eine Artikelnummer aus zwei oder mehreren Teilen zusammensetzt, die auf mehrere Spalten verteilt sind.

14. In der Kategorie *Indizes* legen Sie über die Schaltfläche *Neu* einen neuen Index für die Tabelle fest (siehe Abbildung 13.4). Vergeben Sie dem Index einen Namen. Anschließend können Sie aus den *verfügbaren Spalten* mithilfe der Schaltfläche *Hinzufügen Indizierte Spalten* zu Ihren *indizierten Spalten* hinzufügen. Mithilfe der Schaltfläche *Löschen* kann ein Index gelöscht werden, *Umbenennen* sorgt dafür, dass der Index einen anderen Namen erhält. Vier Indextypen stehen Ihnen zur Verfügung:

- Nur eindeutige Indizes
- Eindeutige Indizes mit vorangestellter Abhängigkeit
- Nur eindeutiger Index
- Nur Eindeutigkeitseinschränkung

Abbildg. 13.4 Ein Index wird festgelegt

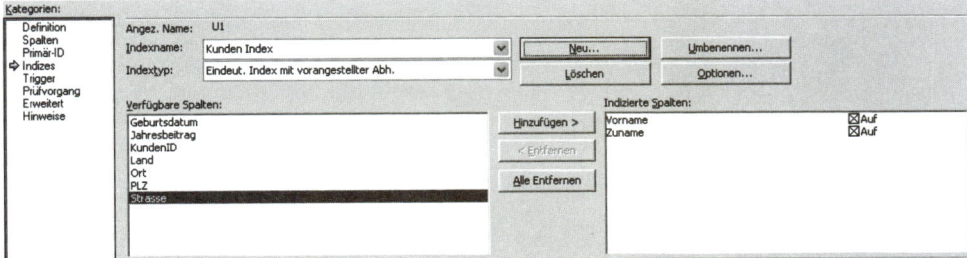

15. In der Kategorie *Trigger* können Sie die SQL-Anweisung festlegen (siehe Abbildung 13.5). In der Registerkarte *Rumpf* finden Sie eine Schalfläche *Codeskelett einfügen*, das Ihnen beim Erstellen behilflich ist. Der SQL-Code wird im Fenster *Code (Datenbank/Ansicht/Code)* angezeigt.

16. In der Kategorie *Prüfvorgang* tragen Sie Prüfungen ein, die Ihre Tabelle betreffen. Die Oberfläche sieht aus, wie die Oberfläche der Kategorie *Trigger*.

17. In der Kategorie *Hinweise* werden Kommentare bezüglich Ihrer Tabelle festgelegt.

Kapitel 13 Die Vorlagen der Kategorie »Software und Datenbank«

Abbildg. 13.5   Die Kategorie *Trigger*

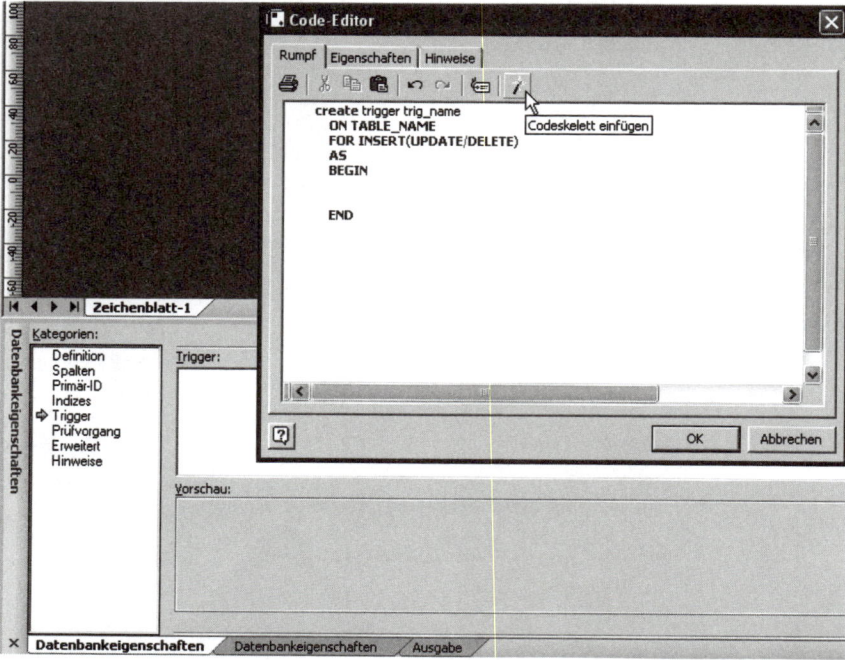

> **TIPP**   Über die Schaltfläche *Fenstereigenschaften* gelangen Sie in das zugehörige Dialogfeld. Dort können Sie eine Reihe von Attributen festlegen, die definieren, wie der SQL-Code dargestellt wird (siehe Abbildung 13.6).

Abbildg. 13.6   Das Dialogfeld *Fenstereigenschaften*

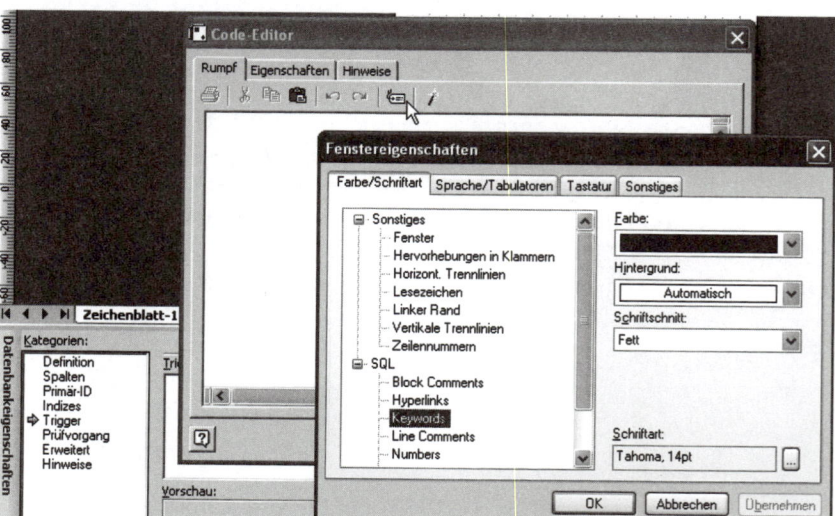

18. Fahren Sie wie in Schritt 2 bis 16 beschrieben fort und erstellen Sie gegebenenfalls weitere Tabellen.
19. Wenn Sie zwei Tabellen miteinander verbinden möchten, ziehen Sie das Master-Shape *Beziehung* aus der Schablone *Entitätsbeziehung* oder *Objekt – relational*. Drehen Sie den Verbinder so, dass die 1-Seite auf die Tabelle zeigt, die den eindeutigen Schlüssel festlegt. Ziehen Sie die n-Seite auf die Tabelle, in der mehrere Vorkommen des Wertes möglich sind. Lassen Sie Anfang und Ende des Verbinder-Shapes so auf dem Tabellen-Shape fallen, dass es rot markiert ist. Visio wird einen dynamischen Verbinder generieren und wird bei der n-Seite ein neues Feld anlegen, in dem die Werte stehen werden. Im Fenster *Datenbankeigenschaften* wird diese Verbindung ebenso dargestellt (siehe Abbildung 13.7). Die Beziehungen werden deshalb dargestellt, weil diese Option im Menübefehl *Datenbank/Optionen/Modellierung* voreingestellt ist.

> **HINWEIS** Ebenso können Sie auch das Shape *Kategorie zu untergeordnet* verwenden.

Abbildg. 13.7   Eine 1:n-Beziehung wird erstellt

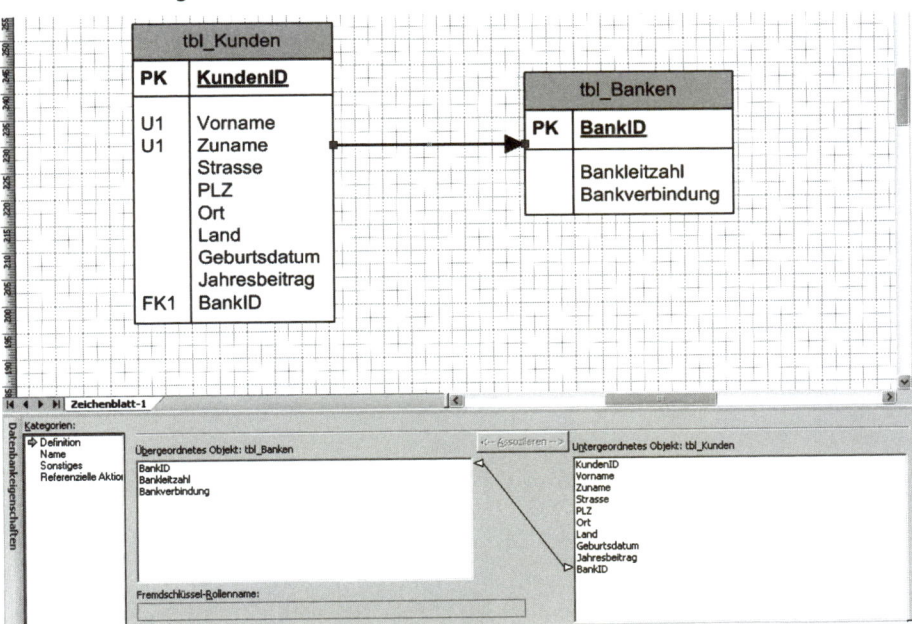

20. Wenn der Verbinder markiert ist, können Sie im Fenster Datenbankeigenschaften in der Kategorie *Name* Namensdefinitionen für diese Beziehung festlegen.
21. In der Kategorie *Sonstiges* stehen Ihnen folgende Auswahleinschränkungen zur Kardinalität zur Verfügung:
    - Null oder mehr
    - Eins oder mehr
    - Null oder eins
    - Genau eins
    - Bereich (mindestens und höchstens)

22. In der Kategorie *Referentielle Aktionen* können Sie festlegen, ob beim Aktualisieren eines übergeordneten Elementes:
    - keine Aktion eintritt
    - eine überlappende Aktion eintritt
    - NULL gesetzt wird
    - der Wert als Standard gesetzt wird
    - nichts erzwungen wird

    Die gleichen Aktionen stehen Ihnen für das Löschen zur Verfügung.

23. Sämtliche Tabellen und Ansichten, die Sie auf diese Weise auf das Zeichenblatt ziehen, werden im Fenster *Tabellen und Ansichten* angezeigt. Wenn Sie eine Tabelle oder Ansicht löschen, erhalten Sie die Frage, ob der Eintrag auch im Fenster *Tabellen und Ansichten* gelöscht werden soll. Normalerweise bestätigen Sie ihn mit *Ja*, wie Sie in Abbildung 13.8 sehen.

Abbildg. 13.8   Eine fälschlich erstellte Tabelle wird gelöscht

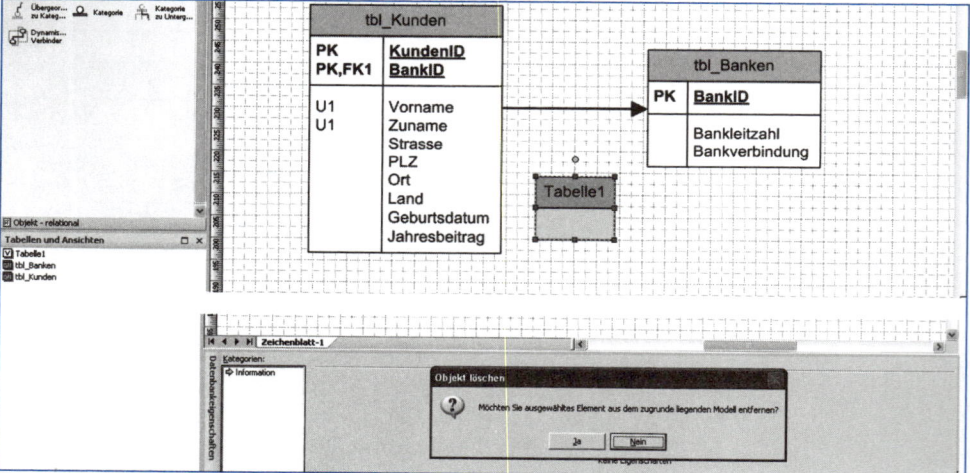

PROFITIPP

Sollten Sie aus Versehen die Frage nach dem Löschen mit *Nein* bestätigen, können Sie den Eintrag aus dem Fenster *Tabellen und Ansichten* im Nachhinein löschen, indem Sie die Tabelle oder die Ansicht aus dem Fenster auf das Zeichenblatt ziehen. Visio generiert ein neues Shape aus dem Eintrag. Wenn Sie nun das Shape löschen, erhalten Sie die gleiche Frage, die Sie nun mit *Ja* beantworten.

24. Übrigens könnte diese Frage über den Menübefehl *Datenbank/Modellierung* in der Registerkarte *Logisches Diagramm* ausgeschaltet werden. Dort steht Ihnen als Option zur Verfügung:
    - Immer aus Modell ablegen
    - Nur aus dem Modell ablegen, wenn letztes Vorkommen im Diagramm
    - Nie aus dem Modell ablegen
    - Benutzer fragen

25. In den Optionen, die Sie über den Menübefehl *Datenbank/Optionen/Dokument* erreichen, können Sie im Dialogfeld *Datenbank-Dokumentoptionen* noch eine weitere Einstellung bezüglich der Darstellung des Diagramms vornehmen. Neben der Frage, was im Diagramm dargestellt wird (konzeptionelle Namen, physikalische Namen oder beides) können Sie von der relationalen Darstellung in IDEFIX wechseln (siehe Abbildung 13.9). Unabhängig von der Darstellung könnten Sie in der Registerkarte *Tabelle* die Anzeige des Primärschlüssels, des Fremdschlüssels, des Alternativschlüssels, der Indizes, Nichtschlüssel und Anmerkungen unterbinden.

Auch für die Beziehungen, die in der Registerkarte *Beziehungen* ausgeblendet werden könnten, gibt es noch weitere Darstellungen: *Krähenfüße*, *Kardinalität* und *Referentielle Aktionen*.

Abbildg. 13.9   IDEFIX mit Krähenfüßen

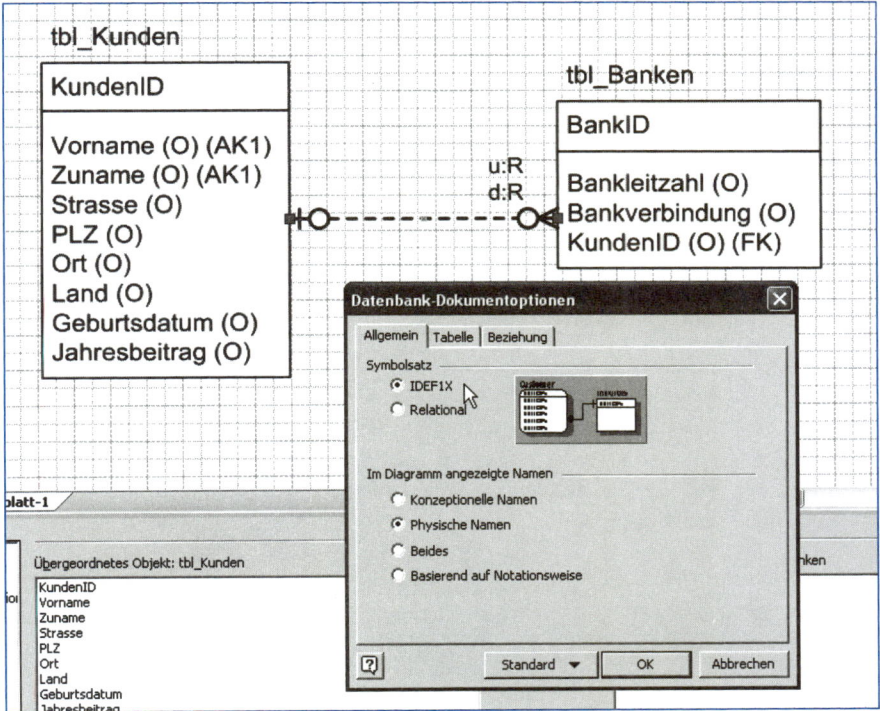

Reverse Engineering

Die Vorlage *Datenbankmodelldiagramm* beschreibt auch den umkehrten Weg: Angenommen, Sie haben eine Datenbank, deren Tabellenstruktur Sie als Diagramm darstellen möchten. Dies können Sie mithilfe des Assistenten erledigen. Folgende Schritte müssen Sie durchführen, um ein Diagramm zu erhalten:

1. Öffnen Sie die Vorlage *Datei/Neu/Software und Datenbank/Datenbankmodelldiagramm*.

2. Sollte ihre Datenbank nicht als Access-Datenbank oder SQL-Datenbank vorliegen, müssen Sie den korrekten Treiber einrichten. Sie können ihn in der Windows-Systemsteuerung einrichten oder auch in der Vorlage über den Menübefehl *Datenbank/Optionen/Treiber*.

3. Starten Sie den Assistenten mit dem Menübefehl *Datenbank/Reverse Engineering*.
4. Wählen Sie den richtigen Treiber und die richtige Datenbank aus (siehe Abbildung 13.10). Bei einer Access-Datenbank wählen Sie den Pfad zur betreffenden *.mdb*-Datei; bei einem SQL-Server wählen Sie den Namen der jeweiligen ODBC-Benutzerdatenquelle aus.

Abbildg. 13.10   Die Datenbank wird ausgewählt

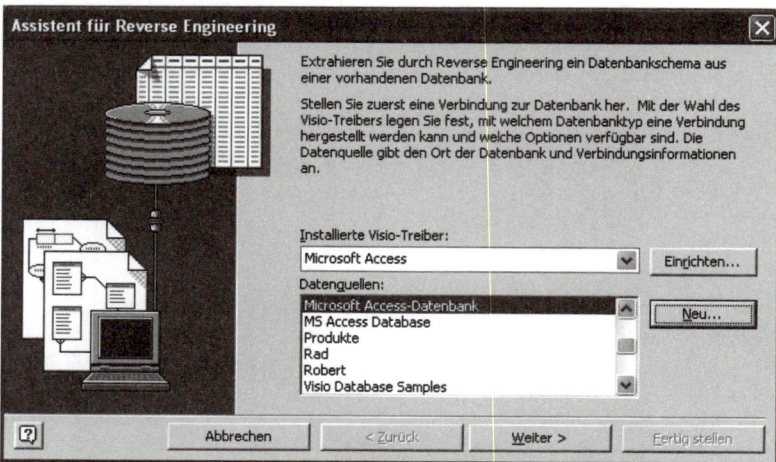

5. Ein Klick auf die Schaltfläche *Weiter* fragt nach dem Benutzer und dem zugehörigen Kennwort. Falls Sie keinen Benutzer angelegt haben beziehungsweise kein Kennwort vergeben haben, können Sie dieses Dialogfeld mit der Schaltfläche *OK* bestätigen.
6. Im nächsten Dialogfeld legen Sie fest, ob Sie Tabellen und/oder Ansichten dargestellt haben möchten und wenn ja, ob das Diagramm ebenfalls Primärschlüssel, Indizes und Fremdschlüssel anzeigt (siehe Abbildung 13.11)

Abbildg. 13.11   Die Auswahl zur Anzeige

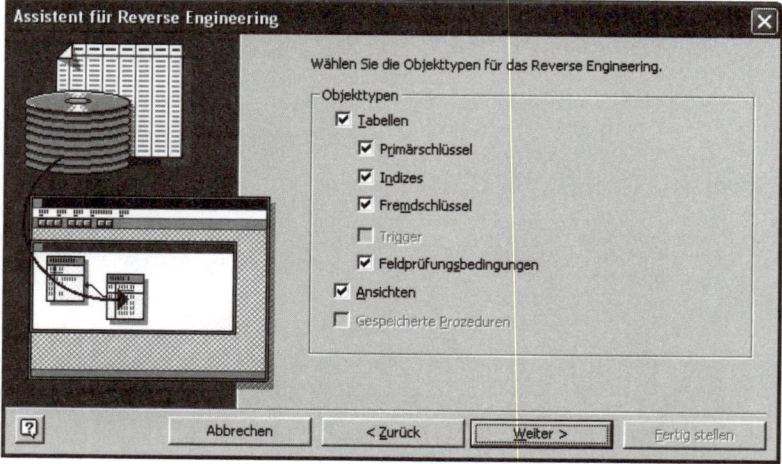

Die Vorlage Datenbankmodelldiagramm

7. Im nächsten Dialogfeld wählen Sie einzelne Tabellen aus. Die Schaltfläche *Alles auswählen* hilft Ihnen dabei, alle Tabellen zu selektieren (siehe Abbildung 13.12). Mit einem Klick auf die Schaltfläche *Weiter* gelangen Sie zum nächsten Schritt.

Abbildg. 13.12   Die Auswahl der Tabellen

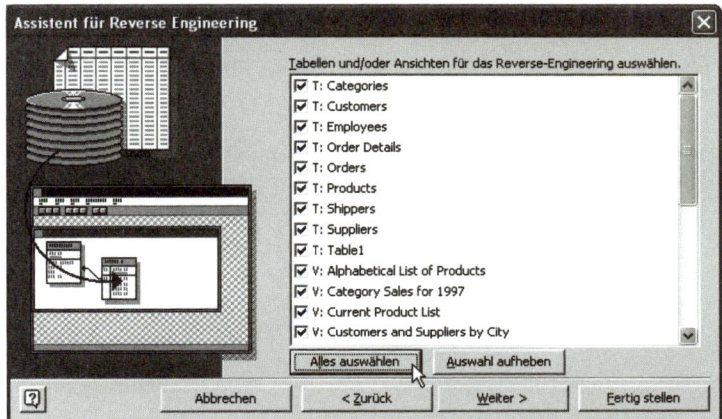

8. Im vorletzten Schritt des Assistenten werden Sie gefragt, ob Visio die Tabellen und Ansichten als Shapes auf dem Zeichenblatt anzeigen soll oder lediglich im Fenster *Tabellen und Ansichten* darstellen soll. Mit der Schaltfläche *Weiter* gelangen Sie zum letzten Schritt, wo Sie Ihre Eingaben überprüfen können. Falls alles korrekt ausgewählt wurde, beenden Sie den Assistenten mit *Fertig stellen*.

Abbildg. 13.13   Das fertige Diagramm. Hier: die Nordwind-Datenbank

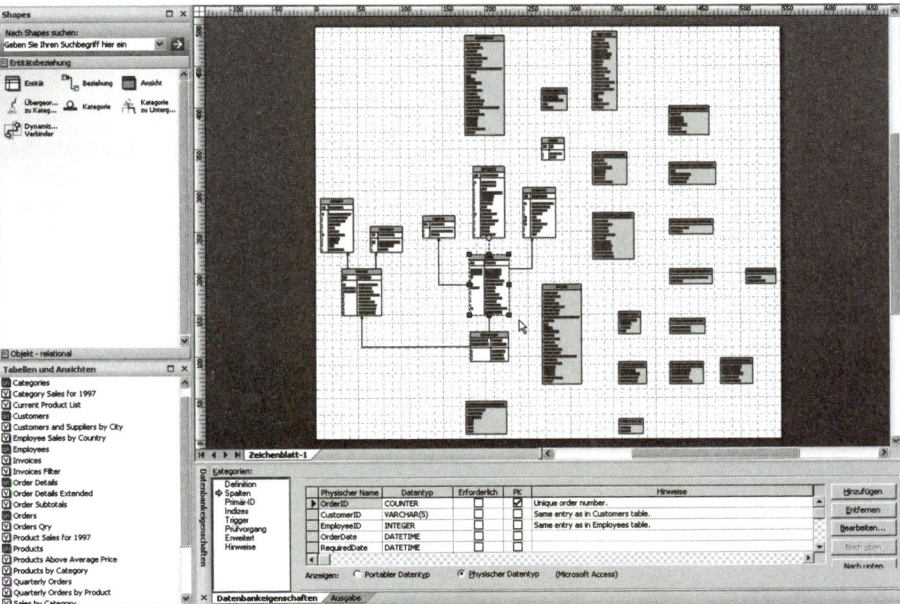

9. Das Ergebnis sehen Sie nun (siehe Abbildung 13.13). Da alle Shapes markiert sind, müssen Sie erst die Markierung aufheben. Wenn Sie anschließend ein Tabellen- oder Ansichten-Shape markieren, sehen Sie im Fenster *Datenbankeigenschaften* die zugehörigen Einstellungen. Vor allem die Spalten (Felder) und ihre Datentypen sind interessant.

> **TIPP** Im Fenster *Tabellen und Ansichten* werden sämtliche Objekte aufgelistet. Um schnell herauszufinden, wo auf dem Diagramm sich eine bestimmte Tabelle befindet, können Sie diese im Fenster *Tabellen und Ansichten* mit einem Doppelklick markieren. Nun wird sie auf dem Zeichenblatt ausgewählt.

10. Sollte sich die Datenbank ändern, müssen Sie das Reverse Engineering nicht komplett neu durchführen lassen. Aktivieren Sie den Menübefehl *Datenbank/Modell aktualisieren*. Sofort erhalten Sie die aktuelle Darstellung Ihrer Datenbank.

Abbildg. 13.14   Der Assistent *Datenbank/Modell aktualisieren* zeigt auch an, wenn nichts geändert wurde

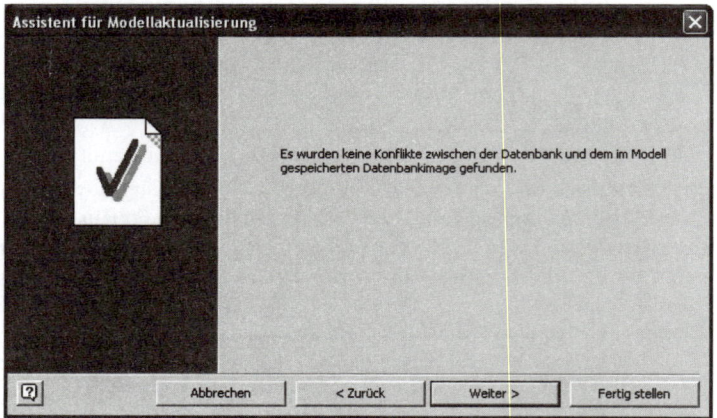

Die Vorlagen *Konzeptionelle Website* und *Websiteübersicht*

Auch im Bereich Websiteerstellung stellt Visio 2007 zwei Lösungsansätze zur Verfügung, um eine Website darzustellen. Vergleichbar mit dem Ansatz des Datenbankdesigns und dem Reverse Engineering der Vorlage *Datenbankmodelldiagramm* gibt es auch hier zwei Verfahrensarten. Die eine beschreibt den Aufbau einer Website zu Planungszwecken, die andere greift auf eine Website zu, liest die Elemente aus und zeichnet die Struktur nach. Beide verwenden die Schablone *Websiteübersicht-Shapes*.

Planung des Aufbaus der Website

So erstellen Sie eine Darstellung einer Website:

1. Öffnen Sie die Vorlage *Datei/Neu/Software und Datenbank/Konzeptionelle Website*.
2. Wechseln Sie in die Schablone *Websiteübersicht-Shapes*.

3. Ziehen Sie das Master-Shape *HTML* auf die Seite. Sie sollten mit ihrer Startseite beginnen. Platzieren Sie dieses Shape in der Mitte oben auf dem Zeichenblatt oder links oben.
4. Tippen Sie die Adresse der Seite ein, beispielsweise die fiktive Firma *http://www.contoso.com*.
5. Öffnen Sie das Fenster *Shape-Daten* (Menü *Ansicht*). Tragen Sie dort den Titel der Seite ein, beispielsweise »Homepage der Firma Contoso«, wie Sie in Abbildung 13.15 sehen.

Abbildg. 13.15   Die Startseite

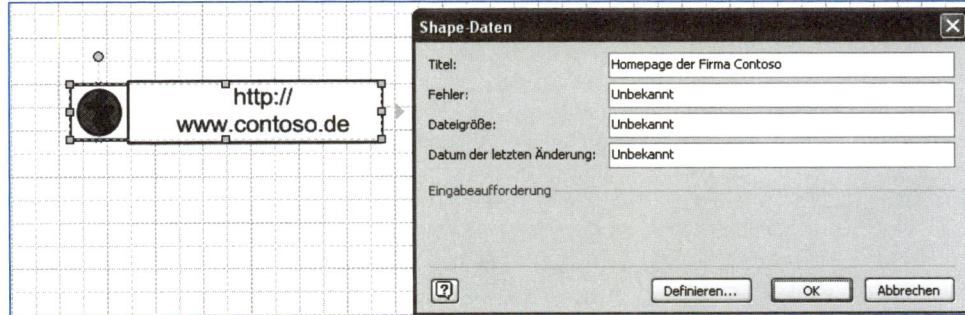

6. Wiederholen Sie Schritte 3 bis 5 für die weiteren Seiten, die Ihre Site beinhalten soll.
7. Richten Sie die Shapes aus und verteilen Sie die Shapes (Menü *Shape*). Verwenden Sie auch – falls nötig – Führungslinien zum ordentlichen Gestalten des Seitenaufbaus.
8. Verbinden Sie die einzelnen Seiten mit einem dynamischen Verbinder (siehe Abbildung 13.16).

Abbildg. 13.16   Der vorläufige Aufbau (Ausschnitt)

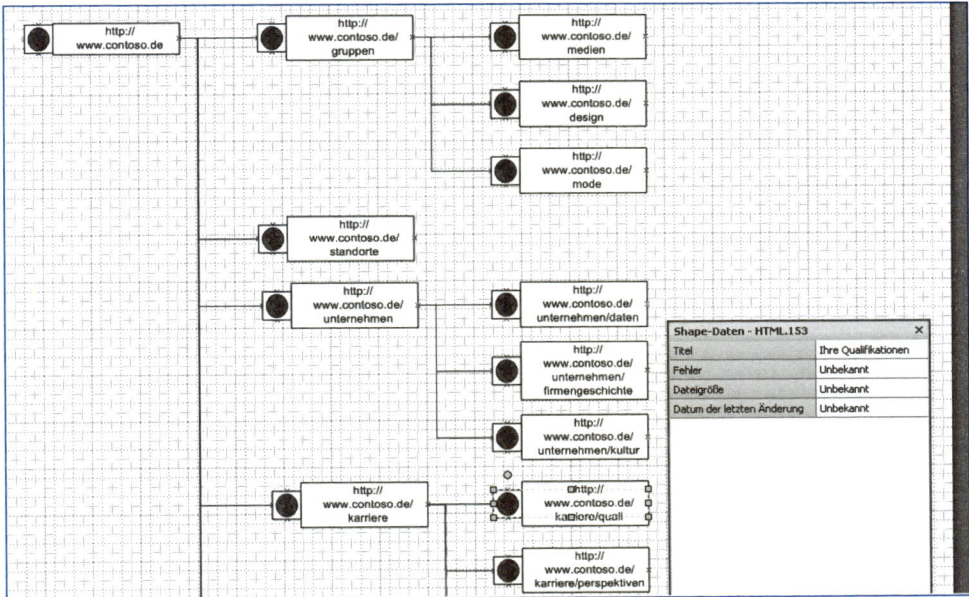

9. Alternativ zu statischen HTML-Seiten können Sie andere Shapes verwenden. Die Schablone *Websiteübersicht-Shapes* stellt Ihnen neben dem Shape *HTML* folgende Shapes zur Verfügung (die Schablone sehen Sie in Abbildung 13.17): Skript (Server), Skript (Client), Websitedienste, Java, Grafik (Bitmap), Grafik (Vektor), Audio, Video, Multimedia, Imagemap, Stylesheet, Plug-in, XML, Archiv, Programm, Text, Generisch, Dokument, Tabelle, Präsentation, Projekt, Visio-Zeichnung, Publikation, FrontPage, Datenbank, Datei, FTP, E-Mail, Newsgroup, Telnet, Suchen und Start.

Abbildg. 13.17   Die Schablone *Websiteübersicht-Shapes*

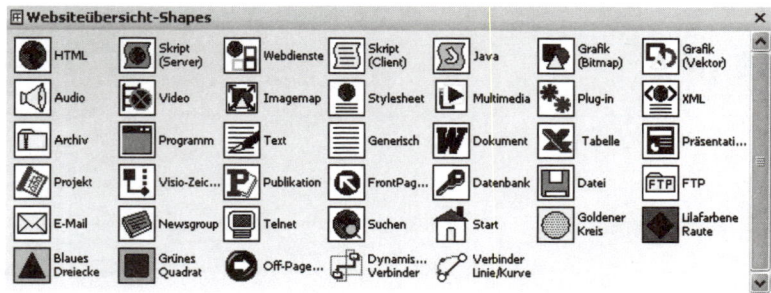

Zusätzlich können Sie noch die Shapes der Schablone *Konzeptionelle Website* verwenden (*Gruppe, Hauptobjekt, Website, Seitengruppe, Seitenelement, Seitenelementgruppe, Popup, Kleiner Siteübersichtknoten, Großer Siteübersichtknoten, Start, Homepage* und *Formular*). Zum Beschriften sind die Schablonen *Rahmen und Titel* beziehungsweise *Beschriftungen* bereits geöffnet. Mit ihren Master-Shapes können weitere Informationen zu den Shapes hinzugefügt werden.

10. Falls Sie eine größere Seite benötigen, ziehen Sie mit gedrückter [Strg]-Taste die Ränder des Zeichenblatts breiter.
11. Speichern Sie die Datei, drucken Sie die Datei und exportieren Sie die Datei, falls Sie dies möchten. Sprechen Sie sich mit Ihrem Webmaster oder Webdesigner ab, in welchem Format Sie die Informationen über die Seiten benötigen.

Erstellen einer Websiteübersicht

Den umgekehrten Weg geht die Vorlage *Websiteübersicht*. Sie geht von einer existierenden Internetseite aus (es muss nicht Ihre eigene Website sein), liest die einzelnen Seiten aus und zeigt an, wie die Seiten miteinander verknüpft sind.

So erstellen Sie eine Websiteübersicht:

1. Öffnen Sie die Vorlage *Datei/Neu/Software und Datenbank/Websiteübersicht*.
2. Tragen Sie die Adresse der Internetseite ein, deren Inhalte Sie auslesen möchten. Es genügt die Eingabe von *www.microsoft.com* anstelle von *http://www.microsoft.com*.
3. Klicken Sie auf die Schaltfläche *Einstellungen*. Es öffnet sich ein Dialogfeld. Dort können Sie folgende Einstellungen vornehmen:

- Registerkarte *Layout*

    - Die maximale Anzahl der Ebenen. Die Voreinstellung »3« bedeutet, dass von der fiktiven Seite *http://www.contoso.com* angezeigt wird: *www.contoso.com, www.contoso.com/karriere*

und *www.contoso.com/karriere/perspektiven,* nicht aber *www.contoso.com/karriere/perspektiven/ausbildung.*

- Die maximale Anzahl der Links. Bei sehr großen Sites, beispielsweise der von Microsoft, empfiehlt es sich, diesen Wert nicht zu hoch zu setzen, da die Darstellung der Seite zu viel Zeit in Anspruch nimmt.

- Hinter der Schaltfläche *Layout ändern* gelangen Sie in das Dialogfeld *Layout konfigurieren*, das Sie auch im Menü *Shape* finden. Darüber kann festgelegt werden, ob Visio als Formatvorlage eine *Kompakte Struktur*, eine *Radiale Darstellung*, ein *Flussdiagramm* oder Ähnliches verwendet.

TIPP Verwenden Sie die Formatvorlage *Kompakte Struktur*. Sie zeigt den Aufbau einer hierarchisch angeordneten Website am besten an.

- Soll der Shape-Text die relative URL oder absolute URL anzeigen, also *www.contoso.com/karriere/perspektiven* oder *../../perspektiven.*

- Sie können die prozentuale Größe für die einzelnen Ebenen festlegen.

- Auf der Registerkarte *Erweiterungen*

  Dort legen Sie fest, welche Erweiterungen angezeigt werden sollen. Die Liste entspricht der Liste der Shapes, die Sie in Abbildung 13.17 sehen. Sie können einzelne Erweiterungen ausschalten. Über die Schaltfläche *Hinzufügen* können Sie einer Erweiterung weitere Endungen hinzufügen. Falls Sie beispielsweise ein eigenes Kompressionsverfahren programmiert haben, tragen Sie die neue Endung **.zipp* in der Liste ein. Umgekehrt können Sie vorhandene Einträge löschen. Ebenso können Sie neue Datentypen verwenden. Visio stellt für diesen Zweck die Shapes *Blaues Dreieck, Goldener Kreis, Lilafarbene Raute, Grünes Quadrat* und *Start* aus der Schablone *Websiteübersicht-Shapes* zur Verfügung.

- Auf der Registerkarte *Protokolle*

  In der Registerkarte *Protokolle* legen Sie fest, welche Protokolle angezeigt werden. Die Liste der Protokolle sehen Sie in Abbildung 13.17. Auch hier – wie in der Registerkarte *Layout* – können Sie weitere Protokolle hinzufügen oder vorhandene Protokolle modifizieren.

- Auf der Registerkarte *Attribute*

  In der Registerkarte *Attribute* legen Sie fest, welche Textarten angezeigt werden. Visio stellt Ihnen CODE, ACTION, BACKGROUND, SRC und HREF zur Verfügung. Auch hier können Sie neue Attribute hinzufügen oder die vorhandene Liste bearbeiten. Beachten Sie, dass für diese fünf Elmente kein Shape verwendet wird und auch nicht verwendet werden kann.

- Auf der Registerkarte *Weitere Optionen*

  In dieser Registerkarte wählen Sie einige spezielle Einstellungen aus, beispielsweise:

  - sollen Verknüpfungen zu Dateien, die nicht in den Listen auftauchen, berücksichtigt werden
  - sollen Mehrfachlinks erweiterbar angezeigt werden
  - soll der Assistent Links in VBScript- und JavaScript-Code suchen (falls dies möglich ist)

  Auf dieser Registerkarte können Sie – falls dies erforderlich ist – einen Namen und ein Kennwort für die Seite eingeben. Bestätigen Sie Ihre Einstellungen mit der Schaltfläche *OK* und wechseln Sie in das Dialogfeld *Websiteübersicht erstellen*. Klicken Sie dort auf die Schaltfläche *OK*, wenn Sie sich die Zeichnung der Website anzeigen lassen möchten (siehe Abbildung 13.18).

Abbildg. 13.18 Das Ergebnis von *http://www.microsoft.com* – selbstverständlich nur ein kleiner Ausschnitt

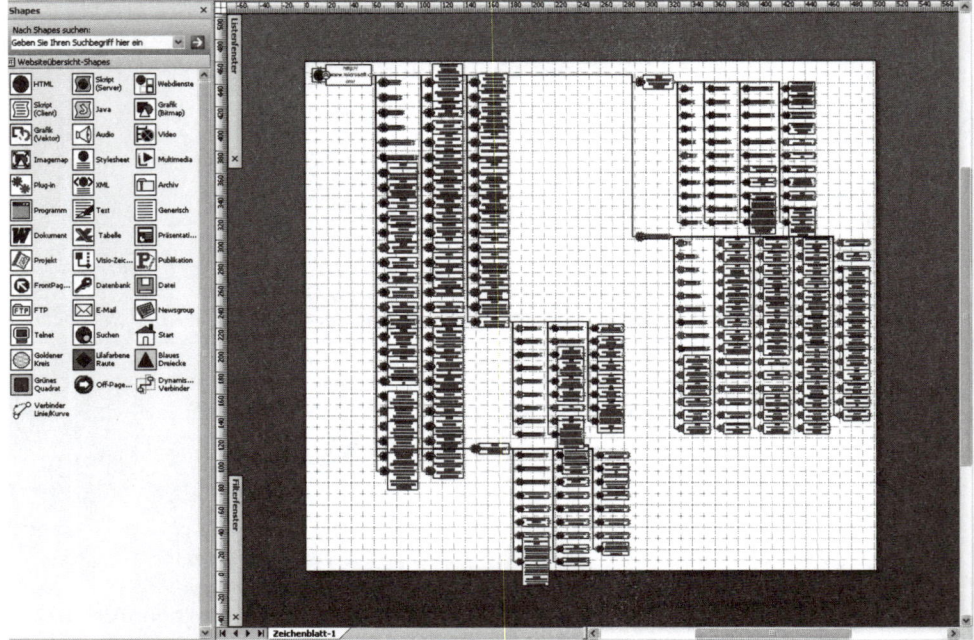

ACHTUNG Bedauerlicherweise werden bei Frames von jedem Hyperlink eines Navigationsrahmens jede Seite, auf die sie verweisen, angezeigt. Das bedeutet, dass bei Frames Seiten mehrmals auf der Zeichnung dargestellt werden, obwohl sie einmal vorhanden sind.

Die Darstellung der Website bearbeiten / Weitere Einstellungen

Nachdem Sie mithilfe der Vorlage *Websiteübersicht* eine solche Übersicht erstellt haben, stehen Ihnen auf der Zeichnung weitere Optionen zur Verfügung:

1. Nachdem Sie die Seite erstellt haben, zeigt Visio zwei weitere Fenster: *Listenfenster* und *Filterfenster*. Im *Listefester* werden sämtliche Webseitennamen aufgelistet, im *Filterfenster* werden sämtliche Elemente, die gefunden wurden, angezeigt. Sie können zur Navigation verwendet werden: Mit einem Doppelklick auf den Eintrag wird das entsprechende Shape der Zeichnung markiert. Im Kontextmenü der Einträge des *Listenfensters* finden Sie die Einstellung, mit der Sie den Eintrag löschen, aktualisieren und konfigurieren können. Letzteres bedeutet, dass Sie die Hyperlink-Adresse verändern können.

2. Sollten Sie eines der beiden Fenster geschlossen haben, können Sie es über den Menübefehl *Websiteübersicht/Fenster/Listenfenster* beziehungsweise *Websiteübersicht/Fenster/Filterfenster* wieder öffnen.

3. Markieren Sie ein Shape. Nun finden Sie im Kontextmenü des Shapes eine Reihe von neuen Menübefehlen:

- *Interaktive Hyperlinkauswahl:* Damit öffnet Visio ein neues Fenster, in dem der Inhalt der Seite angezeigt wird. Ein solches Fenster sehen Sie in Abbildung 13.19. Zu dem gleichen Ergebnis kommen Sie auch, wenn Sie auf den Hyperlink klicken. Dann wird jedoch der Seiteninhalt im Browser geöffnet.

Abbildg. 13.19   Das Fenster *Interaktive Hyperlinkauswahl*

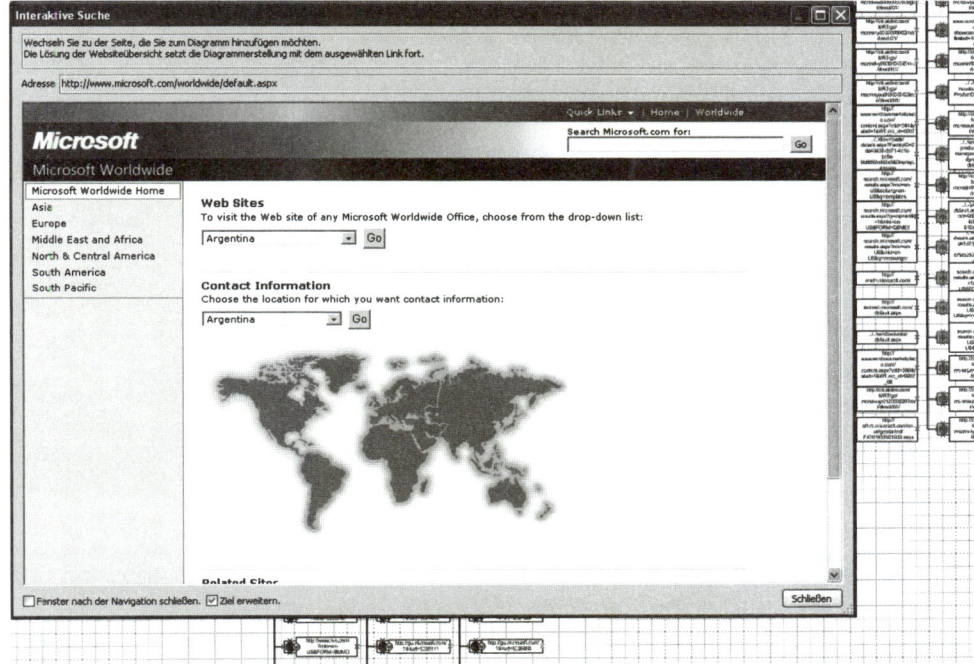

- *Hyperlink erweitern:* Bei einer großen Website – wie beispielsweise der von Microsoft – werden naturgemäß nicht sämtliche Seiten angezeigt. Deshalb können Sie die Hyperlinks, die nicht angezeigt wurden, aufklappen (siehe Abbildung 13.20).

Abbildg. 13.20   Ein Hyperlink wird erweitert

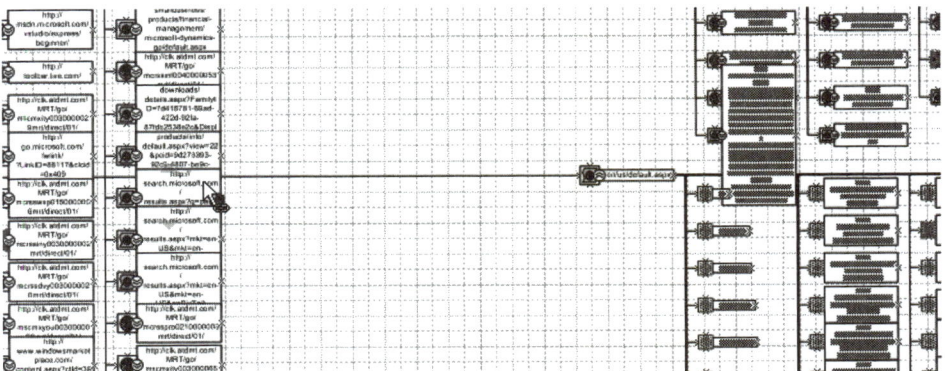

- *Hyperlinks konfigurieren:* Dieser Menübefehl führt Sie in das Dialogfeld *Einfügen/Hyperlink*, wo Sie die Adresse des Hyperlinks ändern könnten.
- *Hyperlink aktualisieren:* Sollten sich Informationen zu den einzelnen Seiten geändert haben, können Sie mithilfe dieser Einstellung einen Hyperlink neu konfigurieren.
- *Übergeordneten Hyperlink aktualisieren:* Damit wird die Seite, die auf das entsprechende Shape verweist, aktualisiert.
- *Alle untergeordneten Hyperlinks auswählen:* Gerade bei einer sehr großen Site verlieren Sie schnell den Überblick. Diese Option hilft Ihnen, die untergeordneten Hyperlinks zu markieren (siehe Abbildung 13.21).

Abbildg. 13.21   Alle untergeordneten Hyperlinks wurden markiert (Ausschnitt)

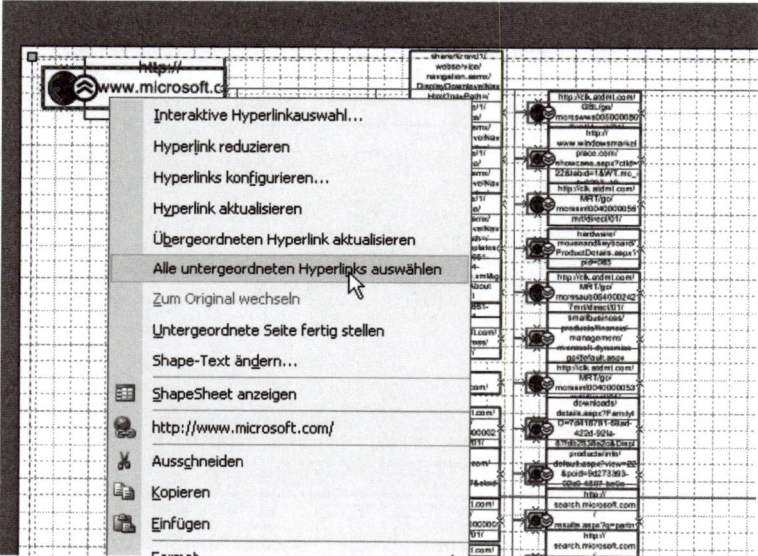

- *Shape-Text ändern:* Damit steht Ihnen die Möglichkeit zur Verfügung, für das eine markierte Shape oder für sämtliche Shapes des Zeichenblattes folgende Darstellungen anzeigen zu lassen:
- *absolute URL* zeigt an: *http://www.microsoft.com/smallbusiness/products/financial-management/microsoft-dynamics-gp/default.aspx*
- *relative URL* zeigt an:
- *../../smallbusiness/products/financial-management/microsoft-dynamics-gp/default.aspx*
- *Nur Dateiname* zeigt an: *default.aspx*
- *Seitentitel* zeigt an: »Microsoft Corporation« oder »Noch nicht verfügbar«
- *Ohne* zeigt keinen Text an
- *Benutzerdefiniert* zeigt den Text an, den Sie in das Textfeld eingeben

- *Der Hyperlink*
  öffnet die ausgewählte Seite im Browser

- *Eigenschaften*
  Dieser Menübefehl führt zu den Shape-Daten des Shapes. In ihnen werden *Titel*, *Fehler*, *Dateigröße*, *Datum der letzten Änderung* und die Anzahl der Seiten, die mit diesem Shape verknüpft sind, angezeigt, wie Abbildung 13.22 zeigt.

Abbildg. 13.22   Die Eigenschaften von *http://www.microsft.com*

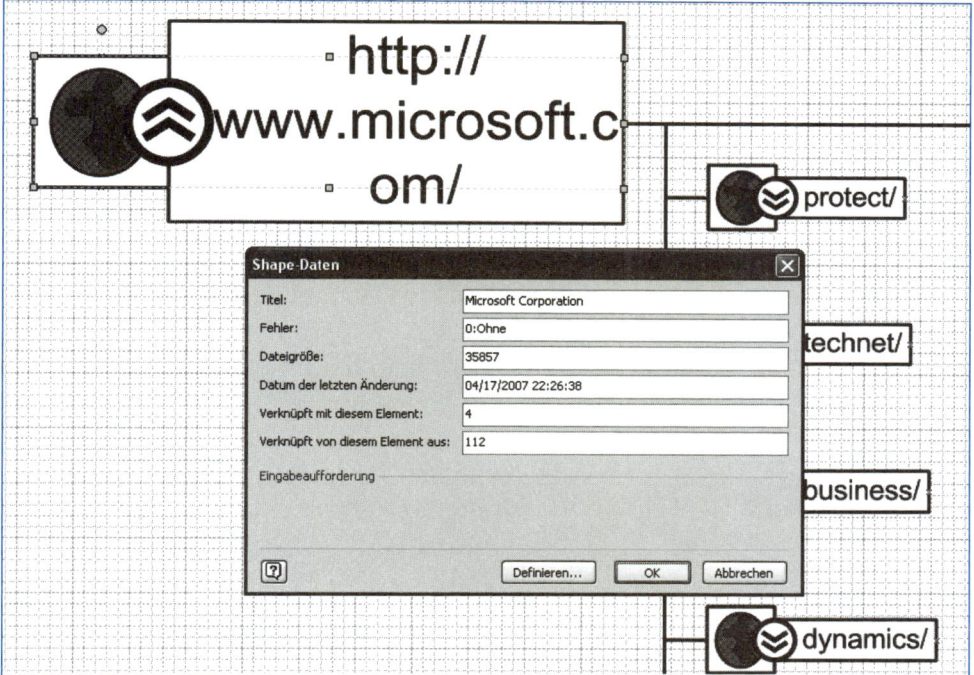

Sie gelangen zu diesem Dialogfeld ebenso über den Menübefehl *Shape/Shape-Daten*.

Da nun mit den Shapes Daten verknüpft sind, können diese Daten exportiert werden. Ihnen stehen zwei vorgefertigte Berichte im Menübefehl *Websiteübersicht/Berichte* oder *Daten/Berichte* zur Verfügung: *Websiteübersicht Alle Links* und *Websiteübersicht Verknüpfungen mit Fehlern* (siehe Abbildung 13.23). Selbstverständlich können Sie andere Berichte generieren oder die beiden vorhandenen Berichte modifizieren. Das detaillierte Vorgehen wird in Kapitel 3 beschrieben.

Kapitel 13 Die Vorlagen der Kategorie »Software und Datenbank«

Abbildg. 13.23   Ein Bericht einer kleinen Website

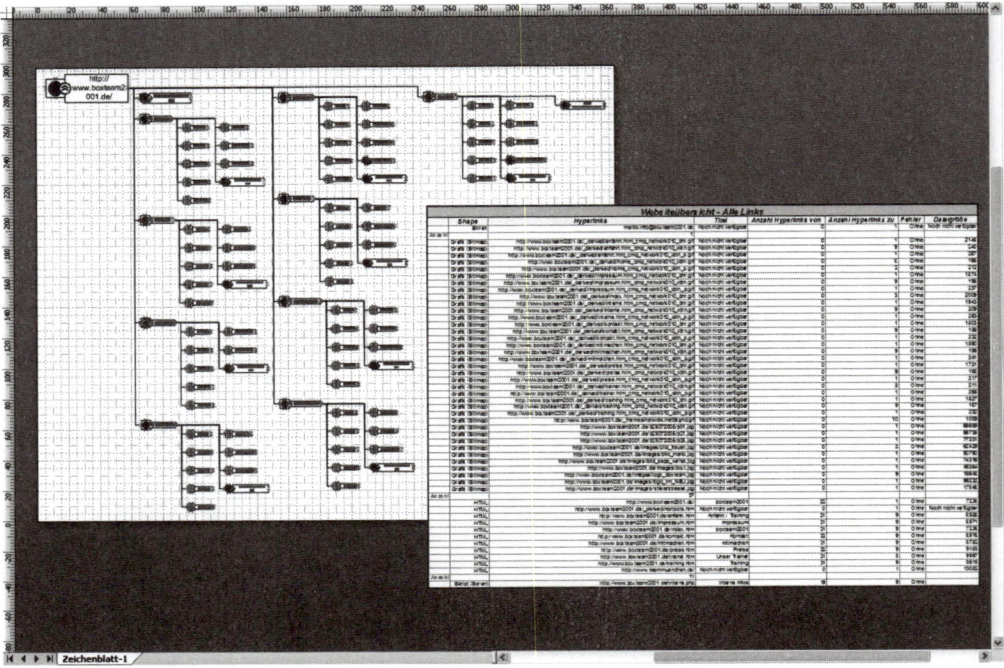

> **HINWEIS**   Wenn Links nicht gefunden werden, wird dies in der Zeichnung durch ein rotes Kreuz angezeigt (siehe Abbildung 13.24).

Abbildg. 13.24   Einige (wenige) Links führen ins Leere

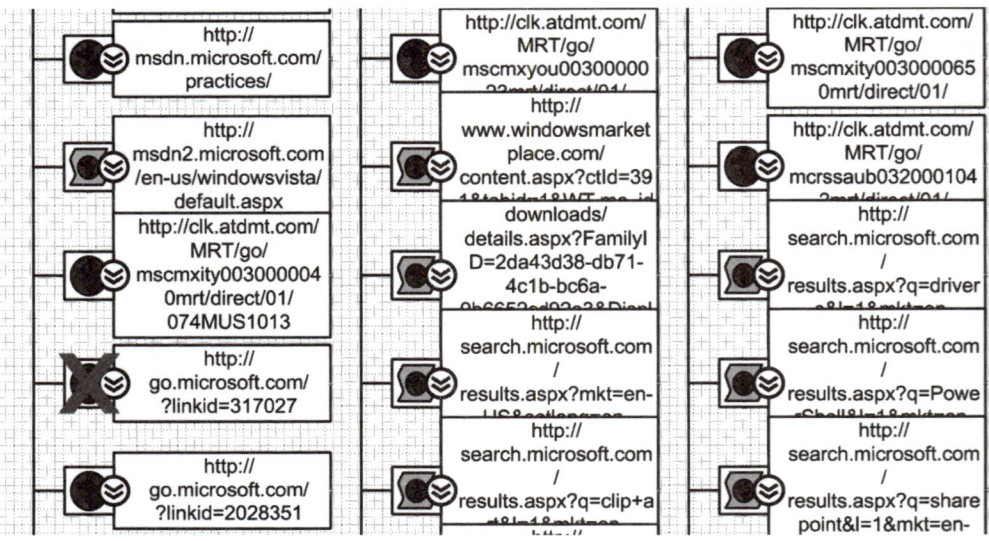

Windows XP-Benutzeroberfläche

Von den im Abschnitt »Weitere Diagrammvorlagen für Softwaredesign« genannten Vorlagen weicht die Vorlage *Windows XP-Benutzeroberfläche* ab. Bei ihr geht es darum, einem Mitarbeiter einer Firma ein Werkzeug an die Hand zu geben, mit dessen Hilfe er eine Oberfläche für Dialogfelder entwerfen kann, ohne dass er programmieren muss beziehungsweise die entsprechenden Programmierwerkzeuge besitzt. Das Vorgehen soll anhand eines Beispiels gezeigt werden. Ein Mitarbeiter einer Firma möchte einen Formularmanager entwerfen, mit dessen Hilfe der Programmierer ein Add-On für Word erstellen kann.

So erstellen Sie eine Windows XP-Benutzeroberfläche:

1. Öffnen Sie die Vorlage *Datei/Neu/Software und Datenbank/Windows XP-Benutzeroberfläche*.
2. Ziehen Sie aus der Schablone *Fenster und Dialogfelder* das Master-Shape *Leeres Formular* auf das Zeichenblatt.
3. Vergrößern Sie es, falls dies nötig ist.
4. Tragen Sie den Text in die Titelleiste ein, indem Sie lediglich das Shape beschriften. Der Text erscheint links oben.
5. Ziehen Sie das Master-Shape *Windows-Schaltflächen* auf den rechten Rand der Titelleiste. Das Dialogfeld *Shape-Daten* öffnet sich und fragt nach der Darstellung des Shapes: *Wiederherstellen*, *Minimieren*, *Maximieren*, *Schließen* und *Hilfe* stehen Ihnen zur Verfügung.
6. Ziehen Sie das Master-Shape *Statusleiste* auf den unteren Rand des Dialogfeldes, sofern Ihre Anwendung eine Statusleiste bekommen soll. Beschriften Sie die Statusleiste. Die Teile der Statusleiste können mithilfe des Shapes *Statusleistentrennlinie* getrennt werden. An den rechten Rand können Sie einen Fensterziehpunkt platzieren.
7. Falls gewünscht, können Sie *Register (Hauptteil)* und *Register (Registerkarten)* verwenden.
8. Falls nötig, können Sie das Shape *Gruppenfeld* verwenden. Es kennzeichnet logische und funktional zusammengehörige Steuerelemente.
9. Wechseln Sie in die Schablone *Standardsteuerelemente*.
10. Ziehen Sie die benötigten Steuerelemente auf das Formular. Ein Beispiel sehen Sie in Abbildung 13.25.
11. Ihnen stehen folgende Steuerelemente zur Verfügung:

    - Befehlsschaltfläche
    - Optionsfeld
    - Kontrollkästchen
    - Bildlaufleiste (vertikal)
    - Bildlaufleiste (horizontal)
    - Textfeld (mehrzeilig)
    - Textfeld (einzeilig)
    - Listenfeld
    - Kombinationsfeld
    - Kombinationsfelderweiterung
    - Drehfelder (vertikal)

- Drehfelder (horizontal)
- Schieberegler (vertikal)
- Schieberegler (horizontal)

Fast alle Steuerelemente besitzen im Kontextmenü weitere Einstellungen. Dort kann beispielsweise festgelegt werden, ob:

- Optionsfelder und Kontrollkästchen ausgewählt sind
- Steuerelemente aktiviert sind
- Bildlaufleisten eingeblendet werden

Abbildg. 13.25   Das fertige Dialogfeld für den Formularexplorer

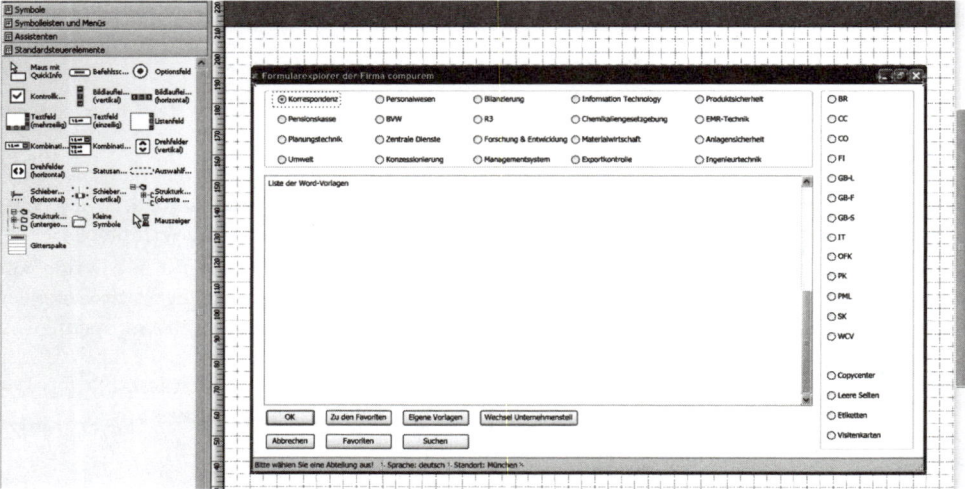

Sie finden in der gleichen Schablone *Standardsteuerelemente* weitere Master-Shapes, die keine Steuerelemente darstellen. Mit ihrer Hilfe können jedoch Funktionalitäten des Formulars sichtbar gemacht werden:

- Maus mit QuickInfo
- Mauszeiger
- Statusanzeige
- Auswahlfeld
- Strukturknoten (oberste Ebene)
- Strukturknoten (untergeordnet)
- Kleine Symbole
- Gitterspalte

12. Wenn Sie weitere Dialogfelder benötigen, fügen Sie ein neues Zeichenblatt ein (*Einfügen/Zeichenblatt*) und wiederholen die Schritte 2 bis 10 (siehe Abbildung 13.26). Ihnen stehen noch mehr Shapes in den Schablonen *Symbolleisten und Menüs* und *Assistenten* zur Verfügung. Auch die Master-Shapes der Schablone *Symbole* können verwendet werden.

Abbildg. 13.26 Nun auch mit Suchen-Dialog

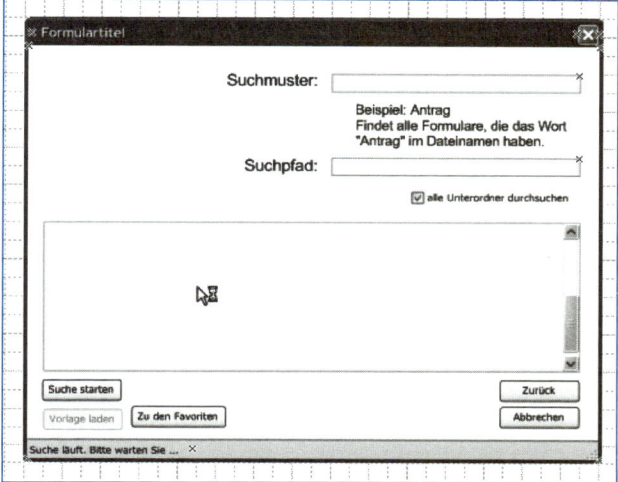

Die Vorlage *UML-Modelldiagramm*

UML (Unified Modeling Language) ist eine von der Object Management Group entwickelte und standardisierte Sprache für die Modellierung von Software und anderen Systemen. Im Sinne einer Sprache definiert die UML dabei Bezeichner für die meisten Begriffe, die für die Modellierung wichtig sind, und legt mögliche Beziehungen zwischen diesen Begriffen fest. Die UML definiert weiter grafische Notationen für diese Begriffe und für Modelle von statischen Strukturen und von dynamischen Abläufen.

Die UML ist heute eine der dominierenden Sprachen für die Modellierung von betrieblichen Anwendungssystemen (Softwaresystemen). Der erste Kontakt zur UML besteht häufig darin, dass Diagramme der UML im Rahmen von Softwareprojekten zu verstehen, zu erstellen oder zu beurteilen sind:

- Projektauftraggeber und Fachvertreter prüfen und bestätigen beispielsweise Anforderungen an ein System, welches Wirtschaftsanalytiker in Anwendungsfalldiagrammen der UML festgehalten haben.
- Softwareentwickler realisieren Arbeitsabläufe, die Wirtschaftsanalytiker in Zusammenarbeit mit Fachvertretern in Aktivitätsdiagrammen beschrieben haben.
- Systemingenieure installieren und betreiben Softwaresysteme basierend auf einem Installationsplan, der als Verteilungsdiagramm vorliegt.

Die Vorlage *UML-Modelldiagramm* in Visio bietet eine umfassende Unterstützung für das Erstellen objektorientierter Modelle. In Visio hat die Vorlage *UML-Modelldiagramm* – vergleichbar mit der Datenbankdesign- und Websitedarstellung – zwei Aspekte: Zum einen geht es um das Planen oder die Beschreibung der Fähigkeit, die ein System haben muss. Zum anderen kann mit Reverse-Engineering aus Visual Studio eine Darstellung des Programmcodes gewonnen werden.

Darstellung eines Use Case Diagramms

So erstellen Sie ein UML-Diagramm mit Visio:

1. Öffnen Sie die Vorlage *Datei/Neu/Software und Datenbank/UML-Modelldiagramm*.
2. Ziehen Sie das Master-Shape *Akteur* aus der Schablone *UML-Anwendungsfall* auf das Zeichenblatt.
3. Öffnen Sie über das Kontextmenü die *Eigenschaften*. In dem Dialogfeld *Eigenschaften für UML-Akteur* finden Sie fünf Kategorien. Tragen Sie dort ein:

   - *Akteur*: der Name des Akteurs, die Sichtbarkeit *(public, pivate* oder *protected)* und die Eigenschaften *IsRoot, IsAbstract* und *IsLeaf*
   - *Attribute*: die Liste der Attribute mit Typen (bool, byte, char, decimal etc.) , die Sichtbarkeit, Multiplizität und den Anfangswert
   - *Operationen*: die Liste der Operationen (Methoden) mit Rückgabewert (bool, byte, char, decimal etc.), Sichtbarkeit, Polymorphie und Bereich
   - *Einschränkungen*: die Einschränkungen, Stereotypen und Sprache (OCL, Zeichen, Pseudocode oder Code)
   - *Eigenschaftswerte*: Dokumentation, Persistenz, Position, Semantik und Verantwortlichkeit
   - Ziehen Sie die Anwendungen auf das Zeichenblatt. Geben Sie in den Eigenschaften im Kontextmenü in den folgenden Kategorien die Werte ein:
   - Anwendungsfall
   - Erweiterungspunkte
   - Attribute
   - Operationen
   - Abhängigkeiten
   - Eigenschaftswerte

4. Wiederholen Sie Schritt 2 bis 4.
5. Ziehen Sie einen der Verbinder *Schnittstelle, Kommuniziert, Erweitert* oder *Verwenden* auf das Zeichenblatt. Verbinden Sie die Akteure mit den Anwendungsfällen. Markieren Sie die Verbinder. Tragen Sie in den Eigenschaften ein:

   - Generalisierung (bei *Verwenden* und *Erweitert*), Assoziation (bei *Kommuniziert*) und Schnittstelle (bei *Schnittstelle*)
   - Operationen (nur bei *Schnittstelle*)
   - Abhängigkeiten
   - Eigenschaftswerte

6. Ziehen Sie die Master-Shapes *Pakte, Einschränkungen* und *Hinweis* aus der Schablone *UML-Anwendungsfall* auf das Zeichenblatt. Tragen Sie dort die entsprechenden Eigenschaftswerte ein.
7. Im Fenster *Eigenschaften* können Sie die Eigenschaften des markierten Shapes kontrollieren, im Fenster *Modell-Explorer* sehen Sie die Übersicht der verwendeten Shapes. Sie sehen beide Fenster in Abbildung 13.27. Mit ihrer Hilfe können Sie die Eigenschaften ändern. Ebenso können Sie ein neues Zustands- und Aktivitätsdiagramm anlegen. Sie können hier auch Akteure und Anwen-

dungen duplizieren und löschen. Sollte eines der beiden Fenster geschlossen sein, können Sie es über den Menübefehl *UML/Ansicht* wieder öffnen.

Abbildg. 13.27　Ein einfaches UML-Use Case-Diagramm

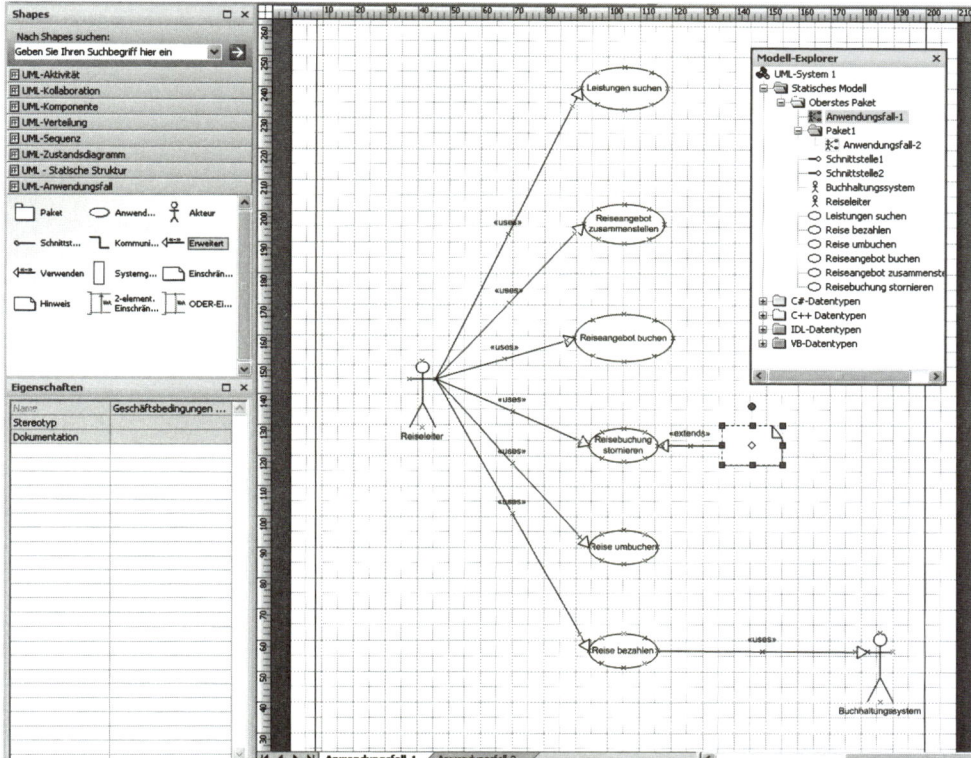

Darstellung eines statischen UML-Diagramms

Die statischen Strukturdiagramme werden in zwei Varianten unterteilt: Konzeptionelle statische Strukturdiagramme und Klassendiagramme.

Ein konzeptionelles Diagramm stellt die statische Struktur eines Modells dar – also die vorhandenen Elemente (Klassen und Typen), die interne Struktur der Elemente und ihre Beziehungen untereinander. Des Weiteren stellt es das reale Konzept sowie die Beziehungen zwischen diesen Konzepten dar. Der Schwerpunkt liegt dabei auf Beziehungen und Attributen, nicht auf Methoden. Es dient dem Verständnis der Terminologie des Bereichs, für den Sie ein System entwickeln.

Ähnlich wie konzeptionelle Diagramme sind Klassendiagramme statische Strukturdiagramme. In einem Klassendiagramm handelt es sich bei diesen Bestandteilen jedoch um Klassen. Sie stellen Konzepte in den modellierten Systemen dar, die im Gegensatz zu Objekten, die reale Konzepte darstellen, vollständig definierte Softwareentitäten darstellen.

Neben Attributen und Assoziationen stellt ein Klassendiagramm auch Operationen dar. Jeder Vorgang verfügt über einen Namen und eine Liste von Argumenten, Methoden, Schnittstellen und Abhängigkeiten.

Das Vorgehen des Erstellens eines weiteren Diagramms geschieht auf die gleiche Art, wie im Abschnitt »Darstellung eines Use Case Diagramms« beschrieben.

1. Öffnen Sie die Vorlage *Datei/Neu/Software und Datenbank/UML-Modelldiagramm*.
2. Ziehen Sie die benötigten Master-Shapes aus der Schablone *UML-Statische Struktur* auf das Zeichenblatt.
3. Öffnen Sie über das Kontextmenü die *Eigenschaften*. Ändern Sie in dem Dialogfeld *Eigenschaften* in den entsprechenden Kategorien die Bezeichnungen, Werte und Attribute.
4. Ziehen Sie aus der Schablone *UML-Statische Struktur* die Master-Shapes *Generalisierung, Binäre Assoziation, Komposition* und *Abhängigkeit* auf das Zeichenblatt. Verbinden Sie die entsprechenden Metaklassen, Klassen, Felddatentypen, Schnittstellen usw. miteinander. Geben Sie über das Kontextmenü die Eigenschaften der Verbinder ein (siehe Abbildung 13.28).

Abbildg. 13.28 Ein statisches UML-Diagramm

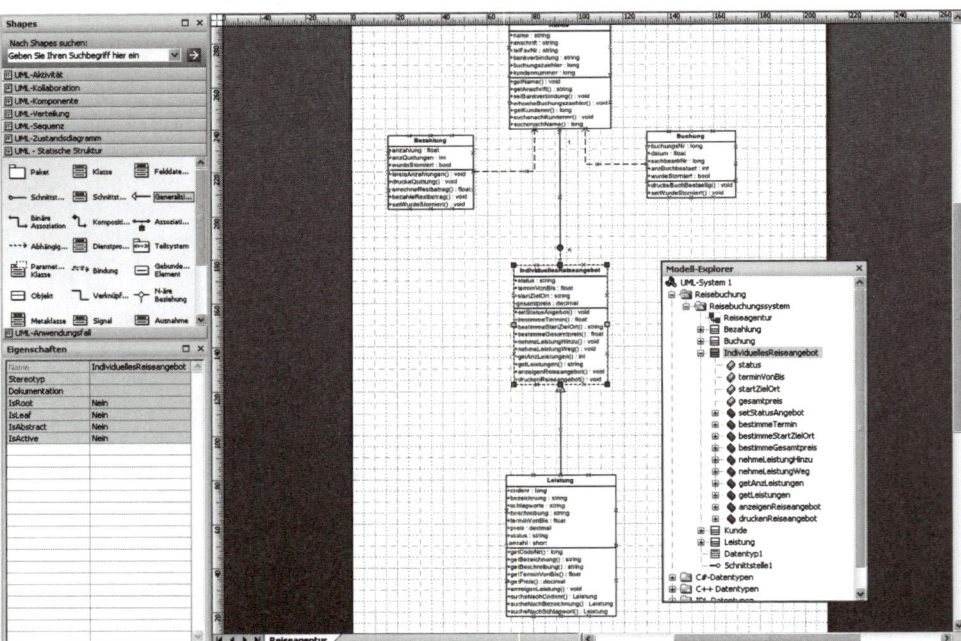

Weitere UML-Diagramme

An die Vorlage *UML-Modelldiagramm* sind acht verschiedene Schablonen gebunden. In jeder der Schablonen befinden sich die Master-Shapes für den entsprechenden Typ. Da die Arbeitsweise in jeder Kategorie der Technik entspricht, die bereits im Abschnitt »Darstellung eines Use Case Diagramms« vorgestellt wurde, beschränkt sich dieser Abschnitt auf einige wenige Worte zu jedem Typ.

Aktivitätsdiagramm und Zustandsdiagramm

Ein Aktivitätsdiagramm ist ein Sonderfall eines Zustandsdiagramms. Dabei werden Aktionszustände durch die Beendigung von Aktionen ausgelöst. Ein Aktivitätsdiagramm ist mit einer bestimmten Klasse oder einem Anwendungsfall verbunden und beschreibt das interne Verhalten einer Methode. Verwenden Sie ein Aktivitätsdiagramm zur Darstellung eines durch intern generierte Aktionen ausgelösten Flusses. Verwenden Sie dagegen ein Zustandsdiagramm zur Darstellung eines Flusses als Reaktion auf externe Ereignisse.

In Aktivitätsdiagrammen können Sie parallele und nebenläufige Aktivitäten bemerken und dokumentieren. Daher sind sie hervorragende Hilfsmittel zur Modellierung von Arbeitsabläufen, zur Analyse von Anwendungsfällen sowie für den Umgang mit Multithreadinganwendungen. Ein Beispiel sehen Sie in Abbildung 13.29.

Abbildg. 13.29 Ein Aktivitätsdiagramm

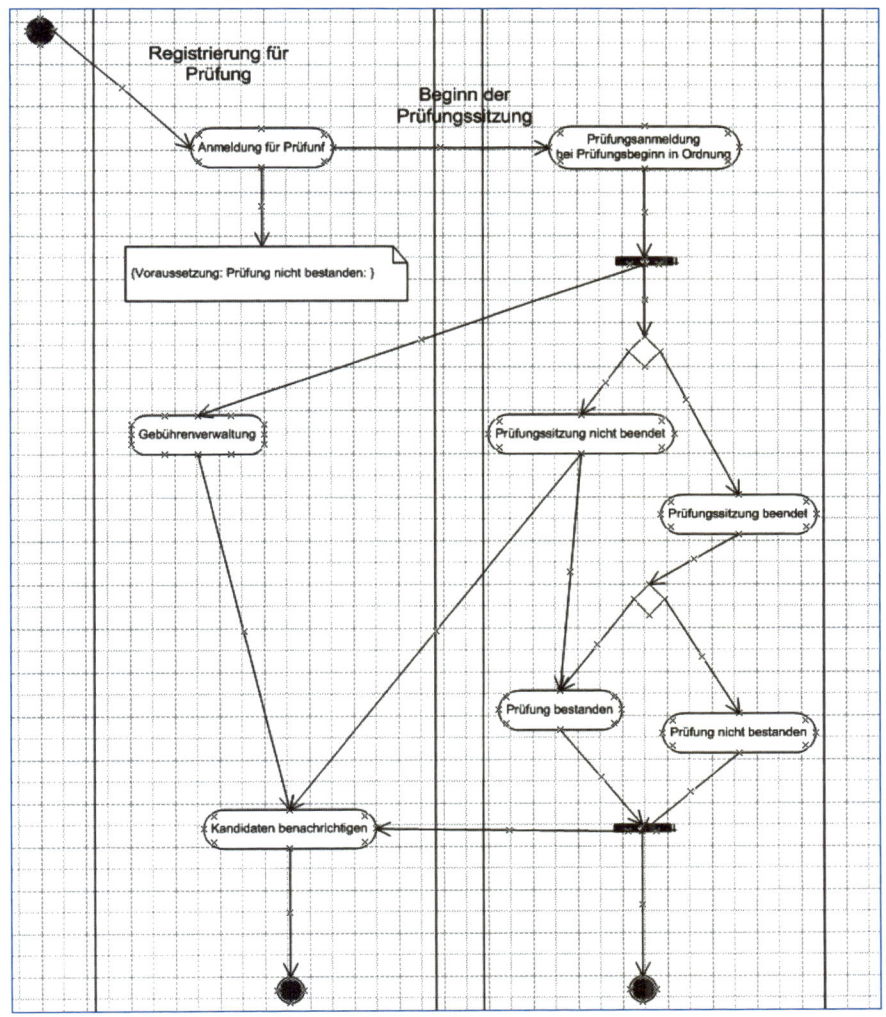

Kollaborationsdiagramm

Ein Kollaborationsdiagramm stellt eine Reihe von Objektrollen dar, die in einem bestimmten Kontext zusammengehören. Es stellt auch Interaktionen dar. Interaktionen sind Nachrichten, die zwischen den Objekten ausgetauscht werden, um eine Operation oder ein Ergebnis zu erzielen. In einem Interaktionsdiagramm wird dagegen für ein durch einen Anwendungsfall definiertes Systemereignis dargestellt, wie die Objekte einer Gruppe untereinander kollaborieren.

Anders als ein Sequenzdiagramm zeigt ein Kollaborationsdiagramm Beziehungen zwischen Objektrollen, wobei die Zeit nicht als gesonderte Dimension aufgeführt wird. Daher werden die Nachrichten in einem Kollaborationsdiagramm nummeriert, um ihre Abfolge zu veranschaulichen. Ein Beispiel sehen Sie in Abbildung 13.30.

Abbildg. 13.30   Ein Kollaborationsdiagramm

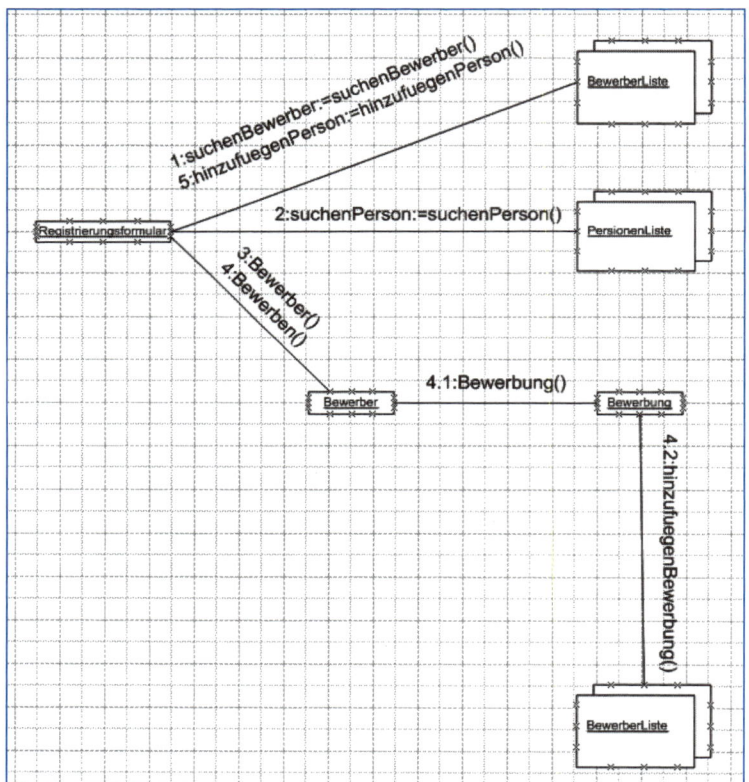

Komponentendiagramm

Komponentendiagramme sind Diagramme auf Implementierungsebene, welche die Struktur des Codes selbst zeigen. Eine Komponente kann beispielsweise ein physisches Codemodul darstellen.

Mithilfe eines Komponentendiagramms können Sie ein System in zusammenhängende Komponenten aufteilen. In der Regel werden alle Komponenten in einem Komponentendiagramm in einem

Anwendungsfall verwendet. Normalerweise ist ein Anwendungsfall ein relativ umfassender Prozess – kein einzelner Schritt oder eine Transaktion.

Verteilungsdiagramm

Verteilungsdiagramme sind Diagramme auf Implementierungsebene, die die Struktur von Laufzeitsystemen anzeigen. Einem Verteilungsdiagramm können Sie entnehmen, wie die Hardware- und Softwarebestandteile, aus denen eine Anwendung besteht, konfiguriert und verteilt werden. Verteilungsdiagramme bestehen aus Knoten. Knoten sind normalerweise Rechengeräte, können aber auch Personal oder mechanische Verarbeitungsressourcen darstellen.

Sequenzdiagramm

Ein Sequenzdiagramm ist ein Typ eines Interaktionsdiagramms und zeigt die an einer Interaktion beteiligten Akteure. Eine *Kommuniziert*-Beziehung gibt an, wie ein Akteur an einem Anwendungsfall teilnimmt. Häufig zeigt ein Sequenzdiagramm die Ereignisse an, die aus einer bestimmten Instanz eines Anwendungsfalls resultieren.

Die vertikale Dimension stellt in einem Sequenzdiagramm die Zeit dar, wobei die Zeitachse auf dem Zeichenblatt von oben nach unten verläuft. Die horizontale Dimension stellt die verschiedenen Akteure oder Objekte dar. Ein Beispiel sehen Sie in Abbildung 13.31.

Abbildg. 13.31 Ein Sequenzdiagramm

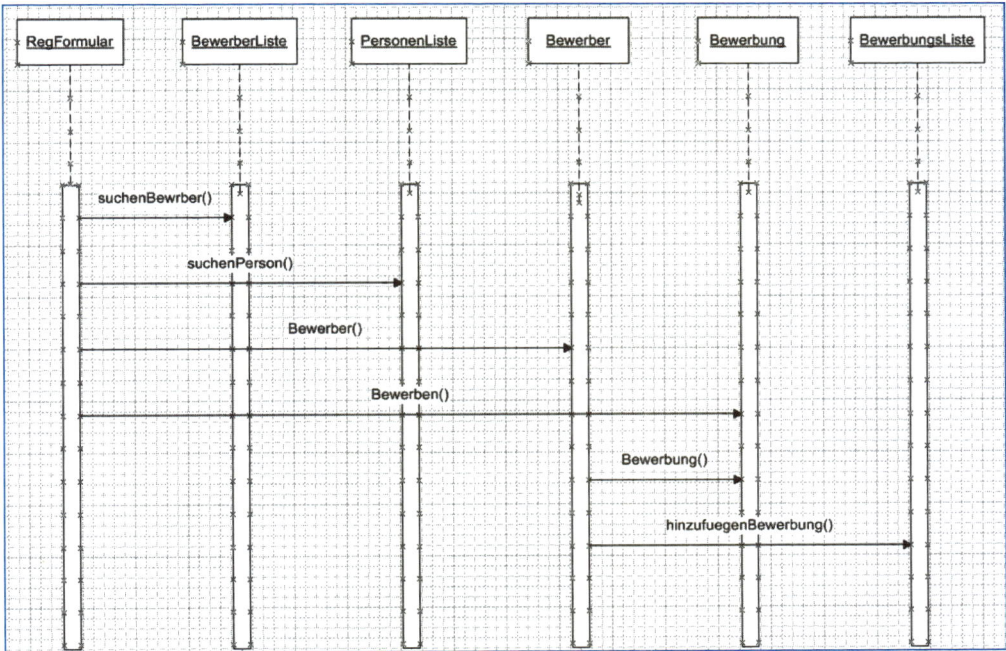

Anwendungsfalldiagramm

Nach Bestimmung der Anwendungsfälle können Sie Diagramme erstellen, um diese Anwendungsfälle in einen Zusammenhang zu stellen. Zum Erstellen eines Anwendungsfalldiagramms gehört das Festlegen einer Systemgrenze, von Anwendungsfällen sowie die Definition von Kommunikationslinien zwischen bestimmten Akteuren.

Reverse Engineering

Wenn Sie die Programmierumgebung Visual Studio besitzen, können Sie dort ein Reverse Engineering ausführen lassen. Beachten Sie, dass Sie mindestens das Paket Visual Studio Standard benötigen – in der kostenlosen Version Visual Studio Express befindet sich keine Möglichkeit, ein Reverse Engineering durchzuführen.

Im Menübefehl *Project/Visio UML/Reverse Engineering* befindet sich der Untermenübefehl Reverse Engineering (siehe Abbildung 13.32).

Abbildg. 13.32 Das Reverse Engineering wird aus Visual Studio gestartet – hier mit einem C#-Projekt

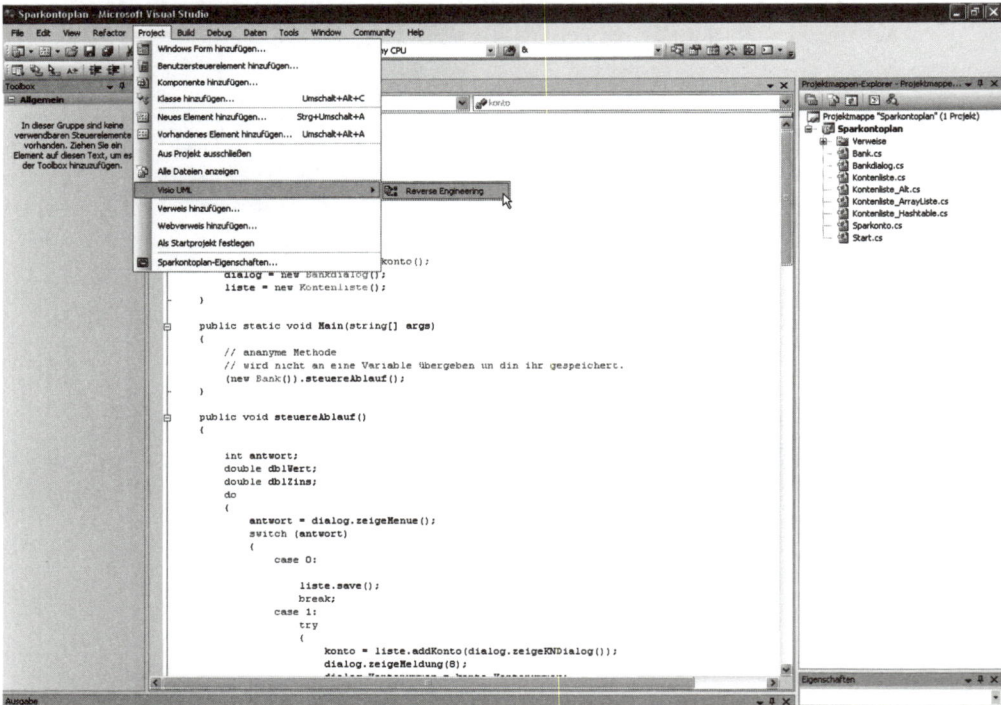

Das Dialogfeld fragt, wohin die neue Zeichnung gespeichert werden soll. Nachdem Sie einen Dateinamen und einen Speicherort angegeben haben, wird Visio 2007 geöffnet, die Vorlage *UML-Modelldiagramm* geöffnet und die Schablone *UML – statische Struktur* wird angezeigt. Im Modellexplorer sehen Sie nun die Liste der Klassen, die Sie in Visual Studio erstellt haben. Wenn Sie die Ansicht erweitern, werden Ihnen auch die zugehörigen Attribute (Eigenschaften) und Operationen (Methoden) angezeigt.

ACHTUNG Wenn Sie ein zweites Mal das Reverse Engineering aus Visual Studio starten möchten, müssen Sie das Projekt erst schließen und erneut öffnen.

Nun können Sie die Klassen aus dem Fenster *Modell-Explorer* auf das Zeichenblatt ziehen. Leider werden die Beziehungen zwischen den Klassen nicht automatisch angezeigt – diese müssen Sie per Hand aus der Schablone *UML – statische Struktur* auf das Zeichenblatt ziehen und nun die Klassen – gemäß ihrer internen Logik – verbinden. Dies wurde im Diagramm in Abbildung 13.33 vorgenommen.

Abbildg. 13.33 Die Klassen werden auf das Zeichenblatt gezogen und verbunden

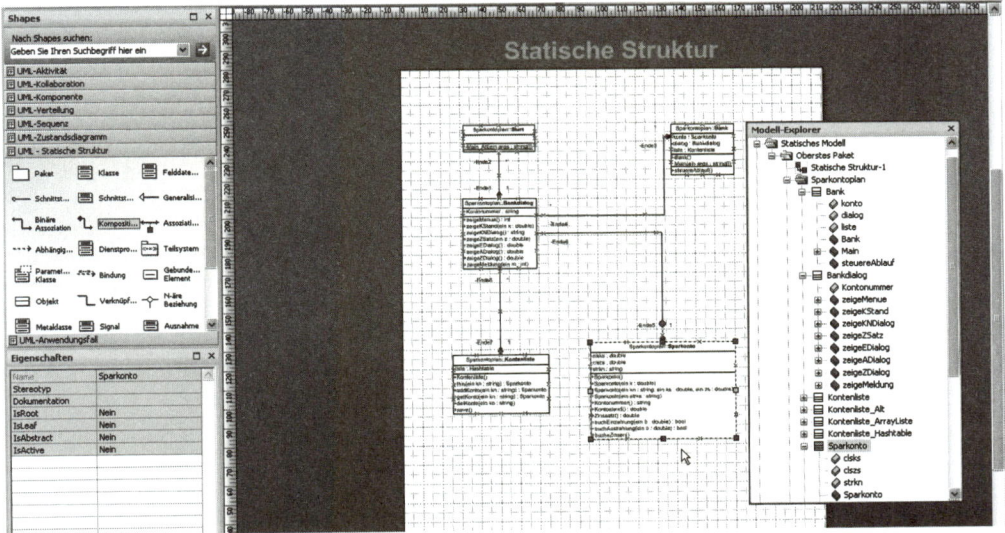

HINWEIS Bedauerlicherweise fehlt ein Menübefehl oder eine Option, mit der Veränderungen am Code in der Zeichnung aktualisiert werden können. Wenn Sie den aktuellen Stand Ihres Programmierprojektes in Visio sehen möchten, müssen Sie erneut das Reverse Engineering durchführen.

Das Diagramm kann weiter bearbeitet werden: Neue Attribute und Operatoren können eingetragen werden, alte können modifiziert werden, Namen geändert werden und so weiter. Zum Speichern und Exportieren der Zeichnung braucht nichts mehr gesagt zu werden.

HINWEIS Beachten Sie, dass es mit Visio nicht möglich ist, durch Zeichnung ein UML-Diagramm zu erstellen, aus dem dann per Knopfdruck Code oder auch nur ein Codeskelett erstellt wird. Dazu wäre Programmierung nötig, um die Informationen der Shapes des Zeichenblattes auszulesen.

Kapitel 13 Die Vorlagen der Kategorie »Software und Datenbank«

Weitere Diagrammvorlagen für Softwaredesign

Folgende weitere Vorlagen stellt Visio in der Kategorie *Software und Datenbank* zur Verfügung:

- COM und OLE
- Datenflussmodelldiagramm
- Express-G
- Jackson
- ORM-Diagramm
- Programmstruktur
- ROOM
- Unternehmensanwendung

An jeder dieser Vorlagen ist eine, maximal zwei Schablonen gebunden – keine der Vorlagen verfügt über eigene Menübefehle, Symbolleisten, Assistenten oder Ähnliches. Das Vorgehen des Erstellens einer Zeichnung wurde bereits hinlänglich beschrieben und braucht an dieser Stelle nicht noch einmal wiederholt werden.

Abbildg. 13.34 Eine Zeichnung, die mit der Vorlage *Unternehmensanwendung* erstellt wurde

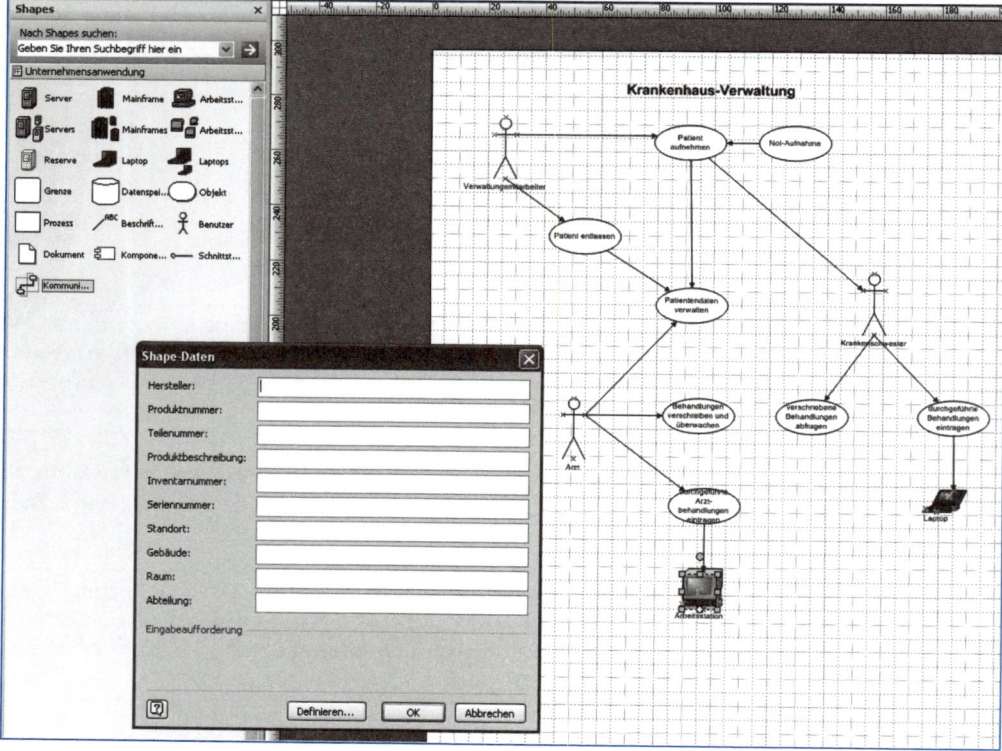

Viele der Shapes dieser acht Vorlagen besitzen Einstellungen im Kontextmenü – meistens werden die Eigenschaften (die Shape-Daten) abgefragt.

Zusammenfassung

Lobenswert ist, dass Microsoft Visio im Bereich Softwareerstellung (Analyse, Design und Programmierung) so viele Vorlagen, Schablonen und Shapes zur Verfügung stellt. Positiv ist auch zu erwähnen, dass Visio sich an ISO- und DIN-Normen hält. Die Vorlagen sind leicht zu bedienen, jeder Anwender kann schnell ein Diagramm erstellen.

Jedoch ist anzumerken, dass Visio nicht an ein Programm wie Rational Rose Modeller, Rational ClearCase oder Rational ClearQuest heranreicht. Um ein UML-Diagramm zu erstellen, bieten diese Programme von IBM mehr Möglichkeiten. Jedoch sei in diesem Zusammenhang angemerkt, dass Microsoft Visio nur ein Bruchteil dessen kostet, was für seine Kollegen von IBM veranschlagt werden muss.

Auch wenn im Bereich Reverse Engineering für Datenbanken und Websites ein paar Dinge fehlen oder zu wünschen wären, stellt Visio in diesem Bereich zwei mächtige Assistenten zur Verfügung, mit denen Informationen ausgelesen und grafisch aufbereitet werden können. Auch im Bereich Datenbankdesign und Websiteplanung kann Visio sicherlich mit gutem Gewissen als Werkzeug empfohlen werden.

Anhang A

Tastenkombinationen

In diesem Anhang:
Liste der Tastenkombinationen 462

Anhang A Tastenkombinationen

Liste der Tastenkombinationen

Wenn Sie häufig mit einem Programm arbeiten, empfiehlt es sich, einige der Tastenkombinationen auswendig zu lernen, da es die Arbeit stark beschleunigt. Zwar finden Sie sehr viele Befehle im Kontextmenü, jedoch kann durch die Eingabe von bestimmten Tastenkürzeln die Arbeit effektiver gestaltet werden.

Im Folgenden finden Sie die Liste der Tastenkombinationen, die zum Teil für sämtliche Programme von Microsoft Office gelten, aber zum Teil Visio-spezifischen Charakter haben.

Funktion	Tasten
Im Hilfefenster	
Öffnen des Hilfefensters	F1
Schließen des Hilfefensters	Alt + F4
Wechseln zwischen Hilfefenster und dem aktiven Programm	Alt + Tab
Wechseln zur Startseite von Programmname	Alt + Pos1
Auswählen des nächsten Eintrags im Hilfefenster	Tab
Auswählen des vorherigen Eintrags im Hilfefenster	⇧ + Tab
Ausführen der Aktion für den ausgewählten Eintrag	↵
Auswählen des nächsten oder des vorherigen Eintrags im Abschnitt Programmname-Hilfe durchsuchen	Tab oder ⇧ + Tab
Erweitern oder Reduzieren des ausgewählten Eintrags im Abschnitt Programmname-Hilfe durchsuchen	↵
Markieren des nächsten ausgeblendeten Texts oder Hyperlinks, einschließlich von Alle anzeigen oder Alle ausblenden am Anfang des Themas	Tab
Markieren des vorherigen ausgeblendeten Texts oder Hyperlinks	⇧ + Tab
Durchführen der Aktion für die ausgewählten Optionen Alle anzeigen, Alle ausblenden, für den markierten ausgeblendeten Text oder Hyperlink	↵
Wechseln zum vorherigen Hilfethema (Schaltfläche *Zurück*)	Alt + ← oder Rück
Wechseln zum nächsten Hilfethema (Schaltfläche *Weiter*)	Alt + →
Durchführen eines Bildlaufs in kleinen Schritten nach oben oder unten im derzeit angezeigten Hilfethema	↑ oder ↓
Durchführen eines Bildlaufs in großen Schritten nach oben oder unten im derzeit angezeigten Hilfethema	Bild ↑ oder Bild ↓
Ändern, ob das Hilfefenster verbunden mit dem aktiven Programm (nebeneinander) oder getrennt von diesem (nicht nebeneinander) angezeigt wird	Alt + U
Anzeigen eines Menüs mit Befehlen für das Hilfefenster	⇧ + F10
Anhalten der letzten Aktion (Schaltfläche *Anhalten*)	Esc
Aktualisieren des Fensters (Schaltfläche *Aktualisieren*)	F5

Liste der Tastenkombinationen

Funktion	Tasten
Wechseln zwischen den Bereichen im Hilfefenster	`F6`
Auswählen des nächsten oder des vorherigen Eintrags in der Strukturansicht eines Inhaltsverzeichnisses	`↑` oder `↓`
Erweitern oder Reduzieren des ausgewählten Eintrags in der Strukturansicht eines Inhaltsverzeichnisses	`←` oder `→`
Microsoft Office-Grundlagen	
Anzeigen und Verwenden von Fenstern	
Wechseln zum nächsten Fenster	`Alt`+`↹`
Wechseln zum vorherigen Fenster	`Alt`+`⇧`+`↹`
Schließen des Fensters	`Strg`+`W` oder `Strg`+`F4`
Wechseln zu einem Aufgabenbereich aus einem anderen Bereich im Programmfenster (im Uhrzeigersinn)	`F6`
Minimieren eines Fensters in ein Symbol	`Strg`+`F9`
Maximieren eines ausgewählten Fensters	`Strg`+`F10`
Wiederherstellen der Größe des Visio-Programmfensters, nachdem es maximiert wurde	`Strg`+`F5`
Kopieren einer Abbildung des Bildschirms in die Zwischenablage	`Druck`
Kopieren einer Abbildung des aktiven Fensters in die Zwischenablage	`Alt`+`Druck`
Anzeigen des Fensterkontextmenüs für jedes Fenster mit einem Symbol in seiner Titelleiste	`Alt`+`Leertaste`
Öffnen des Dialogfelds *Zeichenblätter neu sortieren*	`Strg`+`Alt`+`P`
Wechseln des Fokus durch alle geöffneten Zeichnungen	`Strg`+`↹` oder `Strg`+`F6`
Wechseln des Fokus durch geöffnete Fenster in umgekehrter Reihenfolge	`Strg`+`⇧`+`↹` oder `Strg`+`⇧`+`F6`
Wechseln des Fokus durch die Zeichenblätter einer Zeichnung einschließlich aller sichtbaren Markupüberlagerungen	`Strg`+`Bild↓` oder `Strg`+`Alt`+`↹`
Wechseln des Fokus durch die Zeichenblätter einer Zeichnung in umgekehrter Reihenfolge	`Strg`+`Bild↑` oder `Strg`+`Alt`+`⇧`+`↹`
Wechseln zu einem Aufgabenbereich, wenn ein Menü oder eine Symbolleiste aktiv ist	`Strg`+`↹`
Auswählen der nächsten oder vorherigen Option im Aufgabenbereich	`↹` oder `⇧`+`↹`
Ändern der Schriftart oder des Schriftgrads	
Vergrößern des Schriftgrads des markierten Texts	`Strg`+`⇧`+`>`
Verkleinern des Schriftgrads des markierten Texts	`Strg`+`⇧`+`<`
Navigation in Text oder Zellen	
Verschieben der Einfügemarke um ein Zeichen nach links	`←`

Anhang A Tastenkombinationen

Funktion	Tasten
Verschieben der Einfügemarke um ein Zeichen nach rechts	`→`
Verschieben der Einfügemarke um eine Zeile nach oben	`↑`
Verschieben der Einfügemarke um eine Zeile nach unten	`↓`
Verschieben der Einfügemarke um ein Wort nach links	`Strg`+`←`
Verschieben der Einfügemarke um ein Wort nach rechts	`Strg`+`→`
Verschieben der Einfügemarke zum Ende einer Zeile	`Ende`
Verschieben der Einfügemarke zum Anfang einer Zeile	`Pos1`
Verschieben der Einfügemarke um einen Absatz nach oben	`Strg`+`↑`
Verschieben der Einfügemarke um einen Absatz nach unten	`Strg`+`↓`
Verschieben der Einfügemarke zum Ende eines Textfelds	`Strg`+`Ende`
Verschieben der Einfügemarke zum Anfang eines Textfelds	`Strg`+`Pos1`
Wiederholen der letzten Suchaktion	`⇧`+`F4`
Zugreifen auf und Verwenden von Aufgabenbereichen	
Wechseln zu einem Aufgabenbereich aus einem anderen Bereich im Programmfenster	`F6`
Wechseln zu einem Aufgabenbereich, wenn ein Menü oder eine Symbolleiste aktiv ist	`Strg`+`Tab`
Auswählen der nächsten oder vorherigen Option im Aufgabenbereich	`Tab` oder `⇧`+`Tab`
Anzeigen aller Befehle im Menü des Aufgabenbereichs	`Strg`+`↓`
Wechseln zwischen ausgewählten Elementen in einem ausgewählten Untermenü. Wechseln zwischen bestimmten Optionen in einer Gruppe von Optionen in einem Dialogfeld	`↓` oder `↑`
Öffnen des ausgewählten Menüs oder Ausführen der Aktion, die der ausgewählten Schaltfläche zugeordnet ist	`Leertaste` oder `↵`
Öffnen eines Kontextmenüs; Öffnen eines Dropdown-Menüs für den ausgewählten Katalogeintrag	`⇧`+`F10`
Auswählen des ersten oder letzten Befehls im Menü oder Untermenü	`Pos1` oder `Ende`
Zugreifen auf und Verwenden von Smarttags	
Anzeigen des Menüs oder der Meldung für ein Smarttag	`Alt`+`⇧`+`F10`
Auswählen des nächsten Elements in einem Smarttagmenü	`↓`
Auswählen des vorherigen Elements in einem Smarttagmenü	`↑`
Ausführen der Aktion für das ausgewählte Element in einem Smarttagmenü	`↵`
Schließen des Smarttagmenüs oder der Meldung	`Esc`

Liste der Tastenkombinationen

Funktion	Tasten
Verwenden von Dialogfeldern	
Wechseln zur nächsten Option oder Optionsgruppe	`Tab`
Wechseln zur vorherigen Option oder Optionsgruppe	`⇧` + `Tab`
Wechseln zur nächsten Registerkarte in einem Dialogfeld	`Strg` + `Tab`
Wechseln zur vorherigen Registerkarte in einem Dialogfeld	`Strg` + `⇧` + `Tab`
Wechseln zwischen Optionen in einer geöffneten Dropdown-Liste oder zwischen den Optionen in einer Optionsgruppe	`←`, `→`, `↑` und `↓`
Ausführen der einer ausgewählten Schaltfläche zugewiesenen Aktion Aktivieren oder Deaktivieren des ausgewählten Kontrollkästchens	`Leertaste`
Öffnen der Liste (sofern geschlossen) und Wechseln zu der betreffenden Option in der Liste	Erster Buchstabe einer Option in einer Dropdown-Liste
Auswählen einer Option Aktivieren bzw. Deaktivieren eines Kontrollkästchens	`Alt` + der in einer Option unterstrichene Buchstabe
Öffnen einer ausgewählten Dropdown-Liste	`Alt` + `↓`
Schließen einer ausgewählten Dropdown-Liste, Abbrechen eines Befehls und Schließen eines Dialogfelds	`Esc`
Ausführen der Aktion in einem Dialogfeld, die der Standardschaltfläche zugewiesen ist	`↵`
Verwenden von Bearbeitungsfeldern in Dialogfeldern	
Verschieben der Einfügemarke zum Anfang eines Eintrags	`Pos1`
Verschieben der Einfügemarke zum Ende eines Eintrags	`Ende`
Verschieben der Einfügemarke um ein Zeichen nach links oder rechts	`←` oder `→`
Verschieben der Einfügemarke um ein Wort nach links	`Strg` + `←`
Verschieben der Einfügemarke um ein Wort nach rechts	`Strg` + `→`
Markieren eines Zeichens links von der Einfügemarke oder Aufheben einer entsprechenden Markierung	`⇧` + `←`
Markieren eines Zeichens rechts von der Einfügemarke oder Aufheben einer entsprechenden Markierung	`⇧` + `→`
Markieren eines Worts links von der Einfügemarke oder Aufheben einer entsprechenden Markierung	`Strg` + `⇧` + `←`
Markieren eines Worts rechts von der Einfügemarke oder Aufheben einer entsprechenden Markierung	`Strg` + `⇧` + `→`
Markieren des Inhalts von der Einfügemarke bis zum Anfang des Eintrags	`⇧` + `Pos1`
Markieren des Inhalts von der Einfügemarke bis zum Ende des Eintrags	`⇧` + `Ende`

Anhang A Tastenkombinationen

Funktion	Tasten
Verwenden der Dialogfelder Öffnen und Speichern unter	
Wechseln zum vorherigen Ordner	`Alt` + `1`
Schaltfläche *Eine Ebene nach oben*: Öffnen des Ordners, der dem geöffneten Ordner um eine Ebene übergeordnet ist	`Alt` + `2`
Schaltfläche *Löschen*: Löschen des ausgewählten Ordners oder der ausgewählten Datei	`Alt` + `3`
Schaltfläche *Neuen Ordner erstellen*: Erstellen eines neuen untergeordneten Ordners im geöffneten Ordner	`Alt` + `4`
Schaltfläche *Ansichten*: Wechseln zwischen den verfügbaren Ordneransichten	`Alt` + `5`
Schaltfläche *Extras*: Anzeigen des Menüs *Extras*	`Alt` + `L`
Anzeigen eines Kontextmenüs für ein ausgewähltes Element, z.B. für einen Ordner oder eine Datei	`⇧` + `F10`
Wechseln zwischen den Optionen oder Bereichen im Dialogfeld	`Tab`
Öffnen der Liste Suchen in	`F4` oder `Alt` +I
Aktualisieren der Dateiliste	`F5`
Text	
Bearbeiten von Text	
Verschieben der Einfügemarke zum nächsten oder vorherigen Zeichen in einer Textzeile	`→` oder `←`
Verschieben der Einfügemarke zur nächsten oder vorherigen Textzeile	`↓` oder `↑`
Verschieben der Einfügemarke zum nächsten oder vorherigen Wort in einer Textzeile	`Strg` + `→` oder `Strg` + `←`
Verschieben der Einfügemarke zum nächsten oder vorherigen Absatz	`Strg` + `↓` oder `Strg` + `↑`
Markieren des gesamten Texts in einem Textblock	`Strg` + `A`
Markieren des nächsten oder vorherigen Zeichens	`⇧` + `→` oder `⇧` + `←`
Markieren des nächsten oder vorherigen Worts	`Strg` + `⇧` + `→` oder `Strg` + `⇧` + `←`
Markieren der nächsten oder vorherigen Zeile	`⇧` + `↓` oder `⇧` + `↑`
Markieren des nächsten oder vorherigen Absatzes	`Strg` + `⇧` + `↓` oder `Strg` + `⇧` + `↑`
Löschen des vorherigen Worts	`Strg` + `Rück`
Ersetzen des markierten Texts durch die Höhe des Felds	`Strg` + `⇧` + `H`
Ersetzen des markierten Texts durch die Breite des Felds	`Strg` + `⇧` + `W`

Liste der Tastenkombinationen

Funktion	Tasten
Formatieren von Text	
Aktivieren oder Deaktivieren der Fettformatierung	`Strg` + `B`
Aktivieren oder Deaktivieren der Kursivformatierung	`Strg` + `I`
Aktivieren oder Deaktivieren der Unterstreichung	`Strg` + `U`
Aktivieren oder Deaktivieren der doppelten Unterstreichung	`Strg` + `⇧` + `D`
Aktivieren oder Deaktivieren der Schreibung in Großbuchstaben	`Strg` + `⇧` + `A`
Aktivieren oder Deaktivieren der Schreibung in Kapitälchen	`Strg` + `⇧` + `K`
Aktivieren oder Deaktivieren von Tiefgestellt	`Strg` + `=`
Aktivieren oder Deaktivieren von Hochgestellt	`Strg` + `⇧` + `=`
Vergrößern des Schriftgrads des markierten Texts	`Strg` + `⇧` + `>`
Verkleinern des Schriftgrads des markierten Texts	`Strg` + `⇧` + `<`
Ausrichten von Text	
Linksbündiges Ausrichten von Text	`Strg` + `⇧` + `L`
Horizontales Zentrieren von Text	`Strg` + `⇧` + `C`
Rechtsbündiges Ausrichten von Text	`Strg` + `⇧` + `R`
Blocksatz (horizontal ausgerichteter Text)	`Strg` + `⇧` + `J`
Ausrichten von Text nach oben (vertikal)	`Strg` + `⇧` + `T`
Vertikales Zentrieren von Text	`Strg` + `⇧` + `M`
Ausrichten von Text nach unten (vertikal)	`Strg` + `⇧` + `V`
Zoom und Navigation	
Wechseln zwischen Menüs und Symbolleisten	
Auswählen der Menüleiste bzw. gleichzeitiges Schließen eines geöffneten Menüs und Untermenüs	`F10` oder `Alt`
Auswählen der nächsten oder vorherigen Schaltfläche oder des nächsten oder vorherigen Menüs	`Tab` oder `⇧` + `Tab`
Auswählen eines Aufgabenbereichs oder einer Symbolleiste	`Strg` + `Tab` oder `Strg` + `⇧` + `Tab`
Öffnen des ausgewählten Menüs oder Durchführen der Aktion für die ausgewählte Schaltfläche bzw. den Befehl	`↵`
Anzeigen des Kontextmenüs für die Titelleiste	`Alt` + `Leertaste`
Auswählen des nächsten oder vorherigen Befehls	`↓` oder `↑`
Auswählen der nächsten oder vorherigen Schaltfläche oder des nächsten oder vorherigen Menüs	`←` oder `→`
Auswählen des ersten oder letzten Befehls in einem Menü oder Untermenü oder der ersten oder letzten Schaltfläche auf einer Symbolleiste	`Pos1` oder `Ende`

Anhang A — Tastenkombinationen

Funktion	Tasten
Schließen eines geöffneten Menüs; Nur Schließen des Untermenüs	`Esc`
Öffnen des ausgewählten Menüs	`↓`
Anzeigen aller Befehle	`Strg` + `↓`
Anzeigen aller Befehle im Menü des Aufgabenbereichs	`Strg` + `Leertaste`
Zoom	
Vergrößern	`Alt` + `F6`
Verkleinern	`Alt` + `⇧` + `F6`
Navigation in der Vollbildansicht	
Öffnen der nächsten Seite	`Bild↓` oder `↓` oder `→`
Öffnen der vorherigen Seite	`Bild↑` oder `↑` oder `←`
Navigation in einer Webseitenzeichnung	
Wechseln des Fokus durch den linken Rahmen, die Zeichnung und die Shapes in der Zeichnung mit Shape-Daten, Hyperlinks und der Adressleiste	`Tab`
Aktivieren des Hyperlinks für das Shape, das den Fokus besitzt, oder Aktivieren des Hyperlinks auf der Zeichnung, die den Fokus besitzt	`↵`
Spezielle Visio-Menüs	
Menü Format	
Öffnen der Registerkarte Schriftart im Dialogfeld Text (Menü *Format/Text*)	`F11`
Öffnen der Registerkarte Absatz im Dialogfeld Text (Menü *Format/Text*)	`⇧` + `F11`
Öffnen der Registerkarte Tabstopps im Dialogfeld Text (Menü *Format/Text*)	`Strg` + `F11`
Öffnen des Dialogfelds Ausfüllen für das markierte Shape (Menü *Format/Ausfüllen*)	`F3`
Öffnen des Dialogfelds Linie (Menü *Format/Linie*)	`⇧` + `F3`
Menü Extras	
Öffnen der Registerkarte *Allgemein* im Dialogfeld *Ausrichten und Kleben* (Menü *Extras/Ausrichten und Kleben*)	`Alt` + `F9`
Aktivieren oder Deaktivieren des Kontrollkästchens *Ausrichten* auf der Registerkarte *Allgemein* im Dialogfeld *Ausrichten und Kleben* (Menü *Extras/Ausrichten und Kleben*)	`⇧` + `F9`
Aktivieren oder Deaktivieren des Kontrollkästchens *Kleben* auf der Registerkarte *Allgemein* im Dialogfeld *Ausrichten und Kleben* (Menü *Extras/Ausrichten und Kleben*)	`F9`
Menü Shape	
Gruppieren der markierten Shapes (Menü *Shape/Gruppierung/Gruppieren*)	`Strg` + `G` oder `Strg` + `⇧` + `G`
Gruppierung der Shapes in der markierten Gruppe aufheben (Menü *Shape/Gruppierung/Gruppierung aufheben*)	`Strg` + `⇧` + `U`

Liste der Tastenkombinationen

Funktion	Tasten
Markiertes Shape in den Vordergrund stellen (Menü *Shape/Reihenfolge/In den Vordergrund*)	Strg + ⇧ + F
Markiertes Shape in den Hintergrund rücken (Menü *Shape/Reihenfolge/In den Hintergrund*)	Strg + ⇧ + B
Drehen des markierten Shapes nach links (Menü *Shape/Drehen oder kippen/Nach links drehen*)	Strg + L
Drehen des markierten Shapes nach rechts (Menü *Shape/Drehen oder kippen/Nach rechts drehen*)	Strg + R
Horizontales Kippen des markierten Shapes (Menü *Shape/Drehen oder kippen/Horizontal kippen*)	Strg + H
Vertikales Kippen des markierten Shapes (Menü *Shape/Drehen oder kippen/Vertikal kippen*)	Strg + J
Öffnen des Dialogfelds *Shapes ausrichten* für das markierte Shape (Menü *Shape/Shapes ausrichten*)	F8
Menü Fenster	
Anzeigen der geöffneten Zeichnungsfenster untereinander (Menü *Fenster/Nebeneinander*)	⇧ + F7
Anzeigen der geöffneten Fenster nebeneinander	Strg + ⇧ + F7
Anzeigen der geöffneten Zeichnungsfenster, sodass der Titel jedes Fensters sichtbar ist (Menü *Fenster/Überlappend*)	Alt + F7 oder Strg + Alt + F7
Spezielle Visio-Symbolleisten	
Standardsymbolleiste	
Aktivieren oder Deaktivieren von Format übertragen	Strg + ⇧ + P
Auswählen des Zeigertools	Strg + 1
Auswählen von Automatischer Verbinder	Strg + 3
Auswählen von Verbindungspunkt verschieben	Strg + ⇧ + 1
Auswählen des Text-Tools	Strg + 2
Auswählen von Textblock drehen	Strg + ⇧ + 4
Auswählen von Shape-Stempel	Strg + ⇧ + 3
Zeichnungssymbolleiste	
Auswählen von Rechteck/Quadrat	Strg + 8
Auswählen von Ellipse/Kreis	Strg + 9
Auswählen von Linien	Strg + 6
Auswählen von Bogen	Strg + 7
Auswählen von Freihandzeichnen	Strg + 5
Auswählen von Bleistift	Strg + 4

Anhang A — Tastenkombinationen

Funktion	Tasten
Bildsymbolleiste	
Auswählen des Zuschneidetools	Strg + ⇧ + 2
Visio-Shapes und -Schablonen	
Wechseln von Shape zu Shape auf einem Zeichenblatt	
Wechseln von Shape zu Shape auf dem Zeichenblatt	Tab
Wechseln von Shape zu Shape auf dem Zeichenblatt in umgekehrter Reihenfolge	⇧ + Tab
Markieren des Shapes, das den Fokus besitzt	↵
Aufheben der Markierung oder des Fokus für ein Shape	Esc
Wechseln zwischen dem Textbearbeitungsmodus und dem Shape-Markierungsmodus für ein markiertes Shape	F2
Präzisionsausrichtung eines markierten Shapes	←, →, ↑ und ↓
Präzisionsausrichtung des markierten Shapes um jeweils ein Pixel	⇧ + ←, →, ↑ und ↓
Wechseln durch die sichtbaren Smarttags	Alt + ⇧ + F10
Arbeiten mit Master-Shapes in einer Schablone	
Wechseln zwischen den Master-Shapes in einer Schablone	←, →, ↑ und ↓
Wechseln zum ersten Master-Shape in einer Zeile einer Schablone	Pos1
Wechseln zum letzten Master-Shape in einer Zeile einer Schablone	Ende
Wechseln zum ersten Master-Shape in einer Spalte einer Schablone	Bild ↑
Wechseln zum letzten Master-Shape in einer Spalte einer Schablone	Bild ↓
Kopieren der markierten Master-Shapes in die Zwischenablage	Strg + C
Einfügen des Inhalts der Zwischenablage in eine benutzerdefinierte Schablone	Strg + V
Markieren aller Master-Shapes in einer Schablone	Strg + A
Markieren oder Aufheben der Markierung eines Master-Shapes, das den Fokus besitzt	⇧ + ↵
Aufheben der Markierung von Master-Shapes in einer Schablone	Esc
Einfügen des markierten Master-Shapes in die Zeichnung	Strg + ↵
Arbeiten mit Schablonen im Bearbeitungsmodus	
Löschen des markierten Master-Shapes	Entf
Ausschneiden des markierten Master-Shapes aus der benutzerdefinierten Vorlage und Ablegen in der Zwischenablage	Strg + X
Umbenennen des markierten Master-Shapes	F2

Anhang B

Die Schablonen

In diesem Anhang:

Allgemein	472
Flussdiagramm	473
Geschäft/Brainstorming	475
Geschäft/Diagramme	475
Geschäft/Geschäftsprozess	476
Geschäft/Organigramm	478
Geschäft/Pivotdiagramm	479
Konstruktion/Elektrotechnik	479
Konstruktion/Maschinenbau	482
Konstruktion/Verfahrenstechnik	484
Netzwerk/Netzwerk	486
Netzwerk/Webdiagramm	488
Pläne und Grundrisse/Bauplan	489
Pläne und Grundrisse/Karte	496
Software und Datenbank/Datenbank	497
Software und Datenbank/Software	498
Software und Datenbank/Webdiagramm	501
Terminplan	501
Visio-Extras	502

Anhang B Die Schablonen

Im Folgenden erhalten Sie eine Übersicht über die verfügbaren Schablonen und Shapes in Visio 2007 Professional nach vollständiger Installation. Sie sind nach den Kategorien gruppiert, die Visio zur Verfügung stellt.

Allgemein

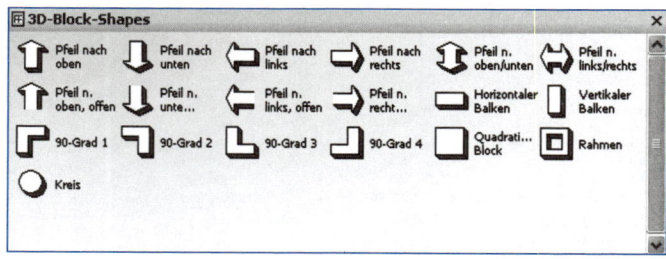

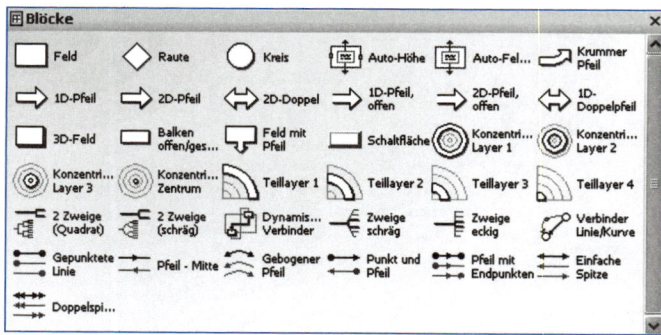

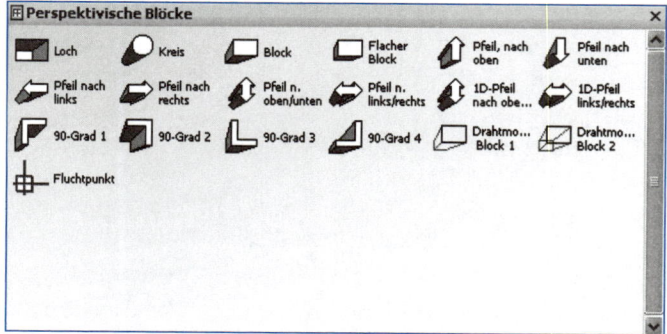

Flussdiagramm

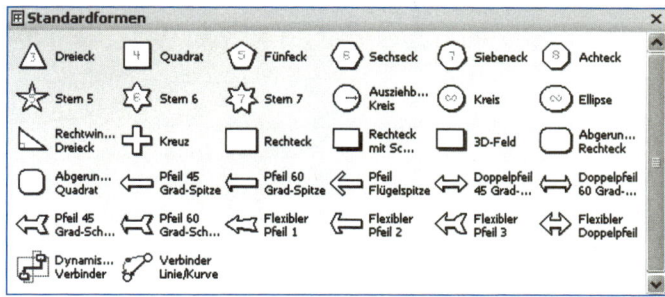

Flussdiagramm

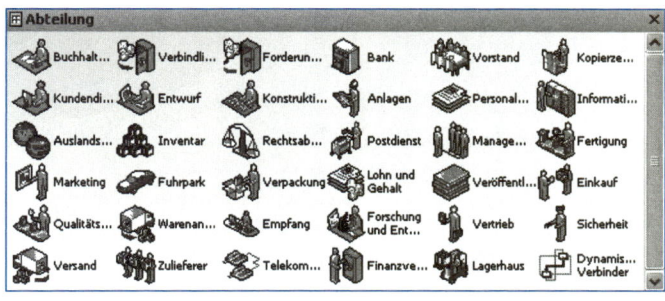

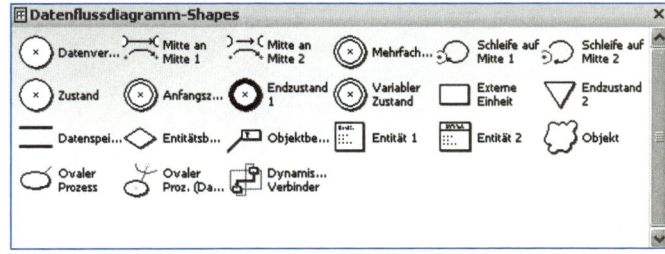

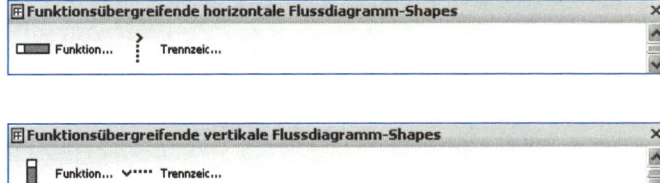

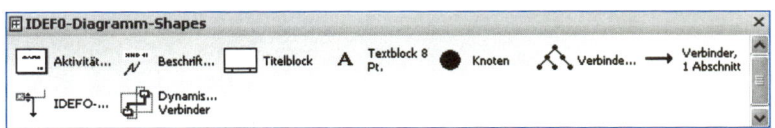

Anhang B Die Schablonen

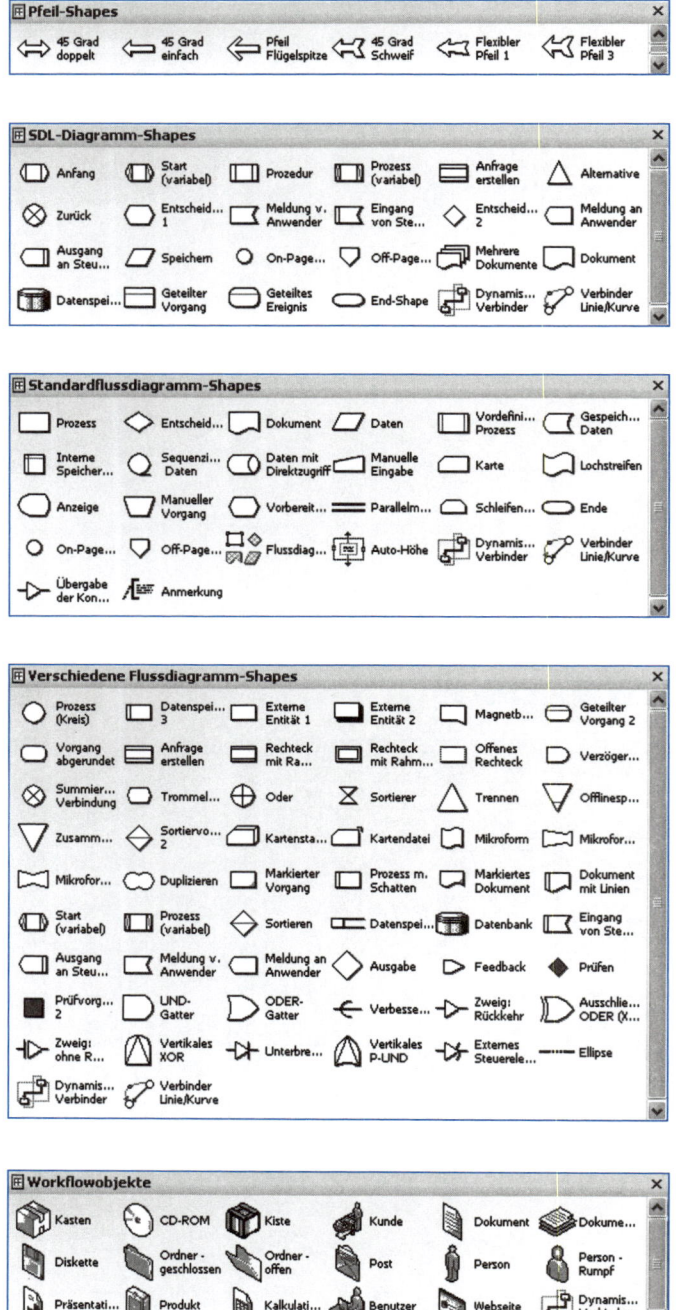

Geschäft/Brainstorming

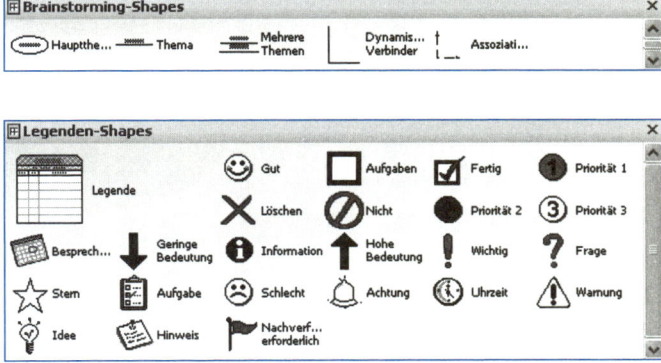

Geschäft/Diagramme

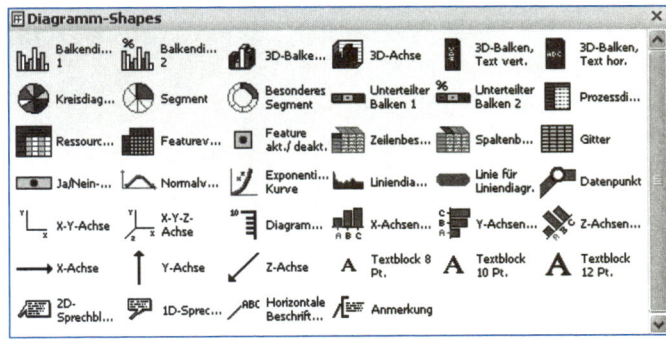

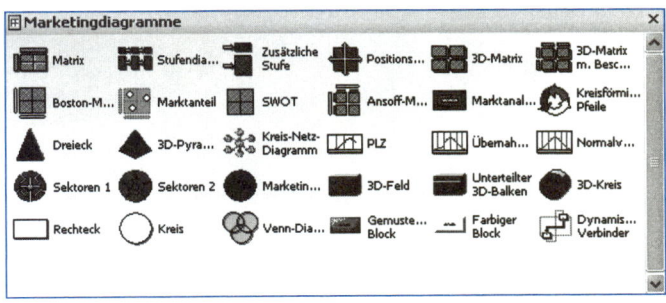

Anhang B Die Schablonen

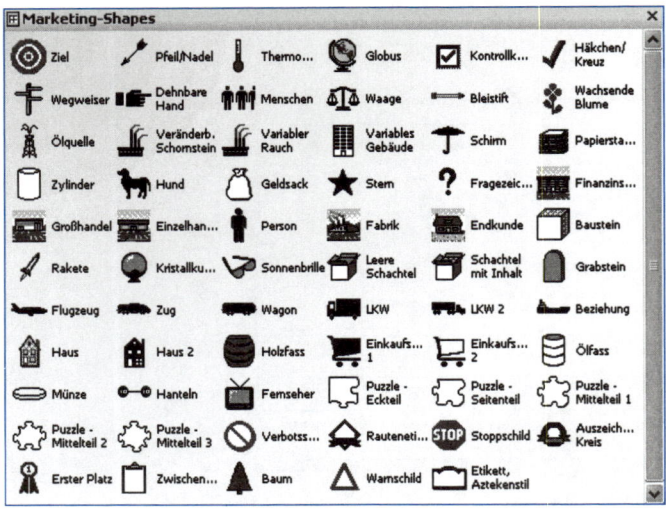

Geschäft/Geschäftsprozess

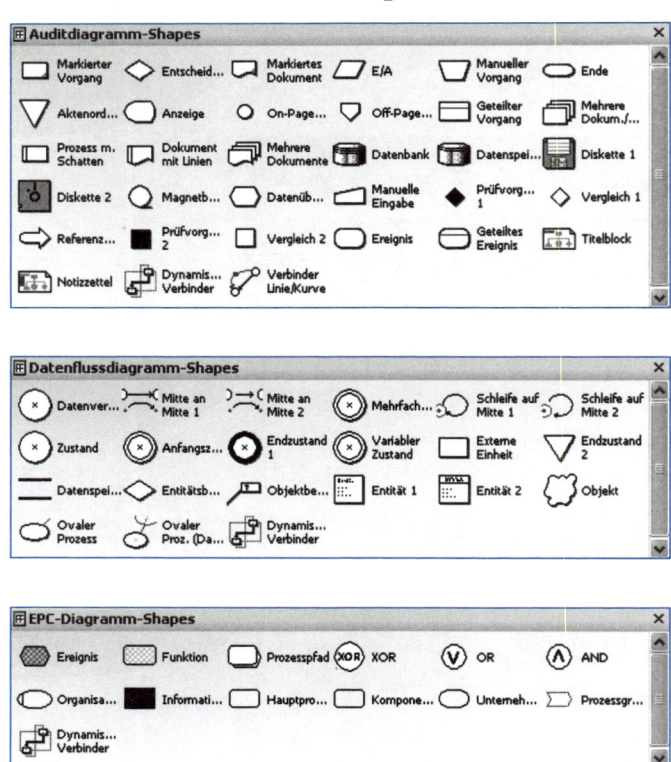

Geschäft/Geschäftsprozess

Fehlerstrukturanalyse-Shapes

- UND-Gatter
- ODER-G...
- Sperrgatter
- Prioritäts-...
- Ausschlie... ODER-G...
- Schwell... (m/h)
- Ereignis
- Basiserei...
- Sekundäres Ereignis
- Ereignis 'Haus'
- Bedingtes Ereignis
- Transfers...
- Dynamis... Verbinder

Funktionsübergreifende horizontale Flussdiagramm-Shapes

- Funktion...
- Trennzeic...

Funktionsübergreifende vertikale Flussdiagramm-Shapes

- Funktion...
- Trennzeic...

ITIL-Shapes

- Vorfall
- Dienstanf...
- Person
- Kundendi...
- Komitee
- Abteilung
- Änderun...
- Vereinba...
- Datenbank für das K...
- Wissensd...
- Lieferant

Pfeil-Shapes

- 45 Grad doppelt
- 45 Grad einfach
- Pfeil Flügelspitze
- 45 Grad Schweif
- Flexibler Pfeil 1
- Flexibler Pfeil 3

Shapes für Ursache/Wirkung-Diagramme

- Wirkung
- Kategorie 1
- Kategorie 2
- Fischrah...
- Primäre Ursache 1
- Primäre Ursache 2
- Sekundäre Ursache 1
- Sekundäre Ursache 2
- Sekundäre Ursache 3
- Sekundäre Ursache 4
- Sekundäre Ursache 5
- Sekundäre Ursache 6

Standardflussdiagramm-Shapes

- Prozess
- Entscheid...
- Dokument
- Daten
- Vordefini... Prozess
- Gespeich... Daten
- Interne Speicher...
- Sequenzi... Daten
- Daten mit Direktzugriff
- Manuelle Eingabe
- Karte
- Lochstreifen
- Anzeige
- Manueller Vorgang
- Vorbereit...
- Parallelm...
- Schleifen...
- Ende
- On-Page...
- Off-Page...
- Flussdiag...
- Auto-Höhe
- Dynamis... Verbinder
- Verbinder Linie/Kurve
- Übergabe der Kon...
- Anmerkung

477

Anhang B Die Schablonen

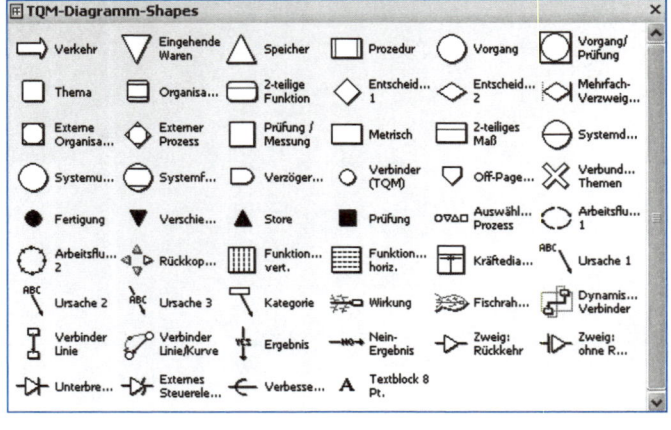

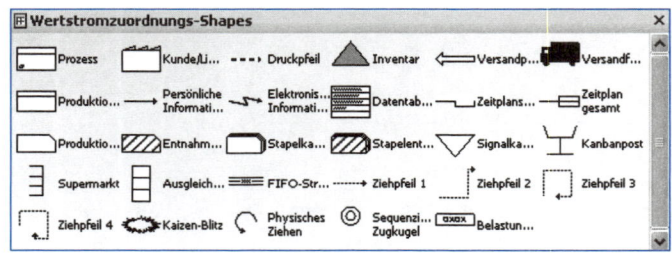

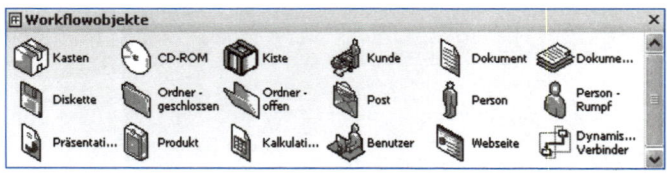

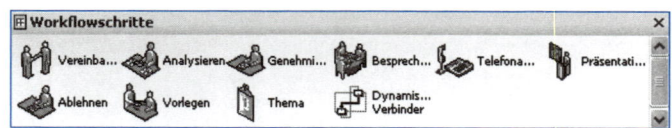

Geschäft/Organigramm

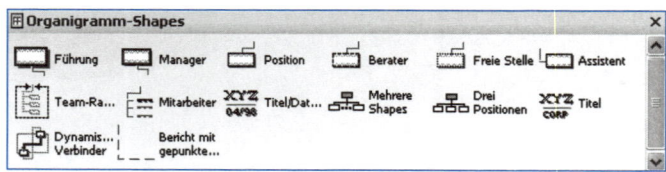

Geschäft/Pivotdiagramm

Konstruktion/Elektrotechnik

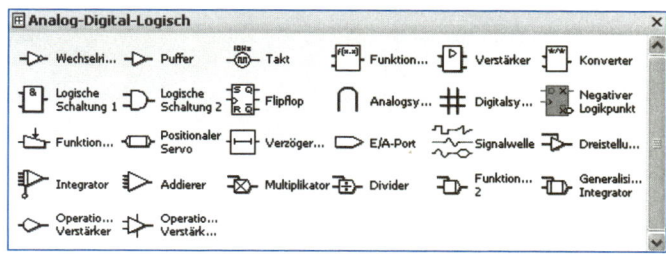

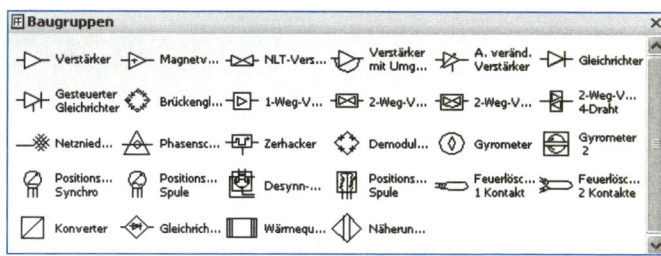

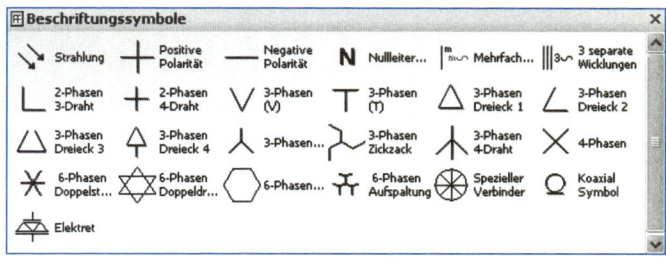

Anhang B Die Schablonen

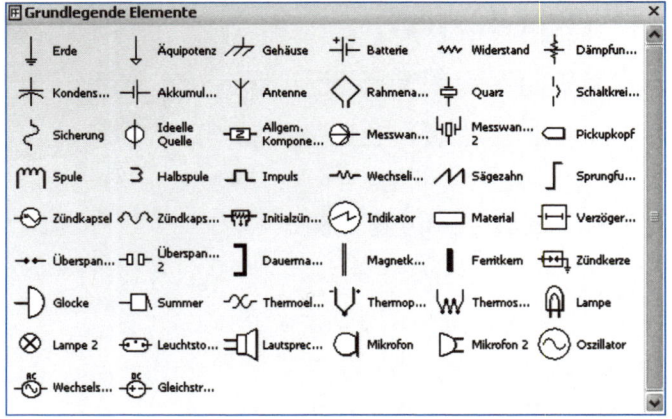

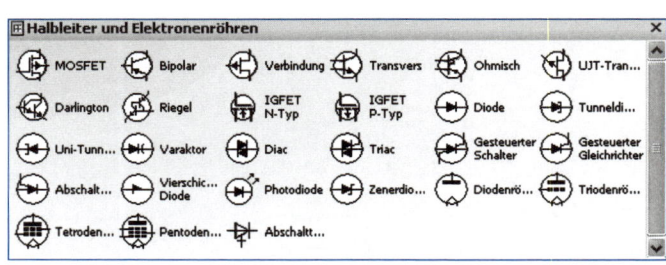

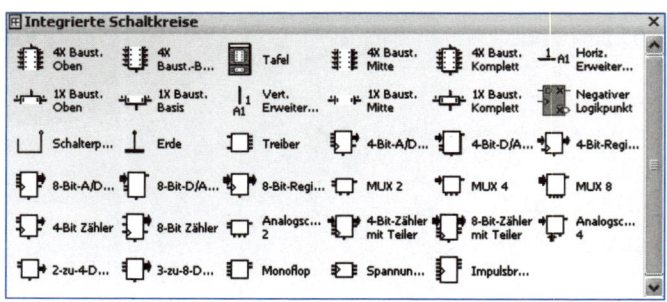

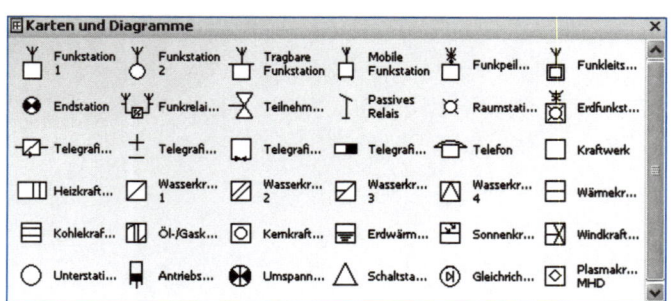

Konstruktion/Elektrotechnik

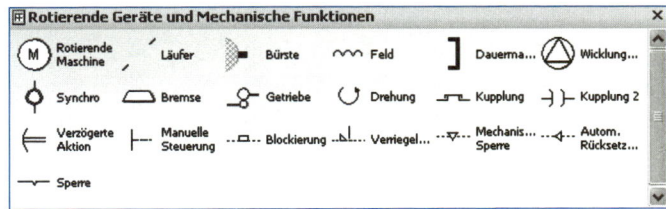

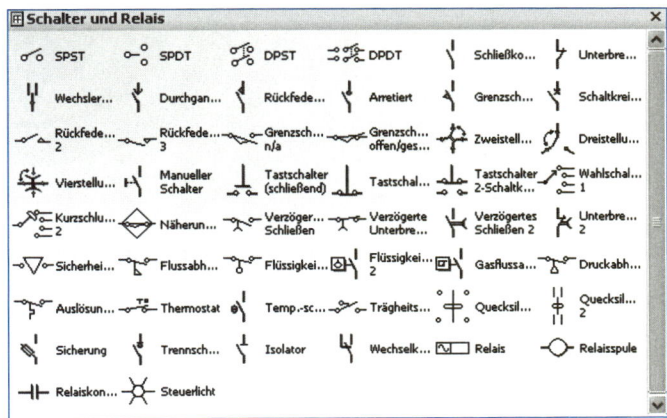

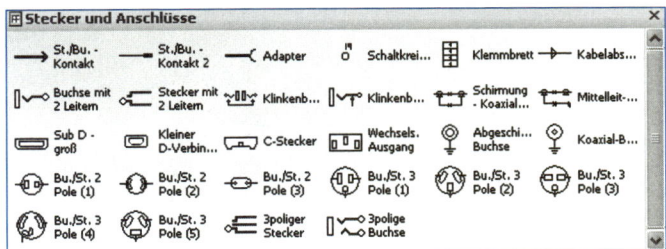

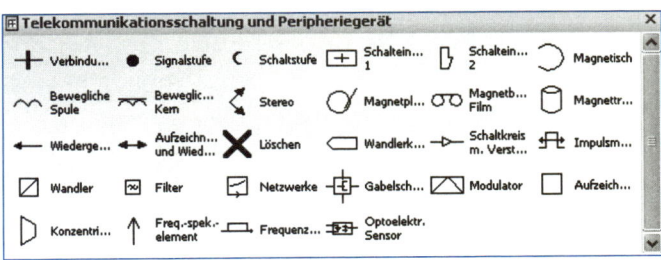

Anhang B Die Schablonen

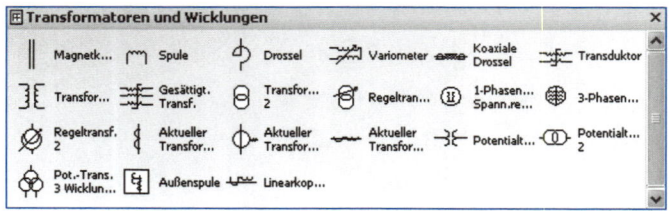

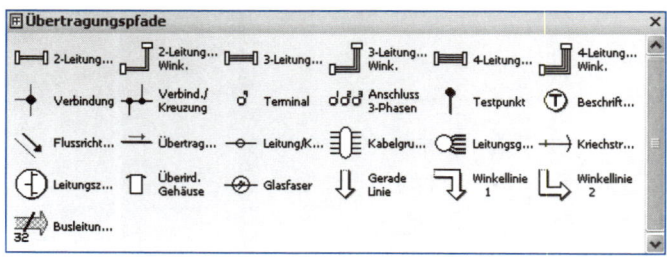

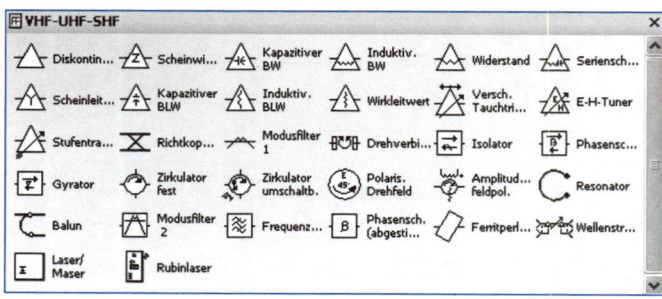

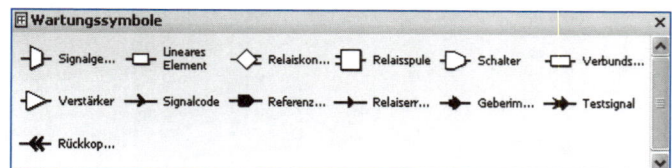

Konstruktion/Maschinenbau

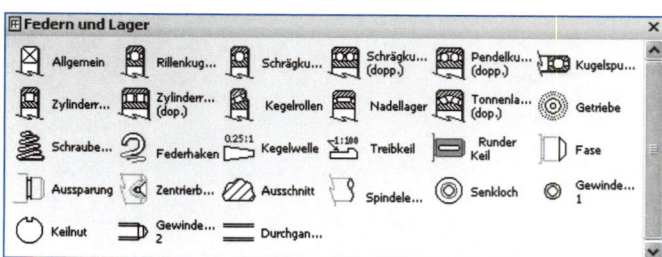

Konstruktion/Maschinenbau

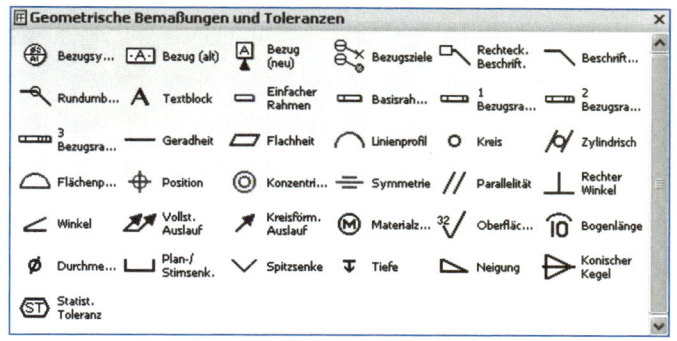

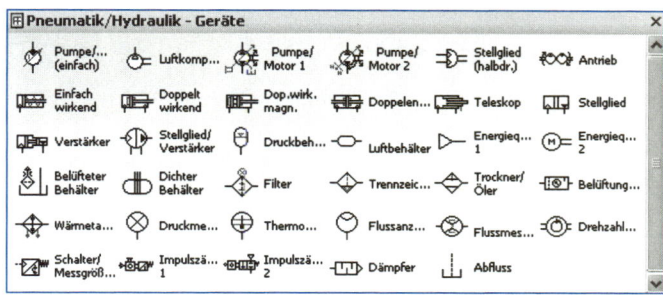

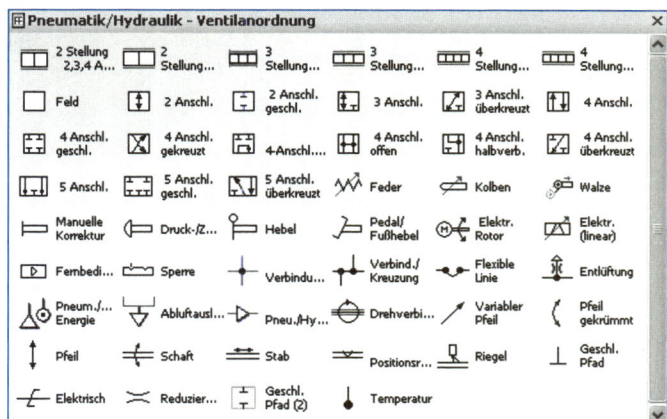

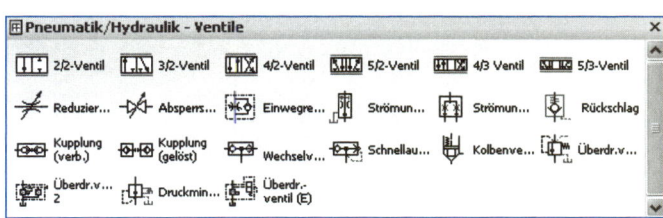

Anhang B Die Schablonen

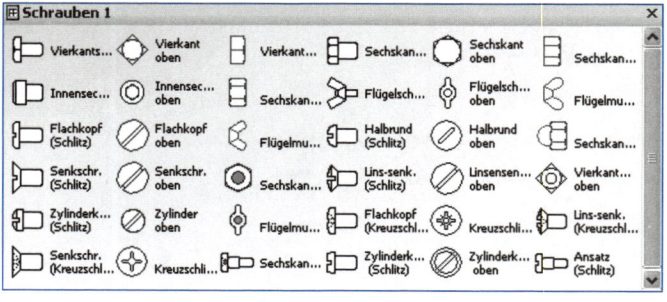

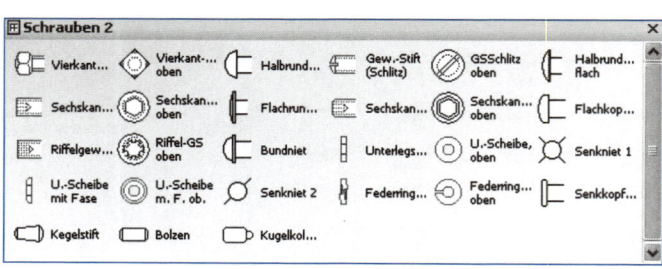

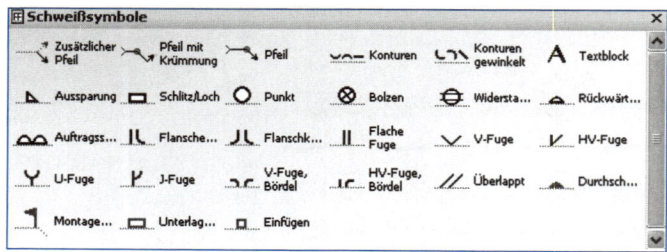

Konstruktion/Verfahrenstechnik

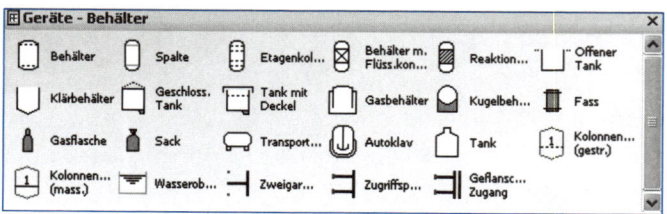

Konstruktion/Verfahrenstechnik

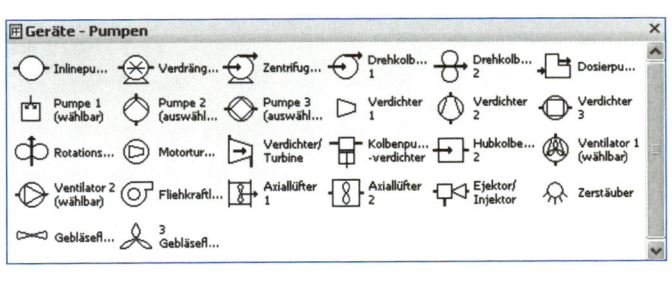

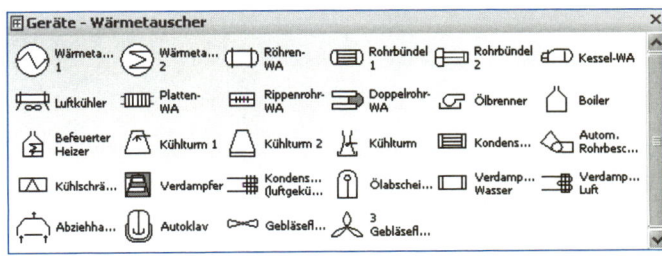

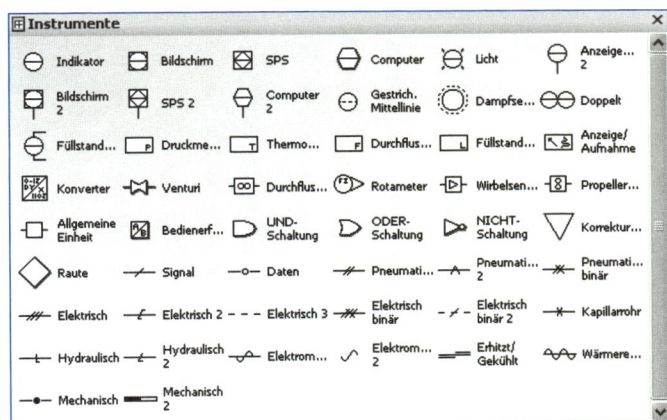

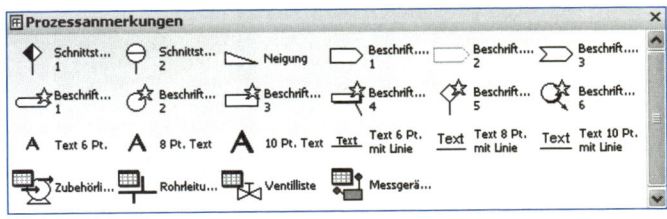

Anhang B — Die Schablonen

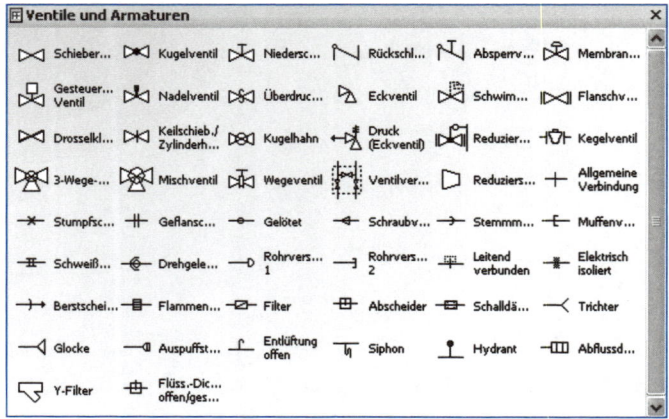

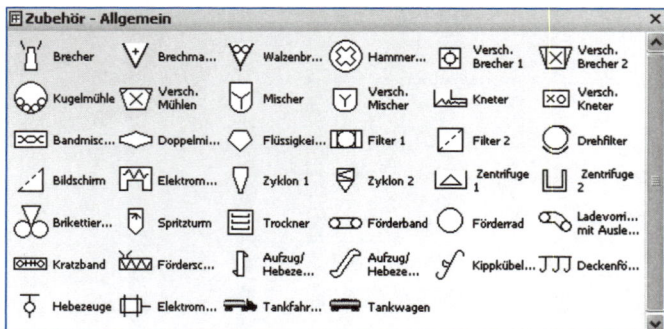

Netzwerk/Netzwerk

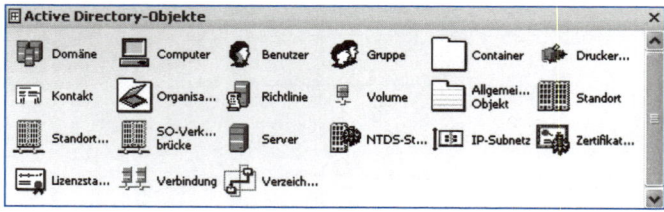

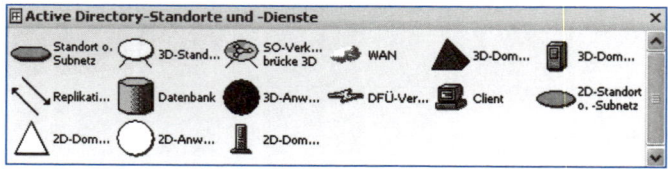

Netzwerk/Netzwerk

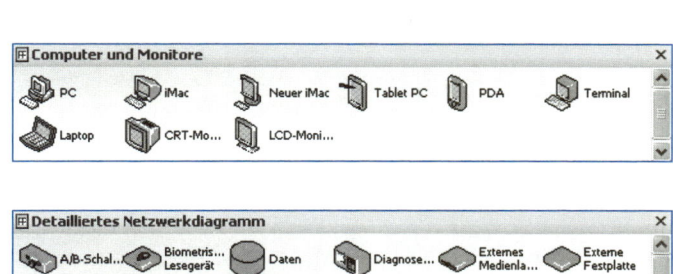

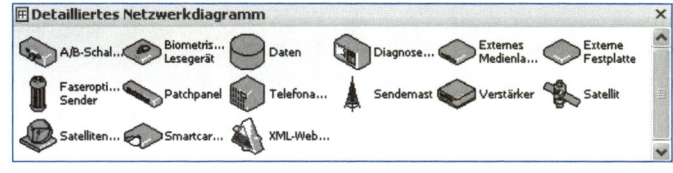

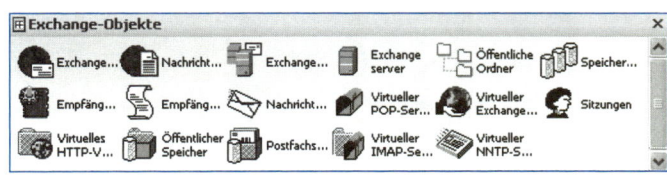

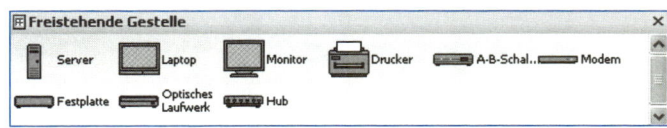

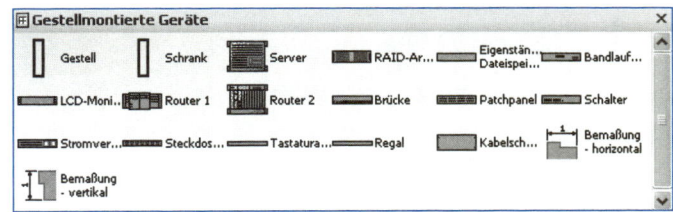

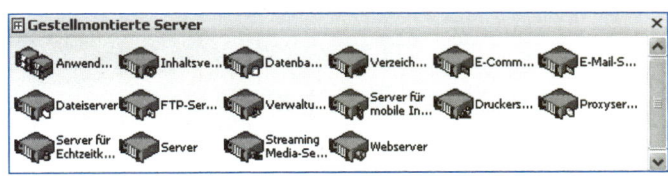

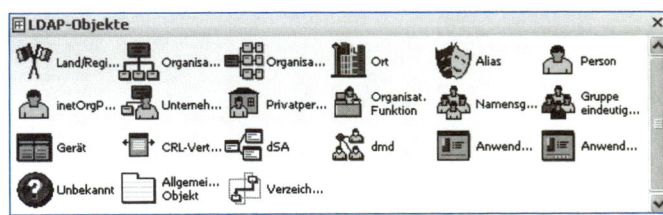

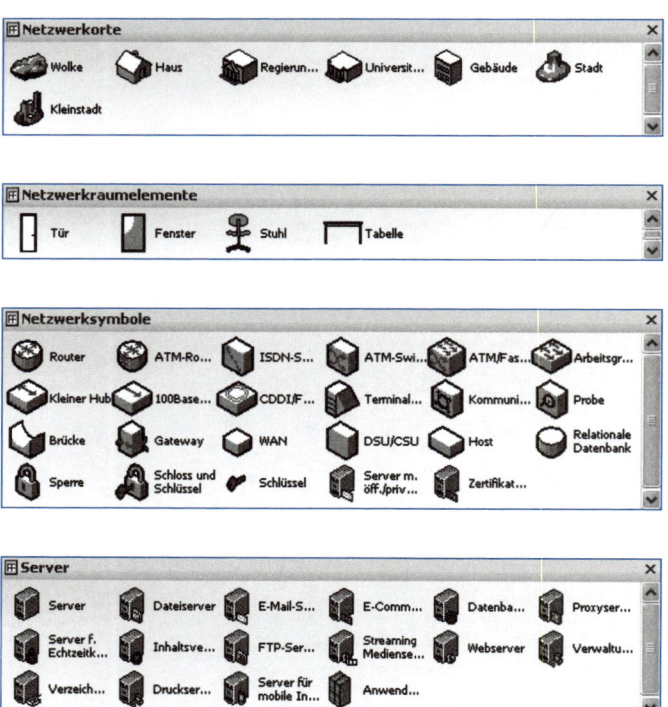

Netzwerk/Webdiagramm

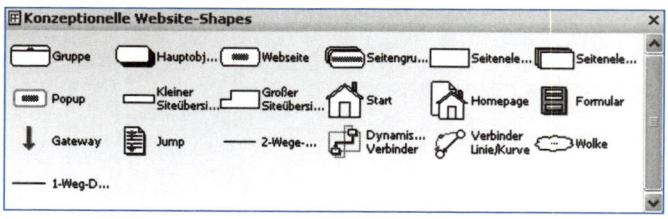

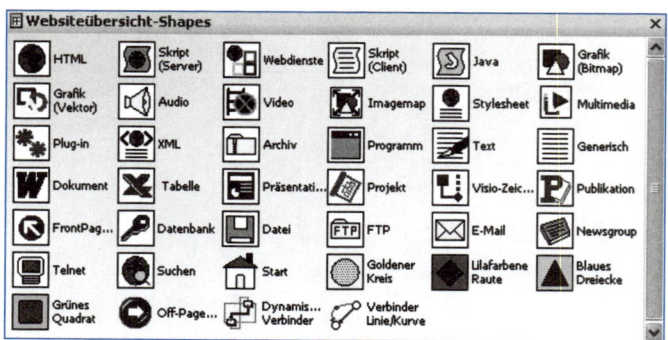

Pläne und Grundrisse/Bauplan

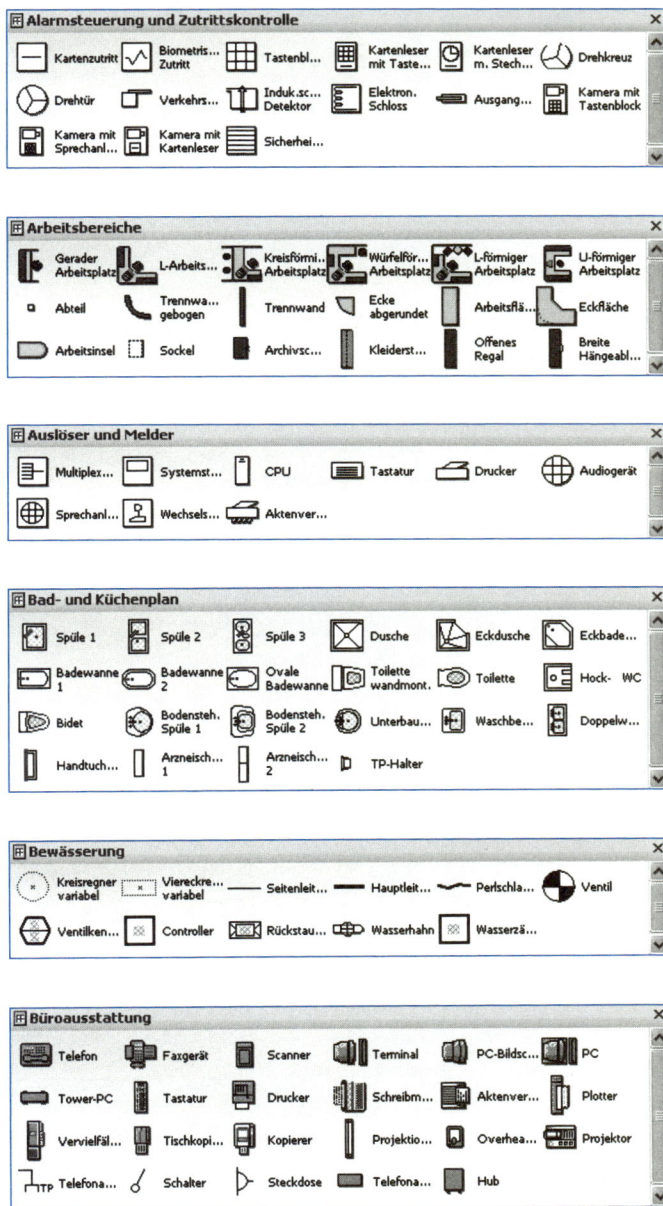

Anhang B Die Schablonen

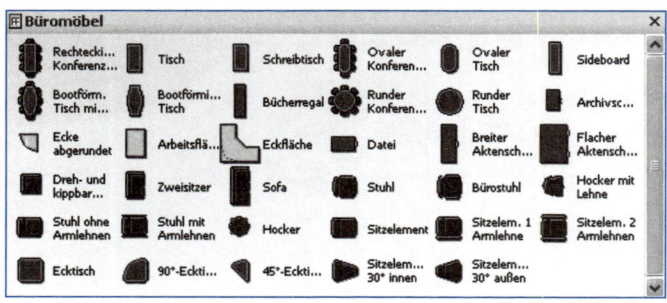

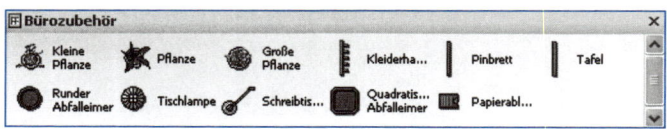

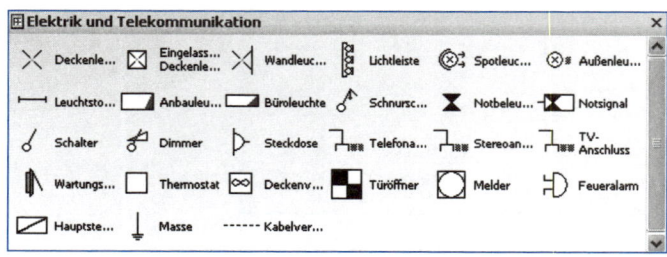

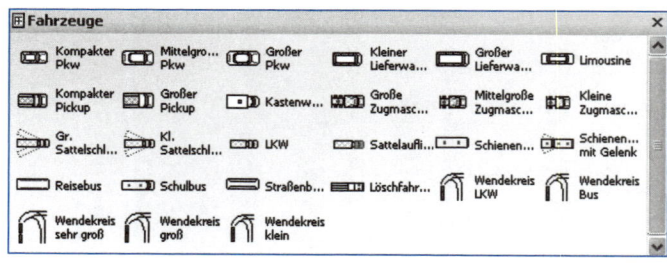

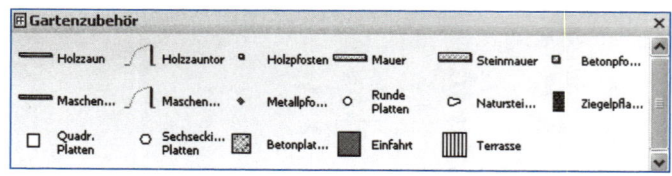

Pläne und Grundrisse/Bauplan

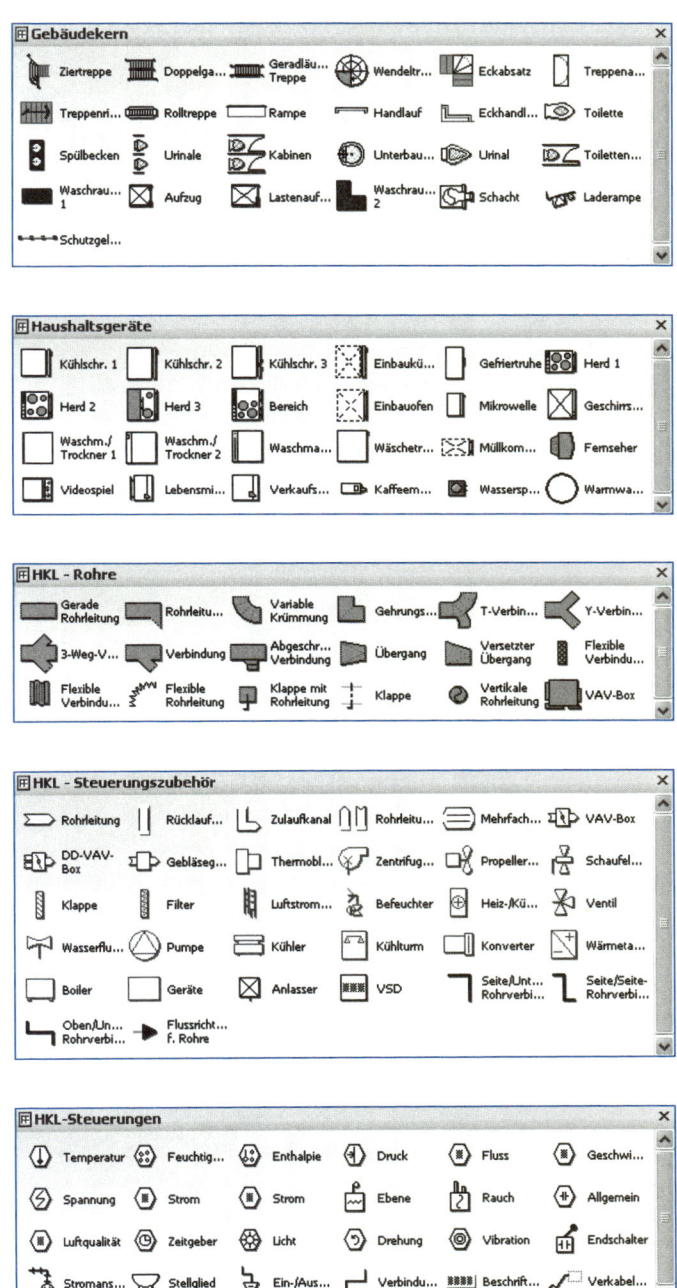

Anhang B Die Schablonen

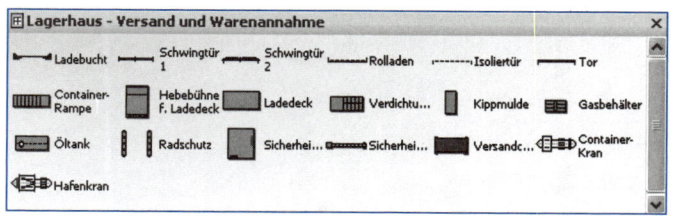

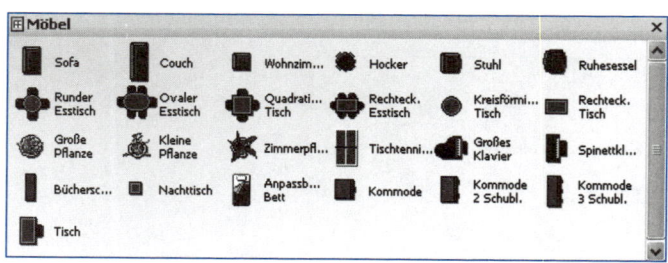

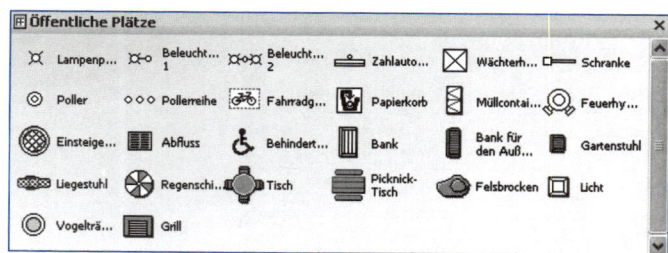

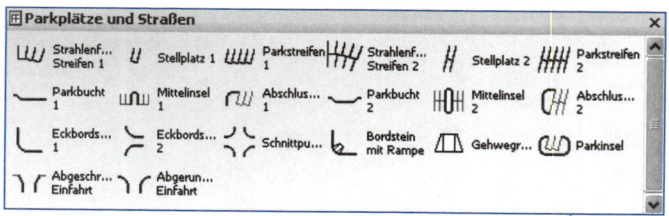

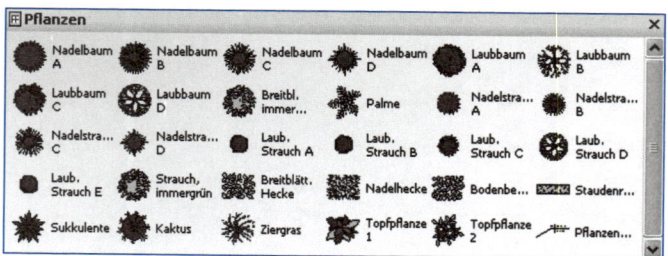

Pläne und Grundrisse/Bauplan

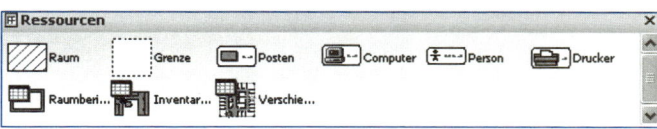

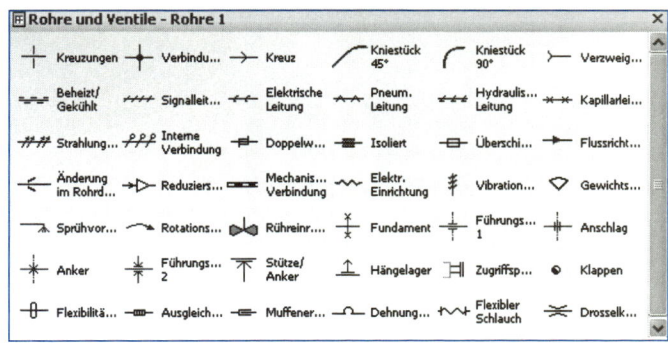

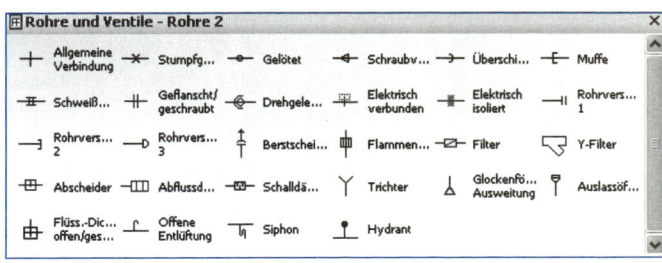

Anhang B Die Schablonen

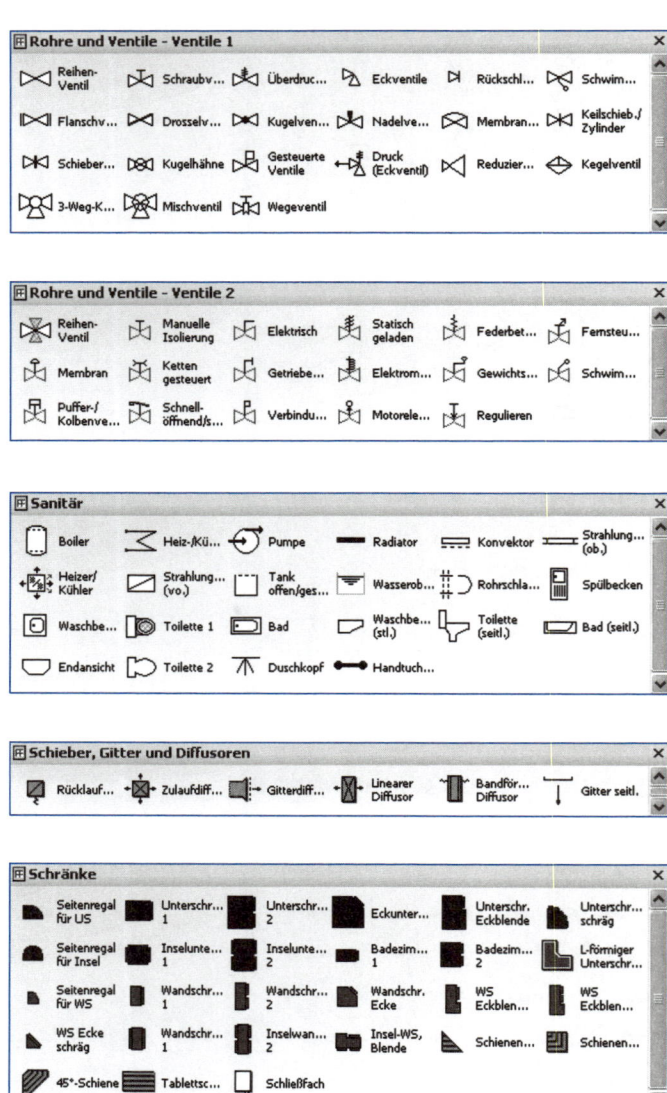

494

Pläne und Grundrisse/Bauplan

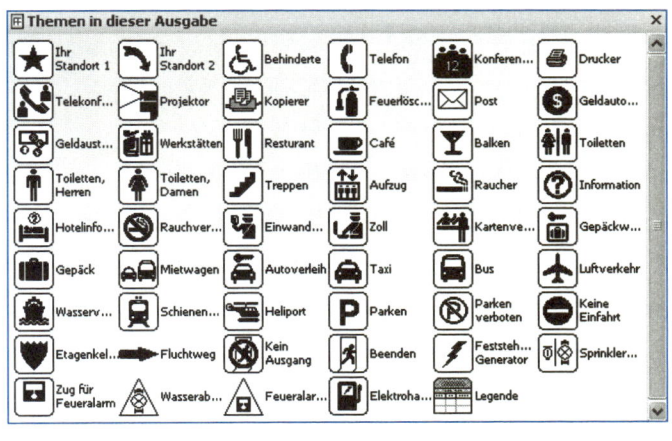

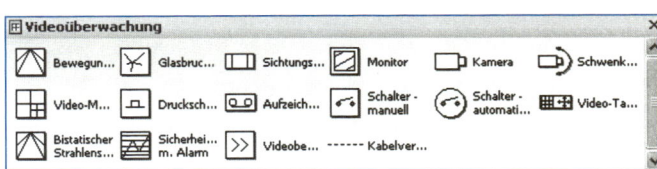

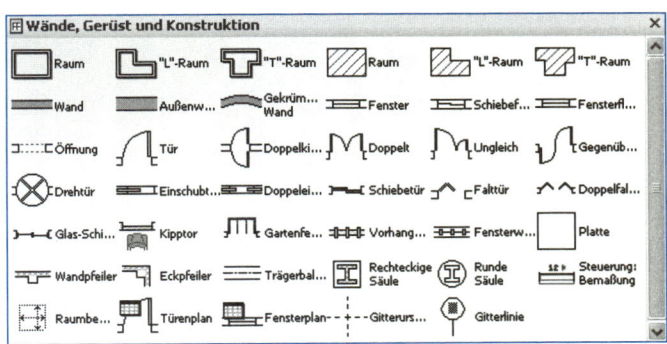

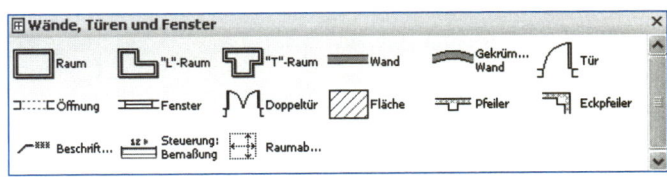

Pläne und Grundrisse/Karte

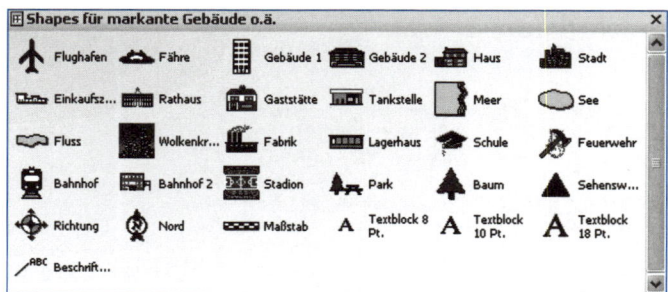

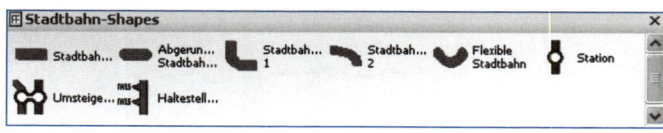

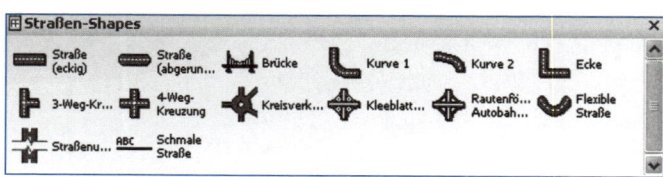

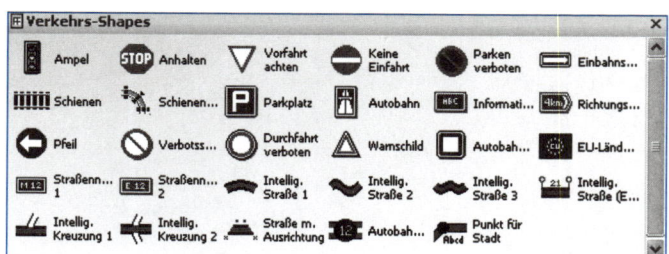

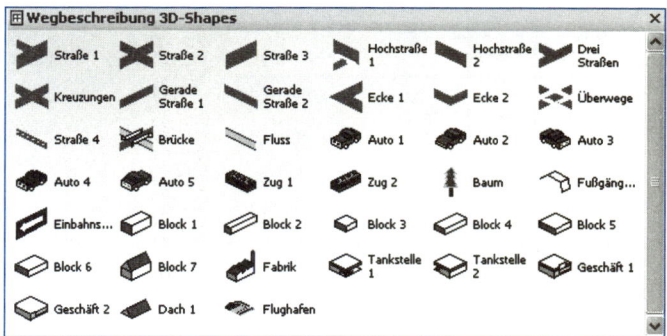

Software und Datenbank/Datenbank

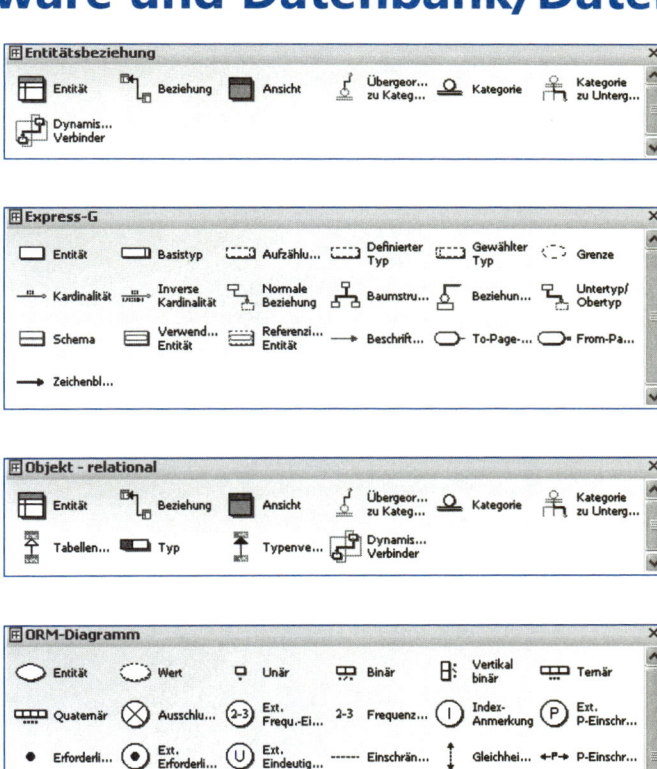

Software und Datenbank/Software

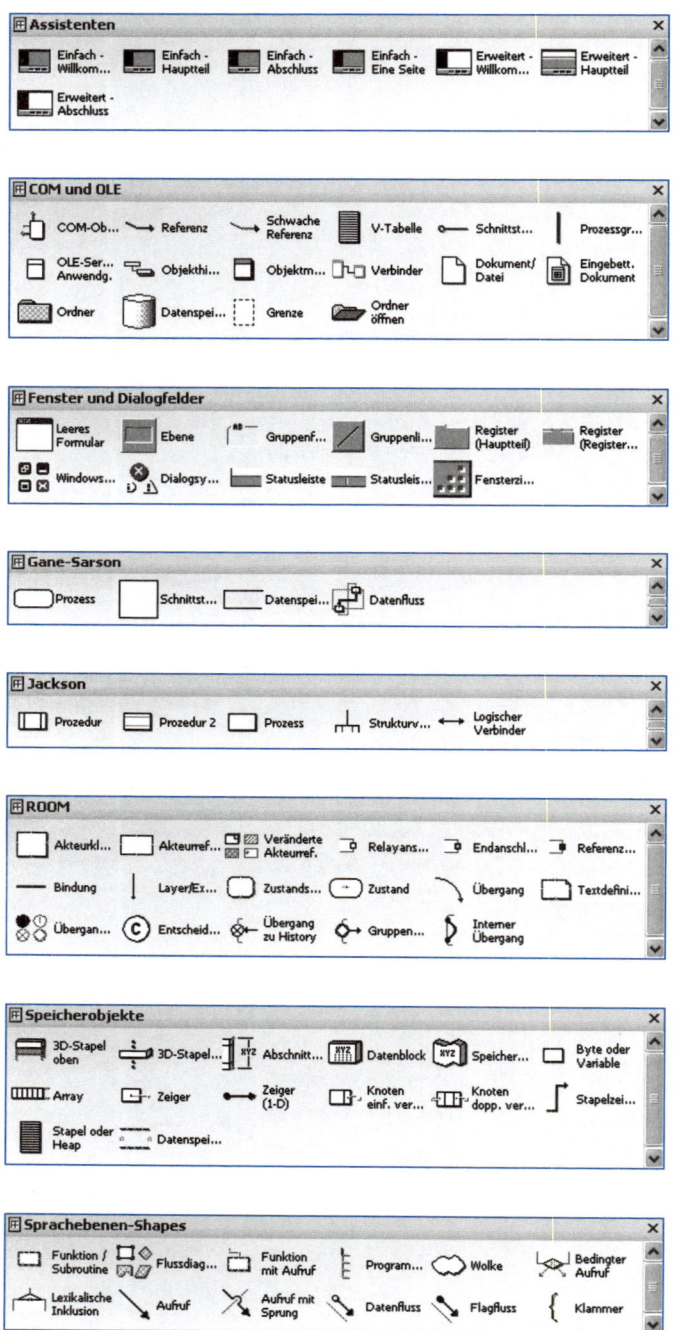

Software und Datenbank/Software

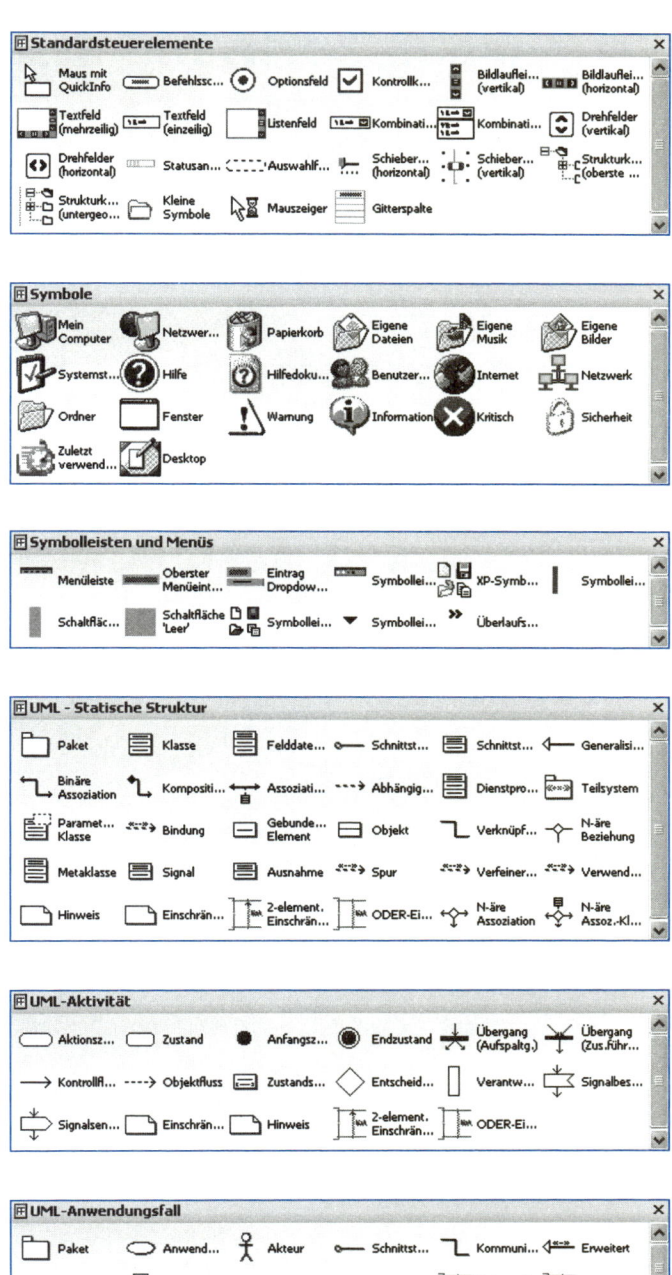

Anhang B   Die Schablonen

UML-Kollaboration
Klassifizie... | Assoziati... | Multiobjekt | Assoziati... | Einschrän... | Hinweis
2-element. Einschrän... | ODER-Ei...

UML-Komponente
Paket | Kompone... | Knoten | Schnittst... | Abhängig... | Einschrän...
Hinweis | 2-element. Einschrän... | ODER-Ei...

UML-Sequenz
Objekt-L... | Aktivierung | Lebenslinie | Nachricht | Nachricht (Aufruf) | Nachricht (Aufruf)
Nachricht (Rückgabe) | Nachricht (Rückgab...) | Nachricht (async.) | Einschrän... | Hinweis | 2-element. Einschrän...
ODER-Ei...

UML-Verteilung
Paket | Knoten | Kompone... | Knotenin... | Kompone... | Schnittst...
Objekt | Kompositi... | Kommuni... | Abhängig... | Einschrän... | Hinweis
2-element. Einschrän... | ODER-Ei...

UML-Zustandsdiagramm
Zustand | Zusamm. Zustand | Anfangsz... | Endzustand | Übergang | Übergang
Übergang (Aufspaltg.) | Übergang (Zus.führ...) | Entscheid... | Flache History | Tiefe History | Einschrän...
Hinweis | 2-element. Einschrän... | ODER-Ei...

Unternehmensanwendung
Server | Mainframe | Arbeitsst... | Servers | Mainframes | Arbeitsst...
Reserve | Laptop | Laptops | Grenze | Datenspei... | Objekt
Prozess | Beschrift... | Benutzer | Dokument | Kompone... | Schnittst...
Kommuni...

Software und Datenbank/Webdiagramm

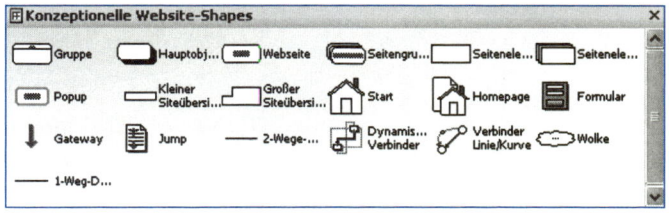

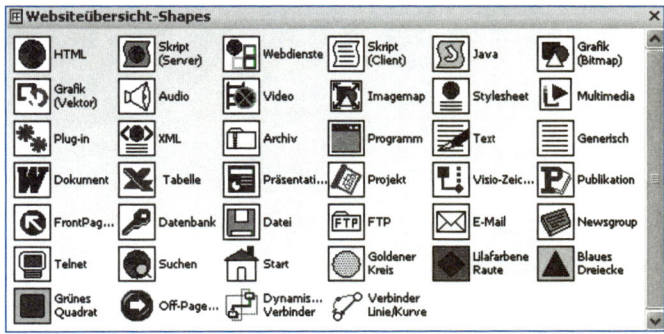

Terminplan

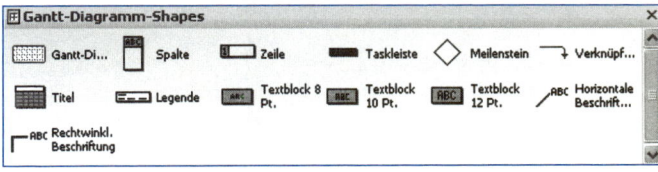

Anhang B Die Schablonen

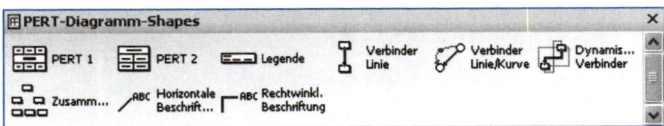

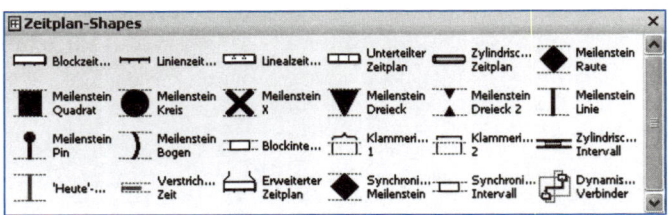

Visio-Extras

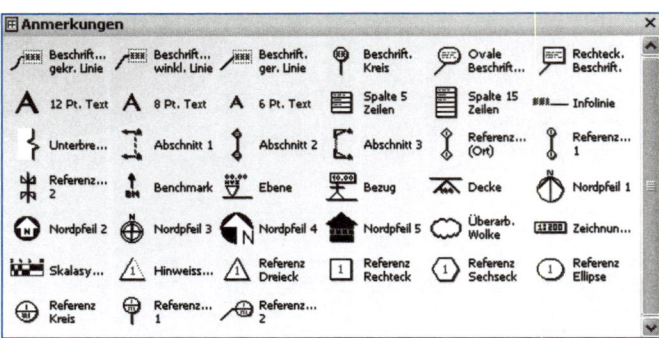

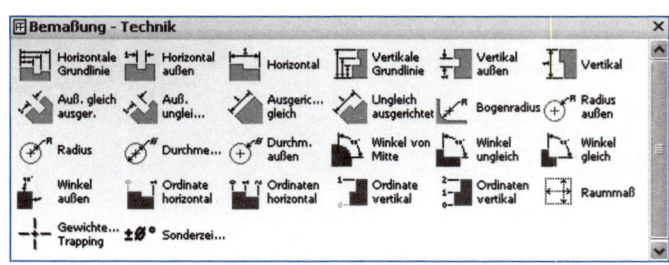

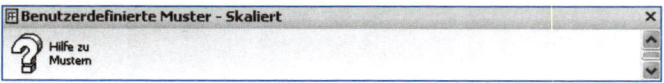

Visio-Extras

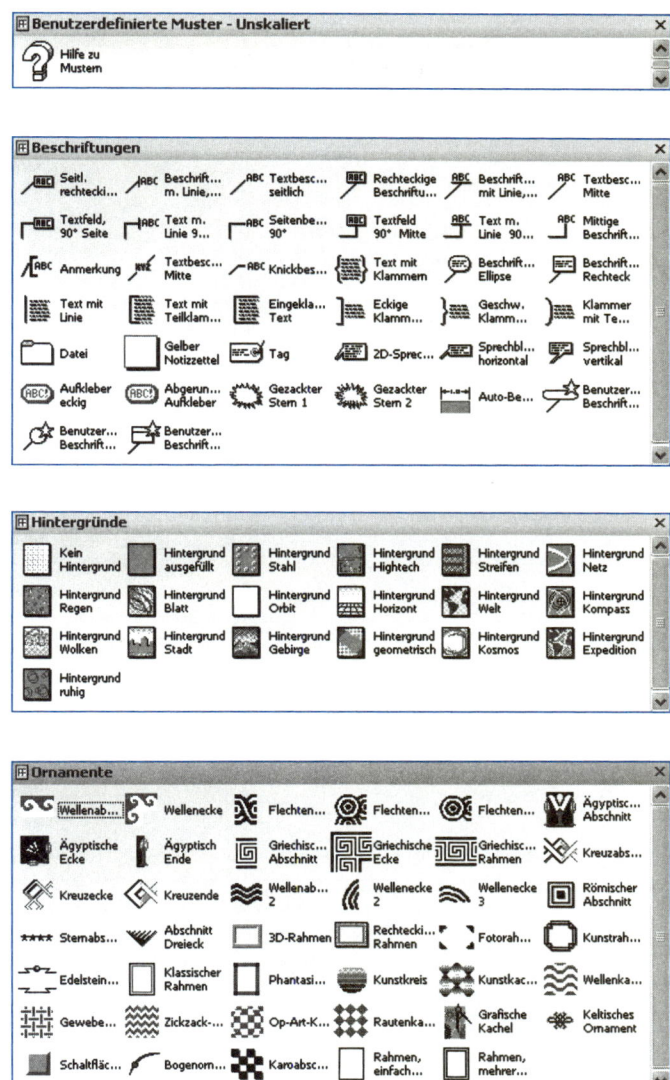

Anhang B Die Schablonen

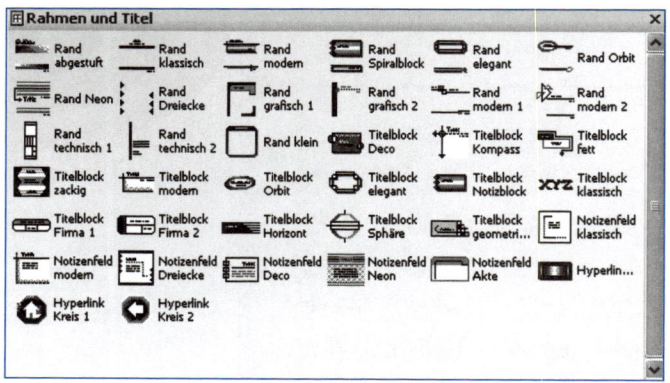

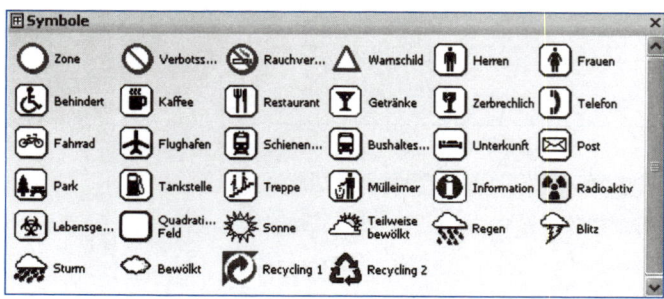

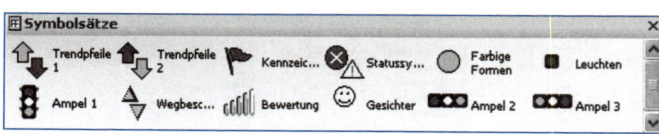

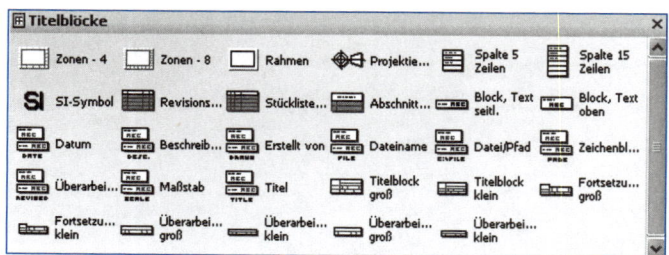

Visio-Extras

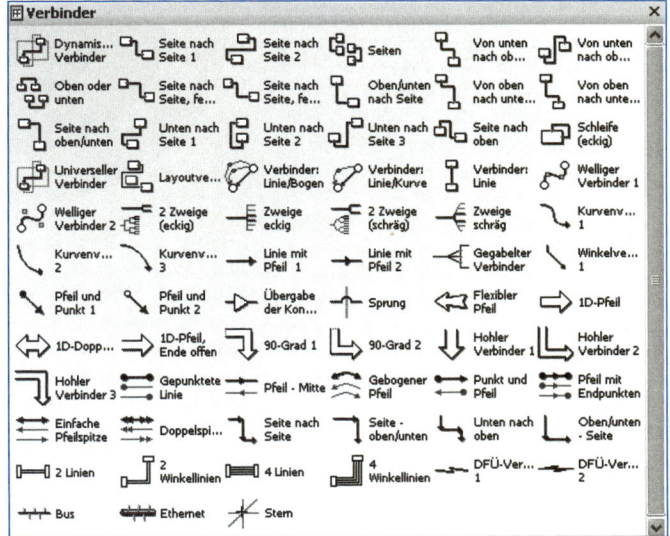

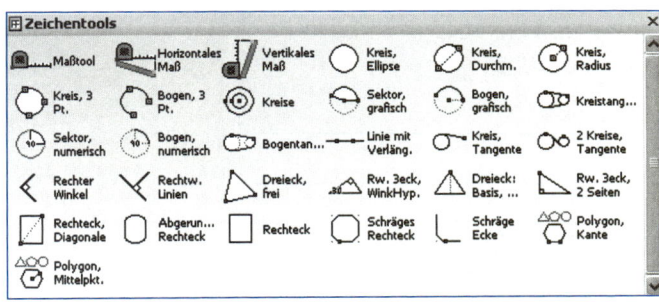

Anhang C

Die CD-ROM zum Buch

In diesem Anhang:
Liste der Beispieldateien auf der CD-ROM   508

Liste der Beispieldateien auf der CD-ROM

Die Begleit-CD zum Buch enthält die Beispieldateien nach Kapiteln sortiert.

Kapitel01

Aufschwung am Bau - Umsatz nach Bundesländern.vsd
Aufwandsschätzung COCOMO Skalierungsfaktoren.vsd
Aufwandsschätzung COCOMO.vsd
Datenverteilung.vsd
Deckenspiegel.vsd
Dollmannstr.vsd
Druckunterlagen.vsd
fast ein Dali.vsd
Filme 2006 - Besucher in Deutschland.vsd
GliederungDesTierreichs.vsd
Hochleistungsauspuffanlagen.vsd
Kraftwerk.vsd
Krankenhausverwaltung.vsd
Mindmap.vsd
Modell mit Initial-Workshop.vsd
Qualifizierungsprogramm.vsd
Rechteck_und_Linie.vsd
Rechteck_und_Linie2.vsd
Sekten.vsd
Softwareentwicklung als sozialer Prozess.vsd
VoIP.vsd
Wasserfallmodell.vsd
Wohnung.vsd
Zeit Test AnlBild.vsd

Kapitel02

Anlagenbild.pdf
Aufschwung am Bau - Umsatz nach Bundesländern.vsd
BLDGPLAN.DWG
BLOCKS.DWG
Diagramme.vsd

Fahrrad.vsd
FZ_003_6376.dxf
FZ_015_1930_03.dxf
FZ_016_0973_03.dxf
LP5 - Prozessorientiertes IT-Konzept WKG.vsd
Prozessablauf Einzug neuer Bewohner Visio2002.vsd
Rechteck.vsd
Rechteck.xml
Teure deutsche Kohle.vsd
Unbestimmte Integrale.vsd
Vordergrund-Hintergrund.vsd
Zeche.vss

Kapitel03

Airbus.vsd
Ausgewählte PKW im Vergleich.vsd
Deckenspiegel.vsd
Mitarbeiter.xls
Pivot.vsd
PKW mit Daten.vss
Teure deutsche Kohle.vsd
Verkaufsdaten.xls
VisioExport.txt
Zahl der heißen Tage.vsd

Kapitel04

Beispiele zu offenen und geschlossenen Shapes.vsd
eigene Muster.vsd
Flugzeuge.vss
Luftfahrt.vst
med.technische Geräte.vss
Orchester.vsd
Orchester.vss
Orchester.vst
Teilprozess ISDN.htm
Teilprozess ISDN.vsd

Teilprozesse.vss

Vorgänge.vsd

Zeichnung zur Luft und Raumfahrt.vsd

Kapitel06

Anteile am Spiegel Verlag.vsd

Bausteine.vsd

Bottom-Up-Planung.vsd

Controlling.vsd

Controlling2.vsd

fast ein Dali.vsd

Risiken.vsd

Sportartikelhersteller.vsd

Wasserfallmodell.vsd

Kapitel07

Aufnahme eines neuen Kunden.vsd

Buchbestellung.vsd

Einarbeitung neuer Mitarbeiter.vsd

Planfeststellungsverfahren.vsd

Projektsteuerung und -kontrolle.vsd

Prozessablauf Einzug neuer Bewohner.vsd

Prozessablauf zur Angehörigenarbeit.vsd

Soziale Betreuung.vsd

Verpflegung.vsd

Kapitel08

Bierpreise auf dem Oktoberfest.vsd

Landeszentrale für neue Medien - Variante 2.vsd

Landeszentrale für neue Medien.vsd

MetaModell.vsd

Organigramm01.vsd

Organigramm02.vsd

Organigramm03.vsd

Preise für Einfamilienhäuser.vsd

Schokoladenkonsum.vsd

Sekten.vsd

Zahl der heißen Tage.vsd

Kapitel09

Buchprojekt.vsd
EpochenMexHochkulturen.vsd
Film.mpp
Filmprojekt.vsd
Handbuch.mpp
Kalender.htm
Kalender.vsd
Messe.mpp
MiniPERT.vsd
Schulungsbedarf.mpp
Schulungsbedarf.vsd
Schulungsbedarf.xlsx

Kapitel10

Digitaler Spitzenwertdetektor.vsd
Elektrik.vsd
Maschinenbau.vsd
Maschinenbauteile-Zeichnung.vsd
Pneumatik_Hydraulik.vsd
Pneumatik_Hydraulik2.vsd
Pocket Pager.vsd
Verfahrenstechnik.vsd

Kapitel11

Active Directory.vsd
Active Directory2.vsd
Datenverteilung.vsd
Detailliertes Netzwerkdiagramm.vsd
Gestell.vsd
LDAP Verzeichnis.vsd

Kapitel12

Baupläne.vsd
Deckenspiegel.vsd

Dollmannstr.vsd

Flamingoweg Etagenplan.vsd

Grasserstraße Arbeitszimmer.vsd

Küche.vsd

Raumplan mit Rohren.vsd

so finden Sie uns.jpg

so finden Sie uns.vsd

Umbau Sterilfertigung.vsd

Werksplan.vsd

Wohnung Häberlstraße.vsd

Kapitel 13

Aktivitätsdiagramm Schiedsrichter.vsd

DB1.vsd

Kollaborationsdiagramm Schiedsrichter.vsd

Krankenhausverwaltung.vsd

Nordwind.vsd

Reiseberatung.vsd

Reisebuchung.vsd

Sequenzdiagramm Schiedsrichter.vsd

Sparkontoplan.vsd

Website der Firma compurem.vsd

Website der Firma mindmap.vsd

Website von boxteam.vsd

Website von Microsoft01.vsd

Website von Microsoft02.vsd

Word Formularexplorer.vsd

Stichwortverzeichnis

1:n-Beziehung 433
3D-Achsen 355
3D-Balken 354
3D-Block-Shapes 301
3D-Pyramide 360

A

Absatzabstand 89
absoluter URL 444
Abstand
 Layout konfigurieren 102
 Text 88
Access 209, 217, 277
Acrobat 150, 161
Active Directory 397
Add-Ons 268, 447
Akteur
 UML 450
Aktion-Symbolleiste 71
Aktivitätsdiagramm 453
Alarmsteuerung und Zutrittskontrolle 419
Anfangspunkt 61
Anfasser *siehe* Größenänderungs-Kontrollpunkte
Anmerkung 86
 Shape 314
Anschluss-Explorer 390
Antwort-Assistent 34
Anwendungsfalldiagramm 456
Arbeitsbereiche
 Schablone 412
Arbeitsflussdiagramm 316
Assistent 268
 Organigramm 332
Auditdiagramm 326
Aufgaben
 Projektplan 373
Aufzählungszeichen 91
Aus der Gruppe entfernen 83
Auslöser und Melder 419
ausrichten 70
Ausrichten und Kleben 76
Ausrichtung
 Layout konfigurieren 102
 Seite einrichten 249
 Text 89

Ausrichtungsfeld 237
ausschneiden 57
Außenwand 408
Auswahl nach Typ
 Layer 118
Auswahlpunkte *siehe* Größenänderungs-Kontrollpunkte
AutoAusblenden 34
Autobahnkreuz 421
AutoCAD 149
Auto-Feldbreite 301
Auto-Höhe 56, 301
AutoKorrektur 177, 179
Auto-Nummerierung 270

B

Badewanne 417
Balkendiagramm 353
Balkon
 Raum 406
Bänder 319
Bandlaufwerk 399
Baum 361
Baustein 361
Behälter 386
benutzerdefinierte Datentypen 430
benutzerdefinierte Eigenschaften *siehe* Shape-Daten
Benutzerdefinierte Muster 227
Benutzereigenschaften 256
Benutzeroberfläche 447
Berater 332
Bericht 202, 395
Berichtdefinition 206
beschneiden 173
bewegen
 innerhalb eines Textes 86
Beziehung
 Datenbank 433
Bezugspunkt *siehe* Drehbez Pos
Bild 173
 Organigramm 338
Bildlaufleiste 33–34
Bitmap 149
blauer Pfeil 65
Bleistift 361
Bleistiftwerkzeug 63

Stichwortverzeichnis

Blockdiagramm 300
    mit Perspektive 304
bmp 149, 173
Bogen 36
    Liniensprung 100
Bogenwerkzeug 37
Brainstormingdiagramm 345
Brainstormingstil 348
Breite 55, 69, 406
    Bericht 203
    Schutz 240
Brücke 400
Buchstabenabstand 88
Büroausstattung 412
Büromöbel 412
Büroplan 406
Bürozubehör 412
Bus 394

C

CAD 273, 392
CAD-Zeichnung 150
    konvertieren 273
Clip Gallery 175
Clip Organizer 176
COM und OLE 458
Computer und Monitore 394
Containerrampe 420
Copyright 241, 260
Corel Draw 37
CSS 162
csv 340
Cursor 86
Custom Properties *siehe* Shape-Daten

D

Dateieigenschaften 256
Dateipfade 254
Dateitypen 254
Daten 184
Datenbank-Assistent 276
Datenbankeigenschaften 429
Datenbankeinstellungen 293
Datenbankexport 281, 287
Datenbankmodell auffrischen 287
Datenbankmodelldiagramm 428
Datenbank-Treiber 435
Datenfeld-Eigenschaften 187
Datenfelder siehe Shape-Daten
Datenflussdiagramm 317
Datenflussmodelldiagramm 458
Datengrafik 196

Datenleiste
    Datengrafik 199
Datentyp 280, 429
    Datenbank 430
dBase 277
dehnbare Hand 361
Design 111, 250
    entfernen 112
    Füllmuster 111
    Musterfarbe 111
Designeffekt 113
    entfernen 113
Designfarben 111
Detailliertes Netzwerkdiagramm 396
Detailliste 38
Diagramme 166
    Vorlage 352
DIN-Norm 1355 366
DIN-Norm 66001 310
dll 268
Dokumentschablone 415
Dokumentvorlage 30
Doppelklicken 82, 86, 238
Doppelklickverhalten 123, 129
Drag & Drop 59, 69
Drehbez Pos 54, 70, 79
drehen 62, 79
Drehgreifpunkt 62
Drehpunkt 62, 80
dreidimensional 304
Dropdown-Menü 33
drucken 133
    Führungslinien 134
    sortieren 134
Drucker 394
duplizieren 57, 59
    siehe auch Shapes verschieben
dwg 149, 382
dxf 149, 382
dynamischer Verbinder 99, 312
dynamisches Gitter 52, 77

E

Ebene 72
Eckanfasser *siehe* Größenänderungs-Kontrollpunkte
Eckenrundung 96
Eigenschaften 186, 256
Eigenständiger Datenspeicher 399
einbetten 147
eindimensional 237
eindimensionale Shapes 51, 61
einfügen 56, 144
Eingabeaufforderung 244
    Shape-Daten 190

einrasten 74, 76
Einzug 89
elektronische Symbole 416
Elektrotechnik 380
Ellipse 35
E-Mail 440
Endpunkt 61
Energiesystem 417
Entität 429
Entitätsbeziehung 429
Entitätsbeziehung und Objekt – relational 428
Entrauschen 173
Entwicklermodus 107, 192
Erker
    Raum 406
Erste Schritte 30
erstellen
    Text 86
Ethernet 64, 99, 394
Event-driven process chain 326
Excel 206–207, 352
Exchange-Organisation 64
exportieren 148
Express-G 458
Exzentrizitäts-Griffe 63

F

F.P. 304
Farbe
    Text 88
Farbpalette 251
Feld 136
    Anzahl der Zeichenblätter 136
    Datum/Uhrzeit 137
    Hintergrund 137
    Seitennummer 136
    Shape-Daten 194
    Zeichenblattinfo 136
    Zeichenblattnummer 136
Fenster 34, 410
Fensterbrett 412
Fensterplan 416–417
    Bericht 415
Fernseher 361
feste Liste
    Shape-Daten 190
Feststelltaste 180
fett 88
Filzstift 141
Fläche
    Raum 406
Flächeninhalt 138

Flexible Straße 421
Flexibler Pfeil 63
Fluchtpunkt 304, 306
Flussdiagramm
    Layout konfigurieren 102
Format übertragen 94, 106
formatieren
    Füllfläche 93
    Linie 93
    Text 87
Formatvorlage 88, 107, 227, 250, 262, 323
Formeleditor 164
FoxPro 277
Frames 442
Freehand 37
Freie Stelle 332
Freihandlinie 36
Freistehende Gestelle 400
FrontPage 440
FTP 440
Führung 332
Führungslinie 74, 102, 408
    drehen 74
    duplizieren 74
    löschen 75
    markieren 75
Führungspunkt 74
Füllfarbe 94
Füllmuster 224
    neu anlegen 224
    neues Füllmuster 225
Funktionsübergreifendes Flussdiagramm 319

G

Gammawert 173
Gas-, Wasser-, Sanitärdiagramm 386
Gehe zu
    Zeichenblatt 121
Gesamtmenge bilden 234
geschlossene Shapes 231
Gestell 398
Gestelldiagramm 398
Gestellmontierte Geräte 398
gif 149, 173
Gitter 51, 76, 358
Gleichung 164
Grabstein 361
Groß-/Kleinschreibung 88
Großbuchstaben 180
Größe 55
    Text 88
Größen- und Positionsfenster 69

Stichwortverzeichnis

Größenänderungs-Kontrollpunkte 50, 55, 61, 237
Grundriss
    Vorlage 416
Grundstückplan 424
Gruppe 81, 237, 258
    bearbeiten 81
    öffnen 83
Gruppenverhalten 85
gruppieren 81, 146, 231

H

Halbtransparenz 95
Hanteln 361
Hauseinrichtungsplan 417
Hebebühne 420
Heizung 417
Helligkeit 173
Herd 417
Hierarchie
    Layout konfigurieren 102
Hilfe 39
Hilfetext *siehe* Kommentar
Hilfslinie 37
Hilfslinie *siehe* Führungslinie
Hintergrund 73, 76, 123, 249, 299, 315
    Formatvorlage 126
    Layer 126
    löschen 126
    Schablone 126
Hintergrundblatt
    schützen 126
HKL-Plan 417
HKL-Rohre
    Bericht 415
HKL-Steuerung – Logisches Diagramm 418
hochgestellt 88
Höhe 55, 69, 406
    Bericht 203
    Schutz 240
horizontal kippen 80
horizontal verschieben 69
horizontale Skalierung
    Text 88
HTML 149, 158, 162, 207, 368, 423
Hub 394
Hyperlink 131, 160, 404, 442
    Brainstorming 347

I

IBM 459
IDEF0 317
IDEFIX 435

Illustrator 37
importieren 148
In Wände konvertieren 408
indizierte Spalten 431
Industrielle Steuerungssysteme 384
Initialen 141
Instrument
    Systeme 386
Interaktive Hyperlinkauswahl 443
Internet 368
Internet Explorer 159
Inventar
    Bericht 415
Inventarbericht
    Bericht 415
IT Infrastructure Library (ITIL) 328

J

Jackson 458
Java 440
JavaScript 441
jpg 149, 173

K

Kabelschacht/Abstandhalter 400
Kalender 366
Kamin 406
Kapitälchen 88
Kardinalität 435
kartesisches Koordinatensystem 409
kippen 80
Kippfenster 411
Kippmulde 420
kleben 99
Klimaanlage 417
klonen 59
Knoten *siehe* Exzentrizitäts-Griffe
Kollaborationsdiagramm 454
Kommentar 139
    bearbeiten 141
    drucken 141
    löschen 141
Kompakte Struktur
    Layout konfigurieren 102
Komponente
    Verfahrenstechnik 388
Komponentendiagramm 454
Komponenten-Explorer 390
Komprimierung 173
Kontrast 173
Kontrollgriff 98
Kontrollgriffe *siehe* Kontrollpunkt

Stichwortverzeichnis

Kontrollpunkt 63, 237
konvertieren
    CAD 155
Kopf- und Fußzeilen 128
kopieren 56, 69, 144
korrigieren
    Text 86
Krähenfüße 435
Kreis 36–37
Kreisförmig
    Layout konfigurieren 102
Kreisförmige Pfeile 360
Kreis-Netz-Diagramm 360
kreuzende Linien 100
kreuzende Verbindungslinien 381
Kreuzung 421
Kugelschreiber 141
Kühlsysteme 417
kursiv 88
Kurve 63

L

Lage 52, 69
Lagerhaus – Versand und Warenannahme 420
LAN 404
Laptop 394
Lassobereich auswählen 48
Layer 50, 113, 237, 251, 313, 414
    Bürogerät 119
    Elektrisch 381
    Flussdiagramm 119
    Freizeitanlagen 119
    mehrere Layer 116
    Verbinder 119
Layereigenschaften 116
    # 118
    aktiv 117
    Ausrichten 118
    drucken 117
    Farbe 117
    kleben 118
    sichtbar 116
    sperren 117
Layername
    Bericht 203
Layout konfigurieren 274
Layout *siehe* Seite einrichten
Layout und Routing 100, 249, 381
Layouttyp
    Organigramm 336
LCD-Monitor 399
LDAP 398
leere Zeichnung 30
Lehne des Sofas 413

Lexikon *siehe* Rechtschreibhilfe
Lineal 33, 73
Lineale und Gitter 251
Linie 35–36, 51, 61, 93, 230, 237, 296
Linienbreite 96
Liniendiagramm 356
Linienenden 96
    neue Linienenden 225
Linienfarbe 96
Linienmuster 96
    neues Linienmuster 225
Liniensprung 100–101, 239
    Seite einrichten 249
Linotronic 133
löschen 51
    Schutz 241
Lücke
    Liniensprung 100
Lüftung 417
Lupensymbol 68

M

magnetisch 75
Makro 253
Manager 332
Marketingdiagramme 360
markieren 48, 50–51
Markierungspunkte *siehe* Größenänderungs-Kontrollpunkte
Markup 142
Maschinenbau 391
Maschinenbaugeräten 391
Maßstab 154, 406
Master-Shape 45, 254
Mehrfachauswahl 48
Mehrtägige Ereignisse 366
Meilenstein 369
Meine Shapes
    Schablonen 246
Mengenoperation *siehe* Vorgänge
Menschen 361
Menüleiste 33, 35
Messgeräteliste 389
Methoden
    UML 450
Mitarbeiter 333
Mitglieds-Shape 82
    Gruppe 82
Mitte-Mitte 79
Möbel 412
Mobiliar 412
Modellierung
    Datenbank 434

Stichwortverzeichnis

mpx 374
Multiconnectoren 103
Muster 94, 250
Muster *siehe* Füllmuster

N

nach hinten 72
nach vorne 72
Nachrichtenformate 64
Navigationsrahmen 442
Netzraumelemente 400
Netzwerk und Peripheriegeräte 394
Netzwerkausrüstung
    Bericht 395
Netzwerkgerät
    Bericht 395
Neu 32
Newsgroup 440
Normal 110
Normmaß 417
NULL
    Datenbank 430
Nullpunkt 74

O

ODBC 276
    Treiber 276
    Zugriff 217
offene Shapes 231
Off-Page-Referenz 132, 314
OLE 146
Öltank 420
Online-Hilfe 39
Operationen
    UML 450
Oracle 277
Organigramm 332
ORM-Diagramm 458

P

Papiergröße 248
Papierstapel 361
Paradox 277
Parallelmodus 314
Patchpanel 399
PC 394
PDA 394
PDF 149, 161
Perspektivische Blöcke 304
PERT-Diagramm 377

Pfeil 65
Pfeil/Nadel 361
Pfeilspitze 97, 109
Pflichtfeld
    Datenbank 429
PI&D 386, 392
Pinnadel *siehe* AutoAusblenden
Pivotdiagramme 216
Pixelgrafik 173
PK *siehe* Primärschlüssel
Plan für Elektrik und Telekommunikation 418
Platzierung 238
Pneumatik/Hydraulik 384
png 149, 173
Position 51–52, 88, 332
Postscript 149
Präsentationsprogramm 122
Primärschlüssel 209, 214, 280, 429, 431
primary key *siehe* Primärschlüssel
Produktionsstätte
    Lagerhaltung und Verteilung 420
    Maschinen und Einrichtungen 420
Programmstruktur 458
Project 366, 375
Projektplan 373
Prozessmanagement 310
Pumpe 386

Q

Quadrat 36–37, 55
Qualitätsmanagement 310

R

Radial
    Layout konfigurieren 102
Rahmen und Titel 298, 315
RAID-Array 399
Raster 76
Raster *siehe* Raster
Rational ClearCase 459
Rational ClearQuest 459
Rational Rose Modeller 459
Raumbericht
    Bericht 415
Raumteiler 410
Rechteck 35, 51, 61, 230, 237, 296
Rechtschreibhilfe 177
Referentielle Aktion 435
Reihenfolge 72
    Zeichenblätter 120
relativer URL 444

Stichwortverzeichnis

Re-Layout
  Organigramm 334
Ressourcenplan 358
Reverse Engineering
  Datenbank 435
Reverse-Engineering 449, 456
Richtung
  Layout konfigurieren 102
Ringnetzwerk 64, 394
Rohr 419
Rohrleitungen 387
Rohrleitungsliste 389
ROOM 458
Rotationspunkt 62
rotieren
  Text 92
Router 399
rückgängig 51

S

Sanitär- und Rohrleitungsplan 418
Säulendiagramm 354
S-Bahn 423
Scanner 394
Schablone 42, 249
  eigene Schablone 243
Schalter 400
Schaltkreise 384
Scharfzeichnen 173
Schatten 95
  Seite einrichten 249
Schattenfarbe 94
Schattenposition 95
Scheitelpunkt 63, 70
Schiene 422
Schnitt 88
Schnittstelle
  UML 450
Schräge
  Schatten 95
Schrank 398
schreibgeschützt 38
Schreibschutz
  Schablone 247
Schriftart 88
Schriftfarbe 88
Schriftgröße 88
Schriftname 88
Schubladen der Schränke 413
Schutz 50, 240, 259
SDL-Diagramm 318
Segment
  Diagramm 356

Seite Einrichten
  Zeichenblatteigenschaften 123
  Zeichenblattgröße 119
Seitenansicht 129, 134
Seitenumbruch 119
Seitenverhältnis
  Schutz 240
Sequenzdiagramm 455
Server 394, 399
Shape 38
  anordnen 271
  Daten 184, 236, 259, 415
  Explorer 45
  Fläche und -Umfang 272
  Layout 238, 252
  Layout-Optimierung 274
  nummerieren 268
  Nummern 269
  QuickInfo 139
  Stempel 47, 59
  verschieben
    Assistent 270
ShapeID 283
ShapeKey 289
ShapeSheet 129
Sicherheits- und Zutrittsplan 419
Silbentrennung 323
Skala 88
Skript 440
Sonderzeichen
  suchen 182
Sortierschlüssel
  Shape-Daten 192
speichern 254
sperren 50
spiegeln 80
Sprache 88
springende Linien 100
Sprung 100, 381
Spüle
  Raum 417
SQL 277
  Anweisung 431
  Datenbank 217
  Server 209
Stadtbahn 423
Standarddiagramm 296
Standardflussdiagramm 310
Standardnetzwerk-Diagramm 394, 402
Standardschrift 110
Standardsymbolleiste 35
Standardzeiger *siehe* Zeigertool
Startbildschirm 31
Startseite 30
Statischer Verbinder 99, 312

Stichwortverzeichnis

Statusleiste 33, 69
Steckdosenleiste 400
Stempel 47, 59
Stencil *siehe* Schablone
Stern 394
Steuerelement 448
Steuerelement *siehe* Kontrollpunkt
Steuerpunkte *siehe* Kontrollpunkt
Steuerungssysteme 384
Stiftwerkzeug 37
Stil *siehe* Formatvorlage
Straße 421
Stromversorgung/USV 399
Stuhl
    Raum 412
Stylesheet 440
Suchen 180
suchen 45
Symbol 142
Symbolleiste 33, 142, 253
    ändern 144
    neu erstellen 144
    Überarbeiten 141
Symbolsatz
    Datengrafik 199
Systeme 384
    Konstruktion 384

T

Tabelle 90
Tabulator 90
Tagnummer 386
Tastaturablage 400
Teile- und Zusammenbauzeichnung 391
Teilsummen
    Bericht 205
Terminal 394
Termine 366
Text 85
    bearbeiten 85
    Datengrafik 197
    drehen 92
    verschieben 93
Textblock 87, 89
Texteingabe 85
Textfeld 86
Textformatierung 87
Textgestaltung 87
Texthintergrundfarbe 89
Textlineal 90, 323
Textmarker 141
Text-Tool 323
Thermometer 361

tiefgestellt 88
tif 149, 173
Tische
    Raum 412
Titelblock 315
Titelleiste 33
Toilette
    Raum 417
Topologie 403
Tortendiagramm 356
Total Quality Management (TQM) 328
Transparenz 88, 173
Trennwände 410
Trigger 431
Türangel 410
Türen und Fenster 410
Türenplan 416–417
    Bericht 415
Türschwelle 411
txt 340, 374

U

U-Bahn 423
Überarbeiten
    Symbolleiste 141
Übernehmen 33
Übersichtsfenster
    Brainstorming 351
UML 449
Umleiten
    Liniensprung 102
Umweltsteuerungssystem 417
Unified Modeling Language *siehe* UML
Unschärfe 173
Unternehmensanwendung 458
Unternehmensdaten vergleichen 340
unterstrichen 88
URL 441, 444
    Hyperlink 131
Ursache/Wirkung-Diagramm 359
Use Case Diagramm 450
User-defined Cells *siehe* Shape-Daten

V

variabler Liste
    Shape-Daten 190
variabler Rauch 361
variables Gebäude 361
VBA 253
VBScript 441
Vektorgrafik 173
Ventil 419

Ventile und Armaturen 386
Ventilliste 389
veränderbarer Schornstein 361
Verbinder 98
Verbindershapes 98
Verbindung/Kreuzung 381
Verbindungslinie 66, 98
    beschriften 103
Verbindungspunkt 66, 102, 235, 258, 313, 324
Verfahrenstechnik 386
Verhalten 82, 237, 260
Verkehrs-Shapes 422
Verknüpfung 146
    Aufgaben 373
    Shape-Daten 211
    Vorgänge 234
Verschiebe- und Zoom-Fenster 68
verschieben 52, 69
    Text 92
verschmelzen *siehe* Vorgänge
verteilen 71
Verteilungsdiagramm 455
vertikal kippen 80
vertikal verschieben 69
vertikale Ausrichtung 89
VHintergrund-1 299
Videoüberwachung 419
Vieleck
    Liniensprung 100
Viertelellipse 36
Visio Professional 31
Visio Standard 31
Visual Studio 449, 456
vml 158
Vollbild 122
Vordergrund 123
Vorgänge 233
Vorlage 30, 248
Vorräume
    Raum 406
Vorschaufenster 38
Vorsprung
    Raum 406
vsd 254
vss 254
vst 248, 254, 263

W

Waage 361
wachsende Blume 361
Wände, Gerüst und Konstruktion 416
Wände, Türen und Fenster 406, 410

Wärmetauscher 386
Webseite 158, 423, 443
Websiteerstellung 438
Websiteübersicht 438, 440
Wegbeschreibung 420
Werksplanung 420
Werkzeugmaschinen 391
Wertstromzuordnung 328
wiederholen 59, 70
Windows XP-Benutzeroberfläche 447
Winkel 80
Wörterbuch *siehe* Rechtschreibhilfe

X

xlsx 340, 374
XML 149, 162, 207, 351, 440
X-Position
    Schutz 241
xsd-Schema 207

Y

Y-Position
    Schutz 241

Z

Zahl
    Datengrafik 198
Zeichenblatt 120
Zeichenblatteigenschaften
    Seite einrichten 249
Zeichenblattgröße 135, 406
Zeichenblattname 128
Zeichenblattnummer 128
Zeichenprogramm 37
Zeichentools 35
Zeichnungsexplorer 224
Zeichnungsexplorerfenster 126
Zeiger-Tool 36
Zeitplan 368
Zoom 67, 74
Zoomgröße 68
Zubehörliste 389
zuletzt verwendete Dateien 38
Zur Gruppe hinzufügen 84
Zustandsdiagramm 453
zweidimensional 237
zweidimensionale Shapes 51, 61
Zwischenspeicher 56
Zylinder 361

Der Autor

Dr. René Martin

Dr. René Martin ist freier Trainer, Berater und Programmierer. Seit vielen Jahren beschäftigt er sich professionell mit Visio. In einer Vielzahl von Projekten hat er in verschiedenen Unternehmen daran mitgearbeitet, Visio und andere Office-Produkte von Microsoft zum Einsatz zu bringen, sie für unternehmensspezifische Bedürfnisse anzupassen oder Anwendungslösungen dafür zu entwickeln. Zahlreiche Artikel und Bücher zu verschiedenen Office-Programmen und speziell zu Visio und zur VBA-Programmierung stammen aus seiner Tastatur.

Wissen aus erster Hand

Office 2007 enthält umfangreiche Neuerungen, u.a. eine völlig neue Benutzeroberfläche. Zusätzlich bietet Excel viele Neuerungen z.B. im Bereich der Visualisierung von Zahlen. Um die neuen Möglichkeiten schnell und effizient in der Praxis umzusetzen, bietet dieses umfassende Handbuch die gesammelten Informationen eines erfahrenen Teams von Excel-Experten. Auf Begleit-CD befinden sich umfangreiche Beispieldateien und das komplette Buch als eBook.

Autor	Schwenk, Schuster u.a.
Umfang	ca. 1000 Seiten, 1 CD
Reihe	Das Handbuch
Preis	39,90 Euro [D]
ISBN	978-3-86645-103-2

http://www.microsoft.com/germany/mspress

Microsoft Press-Titel erhalten Sie im Buchhandel.

Wissen aus erster Hand

Microsoft Expression Web bietet Ihnen alle leistungsstarken Tools, die Sie benötigen, um hochwertige, auf Standards basierende Websites nach Ihren Wünschen zu erstellen. Das Nachfolgeprodukt von Microsoft FrontPage beherrscht nun beispielsweise auch die Nutzung von Cascading Stylesheets (CSS). Uwe Thiemann beschreibt, wie Sie damit schnell zu professionellen Ergebnissen kommen. Auf der Begleit-CD erhalten Sie auch eine Testversion von Expression Web.

Autor	Uwe Thiemann
Umfang	ca. 600 Seiten, 1 CD
Reihe	Das Handbuch
Preis	49,90 Euro [D]
ISBN	978-3-86645-405-7

http://www.microsoft.com/germany/mspress

Microsoft Press-Titel erhalten Sie im Buchhandel.

Wissen aus erster Hand

Eine unternehmensweit einsetzbare Projektmanagementlösung stellt Anforderungen an interne und externe Projektbeteiligte: Projektleiter, Projektmitarbeiter, Ressourcenmanager, Führungskräfte, Berater, Trainer, Administratoren und Entwickler. Dieses Buch zeigt allen Projektbeteiligten, wie sie durch Project und Project Server/-Web Access bei der Projektarbeit unterstützt werden. Für jede Zielgruppe werden die Aufgaben aus etablierten Standards wie dem PMBOK Guide des Project Management Institutes (PMI) abgeleitet und schrittweise dargestellt. Das Buch konzentriert sich dabei auf die Kernprozesse und führt die Anwender sicher durch die für sie relevanten Bereiche der Software.

Autor	Renke Holert
Umfang	752 Seiten, 1 CD
Reihe	Fachbibliothek
Preis	49,90 Euro [D]
ISBN	978-3-86645-410-1

http://www.microsoft.com/germany/mspress

Microsoft Press-Titel erhalten Sie im Buchhandel.

Wissen aus erster Hand

Der clevere Weg zum Windows Vista-Spezialisten!

Lernen Sie im Selbststudium, Windows Vista zu beherrschen! Mit diesem Lehrbuch und den vorbereiteten Übungsdateien lernen Sie in Ihrem persönlichen Tempo – wann immer Sie möchten. Schritt für Schritt werden Sie durch praktische Übungen geführt und lernen dabei alle wesentlichen Werkzeuge und Techniken kennen.

Auf der Begleit-CD befinden sich alle Übungsdateien, so dass Sie bei Ihrem Start keine Zeit verlieren.

Das offizielle Trainingsbuch ist das ideale Lehrbuch für alle, die Windows Vista beherrschen wollen.

Autor	Joan Preppernau, Joyce Cox
Umfang	480 Seiten, 1 CD
Reihe	Das offizielle Trainingsbuch
Preis	29,90 Euro [D]
ISBN	978-3-86645-090-5

http://www.microsoft.com/germany/mspress

Microsoft Press-Titel erhalten Sie im Buchhandel.